普通高等教育经管类专业系列教材

货币银行学
（第七版）（微课版）

王晓光　王　硕　主编

清华大学出版社
北　京

内 容 简 介

目前,国内尚缺少适用于应用型本科的货币银行学教材,本书致力于进行这方面的有益探索。全书主要介绍货币与货币制度、信用、利息与利率、金融市场、商业银行、中央银行、其他金融机构、货币供求与均衡、通货膨胀与通货紧缩、货币政策、外汇与国际收支、金融与经济发展等内容,体现了应用型本科的教学特点。本书基础理论知识阐述简明清楚,同时将理论与实际有机结合,配合大量案例分析,充分锻炼学生分析和解决问题的能力。书中融入了经济发展与金融改革的新成果,体现了课程思政和课程育人理念,截至本书出版前,金融实践中的很多新问题、新规定、新案例、新数据等都在书中得到了体现。

本书主要适用于我国高等院校应用型本科经济管理类专业的学生,也可以用作非经济管理类专业硕士研究生的教材,还可以用作在职中高级管理人员培训或自学的参考书。

本书配套教学资源极其丰富,在国内率先推出的微课视频,连同在既往各版次基础上不断完善的电子课件、习题及答案、模拟试题及答案、案例素材和教学大纲,能够充分满足教学的需要。本书配套的教学视频可以通过扫描前言中的二维码观看,其他教学资源可以到http://www.tupwk.com.cn/downpage网站下载,也可以通过扫描前言中的二维码获取。

本书封面贴有清华大学出版社防伪标签,无标签者不得销售。
版权所有,侵权必究。举报:010-62782989,beiqinquan@tup.tsinghua.edu.cn。

图书在版编目(CIP)数据

货币银行学:微课版 / 王晓光,王硕主编. —7 版. —北京:清华大学出版社,2024.5
普通高等教育经管类专业系列教材
ISBN 978-7-302-66099-6

Ⅰ. ①货⋯ Ⅱ. ①王⋯ ②王⋯ Ⅲ. ①货币银行学—高等学校—教材 Ⅳ. ① F820

中国国家版本馆 CIP 数据核字 (2024) 第 072772 号

责任编辑:胡辰浩
封面设计:周晓亮
版式设计:孔祥峰
责任校对:马遥遥
责任印制:沈 露

出版发行:清华大学出版社
网　　址:https://www.tup.com.cn,https://www.wqxuetang.com
地　　址:北京清华大学学研大厦 A 座　　邮　编:100084
社 总 机:010-83470000　　邮　购:010-62786544
投稿与读者服务:010-62776969,c-service@tup.tsinghua.edu.cn
质 量 反 馈:010-62772015,zhiliang@tup.tsinghua.edu.cn

印 装 者:三河市人民印务有限公司
经　　销:全国新华书店
开　　本:185mm×260mm　　印　张:25.5　　字　数:670 千字
版　　次:2010 年 8 月第 1 版　　2024 年 7 月第 7 版　　印　次:2024 年 7 月第 1 次印刷
定　　价:79.80 元

产品编号:097405-01

编委会

主　编：
　　　　王晓光　　王　硕

副主编：
　　　　赵晶晶　　刘玉华　　朴金子
　　　　孙铭韩　　马若男　　张佳慧

前言

"货币银行学"是经管类专业的一门平台课,也是很多经济类专业的核心课,所以各高等院校都非常重视该课程的教学。

尽管目前"货币银行学"教材的种类不少,但大多是从理论研究的角度编著的,而且很多教材没有充分体现实际生活中金融业日新月异的变化。本书的很多数据和案例等素材截止时间为2024年2月。

根据"教改"精神,全国多数院校定位为培养应用型人才,但是现有"货币银行学"教材难以体现应用型本科教学的特点。为了提高教师的教学质量和学生的学习质量,我们依据多年的教学实践经验,紧扣应用型人才培养目标,突出就业导向和能力培养,编写了这本教材。

本书具有如下特点。

一是配合应用型人才培养目标,定位准确。注重培养学生分析和解决问题的能力,以就业为导向,全面锻炼学生的职业能力,利用题库和案例等,做到知识学习和能力训练相结合。

二是容量适度。"货币银行学"课程学时具有伸缩空间,因此本书在容量上保持适度。根据教学整体需要,保持理论知识广度适度。书中重要的内容详写,次要的内容略写,覆盖面广,信息量大。

三是深度适度。由于使用者主要是经管类专业的本科学生,因此本书理论深度适中。书中摒弃艰深而松散的理论,侧重做好金融基础知识的铺垫。

四是前沿适度。本书适度介绍金融前沿理论和实践知识,内容新颖。

五是理论联系实际及课程思政融入适度。书中基础知识及案例分析,均结合我国金融改革实践及经济金融发展成就加以阐述,注重宣传中国金融如何支持经济发展及取得的调控效果。

本书由王晓光、王硕担任主编,由赵晶晶、刘玉华、朴金子、孙铭韩、马若男、张佳慧担任副主编。全书共计12章,由王晓光总体策划。编写人员分工如下:孙铭韩编写第一章;刘玉华编写第二章;王晓光编写第三、第十章;王硕编写第四、第六章;信晓薇编写第五章;朴金子编写第七章;马若男编写第八章;赵晶晶编写第九章;耿飞菲编写第十一章;张佳慧编写第十二章。全书最后由王晓光总纂。

本书在编写过程中,参考了很多同类教材、著作和期刊等。限于篇幅,恕不一一列出,特此说明并致谢。

由于受资料、编者水平及其他条件的限制,书中难免存在一些缺憾,恳请同行专家及读者指正。我们的邮箱是992116@qq.com,电话是010-62796045。

本书配套的电子课件、习题及答案、模拟试题及答案、案例素材和教学大纲可以到http://www.tupwk.com.cn/downpage网站下载，也可通过扫描下方左侧的二维码获取，教学视频可以通过扫描下方右侧的二维码观看。

扫描下载　　　　　　扫一扫

配套资源　　　　　　看视频

编　者

2024年2月

目录

第一章　货币与货币制度 ……………… 1

第一节　货币的起源 ……………………… 1
　一、中国古代货币起源说 ………………… 1
　二、西方货币起源说 ……………………… 2
　三、马克思货币起源说 …………………… 2
第二节　货币的本质和职能 ……………… 4
　一、货币的本质 …………………………… 4
　二、货币的职能 …………………………… 5
第三节　货币的形式 ……………………… 9
　一、实物货币 ……………………………… 9
　二、金属货币 ……………………………… 10
　三、信用货币 ……………………………… 11
第四节　货币制度 ………………………… 14
　一、货币制度的构成要素 ………………… 14
　二、货币制度的演变 ……………………… 16
　三、我国的人民币制度 …………………… 21
　四、欧元对传统货币制度的挑战 ………… 22

第二章　信用 …………………………… 35

第一节　信用概述 ………………………… 35
　一、信用的概念 …………………………… 35
　二、信用的产生和发展 …………………… 36
第二节　信用工具 ………………………… 40
　一、信用工具的特征 ……………………… 40
　二、信用工具的种类 ……………………… 41
　三、基础性工具 …………………………… 42
第三节　信用形式 ………………………… 45
　一、商业信用 ……………………………… 45
　二、银行信用 ……………………………… 47
　三、国家信用 ……………………………… 49
　四、消费信用 ……………………………… 49
　五、国际信用 ……………………………… 51
　六、租赁信用 ……………………………… 53
第四节　信用的作用 ……………………… 54
　一、信用与生产 …………………………… 54
　二、信用与消费 …………………………… 55
　三、信用与经济调节 ……………………… 56
　四、信用与经济危机 ……………………… 56

第三章　利息与利率 …………………… 67

第一节　利息与利率概述 ………………… 67
　一、利息的定义和本质 …………………… 67
　二、利息理论 ……………………………… 67
　三、利率的定义及其种类 ………………… 69
　四、利息的计算方法 ……………………… 75
第二节　利率的确定 ……………………… 76
　一、马克思的利率决定论 ………………… 76
　二、影响我国利率的主要因素 …………… 79
第三节　利率的作用 ……………………… 80
　一、利率对储蓄和消费的引导作用 ……… 80
　二、利率对投资的影响作用 ……………… 80
　三、利率对通货膨胀的影响作用 ………… 81
　四、利率对经济核算的影响作用 ………… 81
　五、利率对经济的调节作用 ……………… 82
第四节　利率市场化 ……………………… 82
　一、利率管理体制类型 …………………… 82
　二、利率市场化的含义及内容 …………… 83
　三、市场利率定价自律机制和金融机构
　　　合格审慎评估 ………………………… 83
　四、利率市场化运行的三个关键性利率 … 84
　五、央行现行政策利率体系 ……………… 87
　六、合理把握利率水平 …………………… 88

第四章 金融市场 … 97

第一节 金融市场概述 … 97
一、金融市场的概念及构成要素 … 97
二、金融市场的类型 … 98
三、金融市场的功能 … 102
四、金融市场的发展趋势 … 104

第二节 直接融资与间接融资 … 109
一、直接融资 … 109
二、间接融资 … 110

第三节 货币市场 … 111
一、同业拆借市场 … 112
二、回购市场 … 113
三、商业票据市场 … 115
四、银行承兑汇票及贴现市场 … 115
五、大额可转让定期存单市场 … 118
六、短期政府债券市场 … 119
七、货币市场共同基金市场 … 120

第四节 资本市场 … 120
一、股票市场 … 120
二、债券市场 … 126
三、投资基金 … 131

第五章 商业银行 … 147

第一节 商业银行概述 … 147
一、商业银行的地位 … 147
二、商业银行的职能 … 148
三、商业银行的类型和组织 … 149
四、商业银行的经营原则 … 150
五、实施商业银行经营原则的具体措施 … 152

第二节 商业银行的业务 … 153
一、负债业务 … 154
二、资产业务 … 157
三、中间业务 … 163
四、表外业务 … 164

第三节 商业银行存款货币创造 … 165
一、商业银行存款货币创造涉及的基本概念 … 165
二、商业银行的货币创造过程 … 166
三、其他制约派生存款的因素 … 167

第四节 商业银行经营管理理论 … 168
一、商业银行资产管理理论 … 168
二、商业银行负债管理理论 … 169
三、商业银行资产负债综合管理理论 … 170

第六章 中央银行 … 181

第一节 中央银行的产生及类型 … 181
一、中央银行的产生与发展 … 181
二、中央银行的组织形式 … 184
三、中央银行的资本类型 … 186

第二节 中央银行的性质和职能 … 187
一、中央银行的性质 … 187
二、中央银行的职能 … 188

第三节 中央银行的业务 … 191
一、中央银行业务活动的原则 … 191
二、中央银行业务活动的分类 … 192
三、中央银行的负债业务 … 193
四、中央银行的资产业务 … 195
五、中央银行的中间业务 … 196

第四节 中央银行的独立性 … 198
一、中央银行相对独立性的含义 … 198
二、中央银行相对独立性的必要性 … 198
三、中央银行相对独立性的原则 … 199
四、中央银行相对独立性的内容 … 200
五、中央银行独立性的模式 … 201
六、中国人民银行独立性问题 … 204

第五节 中央银行与金融监管 … 205
一、金融监管的含义和必要性 … 205
二、金融监管的目标和原则 … 206
三、金融监管的内容和方法 … 208
四、中国金融监管体系 … 212

第七章 其他金融机构 … 229

第一节 政策性银行 … 230
一、开发银行 … 230
二、农业政策性银行 … 231
三、进出口政策性银行 … 233

第二节 专业银行 … 234
一、投资银行 … 234
二、储蓄银行 … 235
三、抵押银行 … 236

四、合作银行 …… 236
　　五、清算银行 …… 237
第三节　非银行金融机构 …… 237
　　一、保险公司 …… 237
　　二、信用合作社 …… 239
　　三、财务公司 …… 240
　　四、信托投资公司 …… 240
　　五、证券公司 …… 241
　　六、租赁公司 …… 242
　　七、典当行 …… 242

第八章　货币供求与均衡 …… 248

第一节　货币需求理论 …… 248
　　一、马克思的货币需求理论 …… 248
　　二、费雪方程式与剑桥方程式 …… 249
　　三、凯恩斯的货币需求理论 …… 250
　　四、弗里德曼的货币需求理论 …… 252
　　五、中国的货币需求理论 …… 253
第二节　货币需求 …… 254
　　一、货币需求的含义 …… 254
　　二、货币需求的微观角度和宏观角度 …… 255
　　三、名义货币需求与实际货币需求 …… 256
　　四、影响我国货币需求的因素 …… 256
第三节　货币供给 …… 258
　　一、货币供给与货币供应量 …… 258
　　二、货币供应量的层次划分 …… 259
　　三、货币供给过程 …… 260
　　四、影响货币供给的因素 …… 262
第四节　货币供求均衡 …… 265
　　一、货币供求均衡与社会总供求平衡 …… 265
　　二、货币供求均衡的含义 …… 266
　　三、货币供求均衡的条件 …… 266

第九章　通货膨胀与通货紧缩 …… 274

第一节　通货膨胀概述 …… 274
　　一、通货膨胀的含义 …… 274
　　二、通货膨胀的度量 …… 275
　　三、通货膨胀的分类 …… 279
第二节　通货膨胀的成因 …… 279
　　一、需求拉动型通货膨胀 …… 279
　　二、成本推动型通货膨胀 …… 280
　　三、供求混合型通货膨胀 …… 280
　　四、结构型通货膨胀 …… 281
　　五、其他原因 …… 281
第三节　通货膨胀的经济效应 …… 282
　　一、通货膨胀与经济增长 …… 282
　　二、通货膨胀的分配效应 …… 283
　　三、通货膨胀的资本积累效应 …… 283
　　四、通货膨胀的资源配置效应 …… 284
第四节　通货膨胀的治理 …… 285
　　一、西方国家治理通货膨胀的对策 …… 285
　　二、发展中国家治理通货膨胀的对策 …… 286
　　三、中国应对通货膨胀的成功经验 …… 286
第五节　通货紧缩 …… 288
　　一、通货紧缩概述 …… 288
　　二、通货紧缩的原因 …… 291
　　三、通货紧缩对经济社会的影响 …… 292
　　四、通货紧缩的治理对策 …… 293
　　五、中国的通货紧缩及治理经验 …… 295

第十章　货币政策 …… 302

第一节　货币政策目标 …… 302
　　一、货币政策概述 …… 302
　　二、货币政策的最终目标 …… 303
　　三、货币政策最终目标的统一性与矛盾性 …… 305
　　四、货币政策中介指标 …… 306
第二节　货币政策工具 …… 307
　　一、货币政策工具概述 …… 307
　　二、一般性货币政策工具 …… 308
　　三、结构性货币政策工具 …… 317
　　四、配合流动性管理的货币政策工具 …… 319
　　五、选择性货币政策工具 …… 320
　　六、其他货币政策工具 …… 321
第三节　货币政策的传导机制 …… 322
　　一、货币政策传导机制 …… 322
　　二、货币政策时滞 …… 323
第四节　货币政策效应 …… 325
　　一、货币政策的效果检验 …… 325
　　二、货币政策的有效性 …… 326

第十一章　外汇与国际收支 338

第一节　外汇与外汇市场 338
- 一、外汇 338
- 二、外汇市场 339

第二节　汇率 342
- 一、汇率及汇率制度 342
- 二、汇率变动的影响因素 347
- 三、汇率变动对经济的影响 348
- 四、人民币汇率问题 350

第三节　国际收支 350
- 一、国际收支及国际收支平衡表概述 350
- 二、国际收支失衡与调节 352
- 三、国际收支对国内经济的影响 354

第四节　国际储备 356
- 一、国际储备的概念和形式 356
- 二、国际储备的作用 358
- 三、国际储备的管理 358

第十二章　金融与经济发展 366

第一节　金融发展与经济增长 366
- 一、金融发展的含义 367
- 二、衡量金融发展的基本指标 367
- 三、金融发展与经济增长的实证检验 368

第二节　金融压抑与经济增长 369
- 一、金融压抑的含义 369
- 二、发展中国家普遍存在金融压抑现象 370
- 三、中央集中计划体制国家的金融压抑 371
- 四、金融压抑对经济增长的阻碍 371

第三节　金融自由化与经济增长 372
- 一、金融自由化的本质和内容 372
- 二、金融自由化对经济增长的促进作用 373
- 三、20世纪70年代若干发展中国家的金融自由化改革 376
- 四、金融自由化的实际效果 377
- 五、金融自由化与金融危机 378
- 六、发展中国家金融自由化改革的经验和教训 381
- 七、中国的金融安全和金融改革 382

参考答案 390

参考文献 394

第一章

货币与货币制度

金融是国民经济的血脉，是国家核心竞争力的重要组成部分。当代经济实质上是信用经济，信用经济和日常生活离不开货币，但人们对货币的认识多数是比较片面的，究竟什么是货币？它以什么形式在经济生活中发挥作用？作为基础的货币制度又是由哪些要素组成的？这些问题是学习货币银行学方面的知识时首先要解决的问题。本章从货币的起源入手，探讨、分析货币的概念，阐述货币的职能及货币制度。

第一节　货币的起源

货币问世已经有几千年的历史。从历史资料的记载中可以看出，货币的出现是与交换联系在一起的。然而，货币和交换是怎样联系在一起的呢？人们的看法有分歧，由此产生了不同的货币起源说。

一、中国古代货币起源说

关于中国古代货币起源主要有以下两种观点。

第一种是先王制币说。这种观点认为，货币是圣王先贤为解决民间交换困难而创造出来的。公元前524年，周景王欲废小钱铸大钱，单穆公劝谏景王说："不可。古者天灾降戾，于是乎量资币，权轻重，以振(赈)救民。"先王制币说在先秦时代十分盛行，以后的许多思想家大都继承了这一观点。如唐朝的陆贽认为："先王惧物之贵贱失平，而人之交易难准，又立货币之法，以节轻重之宜。"北宋的李觏认为："昔日神农，日中为市，致民聚货，以有易无，然轻重之数无所主宰(衡量标准)，故后世圣人造币以权(权衡)之。"

第二种是自然产生说。司马迁认为，货币是用来进行产品交换的手段，即"维币之行，以通农商"。货币是为适应商品交换的需要而自然产生的，随着农、工、商三业的交换和在流通渠道中的流通，货币和货币流通应运而生，随之兴盛。即"农工商交易之流通，而龟贝金钱刀布之币兴焉。所来久远，自高辛氏之前尚矣，靡(不)得而记云"。

二、西方货币起源说

在马克思之前,西方关于货币起源的学说大致有以下3种。

第一种是创造发明说。这种观点认为,货币是由国家或先哲创造出来的。如早期的古罗马法学家鲍鲁斯认为,买卖源于物物交换,早期并无货币,也无所谓的商品与价格,每个人只是根据他的机缘与需要用对他无用的东西交换有用的东西,因为通常是一个富余而另一个不足。但是,由于对方所有的正是自己所愿得的或者自己所有的正是对方所愿接受的这种偶合的情况不经常出现,于是一种由国家赋予永久价值的物品被选出来,作为统一的尺度以解决物物交换的困难。这种物品经铸造成为一种公共的形式后,可以代表有用性和有效性,而不必考虑其内在的价值和数量的关系。

法国经济学家奥雷斯姆认为,物品常常表现为在一地很缺乏而在别处却很丰富,于是产生物物交换方式。又因物物交换常常产生纠纷和争议,聪明的人发明了货币,因此货币不是直接用来满足人类生活的自然财富,而是被发明出来的便于交换的人为工具。

第二种是便于交换说。这种观点认为,货币是为解决直接物物交换困难而产生的。如英国经济学家斯密认为,货币是随着商品交换发展逐渐从诸多物品中分离出来的,是为解决相对价值太多而不易记忆、直接物物交换不便而产生的。他说,如果进入交换过程的有100种物品,那么每种物品都会有99个相对价值,由于这么多价值不易记忆,人们自然会想到把其中之一作为共同的衡量标准,通过它来对其他货物进行比较,解决直接物物交换的困难。

第三种是保存财富说。这种观点认为,货币是为保存财富而产生的。如法国经济学家西斯蒙第认为,货币本身不是财富,但随着财富的增加,人们要保存财富、交换财富、计算财富的量,便产生了对货币的需要,货币因此而成为保存财富的一种工具。

三、马克思货币起源说

马克思认为,商品的价值形式经历了由低级到高级的发展过程,即由简单的偶然的价值形式到扩大的价值形式,再到一般价值形式,最后达到货币价值形式。

(一) 简单的偶然的价值形式

最初的交换带有偶然的性质,一种商品的价值偶然地、简单地由另一种商品来表示。

在原始社会末期,随着社会生产力的发展,产品逐渐有了剩余,生活需要有所扩大,交换行为出现。但交换只是偶然发生,一种商品的价值,只是偶然表现在另一种商品上。例如,10尺[①]布换1张兽皮,10尺布的价值就偶然地在1张兽皮上表现出来,或1张兽皮的价值就偶然地在10尺布上表现出来。由于价值形式表现纯属偶然,因此称为简单的偶然的价值形式。

例如,1只绵羊=2把石斧。绵羊的价值通过石斧表现出来。绵羊处于相对价值形式地位,石斧处于等价形式地位,成为等价物。处于相对价值形式的商品价值量是通过和等价物交换所形成的量的比例表现出来的。

(二) 扩大的价值形式

商品交换逐渐经常化使得商品(如绵羊)可以同其他许多商品交换,如图1-1所示。

$$1\text{只绵羊} = \begin{cases} 2\text{ 把石斧} \\ 25\text{ 千克米} \\ 7\text{ 米布} \\ 0.5\text{ 克黄金} \\ \cdots\cdots \end{cases}$$

---

① 1尺≈0.33米。

图1-1 商品与商品交换

随着社会生产力的进一步发展，出现了第一次社会大分工，即农业和畜牧业分离。产品交换逐渐成为一种经常现象。这时，一种商品已经不是偶然地和另一种商品交换，而是经常地和许多商品交换。于是一种商品的价值也就不是简单地、偶然地在另一种商品上表现出来，而是经常地表现在许多种商品上面。例如，10尺布的价值可由1张兽皮，或2把斧子，或3张弓表现出来，这1张兽皮、2把斧子、3张弓可以成为10尺布的等价物。这种价值的表现形式称为"扩大的价值形式"。在扩大的价值形式中，处于等价形式的商品不再是一种，而是许多种商品。

扩大的价值形式与简单的偶然的价值形式相比有了进一步的发展，但仅仅是规模和量上的进步，而并没有质的飞跃。因为就商品的全体来说，它们的价值仍然没有一个共同的、统一的表现，仍然是物物交换，交换仍然有局限性。例如，甲拥有斧子，需要绵羊；乙拥有绵羊，但不需要斧子，交换难以进行。因此，扩大的价值形式仍然难以满足交换需要。

在扩大的价值形式中，绵羊的价值真正表现为无差别的人类劳动的凝结。扩大的价值形式的缺点是：商品价值未能获得共同的、统一的表现形式。

(三) 一般价值形式

为了克服扩大的价值形式的缺点，人们首先把自己的商品换成一种大家都愿意接受的商品，然后去交换自己所需要的其他商品，其结果就是一般等价物的出现。商品交换的发展，迫切要求冲破物物交换的制约。在长期、频繁的交换过程中，人们自发地从无数的商品中，分离出一种共同喜欢的、经常在交换中出现的商品。人们先把自己的商品同它进行交换，然后用它换取需要的商品。于是，许多商品的价值一般由这种特殊的起媒介作用的商品来表现。这种特殊商品，由于用来表现其他一切商品的价值，起着一般等价形式的作用，故被称为"一般等价物"，此时，"扩大的价值形式"也就演变为"一般价值形式"，如图1-2所示。

图1-2　一般等价物

一般等价物实质上就是货币的雏形，它离货币只有一步之遥。一般价值形式下的一般等价物，并不是固定地由某一种商品充当。如在一个时期，一般等价物可以由布来充当，而在另一个时期，又可能由兽皮来充当；在一个地区，可以由贝作为一般等价物，而在另一个地区，又可能是将农具当作一般等价物。一般等价物的不固定，阻碍了商品经济的进一步发展。因此，人们自然地要求把不同的一般等价物统一起来，固定在某一种特殊商品上，这种商品就成为货币商品。这种用货币来表现商品价值的形式，称为"货币价值形式"，货币在这个阶段才具备产生的条件。

(四) 货币价值形式

在货币真正出现之前，一般等价物虽然已成了商品交换的媒介，但它又是不固定的。一般等价物在不同时期、不同地区是不相同的。由于许多充当一般等价物的商品具有难以分割、价值不统一、难以保存等缺点，因此贵金属最终成为最适合充当一般等价物的商品。当人们选择贵金属作为一般等价物时，货币就产生了。

由此可以看出，货币是随着商品的产生和交换的发展而产生的，它是商品交换内在矛盾的产物，是价值表现形式发展的必然结果。

综上所述，货币的产生过程如表1-1所示。

表1-1　货币的产生过程

简单的偶然的 价值形式	扩大的 价值形式	一般 价值形式	货币 价值形式
1只羊=2把斧头	1只羊= {2把斧头, 5千克大米, 15尺布, 2克黄金, ……}	{2把斧头, 5千克大米, 15尺布, 2克黄金, ……} =1只羊	W=G=W ↓ 固定
价值量不稳，交换困难	一=多 W—W 价值相同，价值量相对稳定	多=一 W—等价物—W ↓ 不固定	金银天然不是货币，货币天然是金银

第二节　货币的本质和职能

一、货币的本质

马克思通过对价值形式发展历史的考察，揭示了货币的起源，同时使人们清楚地看到了货币的本质，即货币是固定地充当一般等价物的特殊商品，它体现了一定的社会生产关系。

(1) 货币是商品，具有商品的共性，即同一切商品一样，具有商品的两个基本属性——价值和使用价值。价值形式发展的历史表明，货币是在商品交换过程中，从普通商品中分离出来的。如黄金，它一方面和其他商品一样，是用来交换的劳动产品，都是价值的凝结体；另一方面能满足人们某些方面的需要，如作为装饰品等，具有使用价值。

(2) 货币不是普通商品，而是特殊商品。其之所以特殊，是因为它在商品交换中取得了一般等价物的独占权，只有它具有一般等价物的作用。具体的表现有以下两点。①货币能够表现一切商品的价值。在交换中，普通商品是以各种各样的使用价值出现的。②货币对于一切商品具有直接交换的能力。用它可以购买一切商品，从而货币就获得了一般的、社会的使用价值，即拥有货币就可以得到任何一种使用价值。

(3) 货币在充当一般等价物的过程中，体现着不定期的社会生产关系。商品生产者互相交换商品，实际上是互相交换各自的劳动，只不过因为他们的劳动不能直接表现出来，所以才采取了商品的形式来进行交换。因此，货币作为商品的一般等价物，也就使商品的不同所有者，通过等价交换，实现了他们之间的社会联系。这种联系就是人和人之间一定的社会生产关系。

马克思在对货币起源的分析中，将货币定义为"固定地充当一般等价物的特殊商品"，是非常深刻的、准确的，也是符合马克思写作《资本论》的时代——19世纪中下叶的现实的，那时西欧各国普遍实行金本位制度，黄金正行使着货币的职能。

因此，马克思将黄金视为货币的最高阶段，得出"货币天然是金银"的论断。但今天人们分析"货币是固定地充当一般等价物的特殊商品"这一表述时，应该认识到"一般等价物"是货币的本质，"特殊商品"是一定历史条件下"一般等价物"的载体，是货币的形式，理由如下。

第一，货币商品两种使用价值相互排斥。货币商品作为普通商品，具有以其自然属性所决定的特定的使用价值，而作为货币，除具有特殊使用价值外，还具有以其社会属性所决定的一般的使用价值，即具有和其他一切商品相交换的能力。当货币商品发挥其特定的普通商品的使用价值时，它并不发挥货币的作用。如黄金，当它被制成某种首饰时，其能满足人们装饰的特殊需要，但此时的黄金还只是一种普通商品而不是货币，这时它被称为非货币用黄金。当黄金被投入流通并与其他商品相交换时，它才是货币，这时被称为货币用黄金，但此时的黄金并不能作为普通商品来使用和消费。两种使用价值的排斥性隐示着一般等价物与商品性能分离的可能性。

第二，特殊商品是一般等价物信用基础未建立时的载体。一般等价物在商品交换过程中起着商品价值的表现和实现作用，用于传导不同商品的价值比例关系。此时，作为一般等价物，它不再是消费的对象，而是转瞬即逝的交易中介。对一般等价物的接受者而言，他需要的是以自己的劳动换取别人的劳动，从而获得另一种商品的使用价值。因此，他必须建立一个信念，即别人也同样接受一般等价物，据此可以换取自己所需要的商品。而在这种普遍信念未建立之前，人们只能将一般等价物同商品相联系。因为一般等价物具有普通商品的使用价值，便于人们普遍接受，即使暂时无人接受该一般等价物，该一般等价物也有普通商品的使用价值，自己也不会吃亏。这里，"货币表现为抵押品，一个人为了从别人那里获得商品，他就必须把这种抵押品留在别人手里。在这种场合，人们信赖的是物(货币)，而不是作为人的自身"。

第三，当"人们都有会像我一样接受一般等价物"这种普遍信心建立以后，货币作为一般等价物，不再要求一定是具体商品，它可以摆脱商品的躯壳。"金货币在流通中升华为它自身的象征，最初采取磨损的金属铸币的形式，之后采取金属辅币的形式，最后采取无价值记号、纸片、单纯的价值符号等的形式"。

了解了货币本质是一般等价物，并在一定条件下可以摆脱商品躯壳对其的束缚之后，再来了解我国人民币的性质就比较容易了。我国人民币作为一种价值符号，它仍然是一般等价物，虽然它本身没有价值，但它可以代表一定的价值量，并以一定价值量的代表去衡量一切商品价值量的大小，同一切商品进行交换，发挥其货币职能。

二、货币的职能

货币的职能就是货币本身所具有的功能，是货币本质的具体表现。关于货币的职能，许多经济学家都认为货币具有4种职能，但是他们对货币职能的具体表述和排列顺序有着不同的看法。马克思认为货币具有5种职能，它们的表述和排列顺序是：价值尺度、流通手段、贮藏手段、支付手段和世界货币。马克思在分析货币职能时，假定黄金是唯一的货币商品，下面按照马克思的表述来介绍货币的职能，如图1-3所示。

(一) 价值尺度

货币在表现和衡量其他一切商品价值时执行着价值尺度职能，这是货

图1-3 货币的职能

币的基本职能。货币发挥价值尺度职能，把商品的价值表现为同名的量，使它们在质上相同，在量上可以相互比较。货币的这个职能克服了在物物直接交换条件下，由于价值表现不同而给商品流通造成的困难。在物物直接交换的情况下，物物交换的比例随交换物品的增多而增加，交换的物品越多，交换比例越高，价值表现形式也越多，而这些众多的交换比例都是由不同商品的不同使用价值的量来表现的。因此，不同商品之间很难通过这些不同形式的交换比例来比较、衡量、表现它们价值量的大小。货币出现后，一切商品的价值都通过货币来表现，货币成为商品价值的唯一表现形式。通过货币，可以很容易地比较不同商品的价值。

货币为什么能成为价值尺度？马克思认为货币之所以能充当价值尺度，是因为货币(金)自身有价值，与其他商品一样都是人类劳动的结晶，具有相同的质，即价值。正因为如此，其他一切商品作为价值实体就可以通过货币商品来比较、计算自身的价值，货币就成为其他商品共同的价值尺度。

货币通过与商品相交换，把商品的价值表现为一定的货币量，这一定的货币量就是商品的价格。价格就是商品价值的货币表现。在货币价值不变的条件下，商品价值的大小是通过货币量即价格的变化来表现的。商品价值量大，表现的货币量就多，价格就高；商品价值量小，表现的货币量就少，价格就低。所以，商品价值量的大小是通过价格的高低变化来区分的。然而，价格是商品价值的货币表现并不是说价格在任何时候都能和商品价值保持一致。价格常常围绕价值上下波动，有时高于价值，有时低于价值，这是由于商品供求因素的影响，商品供大于求，价格就下跌，商品供小于求，价格就上涨，因此价格是由商品价值决定的，在供求影响下形成。

货币表现商品的价值就是给商品标价，这时不需要现实的货币，只是观念上的或想象中的货币。也就是说，货币在给商品标价的时候，并不需要在商品的旁边真摆上若干数量的货币，只要在观念上进行比较即可。

商品的价值有大有小，各不相同，表现为货币的数量也就有多有少。要比较不同的货币量，就需要确定货币本身的计算单位。各种商品货币本就分别具有衡量各自使用价值的单位，最初的价格单位同衡量商品货币使用价值的自然单位是一致的。如中国古代曾以两(16两为1斤)、铢(24铢为1两)作为货币单位，它们既是自然单位(重量)，又是价格单位。后来，货币单位与自然单位逐渐分离了。其主要原因如下。

(1) 外国货币的输入。如中国的白银很长时间以两为单位流通。明末外国货币流入中国，外国货币单位是"元"。通过"废两改元"以后，中国货币的单位正式改称"元"，而不再使用重量单位"两"，使重量单位与价格单位分离。

(2) 由于币材的改变，原来货币单位名称不变，但它实际所包含的重量已经发生变化。币材从贱金属改变为贵金属，但货币单位名称仍保留原贱金属的货币单位名称。如英国18世纪以前主要是白银流通，当时的价格标准"镑"就是指白银的重量单位名称，当1816年英国正式采用金本位制时，货币单位名称未作变更，沿用至今。

(3) 国家铸造重量不足的货币，也使货币单位与自然单位脱离。中国历史上曾有过一种铜币"五铢钱"，最初其重量就是五铢，后来曾出现过含铜不足二铢的"五铢钱"。

(二) 流通手段

流通手段是货币的基本职能之一，即货币在商品流通中充当交换的媒介。在货币出现以前，商品交换采用直接物物交换的形式。此时，商品生产者进行商品交换时，既是买者，又是卖者，在卖出自己生产的商品的同时买进别人的商品。货币出现以后，商品交换方式发生了变化：每个商品生产者都要先把商品换成货币，即先把商品卖出去换回货币，然后用货币去换取所需要的商品，即买进商品。此时，商品的交换分离成了买和卖两个阶段，货币在商品买与卖之间充当了交易的媒介。

执行流通手段的货币，不能是想象中的或观念上的货币，必须是现实的货币。商品购买者不能凭着观念上的货币买到商品，商品销售者也不会拿自己的商品去和观念上的货币交换。在商品买卖时，必须有实实在在的货币去和商品交换，那么作为商品交易媒介的货币就有一个现实需要量的问题。

作为流通手段的货币量应该是多少呢？在流通领域，商品和货币总是有一方处在卖的一极，另一方处在买的一极上，彼此对立着。要购买这些商品，就要付出与这些商品价格总额相等的货币量，所以作为流通手段的货币量，首先是由商品价格总额决定的。

商品价格总额由两个因素决定：一是商品总量；二是商品价格水平。在货币价值不变的情况下，如果每种商品的价格不变，则商品价格总额显然是由流通领域里的商品量决定的；如果商品总量不变，则商品价格总额由流通领域里的商品价格水平决定。货币量的大小与流通中商品价格和数量成正比例增减变化。但是作为流通手段的货币量也并不需要同商品价格总额相等同。因为作为流通手段，一定时间内的货币是可以为多次的商品交易做媒介的。如工厂产品销售出去后获得货币，再用货币支付工人工资，工人领取工资后用它购买生活用品，这样一枚货币可以在流通中为数倍于它的商品做媒介。在一定时间内，货币实现的交易次数，也称货币流通速度或货币流通次数。货币在一定时间内流通次数越多，可以实现的商品价格总额就越大，流通中需要的货币量也就越小。所以，货币流通速度同流通领域中所需要的货币量成反比例变化。

若用 Q 代表商品数量，P 代表商品价格，V 代表货币流通次数，执行流通手段的货币需要量用 M 表示，则

$$M=PQ/V$$

执行流通手段职能的货币，不能是想象中或观念上的货币，但可以用货币符号来代替。因为货币在交换中是转瞬即逝的，是交换手段而不是交换的目的。所以只要有一种符号就可以代替或满足这种需要。作为货币符号的纸币，就是从货币的流通手段职能中产生的。实际上，流通中一直有不足值的铸币或其他货币符号执行流通手段职能，如磨损后的铸币仍能像足值铸币一样流通。然而，货币符号充当交易媒介后，货币与商品价格的关系就发生了变化。在足值的货币充当交易媒介时，商品价格决定了进入流通领域的货币量，而在货币符号充当流通手段职能时，进入流通领域的货币量决定商品价格。在其他条件不变的情况下，货币量增加，商品价格上涨；货币量减少，商品价格下跌。

(三) 贮藏手段

贮藏手段是货币退出流通领域被人们当作独立的价值形态和社会财富的一般代表保存起来的职能。贮藏手段职能是在价值尺度和流通手段职能的基础上产生的。价值尺度功能使货币成为其他一切商品的价值代表，流通手段职能使人们可以用货币购买其他一切商品，因此货币才能作为社会财富的一般代表，具有了贮藏的价值。世界上财富的形式多种多样，财富贮藏和积累的形式也多种多样，货币作为一种财富贮藏形式，贮藏费用最低，因此货币产生以后，人们便开始利用货币进行贮藏。

货币贮藏的最初阶段是马克思所说的"朴素的货币贮藏形式"，这时，人们贮藏货币的目的是利用货币来保存自己的剩余产品。随着商品经济的发展，货币贮藏变成了商品生产顺利进行的必要条件。因为厂家不一定在它的商品卖出去以后，马上就用这笔货款支付别的费用，同样，它也不能保证每当它需要购买或支付时，都有相当的商品能卖出去，从而得到需要的货款。因此，商品生产者就必须贮藏一定量的货币，以便在需要时使用。商品经济越发展，货币发挥的作用范围越广，货币的权力也就越大，货币不仅能够使人得到各种物质财富，还能影响人们的社会地位、信誉乃至命运。货币似乎"无所不能"，于是一些人就开始贪婪地积累货币，为贮藏而贮藏货币。

货币产生至今，其形式已发生不少变化，从足值货币发展到现在的信用货币，货币贮藏的形式也在变化，从以足值货币金银的形式贮藏价值到现今以信用货币——价值符号的替身作为价值贮藏的典型形态。金银的价值高，性质稳定，不会因贮藏时间长而减少价值，因此即使现在金银已不再是货币，人们也仍用贮藏金银的形式贮藏价值。马克思认为，在金属货币与货币符号同时流通的情况下，货币符号没有贮藏的职能，因为货币符号只有作为流通手段才有价值，一旦退出流通就一文不值了。现在的情况和马克思当时所描述的时代背景不同，流通中已经没有金属货币，而是以银行券、存款货币为主的信用货币作为一般等价物的代表，发挥货币的各种作用。因此，人们便以银行券和存款货币的形式来贮藏价值，这也是货币形式发展的结果。当然，信用货币执行这一职能是有条件的，即必须以币值稳定或急需的物品顶替它，继续充当价值贮藏的载体。

(四) 支付手段

当货币不是用作交换的媒介，而是作为价值的独立运动形式进行单方面转移时，货币执行支付手段职能。货币这一职能的产生及发展是与信用关系的产生和发展密切相关的。随着商品流通的发展，现金交易的基础上往往会产生商品的让渡与价格的实现相脱节的情况，于是买卖关系变成了债权债务关系。货币的这个职能直接产生于以延期付款方式买卖商品的活动之中。在商品以赊销方式买卖时，买卖行为完成后，经过或长或短的一段时间，购买者才向销售者支付货币。在支付之前，卖者变成了债权人，买者变成了债务人。随着信用交易方式的出现，货币在偿还债务或做其他支付时，执行支付手段职能。

货币作为支付手段时，等值的商品和货币在交换过程的两极不再同时出现，货币不再是交换的媒介，而是作为补充交换行为的一个环节，作为交换价值的绝对存在，独立地结束商品交换的整个过程，是价值的单方面转移。

货币支付手段职能出现后，一定时期流通中需要的货币量也发生了相应的变化，因此作为支付手段的货币也是现实的货币。在流通过程中，货币的流通手段和支付手段职能不是截然分开的，而是交替地发挥这两个作用。因此，流通中需要的货币量不仅包括流通手段的量，还包括支付手段的量。货币借助其拥有的支付手段职能，使信用关系得以形成。债权债务到期还可以相互抵消和清算，债务人只需要支付债务余额，这样可以大大减少现金需要量，具体公式为

$$\text{一定时期内流通中所必需的货币量} = \frac{\text{商品价格总额} - \text{赊销价格总额} + \text{到期支付总额} - \text{相互抵消的支付总额}}{\text{单位货币(作为流通手段和支付手段)的流通速度}}$$

在现代商品经济中，货币作为支付手段发挥的作用越来越大。首先是由于大额交易的增多，而大额交易大部分是采取延期付款方式进行的。其次是在财政、银行方面的运用，财政的

收入和支出、银行的存款和贷款都是货币在发挥支付手段职能。此外，在支付工资和各种劳务报酬时，货币也在发挥支付手段职能。

(五) 世界货币

当商品流通越出国界，扩大到世界范围时，货币的职能作用也随之发展。货币超越国内流通领域，在国际市场上充当一般等价物，执行着世界货币的职能。

马克思对世界货币的论述是在金属货币条件下进行的。

马克思认为，在贵金属流通的条件下，作为世界货币，要求货币本身要以金银原始条块形式并按实际重量发挥职能，不能采取国内流通的铸币或纸币形态，因为它们一越出国界，就丧失了原定的法定意义。货币在世界市场发挥作用要脱去其国家制服。

世界货币职能具体表现为：①作为国家间的支付手段，用于平衡国际收支差额；②作为国家间的流通手段，用于购买外国商品；③作为社会财富的代表，由一国转移到另一国，如支付战争赔款、对外援助等。

在金属铸币退出流通、黄金非货币化的条件下，关于世界货币的问题就成了国际货币制度研究中的重要课题。近年来，人民币国际化问题也日益受到关注。

货币国际化是指货币跨越国界，在境外流通，成为国际上普遍认可的计价、结算及储备货币的过程。人民币国际化的作用体现在以下方面：第一，人民币国际化坚持服务实体经济，促进贸易投资便利化；第二，人民币国际化推动全球储备货币体系改革，增强人民币储备货币功能；第三，人民币国际化深化于金融市场开放，提升我国资本项目开放水平；第四，人民币国际化助力"一带一路"建设，支持国家战略发展。人民币国际化是市场驱动下水到渠成的过程。随着人民币国际化进程加快，人民币支付货币功能不断增强，人民币投融资货币功能持续深化，人民币储备货币功能进一步显现，人民币计价货币功能有了更多发展，双边货币合作稳步推进。

第三节　货币的形式

货币自产生以来已有几千年的历史。在这几千年的历史长河中，货币的形式随着商品交换和商品经济的发展也在不断地变化和发展着。这种形式的变化，是不断地适应经济社会发展变化而产生的，同时消除了前一种货币形式无法克服的缺点。货币形式的演变如图1-4所示。

图1-4　货币形式的演变

一、实物货币

实物货币是指以自然界存在的某种物品或人们生产的某种物品充当货币，是最早的货币形态。在中国历史上，实物货币种类很多，如贝类、谷物、布帛、牲畜、烟草、可可豆等都充当过实物货币，如图1-5所示。其中，时间较长、影响较大的有两类：一类是贝类；另一类是谷帛。

图1-5 实物货币

贝币是中国最早的货币之一。它以产于南洋海域的海贝为材料。这种海贝原来是用作饰物的，由于它坚固耐用，价值很高，携带方便，有天然单位，而被当作货币使用。贝的货币单位为"朋"，通常十贝为一朋。中国使用贝币的时间很长，从殷商时代开始，至秦始皇统一中国货币后废除贝币，在中国云南一带，贝币一直使用到清初。在亚洲、非洲、美洲和欧洲的许多国家和地区，也都曾使用过贝币。谷帛也是中国历史上影响较大的实物货币。中国历史上用作货币的谷帛情况不同。谷只是用于零星交易，成匹的布帛则适用于大额支付，以弥补铜钱之不便。即使在金属货币广泛流通以后，谷帛的货币性亦未完全丧失，特别是在魏晋隋唐时期表现得尤为明显，宋代以后，银钱日益发展，谷帛的货币作用亦未完全消失。

然而以实物形式存在的货币，并不能很好地满足交换对货币的要求。因为许多实物货币都形体不一，不易分割、保存，不便携带，而且价值不稳定，所以不是理想的交易媒介。

二、金属货币

以金属如铜、银、金等作为材料的货币称为金属货币。历史上出现过的部分铜币与银币如图1-6所示。与实物货币相比，金属货币具有价值稳定、易于分割、易于储藏等优势，更适宜充当货币。中国是最早使用金属货币的国家，从殷商时期开始，金属货币就成为中国货币的主要形式。就金属货币本身而言，以贵金属黄金作为货币材料是金属货币发展的鼎盛时期。黄金作为货币材料的历史比较长，如英国早在13世纪中叶就有了金币铸造，但是以黄金作为本位货币，则是在资本主义经济有了较大发展以后，历史上最早实行金本位制的国家是英国，开始于1816年。

金属充当货币材料采取过两种形式：一种是称量货币；另一种是铸币。

图1-6 金属货币

称量货币是指以金属条块的形式发挥货币作用的金属货币。金属货币出现后，最开始是以金属条块形式流通的，这种金属条块在使用时每次都要称重量、鉴定成色，所以称为称量货币。称量货币在中国历史上使用时间很长，典型的形态是白银。从汉代开始使用的白银，一直以两为计算单位，以银锭为主要形式。银锭分为4种形式：一是元宝，也称马蹄银、宝银，每枚重量约50两；二是中锭，也称小元宝；三是小锭，重约一二两到三五两；四是碎银，重量在1两以下。白银在使用时，每次都要验成色、称重量，很不方便。清朝中叶以后，为了便利商品交易，各地都建立了公估局，专门负责鉴定银元宝的成色和重量，宝银经过鉴定后，即可按批定的重量和成色流通，交易时不必再随时称重和鉴定成色。但是公估局的鉴定只在当地有效，到了外地，仍要铸成当地通行的宝银重新鉴定，不能从根本上改变银两制度的落后性。一直到1933年，国民党政府废止了这种落后的货币制度。

铸币是铸成一定形状并由国家印记证明其重量和成色的金属货币。铸币的出现克服了称量货币使用时的种种不便，便利了商品交易。铸币最初形态各异，如中国历史上铸币的形状有仿造的铜贝、银贝、金贝，有仿造刀状而铸造的刀币，有仿造铲状而铸造的布币等。最后铸币的形态逐渐过渡统一成圆形，因为圆形便于携带，不易磨损。中国最早的圆形铸币是战国中期的圜钱(亦称环钱)，流通全国的则是秦始皇为统一中国货币而铸造的秦半两，这种铸币为圆形，中间有方孔，一直沿用到清末。因为钱有方孔，所以历史上称为"孔方兄"，如图1-7所示。

图1-7 "孔方兄"

西方国家金属铸币采用的是圆形无孔的形式，币面通常铸有统治者的头像。清朝末年，受流入我国的外国硬币的影响，方孔铸币被圆形无孔铸币代替。

三、信用货币

经过短暂的代用货币后，开启信用货币形式。信用货币是由国家法律规定的，强制流通且不以任何贵金属为基础的独立发挥货币职能的货币。信用货币不但本身价值远远低于其货币价值，而且和代用货币不同，不再代表任何贵金属。信用货币是货币进一步发展的产物，目前世界上几乎所有的国家都采用这一货币状态。从历史的观点看，信用货币是金属货币制度崩溃的直接结果。20世纪30年代，由于世界性经济危机接踵而至，各主要国家先后被迫脱离金本位和银本位，所发行的纸币不能再兑换金属货币，因此信用货币便应运而生。图1-8所示为纸币的一种(美元)。

图1-8 纸币

一般来说，信用货币作为一般的交换媒介须有两个条件：一是人们对此货币的信心；二是货币发行的立法保障，两者缺一不可。例如，在一国的恶性通货膨胀时期，人们往往拒绝接受纸币。但如果只有信心，没有立法保障，这种货币也会由于缺乏有效的监督管理，造成交换使用中的混乱。

一般来说，只要一国政府或金融管理机构能将货币发行量控制在适应经济发展需要的范围之内，公众仍会对纸币保持信心。一般大多数采用信用货币制度的国家，虽然在中央银行的资产负债表中有黄金一项作为准备金,但往往是名义上的。信用货币的发行,既不受黄金数量上的制约,也不能兑换黄金。

目前人们所熟悉的信用货币,如果更详细地加以区别的话,又可以分为以下几种主要形态。

(一) 辅币

辅币的主要功能是充当小额或零星交易中的媒介手段。辅币多以贱金属制造,如铜、镍、铝等,我国的辅币主要是以含铝或者含铜等成分的金属铸造的。目前在世界各国,铸币权几乎毫无例外地完全由政府独占,我国是由中国人民银行下属的铸币厂专门铸造。

(二) 现金或纸币

现金或纸币的主要功能是充当人们日常生活用品的购买手段。一般具有流通手段职能的纸币,其发行权或为政府或为金融机构专有。发行机构因各国的货币信用管理体制而异,多数为各国中央银行、财政部或政府专门成立的货币管理机构。

(三) 银行存款

目前商业银行存款产品种类繁多,但作为货币执行一般媒介手段的主要是以银行活期存款形式存在。这些银行活期存款实质上是存款人提出要求即可支付的银行债务,是存款人对银行的债权,所以这种货币又可称为债务货币,存款人可借助支票或其他支付指示,将本人的存款支付给他人,作为商品交换的媒介。这种存款人对银行的债权,或者说银行对存款人的负债,在经济交易中已被人们普遍接受,用以支付债务和支付商品与劳务。在整个交易中,用银行存款作为支付手段的比重几乎占绝大部分,目前在小额交易中也开始广泛使用这种货币,如顾客对零售商的支付,以及劳动者工资或薪水的支付等。

这里应该注意分清作为支付指示的支票本身与银行存款的区别。支票是一种票据,是存款人向银行发出支付指示的载体,本身并不是货币,银行的活期存款才是真正的交易媒介和支付手段。所以在交易双方并不互相熟识的情况下,支票未必能为对方所接受。不过在信用制度高度发达的社会中,这些技术的困难已被种种信用工具,如保付支票、银行支票、旅行支票、信用卡等所克服。

(四) 电子货币

计算机的广泛应用对传统货币交易和支付方式提出了挑战,电子货币在众多国家的试验就是最有影响的例证之一。

电子货币是以金融电子化网络为基础,以商用电子化机具和各类交易卡为媒介,以电子计算机技术和通信技术为手段,以电子数据形式存储在银行的计算机系统中,并通过计算机网络系统以电子信息传递形式实现流通和支付功能的货币。

就现阶段而言,大多数电子货币是以既有的实体货币(现金或存款)为基础存在的,具备"价值尺度"和"流通手段"的基本职能,还有"储藏手段""支付手段""世界货币"等职能。且电子货币与实体货币之间能以1∶1比率交换这一前提条件是成立的。而作为支付手段,大多数电子货币又不能脱离现金或存款,是用电子化方法传递、转移,以清偿债权债务实现结算的。因此,现阶段电子货币的职能及其影响,实质是电子货币与现金和存款之间的关系。

电子货币的特点:①以电子计算机技术为依托,进行储存、支付和流通;②可广泛应用于生产、交换、分配和消费领域;③融储蓄、信贷和非现金结算等多种功能为一体;④电子货币具有使用简便、安全、迅速、可靠的特征;⑤现阶段电子货币的使用通常以银行卡(磁卡、智能卡)为媒介。

电子货币可分为4种类型：储值卡型电子货币、信用卡应用型电子货币、存款利用型电子货币、现金模拟型电子货币。

电子货币的使用通常是利用计算机网络或储值卡进行的。持有这种储值卡就像持有现金一样，每次消费支出可以从卡片的存储金额里扣除。而一些国家新出现的电子钱包则是由金融机构发行的金融卡，不仅可以在自动提款机上提取现金、完成转账，而且能从银行账户内的存款金额中拨出部分金额转入随身的卡片上存储。图1-9所示为中银电子钱包。当电子钱包中的现金余额全部用完时，可以随时从上网的计算机、自动柜员机或通过电话操作来对货币存储额进行补充。在日常使用时，消费者只要将卡片插入小型的读卡机就可以得知卡片的现金余额。

图1-9 中银电子钱包

电子货币说到底不过是观念化的货币信息，它实际上是由一组含有用户的身份、密码、金额、使用范围等内容的数据构成的特殊信息。电子货币实际上是法币的电子化，包括常见的银行卡、网银、电子现金等；还有近年来发展起来的第三方支付，如支付宝、微信支付等。这些电子货币最初的源头都是中央银行发行的法币。

虚拟货币与电子货币最重要的区别就是发行者不同。虚拟货币是非法币的电子化，可以简单理解为是一些虚拟世界中流通的货币，是互联网社区发展的产物。这些虚拟货币往往可以通过完成虚拟世界的任务，或者用现实的法币购买获得，限于特定的虚拟环境中流通，例如，大家熟悉的游戏币；门户网站或者即时通信工具服务商发行的专用货币，用于购买本网站内的服务；互联网上的虚拟货币。

数字货币是价值的数字化表示，是电子货币形式的替代货币。现阶段我们说数字货币，更多是指加密数字货币，其核心特点在于，能够实现类似现金的可控匿名的点对点支付。近年来，各国政府纷纷着手研究和发行由政府主导的数字货币，被民间称为法定数字货币。与非法定的加密数字货币不同，法定数字货币只是现电子货币的升级形态，虽引入计算机代码运行等新技术，但又保持对货币运行的适度掌控力。当前，各主要经济体均在积极考虑或推进央行数字货币研发。目前中国试点的法定数字货币是指数字化人民币。

数字人民币(字母缩写按照国际使用惯例暂定为"e-CNY")是人民银行发行的数字形式的法定货币，由指定运营机构参与运营，以广义账户体系为基础，支持银行账户松耦合功能，与实物人民币等价，具有价值特征和法偿性。其主要含义是：第一，数字人民币是央行发行的法定货币；第二，数字人民币采取中心化管理、双层运营；第三，数字人民币主要定位于现金类支付凭证(M0)，将与实物人民币长期并存；第四，数字人民币是一种零售型央行数字货币，主要用于满足国内零售支付需求；第五，在未来的数字化零售支付体系中，数字人民币和指定运营机构的电子账户资金具有通用性，共同构成现金类支付工具。

数字人民币的设计特性：兼具账户和价值特征、不计付利息、低成本、支付即结算、匿名性(可控匿名)、安全性、可编程性。

数字钱包是数字人民币的载体和触达用户的媒介。在数字人民币中心化管理、统一认知、实现防伪的前提下，人民银行制定相关规则，各指定运营机构采用共建、共享方式打造移动终端App，对钱包进行管理并对数字人民币进行验真；开发钱包生态平台，实现各自视觉体系和特色功能，实现数字人民币线上线下全场景应用，满足用户多主体、多层次、多类别、多形态的差异化需求，确保数字钱包具有普惠性，避免因"数字鸿沟"带来的使用障碍。

中国研发数字人民币体系，旨在创建一种以满足数字经济条件下公众现金需求为目的、数字形式的新型人民币，配以支持零售支付领域可靠稳健、快速高效、持续创新、开放竞争的金融基础设施，支撑中国数字经济发展，提升普惠金融发展水平，提高货币及支付体系运行效率。目前，数字人民币试点场景已覆盖生活缴费、餐饮服务、交通出行、购物消费、政务服务等领域。

第四节 货币制度

一、货币制度的构成要素

货币制度简称"币制"，是国家用法律形式规定的货币流通组织形式。它是保证一个国家货币流通规范、统一运行的重要制度。货币制度主要包括以下几个要素。

(一) 货币材料

币材是指充当货币的材料或物品。一般来说，充当商品货币的材料应具备以下条件：一是价值较高；二是易于分割；三是易于保存；四是便于携带。充当货币的材料价值较高，就可以用少量的货币完成大量的交易；易于分割是指货币材料可以自由分割，且分割后不影响其价值，以便为价值量不等的商品交易服务；易于保存是指货币材料不会因保存而减少价值，不需要支付费用；便于携带可以使货币在较大区域内媒介商品交换。但对某一种货币材料来说，上述4个要求也不是在任何时期都是同等重要的。从货币的发展史来看，历史上有许多种不同的物品充当过货币材料。大致而论，货币材料的演变是从实物货币开始，发展到金属货币，再发展到货币商品的代表——纸币和信用货币形式。这个货币材料的演变过程，反映出商品生产、商品交换的发展对货币材料的要求。但是，需要说明的是，虽然币材是沿着实物货币—金属货币—信用货币这样的历史顺序而发展演变的，但这并不说明它们之间有严格的此生彼亡的界限。如金属货币产生后，在某些历史时期，仍有实物货币同时使用，如中国唐朝的钱帛兼行，就是金属货币和实物货币同时使用的实例。

确定货币材料是建立一个国家货币制度的基础。确定不同的货币材料，就构成不同的货币制度。例如，确定白银作为货币材料，就称为银本位制；确定黄金为货币材料，就称为金本位制；确定金银同时作为货币材料，就称为金银复本位制。因此，确立以何种金属作为货币材料，是建立一种货币制度的首要步骤。究竟选择哪一种金属作为币材，虽然由国家确定，但这种选择不以国家的意志为转移，而受客观经济条件的制约。在资本主义发展初期，一方面由于白银生产量较大，而黄金生产量较小；另一方面由于资本主义大工业尚未得到很大发展，在商品流通中小额零星交易较多，因此广泛流通着白银，就把白银规定为货币金属。后来，随着黄金生产量的增加、资本主义大工业的发展和批发商业的出现，黄金开始进入流通，流通中兼有白银和黄金，就把金银两种金属规定为货币金属。当黄金生产进一步发展时，黄金在流通中最终独占了货币的地位，此时就把黄金规定为货币金属。

(二) 货币单位

货币材料确定以后，则要规定货币单位。这包括规定货币单位的名称和规定货币单位所含有的货币金属量。例如,英国的货币单位定名为英镑,1870年规定每英镑的含金量为7.97克;美国的货币单位定名为美元,1934年以前1美元的含金量为1.504 632克,1934年1月减为0.888 671克,1971年12月又减为0.818 513克;中国在1914年曾规定货币单位的名称为"圆",并规定每个银圆的含银量为0.648两。世界上绝大多数国家选择镑、元、法郎等作为货币单位名称。

(三) 本位币的铸造与流通

本位币亦称主币。它是按照国家确定的币材和货币单位制作的法定货币,国家法律规定的作为价格标准的基本货币。本位币具有以下特点。

(1) 本位币是一国唯一合法的用于计价、结算的货币。

(2) 本位币名义价值(面值)与实际价值(金属价值)相一致,是足值的货币。

(3) 本位币具有无限法偿效力,即本位币为无限法偿货币。所谓无限法偿效力,就是国家法律规定本位币有无限制的支付能力,不论支付数额多大,不论属于任何形式的支付,对方都不能拒绝接受。

(4) 在金属货币制度下,本位币可以自由铸造。也就是说,本位币一方面由国家按货币单位铸造,另一方面每个公民都有权把货币金属送到国家造币厂请求铸成本位币,其数额没有限制,并且不收或只收取少量的费用。同时,国家允许公民将本位币熔化成金属条块。

(四) 辅币的铸造和流通

辅币是本位币以下的小额通货,供日常零星交易之用。它通过法律形式与主币建立起固定的兑换比例。如美国的辅币为"分",1美元等于100美分;中国的辅币为"角""分"。

辅币具有如下特点。

(1) 辅币是用贱金属铸造的不足值货币,其实际价值低于名义价值,故铸造辅币可以得到一部分收入。

(2) 辅币是有限法偿货币。

(3) 辅币不能自由铸造,只能由国家垄断铸造,以保证辅币收入归国家所有,同时可以避免辅币排挤主币。

(五) 银行券和纸币的发行与流通

银行券是在商业票据流通的基础上由银行发行的,用于替代商业票据的银行票据。最早的银行券出现于17世纪,当一些持有商业票据的人因急需现金到银行要求贴现时,银行付给他们银行券。于是,银行券就通过银行贷款程序投入了流通。

银行券的发行分为两个阶段:从17世纪中叶到19世纪中叶实行分散发行,即一般商业银行都可发行各自的银行券。19世纪中叶以后,逐渐改由中央银行集中统一发行。中央银行发行的银行券通常被国家法律规定为法定支付手段,拒绝接受被视为违法。自1929—1933年世界经济危机以后,各国中央银行的银行券都不能在国内自由兑现,它的流通已不能再依靠银行信用,而是单纯依靠国家政权的强制力量,从而使银行券纸币化了。

纸币是由国家财政发行并依靠国家政权的力量强制流通的价值符号。图1-10所示为世界首张纸币——交子。纸币通常是

图1-10 世界首张纸币——交子

在战争时期或特殊困难时期，为弥补财政赤字而发行的。纸币本身没有价值，而且不能兑换金属货币，如果它得不到社会的公认，则只不过是一文不值的废纸，根本不能起到货币符号的作用。很明显，绝对不是任何人发行一种货币符号就能在市场上流通的。纸币之所以能够成为代替真实货币流通的价值符号，国家的强制力起着关键作用。国家发行纸币，并凭借自己的权力，强制居民必须接受它，这才使纸币得到了社会的公认，成了大家都能接受的货币符号。

(六) 准备制度

准备制度又称黄金储备制度。它是一国货币稳定的基础，也是一个国家经济实力强弱的重要标志之一。世界上大多数国家的黄金储备由中央银行或财政部门掌握。在金属货币流通条件下，黄金准备的用途有以下三方面。

(1) 作为国际支付的准备金，也就是作为世界货币的准备金。

(2) 作为国内金属货币流通的准备金，以备流通扩大和收缩对金属货币的不同需要。

(3) 作为支付存款和兑换银行券的准备金。

在当今世界各国不兑现的信用货币流通条件下，黄金准备只作为国际支付的准备金，其余两个用途不复存在。为强化国际支付准备金，各国建立了外汇储备，即以特定的世界货币(如美元、欧元、日元、英镑、人民币等)作为准备。

二、货币制度的演变

在货币制度发展史上曾存在4种不同的货币制度，依次为银本位制、金银复本位制、金本位制和不兑现信用货币制度。

货币制度的分类如图1-11所示。

(一) 银本位制

银本位制是指以白银作为本位币的一种货币制度。银本位制又分为银两本位制和银币本位制两种形式。银两本位制度是以白银的重量单位——"两"作为价格标准，实行银块流通的货币制度。银币本位制度则是以一定重量和成色的白银铸币流通的货币制度。银本位制的基本特征有以下几点。

图1-11　货币制度的分类

(1) 银币可以自由铸造和自由熔化。

(2) 银币为无限法偿货币。

(3) 辅币和其他各种货币可以自由兑换银币或等量白银。

(4) 白银和银币可以自由输出输入。

银本位制是历史上最早的货币制度之一。它是与经济不够发达，商品交易主要以小额交易为主的商品经济相适应的货币制度。银本位制最大的缺点是白银价值不稳定。而作为一种货币金属，只有当价值能保持相对稳定时，才适合作为货币材料，才能保证货币价值的稳定性。银本位制度从16世纪后开始盛行，至19世纪末除少数经济落后国家外，各国纷纷放弃，大致经历了200多年。

(二) 金银复本位制

金银复本位制是指以金、银两种金属同时作为本位货币的一种货币制度。其特征如下：金、银两种本位币都可以自由铸造、自由熔化；都具有无限法偿效力；金、银两种金属及其铸币均可以自由输出输入；两种本位币可自由兑换。在金银复本位制下，法律规定金银两种贵金属都是铸造本位币的材料。

复本位制又分为平行本位制和双本位制两类。所谓"平行本位制"，是指金银两种货币按其各自所含金银的实际价值流通的本位制度。如英国在1663年铸造的金币"基尼"与原来的银币"先令"按照市场比价同时流通。由于两种不同金属的货币同时充当价值尺度，商品就具有双重价格——金币表现的价格和银币表现的价格。而两种价格又会随着金银市场比价的变动而波动，因而使商品价格和交易处于紊乱状态，给商品交易带来了困难。为了克服这种困难，"双本位制"应运而生。所谓"双本位制"，是指金银两种货币按法定比价1：15流通。但是这种法律规定与价值规律的自发作用和货币的排他性、独占性的要求发生矛盾，出现了"劣币驱逐良币"的现象，即"格雷欣法则"的作用。

所谓"劣币驱逐良币"，是指两种实际价值不同而名义价值相同的货币同时流通时，实际价值较高的货币(良币)必然会被收藏、熔化、输出而退出流通界；而实际价值较低的货币(劣币)则会充斥市场。故有人称这种"双本位制"为"跛行本位制"。

可见，在复本位制下，虽然法律上规定金银两种金属的铸币可以同时流通，但实际上在某一时期的市场上主要只有一种金属的铸币在流通。银贱则银币充斥市场，金贱则金币充斥市场，很难保持两种铸币同时并行流通。这说明，价值尺度的二重化是同价值尺度的职能相矛盾的。

18世纪末19世纪初，西方资本主义国家的货币制度都逐渐地从复本位制向金本位制过渡。至20世纪初，多数资本主义国家都已实行金本位制。

(三) 金本位制

金本位制是以黄金作为本位货币的一种货币制度。金本位制又可分为金币本位制、金块本位制和金汇兑本位制。

1. 金币本位制

金币本位制是早期的金本位制度。在这一制度下，发行并流通于市场的货币是金币，单位货币规定为一定数量一定成色的黄金。

1) 金币本位制的特点

其特点主要表现在以下四方面。

(1) 金币可以自由铸造。这就保证了黄金在货币制度中的主导地位，并克服了复本位制下金银频繁交替的执行价值尺度职能的混乱现象。同时，金币实行自由铸造，能使金币数量自发地适应商品流通的需要，使金币名义价值与实际价值保持一致。

(2) 价值符号(辅币与银行券)可以自由兑换金币。辅币和银行券可按其面额价值自由兑换金币，就能稳定地代表一定数量的黄金进行流通，从而避免了价值符号对黄金的贬值现象。

(3) 黄金可以自由输出输入。在金本位制度下各国货币单位之间按其所包含的黄金重量而有一定的比价，同时黄金又可在各国之间自由转移，这就保证了世界市场有统一的价值尺度和外汇行市的相对稳定。

(4) 国家的金属准备全部是黄金。

2) 金币本位制度的作用

从上述金币本位制度的特点可见，金币本位制是一种具有相对稳定性的货币制度，它对资本主义经济发展起到了积极的作用。

(1) 金币的"自由铸造"和"自由熔化"，使得金本位货币与其所含的一定量的黄金的价值保持了等值关系，从而起到对一国的物价水平与国际收支进行自动调节的作用，维持了物价稳定和国际收支平衡。先看物价水平，在金币本位制度下，当物价水平上涨时，单位货币所能购买到的商品数量减少了，单位货币所能买到的黄金数量也就减少了，这表明币值下跌，黄金价格上涨，此时人们会将金币熔化成为黄金而出售，于是流通中的金币数量减少，物价水平相应地降低下来，币值回升，最终金币与黄金平价。相反，当物价水平下跌时，币值上升，民间又会将黄金铸造成为金币，造成流通中的金币数量增加，物价上涨和币值下跌，最终金币与黄金平价。再看国际收支，当一国的国际收支出现逆差时，说明该国的出口小于进口，造成金币流向国外，从而减少了国内的金币数量，造成国内物价水平下降，而物价水平的下降又会使进口减少，出口增加，从而使国际收支逆差得到调整并逐渐消失。相反，当出现国际收支顺差时，出口大于进口，金币从国外流入国内，导致国内金币数量增加，物价上涨，而物价上涨又会使出口减少，进口增加，从而使国际收支顺差得到调整并逐渐消失。总之，金币本位制度具有维持物价稳定和国际收支平衡的作用。

(2) 黄金与金币的自由输出和输入，使得金本位货币的对外汇率保持了稳定。在国际金本位制度下，汇率是以各国货币的含金量为基础的。如1914年以前，一英镑含金113.006格令，一美元含金23.22格令，于是英镑对美元的基本汇率为一英镑等于4.866 5美元，但是，实际汇率是由外汇供求决定的，不一定与基本汇率相一致。一旦实际汇率发生变动，偏离了基本汇率，那么通过黄金的输出与输入，便可对汇率进行自动调节，使实际汇率偏离基本汇率的程度不会超过输出或输入黄金所需的费用，从而维持了汇率的稳定。如在纽约与伦敦之间输送一英镑黄金需花费两美分(0.02美元)，那么在纽约，英镑的实际汇率应不会超过4.886 5美元，因为如果汇率超过这一数字，美国债务人与其高价买入英镑用以清偿债务，不如向伦敦直接输出黄金(即把黄金从纽约运往伦敦)以清偿债务。这种汇率上涨的限度，称为黄金输出点。同时，纽约的英镑汇率也不应低于4.846 5美元，因为如果汇率低于这一数字，即美国债权人与其低价出售英镑购买美元，那么不如直接从伦敦输入黄金(即把黄金从伦敦运往纽约)来收回债权。这种实际下跌限度，称为黄金输入点。正是由于黄金和金币可以自由输出与输入，才使得本位货币的对外汇率得以稳定。

3) 金币本位制的缺点

其缺点表现在以下三方面。

(1) 金币自由铸造与自由流通的基础受到削弱。在帝国主义阶段，资本主义各国发展不平衡性日益加剧，引起世界黄金存量的分配极端不平衡。到1913年年末，美、英、法、德、俄五国占有世界黄金存量的2/3。世界黄金存量的大部分掌握在少数几个强国手中，其他许多国家的黄金储备和流通中的金币量自然就相应减少，因而就动摇了这些国家的金本位制的基础。同时，在少数强大的资本主义国家中，金币流通也相对地缩减了，大量黄金集中于中央银行和国库。如在1913年，世界黄金储备已有60%集中于主要国家的中央银行和国库。所以这些国家一方面加强对外掠夺黄金，另一方面在国内又设法从流通界吸收黄金。当黄金从主要由民间分散储存转为中央银行与国库集中储存的时候，金币自由铸造与自由流通的基础就被严重地削弱了，从而金币流通规模和范围大大缩小,金本位制的稳定性受到威胁。

(2) 价值符号(主要是银行券)对金币的自由兑换受到削弱。要保证价值符号能够自由兑换黄金或金币,不仅需要有充足的黄金准备,而且价值符号的发行数量也不能过多地超过流通中对于货币的需要量。到了19世纪末20世纪初,中小国家因黄金准备不足,所发行的银行券难以自由兑换金币。少数帝国主义列强为瓜分世界,准备战争,大量增加军费开支,引起国家财政支出急剧增长,为了解决财政上的困难,这些国家都开动印钞机,大肆增加价值符号的发行,从而导致价值符号难以保持自由兑换。

(3) 黄金在国家间的自由转移受到很大限制。在帝国主义阶段,资本主义国家为了本国垄断资本的利益,经常通过很高的关税来限制外国商品的输入,遭受限制的国家由于难以出口商品换取外汇收入,有时就被迫输出大量黄金以支付对外债务。但是黄金大量外流又会削弱黄金准备,影响价值符号随时兑换的可能性,于是,这些国家就采取措施,阻止黄金的自由输出。另外,在危机时期,商品输出困难及货币资本外逃等也会引起黄金大量流出,这也会迫使资本主义国家限制黄金自由输出,甚至完全禁止输出。

2. 金块本位制

金块本位制是第一次世界大战以后的产物,主要是由于战后的黄金供给不足,但又要维持金本位制而出现的一种有限使用黄金的方式。

金块本位制亦称生金本位制,是指在国内不铸造、不流通金币,只发行代替一定重量黄金的银行券来流通,而银行券又不能自由兑换黄金和金币,只能按一定条件向发行银行兑换金块的一种金本位制。金块本位制的特点有以下4点。

(1) 金币虽然是本位货币,但是在国内不流通,只有纸币流通。

(2) 黄金集中存储于政府,金币不能自由铸造。

(3) 规定纸币含金量,纸币具有无限法偿效力。

(4) 纸币兑换黄金有数量限制。

金块本位制的这些特点减少了黄金向国外的流出,同时加强了货币当局管理货币的力量。

3. 金汇兑本位制

金汇兑本位制实际上是一种虚金本位制。它虽然规定金币为本位货币,但不铸造和流通金币,而是发行和流通纸币,并将本国货币与另一金本位制国家的货币保持固定的比价关系。在纸币的发行上,还要以存入本国或外国的中央银行的黄金及外汇作为发行准备,以供国际支付中的兑换之用。在兑换时,或者给以黄金,或者给以外汇,公众无权选择。一般来说,本国货币不能直接兑换黄金,只有先兑换成外汇,然后才能用外汇在国外兑换黄金。

金汇兑本位制比金块本位制更能节省黄金,但金汇兑本位制对经济的自动调节作用较小,必须通过较大程度的人为管理才能促进国际收支及国内货币供应量的平衡。

金块本位制和金汇兑本位制都是残缺不全的、极不稳定的货币制度,原因包括以下三方面。

(1) 金块本位制和金汇兑本位制都没有金币流通,金本位制所具备的自发调节货币流通量,保持币值相对稳定的机制不复存在。

(2) 银行券不能自由兑换黄金,多种限制削弱了货币制度的基础。

(3) 采用金汇兑本位制的国家,使本国货币依附与之相联系国家的货币,一旦被依附国家币制混乱,其本国币制也必然受到严重影响,无法独立自主地保持本国货币币值的稳定。反之,如果实行金汇兑本位制的国家大量提取外汇储备兑换黄金，则又会威胁挂钩国家币值的稳定。

这两种货币制度由于本身的不稳定性，实行以后没几年就暴露出了它们的缺点。1929—1933年，资本主义世界性的经济危机和金融危机很快地摧毁了这种残缺不全的金本位制，使资本主义国家先后转向不兑现的信用货币制度。

(四) 不兑现信用货币制度

纸币是由国家强制发行、不兑换金银的货币符号。金本位制崩溃后，流通中的银行券丧失了直接的或间接的与黄金兑换的条件，从而蜕化为不兑现的纸币。纸币的发行权属于国家，国家授权中央银行发行纸币。黄金不再是确定货币币值和各国汇率的标准。货币制度进入了不兑现信用货币制度阶段。

不兑现信用货币制度取代黄金本位制度，是货币制度演进的质的飞跃，它突破了商品形态的桎梏，而以本身没有价值的信用货币成为流通中的一般等价物。当然，透过历史演变的表现，也能看到其深刻的历史必然性。

从黄金充当本位货币来看，它在第一次世界大战及20世纪30年代的经济危机中受到巨大的冲击。形成这种局面的主要原因如下。①随着社会生产力的发展，生产规模不断扩大，商品交换的规模也相应扩大，迫切要求有一个灵活的有弹性的货币供给制度。但这种货币需求受到黄金开采能力的制约，从而限制了生产力的扩张。②黄金充当货币，执行一般等价物职能，是社会财富的极大浪费，特别是黄金广泛运用于高科技工业中，情况就更是如此。正如马克思所说："金币和银币本身也有价值，但是这些价值充当流通手段，就是对现有财富的扣除。"③由于资本主义政治经济发展的不平衡，在第一次世界大战的冲击下，黄金分配极不平衡，黄金多数集中于美国，多数国家黄金不足，使其难以维持黄金对外的自由铸造、自由熔化以满足流通的需要，也难以维持黄金对外的自由输出量，从而保证固定汇率制。金本位制逐步地走到了它的尽头，货币实体非商品化就成为现代社会的必然要求。

从信用货币的角度看，货币商品自身的使用价值和价值同货币的一般使用价值和社会价值的排斥与分离，为信用货币代替商品货币，发挥货币职能提供了可能。银行券和早期的纸币便属于这种情况。而信用关系的深化，国家职能的扩充，为信用货币完全取代商品货币提供了条件。特别是经过战争的洗礼，纸币在战争期间一般变为不可兑现，检验了政府的信用，也培植了人们对政府的信心。加上人们对货币与经济关系理解的深化，都促进了信用货币逐步地取代黄金的过程，最终取得独立行使货币职能的地位。

信用货币制度具有如下特点。

(1) 国家授权中央银行垄断发行纸币，且其具有无限法偿能力。

(2) 货币由现钞与银行存款构成。

(3) 货币主要通过银行信贷渠道投放。

(4) 货币供应在客观上受国民经济发展水平的制约。供应过多，必然危及国民经济正常运行，所以，一方面，现金发行数量由国家法律规定发行最高限额或建立以金、银、外汇与有价证券作为发行准备；另一方面，国家授权中央银行或货币管理当局，通过货币政策对货币供应实施管理。

(5) 货币供应量不受贵金属量的约束，具有一定的伸缩弹性。通过货币供应管理，可以使货币流通数量与经济发展需要相适应。

三、我国的人民币制度

人民币制度是我国于1948年12月在合并与收兑当时各个革命根据地和解放区的货币的基础上建立起来的，人民币是我国现行的唯一合法货币，人民币制度属于不兑现信用货币制度，即信用货币本位制。

1948年12月1日，华北银行、北海银行和西北农民银行合并成立了中国人民银行，同时正式发行人民币作为全国统一的货币。人民币发行后，在逐步收兑、统一解放区货币的基础上，又迅速收兑了原国民党政府发行的伪法币、金圆券乃至银行券，并排除了当时尚有流通的金银外币等，从而建立了以人民币为唯一合法货币的、统一的货币制度。

人民币主币的单位为"元"，辅币的单位为"角"和"分"。1元分为10角，1角分为10分。

我国的人民币是信用货币，没有含金量的规定。从发行程序看，它是通过收购金银、外汇或通过信贷程序发行的，是经济发行，人民币流通数量随着生产和流通规模而伸缩。从信用关系看，人民币的发行是中国人民银行的负债，社会公众得到人民币也就是得到了价值符号，即索取价值物的凭证，人民币持有者是债权人，这种信用关系的消除是通过特殊的兑现方式实现的，即国家保证以相对稳定的价格供应商品和劳务，人民币持有人以稳定的价格得到相应价格的商品和劳务而得以"兑现"。当然，倘若人民币过量发行，导致币值下跌，发生通货膨胀，也可能成为马克思讲过的不兑现纸币。因此，保证人民币信用货币的性质，维持人民币币值稳定，就成为中国人民银行货币政策和金融监管的基本目标。

人民币的发行原则有3点。①集中统一发行原则。人民币发行权高度集中统一，由国家授权于中国人民银行，除中国人民银行外，任何地区、任何单位或个人，都无权动用发行基金，无权发行货币。②经济发行原则。人民币的发行必须根据国民经济发展和适应商品流通的需要，由中国人民银行提出货币发行的增长量，并按批准量发行。③计划发行原则。中国人民银行根据国家批准的货币发行量，编制人民币发行计划，按计划发行，调节货币流通。

人民币的发行准备是商品保证。人民币是一种不兑现信用货币，没有法定的含金量。国家所掌握的能按照稳定价格投入市场的商品是人民币发行的准备资产。人民币发行量增加，意味着国家掌握的商品物资增加；人民币回笼增加，意味着国家掌握的商品物资相应减少，中国人民银行的负债减少。同时，国家掌握的大量的黄金、外汇储备也是人民币发行的准备。

人民币的发行权属于国家，国家授权中国人民银行具体组织实施货币发行业务。在中国人民银行内部，又由其总行按照统一的政策集中统一管理，贯彻落实发行库管理制度，调拨货币发行基金，调剂市场上各种票币的流通比例。没有总行的出库命令，中国人民银行所属分支无权发行人民币。

人民币对外国货币的汇率，由国家外汇管理局统一制定，每日公布，一切外汇买卖和国际结算都据此执行。人民币汇率采用直接标价法。

由上述可知，我国的人民币制度具有独立自主、集中统一与计划管理的特点，这些特点正是人民币相对稳定的基础和条件。

根据《中华人民共和国中国人民银行法》第三章第十六条的规定和2000年2月颁布的《中华人民共和国人民币管理条例》第三条的规定，中华人民共和国的法定货币是人民币。以人民币支付中华人民共和国境内的一切公共和私人的债务，任何单位和个人不得拒收。我国虽然已对中国香港地区、中国澳门地区恢复行使主权，但是根据《中华人民共和国香港特别行政区基本法》和《中华人民共和国澳门特别行政区基本法》,港币和澳门元分别是中国香港特别行政区和中国澳门特别行政区的法定货币。中国台湾地区由于历史原因,流通新台币。综上,形成一国四币,即人民币、港、澳门元、新台币4种货币同时流通,分别由所隶属的货币管理机构各按自己的货币管理方法发行和管理。

四、欧元对传统货币制度的挑战

1999年1月1日,欧洲货币同盟中的11个国家开始使用欧盟单一货币——"欧元EURO"。2002年年初,欧元纸币和硬币进入流通,半年后,成员国流通的各自通货逐步收回。欧元由欧洲中央银行和各欧元区国家的中央银行组成的欧洲中央银行系统负责管理。随着欧盟东扩,已经有25个国家接受欧元流通。欧元是自罗马帝国以来欧洲货币改革最为重大的成果。欧元不仅使欧洲单一市场得以完善,欧元区国家间自由贸易更加方便,而且是欧盟一体化进程的重要组成部分。

从经济利益的角度讲,实行统一货币会给欧盟各国带来以下好处:①增强自身经济实力,提高竞争力;②减少内部矛盾,防范和化解金融风险;③简化流通手续,降低成本;④增加社会消费,刺激企业投资。

欧元硬币有1分、2分、5分、10分、20分、50分、1元、2元共计8种面值。所有欧元硬币的正面都是相同的,标有硬币的面值,称为"共同面",而硬币背面的图案则是由发行国自行设计。硬币由欧元区各国铸造。君主立宪制国家常常使用他们君主的头像,其他的国家通常用他们国家的象征。所有不同的硬币都可以在所有欧元区使用,如铸有西班牙国王头像的硬币在西班牙以外的其他使用欧元的国家也是法定货币。虽然1欧分和2欧分的硬币一般不在芬兰和荷兰使用,但仍然是法定货币。

欧元纸币共分为5、10、20、50、100、200、500欧元7种面值,尺寸和颜色各不相同。每种面值的欧元纸币的设计在各国都是一样的。尽管大面值的纸币在某些国家并不发行,但仍然是法定货币。泛欧自动实时清算系统是一个在欧元发行以前就已经设立的欧洲范围内大额交易清算系统。对于小额支付的一般规则是:在欧元区之内的转账视为国内转账,欧元区内信用卡支付和ATM取款的费用与国内费用相同,票据支付,如支票等,也与国内相同。

欧元图案是由欧洲货币局公开征集而于1996年12月13日最终确定的。奥地利纸币设计家罗伯特·卡利纳的方案被采用。按照卡利纳的方案,面值越大,纸币面积越大。各种纸币正面图案的主要组成部分是门和窗,象征着合作和坦诚精神。12颗星围成一个圆圈,象征欧盟各国和谐地生活在欧洲。纸币的反面是桥梁的图案,象征欧洲各国联系紧密。各种门、窗、桥梁图案分别代表欧洲各时期的建筑风格,币值从小到大依次为古典派、浪漫派、哥特式、文艺复兴式、巴洛克式和洛可可式、铁式和玻璃式、现代派建筑风格,颜色分别为灰色、红色、蓝色、橘色、绿色、黄褐色、淡紫色。区内各国印制的欧元纸币,正面、背面图案均相同,纸币上没有任何国家标志。

欧元符号、欧元纸币和欧元硬币如图1-12至图1-14所示。

图1-12 欧元符号

图1-13 欧元纸币

图1-14 欧元硬币

从古代开始就有可以称之为货币制度的制度,直至今天各国的货币制度,也包括集中计划经济国家的货币制度,都与国家的主权(也包括诸侯的、城邦的、地区的政治权利)不可分割地结合在一起。本节的所有描述都表明了这一点。但欧元是超越欧洲各国传统边界的货币;欧洲中央银行是超越各国货币主权的统一的中央银行。对于传统的货币制度观念,这是直截了当的挑战。

全面分析这一挑战所产生的历史条件、经济根源和对世界格局的影响,是当前世人所普遍关注的重大课题，本书后面也有所涉及。这里只是提醒读者注意：一些看似不成问题的观念，随着时间的推移、客观条件的变化，也会走向自我否定。这是在理论学习中必须确立的基本认识。近年，欧元区面临希腊的债务危机，西班牙、意大利等国家也存在严重的债务问题，英国脱欧，欧元区的经济增长及欧元稳定受到影响，欧元长远表现如何，将成为全世界都关注的问题。

本章小结

1. 货币是充当一般等价物的特殊商品，是商品经济发展的结果。货币的产生使商品的内在矛盾转化为外部的货币与商品的对立。

2. 货币具有价值尺度、流通手段两项基本职能，并具有贮藏手段、支付手段等派生职能。

3. 货币制度是商品经济发展到一定阶段的产物。货币制度就是国家用法律规定的货币流通结构和组织形式。

4. 货币制度的构成要素有：规定货币材料；规定货币单位；规定各种通货的铸造、发行和流通程序；规定准备制度等。

5. 货币制度历经变迁，主要有银本位制、金银复本位制、金币本位制、金块本位制和金汇兑本位制、不兑现信用货币制度。在金银复本位制度下产生的"格雷欣法则"对设计货币制度有重要的借鉴意义。目前，世界各国实行的都是不兑现信用货币制度。

习题

一、单项选择题

1. 历史上最早出现的货币形态是(　　)。
   A. 实物货币　　　　B. 信用货币　　　　C. 代用货币　　　　D. 电子货币

2. 某公司以延期付款方式销售给某商场一批商品，则该商场到期偿还欠款时，货币执行(　　)职能。
   A. 支付手段　　　　B. 流通手段　　　　C. 购买手段　　　　D. 贮藏手段

3. 本位货币是(　　)。
   A. 本国货币当局发行的货币　　　　B. 以黄金为基础的货币
   C. 一个国家货币制度规定的标准货币　　　　D. 可以与黄金兑换的货币

4. 在一国货币制度中，(　　)是不具有无限法偿能力的货币。
   A. 主币　　　　B. 本位币　　　　C. 辅币　　　　D. 都不是

5. 格雷欣法则起作用于(　　)。
   A. 平行本位制　　　　B. 双本位制　　　　C. 跛行本位制　　　　D. 单本位制

6. 历史上最早的货币制度是(　　)。
   A. 金本位制　　　　B. 银本位制　　　　C. 金银复本位制　　　　D. 金块本位制

7. 在金属货币制度下，本位币的名义价值与实际价值(　　)。
   A. 成正比　　　　B. 成反比　　　　C. 相一致　　　　D. 无关

8. 辅币的名义价值(　　)其实际价值。
   A. 高于　　　　B. 低于　　　　C. 等于　　　　D. 不确定

9. 典型的金本位制是（　　）。
　　A. 金块本位制　　　B. 金汇兑本位制　　C. 金币本位制　　　D. 虚金本位制
10. 如果金银的法定比价为1∶13，而市场比价为1∶15，这时充斥市场的将是（　　）。
　　A. 银币　　　　　　B. 金币　　　　　　C. 金币和银币　　　D. 都不是

二、多项选择题

1. 货币最早具有的基本职能有（　　）。
　　A. 价值尺度　　　　B. 流通手段　　　　C. 贮藏手段
　　D. 支付手段　　　　E. 世界货币
2. 货币执行世界货币的职能主要表现为（　　）。
　　A. 国家间一般的支付手段　　　　B. 国家间一般的流通手段
　　C. 促进金融市场发展　　　　　　D. 促进全球化
　　E. 国家间财富转移的一种手段
3. 货币制度的基本内容有（　　）。
　　A. 货币金属　　　　　　　　　　B. 货币单位
　　C. 通货的铸造、发行和流通程序　　D. 金准备制度
　　E. 规定货币之间的兑换比率
4. 不兑现的信用货币制度的主要特征有（　　）。
　　A. 不兑现的纸币一般由中央银行发行，国家法律赋予其无限法偿能力
　　B. 纸币不与金银保持等价关系　　C. 货币通过银行的信贷程序发行
　　D. 银行存款也是通货　　　　　　E. 货币供应量不受贵金属量的约束
5. 下列属于辅币的特点的有（　　）。
　　A. 专供日常零星支付　　　　　　B. 实际价值低于其名义价值
　　C. 可以自由铸造　　　　　　　　D. 是有限法偿货币
　　E. 国家垄断铸造
6. 在我国货币层次中，准货币是指（　　）。
　　A. 银行活期存款　　　　　　　　B. 企业单位定期存款
　　C. 居民储蓄存款　　　　　　　　D. 证券公司的客户保证金存款
　　E. 现金
7. 不兑现信用货币制度下，主币具有以下性质（　　）。
　　A. 国家流通中的基本通货　　　　B. 国家法定价格标准
　　C. 足值货币　　　　　　　　　　D. 名义价值低于实际价值
　　E. 发行权集中于中央银行或指定发行银行

三、判断正误题

1. 欧元由欧洲中央银行和各欧元区国家的中央银行组成的欧洲中央银行系统负责管理。
　　　　　　　　　　　　　　　　　　　　　　　　　　　　　　　　　　　（　　）
2. 我国货币的发行量取决于中央银行拥有的黄金外汇储备。　　　　　　　　（　　）
3. 格雷欣法则是在平行本位制下出现的劣币驱逐良币现象。　　　　　　　　（　　）
4. 在金属货币制度下，本位币可以自由铸造与熔化。　　　　　　　　　　　（　　）

5. 现代经济中的信用货币是纸质的价值符号，它不具备典型意义上的贮藏手段职能。（   ）
6. 金块本位制下，金币可以自由铸造、自由熔化。（   ）
7. 金汇兑本位制规定银行券不能兑换黄金，但可换取外汇。（   ）
8. 信用货币自身没有价值，所以不是财富的组成部分。（   ）
9. 以人民币支付中国境内的一切公共和私人的债务，任何单位和个人不得拒收。（   ）

四、简答题

1. 货币的本质特征是什么？它在商品经济中发挥着哪些主要职能？
2. 货币制度的构成要素有哪些？
3. 概括我国人民币制度的内容。
4. 简述信用货币制度的特点。
5. 什么是"劣币驱逐良币"规律？试举例说明。
6. 简述电子货币和数字货币的关系。
7. 简述货币的形式。
8. 简述数字人民币的含义及设计特性。

五、论述题

1. 国家如何保证信用货币的稳定？
2. 根据劣币驱逐良币规律的发生机理，解释现代信用货币制度下的情况。
3. 金本位制崩溃的原因有哪些？

案例分析

案例一　习近平总书记重要讲话深刻阐释金融强国内涵

2023年1月16日，习近平总书记在省部级主要领导干部推动金融高质量发展专题研讨班开班式上发表重要讲话，深刻阐释金融强国的丰富内涵，明确了坚定不移走中国特色金融发展之路的方向，释放了推动金融高质量发展的强音。

(一) 明确金融强国关键核心要素　提出"六个强大"

2023年10月底召开的中央金融工作会议提出，"要加快建设金融强国"，将金融工作上升到更高战略高度。

建设金融强国要从哪些方面发力？16日的专题研讨班开班式上，习近平总书记鲜明提出"六个强大"，明确了金融强国建设的关键核心要素，指明了我国建设金融强国的实践路径。

金融强国应当基于强大的经济基础，具有领先世界的经济实力、科技实力和综合国力，同时具备一系列关键核心金融要素：

——强大的货币；
——强大的中央银行；
——强大的金融机构；
——强大的国际金融中心；
——强大的金融监管；
——强大的金融人才队伍。

强大的货币。货币是金融的根基。强大的主权货币是金融强国的基石。近年来，人民币国际化稳中有进，在全球贸易融资中的占比排名上升至第二位。人民币国际地位稳步提升，将成为我国建设金融强国的重要支柱。

强大的中央银行。中央银行负责调控货币总闸门，对经济发展全局有着重要作用。当前我国转向高质量发展阶段，需要以现代中央银行制度作为重要支撑，既支持经济转型升级，又防止发生严重通货膨胀或通货紧缩以及系统性金融风险，确保我国现代化进程顺利推进，维护国家安全。

强大的金融机构。金融机构是金融强国建设的重要微观基础。当前，我国银行业金融机构数量多达4 000多家，5家大型商业银行入选全球系统重要性银行，金融机构综合实力和影响力不断增强，但也存在发展水平参差不齐、竞争力不强等问题。加快建设金融强国，必须培育更多具有国际竞争力的金融机构。

强大的国际金融中心。纵观世界金融发展史，国际金融中心的变迁是金融强国兴衰的重要标志。当前，我国国际金融中心建设取得较大成就。建设金融强国，需要更具竞争力的国际金融中心，进一步提升在全球金融市场的影响力。

强大的金融监管。强大的金融监管，是金融强国建设的有力保障。近年来，我国金融监管体系日益完善，尤其是新一轮金融监管机构改革以来，金融监管有效性明显提升。当前，要以科学、有效、有力的金融监管不断增强金融发展的安全性。

强大的金融人才队伍。金融领域专业性强、复杂程度高，人才队伍至关重要。要按照政治过硬、能力过硬、作风过硬的要求，打造一支堪当建设金融强国重任的人才队伍。

(二) 构建中国特色现代金融体系　提出"六大体系"

建设金融强国任重道远，需要长期努力、久久为功。必须加快构建中国特色现代金融体系。哪些重点工作需要加快推进？立足当下，着眼未来，习近平总书记深刻提出建立健全"六大体系"：

——科学稳健的金融调控体系；

——结构合理的金融市场体系；

——分工协作的金融机构体系；

——完备有效的金融监管体系；

——多样化专业性的金融产品和服务体系；

——自主可控安全高效的金融基础设施体系。

"六大体系"，涉及金融调控、金融市场、金融机构、金融监管、金融产品和服务、金融基础设施等方方面面，互相联系、互为支撑，描绘出中国特色现代金融体系的宏伟蓝图。

"六大体系"，体现了问题导向和目标导向，既是金融为经济社会发展提供高质量服务的内在要求，也是我国由金融大国迈向金融强国的实践路径。

(三) 重申"八个坚持"　首提中国特色金融文化

去年10月底召开的中央金融工作会议首次系统阐述中国特色金融发展之路"八个坚持"的本质特征。此次专题研讨班开班式上，习近平总书记继续强调"八个坚持"，释放了在实践中继续探索完善，使中国特色金融发展之路越走越宽广的鲜明信号。

令人瞩目的是，在去年中央金融工作会议提出"要在金融系统大力弘扬中华优秀传统文化"的基础上，习近平总书记此次重要讲话还首次提到积极培育中国特色金融文化：

——诚实守信，不逾越底线；

——以义取利，不唯利是图；
——稳健审慎，不急功近利；
——守正创新，不脱实向虚；
——依法合规，不胡作非为。

积极培育中国特色金融文化是提升金融国际竞争力的必然要求，更是推动我国从金融大国走向金融强国的必然要求。

这个重要提法不仅把马克思主义金融理论同当代中国具体实际相结合、同中华优秀传统文化相结合，为金融系统注入传承传统、积极向上的文化基因，还赋予了中华优秀传统文化新的时代内涵，指明了提升金融软实力、建设金融强国的前进方向。

在专题研讨班开班式上，习近平总书记还着重就防范化解金融风险和金融高水平对外开放进行了部署，提出"金融监管要'长牙带刺'、有棱有角""实现金融监管横向到边、纵向到底""落实好属地风险处置和维稳责任"等，提出"增强开放政策的透明度、稳定性和可预期性"，具有很强的针对性和指导性。

习近平总书记的重要讲话对正确认识我国金融发展面临的形势任务，深化对金融工作本质规律和发展道路的认识，具有十分重要的意义。在习近平新时代中国特色社会主义思想指引下，朝着金融强国目标阔步向前，中国特色金融发展之路必将越走越宽广。

（资料来源：新华社，2024年01月17日）

问题：
深刻领会中国建设金融强国的内涵。

案例二　中央金融工作会议释放重要信号

中央金融工作会议2023年10月30日至31日在北京举行。

习近平总书记在会上发表的重要讲话，科学回答了金融事业发展的一系列重大理论和实践问题，是习近平经济思想的重要组成部分，是马克思主义政治经济学关于金融问题的重要创新成果，为新时代新征程推动金融高质量发展提供了根本遵循和行动指南。

坚定一条道路：坚定不移走中国特色金融发展之路

金融是"国之大者"，关系中国式现代化建设全局。

迈上全面建设社会主义现代化国家新征程，我国金融工作怎么看怎么办？

这次会议强调，"坚定不移走中国特色金融发展之路"。

何为"中国特色"？习近平总书记一直有着深邃思考。

2017年，习近平总书记在十八届中共中央政治局第四十次集体学习时强调："发展金融业需要学习借鉴外国有益经验，但必须立足国情，从我国实际出发，准确把握我国金融发展特点和规律，不能照抄照搬。"

2019年，十九届中共中央政治局举行第十三次集体学习，总书记明确提出："要深化对金融本质和规律的认识，立足中国实际，走出中国特色金融发展之路。"

此次中央金融工作会议系统阐述中国特色金融发展之路的本质特征，强调"八个坚持"：
——坚持党中央对金融工作的集中统一领导；
——坚持以人民为中心的价值取向；
——坚持把金融服务实体经济作为根本宗旨；

——坚持把防控风险作为金融工作的永恒主题；

——坚持在市场化法治化轨道上推进金融创新发展；

——坚持深化金融供给侧结构性改革；

——坚持统筹金融开放和安全；

——坚持稳中求进工作总基调。

"八个坚持"既有世界观，也有方法论，标志着我们党对金融本质规律和发展规律的认识达到了新的高度。

此次会议进一步强调实体经济的重要性，四次提及"实体经济"。在对未来工作的安排中，会议提出，要着力打造现代金融机构和市场体系，疏通资金进入实体经济的渠道；支持国有大型金融机构做优做强，当好服务实体经济的主力军和维护金融稳定的压舱石。

明确一个主题：推进金融高质量发展

这次会议鲜明提出"以加快建设金融强国为目标"，明确"以推进金融高质量发展为主题"，以金融高质量发展助力强国建设、民族复兴伟业。

拥有全球最大的银行体系，第二大保险、股票和债券市场，普惠金融走在世界前列……新时代以来，在以习近平同志为核心的党中央坚强领导下，各地各部门持续推进金融事业高质量发展，中国金融业有了厚实的"底子"。

但要从金融大国向金融强国迈进，为以中国式现代化全面推进强国建设、民族复兴伟业提供有力支撑，还要付出更多努力。

在分析当前金融形势时，会议指出，"经济金融风险隐患仍然较多""金融服务实体经济的质效不高""金融监管和治理能力薄弱"等一系列问题，直击当前金融领域薄弱点，认识清醒而深刻。

只有胸怀"国之大者"，强化使命担当，下决心从根本上解决这些问题，才能推进金融高质量发展，向金融强国的目标迈进。

在部署金融高质量发展任务时，会议针对当前问题，提出"三个着力"，明确了发展路径——着力营造良好的货币金融环境，着力打造现代金融机构和市场体系，着力推进金融高水平开放。

会议还要求"做好科技金融、绿色金融、普惠金融、养老金融、数字金融五篇大文章"，提供高质量金融服务。

在迈向高质量发展的过程中，金融必须加强对科技创新的支持，由此推动中国经济从"房地产—地方政府(基建)—金融"的旧三角循环过渡到"科技—产业—金融"新三角循环。

突出一个重点：全面加强监管、防范化解风险

防范化解金融风险，是金融工作的永恒主题，也是习近平总书记一直牵挂的大事。

"切实把维护金融安全作为治国理政的一件大事""防范化解金融风险特别是防止发生系统性金融风险，是金融工作的根本性任务"……习近平总书记在不同场合对防范化解金融风险做出重要指示、重要部署。

这次中央金融工作会议明确"以全面加强监管、防范化解风险为重点"，确定当前风险防控的重点任务：切实提高金融监管有效性、及时处置中小金融机构风险、建立防范化解地方债务风险长效机制、促进金融与房地产良性循环、维护金融市场稳健运行。

既要有防风险的先手，也要有应对和化解风险挑战的实招。

"依法将所有金融活动全部纳入监管""全面强化机构监管、行为监管、功能监管、穿透式监管、持续监管""消除监管空白和盲区,严格执法、敢于亮剑,严厉打击非法金融活动",会议就全面加强金融监管提出一系列要求,强调扎紧监管篱笆,确保风险防控有力有效。

防范化解金融风险,需要全盘考虑、统筹安排。"把握好权和责的关系""把握好快和稳的关系""健全具有硬约束的金融风险早期纠正机制"……此次会议就下一步如何更精准有效防范化解金融风险从方法论的角度做出部署、给出指引。

做好金融工作的根本保证:加强党中央对金融工作的集中统一领导

"八个坚持"中,"坚持党中央对金融工作的集中统一领导"放在首位。

中国共产党的领导是中国特色社会主义最本质的特征。

加强党中央对金融工作的集中统一领导,把政治优势和制度优势转化为金融治理效能,既是以往我国金融改革发展的成功经验,也是新时代做好金融工作的根本保证。

从我国金融改革发展实践看,正是在党的坚强领导和正确指引下,我国金融系统有力支撑经济社会发展大局,坚决打好防范化解重大风险攻坚战,为如期全面建成小康社会、实现第一个百年奋斗目标做出了重要贡献。

从此次会议的名称可以看出,"中央"两个字更加强调了党中央对金融工作的集中统一领导。

今年3月,中共中央、国务院印发《党和国家机构改革方案》,多项涉及金融监管领域,其中包括组建中央金融委员会、组建中央金融工作委员会等。

"发挥好中央金融委员会的作用""发挥好中央金融工作委员会的作用""发挥好地方党委金融委员会和金融工委的作用"……此次会议就如何完善党领导金融工作的体制机制进行系统部署。

这次令人瞩目的中央金融工作会议,提出一系列新观点新论断新要求,重在实干落实。

在习近平新时代中国特色社会主义思想指引下,积极推动金融高质量发展,加快建设中国特色现代金融体系,中国特色金融发展之路必将越走越宽、越走越好,为以中国式现代化全面推进强国建设、民族复兴伟业提供有力支撑。

(资料来源:根据新华社报道整理)

问题:
中国特色金融发展之路的本质特征。

案例三 第二次世界大战时期战俘营及近年美国监狱里的货币

第二次世界大战期间,在纳粹的战俘集中营中流通着一种特殊的商品货币:香烟。当时的红十字会设法向战俘提供了各种人道主义物品,如食物、衣服、香烟等。由于数量有限,这些物品只能根据某种平均主义的原则在战俘之间进行分配,而无法顾及每个战俘的特定偏好。但是人与人之间的偏好显然是会有所不同的,有人喜欢巧克力,有人喜欢奶酪,还有人则可能更想得到一包香烟。因此,这种分配显然是缺乏效率的,战俘们有进行交换的需要。

但是即便在战俘营这样一个狭小的范围内,物物交换也显得非常不方便,因为它要求交易双方恰巧都想要对方的东西,也就是所谓的需求的双重巧合。为了使交换能够更加顺利进行,需要有一种充当交易媒介的商品,即货币。那么,在战俘营中,究竟哪一种物品适合做交易媒介呢？许多战俘营都不约而同地选择香烟来扮演这一角色。战俘们用香烟来进行计价和交易，如一根香肠值10根香烟，一件衬衣值80根香烟，替别人洗一件衣服则可以换得2根香烟。有了这样一种记账单位和交易媒介之后，战俘之间的交换就方便多了。

香烟之所以会成为战俘营中流行的"货币"，和它自身的特点是分不开的。它容易标准化，而且具有可分性，同时不易变质。这些正是和作为"货币"的要求相一致的。当然，并不是所有的战俘都吸烟，但是，只要香烟成了一种通用的交易媒介，用它可以换到自己想要的东西，自己吸不吸烟又有什么关系呢？人们现在愿意接受钞票，也并不是因为人们对这些钞票本身有什么偏好，而仅仅是因为人们相信，当人们用它来买东西时，别人也愿意接受。

香烟曾经是美国监狱里的"通用货币"，现在变成了方便面。这是囚犯们自己的"布雷顿森林体系"，交易的暗号里叫它"油炸黄金"。这种地下货币的流通最开始是因为美国监狱缩减了囚犯们的伙食开支，食物变成了稀缺资源。后来囚犯们发现了方便面这种食物更具备一般等价物的特征：能长期储存，可以满足需要，并且绝对保值。这是监狱经济学。在监狱里面，方便面比香烟更叫得起价，两包59美分的韩国泡面能换一件11美元的T恤，或者价值2美元的5根香烟，这是大部分监狱里面约定俗成的"汇率"。日本的方便面汇率更高，而中国的方便面由于其分量十足、料包丰富、营养均衡、口感上佳，成了整个货币体系象牙塔中的尖货。在调查了几个州的监狱，并采访了大量的匿名罪犯后，亚利桑那大学社会学学院的米歇尔·吉布森博士在《卫报》发表了一份最新的研究报告，表示"方便面正在变得越来越有价值""它已经不仅仅是食物这么简单。它是一种硬通货，一种货币。你可以用方便面购买任何非法的产品和服务""你可以不喜欢方便面，甚至不吃它们，但你必须使用它们。在监狱里，方便面就是钱"。

(资料来源：新浪财经)

问题：
根据资料分析货币形式的发展变化及其原因。

案例四　真假人民币识别技巧

识别假币第一招：看裁切和粘贴痕迹

为什么要留心票面上的裁切和粘贴痕迹呢？因为这是"拼凑假币"的典型特征。不法分子将假币和真币分别裁切、分割后又相互拼贴在一起，这样就会使假币也具有了一部分真币的票面特征，如果您在鉴别时只检查了真币票面部分，就很容易造成误收。在许多已收缴的"拼凑假币"上，真币票面所占的比例往往要大于假币票面比例，这就进一步增加了此种假币的欺骗性。

那么当我们遇到这类可疑币时应该如何鉴别呢？首先，可以根据裁切和粘贴痕迹将票面划分为若干个相对完整的区域，接着分别检查每个区域中的防伪特征，以此推断出其是否由真假票面粘贴而成。

识别假币第二招：检查水印

水印是经典、传统的纸币防伪技术。虽然被称为"水印"，但它绝不是"印"在钞票上的！在造纸过程中，通过复杂的设备和工艺，使纸张纤维的分布产生特定变化，纤维分布密集的部位透光性较弱，看起来颜色较深；纤维分布稀疏的部位透光性强，看起来颜色较浅。这种透光性差异就形成了水印图案。所以说水印是内含在纸张中的，是钞票纸张的组成部分，与纸张融为一体。看似简单的水印图案，其实需要大型、精密的工业设备才能生产出来，其技术复杂，成本高昂，造假犯罪团伙很难制造出真正的水印图案。

第一步：面对光源，在透光状态下观察水印图案。此时，真币上的水印图案具有很强的立体感，人物神态栩栩如生；而假币上的水印图案则显得较为平淡，人物表情较为呆板。

第二步：面对光源，将钞票置于水平位置，在不透光条件下观察水印部位的票面。有的假币通过在钞票的正、背面使用无色或淡色油墨印刷水印图案，以此来伪造水印效果。对于这种假币，当我们面对光源将其置于水平位置时，从正面或者背面的水印窗位置能够观察到清晰的水印图案，并且颜色较深，而真币此时是看不到水印图案的。

第三步：检查票面左侧纸张是否异常。有的假币通过在纸张夹层中涂布白色的浆料来模拟水印图案。这种假币的特征是：水印图案附近的纸张明显偏厚，透光状态下观察，比右侧票面明显偏暗；被揭开而又被粘贴在一起的假币纸张，仔细观察会发现多有褶皱感。

识别假币第三招：检查会变色的面额数字

第五套人民币100元券和50元券正面左下方的面额数字，采用了专用的光变油墨并以凹版印刷工艺印制而成。这种油墨是现代防伪油墨中较为复杂的一种，具有珠光和金属效应，彩色复印机和电子复印机都不可能复制出来。其特点是在光线照射时，从不同的角度观察，会看到截然不同的颜色。这种印刷特征是其他任何油墨和印刷方式都无法仿制的。

我们将纸币的票面置于与视线垂直的位置，观察票面正面左下方的面额数字，此时100元券面额数字的颜色是绿色，50元券面额数字的颜色是金黄色；然后我们将票面慢慢地倾斜，当票面倾斜到一定角度时，100元券面额数字的颜色变成了蓝色，而50元券面额数字的颜色则变为绿色。

此时您手中的钞票若为假币，则无论怎么改变观察角度都不会产生颜色变化。当然在目前发现的假币中，也存在企图伪造光变油墨防伪效果的情况。其伪造方法是在普通油墨中掺入珠光粉，因此在转动钞票时，随着观察视角的变化会呈现一定的"闪光"特征。这种假币其实也比较容易识别，因为这种"闪光效果"仅仅模拟了真币光变油墨面额数字的金属质感，但绝对不会产生和真币一致的颜色变化！

识别假币第四招：检查对印图案

阴阳互补对印图案，应用于1999年版第五套人民币的100元券、50元券、10元券和2005年版的100元券、50元券、20元券以及10元券。在这些券别的正面左侧和背面右侧，都印有一个圆形的局部图案，当我们透过光线观察时，这两幅图案会精确重合在一起，并组成一个完整的古钱币图案。

上述图案采用对印技术印制而成。对印技术是迄今为止胶印中最为有效的防伪技术，是印钞专用机具的一项特殊功能，一次进纸，正背面同时印刷，因而能制作出重合精准的对印图案。

鉴别第五套人民币对印图案的正确方法是：面对光源透光观察，看正、背面两幅图案是否能够精准地对接；若为假币，则正、背面的两幅图案会出现错位现象。

识别假币第五招：触摸凹印图案

雕刻凹版印刷技术与传统胶印技术有很大区别。印刷前，油墨被保存在金属印版的凹槽中，在印制时通过巨大的压力将油墨转移到纸张上，此时一部分油墨渗透入纸张中，另一部分油墨则"堆积"在纸面上。雕刻凹印的特点是印刷图纹精细，具有明显凸起的手感和独特的三维效果，看得见，摸得着，公众识别性强；雕刻凹印采用的印版、油墨、印刷工艺、设备等技术复杂，投资巨大，成本昂贵。印钞行业素来有"无凹不成钞"的说法，雕刻凹印属于当前最有效的防伪技术之一。

第一步：用手指触摸的方式检查图案"触感"。第五套人民币正面毛泽东头像、面额数字、中国人民银行行名、国徽、盲文符号、凹印手感线以及背面主景，这些图案的油墨均高出纸面，用手指触摸时会感觉到很强的凹凸感；而假钞采用普通胶印技术印刷，触摸时感觉票面光滑。

第二步：面对光源将票面置于水平位置，检查凹印图案的正、背面是否有伪造痕迹。近年来，有的造假者为了模拟真钞的凹凸手感，在假钞的正面或背面用工具压出凹痕，企图以假乱真，当鉴别这类假钞时，如果我们仅靠用手指触摸来分辨，极易产生误判。因此建议您在对钞票"触感"心存疑虑时，选择面对光源(包括太阳光)的方向，将票面置于水平位置，仔细观察其正、背面是否有机械或硬质工具挤压的痕迹。

识别假币第六招：检查隐形文字

第五套人民币各券别票面的正面右上方都有一个装饰图案。当我们从垂直方向观察票面时，看不到其中隐藏的内容，而当我们将票面翻转至一定角度时，这张钞票的面额数字就会显现出来。

为什么这些面额数字可以若隐若现呢？当您用放大镜仔细观察票面时会发现，这些隐形图案是由一组组凸起于纸面、相互平行的线条组成的，正是基于这些凸起的墨纹所产生的折光现象，才实现了隐形效果。所以说隐形面额数字也是以雕刻凹印技术为基础的，我们在前面的内容中提到过，其他商业复制技术和现代数字化复制技术均无法复制这种效果。所以，它具有防复制、专有、易识别的特点，具有很好的防伪作用。20世纪90年代以来，绝大多数国家进行货币改版、换版时，都选择了这一防伪措施。

第一步：垂直方向观察隐形面额数字。此时应该看不见面额数字，若您发现此时面额数字已经显现出来，则极有可能是造假者用无色或淡色油墨伪造上去的。

第二步：变换角度观察隐形面额数字。请注意第五套人民币1999年版和2005年版的隐形面额数字在观测方法上略有不同。如果您手中持有的是1999年版第五套人民币，可以将票面置于与眼睛接近平行的位置，面对光源做水平旋转45度或90度角，此时会出现这张钞票的面额数字；而对于2005年版的第五套人民币来说，只需将票面置于与眼睛接近平行的位置，面对光源做上下倾斜晃动就可以观察得到。

识别假币第七招：借助简单工具

作为反假货币义务宣传员，我们在积极向公众传授防伪知识的同时，还会随时随地接受咨询，帮助身边群众鉴定"可疑货币"。因此，我们建议大家在掌握一些公众基本鉴别方法的同时，还应该学会借助一些简单的鉴别工具，这将有助于更加快速和准确地判断。下面以放大镜为例，介绍几种简单易行的鉴别方法。

一是借助放大镜检测雕刻凹版印刷图案。这是对触摸法检测凹印图案特征的有力补充，第五套人民币各券别的行名、面额数字、毛泽东头像、盲文符号等都采用了雕刻凹版印刷工艺。我们可以采用5~10倍放大镜观察其印刷线纹，若为真币，则可以观察到其线纹凸起于纸张表面，具有一定的墨层厚度和立体效果，且线条清晰、连续；若为假币，则线纹完全渗透在纸张中，没有凸起效果，并且印刷线条由网点组成，并不连续。此外，前文中提到过，有的造假者用尖头工具在凹印部位加压，伪造凹凸感。这种伪造方式改变了票面的平整度，留下了明显的压痕，借助放大镜可以很容易地发现这些破绽，假币的凹凸部位和图案纹理不一致，且杂乱无章。

二是借助放大镜检测票面上的缩微文字。第五套人民币各券别的纸币都在多处印有缩微文字，例如，可以在100元、50元、10元和5元纸币的正面上方，以及20元纸币的正面右侧和下方找到它们。要知道，如此精细的印刷工艺可不是普通印刷机能完成的！通过放大镜观察，可以发现真币的缩微文字清晰可辨，而假币上的缩微文字则模糊不清。

(资料来源：中国人民银行货币金银局)

问题：
识别人民币真假的技巧有哪些？

第二章

信用

市场经济首先是信用经济，信用经济必须是法治经济，信用经济是商品经济高度发展的体现。信用作为一个经济范畴，是各种社会形态下共有的，但在不同的社会制度下，信用反映的生产关系也不同。随着经济的发展，商业信用、银行信用、消费信用等各种信用形式多样化，信用促进经济快速发展的作用越来越突出。在建立和完善社会主义市场经济过程中，同样需要利用各种信用形式和金融工具，更好地服务实体经济。

第一节 信用概述

一、信用的概念

信用是一种借贷行为。借贷不同于买卖，它是以偿还为条件的付出，即商品或货币所有者以到期获取利息为条件让渡商品或货币的使用权，从而成为贷者或债权人，并有权根据借贷契约规定的条款对借者进行监督。借者或债务人以到期还本付息为条件取得商品或货币的使用权，并有义务履行借贷契约规定的条款。

信用既然是以偿还为条件的价值运动，那么可以把信用表述为"以偿还为条件的价值单方面的转移"。如财政收支、各种馈赠、各种罚款和赔款等，都是价值的单方面转移。但是，唯有借贷是以偿还为条件的价值单方面的转移。在商品货币经济基础上产生的以银行信用为典型代表的货币形态的信用，既利用了货币支付手段的职能，又极大地拓展了支付手段发挥作用的范围。

如果与单纯的商品买卖中的价值运动相比较，信用是价值运动的特殊形式。两者的主要区别在于以下3点。

(1) 信用过程中的价值运动形式是 $G\text{-}G'$；单纯商品买卖中的价值运动形式是 $W\text{—}G\text{—}W$。

(2) 信用过程中的价值运动必然有或长或短的间隔期；单纯商品买卖中的价值运动是钱货两清，没有间隔期。

(3) 信用过程中的价值运动只是让渡商品或货币的使用权而不改变所有权；单纯商品买卖中的价值运动是商品与货币的转换，使用价值发生转移而价值并没有转移。

综上所述，信用是一种借贷行为，是以偿还为条件的价值单方面的转移，是价值运动的特殊形式。

上述关于信用的概念是就信用的一般性而言的，即各个不同社会制度下的信用普遍具有的形式特征。作为信用，它必然存在于一定的生产关系中，因此，信用必然反映和服务于一定的生产关系。

二、信用的产生和发展

信用的基础是商品货币经济，随着商品货币经济的产生、发展和消亡而发生相应的变化。那么，信用是怎样产生的呢？信用产生于商品或货币在空间和时间上分布的不平衡性。空间分布的不平衡性，表现为商品或货币在不同国家、不同地区、不同企业单位和个人之间的此多彼少、此余彼缺，或者彼多此少、彼余此缺；时间分布的不平衡性，表现为同一国家、同一地区、同一企业单位和个人，商品或货币的时多时少、时余时缺。而这种余缺调剂的方式只能是债权人赊销商品或贷出货币，债务人则按规定日期支付货款或偿还贷款。例如，某甲手中有一批商品想出售，而某乙想购买这批商品，然而手中暂时没有货币，于是某甲将手中的商品赊销给了某乙，条件是某乙按规定时间支付货款；某丙手中有闲置不用的货币，而某丁却急需货币，于是某丙将货币借给了某丁，条件是某丁必须按规定期限偿还货币，并支付一定的利息，于是就产生了信用。

信用产生以后，经历了高利贷信用、资本主义信用和社会主义信用这几个发展阶段。

(一) 高利贷信用

高利贷信用亦称高利贷资本。高利贷资本就是通过贷出实物或货币方式榨取高额利息的古老形式的生息资本。

高利贷产生于原始社会末期。随着原始公社解体和私有制出现，原始公社内部出现了富裕家族和贫穷家族。富裕家族占有较多的财产，贫穷家族为了解决生产或生活上的急需，不得不向富裕家族借物借钱，遂产生了高利贷。第三次社会大分工，商业和商人阶级出现以后，高利贷有了新发展。起初，高利贷多是以实物形态出现的。之后，随着商品货币关系的发展，货币形态的借贷逐渐发展为主要形式。

小生产者的大量存在是滋生高利贷的良好温床，所以，在漫长的奴隶社会和封建社会里，高利贷广泛存在并成为信用的基本形式。小生产经济是极不稳定的，经不起任何不利因素的冲击，为了活命，为了生产继续进行，为了支付地租和各种苛捐杂税等，小生产者不得不高利举债。

高利贷资本的供应者主要是铸币兑换商和后来的货币经营业者、王公贵族、商人、寺院僧侣等；高利贷资本的需求者主要是小生产者。此外，剥削者为了卖官鬻爵、奢侈浮华等，有时也举债，至于高利贷的负担最终都要转嫁给劳动者。

1. 高利贷的特点

1) 利息率高

极高的利率是高利贷最明显的特征。例如，旧中国的农村，在粮食借贷中，春借一斗秋还三斗是极其普遍的；城市的贫民中间有一种"印子钱"，借10元，实得9元，每天还0.2元，还到60天，算本利还清，这种高利贷日息约1%，月息可达35%。高利贷者除知道货币需求者的负担能力或抵抗能力外，再也不需要知道别的限制。即使在当前的现实经济生活中，尤其是在农村，春季借100元，秋季就要还130元以上，3分利也很普遍。高利贷的利息率之所以特别高，原因有两个。第一，小生产者借钱借物，多用于生活救急之需；剥削者举债，多用于奢侈性的消费，并且高利负担可以转嫁。这种非生产性消费的借贷性质决定了利息率的上限不受任何约束。第二，在前资本主义社会，自然经济占统治地位，社会能够空闲出来可以用于借贷的资财是有限的，需求远远大于供应，这为高利贷者索取高息提供了条件。图2-1显示了高额高息借贷易使企业陷入恶性循环的过程。

图2-1　高额高息借贷易使企业陷入恶性循环

2) 非生产性

高利贷的非生产性加高额利息，使它具有寄生性、腐朽性，从而对生产起破坏作用。其作用主要有以下几点。

(1) 高利贷是推动自然经济解体和促进商品货币关系发展的因素。随着商品货币经济的发展，货币借贷渐趋增加乃至成为主要形式，借者为了偿付债务就得生产，从而在一定程度上推动了自然经济解体和促进了商品货币关系的发展。

(2) 高利贷对奴隶制和封建制起着破坏和解体的作用，但不会创造新的生产方式。在高利贷的重利盘剥下，小生产者会因不能清偿债务失去自己的劳动条件而破产，沦为奴隶、债务农奴或流民；奴隶主或封建主因债台高筑而破产，高利贷者会取而代之成为新的奴隶主或封建主。

(3) 高利贷破坏和毁灭了小生产者的生产，使生产力衰退。在高利贷贪得无厌的压榨下，负有债务的小生产者的绝大部分劳动产品，甚至连同一部分生产资料都转入高利贷者手中。再加上奴隶主或封建主把偿付所借的高利贷的本息转嫁给劳动者，这样就迫使小生产日益萎缩，劳动者更加贫困。马克思说过，高利贷不改变生产方式，而是像寄生虫那样紧紧地吸在它身上，使它虚弱不堪。高利贷吮吸着它的脂膏，使它精疲力竭，并迫使再生产在每况愈下的条件下进行。

总之，在漫长的前资本主义社会里，高利贷的作用是消极的。只是到了封建社会末期，在资本主义生产方式形成过程中，高利贷才起了一定的积极作用。①高利贷的重利盘剥，使农民和手工业者破产，为资本主义生产方式的产生准备了工人后备军。②在资本主义大工业蓬勃兴起和资产阶级取得政权的双重压力下，历代累积和集中的高利贷资本转化为现代产业资本和借贷资本。

2. 规范民间借贷利率的司法解释

时至今日，民间借贷依然盛行，套路贷、美容贷、校园贷等花样翻新的高利贷层出不穷。高利贷虽然可以缓解借贷人的燃眉之急，临时得到资金周转，但是，高利贷酿成的借贷人家破人亡悲剧比比皆是。究其原因，主要在于高利贷借贷双方存在严重的信息不对称，借贷双方议价的中心是利率的高低，在信息不对称的背景下，借款方容易出现违约和道德风险，从而极易引发治安、刑事案件及群体事件，并且长期的高利贷极易产生黑恶势力。近年来，出现放贷人为获取更多利益，借用"套路贷"的手段来实施诈骗犯罪。同时民间高利贷利率普遍高于银行基准利率，受利益驱动，一部分人便将自有资金用于民间借贷，对地方金融机构(尤其是农村商业银行)吸收存款造成很大压力。又由于其贷款机制灵活、便利，也在一定程度上造成对银行信贷的冲击。

2020年5月28日"禁止高利放贷"明确写入《中华人民共和国民法典》(以下简称《民法典》)。《民法典》第六百八十条明确规定，禁止高利放贷，借款的利率不得违反国家有关规定。在2020年8月20日，最高法新修订了《最高人民法院关于审理民间借贷案件适用法律若干问题的规定》(以下简称《规定》)，以中国人民银行授权全国银行间同业拆借中心每月20日发布的一年期贷款市场报价利率(LPR)的4倍为标准确定民间借贷利率的司法保护上限，形成事实上的"一线两区"和浮动利率形式规定的司法保护上限。这样规定主要考虑了我国社会经济发展状况、民间借贷利率司法保护的历史沿革、市场需求，以及域外国家和地区的有关规定等因素。新《规定》取代原《规定》中"以24%和36%为基准的两线三区"的规定，大幅度降低民间借贷利率的司法保护上限，促进民间借贷利率逐步与我国经济社会发展的实际水平相适应。

现在，虽然国家对网络借贷等的监管越来越严格，但仍有一些平台通过不断变换"马甲"，利用政策漏洞和信息不对称"薅羊毛"。微观主体在与他人签订借贷合同时，应仔细阅读合同中的利息条款，约定合理的借贷利率。个人要认识到高利贷的社会危害性，理性分配个人收支，远离高利贷。

(二) 资本主义信用

资本主义信用是借贷资本的运动。所谓借贷资本，是指货币资本家为了获取剩余价值而暂时贷给职能资本家使用的货币资本，它是生息资本的一种形式。

借贷资本的形成和发展，与资本主义再生产过程有密切联系。在资本主义简单再生产和扩大再生产的过程中，产业资本和商业资本的循环周转必然出现货币资本的时余时缺、时多时少，从而形成借贷资本的来源与运用。就产业资本来说，首先，固定资本是随着实物形态的磨损程度，从产品销售收入中逐渐地提取折旧基金，在固定资产没有更新之前处于暂时闲置状态，这是借贷资本的来源。当固定资产局部或全部更新时，或者由于提前更新，或者由于扩大生产规模和提高机器设备效能，又有补充固定资本的需要时，即需要借入借贷资本。其次，在流动资本周转过程中，由于产品销售与购买原材料及支付工资的时间不一致，货币资金的暂时闲置或紧缺是不可避免的。最后，剩余价值的积累在没有达到可以用于扩大再生产的足够规模之前处于闲置状态，是借贷资本的来源。当进行扩大再生产集中投入资本时，又有补充货币资本的需要。

上面是就产业资本的循环周转来说明货币资本的时余时缺或时多时少的必然性，从而揭示借贷资本的来源与运用。这个原理对借贷资本也是适用的。据此得知，借贷资本是在职能资本运动的基础上产生的，并为职能资本的周转服务。从这一方面来看，它是从属于职能资本的一种资本形式，但从另一方面来看，借贷资本又是从职能资本的循环中分离出来而独立运动的一种特殊的资本形式，有不同于职能资本的许多特点。

借贷资本的特点有以下3点。

1. 借贷资本是所有权资本

货币资本家贷出货币资本和职能资本家借入货币资本，只是转移货币资本的使用权并不改变所有权。货币资本家不从事生产经营活动，仅仅凭借货币资本的所有权而从借者那里取得利息。职能资本家是把借入的货币资本作为职能资本来使用的，即用于购买生产资料和雇佣劳动力进行生产经营活动获取剩余价值。在这里，资本的职能和资本的所有权发生分离，同一资本取得双重存在。对货币资本家来说，它是所有权资本；对职能资本家来说，它是职能资本。

2. 借贷资本是商品资本

在资本主义社会，货币转化为资本，成为获取剩余价值的工具。作为资本的货币具有双重的使用价值：既具有作为货币所执行的一般等价物的使用价值，也具有作为资本用来生产剩余价值的使用价值。货币资本家把货币资本贷给职能资本家使用，就是把作为资本的货币即生产剩余价值的能力让渡给职能资本家。在这里，借贷资本是作为资本商品出现的。资本本身之所以表现为商品，是因为资本被提供到市场上来，并且货币的使用价值实际上作为资本来让渡。但要注意，这种资本商品是与普通商品有区别的特殊商品：首先，普通商品经过消费后，它的商品体和它的价值一起消失；而资本商品经过使用后，它的价值和使用价值不仅会被保存，而且会增值。其次，普通商品的转让是通过买卖的形式，根据等价交换的原则进行的；而资本商品的转让是通过借贷的形式，是以偿还和付息为条件的付出。最后，普通商品的价格是商品价值的货币表现，而资本商品的价格从现象上看表现为利息，但利息并不是资本商品价值的货币表现，只不过是使用它的使用价值的报酬或代价，从本质上来说，利息是剩余价值的特殊转化形式。

3. 借贷资本具有特殊的运动形式

借贷资本的运动形式不同于产业资本和商业资本。产业资本的运动形式是 $G—W\cdots P\cdots W'—G'$；商业资本的运动形式是 $G—W—G'$；借贷资本的运动形式则是 $G—G'(G+g)$，g 代表利息，即约定期限把货币贷出，然后带着利息把货币收回。

如果停留于 $G—G'$ 的表面形式而不做深入的实质性考察，就会造成这样一种假象：货币本身具有自行增值的神秘力量。在这里，借贷资本的本质被"物"所掩盖，其实借贷资本的运动正是立足于产业资本运动的基础上，依附于产业资本运动。如果没有资本主义再生产过程，借贷资本的运动也就无从产生。包括产业资本运动在内的借贷资本的全部运动过程如下：

$$G—G—W\cdots P\cdots W'—G'—G'$$

资本的增值是在产业资本运动过程中发生的。

（三）社会主义信用

社会主义信用就是在社会主义的商品货币经济基础上产生和发展的借贷资金运动。社会主义借贷资金运动与资本主义借贷资本运动的根本区别是不存在资本剥削关系。如果抛开借贷资本运动所包含的资本属性，仅就价值运动的形式而言，社会主义借贷资金的运动过程或运动形式与借贷资本的运动形式是相同的。就借贷资金的运动来说，则是货币资金的双重付出和双重归流，即 $G—G\cdots G'—G'$。但社会主义信用更加侧重服务实体经济，金融是实体经济的血脉，为实体经济服务是金融的天职，是金融的宗旨，也是防范金融风险的根本举措。2023年10月30日至31日中央金融工作会议在北京举行，会议强调，"坚持把金融服务实体经济作为根本宗旨"，这是对金融本质与发展规律的深刻理解和高度概括。只有牢牢把握为实体经济服务这一根本宗旨，不断增强为实体经济服务的能力和水平，金融自身发展才能获得持续动力，才能真正实现金融与经济的良性循环。作为国家核心竞争力的重要组成部分，金融发展关系中国式现代化建设全局。金融活，经济活；金融稳，经济稳。经济兴，金融兴；经济强，金融强。从企业生产与投资，到家庭消费和储蓄，再到政府宏观调控，都离不开金融市场和金融机构提供的动员储蓄、配置资金、分散风险、监管企业、促进交易等功能，以降低信息成本和交易成本，促进资本积累和技术创新，推动经济发展。因此，金融的活力与效率将直接影响经济发展水平和速度。

社会主义信用不同于资本主义信用，除性质上不存在资本剥削外，相对来说比资本主义信用更具有集中性、计划性和生产性的特点。当然，对于集中性和计划性的范围、内容、形式和方法，要随着商品货币经济的发展、改革开放的推进、经济管理体制和经济调控手段的完善而相应地发生变化，使之逐渐趋于完善，并不断提高效能。

第二节　信用工具

在现代经济中，资金融通需要借助于信用工具，因此信用工具又称金融工具，对买进方或持有者来说就是金融资产。

信用工具是在信用活动中产生，能够证明金融交易金额、期限、价格的书面凭证，它对于债权债务双方所应承担的义务与享有的权利均有法律约束意义。

债权债务关系需要合法的书面证明。仅凭借贷双方的口头协议或记账也可建立信用关系，但因无法律上的保障，极易引起纠纷，并且不易将债权和债务转让。信用工具的产生和发展克服了口头信用和记账的缺点，实现了信用活动的规范化，通过信用工具的流通转让进而形成了金融市场。

一、信用工具的特征

信用工具一般具有期限性、流动性、风险性和收益性四个基本特征。

(一) 期限性

期限性是指一般金融工具有规定的偿还期限。偿还期限是指债务人在必须全部归还本金之前所经历的时间。如一张标明3个月后支付的汇票，偿还期为3个月；5年到期的公债，偿还期为5年；等等。但对当事人来说，更有现实意义的是从持有金融工具之日起到该金融工具到期日止所经历的时间。假设一张1990年发行要到2010年才到期的长期国家公债券，某人如于1999年购入，对于他来说，偿还期限是11年而非20年，他将用这个时间来衡量收益率。

金融工具的偿还期限可以有零和无限期这两个极端。如活期存款的偿还期可以看作零，而股票或永久性债券的偿还期则是无限期的。

(二) 流动性

流动性是指金融工具迅速变为货币而不致遭受损失的能力。现钞这类金融工具本身就是流动性的体现。除此之外，变现的期限短、成本低的金融工具流动性强；反之，则流动性差。发行者资信程度的高低，对金融工具的流动性有重要意义。如国家发行的债券、信誉卓著的公司所签发的商业票据、银行发行的可转让大额定期存单等，流动性就较强。对于持有人来说，流动性强的金融工具相当于货币。在一些国家,这类金融工具往往分别被列入不同层次的货币供给数量的范围之内并成为中央银行监控的目标。

(三) 风险性

风险性是指购买金融工具的本金是否有遭受损失的可能性。本金受损的风险有信用风险和市场风险两种。信用风险是指债务人不履行合约,不按期归还本金的风险。这类风险与债务人的信誉、经营状况有关。就这方面来说,风险有大有小,但很难保证绝无风险,如向大银行存款的存户有时也会受到银行破产清算的损失。信用风险也与金融工具种类有关。例如,股票中的优先股就比普通股风险低,一旦股份公司破产清算,优先股股东比普通股股东有优先要求补偿的权利。信用风险对于任何一个金融投资者都存在,因此,认真审查投资对象,充分掌握信息是至关重要的。市场风险是指由金融工具市场价格下跌所带来的风险。某些金融工具,如股票、债券,它们的市价是经常变化的,市价下跌,就意味着投资者金融资产贬值。1987年10月股市暴跌风潮席卷美国时,约有一亿七八千万的股东在10月19日这一天损失财产五千亿美元。因此,在金融投资中,审时度势,采取必要的保值措施非常重要。2007年,"5.30"股市下跌导致了近4万亿元的市值损失。

(四) 收益性

收益性即信用工具能定期或不定期地给持有者带来收益,收益的大小通过收益率来反映。

收益率是指持有金融工具所取得的收益与本金的比率。收益率有3种计算方法:名义收益率、即期收益率与平均收益率。

名义收益率是金融工具票面收益与票面额的比率。如某债券面值100元,10年偿还期,年息8元,则该债券的名义收益率就是8%。

即期收益率是年收益额与该金融工具当期市场价格的比率。若上例中债券的市场价格为95元,则即期收益率=$\frac{8}{95}\times 100\% \approx 8.42\%$。

平均收益率是将即期收益与资金损益共同考虑的收益率。平均收益率可以更准确地反映投资者的收益情况,因此是金融投资者考虑的基本参数。

二、信用工具的种类

信用工具的种类很多,划分方法也各不相同。

(一) 按发行者性质,可以分为直接信用工具和间接信用工具

直接信用工具是指最后贷款人与最后借款人之间直接进行融资活动所使用的信用工具,如各种债券、股票、商业本票、商业汇票、抵押契约。间接信用工具是指由金融机构在最后贷款人与最后借款人之间充当媒介的融资活动中由金融中介机构发行的信用工具,如钞票、存单、保险单、银行票据、各种借据等。

(二) 按偿还期,可以分为长期信用工具和短期信用工具

一般把借贷期限在一年以上的金融工具称为长期信用工具,包括股票和各种债券。

借贷期限在一年以下的金融工具称为短期信用工具,如商业票据、银行票据、支票,以及信用证、旅行支票和信用卡等。

(三) 按可接受程度，可以分为无限可接受工具和有限可接受工具

其中，前一类为本国社会公众所普遍接受，作为普遍的交易手段和支付手段的信用工具，主要是中央银行发行的货币和商业银行活期存款。这种普遍接受的信用工具是以社会公众对中央银行和商业银行的信任为前提的。后一类是具有有限接受性的信用工具，主要包括银行和企业的各种可转让的有价证券等。这些信用工具都有不同程度的流动性，但不能像前者那样充当一般的交易手段和支付手段，其接受程度要受信用工具的性质、出票人及存款人的信用能力等的限制。

(四) 按持有人对发行人权属，可以分为权益性工具与债权性工具

权益性工具是一种所有权凭证，表示持有人对发行主体的所有权权益，最典型的是股票中的普通股，其持股人可据以参与公司经营管理和红利分配。债权性工具是债权凭证，表示持有人对发行主体拥有债权，最典型的如债券和存款凭证等，其持有人可据以获得利息收入、到期收回本金。

(五) 按收益是否固定，可以分为固定收益工具和非固定收益工具

固定收益证券是指持券人可以在特定的时间内取得固定的收益，并预先知道取得的收益的数量和时间的证券，如固定利率债券、优先股票等。非固定收益证券主要指股票，尤其是普通股，其收益为不固定红利收入，具有永久性，没有偿还要求。

固定收益证券又称固定收益工具，一般是债权性工具，其收益为固定的利息收入，到期时归还本金，大部分信用工具都是固定收益工具。

(六) 按定价依据，可以分为基础性工具和衍生性工具

基础性工具又称原生性工具或传统性工具，是指可依据其自身收益情况来进行定价的工具，是引导资金进入产业领域的媒介，体现真正意义的资金融通，一般历史相对悠久，市场体系比较成熟和完整。

衍生性工具是在基础性工具之上衍生出来的，其存在与定价必须基于原生性资产或资产价格，其回报率和回报时间完全由基础性工具的表现来决定。衍生性工具不能完成引导资金进入产业领域的任务，是主要的套利和风险转移手段。如股票现货市场上的股票是基础性工具，而基于股票价格指数的股票指数期货则是衍生性工具；再如美国次贷危机中住房抵押贷款凭证是基础性工具，而基于此的证券化产品如质押支付债券、按揭支持商业票据、债务抵押凭证和信用违约掉期等都是衍生性工具。

信用工具的分类较多，下面主要介绍基础性工具，衍生性工具将在后续课程中学习。

三、基础性工具

基础性工具中的股票、债券和基金等，本书将在第四章资本市场上讲述，下面主要介绍票据。

(一) 票据含义、特征及行为

1. 票据含义

票据是按照一定形式制成、写明有付出一定货币金额义务的证件。广义的票据泛指各种有价证券，如债券、股票、提单等。狭义的票据仅指以支付金钱为目的的有价证券，即出票人根据《中华人民共和国票据法》(以下简称《票据法》)签发的，由自己无条件支付确定金额或委托

他人无条件支付确定金额给收款人或持票人的有价证券。在我国，票据即汇票、支票及本票的统称。下面从狭义的角度阐述票据及其种类。

票据的含义，包含以下四方面内容。

(1) 票据是以支付一定金额为目的的有价证券。支付票据上的金额是票据签发和转让的最终目的，票据当事人的权利义务关系只有在票据金额得到全部支付以后才消失。

(2) 票据是一种完全有价证券。票据所表示的权利与票据本身有不可分割的关系。权利与票据融为一体。票据的签发意味着票据权利的产生，票据的转让意味着票据权利的转移，而票据权利的行使则必须提示票据。

(3) 票据是一种无因证券。持票人对票据债务人提示票据要求其履行义务时，不负责证明票据签发的原因，假如票据的有关内容出现问题则由债务人负责。

(4) 票据是一种流通证券。票据的债权可以通过背书转让或交付转让的方式进行流通。记名票据必须经过背书以后才能转让，不记名票据无须背书即可转让。由于我国《票据法》规定的票据均为记名票据，因此必须通过背书才能转让。

2. 票据特征

票据特征具体包括以下几点。①票据的要式性，是指票据行为必须按《票据法》的规定，在票据上载明法定的事项并交付，否则票据行为无效。例如，必须在书面载有金额、必须签章等。②票据的无因性，是指票据行为不因票据的基础关系无效或有微瑕而受到影响。③票据的文义性，是指票据行为的内容完全依赖票据上记载的文字意义而定，这就要求不能将无关内容加进票据中。④票据的独立性，是指票据上的各个行为相互之间独立发生作用，不因其他票据行为无效而受影响。⑤票据的流动性，是指票据可以通过背书或交付而转让，这样便可形成全国统一的完整的票据市场。

3. 票据行为

票据行为是指与票据相关的行为，包括出票、背书、承兑和保证等。①出票，是指出票人签发票据并将其交付给收款人的票据行为，包括制作票据和交付票据两部分。②背书，是指在票据背面或者附单上记载有关事项并签章的票据行为。通过背书，可赋予票据流动性。它可以分为转让背书和质押背书。③承兑，是指票据付款人承诺在票据到期日支付票据金额的行为。④保证，是由债务人以外的第三人作为保证人，来担保特定的债务人履行其债务的一种制度。保证的目的在于增加票据的可靠性，提高票据的信用度。以商业汇票为例，其票据行为示意图如图2-2所示。

图2-2 商业汇票的票据行为

(二) 本票、汇票和支票

1. 本票

《票据法》第七十三条规定，本票是由出票人签发的，承诺自己在见票时无条件支付确定的金额给收款人或持票人的票据。该条第二款规定，本法所指的本票是指银行本票，不包括商业本票，更不包括个人本票。银行本票是申请人将款项交存银行，由银行签发的承诺自己在见票时无条件支付确定的金额给收款人或者持票人的票据。银行本票如图2-3所示。

本票的特征如下。

(1) 本票是票据的一种，具有一切票据所共有的性质，如无因证券、设权证券、文义证券、要式证券、金钱债权证券、流通证券等。

图2-3　银行本票

(2) 本票是自付证券，它是由出票人自己对收款人支付并承担绝对付款责任的票据。这是本票和汇票、支票最重要的区别。在本票法律关系中，基本当事人只有出票人和收款人，债权债务关系相对简单。

(3) 无须承兑。本票在很多方面可以适用汇票法律制度。但是由于本票是由出票人本人承担付款责任，无须委托他人付款，因此本票无须承兑就能保证付款。

2. 汇票

汇票是由出票人签发的，委托付款人在见票时或者在指定日期无条件支付确定的金额给收款人或者持票人的票据。汇票分为商业汇票和银行汇票。

商业汇票是指由付款人或存款人(或承兑申请人)签发，由承兑人承兑，并于到期日向收款人或被背书人支付款项的一种票据。商业汇票必须在债务人承认兑付后才能生效，这种债务人认可付款的行为称为承兑。经过债务人承兑的汇票，称为商业承兑汇票；由债务人委托银行承兑的汇票，称为银行承兑汇票。

银行汇票是汇款人将款项交存当地出票银行，由出票银行签发的，由其在见票时，按照实际结算金额无条件支付给收款人或持票人的票据。银行汇票有使用灵活、票随人到、兑现性强等特点，适用于先收款后发货或钱货两清的商品交易。银行汇票如图2-4所示。

汇票具有的功能如下。

(1) 汇兑功能。凭借票据的这一功能，解决两地之间现金支付在空间上的障碍。

图2-4　银行汇票

(2) 信用功能。票据的使用可以解决现金支付在时间上的障碍。

(3) 支付功能。票据的使用可以解决现金支付在手续上的麻烦。由于票据交换制度的发展，票据可以通过票据交换中心集中清算，简化结算手续，加速资金周转，提高社会资金使用效益。

商业汇票可以流通转让。为了保障持票人的利益，商业汇票流通转让时要经过"背书"手续，背书就是转让人在票据背面做转让签字。因转让票据给他人而进行背书者为背书人，背书人一经背书即为票据的债务人，背书人与出票人同样要对票据的支付负责。若票据的出票人或承兑人不能按期支付款项，票据持有人有权向背书人要求付款，因此，背书人又称为第二债务人。

商业票据的流通有一定的限度，它一般只能在彼此有经常来往而相互了解的企业单位之间进行，而不在其他更大范围流通，所以在一般情况下，商业票据往往由它的持有人提前向银行贴现，以取得现款。

3. 支票

支票是由出票人签发的，委托办理支票存款业务的银行或者其他金融机构在见票时无条件支付确定的金额给收款人或者持票人的票据。凡在银行开立活期存款账户的，银行均提供空白支票簿，存户凭此在存款限额内签发支票。

支票按支付方式可分为现金支票和转账支票。现金支票可以从银行提取现金，转账支票只能用于转账结算。支票经过一定的手续(如背书可以流通转让)，可以代替货币发挥流通手段和支付手段的职能。

下面对汇票、本票、支票三大票据进行对比，见表2-1。

表2-1 汇票、本票和支票比较

种类	汇票	本票	支票
无条件性	是一个人向另一个人发出的，要求后者付给第三者或自己的无条件支付命令	是一个人向另一个人发出的，约定自己向后者支付一定金额的无条件承诺	是银行存户对银行签发的无条件支付命令
基本关系人	出票人、付款人或承兑人和收款人	出票人(付款人)、收款人	出票人、付款银行、收款人
主债务人	承兑前是出票人，承兑后是承兑人	出票人	一般是客户，保付支票是付款银行
债权人	收款人或持票人	收款人或持票人	收款人或持票人
持票人的权利	要求付款的权利和追索权	要求付款的权利和追索权	要求付款的权利和追索权
期限	分即期、远期两种，远期汇票要承兑	分即期、远期两种，远期不用承兑	只有即期一种
张数	可以一张也可以一式多份	—	只有一张
变种	银行汇票	已付汇票，实为本票	旅行支票
性质	都是以支付一定金额为目的的书面票据		
作用	都可以作为支付手段、流通手段、融资手段，即具有结算、信用、流通、抵债四大作用		

第三节 信用形式

一、商业信用

商业信用是指企业之间以赊销商品和预付货款等形式提供的信用，它是现代信用制度的基础。这种信用形式的具体表现形式很多，如赊销商品、委托代销、分期付款、预付定金、按工程进度预付工程款、补偿贸易等。归纳起来，主要是赊销和预付两大类。如甲企业从乙企业进货，约定3个月后付款，或者分批次结算货款。再如，某企业货物特别畅销，一些购货单位需要提前支付订金等，这都属于商业信用业务。在资本主义社会，商业信用得到了极大发展，原因是：①社会化大生产使各生产部门和各企业之间存在着密切的联系，而它们在生产时间和流通时间上又往往存在不一致的现象；②商业资本和产业资本相分离，如果要求所有商业企业用自己的资金购买全部商品，则会发生资金短缺的困难。

从在中国的发展现状看：①商业信用具有普遍性，可以说只要有商业活动，就存在商业信用。商业信用作为一种融资方式，其最大的特点是容易获得，它无须办理正式手续，而且如果没有现金折扣或使用带息票据，它还不需要支付筹资成本，适用于大、中、小企业及个体工商户，因而普遍存在于商业活动之中；②在所有不同类型的经济形式中，以新型经济形式或行业尤为突出，如个体私营企业、零售超市、房地产开发、消费俱乐部等，对这些经济形式或行业的银行信用控制一般都比较严，使用商业信用融资非常便捷，商业信用特别活跃，如零售超市占用供应商的商品，房地产开发商预售房屋，消费俱乐部出售会员卡等，这些基本上已约定俗成，见多不怪，总体趋势是三产业占用二产业和一产业的资金更多，零售、服务业占用供应商和消费者的资金更多；③商业信用规模增长快，关系更为复杂。

(一) 商业信用的特点和优点

1. 商业信用的特点

(1) 商业信用中贷出的资本是产业资本中的商品资本。商业信用是以商品形态提供的，贷出的资本是处在产业资本循环过程中最后一个阶段上必须转化为货币形态的商品资本。

(2) 商业信用中的债权人和债务人是商品生产者或经营者。

(3) 商业信用的动态与产业周期各阶段资本的动态是一致的。在繁荣时期生产规模扩大，生产的商品增加，对商业信用的需求和信用销售相应增加；反之，在危机时期生产规模缩减，对商业信用的需求和信用销售相应减少。

2. 商业信用的优点

商业信用的优点在于方便及及时。在找到商品的买主或卖主的同时，既解决了资金融通的困难，也解决了商品买卖的矛盾，从而缩短了融资时间和交易时间。而且商业票据一般都可以到商业银行贴现或经背书后转让给第三者，当有商业汇票时，持票人可以通过这种方式同时获得部分资金或抵偿部分债务。

(二) 商业信用的局限性

商业信用的局限性是由它的特点决定的。

1. 商业信用的规模受工商企业资本量的限制

因为商业信用是在工商企业彼此之间提供的，因此，商业信用只能在企业之间再分配已有的资金，而不能在现有资金总额之外获得任何补充。所以，商业信用可以对工商企业现有资金进行最大限度的最充分的运用。并且，从个别企业来看，能够用来提供商业信用的并不是企业的全部资金，只是处于资本循环周转最后一个阶段的商品资本。

2. 商业信用的提供受方向的限制

生产生产资料的企业只能向需要生产资料的企业进行赊销，而不能进行相反的业务。例如，纺织厂可以从纺织机械厂赊购纺织机械，可是纺织厂不能向纺织机械厂赊销商品。商业信用这种方向上的局限性是由商品使用价值的特定用途所决定的。

3. 商业信用在管理和调节上有一定局限性

商业信用是在工商企业之间自发产生的，经常形成一条债务锁链。如甲欠乙，乙欠丙，丙欠丁等。如果这一链条的任何一环出现问题，不能按时清偿，整个债务体系都将面临危机。而国家经济调节机制对商业信用的控制能力又十分薄弱，商业信用甚至对中央银行调节措施做相反反应，如中央银行紧缩银根，使银行信用的获得较为困难时，恰恰为商业信用活动提供了条件。只有当中央银行放松银根，使银行信用的获得较为容易时，商业信用活动才可能相对减少。因此，各国中央银行和政府都难以有效地控制商业信用膨胀所带来的危机。

4. 商业信用的期限受到限制

因为商业信用所提供的资金未退出再生产过程，属于生产过程中的资金，所以只适用于短期融资，长期信用一般不能使用这种形式。

为在一定程度上解决商业信用双方信息不对称问题，可以通过多渠道进行了解。例如，通过信用中国和商业信用中心官网等渠道搜集信息，如图2-5和图2-6所示。

图2-5　信用中国

图2-6　商业信用中心

二、银行信用

银行信用是指银行及其他金融机构以货币形式提供的信用。银行信用是伴随着现代银行产生，并在商业信用的基础上发展起来的。银行信用与商业信用一起构成现代经济社会信用关系的主体。

银行信用在现代经济生活中成为信用的主要形式。在我国，资金融通的基本形式就是银行信用。在大多数西方发达国家中，银行信用也是一种主导信用形式。在社会信用体系中，银行信用是支柱和主体信用，是连接国家信用和企业信用、个人信用的桥梁，在整个社会信用体系的建设中，具有先导和推动的作用。可以说，银行信用的正常化，是整个社会信用健全完善的重要标志，也是构筑稳健金融体系的基石。银行信用的缺失在一定程度上破坏了金融市场的有序性、公正性和竞争性，对金融环境发展造成许多不利影响。

(一) 银行信用的特点

(1) 银行信用中贷出的资金是从产业资本循环中游离出来的资金，即脱离了产业资本的循环而可以独立进行转移的货币形态的资金。

(2) 银行信用以银行为中介广泛服务于企业及个人。

(3) 银行信用与产业资本的动态不完全一致。这是因为：①银行信用中的借贷资金是脱离产业资本循环的暂时闲置的货币资金；②用于借贷的货币资金来源于社会各个方面，不仅限于工商企业。

(二) 银行信用的优点

(1) 在数量上，银行信用不受工商企业资本量的限制。银行借贷资金的来源广泛，包括工商企业资本循环中暂时闲置的货币资金、财政性存款、社会各阶层的货币收入和储蓄等。

(2) 在使用方向上，银行信用不受商品使用价值的局限。由于银行信用是货币形态的资金，因此可以在任何方向上把货币资金分配到各个生产、流通等部门中去。

(3) 在期限上不受限制。银行信用可根据客户的要求，开展短、中、长期的货币资金借贷活动。

银行信用克服了商业信用这些缺点，但它不能取代商业信用。商业信用和银行信用是两种基本的信用形式，它们构成信用制度的基石。在实际经济生活中，这二者往往互为补充、共同发展。例如，在工商企业的贸易活动中，一般是由卖方或买方提供商业信用，交易双方都可凭持有的未到期的商业票据到银行申请办理贴现或票据抵押贷款，从而获得银行信用。这样，商业信用的提供者在银行信用支持下，可以突破自身闲置资金额的限制，促进商品的销售。银行信用克服了商业信用的局限性，成了现代信用的主要形式。20世纪以来，银行信用发生了巨大的变化，得到迅速发展，表现为：越来越多的借贷资本集中到少数大银行手中；银行规模越来越大；贷款数额不断增大，贷款期限不断延长；银行信贷与产业资本的结合日益紧密；银行信用提供的范围不断扩大。商业信用和银行信用的比较见表2-2。

表2-2　商业信用和银行信用的比较

信用	形式	特点	优势/局限
商业信用	赊购赊销 预付货款	主体：企业 客体：商品资本/买卖+借贷 变动：与产业资本一致	数量和规模限制 范围限制 方向限制 期限限制
银行信用	吸收存款 发放贷款	主体：银行、企业、个人 客体：暂时闲置的资金 变动：与产业资本的动态不一致 功能：信用创造/贷款—存款流	突破商业信用限制 积少成多 储蓄、消费、投资转化 低成本创造信用

三、国家信用

国家信用是政府以债务人身份筹集资金的一种借贷行为。国家信用是以国家和地方政府为债务人的一种信用形式。它的主要形式是通过金融机构发行公债,在金融市场上借入资金。

国家信用包括国内信用和国外信用两种。国内信用是国家以债务人身份向国内居民、企业团体取得的信用,它形成一国的内债。国外信用是国家以债务人身份向国外居民、企业团体和政府取得的信用,它形成一国的外债。

国家信用所筹集的资金主要用于基础设施建设、公用事业建设等的投资性支出。

(一) 国家信用的特点

(1) 国家信用的主体是政府,政府以债务人的身份出现,债权人是全社会的经济实体和个人。

(2) 国家信用的形式主要是发行政府债券(包括公债和国库券),其次是向中央银行短期借款。

(3) 公债多用于弥补政府预算赤字,所筹措的资金大多用于基础设施、公用事业建设等生产性支出,还有军费开支和社会福利支出等。国库券多用于弥补财政短期失衡,以及用作中央银行在公开市场上调节货币供应量的工具。

(二) 国家信用与银行信用的联系与区别

1. 国家信用与银行信用的联系

国家信用与银行信用之间有着密切的联系,在分配或动员的资源为既定的条件下,二者在量上有着此消彼长的关系,政府信用增加,就要求银行信用相应地收缩,否则就会造成社会信用总量的膨胀。二者存在彼此替代的此消彼长关系,能否认为国家信用是一种可有可无的信用形式呢?当然不能,因为这两种信用形式毕竟是有区别的。

2. 国家信用与银行信用的区别

第一,国家信用可以动员银行信用难以动员的资金,如在特殊条件下(战争、动乱、恶性通货膨胀等)发行的强制性公债,具有特殊的动员作用是显而易见的。在正常时期,也可以通过自愿认购公债,以其优惠的条件(比银行信用的利率高)引导货币所有者减少自身的消费,扩大可融通资金的总量。第二,长期公债的偿还期长,由此筹集的资金比较稳定,可用以解决国家长期资金不足。而银行存款,即使是定期存款客户也可随时支取,其稳定性相对较差。第三,二者的利息负担不同。国家债券的利息由纳税人承担;银行借款的利息由借款人承担。公债利息是财政的支出,而银行的利差则是财政的收入。用两种不同的信用形式筹集资金,对财政的负担具有不同的意义。

此外,利用国家信用必须注意防止以下3个问题。

(1) 防止造成收入再分配的不公平。

(2) 防止出现赤字货币化。赤字货币化是指政府发行国债弥补赤字。

(3) 防止国债收入使用不当,造成财政更加困难。

四、消费信用

消费信用是指企业、银行和其他金融机构向消费者个人提供的、用于生活消费的信用。消费信用与商业信用和银行信用并无本质区别,只是授信对象不同,消费信用的债务人是消费者,是购买生活资料的个人与家庭。

(一) 消费信用的主要形式

消费信用的形式见表2-3。

表2-3　消费信用形式

赊销		消费贷款	
商业信用		银行信用	
分期付款	信用卡	信用贷款	抵押贷款

1. 分期付款

分期付款是销售单位提供给消费者的一种信用，多用于购买耐用消费品，如小汽车、家电等。这种消费信用的借贷双方要签订书面合同，该合同载明合同期限、利息、每次付款的金额及其他费用。消费者先支付一部分货款，称第一次付现款，然后按合同分期等额支付其余货款和利息。本息付清后，消费品即归消费者所有。但在货款付清之前，消费品的所有权仍归卖方，消费者仅有使用权。若不能按期还本付息，卖方有权没收其商品，已付款项也归卖方所有。

2. 消费贷款

消费贷款是银行和其他金融机构以信用放款和抵押放款的方式，对消费者发放的贷款。消费贷款多为住宅抵押贷款，贷款额往往占抵押品的70%左右，期限以中长期为主。按接受信贷的对象不同，消费贷款一般有两种形式：一种是对购买消费品的买方发放贷款；另一种是以分期付款凭证作抵押，对销售企业发放贷款。

3. 信用卡

信用卡是由发卡机构和零售商联合起来对消费者提供的一种延期付款的消费信用。信用卡是由银行或其他专门机构提供给消费者的赊购凭证，它规定有一定的使用限额和期限，持卡人可凭卡在任何接受信用卡支付的单位购买商品或支付劳务服务费用等。

信用卡的当事人有三方：发卡单位、持卡人、信用卡合同的参加单位(如商店、旅馆、餐馆、航空公司等)。持卡人在指定的场所购买商品或劳务后，当时不需要付现款，只需要在发票或者购货小票上签字(持卡人、银行、商店各一份凭证)并出示信用卡，合同参加单位(如商店)将信用卡上标明的记号(发卡公司、持卡人姓名、密码等)压印在发票上。每天营业结束时，商店将发票汇总寄送发卡单位，后者立即把持卡人的应付款项(发票总额)扣除一定的手续费后的余额记入该商店的交易账户的贷方。扣除的费用一般为发票金额的5%~6%左右，即为发卡机构提供消费信贷的利息。发卡单位一般每月与持卡人结算一次。持卡人如在规定期限内付款则免收利息；若逾期付款，则要收取利息，利率水平高于商业银行的优惠放款利率。美国使用信用卡的现象最为普遍。20世纪80年代初，美国70%的家庭使用信用卡，平均每个成年人有各种信用卡6张左右。

信用卡的发行经历了从分散到联合的过程。各发达国家的信用卡已形成了国际联网。国际上有五大信用卡品牌：威士国际组织(VISA International)、万事达卡国际组织(MasterCard International)、美国运通国际股份有限公司(America Express)、大莱信用卡有限公司(Diners Club)、日本国际信用卡公司(JCB)。威士卡(又译为维萨卡、维信卡，Visa Card，以蓝、白、黄三色为标志)和万事达卡(MasterCard，以红、黄两色圆圈为特征)的使用范围遍及全世界。

根据央行发布的《2023年第一季度支付体系运行总体情况》显示，截至第一季度末，全国共开立银行卡95.73亿张，环比增长1.01%。其中，借记卡87.82亿张，环比增长1.18%；信用卡和借贷合一卡7.91亿张，环比下降0.84%。人均持有银行卡6.78张，其中，人均持有信用卡和借贷合一卡0.56张。银行卡卡均授信额度2.80万元，授信使用率38.62%，信用卡逾期半年未偿信贷总额10 990.04亿元，环比增长14.35%，占信用卡应偿信贷余额的1.16%。自1986年第一张信用卡——长城信用卡诞生以来，信用卡在中国已经发展了近40年，支付方式更是以日新月异的速度演变。随着信用卡的普及，信用消费、超前消费等概念也越来越深入人心，信用卡改变的不仅仅是支付方式，更重要的是改变了人们的生活消费习惯。2011年，中国银联标识信用卡交易金额和交易笔数在全球的市场份额位居全球主要银行卡组织第四位。国内已发行信用卡品牌主要包括：银联、威士(Visa)、万事达(MasterCard)、运通和JCB等。银联卡仍然占据绝大部分，其次为万事达卡和威士卡，JCB和运通卡占比相对较低。图2-7所示为建行银联龙卡(人民币)信用卡及威士卡。

图2-7　建行银联龙卡(人民币)信用卡及威士卡

(二) 消费信用的作用

1. 积极作用

(1) 消费信用在一定条件下可以促进消费品的生产与销售，甚至在某种条件下可以促进经济的增长。居民购买力的大小决定了消费市场的大小，消费信用的增加促进了消费市场的发展，推动一国经济增长。

(2) 消费信用对于促进新技术的应用、新产品的推销及产品的更新换代，也具有不可低估的作用。

(3) 消费信用可提高人们的消费水平，改变消费结构。

2. 消极作用

消费信用在一定情况下也会对经济发展产生消极作用。消费信用形成的购买力具有一定的虚假性和盲目性，如果消费需求过高，生产扩张能力有限，消费信用则会加剧市场供求紧张状态，促使物价上涨，为经济发展增加了不稳定因素。因此，发展消费信用受到一定的条件制约：①受生产力发展水平的制约；②受生产与消费、供给与需求关系的制约。

我国改革开放以来，逐步拓展消费信贷领域，刺激消费，推动经济增长。尤其在1998年以来，为了应对国内外经济形势的变化，适当扩大货币供应量，扩大内需，促进经济增长，中国人民银行采取了一系列政策措施，其中包括发布《个人住宅贷款管理办法》《汽车消费贷款管理办法》《关于个人消费信贷指导意见》和《关于做好当前农村信贷工作的指导意见》等发展消费信贷的改革措施。因此，我国消费信贷的前景十分广阔，其对经济生活的影响也将日益突出。

五、国际信用

国际信用是指一切跨国的借贷关系、借贷活动。它是国家间经济联系的一个重要方面。在现代社会，一国要想加快经济发展，必然要利用其他国家的先进技术、设备和资金。因此，商业信用和银行信用也被广泛用于国家间的商品交易和其他经济往来。

国际信用具体形式包括：出口信贷、国际商业银行贷款、政府贷款、国际金融机构贷款、国际资本市场融资和国外直接投资等。

(一) 出口信贷

出口信贷是出口国政府为支持和扩大本国商品的出口，提高商品的国际竞争能力，通过提供利息补贴和信贷担保的方式，鼓励本国银行向本国出口商或外国进口商提供的中长期信贷。

出口信贷的特点是：①附有采购限制，只能用于购买贷款国的商品，而且都同具体的出口项目相联系；②贷款利率低于国际资本市场利率，利差由贷款国政府补贴；③属于中长期信贷，期限一般为5～8年，最长不超过10年。

出口信贷包括卖方信贷和买方信贷两种具体方式。

(1) 卖方信贷。卖方信贷是指出口方银行向出口商提供的贷款。由于得到了银行的贷款支持，出口商便可向进口商提供延期付款的信用，即允许进口商在订货时先支付一部分现汇定金，通常为合同金额的15%，其余货款在出口商全部交货后的若干年内(一般为5年)分期偿还。

卖方信贷的一个特点是出口货物价格的确定较为复杂，因为出口商品价格往往包括银行利息。卖方信贷的资金运动如图2-8所示。

图2-8 卖方信贷

(2) 买方信贷。即出口方银行向外国进口商或进口方银行提供的贷款。直接向进口商提供贷款一般由进口方银行担保。目前，较多的做法是：先由进、出口双方银行签订"买方信贷总协议"，规定出口方银行向进口方银行提供贷款的使用范围、额度和利率条件等，然后由进口方银行根据具体的贸易合同和贷款协议向进口商转贷。进口商则在规定的期限内逐次偿还银行贷款，并支付利息。在买方信贷中，由于进口商可用现汇直接支付，因而出口货物的价格比较简单和准确。买方信贷的资金运动如图2-9所示。

图2-9 买方信贷

(二) 国际商业银行贷款

国际商业银行贷款是指一些大商业银行向外国政府及其所属部门、私营工商企业或银行提供的中长期贷款。这种贷款利率较高，一般在伦敦同业拆借利率之上，另加一定的附加利率，期限大多为3～5年。这种贷款通常没有采购限制，也不限定用途。国际商业银行贷款的主要形式有：独家银行贷款和银团贷款。

(三) 政府贷款

政府贷款是一国政府利用国库资金向另一国政府提供的贷款，这种贷款一般带有援助性质。其特点是：①利率通常比国际商业银行贷款利率低得多，平均为2.5%～3%，最高为4%左右，有时为无息贷款；②期限长，平均偿还期为30年，最长可达50年；③一般附有采购限制或指定用途，即受贷国必须将贷款的一部分或全部用于购买贷款国的设备和物资。政府贷款中通常包含一定的无偿赠予，如对全部贷款的还本付息额进行补贴，或对贸易合同直接提供一部分赠款。

(四) 国际金融机构贷款

国际金融机构贷款指国际金融机构对成员国政府提供的贷款，主要包括国际货币基金组织、世界银行及其附属机构——国际金融公司和国际开发协会，以及一些区域性国际金融机构提供的贷款。这些机构的贷款大多条件优惠，主要目的是促进成员国的经济发展和国际收支状况的改善。例如，我国得到了来自世界银行的很多贷款支持，如黄河小浪底工程、秦皇岛煤炭码头工程等。

(五) 国际资本市场融资

国际资本市场融资主要是指在国际资本市场上的融资活动，包括在国际资本市场上购买债券、股票或在国际资本市场上发行债券、股票。例如，我国的中国石油、中国建设银行等大企业都开展了境外筹资以及股票上市。2007年成立的中国国家投资公司，其主要投资方向就是国际资本市场。

(六) 国外直接投资

国外直接投资是指一国居民直接对另一个国家的企业进行生产性投资，并由此获得对投资企业的管理控制权。

直接投资主要采用以下方式：①在国外开办独资企业，包括设立分支机构、子公司等；②收购或合并国外企业，包括建立附属机构；③在东道国与当地企业合资开办企业；④对国外企业进行一定比例的股权投资；⑤利用直接投资的利润在当地进行再投资。

国际信用体现的是国与国之间的债权债务关系，直接表现是资本在国家间的流动。对债权国来说，是资本流出；对债务国来说，是资本流入，这部分流入的资本也被称作"外资"，债务国的这些债务就是"外债"。目前，西方发达国家在国际信用中往往是资本输出国，发展中国家则往往是引进外资的资本输入国。

六、租赁信用

租赁信用是以出租设备和工具为前提收取租金的一种信用形式。在物品出租期间，物品的所有权仍归出租人所有，而承租人有使用权。租赁信用虽然很早就已经出现，但直到第二次世界大战以后，在资本主义国家才得到长足发展。这是因为随着科学技术的迅速发展，机器设备等固定资产更新加快，一些资本家难以适应，于是由大商业银行附属的租赁公司购买机器设备(如大型电子计算机、飞机、轮船及先进机器等)租给需要的顾客使用，收取租赁费。租赁期间，承租人不得中途解约，否则要赔偿损失。租赁期期满，承租人可归还所租设备，也可作价承购这些机器设备。租赁信用又有金融租赁、经营租赁、维修租赁和杠杆租赁等形式。

金融租赁又称财务租赁，是设备租赁的基本形式，以融通资金为主要目的。金融租赁先由承租人选好所需机器设备，再由租赁公司出资购买并出租给承租人。

经营租赁又称服务性租赁，属于短期租赁，是一种不完全付清的租赁。这种租赁方式，出租人除提供资金外，还提供特别的维修和保险等服务。这种租赁方式主要适用于租赁专业性较强、技术较先进、需特殊保管和维修、承租人自行维修保养有困难的物品，所以租赁费一般较高。以这种方式租赁的物品始终归出租人所有，并且其承担所有权的一切利益和风险。

维修租赁是金融租赁的一种形式，它同一般金融租赁的区别是在租金中要加上维修、保养和保险等费用，因此租金也较高。这种租赁方式主要适用于汽车、火车及其他运输工具的租赁。

杠杆租赁又称平衡租赁，它比金融租赁复杂，把投资与信贷两种方法结合起来。其做法是：出租人自筹20%～40%的资金，其余部分向银行借入，然后将购买的设备租给承租人，出租人以出租的设备和租金作担保向银行取得贷款。

租赁信用有利于加速设备更新，促进科学技术尽快转化为生产力，而且又能减少通货膨胀的影响，因此被越来越多的企业所运用。西方经济学家把租赁业称为"未来的产业"，其在西方各国得以迅速发展，在世界各国得到广泛应用。

第四节　信用的作用

一、信用与生产

信用是商品货币经济的组成部分。在商品货币经济发达的社会里，信用作为一种独立的经济关系得到充分的发展。整个经济活动被信用所联结，商品货币关系主要表现为信用关系。马克思曾指出："在发达的资本主义生产中，货币经济只表现为信用经济的基础。因此，货币经济和信用经济只适应于资本主义生产的不同发展阶段，但绝不是和自然经济对立的两种不同的独立的交易形式"。[①] 在这里，马克思明确地告诉我们：①信用经济不是与货币经济对立的经济形式，信用经济是统一的商品经济发展的不同阶段；②货币经济是信用经济的基础，信用经济是货币经济发展的更高阶段；③信用经济更能反映现代商品货币经济的特征。

因此，在考察信用对国民经济的作用时，不能仅仅从资金余缺调剂和交易手段的变换上进行研究，而应从信用经济对生产力和生产关系的作用来探讨。

(一) 信用促进利润平均化

社会再生产要正常进行，社会总产品的各部分必须保持适当的比例关系。在生产资料私人占有的资本主义社会，各种比例关系的形成是自发地通过价值规律实现的。在这个过程中，通过利润低的部门向利润高的部门转移资本，来实现比例关系的协调。

在资本转移的过程中，首先遇到的问题是，生产资本已经固定在特定的自然形态上，这种特定自然形态的生产资本，都有特定的用途。例如，高炉只能炼钢，不能加工食品；挖掘机只能用于矿山开采，不能用于纺织，就是说固定在生产资本上的资本是不能随意按客观需要转移到其他部门和行业使用的。如果依靠企业本身的资金，则只有把原来的生产资本变卖，或加工改造，这需要时间。但有了信用就能帮助实现这种资本转移，从而为利润的平均化起中介作用，使整个经济实现某种新的暂时的平衡。

[①] 《马克思恩格斯全集》，第24卷，第132～133页。

(二) 信用节约流通费用

首先，信用工具的使用节约了流通中的货币量。这主要通过3种方式实现。①信用使相当大的一部分交易可通过赊销赊购或债权债务相互抵消来清偿。②闲置的货币资本通过银行再贷放出去，投入流通，使货币流通速度加快，节约了货币。③金、银币被银行券和纸币所代替，从而节约了金属货币，后续由于电子货币的使用，更加降低流通费用。

其次，信用加快了资本形态的变化，从而使社会再生产过程加快，减少了占用在商品储存上的资本，节省了商品保管费。流通费用是非生产费用，把节省的流通费用投入生产领域，会使生产规模扩大，促进经济的发展。

(三) 信用促进股份制迅速发展

信用促进了股份制的迅速发展，使生产规模扩大。以前个别资本不能建立的企业，以股份形式很快建立起来。其中，比较典型的例子是铁路运输，如果没有股份制恐怕至今也不会有铁路。

股份制度存在的前提是信用。股份制度出现后，股票又是信用活动的重要工具。所以，越是发展信用经济，股份制度也必然越发达，股份制度对经济发挥重要作用。

(1) 股份公司把分散的货币资金通过发行股票的形式集中起来，从而促进了大机器工业的发展，加强了生产的社会性，加深了资本主义生产方式的固有矛盾，为从资本主义过渡到社会主义准备了物质条件。发展社会主义市场经济，同样可以利用股份制。

(2) 信用促成资本的所有权和使用权的分离。由于股份企业里的资本不再是相互分离的私有财产，而是联合起来的股票持有人的财产，即直接的社会财产，因此马克思说："资本主义的股份企业，也和合作工厂一样，应当被看作是由资本主义生产方式转化为联合的生产方式的过渡形式。"[①] 从而使拥有生产资料的人不直接去经营，而由经理阶层从事经营活动，这些经理大都不拥有生产资料，他们拥有专门的经营管理企业的知识。

以上对于信用对生产的作用的分析，主要以马克思关于信用对资本主义经济的作用为研究对象。信用的这些作用在社会主义制度下也基本相同。马克思说："信用制度固有的二重性质是：一方面，把资本主义生产的动力——用剥削别人劳动的办法来发财致富——发展成为最纯粹最巨大的赌博欺诈制度，并且使剥削社会财富的少数人的人数越来越少；另一方面，又是转向一种新生产方式的过渡形式。"[②]

二、信用与消费

信用对于居民的消费和一个国家消费品的供求发挥以下调节作用。

(一) 调剂消费

一个家庭在一定时期内收入总额减去支出总额的差额就是储蓄。以一个家庭为例，可以出现3种情况：第一种，无储蓄者，他们的本期收入和本期消费恰好相等；第二种，储蓄者，他们的本期消费小于本期收入；第三种，负储蓄或动用上期储蓄者，他们本期消费超过本期收入。有的家庭和个人重视现时的消费，而另一些家庭和个人则将未来的消费看得更重，这样会遇到货币收入和消费需要的矛盾，就有必要对这两种消费者的消费进行调剂，使两者都感到满意，提高消费效用。在没有信用存在的情况下，现在消费和未来消费相调剂的可能性是很小的。但

---

① 《马克思恩格斯全集》第25卷，第498页。
② 《马克思恩格斯全集》第25卷，第499页。

是由于信用的存在，那些对现在消费不太重视的家庭和个人，可以把他们收入的一部分以储蓄的形式，通过信用机构转交给那些重视现在消费的家庭和个人。

(二) 推迟消费

信用工具具有一定的收益性、安全性和流动性。储蓄者可用暂时多余的货币任意选购适当的信用工具。如果一个国家，其消费品的需求大于供给，信用工具可以在推迟购买力、平衡消费品供求方面发挥积极作用。

(三) 刺激消费

分期付款等形式的消费信用为那些当前无力购买消费品而又希望享用的消费者，提供了提前购买的条件。如果一个国家，其消费品呈现供给大于需求，消费信用可以在扩大本期购买力、平衡消费品供求方面发挥积极作用，而它却把得到消费信用的居民置于债务的重压之下。

三、信用与经济调节

商品货币经济的发展，带来信用的发展，信用成为连接经济的桥梁和纽带。在信用发达的社会中，经济层次多而复杂，活动领域宽而多变。因此，国家采取直接行政干预来调节经济越来越困难，转而采取间接调节经济的办法。信用为国家用经济的手段间接调节经济创造了条件。一方面，由于信用的发展，出现了多种银行和信用机构，并在此基础上产生了中央银行体制，中央银行作为国家调节经济的启动者，商业银行和其他金融机构作为中央银行意志的传导者，作用于国民经济各部门和单位，整个金融体系组成了调节宏观经济的有机体。另一方面，由于信用的发展，出现了多种信用工具，这又为中央银行调节经济提供了经济手段。中央银行可以利用货币供应、利率变动、法定准备金制度、公开市场业务等经济手段达到调节经济的目的。

利用信用调节经济，各国调节的重点均放在总供给和总需求上。调节总需求，主要是通过信用控制货币供应量，达到调节有支付能力的需求的目的；调节总供给，主要是通过信用紧缩或放松银根，达到控制生产规模和产品总量及结构的目的，以调节市场商品和劳务供给。

综上所述，要实现对经济的调节，特别是以间接调节为主，必须以信用的发展为基础和前提。

四、信用与经济危机

资本主义经济危机的根源在于生产社会化和生产资料私人占有的基本矛盾。然而一些资产阶级经济学者为了掩盖经济危机的真实根源，把经济危机归结于信用方面，认为是因为信用发生了危机才引起了经济危机，由此便得出结论，加强信用的"调节"，便可以克服经济危机。这显然是本末倒置的结论。在资本主义信用危机的历史上，没有哪一次的信用危机能离开经济危机，信用危机总是伴随着经济危机的发生而发生的。在经济正常情况下的信用动荡，容易平息，并且不会引起更大的经济震动。如局部战争和政府的更迭，经常会引起有价证券行市暴跌或黄金行市波动，但一般不会引起整个经济危机。

信用不是引起经济危机的原因，但信用对经济危机有影响。在经济危机发生时，信用能够强化或缓和经济危机。马克思曾说，如果说信用制度表现为生产过剩和商业过度投机的主要杠杆，那只是因为按性质来说可以伸缩的再生产过程，在这里被强化到了极限。

2008年爆发于美国的次贷危机，又称次级房贷危机，也译为次债危机。它是指一场发生在美国，因次级抵押贷款机构破产、投资基金被迫关闭、股市剧烈震荡引起的风暴。它致使全球主要金融市场出现流动性不足危机。

对于美国金融危机的发生，一般看法认为，这场危机主要是金融监管制度的缺失造成的，华尔街投机者钻制度的空子，弄虚作假，欺骗大众。这场危机的一个根本原因在于美国近三十年来加速推行的新自由主义经济政策。

新自由主义是一套以复兴传统自由主义理想，减少政府对经济社会的干预为主要经济政策目标的思潮。美国新自由主义经济政策开始于20世纪80年代初期，其背景是20世纪70年代的经济滞胀危机，内容主要包括：减少政府对金融、劳动力等市场的干预，打击工会，推行促进消费、以高消费带动高增长的经济政策等。

本章小结

1. 信用是以偿还为前提条件的借贷行为，是在商品货币经济发展到一定阶段，在货币的支付手段职能形成后才出现的。

2. 信用发展过程中经历了高利贷信用、资本主义信用、社会主义信用。

3. 现代信用形式主要有：商业信用、银行信用、国家信用、消费信用和国际信用。商业信用是现代信用的基础，银行信用是现代信用的主要形式。

4. 信用对经济发展有巨大的推动作用，合理利用信用，能提高资金使用效率，节约现金流通，加快资本集中，调节经济结构，促进生产，促使合理消费，防范经济危机等。

习题

一、单项选择题

1. 信用的基本特征是(　　)。
   A. 平等的价值交换　　　　　　B. 无条件的价值单方面让渡
   C. 以偿还为条件的价值单方面转移　　D. 无偿的赠与或援助
2. 国家信用的主要形式是(　　)。
   A. 发行政府债券　B. 短期借款　　C. 长期借款　　D. 自愿捐助
3. 现代信用的主要形式是(　　)。
   A. 商业信用　　　B. 银行信用　　C. 国家信用　　D. 消费信用
4. 企业通过分期付款的形式向个人消费者赊销高档耐用消费品属于(　　)。
   A. 商业信用　　　B. 银行信用　　C. 国家信用　　D. 消费信用
5. 当商品交换出现延期支付、货币执行(　　)职能时，信用就产生了。
   A. 价值尺度　　　B. 流通手段　　C. 支付手段　　D. 世界货币
6. 商业信用最重要的特征是(　　)。
   A. 它是处于生产与流通过程中的信用
   B. 信用的双方都是工商企业
   C. 信用的动态与产业资本的动态不相一致
   D. 它是特定的资金交易紧密结合在一起

7. 一些具有较高社会效益，但是经济效益较差、投资回收期较长的大型基建项目的资金往往只能通过(　　)解决。

　　A. 商业信用　　　B. 银行信用　　　C. 国家信用　　　D. 消费信用

二、多项选择题

1. 下列信用工具中，属于短期信用工具的有(　　)。

　　A. 优先股　　　　B. 商业汇票　　　C. 公债券

　　D. 保付支票　　　E. 可转换债券

2. 国家信用的作用有(　　)。

　　A. 调节财政收支短期不平衡　　　B. 弥补财政赤字

　　C. 促进居民消费　　　　　　　　D. 调节经济与货币供给

　　E. 缓解企业资金流动性不足

3. 银行向某公司发放一笔期限为6个月的流动资金贷款，该贷款属于(　　)。

　　A. 直接信用工具　　　　　　　　B. 间接信用工具

　　C. 长期信用工具　　　　　　　　D. 短期信用工具

　　E. 普遍接受的信用工具

4. 银行信用的特点是(　　)。

　　A. 以货币形态提供　　　　　　　B. 是现代信用的主要形式

　　C. 有方向限制　　　　　　　　　D. 有广泛的接受性

　　E. 与产业资本循环动态一致

5. 商业信用包括两个同时发生的经济行为，即(　　)。

　　A. 借贷行为　　　B. 买卖行为　　　C. 债权行为

　　D. 债务行为　　　E. 租赁行为

6. 信用是一种借贷行为，是以(　　)为条件的价值单方面的运动。

　　A. 偿还　　　　　B. 交换　　　　　C. 盈利

　　D. 付息　　　　　E. 无偿

7. 消费信用的形式有(　　)。

　　A. 个人向银行贷款进行投资　　　B. 赊销

　　C. 个人之间借钱购房　　　　　　D. 分期付款购买

　　E. 发行国库券

8. 商业信用的特点是(　　)。

　　A. 商业信用是现代信用的基础

　　B. 借贷的对象是商业资本

　　C. 信用的规模依存于生产和流通的规模

　　D. 规模巨大且方向不受限制

　　E. 是现代信用的主要形式

三、判断正误题

1. 银行信用具有明显的方向性特征，即只能由商品的经销商提供给商品的生产者，而不能相反。　　　　　　　　　　　　　　　　　　　　　　　　　　　　　　　　(　　)

2. 银行信用是一种直接信用。　　　　　　　　　　　　　　　　　　　　　(　　)

3. 在消费信用中，消费者在付清所有货款前，商品所有权已发生转移。（   ）
4. 消费信用既可以采取商品形态，也可以采取货币形态。（   ）
5. 我国银行信用资金运用的最基本形式是购买债券。（   ）
6. 由于银行信用克服了商业信用的局限性，它最终将取代商业信用。（   ）
7. 国家信用的优点是能充分地满足个人对资金的需要。（   ）

四、简答题

1. 简述信用工具的特征。
2. 简述票据的含义、特征。
3. 简述汇票的种类和具体功能。
4. 简述票据行为。
5. 简述商业信用的特点、优点及局限性。
6. 简述银行信用的特点和优缺点。
7. 简述消费信用的主要形式及大力发展消费信用的原因。
8. 国际信用的具体形式有哪些？

五、论述题

1. 我国中小企业融资主要利用哪些信用形式？
2. 结合实际分析信用服务实体经济为主的原理以及意义。
3. 论述信用在经济社会中的作用。

案例分析

案例一　农村信用体系建设助力乡村振兴

弥补抵押担保不足，有效解决农村地区贷款难。农村信用体系建设作为我国社会信用体系建设的重要组成部分，是由我国农业大国的基本国情和农村信用的特点决定的，对于乡村振兴具有重要意义。近年来，各地以科技为支撑不断创新农村信用体系的建设模式，为产业发展、乡村振兴构筑了持续有力的金融支撑。由于地域分布更广，信息采集成本更高，农村地区农民专业合作社在信贷市场中面临的信息不对称问题较城市地区中小微企业更为严重。农村相关的财产权利界定不清，以及以传统的"熟人"信用文化为主导的农村信用环境，极大地增加了金融交易成本，降低了金融服务效率，弱化了金融支持"三农"发展的功能。

"破解'三农'发展困境必须加快农村信用体系建设，创新金融服务方式，弥补抵押担保不足，有效解决农村地区贷款难问题。"征信管理局有关负责人说。目前农村信用体系建设工作初步形成了当地"政府领导、人行推进、形成合力、各方受益"的整体思路，逐步开展信用信息征集、信用评价、信用服务与产品的应用，以及形成信用奖惩机制等工作。

广西那坡县瞄准农村信用体系建设瓶颈，运用"互联网+"和大数据思维，对农户信用信息系统进行升级，成功打造出依托"PC端+手机App"的农户信用信息系统。这一系统通过手机App，将信息采集端口拓展到专职采集员、农户、企业、三农金融服务室、金融机构、政府6类信息提供者，建立信息主体自主发起信息更新的机制，实现农户信用信息采集的分散化、动态化和交叉验证。截至2019年6月末，新系统已采集那坡县41 164户农户信息，覆盖面达89.5%。

黑龙江省克山县按照"政府主导、央行推动、多方参与、互利共赢"的原则，深耕农村信用体系建设"克山模式",构建了"信息采集+信用评价+信贷投放+社会应用"四位一体的新型农村金融服务模式。克山县依托农村信用信息共享平台,大力开展"信用户、信用村、信用乡"评定,引导金融机构创新金融产品与服务,将农村信用体系建设成果与精准扶贫相结合,县域信用环境在整体上显著改善,有效支撑乡村振兴战略的实施。

创新农村信用体系建设,离不开制度建设的完善。在农村信用体系建设中,江西省芦溪县建立了"红黑名单"发布制度,每季度通过广播电视等媒体发布一期"红黑名单",落实褒奖诚信、惩戒失信等措施,进一步完善法院、公安、市监、税务等成员单位的诚信红黑榜数据、信息归集、双公示报送,营造"守信光荣、失信可耻"的社会环境。

2017年以来,中国人民银行运城市中心支行依托山西省中小微企业与农村信用信息系统,建成"整村授信"的农村信用体系建设模式,利用"整村授信"模式,对信用户贷款投向和农业生产进行事前评级,事中动态管理,事后监督生产经营,确保了支农信贷资金的安全高效运行和精准"滴灌"。截至2019年6月末,共评定信用户33.86万户、信用村453个、信用乡11个,共为信用户授信104亿元、发放贷款72亿元,实现了农户和银行的双赢。

在山东省寿光市首个文明信用试点村崔岭西村,中国人民银行寿光市支行指导村两委和农商行,按照"遵纪守法、移风易俗、勤劳致富、家庭和睦、庭院整洁、资信良好"6项标准,通过"建档、宣传、评议、入户、授信、签约、验收"7个步骤,为村民建立信用档案,开展整村授信,共评定AAA、AA、A三级文明信用户224户,并分别给予15%、10%、5%的利率优惠。截至2019年6月末,寿光市文明信用工程已完成732个村庄整村授信,涉农贷款余额163亿元,较年初增加9.57亿元,带动贫困户420人脱贫致富。如今在寿光,诚实守信转化为可用的"活钱",让农户尝到了讲文明、讲信用的甜头。同时,信用评定结果与文明村镇评定挂钩,推动了乡村文明建设,全面优化了农村信用环境。

四川省阿坝藏族羌族自治州是"三区三州"深度贫困地区之一。在人民银行成都分行指导下,阿坝支行探索建立"事前预防+事中管理+事后督导+全程培育"的信用风险全流程控制措施和"信用+信贷+贫困户+N产业"长效机制,有效支持全州脱贫攻坚。其中,当地按照"信用+信贷+贫困户+N产业"方式,大力发展产业带动增收,创建金融助推脱贫攻坚基地,通过吸纳就业、流转土地、入股分红、技术支持、货物收购等方式,带动建档立卡贫困户脱贫增收。目前已成功创建64个金融助推脱贫攻坚信用基地,累计发放贷款14.14亿元,直接带动12 930户农户增收致富,其中建档立卡贫困户3 524户。征信管理局有关负责人介绍,经过多年的努力,农村信用体系建设获得政府重视程度日益提高,组织体系和保障机制逐步健全。信用信息系统建设、运行机制日益完善,初步实现了当地农民的信用信息在当地涉农金融机构之间的共享。同时,征信产品日益丰富,使用范围逐步扩大,已从农户、涉农金融机构拓展到地方政府、社会中介机构等。信用服务日益完善,信用奖惩机制逐步健全。

(资料来源:中国人民银行官网)

问题:
广泛搜集资料,阐述农村信用体系建设中好的做法,以及农村信用体系建设的意义。

案例二 个人信用报告介绍

个人信用报告是个人征信系统提供的最基础产品,可以记录客户与银行之间发生的信贷交易的历史信息。只要客户在银行办理过信用卡、贷款、为他人贷款担保等信贷业务,他在银行登记过的基本信息和账户信息就会通过商业银行的数据报送而进入个人征信系统，从而形成客户的信用报告。

个人信用报告内容由报告头、报告主体信息及报告说明构成。

1. 报告头

报告头描述报告的标识信息、信息主体的证件类型、报告的交付对象及提示报告使用者注意的全局性信息，分为报告标识信息、本次查询请求信息、其他证件号码信息及异议提示信息等段，并预留了防欺诈警示信息的位置。

2. 报告主体信息

报告主体具体分为个人基本信息、信息概要、信贷交易信息明细、非信贷交易信息明细、公共信息明细、异议标注及说明信息和查询记录明细八部分。

2.1 基本信息

个人基本信息由身份信息、配偶信息、职业信息和居住信息组成，反映报告主体的身份概况、婚姻状况、职业状况和居住状况，既可用于与报告主体自己提交的基本资料进行信息交叉比对，也可帮助报告使用者判断主体的生活状况和职业稳定性。

2.2 信息概要

这部分信息相当于报告主体的信用信息概览，由数字解读、信贷交易信息概要、非信贷交易信息概要、公共信息概要、查询记录概要组成，反映报告主体的信贷历史结构、当前负债、逾期历史、后付费业务欠费情况、负面公开记录条数等，可以帮助报告使用者快速了解主体的信用情况。

2.3 信贷交易信息明细

这部分信息是信用报告的核心内容，由被追偿信息、非循环贷账户、循环额度下分账户、循环贷账户、贷记卡账户、准贷记卡账户、相关还款责任信息和授信协议信息等组成。反映报告主体在信贷领域的当前负债和近5年的历史还款记录、或有负债及获得的授信情况等，方便报告使用者全面了解报告主体履约意愿和履约能力。

2.4 非信贷交易信息明细

主要反映报告主体使用电信后付费服务时的缴费信息以及最近24个月的缴费情况。从国外经验看，对于缺少传统信贷交易数据的报告主体，电信缴费等周期性较强的付款记录在帮助判断主体信用状况时是比较有效的替代数据。

2.5 公共信息

公共信息由欠税记录、民事判决记录、强制执行记录、行政处罚和奖励记录、住房公积金参缴记录、执业资格记录等组成。一是反映报告主体履行法定义务的情况，二是反映报告主体的涉诉涉案情况，三是反映报告主体的一些资质信息。

2.6 本人声明

主要描述报告主体就信用报告的内容做出的说明和解释。

2.7 异议标注

主要描述报告主体对信用报告中的哪些信息有异议。

2.8 查询记录

展示近2年内报告主体被接入机构查询的记录明细和本人查询的记录明细，主要包括查询日期和查询原因，反映了报告主体信用报告被查询的历史记录。

3. 报告说明

展示对报告中专有名词等内容的解释与说明。

个人信用报告的使用目前仅限于商业银行、依法办理信贷的金融机构(主要是住房公积金管理中心、财务公司、汽车金融公司、小额信贷公司等)和人民银行,消费者也可以在人民银行获取到自己的信用报告。根据使用对象的不同,个人征信系统提供不同版式的个人信用报告,包括银行版、个人查询版和征信中心内部版3种版式,分别服务于商业银行类金融机构、消费者和人民银行。

不管是商业银行、消费者还是人民银行,查询者查询个人信用报告时都必须取得被查询人的书面授权,且留存被查询人的身份证件复印件。

个人征信系统已实现在全国所有商业银行分支机构都能接入并查询任何个人在全国范围内的信用信息。根据《个人信用信息基础数据库暂行管理办法》的规定,商业银行仅在办理如下业务时,可以向个人征信系统查询个人信用报告:

(1) 审核个人贷款、贷记卡、准贷记卡申请的;

(2) 审核个人作为担保人的;

(3) 对已发放的个人信贷进行贷后风险管理的;

(4) 受理法人或其他组织的贷款申请或其作为担保人,需要查询其法定代表人及出资人信用状况的。

消费者可以向征信中心、征信分中心以及当地的人民银行分支行征信管理部门等查询机构提出查询本人信用报告的书面申请,只需填写《个人信用报告本人查询申请表》,同时提供有效身份证件供查验,并留身份证件复印件备查。

个人信用报告(个人简版)样本如下。

个人信用报告

报告编号:2016080303000014210351 报告时间:2016-08-03 09:30:15
姓名:张三 证件类型:身份证 证件号码:110124197506232452 已婚
其他证件信息:护照 G300234234/军人身份证 M09876893

信贷记录

这部分包含您的信用卡、贷款和其他信贷记录。金额类数据均以人民币计算,精确到元。

信息概要

	资产处置信息	垫款信息
账户数	1	3

	信用卡	贷款		其他业务
		购房	其他	
账户数	8	4	5	8
未结清/未销户账户数	4	2	3	7
发生过逾期的账户数	4	2	2	4
发生过90天以上逾期的账户数	4	1	1	1

	为个人	为企业
相关还款责任账户数	1	3

逾期记录可能影响对您的信用评价。

购房贷款,包括个人住房商业贷款、个人商用房(包括商住两用)贷款和个人住房公积金贷款。

发生过逾期的信用卡账户,指曾经"未按时还最低还款额"的贷记卡账户和"透支超过60天"的准贷记卡账户。

资产处置信息
1. 2012 年 03 月 12 日，东方资产管理公司接收债权，金额为 11,000,000。截至 2014 年 11 月 11 日，余额 920,000，最近一次还款日期为 2015 年 12 月 11 日。

垫款信息
1. 2012 年 02 月 02 日以来中国人寿保险公司累计代偿金额 80,000。截至 2014 年 09 月 9 日，余额 70,000，最近一次还款日期为 2014 年 10 月 10 日。
2. 2013 年 02 月 02 日以来富登融资租赁担保公司累计代偿金额 400,000。2016 年 1 月已结清。

信用卡
发生过逾期的贷记卡账户明细如下：
1. 2004 年 8 月 30 日中国建设银行北京分行发放的贷记卡（人民币账户，卡片尾号：0001）。截至 2010 年 10 月，信用额度 10,000，已变成呆账，余额 500。
2. 2004 年 8 月 30 日中国工商银行北京分行发放的贷记卡（人民币账户，卡片尾号：0002）。截至 2016 年 7 月，信用额度 50,000，余额 5,000（含未出单的大额专项分期余额 4,000），当前有逾期。最近 5 年内有 11 个月处于逾期状态，其中 5 个月逾期超过 90 天。
3. 2010 年 4 月 1 日中国民生银行信用卡中心发放的贷记卡（人民币账户，卡片尾号：0003），2015 年 12 月销户。最近 5 年内

第 1 页/共 5 页

有 7 个月处于逾期状态，其中 3 个月逾期超过 90 天。
2014 年 3 月，该机构声明：该客户委托 XX 公司偿还贷款，因开发公司不按时还款导致出现多次逾期。

透支超过 60 天的准贷记卡账户明细如下：
4. 2005 年 6 月 30 日中国银行北京分行发放的准贷记卡（人民币账户，卡片尾号：0999）。截至 2016 年 7 月，信用额度 10,000，透支余额 5,000，当前透支超过 60 天。最近 5 年内有 6 个月透支超过 60 天，其中 3 个月透支超过 90 天。
5. 2006 年 3 月 10 日上海浦东发展银行北京分行发放的准贷记卡（人民币账户，卡片尾号：0022），2015 年 12 月销户。最近 5 年内有 20 个月透支超过 60 天，其中 16 个月透支超过 90 天。

从未逾期过的贷记卡及透支未超过 60 天的准贷记卡账户明细如下：
6. 2005 年 6 月 30 日中国光大银行北京分行发放的贷记卡（美元账户，卡片尾号：0222）。截至 2016 年 7 月，信用额度 6,800，余额 5,000（含未出单的大额专项分期余额 4,000）。
7. 2005 年 7 月 30 日中国光大银行南京分行发放的贷记卡（美元账户）。截至 2016 年 5 月，信用额度 6,800，已使用额度 5,000。
8. 2006 年 7 月 1 日招商银行发放的准贷记卡（人民币账户，卡片尾号：1111），2009 年 12 月销户。
9. 2007 年 6 月 30 日中国光大银行北京分行发放的贷记卡（人民币账户，卡片尾号：2122）。截至 2016 年 7 月尚未激活。

贷款
发生过逾期的账户明细如下：
1. 2008 年 8 月 30 日中国农业银行北京发放的 600,000 元（美元折人民币）住房贷款（其他机构转入），2028 年 8 月 30 日到期。截至 2016 年 7 月，余额为 572,750，当前有逾期。最近 5 年内有 1 个月处于逾期状态，没有发生过 90 天以上逾期。
2. 2008 年 9 月 30 日中国农业银行北京分行发放的 100,000 元（人民币）汽车贷款，2018 年 8 月 30 日到期。截至 2016 年 7 月，余额为 72,750，当前无逾期。最近 5 年内有 2 个月处于逾期状态，没有发生过 90 天以上逾期。

从未逾期过的账户明细如下：
3. 2010 年 5 月 8 日北京银行金融街支行发放的 200,000 元（人民币）住房贷款，2029 年 5 月 8 日到期。截至 2016 年 7 月，余额 50,000。
4. 2012 年 5 月 8 日中信银行知春路支行发放的 100,000 元（人民币）个人经营性贷款，2019 年 5 月 8 日到期。截至 2016 年 7 月，余额 50,000。
5. 2013 年 4 月 15 日福特汽车金融公司发放的 100,000 元（人民币）汽车贷款，2013 年 4 月 15 日到期。截至 2016 年 7 月，余额 50,000。
6. 2011 年 9 月 10 日招商银行金融街支行发放的 300,000 元（人民币）住房贷款，2015 年 12 月已结清。

其他业务

发生过逾期的账户明细如下：

1. 2005年10月20日建元资本（中国）融资租赁有限公司办理的500,000元（人民币）融资租赁业务，2020年10月20日到期。截至2011年11月，已变成呆账，最近一次还款日期为2010年11月25日，余额150,000。
2. 2005年9月22日建元资本（中国）融资租赁有限公司办理的500,000元（人民币）融资租赁业务，2020年9月22日到期。截至2016年7月，余额400,000，当前无逾期。最近5年内有3个月处于逾期状态，没有发生过90天以上逾期。
3. 2006年10月20日中信证券公司办理的500,000元（人民币）约定购回式证券交易，2007年10月19日到期。截至2008年1月，已变成司法追偿，最近一次还款日期为2007年10月15日，余额150,000。
4. 2009年9月22日海通证券公司办理的500,000元（人民币）约定购回式证券交易，2010年9月21日到期。截至2016年7月，余额500,000，当前有逾期。最近5年内有1个月处于逾期状态，没有发生过90天以上逾期。

从未逾期过的账户明细如下：

5. 2014年9月29日建元资本（中国）融资租赁有限公司办理的10,000元（人民币）融资租赁业务，2019年12月28日到期。截至2016年6月，余额2,000。
6. 2015年1月12日建元资本（中国）融资租赁有限公司办理的50,000元（人民币）融资租赁业务，2016年7月已结清。

第2页/共5页

7. 2015年6月29日中信证券公司办理的80,000元（人民币）股票质押式回购交易，2018年6月28日到期。截至2016年7月，余额80,000。
8. 2015年7月12日国泰君安证券公司办理的50,000元（人民币）约定购回式证券交易，2016年7月已结清。

相关还款责任信息

1. 2009年3月2日，为赵四（证件类型：身份证，证件号码：420105198503242420）在中国建设银行金融街支行办理的个人住房商业贷款承担相关还款责任，责任人类型为保证人，相关还款责任金额50,000（保证合同编号：100022233）。截至2016年7月5日，个人住房商业贷款余额30,000。
2. 2010年5月20日，为李三（证件类型：身份证，证件号码：420105197503202424）在中国农业银行信用卡中心办理的贷记卡承担相关还款责任，责任人类型为保证人，相关还款责任金额50,000。截至2016年7月20日，贷记卡余额20,000。
3. 2012年3月2日，为赵四（证件类型：身份证，证件号码：420105198503242420）在建元资本（中国）融资租赁有限公司办理的约定购回式证券交易业务承担相关还款责任，责任人类型为其他，相关还款责任金额50,000。截至2016年7月5日，约定购回式证券交易余额30,000。
4. 2009年3月2日，为北京某公司（证件类型：机构信用代码，证件号码：12011819008808）在建设银行北京分行办理的固定资产贷款承担相关还款责任，责任人类型为应收账款债务人，相关还款责任金额200,000。截至2015年5月25日，固定资产贷款余额30,000（人民币）。

非信贷交易记录

这部分包含最近5年内的非信贷交易记录，金额类数据均以人民币计算，精确到元。

后付费记录

机构名称：中国电信北京分公司	业务类型：固定电话后付费	记账年月：2016年7月
业务开通日期：2012年6月28日	当前缴费状态：欠费	当前欠费金额：550

机构名称：中国移动北京分公司	业务类型：移动电话后付费	记账年月：2016年6月
业务开通日期：2013年1月31日	当前缴费状态：正常	当前欠费金额：0

机构名称：北京自来水公司	业务类型：自来水费	记账年月：2016年6月
业务开通日期：2014年1月31日	当前缴费状态：正常	当前欠费金额：0

公共记录

这部分包含您最近5年内的公共信息。金额类数据均以人民币计算，精确到元。

欠税记录

主管税务机关：北京市东城区地税局		欠税统计日期：2016年7月	
欠税总额：500		纳税人识别号：CN12485442333	

民事判决记录

立案法院：北京市宣武区人民法院	案号：(2015)京民-初字第00056号
案由：房屋买卖纠纷	结案方式：判决
立案日期：2016年1月	判决/调解结果：被告张三赔偿原告李四人民币420,000。
诉讼标的：房屋买卖纠纷	判决/调解生效日期：2015年4月
诉讼标的金额：500,000	

立案法院：北京市西城区人民法院	案号：(2016)京民-初字第00116号
案由：-	结案方式：判决
立案日期：2015年1月	判决/调解结果：被告张三赔偿原告王五人民币500,000。
诉讼标的：房屋买卖纠纷	判决/调解生效日期：2016年4月
诉讼标的金额：700,000	

强制执行记录

执行法院：北京市西城区人民法院	案号：(2015)京民-初字第01041号
执行案由：-	结案方式：执行结案
立案日期：2015年6月	案件状态：执行完毕
申请执行标的：房屋	已执行标的：房屋
申请执行标的金额：420,000	已执行标的金额：420,000
结案日期：2015年8月	

行政处罚记录

处罚机构：北京市东城区地税局	文书编号：地税罚字[2015]第7号
处罚内容：扣缴税款	行政复议结果：维持原判
处罚金额：5000	
生效日期：2015年8月	截止日期：-

处罚机构：湖南省建设管理服务中心	文书编号：HN0923456-CF
处罚内容：暂扣或者吊销许可证、暂扣或者吊销执照	行政复议结果：-
处罚金额：2000	
生效日期：2015年5月	截止日期：2018年12月

查询记录

这部分包含您的信用报告最近2年内被查询的记录。

机构查询记录明细

编号	查询日期	查询机构	查询原因
1	2016年7月15日	中国工商银行	贷后管理
2	2015年12月10日	中国农业银行	贷款审批
3	2015年2月12日	中国农业银行	担保资格审查
4	2015年2月10日	建元资本	融资审批
5	2015年2月1日	平安财险	保前审查

本人查询记录明细

编号	查询日期	查询机构	查询原因
1	2016年7月25日	本人	本人查询（互联网个人信用信息服务平台）
2	2015年11月23日	本人	本人查询（互联网个人信用信息服务平台）
3	2015年10月10日	本人	本人查询（商业银行网上银行）
4	2015年9月2日	中国人民银行营业管理部	本人查询（临柜）

第4页/共5页

说　明

1. 除查询记录外，本报告中的信息是依据截至报告时间个人征信系统记录的信息生成，征信中心不确保其真实性和准确性，但承诺在信息汇总、加工、整合的全过程中保持客观、中立的地位。
2. 本报告仅包含可能影响您信用评价的主要信息，如需获取您在个人征信系统中更详细的记录，请到当地信用报告查询网点查询。信用报告查询网点的具体地址及联系方式可访问征信中心门户网站（www.pbccrc.org.cn）查询。
3. 您有权核对本报告中的内容提出异议。如有异议，可联系数据提供单位，也可到当地信用报告查询网点提出异议申请。
4. 本报告仅供您了解自己的信用状况，请妥善保管。因保管不当造成个人信息泄露的，征信中心将不承担相关责任。
5. 更多咨询，请致电全国客户服务热线 400-810-8866。

第5页/共5页

(资料来源：中国人民银行征信中心)

问题：

1. 我国个人信用报告中的信息包括哪些方面？
2. 珍爱个人信用记录有何意义？
3. 结合实际经济社会生活阐述应该从哪些方面维护好个人信用记录？

第三章

利息与利率

利息率又称利率，是调节经济活动的重要经济杠杆，在宏观调控中发挥着越来越重要的作用，特别是近年来其作为货币政策的中介目标更加受到重视。本章将在学习利率基础知识的前提下，重点探讨决定利率水平变化的因素，利率变动对经济的影响，以及我国利率体制和利率市场化的改革等问题。

第一节 利息与利率概述

一、利息的定义和本质

所谓利息，就是让渡资金的报酬或使用资金的代价。从信用关系的债权方面看，利息是贷款者让渡货币资金使用权，从借款者手中取得的超过本金的那一部分报酬；从信用关系的债务方面看，利息是借款者由于取得货币使用权，而付给贷款者超过本金的那一部分代价。

商品经济中，利息是在信用的基础上产生的，但利息的本质是什么呢？威廉·配第、马克思、凯恩斯等其他西方经济学家对该问题的回答如下。

威廉·配第：货币持有人借出货币就等于放弃用这笔货币购置土地而能获得的地租，所以他应该获得相应的补偿，即取得利息。

马克思：利息是借贷资本家凭借自己的资本所有权向职能资本家索取的报酬，是利润的一部分，是剩余价值的特殊转化形式。

凯恩斯等其他西方经济学家：利息是在某一特定时期内放弃货币周转灵活性而能够得到的报酬或放弃获取投资收益的补偿。

二、利息理论

(一) 马克思利息理论

马克思从借贷资本的特殊运动形式的分析中，揭示了利息的来源，分析了利息的本质。他指出，借贷资本的运动特点是双重支出和双重回流。双重支出为：首先，货币资本家把货币资本贷给职能资本家；然后，职能资本家用货币购买生产资料和劳动力。双重回流为：职能资本家把生产出来的含有剩余价值的商品销售出去，取得货币；然后把借贷资本连本带利归还给货币资本家。

借贷资本的运动与现实资本的运动和资本主义再生产过程密切相关，借贷资本只有转化为现实资本，进入生产，才能增值。货币资本家在贷出资本期间，将资本商品的使用价值(即创造利润的能力)让渡给了职能资本家，后者运用借入的资本，购买生产要素并进行生产，所获得的剩余价值转化为利润后，必须分割一部分给货币资本家，作为使用资本商品的报酬，这便是利息。因此，利息就其本质而言，是剩余价值的一种特殊表现形式，是利润的一部分，体现了借贷资本家和职能资本家共同剥削雇佣工人的关系，也体现了借贷资本家和职能资本家之间瓜分剩余价值的关系。

(二) 西方利息理论

关于利息的本质，从古典经济学开始有众多解释，其中影响较大的是庸俗经济学到现代经济学的各种流派，包括"利息报酬论""资本生产力论""节欲论"和"灵活偏好论"。

1. 利息报酬论

利息报酬论认为利息是一种报酬。该理论在古典经济学中是颇有影响的一种理论，最先由配第提出，后来在约翰·洛克的著作中也有涉及。配第认为，利息是因暂时放弃货币的使用权而获得的报酬。他认为，暂时放弃货币的使用权分为3种情况：第一种情况是贷者可以随时收回借出的货币；第二种情况是贷者到期才能收回借出的货币；第三种情况是贷者自己急需货币，但他借出的货币尚未到期，不能收回。他还认为，只有在第三种情况下贷者才应收取利息。因为，"一个人在不论自己如何需要，在到期之前都不得要求偿还的条件下出借自己的货币，则他对自己所受到的不方便可以索取补偿，这是不成问题的。这种补偿，我们通常叫作利息"[①]。显然，配第把利息解释成因暂时放弃货币使用权而给贷者带来不方便的报酬。

洛克也把利息的本质确认为贷款人所得的报酬。但是，与配第不同，他不认为贷者收取利息是因为借款人给他带来不方便，而是因为贷款人承担了风险，所得报酬的多少应与承担风险的大小相适应。利息报酬论虽然描述了利息是贷者从借者手中取得的收益，并对取得这种收益的原因做了剖析，但是由于他们还没有真正理解价值、剩余价值和资本的本质，因而这种理论还没有触及利息的本质。

2. 资本生产力论

资本生产力论认为资本具有生产力，利息是资本生产力的产物。这种理论最先由让·巴蒂斯特·萨伊提出，受到不少庸俗经济学家的推崇。

萨伊认为，借贷资本的利息由两部分组成：一是风险性利息，二是纯利息。风险性利息是贷者借出货币后要承担一定风险的报酬。它不能说明利息的本质，只能说明收取利息的原因。利息本身是指纯利息，即"对借用资本所付的代价"。为什么对借用资本要支付一定的报酬？他认为，资本具有像自然力一样的生产力，资本生产力经常与自然生产力混在一起，共同对生产做出贡献。因此，当借款人用借入资本从事生产，其生产出的价值的一部分必须用来支付资本生产力的报酬。

资本生产力论虽然把利息解释为资本的产物，但是，由于萨伊不懂得固定资本与流动资本

[①]《配第经济著作选集》，第45页，商务印书馆1981年版。

的区别,不懂得生产要素与活劳动在价值形成过程中的作用,错误地认为资本(生产要素)能够增加所生产产品的数量,能够生产出新价值。这显然否定了劳动价值论,因而是错误的。

3. 节欲论

节欲论认为利息应该作为资本家节欲行为的报酬。这是由纳索·威廉·西尼尔提出的,在资本主义社会广为流传的一种理论。

西尼尔认为,人类社会存在3种生产要素:第一要素是人类的劳动;第二要素是与人力无关的自然要素;第三要素或生产手段叫作节欲。所谓"节欲",是指牺牲眼前的消费欲望,用西尼尔的话说,就是"我们用'节欲'这个词来表示个人的这样一种行为,对于他可以自由使用的那个部分,或者是不做非生产性的使用,或者是有计划地宁愿从事于其效果在于将来而不是在于眼前的生产"。他认为,要扩大未来的生产,需要更多的资本。资本来源于储蓄,储蓄又来源于节欲。因此,节欲是比资本更为基础的生产要素。他强调,资本由储蓄形成,而增加储蓄就要减少人们目前的消费,这需要人们忍受额外牺牲。因此,利息是人们牺牲自己目前消费而应得的报酬。

节欲论是对资本主义制度进行的最露骨的辩护,它掩盖了利息的本质。马克思在批判节欲论时曾指出:"这真是庸俗经济学的'发现的不可超越的标本!',它用阿谀的词句来替换经济学范畴。"

4. 灵活偏好论

灵活偏好论认为利息是"在一特定时期以内,人们放弃货币周转灵活性的报酬",这是著名资产阶级经济学家约翰·梅纳德·凯恩斯提出的理论。

"灵活偏好"亦称"流动性偏好",是指人们喜好以流动性强、周转灵活的货币资产来保存财富,以应付不时之需的一种心理倾向。

凯恩斯比较了债券与货币这两种资产形式,认为债券形式的资产虽然能获得一定的收益,但债券持有者必须在持有债券期间放弃货币的使用权,这不仅给债券持有者带来一定的不便,而且可能蒙受财产损失。持有货币虽然不能给人们带来收益,但它具有高度灵活性,可供持有者在任何时间方便地使用,所以货币是一种为人们普遍接受的特殊资产。因此,人们对货币这种具有完全流动性的资产有偏好。企业和商人欲取得一定的货币,就必须以支付一定的报酬为条件,来诱使货币所有者在一定时期放弃对货币灵活偏好的控制权,因此,利息是人们放弃灵活偏好的报酬。

凯恩斯把利息解释为个人心理因素,显然是失之偏颇的。

三、利率的定义及其种类

(一) 利率的定义

利息额的多少如何计量?马克思指出:"生息资本的增值的大小,也只有通过利息额,即总利润中归生息资本的部分,和预付资本的价值做比较,才可以计量。"[①] 利息额与借贷资本价值之比就是利息率(利率),它是计量借贷资本增值程度的数量指标。简单来说,利率就是一定时期内利息与借贷资本金的比率。

$$利率 = \frac{利息额}{借贷资本金} \times 100\%$$

---

① 《马克思恩格斯全集》,第25卷,第391页。

其表示方法有3种,即年利率、月利率和日利率,亦称年息、月息和日息。年利率通常以百分数(%)表示,月利率以千分数表示(‰),日利率以万分数表示(‰₀)。它们之间的换算公式为

$$年利率 \div 12 = 月利率$$
$$月利率 \div 30 = 日利率$$
$$年利率 \div 360 = 日利率$$

民间一般口头上把利率称为分、厘、毫。习惯上,我国不论是年息、月息、日息,都用"厘"作单位。虽然都叫"厘",但差别很大。如年息3厘是指年利率是3%;月息3厘是指月利率为3‰;日息3厘是指日利率为3‰₀。

(二) 利率的种类

1. 市场利率、官定利率与公定利率

根据利率是否按市场规律自由变动可分为市场利率、官定利率和公定利率。市场利率是指在借贷货币市场上由借贷双方通过竞争而形成的利息率,包括借贷双方直接融通资金时商定的利率和在金融市场上买卖各种有价证券时形成的利率。市场利率是借贷资金供求状况变化的指示器。当资金供给超过需求时,利率呈下跌趋势;反之,当资金需求超过供给时,利率呈上升趋势。由于影响资金供求状况的因素十分复杂,因此市场利率变动非常频繁、灵敏。

官定利率是指一国政府通过中央银行而确定的各种利息率。官定利率在整个利率体系中处于主导地位,例如,中央银行对商业银行和其他金融机构的再贴现率和再贷款利率,见表3-1。在现代经济中,利息率作为国家调节经济的重要经济杠杆,利率水平不再完全随资金供求状况自由波动,国家通过中央银行确定的利率调节资金供求状况,进而调节市场利率水平。

表3-1 中国人民银行再贷款、再贴现利率表(自2024年1月25日起执行)

项目	利率
一、再贷款	
1. 支农、支小再贷款	
其中:3个月	1.45%
6个月	1.65%
1年	1.75%
2. 金融稳定再贷款	1.75%
其中:延期期间	3.77%
二、再贴现	1.75%

(资料来源:中国人民银行官方网站,访问日期2024年1月29日)

在实施过程中,官定利率也可以根据需要由中央银行授权发布,如目前中国人民银行授权全国银行间同业拆借中心公布贷款市场报价利率(LPR)。关于贷款市场报价利率(LPR)详见本章第四节。

公定利率是指由非政府部门的金融民间组织如银行公会等确定的利率。它对会员银行有约束作用,如上海银行间同业拆放利率(Shibor)。关于上海银行间同业拆放利率(Shibor)详见本章第四节。

我国的利率曾长期以官定利率为主。利率由国务院统一制定,中国人民银行统一管理。1981年以后,由于经济管理体制改革的要求,各家银行被赋予在统一规定利率的上下一定范围内实行利率浮动的权力,经过40多年利率市场化改革,市场利率已经全面体现在金融机构的业

务活动中，官定利率也已经实现通过基准利率有效指导金融机构开展业务活动。发达的市场经济国家通常以市场利率为主，同时有官定、公定利率。

我国实际开展金融业务过程中官定利率和市场利率实施情况如图3-1所示。

图3-1　我国官定利率和市场利率实施情况

2. 存款利率与贷款利率

存款利率是指客户在银行或其他金融机构存款时所取得的利息与存款额的比率。存款利率的高低直接决定了存款者的利息收益和银行及其他金融机构的融资成本，对银行集中社会资金的数量有重要影响。一般说来，存款利率越高，存款者的利息收入越多，银行的融资成本越高，银行集中的社会资金数量越多。

存款利率的高低一般依照存款期限而定，存期长则利率高，存期短则利率低。就一般情况而论，经济发达的国家，资本积累已达到相当高的程度，资金供给比较充足，存款利率较低；经济落后的国家，资金缺乏，存款利率普遍较高。表3-2是目前中国人民银行官网上的金融机构人民币存款基准利率，自2015年10月24日发布后没有再进行调整，此后金融机构开展存款业务参照此标准但逐渐进入全面利率市场化运作。外汇存款利率由各商业银行参照国际市场资金供求情况自行决定。

表3-2　金融机构人民币存款基准利率

项目	利率/% 2015年10月24日
一、活期存款	0.35
二、定期存款	
（一）整存整取	
三个月	1.10
半年	1.30
一年	1.50
二年	2.10
三年	2.75
（二）零存整取、整存零取、存本取息	

(续表)

项目	利率/%
	2015年10月24日
一年	1.10
三年	1.30
(三) 定活两便	按一年以内定期整存整取同档次利率打六折执行
三、协定存款	1.15
四、通知存款	
一天	0.80
七天	1.35
五、个人住房公积金存款	
当年缴存	0.35
上年结转	1.10

(资料来源：中国人民银行官方网站)

贷款利率是指银行和其他金融机构发放贷款时所收取的利息与借贷本金的比率。贷款利率的高低直接决定着利润在企业和银行之间的分配比例，因而影响着借贷双方的经济利益。贷款利率越高，银行和其他金融机构的利息收入越多，借款企业利润越少。贷款利率也因贷款种类和期限不同而变化。表3-3是目前中国人民银行官网上的金融机构人民币贷款基准利率，自2015年10月24日发布后没有再进行调整，此后金融机构开展贷款业务参照此标准但逐渐进入全面利率市场化运作。

表3-3 金融机构人民币贷款基准利率

项目	利率/%
	2015年10月24日
一、短期贷款	
一年以内(含一年)	4.35
二、中长期贷款	
一至五年(含五年)	4.75
五年以上	4.90
三、个人住房公积金贷款	
五年以下(含五年)	2.75
五年以上	3.25

(资料来源：中国人民银行官方网站)

存款利率与贷款利率关系密切。存、贷款利率差直接决定着金融机构的经营状况及利润。存款利率高低直接影响银行集中社会资金的规模，进而对借贷资金的供求状况和贷款利率产生影响；贷款利率高低直接影响贷款规模。因此，保持合理的存、贷款利率对实现信贷收支平衡和调节货币流通有重要作用。

需要强调的是，目前各商业银行在中央银行统一规定的利率基础上的自主定价权限越来越大，2021年在存款利率报价机制调整为"基准利率+基点"方式后，2022年4月，人民银行指导利率自律机制建立了存款利率市场化调整机制，自律机制成员银行参考以10年期国债收益率为代表的债券市场利率和以1年期LPR为代表的贷款市场利率，合理调整存款利率水平。贷款利率报价机制为"LPR+基点"方式，目前金融机构新发放贷款已经基本参考LPR定价，LPR已代替贷款基准利率，成为金融机构贷款利率定价的主要参考基准。

3. 固定利率与浮动利率

固定利率是指在借贷期内不随借贷资金的供求状况而波动的利率。固定利率的最大特点是利率不随市场利率的变化而变化，因而具有简便易行、易于计算借款成本等优点。在借款期限较短或市场利率变化不大的条件下，可采用固定利率。但是，当借款期限较长或市场利率变化较快时，其变化趋势很难预测，借款人或贷款人可能要承担利率变化的风险，因此，对于中长期贷款，借贷双方都不愿采用固定利率，而乐于选择浮动利率。

浮动利率又称可变利率，是指随市场利率的变化而定期调整的利率。调整期限和调整时作为基础的市场利率的选择，由借贷双方在借款时议定，目前采取LPR加点形成。2022年1—12月金融机构人民币贷款各利率区间占比见表3-4。例如，欧洲货币市场上的浮动利率，调整期限一般为3~6个月，调整时作为基础的市场利率大多采用伦敦市场银行间同业拆借市场的同期利率。

实行浮动利率，借款人在计算借款成本时要困难一些，利息负担也可能加重，但是，借贷双方承担的利率变化风险较小，利息负担同资金供求状况紧密结合。因此，一般中长期贷款选用浮动利率。

表3-4　2023年1—12月金融机构人民币贷款各利率区间占比

%

月份	LPR减点	LPR	LPR加点					
			小计	(LPR, LPR+0.5%)	[LPR+0.5%, LPR+1.5%)	[LPR+1.5%, LPR+3%)	[LPR+3%, LPR+5%)	LPR+5%及以上
1月	37.38	6.28	56.34	16.65	19.06	10.22	5.70	4.72
2月	37.60	6.02	56.38	16.32	16.84	10.28	6.54	6.40
3月	36.96	6.88	56.16	17.10	17.57	10.57	6.18	4.74
4月	36.62	6.20	57.18	15.54	17.18	11.14	7.08	6.24
5月	36.28	5.52	58.20	13.98	16.79	11.71	7.98	7.74
6月	37.74	5.59	56.67	17.79	17.31	10.81	6.09	4.68
7月	37.05	5.13	57.82	16.60	16.43	10.44	7.12	7.23
8月	35.76	4.92	59.32	17.08	16.40	10.75	7.57	7.51
9月	37.37	5.62	57.11	16.70	16.88	10.62	6.71	6.19
10月	37.34	5.15	57.51	14.92	15.83	11.43	7.43	7.90
11月	38.43	5.77	55.80	14.60	16.39	11.37	7.01	6.44
12月	41.89	5.64	52.48	13.70	16.15	10.97	6.34	5.33

(资料来源：中国人民银行，2023年第四季度中国货币政策执行报告)

4. 差别利率与优惠利率

差别利率是指针对不同的贷款种类和借款对象实行的不同利率，一般可按期限、行业、项目、地区设置不同的利率。例如，对民政部门福利工厂贷款、老少边穷发展经济贷款、民族贸易及民族用品生产贷款、扶贫贴息贷款(含牧区)等，实行与一般贷款利率相区别的贷款利率，如2016年江西省农业银行对民族贸易及民族用品生产贷款实行1.47%的较低贷款利率。

实行差别利率是运用利率杠杆调节经济的一个重要方面。由于利率水平的高低直接决定着利润在借贷双方之间的分配比例，影响借款者的经济利益，因此对国家支持发展的行业、地区的贷款实行低利率；对经济效益不好、经营管理水平差的企业实行高利率贷款，有利于支持产业结构的调整和经济协调发展。

优惠利率是指国家通过金融机构对于需要重点扶植或照顾的企业、行业或部门所提供的低于一般贷款利率水平的利率。在我国，优惠利率通常用于技术改造、重点行业的基本建设、贫困地区的经济建设、出口贸易、黄金开采等方面。优惠利率的形式：一是中央银行对需要重点发展的部门、行业和产品制定较低的贷款利率，由商业银行执行；二是对需重点发展的部门、行业和产品的票据制定较低的再贴现率。优惠利率常为发展中国家所采用。

优惠利率对于推动实现国家的产业政策有重要作用，但它与银行自身的短期经营效益相矛盾。因此，国家为了减少银行的经营损失可对某些贷款实行贴息贷款，财政部门也可以给银行一定的税收优惠或财政补贴。例如，2021年1月4日，人民银行崇左市中心支行指导辖区金融机构积极贯彻落实"桂惠贷"的政策要求，在新年第一个工作日发放两笔"桂惠贷"业务，金额合计1 055万元，贷款平均利率3.79%，低于2020年企业类贷款加权平均利率1.34个百分点，让企业实实在在享受到"桂惠贷"利率优惠政策。"桂惠贷"是广西构建更加有效的金融支持实体经济体制机制，引导金融机构为广西重点领域和薄弱环节创作高质量金融供给而制定的金融政策，目标是引导金融机构每年完成2 000亿元优惠利率贷款的投放，推动市场主体融资覆盖面显著提升，利率水平明显降低，首贷、信用贷、无还本续贷比例明显提高。该政策由广西各级财政部门每年筹措40亿元贴息资金，对符合条件的"桂惠贷"按照2或3个百分点进行贴息，通过财政金融政策联合发力，降低企业融资成本，带动信贷投放，提振市场信心。

5. 名义利率与实际利率

在纸币流通的条件下，由于纸币代表的价值量随纸币数量的变化而变化，因此，当流通中的纸币数量超过市场上的货币需要量时，单位纸币实际代表的价值量必然下降，于是就产生了纸币的名义价值与实际价值之分，进而出现了名义利率与实际利率之分。

名义利率是以名义货币表示的利率，即人们平时所说的利率。例如，存款利率为3%，这个利率就是名义利率。一般银行存款及债券等固定收益产品的利率都是按名义利率支付利息，但如果在通货膨胀环境下，储户或投资者收到的利息回报就会被通货膨胀侵蚀。

实际利率就是名义利率剔除通货膨胀因素以后的真实利率。其按费雪效应简单计算公式为

$$i = r - P$$

式中：i表示实际利率；r表示名义利率；P表示借贷期间的通货膨胀率(物价上涨率)。

(1) $r > P$，则$i > 0$，实际利率为正数，表明有利息，借贷资金增值，正利率会刺激居民储蓄。

(2) $r = P$，则$i = 0$，实际利率为零，表明无利息，借贷资金保值。

(3) $r < P$，则$i < 0$，实际利率为负数，表明无利息，借贷资金贬值，负利率对经济不利。

针对名义利率和实际利率之间的真实关系，目前国际上通用的计算实际利率的公式或者说较为精确的计算公式为

$$i = (1+r)/(1+P) - 1$$

例如，A国和B国名义利率均为5%，但A国通货膨胀率为10%，B国通货膨胀率为3%，计算：

(1) A国的实际利率？

(2) B国的实际利率？

(3) 用费雪效应简单估计两国实际利率。

计算结果如下。

(1) A国 $i=(1+r)/(1+P)-1=(1+5\%)/(1+10\%)-1=-4.55\%$

(2) B国 $i=(1+r)/(1+P)-1=(1+5\%)/(1+3\%)-1=1.94\%$

(3) A国 $i=5\%-10\%=-5\%$

　　B国 $i=5\%-3\%=2\%$

判断利率水平高低，不能只看名义利率，必须以实际利率为依据。当实际利率为负数时，称为负利率，它对经济起逆调节作用。以我国20世纪90年代通货膨胀为例，我国通货膨胀率在自1993年高幅上涨13%的基础上，1994年居民消费品价格上涨24.1%，商品零售价格上涨21.7%，随之，居民的定期储蓄存款利率也经过1993年5月15日和7月11日两次调高，一年期的为10.98%，两年期的为11.70%，三年期的为12.24%，五年期的为13.86%，八年期的为17.10%。在物价上涨幅度远远高于名义利率的情况下，负利率极大地挫伤了居民储蓄的积极性。为了保护储户的利益，国家规定从1993年7月11日起，对三年期以上的个人定期储蓄存款给予保值补贴，即当三年期以上的定期储蓄期满时，如果存款期间物价上涨率超过了同期的存款利率水平，就有保值补贴，此时储户的存款利率加上保值补贴率，就是当期的物价上涨率，因此储户所得利息总额恰好能抵补物价上涨所造成的存款本金贬值损失。保值补贴率由国家按月公布。当存款期间的物价上涨率小于或等于存款利率时，就没有保值补贴。

四、利息的计算方法

利息的计算方法分为单利计息和复利计息。

单利计息是指在计算利息额时，不论期限长短，仅按本金计算利息，所生利息不再加入本金重复计算利息。其计算公式为

$$I = P \cdot R \cdot D$$

式中：I代表利息额；P代表本金；R代表利息率；D代表时间。

例如，某人在银行存款1 000 000元，利率为3.7%，存款期限为5年。到期应收回的利息为

$$I = P \cdot R \cdot D = 1\,000\,000 \times 3.7\% \times 5 = 185\,000(元)$$

复利是单利的对称。复利计息是指计算利息时，要按一定期限(如一年)，将所生利息加入本金再计算利息，逐期滚算，俗称"利滚利"。其计算公式为

$$S = P(1+R)^n$$
$$I = S - P$$

式中：S代表本息合计；n代表期数；I、P、R的含义与上式相同。

例如，在民间借贷中某甲向某乙借款10 000元，年利率为10%，借款期限为2年，借款合同规定按复利计算利息，则第一年年末的利息为

$S = P(1+R)^n = 10\,000 \times (1+10\%) = 11\,000(元)$

$I = S - P = 11\,000 - 10\,000 = 1\,000(元)$

两年到期后归还时，则这笔贷款的利息为

$S = P(1+R)^n = 10\,000 \times (1+10\%)^2 = 12\,100(元)$

$I = S - P = 12\,100 - 10\,000 = 2\,100(元)$

用单利计算利息，手续简便，易于计算借款成本，也有利于减轻借款人的利息负担。用复利计算利息，有利于提高资金的时间观念，有利于发挥利息杠杆的调节作用和提高社会资金的使用效益。

一个国家选择哪种利息计算方法应根据各国的具体情况确定，一般应考虑经济体制、国家对利息杠杆的利用程度，以及传统习惯等因素。

第二节　利率的确定

确定合理的利率水平是国家运用利率杠杆调节经济的关键环节。然而利率水平的确定并不是人们的单纯主观行为，必须遵循客观经济规律的要求，综合考虑影响利率变动的各种因素，并根据经济发展和资金供求状况灵活调整。影响利率的因素极为复杂，人们在研究各种因素对利率水平的影响中形成了多种利率决定理论。

一、马克思的利率决定论

（一）平均利润率对利率的影响

利息不过是平均利润的一部分，因此，平均利润率的高低决定着利润总量，平均利润率越高，则利润总量越大，借贷资本家和职能资本家分割的总额就越多。在借贷资本的数量一定时，利息额越大，则利息率越高。因此，马克思指出："利息是由利润调节的，确切些说，是由一般利润率调节的。"[①]此外，平均利润率越高，则投入生产领域的资本量就会增大，借贷资本的需求也会增大，引起利率上升。利润总量一定时，利息率越高，利息额越大，则职能资本家从利润总量中分到的利润就越少，影响职能资本家对借贷资本需求的积极性。如果利息率等于平均利润率，职能资本家利用借贷资本从事经营则无利可图，因而平均利润率是利息率的最高界限。"不管怎样，必须把平均利润率看成利息的有最后决定作用的最高界限。"[②]利息率只能在平均利润率和零之间摆动。

（二）供求和竞争对利率的影响

在利润率一定的情况下，贷者和借者之间的竞争决定着利息率的高低。这种竞争不是个别企业之间的竞争，而是以借者为一方与以贷者为一方之间的竞争。对贷者来说，货币资本投入哪个部门、按什么方式使用，他们并不真正关心，他们关心的只是按期收回资本并尽可能多地占有平均利润；对于借者来说，他们只希望以尽可能低的利率获得所需要的资本，以便占有更多的平均利润。这种贷者和借者之间的对立，"除由竞争决定的分割规律外，没有别的分割规律"[③]。但是，这种竞争的结果，即利息率的高低，是由借贷资本的供给和需求状况决定的。借贷资本的供给大于需求，利率下跌，借者可以支付较少的利息；借贷资本的需求大于供给，利率上升，贷者可以占有更多的利润。

---

① 《马克思恩格斯全集》第25卷，第403页。
② 《马克思恩格斯全集》第25卷，第403页。
③ 《马克思恩格斯全集》第25卷，第399页。

(三) 社会再生产对利率的影响

马克思极其深刻地指出："在物质资本的供给和货币资本的供给之间，有一种看不见的联系；同样毫无疑问，产业资本家对货币资本家的需求，是由实际生产情况决定的。"[①]这就是说，社会再生产状况决定着借贷资本的供求，因而是影响利息率的决定性因素。

马克思不是像资产阶级经济学家那样，把影响利率变化的因素局限在借贷资本的供求上，而是深入生产领域，进一步研究影响借贷资本供求状况的原因，揭示影响利率变化的这一决定性因素。他详尽地分析了资本主义产业周期4个阶段——"危机、萧条、复苏、繁荣"中货币资本的供求状况和利息率的变化情况。

(1) 危机阶段。商品滞销，物价暴跌，生产下降，工厂倒闭，工人失业；支付手段极端缺乏，对借贷资本需求增大，而借贷资本供给减少，利率急剧上升到最高限度。正如马克思所指出的："达到高利贷极限程度的最高利息则与危机相适应。"[②]

(2) 萧条阶段。危机刚过，物价下降到最低点，产业资本不再收缩，借贷资本大量闲置，由于企业信心不足，不愿增加生产投资，购买生产资料和支付工人工资所需要的货币减少；物价虽低，但交易量减少，对借贷资本的需求量也减少；借贷资本供大于求，导致利息率下降到最低限度。因此，马克思说："低的利息可能和停滞结合在一起。"[③]

(3) 复苏阶段。投资逐渐增大，交易逐渐增加，工厂开始复工，对借贷资本的需求开始增长。由于这个阶段信用周转灵活，支付环节畅通，借贷资本充足，因此，借贷资本的需求是在低利率情况下得到满足的。借贷资本的供给大于需求，没有导致利率上升。

(4) 繁荣阶段："低利息率多数与繁荣时期或有额外利润的时期相适应"。[④]繁荣阶段初期，生产迅速发展，物价上涨，利润增加，对借贷资本需求增大。但是，由于这时信用周转灵活，资本回流加快，商业信用扩大，对借贷资本需求的增长会被这些因素所抵消。因此，利息率还是维持在较低水平上。但随着生产规模继续扩大，对借贷资本的需求继续增加，特别是信用投机出现，使借贷资本需求大增，利率迅速上升。此时利率虽已提高到平均利润率水平，但由于对借贷资本的需求还在增加，故利率再度上升。

从资本主义产业周期不同阶段利率呈现的不同变化，可以十分清楚地看到：借贷资本的供求状况不是由借贷双方的主观愿望决定的，而是由社会再生产状况决定的。因此，社会再生产状况是影响利率变化的决定性因素。

(四) 物价对利率的影响

马克思在分析金属货币流通条件下利率与物价的关系时曾经指出："利息率和商品价格各自进行着完全独立的运动。"[⑤]这是因为首先，商品价格是商品价值的货币表现，货币价值和商品价值都是其所凝结的社会必要劳动时间，都是由生产它们的劳动生产率决定的。货币以自身价值衡量并表现出的商品价值就是商品价格。其次，利率变动是由货币市场的供求决定的，商品价格变动却是由商品自身价值、商品市场供求、各种商品的比价等决定的，正是由于影响货币市场和商品市场的因素完全不同，因而利息率与物价呈现出完全独立的运动。

---

① 《马克思恩格斯全集》第25卷，第473页。
② 《马克思恩格斯全集》第25卷，第404页。
③ 《马克思恩格斯全集》第25卷，第404页。
④ 《马克思恩格斯全集》第25卷，第404页。
⑤ 《马克思恩格斯全集》第25卷，第665页。

然而，在现代纸币流通的条件下，利率与物价却有非常密切的联系。一方面，纸币价值是由商品流通所决定的货币需要量与流通中货币量的对比状况决定的，当流通中的货币量大于货币需要量时，单位纸币代表的价值量就会下降，以纸币表示的商品价格必然上涨。各国政府都通过调整利率来调节货币供应量，以此来实现物价稳定。另一方面，物价变动必然影响利率变动。因为物价上涨了，人们持有的货币就会贬值；反之，物价下跌了，人们持有的货币就会升值。当物价上涨率高于名义利率时，就出现了负利率。这时，存款者所取得的利息还不能弥补本金贬值，他们的货币不仅没有增值反而遭受了损失，而借者却从借款中获益。因此，在确定利率水平时，必须考虑物价变动情况。

利率与物价的变动具有同向运动的趋势，因为要保持利率水平高于物价上涨率，就必须在物价上涨时调高利率。此外，物价上涨是有支付能力的社会需求大于商品供给量的表现，要稳定物价就必须控制需求，而调高利率、紧缩通货是控制需求的重要手段。

(五) 国家经济政策对利率的影响

前面已经指出，马克思揭示了社会再生产状况是影响利率变化的决定性因素，但是，他并不是把利率变化看作社会再生产状况的消极的被动的反映，而是明确指出了利率变化对经济活动有重要影响。他说："如果英格兰银行在货币紧缩时期，如俗话所说，把螺丝拧紧，也就是把已经高于平均数的利息率再提高，那终究是营业生活上一件严重的事情。"[①]20世纪30年代资本主义经济大危机过后，资本主义国家普遍推行国家干预经济的政策，利息率成为国家对经济活动实行垄断调节的重要工具。因此，利息率不再是完全随借贷资本的供求状况自由波动，而必须受国家的控制和调节。在现代经济中，世界各国政府都根据本国经济发展状况和经济政策目标，通过中央银行制定的利率调节资金供求、经济结构和经济发展速度，利息率成为国家调节经济活动的重要经济杠杆，因而利息率不能不受国家经济政策的影响。此外，国家经济政策对经济发展速度、经济结构、资金流向、货币资金供求状况等都产生直接影响，因而也必然成为影响利息率的一个重要因素。

(六) 国际利率水平对国内利率的影响

国际利率水平对国内利率也有重要影响。因为现代经济的一个重要特点是世界各国的经济联系越来越密切，商品、技术、资金越来越多地在世界范围内运动。任何一个国家要使本国经济迅速发展，就不能把本国经济孤立于世界经济体系之外。商品买卖和资金流动越具有国际性，国际利率水平对国内利率的影响就越大。国际利率水平对国内利率的影响是通过资金在国家间的移动实现的。当国内利率水平高于国际利率水平时，外国货币资本就会向国内流动，这不仅有利于改善一国的国际收支状况，而且改变了货币市场上资金的供求状况。反之，当国内利率水平低于国际利率水平时，不仅外国资本要流出，而且本国资本也会流出，同样会改变货币市场上资金的供求状况。不论国内利率水平高于或低于国际利率水平，在资本自由流动的条件下都会引起货币市场上资金的供求状况发生变化，因而必然引起国内利率变动。此外，利率对国际收支的影响又会进一步影响本国通货的对外价值，直接影响本国的对外贸易。总之，一国政府在调整国内利率时必须考虑国际利率水平。

影响利率变化的因素还有银行成本、国际协议、利率管理，以及习惯和法律传统等，对于这些因素，本节不再详加论述。

---

① 《马克思恩格斯全集》第25卷，第617页。

二、影响我国利率的主要因素

马克思揭示的影响和决定利息率变动的主要因素，随着我国社会主义市场经济体制的确立和发展，以及经济运行机制的转变，已越来越成为影响我国利率变化的主要因素。不过，我国的社会主义市场经济与马克思研究的资本主义市场经济有着时代的和本质的不同，因而影响和决定利率水平的因素也不尽相同。在我国，影响和决定利率的因素主要有以下5点。

(一) 企业承受能力

利息是利润的转化形式，平均利润率直接影响利息率，"利息率只能在平均利润率与零之间摆动"。在我国，由于市场经济才刚刚发展，生产要素的流动还很不充分，不同行业、不同企业的定价机制也很不一致，因而还不可能形成平均利润率，不同行业之间的资金利润率差别很大。在此条件下，如果按照平均资金利润率来确定利率水平，将有半数企业承受不了。此外，我国企业的利息支出摊入成本，随着贷款规模增大和银行贷款利率水平调高，企业的利息成本必然增大，利息成本增大必然减少企业盈利，影响企业和职工的收益；在企业产品价格放开的条件下，利息成本增大必然推动物价上涨，影响企业产品销售和经济稳定增长。因此，国家在调整利率水平时必须考虑企业的承受能力。衡量企业承受能力一般是观察利息支出占企业利润的比重和利息支出占企业成本的比重。

(二) 市场资金供求状况

长期以来我国的货币资金分配主要通过国家信贷计划供给，资金供求状况对利率水平影响较小。随着社会主义市场经济体制的建立和发展，市场体系和市场机制逐渐完善，资金供求状况对利率水平的影响越来越大。一方面，随着商品市场变化，资金市场的供求状况必然变化；另一方面，中央银行要运用利率调节资金供求，必然以资金供求状况作为其调整利率的依据。因此，市场资金供求状况越来越成为影响我国利率的重要因素。

(三) 物价变动

在现代纸币流通条件下，根据费雪效应，实际利率等于名义利率减去物价上涨率。因此，物价变动直接影响利率水平。此外，引起物价上涨的一个重要原因是以货币表示的社会总需求大于总供给，也就是说，货币供应量过多。国家要稳定物价，必然要运用调高利率的手段，来紧缩通货。因此，国家在调整利率时必须考虑物价变动情况。

(四) 银行利润

我国银行的利润状况不只影响银行及其职工的经济利益，更重要的是，它关系到银行资金的积累，调节着中央和地方的经济利益。我国银行的资本金主要靠银行每年从利润中按规定提留，银行利润状况直接影响银行的资金实力。调整银行存贷款利率既可调节银行利润的数量，又必然影响企业的利息成本和盈利状况。

(五) 经济发展状况和国家经济政策

现代经济中利息率已经日益成为国家调节经济的重要杠杆，因此，经济发展状况和国家经济政策是决定利率的一个十分重要的因素。当经济增长过热或物价涨幅过大需要紧缩信用和货币供应量时，国家就调高利率；当经济滑坡，市场商品销售不畅，企业效益下降，国家需要增加货币投入、刺激经济回升时，就会降低利率。从经济发展速度角度看，低利率有利于刺激生产；从调整经济结构角度看，差别利率有利于引导经济结构调整及升级；从引导资金流向角度看，利率可以引导资金流向，协调资源配置；从调节货币资金供求状况角度看，利率可以反向调节，熨平经济波动。

第三节 利率的作用

利率是一个重要的经济杠杆，对经济有着极其重要的调节作用。但在不同的国家、不同的时期及不同的利率管理体制下，利率作用发挥程度也不一样。一般来说，利率既有对宏观经济的调节作用，又有对微观经济的调节作用；既有直接作用，又有间接作用；既有积极作用，又有消极作用。下面主要介绍利率对储蓄和消费、投资、通货膨胀、经济核算和经济调节的影响及作用。

一、利率对储蓄和消费的引导作用

利率的高低不仅影响储蓄的总量，而且影响储蓄的结构。储蓄是利率的增函数，较高的利率会促进储蓄总量的增加，特别是对储蓄存款的促进作用更加明显。在其他条件不变的情况下，利率的提高会缩减即期消费，从而增加储蓄。储蓄因此通常有较大的弹性。但是，如果收入水平提高了，可能会出现利率水平提高后，储蓄与消费同时增加的现象。利率对储蓄结构的影响，主要表现在储蓄者是选择金融资产还是选择实物储蓄，是选择存款还是选择购买股票、债券等。

在其他条件不变的情况下，从短期来看，利率的提高必然会使消费减少，利率的变化会影响消费总量，消费是利率的减函数。从长期来看，利率影响的只是即期消费量，提高利率，则减少即期消费量，但会使远期消费量增加，即增加社会消费总量，因为减少的那部分即期消费如果变成储蓄存款，将为其所有者带来利息收入。

利率通过消费和储蓄对经济发挥作用的传递机制可描述为

$$i\uparrow \rightarrow \begin{cases} C\downarrow \rightarrow AD\downarrow \rightarrow Y\downarrow \\ S\uparrow \rightarrow Y\uparrow \end{cases}$$

式中：i表示利率；C表示消费；S表示储蓄；Y表示总产出；AD表示总需求。

二、利率对投资的影响作用

投资可分为实质性投资和证券投资。利率对实质性投资和证券投资的影响是不一样的。实质性投资是指对生产流通领域进行的投资活动。实质性投资与利率的高低有着密切的关系。一般理论认为，低利率对实质性投资有刺激作用，高利率则不利于投资规模的扩大。低利率有利于投资，是因为在其他条件不变的情况下，低利率减少了企业生产成本中的利息支出，从而增加企业盈利，使得企业更加有利可图，于是刺激企业扩大投资，扩大生产。但低利率刺激投资有一定的条件限制，既要看利率是否受管制，还要看这个国家的资金供求状况。在发展中国家，由于投资需求旺盛，资金严重短缺，实行低利率政策，不但不会使实质性投资增加，反而会造成一些不良后果。

证券投资是指人们对金融工具或金融商品的购买和持有。在正常的经济情况下，利率与证券价格呈反方向变化，即当市场利率下跌时，资金更多地流向证券市场，证券价格会上升。市

场利率变化是影响证券行情的一个重要因素。布伦纳和梅尔泽认为,利率通过投资对经济发挥作用的传递机制为

$$M_s\uparrow \to i\downarrow \to P_{证券}\uparrow \to 银行出售证券 \to 银行超额准备金(ER)\uparrow \to 贷款\uparrow \to i\downarrow \to$$
$$真实资本价格\uparrow \to 新产品开发\to I\uparrow \to 新产品市场扩大\uparrow Y\uparrow$$

式中:M_s表示货币供应量;i表示利率;P表示价格;I表示投资;Y表示总产出。

不同学派对利率如何通过投资对经济发挥作用的共同认识是:在通常情况下,降低利率会增加投资,从而有利于经济增长;提高利率会减少投资,从而不利于经济增长。

三、利率对通货膨胀的影响作用

利率作为经济杠杆,如果运用得好,可以起到稳定物价、抑制通货膨胀的作用。利率对通货膨胀的抑制作用是通过以下途径实现的。①利率可以调节货币供应量。当流通中的货币量超过货币需要量,出现物价上涨时,调高利率可以抑制信贷需求,从而收缩信贷规模,减少货币供应量,最终促使物价稳定。②利率可以调节社会总供给和总需求。调高利率可以使更多的社会闲散资金以存款的方式集中到银行,这一方面推迟了购买力,减少了社会总需求;另一方面,银行得以聚集更多的资金,可以用来支持适销对路的商品,增加有效供给,从而使社会总供给和总需求趋于平衡,达到稳定物价的目的。

1988—1993年,我国出现了明显的通货膨胀,国家几次调高了存贷款利率,对抑制通货膨胀起到了一定的作用。1996年以来,我国物价涨幅明显回落,所以中国人民银行多次调低了存贷款利率,这对于扩大内需,增加有效需求,促进国民经济发展起到了积极作用。2007年,我国消费物价指数居高不下,国家年度内7次调高利率。2008年之后,由于国际金融危机的爆发,为了促进我国经济恢复,也采用了调低利率的政策。同期,西方主要国家也纷纷实行低利率政策刺激经济发展。

2022年9月,美国消费者价格指数(CPI)环比增长0.4%,同比增长8.2%。其中,剔除燃料和食品等不稳定因素,核心价格指数环比增长0.6%,同比增长6.6%。这说明在美联储数次加息后物价仍维持在较高水平,尽管整体通胀继续小幅回落,但距离美联储2%的通胀目标仍有较大的距离,而核心通胀仍维持高位。为此,2022年美联储保持鹰派政策,继续加息进程,将联邦基金基准利率定格在4.25%~4.5%,以此实现控制通胀的目标。

四、利率对经济核算的影响作用

对存款人来说,利息是让渡资金使用权的报酬,适当的利率水平可以鼓励居民勤俭节约,促进企业加强经济核算,将节约的资金存入银行,以取得更多利息。对借款人来说,利息是借入资金所付出的代价,借入资金越多利息越高,借款人的利息负担就越重。企业为了减轻利息负担,必须加强经济核算,节约使用资金,加速资金周转,提高经营管理水平和资金使用效益。

银行还可以运用利率杠杆,对那些经营管理不善、资金周转慢、贷款逾期不还的企业实行高利率;对经营管理好、资金效益高、信用状况好的企业实行优惠利率,从而促进企业加强核算,提高资金使用效益。

五、利率对经济的调节作用

利率对宏观经济和微观经济都有着重要的调节作用。利率对经济的调节作用主要是通过以下途径实现的。

(一) 聚集社会闲散资金

聚集和积累资金是利率最主要的功能。正是因为利率的存在，才能使分散在社会各阶层的货币收入和再生产过程中暂时闲置的货币资金得以集中起来，转化为信贷资金，通过信贷资金的分配，满足生产发展的资金需要，促进经济快速发展。

(二) 优化产业结构

利率作为资金的价格，会自发地引导资金流向利润率较高的部门，实现社会资源的优化配置。同时，银行还可以自觉地运用差别利率政策，对国家急需发展的农业、能源、交通运输等行业，以及有关的企业和产品，适当降低贷款利率，大力支持它们的发展；对需要限制的某些加工行业以及有关的企业和产品，适当提高利率，限制其发展，从而优化产业结构，实现经济结构合理化。

(三) 调节货币流通

利率对货币流通的调节作用主要表现在以下三方面：①存款利率的高低直接影响银行的存款规模，对实现社会购买力与商品可供量的平衡有调节作用；②贷款利率的高低直接影响银行的贷款规模，决定货币供应量，对币值稳定有重要影响；③利率的高低直接影响企业的生产规模和经营状况，从而影响社会商品的供给总量和结构，对货币流通正常与否有重要影响。

(四) 平衡国际收支

当国际收支逆差比较严重时，可以通过利率杠杆来调节，可以将本国的利率调到高于其他国家的程度，这样一方面可以阻止本国资金流向利率较高的其他国家；另一方面还可以吸收外资流入本国。但是，当国际收支逆差发生在国内经济衰退时期，则不宜采取调节利率水平的做法，而只能通过调整利率结构来平衡国际收支。

第四节　利率市场化

利率市场化改革是利率管理体制改革的一个重要内容，利率杠杆的功能能否发挥，发挥的作用如何，均与利率管理体制有很大关系。

一、利率管理体制类型

利率管理体制是一国经济管理体制的组成部分，它规定了金融管理当局或中央银行的利率管理权限、范围和程度。

世界各国采取的利率管理体制大致可以分为3种类型：①国家集中管理；②市场自由决定；③国家管理与市场决定相结合。大多数国家在相当长的时间内采取了最后一种利率管理体制，即国家管理与市场决定相结合的利率管理体制，但国家管理的程度和方式各有不同。从20世纪70年代开始，西方大多数国家逐步放松了利率管制，金融市场的利率更多地由市场决定，呈现出一种利率自由化的趋势。

二、利率市场化的含义及内容

(一) 利率市场化的含义

利率市场化是指货币当局将利率的决定权交给市场，由市场主体自主决定利率，货币当局则通过运用货币政策工具，间接影响和决定市场利率水平，以达到货币政策目标。利率市场化包括利率决定、利率传导、利率结构和利率管理的市场化。利率市场化实质上是一个逐步发挥市场机制在利率决定中的作用，进而实现资金流向和配置不断优化的过程。具体操作上是将利率的决策权交给金融机构判断，自主调节利率水平。最终形成以中央银行基准利率为基础，以货币市场利率为中介，由市场供求决定金融机构存贷款利率的市场利率体系和利率形成机制。

(二) 利率市场化的内容

一般而言，利率市场化包括两部分内容：一是商业银行的存贷款利率市场化；二是中央银行通过间接调控的方式影响市场利率。

1. 商业银行的存贷款利率市场化

在市场利率制度下，商业银行集利率的制定者和执行者于一身，根据以同业拆借利率为代表的市场利率、本行资金需求、资产负债的期限结构、成本结构和风险结构的匹配情况等因素，灵活调整本行利率政策，达到降低成本，减少风险，争取最大盈利的目的。

就存款利率的确定而言，商业银行的存款利率应完全由银行自主决定，实行盯住同业拆借利率上下浮动的办法。商业银行结合本行在当地市场占有的位置和竞争优势，根据本行资产负债期限结构的匹配情况、成本结构和风险结构，分析本行的资金需求，确定在同业拆借利率基础上的浮动幅度，调整制定本行存款各期限档次的具体利率水平。

就贷款利率的确定而言，商业银行的贷款利率应在中央银行规定的上下限内，围绕LPR浮动，一般根据LPR的变化趋势、贷款质量、期限、风险、所贷款行业的发展前景及客户的信用关系因素确定。

2. 中央银行间接调控利率

在市场利率制度下，中央银行不是直接管理商业银行的所有利率，而是实行间接调控政策，由商业银行自主决定本行的利率。但是为了防止商业银行利用垄断地位破坏市场利率有序均衡运行，中央银行应保留对存款利率上限、基础贷款利率、最优惠贷款利率或者首套住房商业性个人住房贷款利率下限等的窗口指导权。

中央银行应经常分析宏观经济及金融形势，预测市场利率变化趋势和货币供应量情况的变化，检查其是否满足货币政策的需要，对可能出现不符合货币政策目标的发展趋势，央行要提前、及时地制定利率调控策略。

三、市场利率定价自律机制和金融机构合格审慎评估

(一) 市场利率定价自律机制

市场利率定价自律机制成立于2013年9月24日，是由金融机构组成的市场定价自律和协调机制。2023年，利率自律机制成员已有2 055家，占商业银行数量的一半左右。市场利率定价自律机制在符合国家有关利率管理规定的前提下，对金融机构自主确定的货币市场、信贷市场等金融市场利率进行自律管理，维护市场正当竞争秩序，促进市场规范健康发展。

市场利率定价自律机制接受中国人民银行的指导和监督管理,履行以下主要职责:

第一,制定和修改工作指引及相关业务规则;

第二,制定合格审慎及综合实力评估标准,并对自愿参与的金融机构开展评估;

第三,制定上海银行间同业拆放利率(Shibor)、贷款市场报价利率(LPR)等市场基准利率报价规则,组织集中报价和发布,并对报价情况进行监督评估;

第四,监督各类金融产品定价情况,督促成员贯彻执行国家有关法律法规,对成员的定价行为进行自律管理,维护市场竞争秩序;

第五,组织协调专门工作小组进行涉及市场基准利率培育的金融产品研发和创新。

(二) 金融机构合格审慎评估

金融机构合格审慎评估是指自律机制为遴选成员而对自愿参与的金融机构开展的同业自律评估。目前,合格审慎评估主要针对银行业存款类金融机构,包括开发性金融机构、政策性银行、商业银行(包括外资银行)、农村合作金融机构及自律机制认可的其他金融机构(应首先征得自律机制秘书处同意后方可参与评估)。

合格审慎评估遵循自愿参与、同业自律和正向激励的原则,仅针对自愿向自律机制提交参与评估申请的金融机构开展评估,评估的结果用于遴选自律机制成员。自律机制将按照人民银行的统一安排赋予其成员一定的正向激励,引导和鼓励金融机构参与同业自律。为配合宏观审慎评估,所有存款类金融机构均需参加定价行为指标的评估,评价结果同时运用于宏观审慎评估。

合格审慎评估的指标包括财务约束、定价能力、定价行为和定价影响四方面共14项指标。合格审慎评估一年一评。

根据人民银行的总体安排,自律机制将对其成员采取一定的正向激励措施,具体如下。

自律机制基础成员:①参与上海银行间同业拆借利率(Shibor)和贷款基础利率(LPR)场外报价,根据报价质量,可被选为Shibor和LPR的正式报价行;②参与发行包括同业存单、大额存单在内的涉及市场基准利率培育的金融产品创新。

自律机制核心成员:①享有自律机制基础成员的权利;②参与自律机制工作会议并行使审议表决权,以及组织和参与自律机制相关专门工作小组工作;③按照人民银行及自律机制的安排,在参与Shibor和LPR报价、发行交易涉及市场基准利率培育的金融产品时先行先试。

自律机制观察成员:根据利率市场化改革需要,按照人民银行及自律机制的安排,参与发行同业存单等涉及市场基准利率培育的金融产品。

此外,自律机制成员均可参与自律机制组织开展的培训、调研等有关活动,以及享有人民银行及自律机制规定的其他权利。

四、利率市场化运行的三个关键性利率

(一) 上海银行间同业拆放利率(Shibor)

上海银行间同业拆放利率(Shanghai Interbank Offered Rate,简称Shibor),从2007年1月4日开始正式运行。

上海银行间同业拆放利率(Shibor),以位于上海的全国银行间同业拆借中心为技术平台计算、发布并命名,是由信用等级较高的银行组成报价团自主报出的人民币同业拆出利率计算确

定的算术平均利率，是单利、无担保、批发性利率。目前，对社会公布的Shibor品种包括隔夜、1周、2周、1个月、3个月、6个月、9个月及1年。

Shibor报价银行团现由18家商业银行组成。报价银行是公开市场一级交易商或外汇市场做市商，在中国货币市场上人民币交易相对活跃、信息披露比较充分的银行。2022年报价行成员有：工商银行、农业银行、中国银行、建设银行、交通银行、招商银行、中信银行、光大银行、兴业银行、浦发银行、北京银行、上海银行、汇丰银行、华夏银行、广发银行、邮储银行、国开行、民生银行。中国人民银行成立Shibor工作小组，依据《上海银行间同业拆放利率(Shibor)实施准则》确定和调整报价银行团成员、监督和管理Shibor运行、规范报价行与指定发布人行为。全国银行间同业拆借中心受权Shibor的报价计算和信息发布。每个交易日根据各报价行的报价，剔除最高、最低各4家报价，对其余报价进行算术平均计算后，得出每一期限品种的Shibor，并于11:00对外发布。上海银行间同业拆放利率的品种选取时点数据示例如图3-2。

期限	Shibor(%)	涨跌(BP)
O/N	1.7310	▼ 8.90
1W	1.8630	▼ 3.60
2W	2.3010	▼ 10.10
1M	2.3020	▲ 0.10
3M	2.4000	▲ 0.00
6M	2.4300	▲ 0.00
9M	2.4470	▲ 0.10
1Y	2.4660	▲ 0.00

2024-01-29 11:00

图3-2 上海银行间同业拆放利率(Shibor)的时点利率
(资料来源：中国人民银行官方网站)

上海银行间同业拆放利率的作用：Shibor是金融市场上最敏感的利率，经常处于变化之中，其变化趋势往往影响到整个资金市场的利率水平，进而指导投资和引导宏观经济调控。Shibor促进了货币市场的快速发展，其对债券产品定价的指导性持续增强，以Shibor为基准的金融创新产品成交活跃，票据转贴现、回购业务建立了以Shibor为基准的市场化定价机制，报价行的内部资金转移价格已经不同程度的与Shibor结合，金融市场已经形成以Shibor为基准的定价群，各种利率之间的比价关系日趋合理、清晰。

(二) 贷款市场报价利率(LPR)

2013年10月25日，贷款基础利率(LPR)集中报价和发布机制正式运行。

贷款市场报价利率(LPR)由各报价行按公开市场操作利率(主要指中期借贷便利利率)加点形成的方式报价，由全国银行间同业拆借中心计算得出，为银行贷款提供定价参考。目前，LPR包括1年期和5年期以上两个品种。

LPR报价行目前包括20家银行，2022年报价行成员有：工商银行、农业银行、中国银行、建设银行、交通银行、邮储银行、招商银行、中信银行、兴业银行、浦发银行、民生银行、江苏银行、南京银行、台州银行、上海农商银行、广东顺德农商行、深圳前海微众银行、浙江网商银行、花旗中国、渣打中国。每月20日(遇节假日顺延)9时前，各报价行以0.05个百分点为步长，向全国银行间同业拆借中心提交报价，全国银行间同业拆借中心按去掉最高和最低报价后算术平均，并向0.05%的整数倍就近取整计算得出LPR，于当日9时15分公布，公众可在全国银行间同业拆借中心和中国人民银行网站查询。贷款市场报价利率(LPR)的变动情况及数据如图3-3和表3-5所示。

图3-3 贷款市场报价利率(LPR)品种历史走势
(资料来源：中国人民银行官方网站)

表3-5 人民币贷款市场报价利率(LPR)

项目	年利率/%
贷款市场报价利率(1年期)	3.45
贷款市场报价利率(5年期以上)	3.95

(资料来源：中国人民银行官方网站，2024年1月22日全国银行间同业拆借中心受权公布贷款市场报价利率(LPR)公告，以上LPR在下一次发布LPR之前有效)

贷款市场报价利率的作用：LPR是由报价行形成报价，并由央行授权全国银行间同业拆借中心计算并发布的利率。而贷款基准利率由央行不定期调整并统一发布。相比贷款基准利率，LPR的市场化程度更高，更能反映市场供求的变化情况。银行要贷款给企业的利率是多少，不再像以前那样只根据法定贷款基准利率为准，而是会有一个市场化定价的过程。推出LPR，目的是打通资金传导链条，实际降低企业融资成本。2019年8月，人民银行推进LPR改革，报价行在MLF(中期借贷便利)利率的基础上，综合考虑资金成本、风险溢价等因素报出LPR，充分反映市场供求状况。目前，金融机构新发放贷款已经基本参考LPR定价，LPR已代替贷款基准利率，成为金融机构贷款利率定价的主要参考基准。例如，个人住房贷款利率定价为LPR加点形成方式。

(三) 国债及其他债券收益率

2015年10月24日，人民银行对商业银行和农村合作金融机构等不再设置存款利率浮动上限，取消存款利率上限是利率市场化的里程碑。中央银行放开了对存款利率的行政性管制，金融机构可在存款基准利率基础上自主确定存款实际执行利率。为确保利率市场化改革的平稳有序推进，人民银行指导成立了利率自律机制。

2021年6月21日，市场利率定价自律机制"官宣"了存款利率调整的事项：市场利率定价自律机制将原由存款基准利率一定倍数形成的存款利率自律上限，改为在存款基准利率基础上加上一定基点确定。存款利率报价机制调整为"基准利率+基点"的方式后，长期存款利率就不存在倍数效应，各期限之间的存款利率差会缩小，有利于进一步规范存款利率竞争秩序，优化存款利率期限结构。

由于存款市场竞争激烈，实际执行中，很多银行的定期存款和大额存单利率接近自律上限。这在一定程度阻碍了市场利率有效传导，存款利率难以跟随市场利率变化。2022年4月，人民银行指导利率自律机制建立了存款利率市场化调整机制，自律机制成员银行参考以10年期国债收益率(如图3-4所示)为代表的债券市场利率和以1年期LPR为代表的贷款市场利率，合理调整存款利率水平。这一机制的建立，可促进银行跟踪市场利率变化，提升存款利率市场化定价能力，维护存款市场良性竞争秩序。央行表示，建立存款利率市场化调整机制重在推进存款利率进一步市场化，对银行的指导是柔性的。银行可根据自身情况，参考市场利率变化，自主确定其存款利率的实际调整幅度。对于存款利率市场化调整及时高效的金融机构，人民银行给予适当激励。新的机制建立后，银行的存款利率市场化程度更高，在当前市场利率总体有所下行的背景下，有利于银行稳定负债成本，促进实际贷款利率进一步下行。从实际情况看，工农中建交邮储等国有银行和大部分股份制银行均已于4月下旬下调了其1年期以上期限定期存款和大额存单利率，部分地方法人机构也相应做出下调。根据数据显示，4月最后一周(4月25日—5月1日)，全国金融机构新发生存款加权平均利率为2.37%，较前一周下降10个基点。

图3-4　国债及其他债券收益率曲线

(资料来源：中国人民银行官方网站)

五、央行现行政策利率体系

央行坚持每日以7天期逆回购为主开展公开市场操作，每月月中开展MLF操作，提高货币政策操作的透明度、规则性和可预期性，向市场连续释放短期和中期政策利率信号。健全利率走廊机制，实现常备借贷便利(SLF)全流程电子化，发挥SLF利率作为利率走廊上限和超额存款准备金利率作为利率走廊下限的作用。目前我国已形成以公开市场操作利率为短期政策利率和以中期借贷便利利率为中期政策利率、利率走廊机制有效运行的央行政策利率体系。现行央行政策利率体系如图3-5所示。

图3-5 我国政策利率体系和调控框架

在当前的货币政策操作中，1年期MLF利率和7天逆回购利率是最为重要的政策利率，降息主要指向这两个政策利率的调降。2022年1月和8月，1年期MLF利率和7天逆回购利率每次均下调10BP，引起市场广泛关注。目前我国已形成以公开市场操作利率为短期政策利率和以中期借贷便利利率为中期政策利率、利率走廊机制有效运行的央行政策利率体系。

所谓利率走廊，是指央行利用对商业银行等金融机构提供的存贷款便利机制设定一个利率操作，从而稳定市场利率和银行间系统流动性。在我国的实践中，利率走廊的上限是常备借贷便利(SLF)利率，下限是超额存款准备金利率，二者之差也被称为利率走廊的宽度。

央行将利率走廊机制纳入政策利率体系，主要在于SLF(常备借贷便利)改革取得重大进展。早在2013年初，央行便创设了SLF，为利率走廊的构建做了准备。2014年以来，央行进行SLF操作的频率明显提高，操作对象也扩大到中小金融机构。2021年9月，央行推动常备借贷便利操作方式改革，有序实现全流程电子化。央行2022年5月发布的《2022年第一季度货币政策执行报告》称，将有序实现SLF操作全流程电子化，提高操作效率。对地方法人金融机构按需足额提供短期流动性支持，稳定市场预期，增强银行体系流动性的稳定性，防范流动性风险。

六、合理把握利率水平

利率是资金的价格，对宏观经济均衡和资源有效配置具有重要导向作用。作为反映资金稀缺程度的信号，利率与劳动力工资、土地地租一样，是重要的生产要素价格。利率的高低直接影响老百姓的储蓄和消费、企业的投融资决策、进出口和国际收支，进而对整个经济活动产生广泛影响。

宏观意义的利率水平应与自然利率基本匹配。若利率持续偏高，会导致社会融资成本高企，形成供给缺口和需求萎缩，不利于经济发展。若利率长期过低，又会带来产能过剩、通货膨胀、资产价格泡沫、资金空转等问题。超高和超低利率政策难以长期持续，必然冲击经济金融稳定，这在历史上和现实中都有例证。因此，中央银行对利率的引导和把握要符合经济规律、宏观调控和跨周期设计需要。

从过去二十年的数据看，我国实际利率总体保持在略低于潜在经济增速这一"黄金法则"(golden rule)水平上，与潜在经济增长水平基本匹配，有利于实现宏观均衡，保持物价基本稳定。近几年，全球经济面临的超预期冲击较多，经济环境和政策效果的不确定性较大。在此情况下，人民银行对利率水平的把握可采取"缩减原则"(attenuation principle)，符合"居中之道"，即决策时相对审慎，留出一定的回旋余地，适当向"稳健的直觉"靠拢。政策利率调整时，在考虑当前经济金融形势基础上，向历史周期和全球各区域的平均值收敛，降低政策利率的波动。例如，2018年全球主要央行连续加息，人民银行公开市场操作利率仅在年初小幅上行5个基点后即保持不变。2020年新冠疫情暴发后，全球主要央行大幅降息至零利率水平，同期人民银行公开市场操作利率下降20个基点后保持稳定，市场利率也一直保持在适当水平。2022年，全球主要央行持续大幅加息，人民银行保持以我为主的宏观调控政策定力，适当引导公开市场操作利率下行20个基点，带动市场利率稳中有降。

本章小结

1. 利率的种类很多，包括官定利率、公定利率和市场利率，名义利率和实际利率，固定利率和浮动利率等。

2. 影响利率的因素很多，包括平均利润率、借贷资本供求关系、中央银行的货币政策、国际利率水平、预期通货膨胀率、汇率、借贷期限、借贷风险等。

3. 利率主要通过以下途径来影响经济：储蓄、投资、社会再生产、国际收支、物价水平等。

4. 世界各国采取的利率管理体制大致可以分为3种类型：国家集中管理、市场自由决定、国家管理与市场决定相结合。

5. 利率市场化运行的三个关键性利率：上海银行间同业拆放利率、贷款市场报价利率、国债及其他债券收益率。

习题

一、单项选择题

1. 短期金融市场中具有代表性的利率是(　　)，其他短期借贷利率通常比照此利率加一定的幅度来确定。
   A. 存款利率　　　　B. 贷款利率　　　　C. 同业拆借利率　　D. 国债利率

2. 下列哪项因素变动会导致利率水平上升(　　)。
   A. 投资需求减少　　　　　　　　B. 居民储蓄增加
   C. 中央银行收缩银根　　　　　　D. 财政预算减少

3. 在借贷存续期内，随市场资金供求变化的利率是(　　)。
   A. 公定利率　　　B. 市场利率　　　C. 优惠利率　　　D. 一般利率

4. 通常情况下，市场利率上升会导致证券市场行情(　　)。
   A. 看涨　　　　　B. 看跌　　　　　C. 看平　　　　　D. 以上均有可能

5. 利息是(　　)的价格。
   A. 货币资金　　　B. 借贷资本　　　C. 外来资本　　　D. 银行贷款

6. 在多种利率并存的条件下起决定作用的利率是(　　)。
   A. 基准利率　　　B. 差别利率　　　C. 实际利率　　　D. 公定利率

7. 下列选项中，关于单利和复利表述正确的是(　　)。
   A. 单利反映了利息的本质　　　　B. 只有复利才反映了利息的本质
   C. 单利和复利都反映了利息的本质　D. 以上均是

二、多项选择题

1. 以借贷期内利率是否调整为标准，利率分为（　　）。
   A. 市场利率　　B. 官定利率　　C. 浮动利率
   D. 固定利率　　E. 名义利率

2. 以利率是否按市场规律自由变动为标准，利率可分为（　　）。
   A. 市场利率　　B. 官定利率　　C. 公定利率
   D. 固定利率　　E. 浮动利率

3. 导致利率上升的因素有（　　）。
   A. 扩张的货币政策　　　　　　B. 紧缩的货币政策
   C. 通货膨胀　　　　　　　　　D. 经济高增长
   E. 扩张性财政政策

4. 当预期未来利率上升时，商业银行资产业务应该更倾向于（　　）。
   A. 发放短期贷款　B. 买入长期债券　C. 买入短期债券
   D. 发放长期贷款　E. 购买股票

三、判断正误题

1. 1996年我国零售物价上涨了6.1%，8月23日调整后的定期一年存款利率为7.47%，则实际利率为1.37%。（　　）
2. 在其他条件不变的情况下，中央银行增加货币的发行量，会导致利率的下降。（　　）
3. 在投资不变的情况下，居民储蓄意愿增加，会导致利率上升。（　　）
4. 伦敦同业拆借利率是固定利率。（　　）
5. 在利率体系中发挥指导性作用的利率是公定利率。（　　）
6. 利息是投资人让渡资本所有权而索要的报酬。（　　）
7. 固定利率借贷条件下，通货膨胀给债务人造成损失的可能性增加。（　　）
8. 2022年4月，人民银行指导利率自律机制建立了存款利率市场化调整机制，自律机制成员银行参考以10年期国债收益率为代表的债券市场利率和以1年期LPR为代表的贷款市场利率，合理调整存款利率水平。（　　）
9. 在我国的实践中，利率走廊的上限是常备借贷便利(SLF)利率，下限是超额存款准备金利率，二者之差也被称为利率走廊的宽度。（　　）
10. 我国现在实行市场利率定价自律机制。（　　）

四、简答题

1. 简述马克思利率决定论的基本内容。
2. 简述利率的作用。
3. 简述利率对储蓄、消费和投资的引导作用。
4. 简述利率市场化的内容。
5. 简述我国存款利率报价机制。
6. 简述利率水平的内涵及意义。

五、论述题

1. 决定和影响利率水平的因素有哪些？

2. 论述央行现行政策利率体系。
3. 论述上海银行间同业拆放利率与贷款市场报价利率集中报价和发布机制及作用。

案例分析

案例一　完善利率传导机制

2019年8月，按国务院部署，中国人民银行改革完善贷款市场报价利率(LPR)形成机制。改革完善后的LPR由报价行在中期借贷便利(MLF)利率上加点报出，加点幅度主要取决于各行自身资金成本、市场供求、风险溢价等因素。

MLF利率是央行的中期政策利率，代表了银行体系从中央银行获取中期基础货币的边际资金成本，由于中央银行掌握基础货币供应，央行的政策利率必然是市场利率定价的基础，也是市场利率运行的中枢。MLF等货币政策工具提供的资金在银行负债中占比虽然不高，但对市场利率起决定性作用的不是总量而是边际量。在银行信用货币制度下，货币创造的主体是银行，银行通过资产扩张创造存款后，需要更多的基础货币以满足法定准备金要求，因此对基础货币有持续需求。央行掌握基础货币的供应，只需做少量必要操作，就可对市场利率产生决定性的边际影响，而无须通过巨量操作使央行资金成为银行的主要负债。MLF利率作为中期政策利率，与作为短期政策利率的公开市场操作利率共同形成央行政策利率体系，传达了央行利率调控的信号，并且MLF在期限上与LPR匹配，适合作为银行贷款定价，即银行体系向实体经济提供融资价格的重要参考。在MLF利率的基础上，报价行可根据自身资金成本等因素加点报价。实际上，LPR与MLF利率的点差不完全固定，体现了报价行报价的市场化特征。同业存单、回购和拆借等银行之间融资工具的利率，以及国债收益率曲线，受多种因素影响，有一定的短期波动，但从中长期看，大体也是围绕央行政策利率波动的。

改革以来，LPR报价逐步下行，较好地反映央行货币政策取向和市场资金供求状况，已成为银行贷款利率定价的主要参考，并已内化到银行内部资金转移定价(FTP)中，原有的贷款利率隐性下限被完全打破，货币政策传导渠道有效疏通，"MLF利率→LPR→贷款利率"的利率传导机制已得到充分体现。

同时，LPR改革也有效地推动了存款利率市场化。2015年10月以来，存款基准利率未做调整，但存款利率的上下限均已放开，银行实际执行的存款利率可自主浮动定价。随着LPR改革深入推进，贷款利率的市场化水平明显提高，已经和市场接轨。改革以来贷款利率明显下行，为了与资产收益相匹配，银行会适当降低其负债成本，高息揽储的动力随之下降，从而引导存款利率下行。从实际情况看，在存款基准利率保持不变的情况下，近期银行各期限存款利率均有所下降。几家大型银行主动下调了3年期、5年期大额存单发行利率，股份制银行随之做了相应下调，部分地方法人银行的存款利率也有所下行。2020年6月，国有大行、股份制银行大额存单加权平均利率分别为2.64%和2.71%，较2019年12月下降30个和34个基点。代表性的货币市场基金收益率也已降至1.5%以下，低于1年期存款基准利率。结构性存款和银行理财产品收益率均有所下行。这充分体现了通过LPR改革促进降低存款利率的市场机制已经发挥作用，货币政策向存款利率的传导效率也得到提高，存款利率市场化改革取得重要进展。

2020年以来，人民银行用改革的办法畅通货币政策传导，持续推进贷款市场报价利率(LPR)改革，企业融资成本明显下降。一是前瞻性引导公开市场操作利率和中期借贷便利中标利率下降30个基点，带动1年期LPR下行30个基点。推动整体市场利率和贷款利率下行，支持合理的贷款需求增长。12月，企业贷款利率4.61%，较2019年12月下降0.51个百分点，连续两个月创有统计以来最低水平。二是进一步推动LPR运用。自2020年1月1日起新发放贷款不再参考贷款基准利率定价。2020年3月至8月，按照市场化、法治化原则顺利完成存量浮动利率贷款定价基准转换。截至8月末，存量贷款定价基准转换率达92.4%。促进银行将LPR嵌入内部转移定价(FTP)体系，切实打破贷款利率隐性下限，引导金融资源更多配置至小微、民营企业，降低贷款实际利率水平。三是推进信用卡透支利率市场化。从2021年1月1日起，信用卡透支利率由发卡机构与持卡人自主协商确定，取消信用卡透支利率上限和下限管理。放开信用卡透支利率的行政管制，完全实现市场化定价，有利于促进市场竞争，督促发卡机构改进服务。四是强化利率行业自律，推动明示贷款年化利率。设立特殊成员，将小贷公司等机构纳入利率自律范围，健全利率定价自律机制。五是继续发挥存款基准利率作为我国整个利率体系"压舱石"的作用，加强存款利率自律管理，压降不规范存款创新产品，维护存款市场竞争秩序。LPR改革促进了金融结构优化，畅通银行内部定价机制，有效推动存款利率市场化，存款利率整体有所下行。

(资料来源：中国人民银行官网)

问题：
1. 说明MLF利率在目前利率传导机制中的作用。
2. 人民银行用哪些改革的办法畅通货币政策传导？

案例二　中国利率市场化改革进程

2012年6月8日起，将金融机构存款利率浮动区间的上限调整为基准利率的1.1倍；将金融机构贷款利率浮动区间的下限调整为基准利率的0.8倍。

2012年7月6日起，将金融机构贷款利率浮动区间的下限调整为基准利率的0.7倍。个人住房贷款利率浮动区间不作调整，金融机构要继续严格执行差别化的各项住房信贷政策，继续抑制投机投资性购房。

2013年7月20日起，人民银行全面放开贷款利率和票据贴现利率管制，不再对农信社贷款利率设立上限，由金融机构根据商业原则自主确定贷款利率水平，贷款利率市场化取得了突破性的进展。个人住房贷款利率浮动区间不做调整，仍保持原区间不变，继续严格执行差别化的住房信贷政策。

2013年9月24日，市场利率定价自律机制正式成立，为改革奠定制度基础，主要职责是维护公平有序的市场竞争环境、培育Shibor和贷款基础利率、促进涉及基准利率培育的产品创新，通过合格审慎评估激励金融机构增强财务硬约束、提高自主定价能力、实现可持续发展，并协助人民银行等强化市场定价行为监测。

2013年10月25日，进行基准利率体系方面的创新。贷款基础利率集中报价和发布机制正式运行，贷款基础利率是指资质好的商业银行对最优客户的贷款利率，是综合了其资金成本、信贷风险程度、最低资本回报预期等因素综合确定的最优贷款利率。当时有10家市场利率定价自律机制首届核心成员集中报价，每日上午11:00前对外发布，从利率走势看，能够随行就市，较好地反映了社会资金成本的变化。

2013年12月9日起，人民银行开始实行《同业存单管理暂行办法》；2013年12月12日，首批同业存单成功发行。同业存单发行的意义主要有两方面，一方面规范了同业存款，将同业存款变成了可交易的、可测的产品，拓宽了金融市场的广度和深度，另一方面，更重要的是它是负债产品市场化定价的试水和探索，为下一步发行面向企业和客户的大额存单打基础。

2014年1月29日，中国人民银行办公厅转发了市场利率定价自律机制制定的《金融机构合格审慎评估实施办法》，通过合格审慎评估遴选出符合宏观审慎、财务硬约束等要求的金融机构作为自律机制基础成员，并优先赋予其包括发行同业存单，以及面向企业和个人的大额存单在内的更多市场定价权与产品创新权。

2014年11月22日起，调整金融机构存款利率浮动区间。存款利率浮动区间的上限由基准利率的1.1倍调整为1.2倍。简并存贷款基准利率期限档次。存款利率方面，人民银行不再公布人民币五年期定期存款基准利率。贷款利率方面，贷款基准利率期限档次简并为一年以内(含一年)、一至五年(含五年)和五年以上三个档次。

2015年3月1日起，扩大金融机构存款利率浮动区间。存款利率浮动区间的上限由基准利率的1.2倍调整为1.3倍。金融机构可在上限范围之内自主确定对客户的存款利率水平。

2015年4月2日，山西省市场利率定价自律机制成立，旨在发挥市场利率定价自律机制的自律、协调作用，促进金融机构科学合理定价，维护公平有序的市场定价秩序。

2015年5月11日起，扩大金融机构存款利率浮动区间。存款利率浮动区间的上限由基准利率的1.3倍调整为1.5倍。金融机构可在上限范围之内自主确定对客户的存款利率水平。放开金融机构小额外币存款利率浮动区间上限。金融机构小额外币存款利率由金融机构根据商业原则自主确定。

2015年6月2日，人民银行发布了《大额存单管理暂行办法》，并在市场利率定价自律机制核心成员范围内试点发行，大额存单发行利率以市场化方式确定。

2015年8月26日起，放开金融机构一年以上(不含一年)定期存款利率浮动上限。其中，一年以上整存整取、零存整取、整存零取、存本取息定期存款利率可由金融机构参考对应期限存款基准利率自主确定；其余期限品种存款利率浮动上限仍为基准利率的1.5倍。

2015年10月24日起，放开商业银行、农村合作金融机构、村镇银行、财务公司、金融租赁公司、汽车金融公司等金融机构活期存款、一年以内(含一年)定期存款、协定存款、通知存款利率上限。上述金融机构以上期限品种存款利率可参考对应期限存款基准利率自主确定，至此存款利率上限全面放开。

2016年2月21日起，将职工住房公积金账户存款利率，由按照归集时间执行活期、三个月存款基准利率，调整为统一按一年期定期存款基准利率执行。

2017年，中国人民银行继续深入推进利率市场化改革。一是继续培育金融市场基准利率体系。1月3日起，Shibor发布时间由上午9:30调整为上午11:00，促进Shibor更好地反映市场利率情况，基准性进一步增强。5月31日，人民银行指导全国银行间同业拆借中心推出了银银间回购定盘利率(FDR，包括隔夜、7天、14天三个期限)和以7天银银间回购定盘利率(FDR007)为参考利率的利率互换产品，完善银行间市场基准利率体系。二是不断健全市场利率定价自律机制。进一步拓宽自律机制成员范围，同时进一步完善省级自律机制。三是有序推进同业存单和大额存单的发行交易。8月31日，人民银行发布公告明确同业存单的发行期限不得超过1年，引导同业存单市场规范有序发展。四是继续完善中央银行利率调控体系。探索构建利率走廊机制，积极疏通利率传导渠道，增强央行引导和调节市场利率的有效性。

2018年，继续深入推进利率市场化改革，推动利率"两轨合一轨"。一是提高中央银行市场化利率调控能力，疏通货币政策传导。完善利率走廊机制，提高央行对市场利率的调控和传导效率。二是不断健全市场利率定价自律机制。进一步扩宽自律机制成员范围。三是加快推动大额存单发展。在维护市场秩序的情况下，扩大大额存单发行主体范围，发挥大额存单在推动利率市场化改革方面的积极作用，"开好正门"。四是促进同业存单市场规范发展。

2019年，改革完善LPR形成机制，疏通货币政策传导。2019年8月17日，人民银行宣布完善LPR形成机制，推出新的LPR报价原则、形成方式、期限品种、报价银行、报价频率和运用要求。提高银行贷款定价的自主权，推动银行改进经营行为，坚决打破贷款利率隐性下限，疏通市场化利率传导渠道。积极督促LPR推广运用，稳妥推进存量贷款定价基准转换。将银行新发放贷款运用LPR的占比情况纳入宏观审慎评估(MPA)，促进银行积极有序运用LPR定价，转变传统定价思维，将LPR下降效果有效传导至贷款利率，LPR改革降低企业融资成本的作用已经显现。

2020年，人民银行用改革的办法畅通货币政策传导，持续推进贷款市场报价利率(LPR)改革，企业融资成本明显下降。

在利率市场化改革过程中，逐步实现了贷款利率市场化，基本放开存款利率管制，利率管制基本放开。市场利率定价自律机制建立健全，促进金融机构完善法人治理结构，强化财务硬约束，提高自主定价能力。同业存单和大额存单发行交易有序推进，同业存单和大额存单的发行交易日趋活跃。上海银行间同业拆放利率(Shibor)和贷款基础利率(loan prime rate, LPR)的建立和运行，使得金融市场基准利率得到有效培育。中央银行利率调控体系逐步完善，中国人民银行通过改革再贷款(再贴现)利率形成机制、存款准备金利率制度，完善公开市场操作体系，以及创设常备借贷便利(SLF)和中期借贷便利(MLF)等途径，不断完善中央银行利率调控体系，同时积极疏通中央银行利率传导渠道，增强引导和调节市场利率的有效性。

(资料来源：根据中国人民银行官网资料整理)

问题：
简述利率市场化的市场利率定价自律机制及其职责。

案例三 央行货币政策司：深入推进利率市场化改革

利率市场化改革是金融领域最重要的改革之一。党的十九大以来，按照党中央决策部署，人民银行持续深化利率市场化改革。重点推进贷款市场报价利率(LPR)改革，建立存款利率市场化调整机制，以改革的办法推动实际贷款利率明显下行。完善中央银行政策利率，培育形成较为完整的市场化利率体系。同时，坚持以自然利率为锚实施跨周期利率调控，发挥市场在利率形成中的决定性作用，为经济高质量发展营造适宜的利率环境。

一、推动贷款和存款利率进一步市场化

推动贷款市场报价利率(LPR)改革。 2019年8月，人民银行推动改革完善LPR报价形成机制。改革后的LPR由报价行根据对最优质客户实际执行的贷款利率，综合考虑资金成本、市场供求、风险溢价等因素，在中期借贷便利(MLF)利率的基础上市场化报价形成。目前，LPR已经成为银行贷款利率的定价基准，金融机构绝大部分贷款已参考LPR定价。LPR由银行报价形成，可更为充分地反映市场供求变化，市场化程度更高，在市场利率整体下行的背景下，有利于促进降低实际贷款利率。LPR改革以来，企业贷款利率从2019年7月的5.32%降至2022年8月的4.05%，创有统计以来最低水平。

建立存款利率市场化调整机制。 2021年6月，人民银行指导市场利率定价自律机制优化存款利率自律上限形成方式，由存款基准利率浮动倍数形成改为加点确定，消除了存款利率上限的杠杆效应，优化了定期存款利率期限结构。2022年4月，推动自律机制成员银行参考以10年期国债收益率为代表的债券市场利率和以1年期LPR为代表的贷款市场利率，合理调整存款利率水平。随着存款利率市场化机制的逐步健全，2022年9月中旬，国有商业银行主动下调了存款利率，带动其他银行跟随调整，其中很多银行还自2015年10月以来首次调整了存款挂牌利率。这是银行加强资产负债管理、稳定负债成本的主动行为，显示存款利率市场化改革向前迈进了重要一步。

二、健全市场化利率形成和传导机制

持续完善央行政策利率体系。 坚持每日以7天期逆回购为主开展公开市场操作，每月月中开展MLF操作，提高货币政策操作的透明度、规则性和可预期性，向市场连续释放短期和中期政策利率信号。健全利率走廊机制，实现常备借贷便利(SLF)全流程电子化，发挥SLF利率作为利率走廊上限和超额存款准备金利率作为利率走廊下限的作用。目前我国已形成以公开市场操作利率为短期政策利率和以中期借贷便利利率为中期政策利率、利率走廊机制有效运行的央行政策利率体系。

建设较为完整的市场化利率体系和利率传导机制。 经过近30年来持续推进，我国的市场化利率体系不断建设完善，培育了以质押式回购利率、上海银行间同业拆借利率(Shibor)等为代表的货币市场基准利率，国债收益率曲线趋于成熟，存贷款利率市场化程度也日益增强。在此情况下，人民银行通过货币政策工具调节银行体系流动性，释放政策利率调控信号，在利率走廊的辅助下，引导市场基准利率充分反映市场供求变化，并通过银行体系最终传导至贷款和存款利率，形成市场化的利率形成和传导机制，调节资金供求和资源配置，实现货币政策目标。

三、以自然利率为锚实施跨周期利率调控

利率是资金的价格，是重要的宏观经济变量，决定着资金的流向，对宏观经济均衡和资源配置有重要导向意义。理论上，自然利率是宏观经济总供求达到均衡时的真实利率水平。中长期看，宏观意义上的真实利率水平应与自然利率基本匹配。实践中一般采用"黄金法则"来衡量合理的利率水平，即经通胀调整后的真实利率r应与实际经济增长率g大体相等。若真实利率持续高于潜在增速，会导致社会融资成本高企，企业经营困难，不利于经济发展。真实利率低于潜在经济增速，有利于债务可持续，可以给政府一些额外的政策空间。但如果真实利率持续明显低于潜在经济增速，会扭曲金融资源配置，带来过度投资、产能过剩、通货膨胀、资产价格泡沫、资金空转等问题，难以长期持续。我国货币政策始终坚持以我为主，以静制动，引导市场利率水平稳中有降，效果较好。目前我国定期存款利率约为1%至2%，贷款利率约为4%至5%，真实利率略低于潜在实际经济增速，处于较为合理水平，是留有空间的最优策略。当前我国的经济增长、物价水平、就业状况、国际收支平衡等货币政策调控目标均运行在合理区间，从实际效果上也充分验证了我国当前的利率水平总体上处于合理区间。

四、坚持发挥市场在利率形成中的决定性作用

推动利率市场化改革，必须始终坚持发挥市场在利率形成中的决定性作用。 贷款方面，人民银行充分尊重商业银行对贷款利率的定价权和利率的浮动权，由银行综合考虑借款人信用风险、贷款期限等因素与其协商确定贷款利率。目前我国贷款利率市场化程度已经比较高，贷款差异化定价已经比较普遍。对小微企业来说，由于风险溢价以及信贷管理成本较高，按照商业原则定价，贷款利率一般会高于大企业，这有利于激发银行支持小微企业的积极性。同时，人

民银行积极推动明示贷款年化利率，要求贷款产品以统一的计算方法标示贷款年化利率，给借款人展示明确的、可比的借贷成本，使贷款利率更加公开透明，充分保护金融消费者知情权和自主选择权，增强贷款市场竞争性。

存款方面，人民银行亦遵循市场化、法治化原则，由商业银行自主定价。随着存款利率由行政管制走向市场化，存款产品也由单一化走向差异化。在传统活期存款和定期存款的基础上，银行根据存款人类型、期限、金额等要素，开发出不同的存款产品，如大额存单、结构性存款等，满足不同客户需要，不同银行、不同产品、不同期限的存款利率定价有所不同。在人民银行指导下，利率自律机制密切监测存款利率定价情况，通过行业自律督促银行规范定价行为，防范个别银行因盲目追求规模或为填补流动性缺口而高息揽存等非理性竞争行为，取得了较好效果。

下一步，人民银行将继续深入推进利率市场化改革，持续释放LPR改革效能，加强存款利率监管，充分发挥存款利率市场化调整机制重要作用，推动提升利率市场化程度，健全市场化利率形成和传导机制，优化央行政策利率体系，发挥好利率杠杆的调节作用，促进金融资源优化配置，为经济高质量发展营造良好环境。

(资料来源：新浪网)

问题：
党的十九大以来，利率市场化改革有何成就？

第四章

金融市场

高效配置资源是一国经济发展的重要保证，其中的关键是关于资金的合理配置。金融市场的核心内容就是资金的融通机制，高效率地合理配置资金对一国经济发展具有重要意义。金融市场就是这一资金融通机制的主要载体之一。通过参与金融市场活动，各经济主体实现调剂资金余缺的目的，同时使资金配置更趋于合理。其中，资本市场作为以中期或长期投融资为基本特征的金融市场，在解决各经济主体长期投融资的需求方面发挥重要作用。货币市场是一年以内融资活动的交易市场，致力于解决各经济主体短期资金周转方面的问题。

第一节 金融市场概述

一、金融市场的概念及构成要素

(一) 金融市场的概念

金融市场是指以金融资产为交易对象而形成的供求关系及其机制的总和。它包括如下3层含义：一是金融资产进行交易的有形或无形的场所；二是反映金融资产的供应者和需求者之间所形成的供求关系；三是包含金融资产交易过程中所形成的运行机制，其中最主要的是价格机制。这里，金融资产是指一切代表未来收益或资产合法要求权的凭证，亦称为金融工具，尤以证券为主。证券分为两大类。一类是债务性证券，其发行者需要在特定时期按约定条件支付一定的报酬给持有人，如债券、存款单等。另一类为权益性证券，要求发行者在支付债务性证券后，按收益对权益性证券的所有者进行支付，其中最典型的是普通股股票。

(二) 金融市场的构成要素

市场必须具备交易的对象、交易的主体、交易的工具及交易的价格这4个要素，金融市场也是如此。

金融市场的交易对象是货币资金。无论是银行的存贷款，还是证券市场上的证券买卖，最终要达到的目标都是货币资金的转移，或贷者向借者的转移，或贷者向贷者的转移，或借者向借者的转移。与商品市场上商品买卖的不同之处在于，金融交易大多只是表现为货币资金使用权的转移，而商品交易则表现为商品所有权和使用权的同时转移。

金融市场上的交易主体包括任何参与交易的个人、企业、各级政府和金融机构。若按是否专门从事金融活动划分，可以分为不专门从事金融活动的主体与专门从事金融活动的主体两大类。不专门从事金融活动的主体主要由个人、企业和政府部门构成，它们不以金融交易为业，参与交易是为了自身在资金供求方面的需要。在它们之间发生的金融交易是直接金融，即资金从盈余部门向赤字部门的直接转移。直接金融借助于直接金融工具的买卖完成。专门从事金融活动的主体则主要由以金融活动为业的机构或个人组成，包括各类银行、保险公司、财务公司等。通过它们实现的金融交易，称为间接金融，即资金从盈余部门向赤字部门的转移是通过它们的媒介才得以实现的。由作为金融媒介的机构发行的金融工具称作间接金融工具。

金融市场上的交易工具是各种信用工具。这是借贷资本在金融市场上交易的对象，如各种债券、股票、票据、大额可转让定期存单、借款合同、抵押契约等，是金融市场上实现投资、融资活动必须依赖的标的。

金融市场的交易"价格"是利率。各类金融市场均有自己的利率，如贴现市场利率、国库券市场利率、银行同业拆借市场利率等。但不同市场的利率之间有密切联系。通过市场机制作用，不同市场的利率在一般情况下，呈同方向的变化趋势。

二、金融市场的类型

为了更充分地理解金融市场，尽可能地反映这个复杂市场的全貌，以下从多个角度对金融市场做出分类，见表4-1。

表4-1 金融市场的分类

标志	分类	构成/说明
融资期限	货币市场	同业拆借、短期证券、商业票据、大额可转让定期存单、回购
	资本市场	中长期存贷市场，证券市场：股票、债券、基金
融资工具	证券市场	有价证券发行、买卖
	商业票据市场	商业票据贴现、买卖
	可转让定期存单市场	大额可转让定期存单
交易对象	资金市场	借贷资金：货币市场、资本市场
	外汇市场	所有外汇交易：以银行间外汇交易为主
	黄金市场	既是金融市场，又是商品市场(工业用金)
中介特征	直接金融市场	
	间接金融市场	
地域范围	国内金融市场	
	国际金融市场	
组织方式	有组织的市场	场内交易市场、交易所
	无组织的市场	场外交易市场、柜台市场、第三市场、第四市场
资产新旧	一级市场	新证券的发行：筹资功能
	二级市场	已发行证券的买卖：流动性功能+发行价格决定
交割特征	现货市场	成交后立即交割，或3个营业日内交割
	期货市场	先成交，后交割(按约定的价格、数量和标的)

(续表)

标志	分类	构成/说明
创新程度	传统金融市场	股票、债券
	衍生品市场	期货、期权、互换
发展程度	成熟市场	
	新兴市场	

下面对金融市场的主要分类进行阐述。

(一) 按标的物分类

按标的物，金融市场可以分为货币市场、资本市场、外汇市场与黄金市场。

1. 货币市场

货币市场是指以期限在一年以下的金融资产为交易标的物的短期金融市场。这个市场的主要功能是保持金融资产的流动性，以便随时转换成现实的货币。它的存在，一方面满足借款者的短期资金需求，另一方面为暂时闲置的资金找到了出路。在美国金融史上，早期的货币市场概念狭义上指对证券经纪商和交易商进行通知放款的市场。后来，货币市场的概念又广义上包含了短期资金市场。现在，货币市场一般指国库券、商业票据、银行承兑汇票、可转让定期存单、回购协议、联邦基金等短期信用工具买卖的市场。许多国家将银行短期贷款也归入货币市场的业务范围。一般来说，资金借贷以3～6个月期最为普遍，而债券则以6～9个月期为多。由于该类市场信用工具随时可以在发达的二级市场上出售变现，具有很强的变现性和流动性，功能近似于货币，故称货币市场。又由于该市场主要经营短期资金的借贷，故亦称短期资金市场。

货币市场一般没有正式的组织，所有交易特别是二级市场的交易几乎都是通过电信方式联系进行的。市场交易量大是货币市场区别于其他市场的重要特征之一，巨额交易使得货币市场实际上成为一个批发市场。由于货币市场的非人为性及竞争性，因此它又是一个公开市场，任何人都可以进入市场进行交易，在那里不存在固定不变的顾客关系。

2. 资本市场

资本市场是指期限在1年以上的金融资产交易的市场。全面地看，资本市场包括两大部分：一是银行中长期存贷款市场；二是有价证券市场。但是，由于两个原因，一般可将资本市场视同或者侧重于证券市场，这两个原因是指：一是在世界各主要国家长期资本市场的两大部分中，证券市场最为重要；二是从世界金融市场发展趋势看，融资证券化特别是长期融资证券化已成为一种潮流，构成了当今世界融资活动的主要特征。

通常，资本市场主要指的是债券市场和股票市场。它与货币市场之间的区别如下。

(1) 期限差异。资本市场上交易的金融工具均为一年以上，最长者可达数十年，有些甚至无期限，如股票等。而货币市场上一般交易的是一年以内的金融工具，最短的只有几日甚至几小时。

(2) 作用不同。货币市场所融通的资金，大多用于工商企业的短期周转。而在资本市场上所融通的资金，大多用于企业的创建、更新或扩充设备和储存原料，政府在资本市场上筹集长期资金则主要用于兴办公共事业和建设基础设施等。

(3) 风险程度不同。货币市场的信用工具，由于期限短，因此流动性高，价格不会发生剧烈变化,风险较小。资本市场的信用工具,由于期限长,因此流动性较低,价格变动幅度较大,风险也较高。

货币市场和资本市场的区别见表4-2。

表4-2 货币市场和资本市场的区别

	货币市场	资本市场
特点	偿还期短(类似货币) 风险低 流动性高	偿还期长(长期资本) 风险高 收益高但不稳定
功能	短期资金调剂	储蓄向投资的转化
目的	短期资本需要 流动性+收益性	长期稳定的资本需求 风险性+收益性

3. 外汇市场

如同货币市场一样,外汇市场也是各种短期金融资产交易的市场,不同的是货币市场交易的是同一种货币或以同一种货币计值的票据,外汇市场是指在国家间从事外汇买卖、调剂外汇供求的交易场所。在货币市场上所有的贷款和金融资产的交易都受政府法令条例管制。但在外汇市场上,一国政府只能干预或管制本国的货币。

外汇市场按其含义有狭义和广义之分。狭义的外汇市场指的是银行间的外汇交易,包括同一市场各银行间的交易、中央银行与外汇银行间以及各国中央银行之间的外汇交易活动,通常被称为批发外汇市场。广义的外汇市场,是指由各国中央银行、外汇银行、外汇经纪人及客户组成的外汇买卖、经营活动的总和,包括上述的批发市场以及银行同企业、个人间买卖外汇的零售市场。

4. 黄金市场

黄金市场是专门集中进行黄金买卖的交易中心或场所。目前,由于黄金仍是国际储备资产之一,在国际结算中占据着重要的地位,因此,黄金市场仍被视作金融市场的组成部分。但随着时代的发展,黄金非货币化趋势越来越明显。黄金市场早在19世纪初就已形成,是最古老的金融市场。现在,世界上已有40多个黄金市场。其中,伦敦、纽约、苏黎世、芝加哥、中国香港的黄金市场被称为五大国际黄金市场。

(二) 按中介特征分类

按中介特征,金融市场可以分为直接金融市场与间接金融市场。

直接金融市场指的是资金需求者直接从资金所有者那里融通资金的市场,一般指的是通过发行债券和股票方式在金融市场上筹集资金的融资市场。而间接金融市场则是通过银行等信用中介机构作为媒介来进行资金融通的市场。在间接金融市场上,资金所有者将手中的资金贷放给银行等信用中介机构,然后由这些机构转贷给资金需求者。在此过程中,不管这笔资金最终归谁使用,资金所有者都将只拥有对信用中介机构的债权而不对最终使用者拥有任何权利要求。直接金融市场与间接金融市场的差别并不在于是否有金融中介机构的介入,而主要在于中介机构的特征的差异。在直接金融市场上也有金融中介机构,只不过这类公司不像银行那样,它不是资金融通的中介,而大多是信息中介和服务中介。虽然直接和间接金融市场难分轻重,但本章主要讲述直接金融市场。

(三) 按发行和流通特征分类

按发行和流通特征，金融市场可以分为一级市场、二级市场、第三市场与第四市场。

资金需求者将金融资产首次出售给公众时所形成的交易市场称为一级市场(发行市场或初级市场)。金融资产的发行方式主要有包销和代销两种。所谓包销，是指金融资产的发行人与银行等金融机构协商，由银行等承销机构按照商定的条件把全部证券承接下来负责对公众销售。包销期满后，不论证券是否已经推销出去，包销机构都要如数付给发行人应得资金。代销则是发行人自己承担全部发行风险，只将公开销售事务委托投资银行等办理的一种方式，代销商销多少算多少，它只收取手续费等费用，不承担任何风险。此外，还有一种自办发行或称自销的方式，一般通过私下洽商的方式将其直接销售给为数不多的个人及团体投资者。目前，国际上流行的是包销方式。

证券发行后，各种证券在不同的投资者之间买卖流通所形成的市场即为二级市场，又称流通市场或次级市场。它又可分为两种：一种是场内市场即证券交易所，另一种是场外交易市场。证券交易所是依照国家有关法律规定，经政府主管机关批准设立的证券集中竞价的有形场所。场外交易市场又称柜台交易或店头交易市场，它是在证券交易所之外进行证券买卖的市场。原则上在场外交易的证券以未上市的证券为主。然而现在情况发生了很大的变化，为数不少的上市证券，尤其是政府债券、地方和公司债券也都纷纷涌入场外交易市场进行交易。

一级市场是二级市场的基础和前提，没有一级市场就没有二级市场；二级市场是一级市场存在与发展的重要条件之一，无论从发行规模上还是从发行价格的确定上，一级市场都要受到二级市场的影响。

此外，在发达的市场经济国家还存在着第三市场和第四市场，它们实际上都是场外市场的一部分。第三市场是原来在交易所上市的证券移到场外进行交易所形成的市场。第三市场的交易相对于交易所交易来说，具有限制更少、成本更低的优点。第四市场是投资者和证券的出卖者直接交易形成的市场。其形成的主要原因是机构投资者在证券交易中所占的比例越来越大，它们之间的买卖数额很大，因此希望避开经纪人直接交易，以降低成本。

(四) 按成交与定价的方式分类

按成交与定价的方式，金融市场可以分为公开市场与议价市场。

公开市场指的是金融资产的交易价格通过众多的买主和卖主公开竞价而形成的市场。金融资产在到期偿付之前可以自由交易，并且只卖给出价最高的买者。一般在有组织的证券交易所进行。在议价市场上，金融资产的定价与成交是通过私下协商或面对面的讨价还价方式进行的。在发达的市场经济国家，绝大多数债券和中小企业的未上市股票都通过这种方式交易。最初，在议价市场交易的证券流通范围不大，交易也不活跃，但随着现代电信及自动化技术的发展，该市场的交易效率已大大提高。

(五) 按有无固定场所分类

按有无固定场所，金融市场可以分为有形市场与无形市场。

有形市场指有固定交易场所的市场，一般指的是证券交易所等固定的交易场地。在证券交易所进行交易首先要开设账户，然后由投资人委托证券商买卖证券，证券商负责按投资者的要求进行操作。而无形市场则是指在证券交易所外进行金融资产交易的总称。它的交易一般通过现代化的电信工具在各金融机构、证券商及投资者之间进行。它是一个无形的网络，金融资产及资金可以在其中迅速转移。在现实世界中，大部分金融资产交易在无形市场上进行。

(六) 按交割方式分类

按交割方式，金融市场可以分为现货市场与衍生市场。

所谓交割，是指在证券清算时，卖方向买方交付证券，而买方向卖方交付价款。

现货市场实际上是指即期交易市场，是金融市场上最普遍的一种。相对于远期交易市场来说，现货市场是指市场上的买卖双方成交后须在若干个交易日内办理交割的金融交易市场。现货交易包括现金交易、固定方式交易及保证金交易。现金交易是指成交日和结算日发生在同一天的证券买卖。固定方式交易则是指成交日和结算日之间相隔很短的几个交易日，一般在7天以内。保证金交易也称垫头交易，它是投资者在资金不足，又想获得较多投资收益时，采取交付一定比例的现金，其余资金由经纪人贷款垫付，以这种方式买进证券的一种交易方法。目前，现货市场上的大部分交易均为固定方式交易。

衍生市场是各种衍生金融工具进行交易的市场，包括远期合约、期货合约、期权合约、互换(swap)协议等交易。由于衍生金融工具在金融交易中具有套期保值和防范风险等作用，衍生工具的种类仍在不断增多。衍生金融工具也是一种投机的对象，其交易中所带来的风险应引起注意。

(七) 按地域分类

按地域，金融市场可以分为国内金融市场与国际金融市场。

国内金融市场是指金融交易的作用范围仅限于一国之内的市场，它除了包括全国性的以本币计值的金融资产交易市场，还包括一国范围内的地方性金融市场。国际金融市场则是金融资产的交易跨越国界进行的市场，是进行金融资产国际交易的场所。国际金融市场有广义和狭义之分。狭义的国际金融市场，是指市场所在国的居民与非居民之间进行各种国际金融业务的场所，有时也称传统国际金融市场，包括货币市场、资本市场、外汇市场、黄金市场及衍生工具市场等；广义的国际金融市场，则包括离岸金融市场，这里所谓的离岸金融市场，是非居民间从事国际金融交易的市场。离岸市场以非居民为交易对象，资金来源于所在国的非居民或来自国外的外币资金。离岸金融市场基本不受所在国的金融监管机构的管制，并可享受税收方面的优惠待遇，资金出入境自由。离岸金融市场是一种无形市场，从广义来看，它只存在于某一城市或地区而不在一个固定的交易场所，由所在地的金融机构与金融资产的国际性交易而形成。

国内金融市场是国际金融市场形成的基础。实际上，从金融监管角度来看，国内金融市场及传统的国际金融市场都要受到所在国金融监管当局的管制，而新兴的国际金融市场(如离岸金融市场)则可以说是完全国际化的市场，它不受任何国家法令的限制，主要经营境外货币。国际金融市场是国内金融市场发展到一定阶段的产物，是与实物资产的国际转移、金融业较为发达、资本的国际流动及现代电子信息技术的高度发展相辅相成的。

三、金融市场的功能

金融市场作为金融资产交易的场所，从整个经济运行的角度来看，它发挥如下几种经济功能。

(一) 聚敛功能

金融市场的聚敛功能是指金融市场引导众多分散的小额资金汇聚成为可以投入社会再生产的资金的集合功能。在这里，金融市场起着资金"蓄水池"的作用。在国民经济各部门中，各部门之间的资金收入和支出在时间上并不总是对称的。这样，一些部门、一些经济单位在一定的时间内可能存在暂时闲置不用的资金，而另一些部门和经济单位则存在资金缺口，于是，金融市场提供了两者沟通的渠道。

金融市场之所以具有资金的聚敛功能，一个原因是金融市场创造了金融资产的流动性。现代金融市场正发展成为功能齐全、法规完善的资金融通场所，资金需求者可以很方便地通过直接或间接融资方式获取资金，而资金供应者也可通过金融市场为资金找到满意的投资渠道。另一个原因是金融市场上多样化的融资工具为资金供应者的资金寻求合适的投向提供多种选择。金融市场根据不同的期限、收益和风险要求，提供了多种多样的供投资者选择的金融工具，资金供应者可以依据自己的收益、风险偏好和流动性要求选择其满意的投资工具，实现资金效益的最大化。

(二) 配置功能

金融市场的配置功能表现在三方面：一是资源的配置；二是财富的再分配；三是风险的再分配。

在经济运行过程中，拥有多余资金的盈余部门并不一定是最有能力和机会做最有利投资的部门，现有的资金在这些盈余部门得不到有效利用。金融市场通过将资源从低效率利用的部门转移到高效率利用的部门，从而使一个社会的经济资源能最有效配置在效率最高或效用最大的用途上，实现稀缺资源的合理配置和有效利用。一般来说，资金总是流向最有发展潜力、能够为投资者带来最大利益的部门和企业，这样通过金融市场的作用，有限的资源就能够得到合理利用。

财富是各经济单位持有的全部资产的总价值。政府、企业及个人通过持有金融资产的方式来持有财富，在金融市场上的金融资产价格发生波动时，其财富的持有数量也会发生变化：一部分人的财富量随金融资产价格的升高而增加；而另一部分人则由于其持有的金融资产价格下跌，所拥有的财富量也相应减少。这样，社会财富就通过金融市场的价格波动实现了财富的再分配。

金融市场同时是风险再分配的场所。在现代经济活动中，风险无时不在，无处不在。而不同的主体对风险的厌恶程度是不同的，利用各种金融工具，较厌恶风险的人可以把风险转嫁给厌恶风险程度较低的人，从而实现风险的再分配。

(三) 调节功能

调节功能是指金融市场对宏观经济的调节作用。金融市场一边连着储蓄者，另一边连着投资者，金融市场的运行机制通过对储蓄者和投资者的影响而发挥调节宏观经济的作用。

(1) 金融市场的直接调节作用。在金融市场大量的直接融资活动中，投资者为了自身利益，一定会谨慎、科学地选择投资的国家、地区、行业、企业、项目及产品。只有符合市场需要、效益高的投资对象，才能获得投资者的青睐。而且投资对象在获得资本后，只有保持较高的经济效益和较好的发展势头，才能继续生存并进一步扩张。否则，它的证券价格就会下跌，继续在金融市场上筹资就会面临困难，发展就会受到后续资本供应的抑制。这实际上是金融市场通过其特有的引导资本形成及合理配置的机制首先对微观经济部门产生影响，进而影响宏观经济活动的一种有效的自发调节机制。

(2) 金融市场的存在及发展，为政府实施对宏观经济活动的间接调控创造了条件。货币政策属于调节宏观经济活动的重要宏观经济政策,其具体的调控工具有存款准备金政策、再贴现政策、公开市场业务等,这些政策的实施都以金融市场的存在、金融部门及企业成为金融市场的主体为前提。金融市场既提供货币政策操作的场所,又提供实施货币政策的决策信息。首先,因为金融市场的波动是对有关宏观、微观经济信息的反映,所以,政府有关部门可以通过收集及分析金融市场的运行情况来为政策的制定提供依据。其次,中央银行在实施货币政策时,通过金融市场可以调节货币供应量、传递政策信息,最终影响各经济主体的经济活动,从而达到调节整个宏观经济运行的目的。此外,财政政策的实施也越来越离不开金融市场,政府通过国债的发行及运用等方式对各经济主体的行为加以引导和调节,并有效配合中央银行进行公开市场操作,也对宏观经济活动产生着巨大的影响。

(四) 反映功能

金融市场历来被称为国民经济的"晴雨表"和"气象台",是公认的国民经济信号系统。这实际上就是金融市场反映功能的写照。

金融市场的反映功能表现在如下几方面。

(1) 由于证券买卖大部分都在证券交易所进行,人们可以随时通过这个有形市场了解到各种上市证券的交易行情,并据以判断投资机会。证券价格的涨跌在一个有效的市场中实际上能够反映其背后企业的经营管理情况及发展前景。此外,一个有组织的市场,一般也要求上市公司定期或不定期公布其经营信息和财务报表,这也有助于人们了解及推断上市公司及相关企业、行业的发展前景。所以,金融市场首先是反映微观经济运行状况的指示器。

(2) 金融市场交易直接和间接地反映国家货币供应量的变动。货币的紧缩和放松都是通过金融市场进行的,货币政策实施时,金融市场会出现波动显示出紧缩和放松的程度。因此,金融市场所反馈的宏观经济运行方面的信息,有利于政府部门及时制定和调整宏观经济政策。

(3) 由于证券交易的需要,金融市场有大量专门人员长期从事行情研究和分析,并且他们与各行各业直接接触,能较为全面地了解企业的发展动态。

(4) 金融市场有着广泛而及时地收集和传播信息的通信网络,整个世界金融市场已联成一体,四通八达,从而使人们可以及时了解世界经济发展变化情况。

四、金融市场的发展趋势

(一) 资产证券化

资产证券化是指以基础资产未来所产生的现金流为偿付支持,通过结构化设计进行信用增级,在此基础上发行资产支持证券(asset-backed securities,ABS)的过程。如金融机构的一些流动性较差的长期固定利率放款或企业的应收账款等,通过商业银行或投资银行予以集中及重新组合,以这些资产作抵押来发行证券,实现相关债权的流动化。资产证券化的含义如图4-1所示。资产证券化最早起源于美国,最初是储蓄银行、储蓄贷款协会等机构的住宅抵押贷款的证券化,接着商业银行也纷纷仿效,对其债权实行证券化,以增强资产的流动性和市场性。从20世纪80年代后期开始,证券化已成为国际金融市场的一个显著特点,传统的以银行为中心的融资借贷活动开始发生新的变化。

图4-1 资产证券化的含义

备注：SPV通常称为特殊目的载体(special purpose vehicle，SPV)，是为了特殊目的而建立的法律实体，是指接受发起人的资产组合，并发行以此为支持的证券的特殊实体，其业务范围被严格地限定，所以它是一般不会破产的高信用等级实体，它在资产证券化中起到重要作用。

1.资产证券化的内容

资产证券化的发展，从融资的结构上分析，其主要特点是将原来不具有流动性的融资形式变成流动性的市场性融资行为。以住宅抵押融资的证券化为例，住宅抵押融资虽然信用度较好，但属小额债权，且现金流动不稳定。为此，有关金融机构就将若干小额债权集中起来，通过政府机构的担保，使其转换成流动性较高的住宅抵押证券。又如对信用度较低的借款人融资的证券化。一些信用度较低的风险企业和中小企业，其资金大都依靠商业银行的贷款，因为受自身信用度的限制，它们难以在资本市场上筹资。但是，随着流通市场的扩大，这种低信用等级的企业发行的债券迅速增加，出现了一种高收益债券市场。

广义的资产证券化是指某一资产或资产组合采取证券资产这一价值形态的资产运营方式，它包括以下4类：实体资产证券化、信贷资产证券化、证券资产证券化、现金资产证券化。2013年3月15日，中国证券监督管理委员会发布《证券公司资产证券化业务管理规定》(以下简称《规定》)。该《规定》分总则、专项计划、管理人及托管人、原始权益人、设立申请、信息披露、监督管理、附则8章46条，自公布之日起施行，该公告主要针对的是证券公司资产证券化。

狭义的资产证券化是指信贷资产证券化。信贷资产证券化就是以证券形式出售信贷资产的结构性融资活动。我国信贷资产证券化始于2005年，经过十几年发展，人民银行会同其他监管部门，不断探索、改进和完善相关制度安排，初步建立了适合我国国情的资产证券化制度框架，涵盖信贷资产支持证券、资产支持票据和企业资产支持证券的资产证券化市场体系初步形成，市场规模持续攀升，发起机构类型不断丰富，投资者结构持续优化，基础资产类型逐步拓展，市场体制机制日趋完善。如图4-2所示。本书下文分析的资产证券化是指狭义的资产证券化，具体包括以下内容。

图4-2 信贷资产证券化分类

(1) 信贷资产支持证券。信贷资产支持证券就是证券化了的信贷资产，也就是说，把欠流动性但有未来现金流的信贷资产(如银行的贷款等)经过重组形成资产池，并以此为基础发行的证券。如商业银行对大量小额债权证券化。随着20世纪80年代以来住宅抵押证券市场的不断扩大，资产证券化又有了一些新的发展。把住宅抵押证券的做法应用到其他小额债权上，对这些小额债权进行证券化，这使资产证券化的领域大大拓宽，如汽车消费贷款、个人住房抵押贷款、小额消费贷款、信用卡应收款和学生贷款等。

(2) 企业资产支持证券。企业资产支持证券主要依靠资产信用而非主体信用进行融资。要求资产权属清晰，可产生稳定的现金流，并被真实出售给SPV(特殊目的载体)，与原始权益人破产隔离。企业资产支持证券可通过内部分层进行增信。常见基础资产类型：融资租赁租金、应收账款、小额贷款公司债权、市政基础设施收费、商业物业租金等。如商业不动产融资证券化，从1984年起，市场上出现了以公募形式发行的商业不动产担保证券，它以商业不动产的租金收入作为还债资金，与原所有者完全分离。

(3) 资产支持票据。资产支持票据是一种债务融资工具，该票据由特定资产所产生的可预测现金流作为还款支持，并约定在一定期限内还本付息。资产支持票据通常由大型企业、金融机构或多个中小企业把自身拥有的、将来能够生成稳定现金流的资产出售给受托机构，由受托机构将这些资产作为支持基础发行商业票据，并向投资者出售以换取所需资金。资产支持票据在国外发展比较成熟，其发行过程与其他资产证券化过程类似，即发起人成立一家特殊目的的公司(special purpose vehicles, SPV)，通过真实销售将应收账款、银行贷款、信用卡应收款等资产出售给SPV，再由SPV以这些资产作为支持发行票据在市场上公开出售。例如，我国首批发行成功的三只资产支持票据，这三只票据分别由宁波城建投资控股有限公司、南京公用控股(集团)有限公司、上海浦东路桥建设股份有限公司注册发行，其基础资产为天然气收费收益权、自来水销售收入、高速公路建设应收款等领域的现金流，募集资金用于民生领域建设。

当前，资产证券化趋势正深入金融活动的各方面，不仅是传统银行贷款的证券化，而且经济中以证券形式持有的资产占全部金融资产的比例也越来越大。

2. 资产证券化的原因

资产证券化之所以在20世纪80年代以来成为一种国际性的趋势，与以下原因是分不开的。

(1) 金融管制的放松和金融创新的发展。

(2) 国际债务危机的出现。

(3) 现代电信及自动化技术的发展为资产的证券化创造了良好的条件。

3. 资产证券化的影响

资产证券化的影响主要表现在以下几方面。

(1) 对投资者来说，资产的证券化趋势为投资者提供了更多可供选择的新证券种类，投资者可以根据自己的资金额大小及偏好来进行组合投资。

(2) 对发起人(一般是金融机构)来说，通过资产证券化，可以改善其资产的流动性，特别是对原有呆账债权的转换，对其资金周转效率的提高是一个很大的促进。而且，资产的证券化也是金融机构获取成本较低的资金来源，是增加收入的一个新渠道。

(3) 对整个金融市场来说，资产证券化为金融市场注入了新的交易手段，这种趋势的持续将不断地推动金融市场发展，增加市场活力。

但是，看到资产证券化有利的一面的同时，也应看到，资产证券化中的许多资产实际上是一些长期贷款和应收账款的集合，它们所固有的风险也不可避免地影响新证券本身的质量。

近年资产证券化发展趋势迅猛。这是因为，国际金融市场仍在蓬勃发展，随着现代交易及清算技术的不断发展，金融市场的功能已越来越完善，其运作过程也日趋成熟，证券的发行及交易成本不断降低，手续也日趋简便。这些都对资产证券化具有很大的促进作用。

(二) 金融全球化

金融全球化是指金融业跨国发展，金融活动按全球同一规则运行，同质的金融资产价格趋于等同，巨额国际资本通过金融中心在全球范围内迅速运转，从而形成全球一体化的趋势。20世纪70年代末期以来，西方国家兴起的金融自由化浪潮，使各国政府纷纷放宽对金融业活动的管制。随着外汇、信贷及利率等方面管制的放松，资本在国家间的流动日渐自由，国际利率开始趋同。目前，国际金融市场正在形成一个密切联系的整体市场，在全球各地的任何一个主要市场上都可以进行相同品种的金融交易，并且由于时差的原因，由伦敦、纽约、东京和新加坡等国际金融中心组成的市场可以实现24小时不间断的金融交易，世界上任何一个局部市场的波动都可能马上传递到全球的其他市场。

1. 金融全球化的内容

(1) 金融市场国际化。伴随着金融管制的取消或放松和国内金融市场向国际投资者的开放，本国的居民和非居民享受同等的金融市场准入和经营许可待遇；离岸金融市场与国内金融市场即在岸市场相比，离岸市场直接面向境外投资者的国际金融交易，与市场所在国的国内经济几乎无关。

(2) 金融交易国际化。金融交易国际化是指交易范围、交易对象、交易活动、交易规范、交易技术的国际化。伴随着外汇管制和其他金融管制的逐步放松，国际金融市场上非中介化趋势日益显现。所谓非中介化，是指银行不再充当借贷双方的中介机构。经银行中介的国际借贷渐遭冷落，国际证券市场开始繁荣，并成为国际融资的主要形式和渠道。证券化筹资工具中除了传统的欧洲债券，还包括各类融资票据、公司股票的异地上市、存托凭证及金融衍生品等。证券化融资的国际交易量及其增长，反映了金融国际化的迅猛发展势头。

(3) 金融机构国际化。金融机构国际化包括两方面：①参与国际金融活动的机构日益增多，国际化范围扩大，这不仅是指跨国银行及其海外分支机构的增加，而且更表现为与证券化趋势相一致的各类直接融资代理机构的扩张；②金融机构实施跨国经营战略，国际化程度提高。

(4) 金融监管国际化。金融市场和交易的国际化，使银行和非银行金融机构日益摆脱各国政府的监管，国际金融市场上的不平等竞争和经营风险日益加剧。"巴塞尔协议"已成为当代全球银行业共同遵守的基本准则。国际金融监管还在地区层面上展开，如欧盟的银行顾问委员会和监管当局联络组，取得了显著成效。在证券领域，国际证券委员会不仅致力于保障银行业与非银行业之间的公平竞争，而且关注衍生金融工具的国际风险管理。

2. 金融全球化的原因

全球金融的一体化发展与国际经济交往日益密切是分不开的。这种趋势正以前所未有的速度向前推进。产生这一趋势的原因主要有以下4点。

(1) 金融管制放松所带来的影响。

(2) 现代电子通信技术的快速发展，为金融全球化创造了便利的条件。

(3) 金融创新的影响。20世纪70年代以来的国际金融创新浪潮产生了许多新型金融工具，它们中的一些工具本身就具有浓厚的国际性质，如利率互换、货币互换等。

(4) 国际金融市场上投资主体的变化推动金融全球化向纵深发展。

3. 金融全球化的影响

金融全球化促进了国际资本的流动，有利于稀缺资源在国际范围内的合理配置，促进世界经济共同增长。金融市场的全球化也为投资者在国际金融市场上寻找投资机会，合理配置资产持有结构，利用套期保值技术分散风险创造了条件。一个金融工具丰富的市场也提供给筹资者更多的选择机会，有利于其获得低成本的资金。以上这些方面都是金融全球化的有利影响。金融全球化的不利影响主要表现在国际金融风险的传播上。

总体来看，金融全球化是大势所趋。通过国际协调及共同监管，建立新型国际金融体系，是摆在金融全球化面前必须解决的一项重要课题。

(三) 金融自由化

金融自由化是通过改革金融制度，改变政府对金融的过度干预，放松对金融机构和金融市场的限制，增强国内的筹资功能以改变对外资的过度依赖，放松对利率和汇率的管制使之市场化，从而使利率能反映资金供求，汇率能反映外汇供求，促进国内储蓄率的提高，最终达到抑制通货膨胀，刺激经济增长的目的。金融自由化的趋势是指20世纪70年代中期以来在西方发达国家所出现的一种逐渐放松甚至取消对金融活动的一些管制措施的过程。金融的自由化和金融的证券化、全球化在进入20世纪90年代以来，表现得尤其突出，它们相互影响、互为因果、互相促进。

1. 金融自由化的主要表现

(1) 减少或取消了国与国之间对金融机构活动范围的限制。这是直到现今为止，金融业务活动全球化的最主要推动因素之一。

(2) 对外汇管制的放松或解除。外汇管制的放松或解除，使资本的国际流动进程大大加快，促进了国际金融的一体化。

(3) 放宽对金融机构业务活动范围的限制，允许金融机构之间的业务适当交叉。

(4) 放宽或取消对银行的利率管制。

除上述管制措施的放宽或解除外，西方各国对金融创新活动的鼓励，对新金融工具交易的支持与放任，实际上也是金融自由化兴起的重要表现。

2. 金融自由化的原因

从金融自由化的内容可以看出，自由化实际上是对不适应经济、金融环境变化的管制措施的废除，是与其背后的基本经济因素变化分不开的，主要表现为以下3点。

(1) 经济自由主义思潮的兴起。由于20世纪70年代以来西方经济的"滞胀"，凯恩斯学派经济思潮受到质疑，代之以新经济自由主义思潮的崛起，反对政府对金融的过度干预。

(2) 金融创新的作用。一些新的金融工具不断地被开发出来。这些新的金融工具有效地避开和绕过了原有的管制条例，使监管者意识到许多旧的条例已不适应形势的变化，从而在客观上促进了管制的放松。

(3) 金融的证券化和全球化的影响。

3. 金融自由化的影响

金融自由化导致金融竞争更加激烈，这在一定程度上促进了金融业经营效率的提高。在金融自由化过程中，产生了许多新型的信用工具及交易手段，大大地方便了市场参与者的投融资活动，降低了交易成本。金融自由化也极大地促进了资本的国际自由流动，有利于资源在国家间的合理配置，在一定程度上促进了国际贸易和世界经济的发展。

金融自由化同样面临诸多问题。国际资本的自由流动，既有机遇，也充满风险。金融市场管制的放松，对金融机构的稳健经营提出了较高要求，一旦处理不好，则有可能危及金融体系的稳定，并导致金融动荡和经济危机。金融自由化还给货币政策的实施及金融监管带来了困难。

第二节 直接融资与间接融资

在金融市场形成初期，由于其信息传导机制不完善，并且未形成规范的交易机制，因此资金余缺的调剂主要是靠双方不断搜寻和试探。实践证明，这种类似物物交换的交易方式的成交率非常低，远远无法满足社会资金融通的要求。于是就逐渐出现了以各种金融工具作为交易媒介的交易。这种盈余单位与赤字单位之间的融资活动又可根据融资工具的不同而分为间接融资与直接融资两类，如图4-3所示。

图4-3　间接融资与直接融资的关系

一、直接融资

(一) 直接融资的概念

直接融资又称直接金融，是指公司、企业在金融市场上从资金供给者处直接融通货币资金，其方式是发行股票或债券。股票或公司债券的发行者售出股票、债券，取得了货币资金；资金供给者买进股票、债券，付出了货币资金。在这个过程中，资金供给者和资金需求者之间直接建立金融联系，而不需要中介者既扮演债务人角色又扮演债权人角色的这个环节。

(二) 直接融资的特征

直接融资的特征如下。

(1) 直接性。在直接融资中，资金需求者直接从资金供给者手中获得资金，并在资金供给者和资金需求者之间建立直接的债权债务关系。

(2) 分散性。直接融资是在无数个企业相互之间、政府与企业和个人之间、个人与个人之间，或者企业与个人之间进行的，因此融资活动分散于各种场合，具有一定的分散性。

(3) 信誉差异性较大。由于直接融资是在企业与企业之间、个人与个人之间，或者企业与个人之间进行的,而不同的企业或者个人,其信誉好坏有较大的差异,债权人往往难以全面、深入地了解债务人的信誉状况,从而带来融资信誉的较大差异和风险性。

(4) 部分不可逆性。例如,在直接融资中,通过发行股票所取得的资金,是不需要返还的。投资者无权中途要求退回股金,如需变现则只能在股票市场出售股票,股票只能在不同的投资者之间互相转让。

(5) 相对较强的自主性。在直接融资中,在法律允许的范围内,融资者可以自己决定融资的对象和数量。例如,在商业信用中,赊买和赊卖者可以在双方自愿的前提下,决定赊买或者赊卖的品种、数量和对象;在股票融资中,股票投资者可以随时决定买卖股票的品种和数量等。

(三) 直接融资的优点与局限性

1. 直接融资的优点

直接融资的优点如下。

(1) 资金供求双方直接联系,可以根据各自的融资条件,如借款期限、数量和利率水平等方面的要求,实现资金的融通。

(2) 由于资金供求双方直接形成债权、债务关系,债权人自然十分关注债务人的经营活动;债务人面对直接债权人的监督,在经营上会有较大的压力,从而促进资金使用效益的提高。

(3) 通过发行长期债券和发行股票,有利于筹集具有稳定性的、可以长期使用的投资资金,由此筹集的资金具有可以长期使用的特点。在存在较发达的证券市场条件下,短期性资金也可进入市场参与交易,支持这类长期融资的发展。

2. 直接融资的局限性

直接融资的局限性如下。

(1) 直接融资双方在资金数量、期限、利率等方面受到的限制比间接融资多。

(2) 对资金供给者来说,由于缺乏中介的缓冲,直接融资风险比间接融资大。

二、间接融资

(一) 间接融资的概念

间接融资又称间接金融,是指拥有暂时闲置货币资金的单位通过存款的形式,或者购买银行、信托公司、保险公司等金融机构发行的金融工具,将其暂时闲置的资金先行提供给这些金融中介机构,然后由这些金融中介机构以贷款、贴现等形式,或通过购买需要资金的单位发行的有价证券,把资金提供给这些单位使用,从而实现资金融通的过程。在银行信用中,银行等金融机构是信用活动的中间环节,是媒介。从集聚资金角度,它们是货币资金所有者的债务人;从贷放资金角度,它们是货币资金需求者的债权人。至于货币资金所有者同货币资金需求者,两者之间并不发生直接的债权债务关系。

(二) 间接融资的特征

间接融资的特征如下。

(1) 间接性。在间接融资中,资金需求者和资金初始供给者之间不发生直接借贷关系;资金需求者和初始供给者之间由金融中介发挥桥梁作用。资金初始供给者与资金需求者分别与金融中介机构发生融资关系。

(2) 相对集中性。间接融资通过金融中介机构进行。在多数情况下,金融中介并非某一个资金供给者与某一个资金需求者之间一对一的对应性中介;而是一方面面对资金供给者群体,另一方面面对资金需求者群体的综合性中介,由此可以看出,在间接融资中,金融机构具有融资中心的地位和作用。

(3) 信誉差异性较小。由于间接融资相对集中于金融机构,世界各国对于金融机构的管理一般比较严格,金融机构自身的经营也多受到相应稳健性经营管理原则的约束,加上一些国家还实行了存款保险制度,因此,相对于直接融资来说,间接融资的信誉程度较高,风险性也相对较小,融资的稳定性较强。

(4) 全部具有可逆性。通过金融中介的间接融资均属于借贷性融资,到期均必须返还,并支付利息,具有可逆性。

(5) 融资主动权主要掌握在金融中介手中。在间接融资中,资金主要集中于金融机构,资金贷给谁不贷给谁,并非由资金的初始供给者决定,而是由金融机构决定。对于资金的初始供给者来说,虽然有供应资金的主动权,但是这种主动权实际上受到一定的限制。因此,间接融资的主动权在很大程度上受金融中介支配。

(三) 间接融资的优点和局限性

间接融资的优点如下。

(1) 银行等金融机构网点多,吸收存款起点低,能够广泛筹集社会各方面闲散资金,积少成多,形成巨额资金。

(2) 在直接融资中,融资风险主要由债权人独自承担。而在间接融资中,由于金融机构的资产、负债是多样化的,融资风险便可由多样化的资产和负债结构分散承担,从而安全性较高。

间接融资的局限性主要是由于资金供给者与资金需求者之间加入了金融机构为中介,隔断了资金供求双方的直接联系,在一定程度上减少了投资者对投资对象经营状况的关注和筹资者在资金使用方面的压力和约束。

据中国人民银行社会融资规模存量统计数据报告显示,2023年末社会融资规模存量为378.09万亿元,同比增长9.5%。其中,对实体经济发放的人民币贷款余额为235.48万亿元,同比增长10.4%;对实体经济发放的外币贷款折合人民币余额为1.66万亿元,同比下降10.2%;委托贷款余额为11.27万亿元,同比增长0.2%;信托贷款余额为3.9万亿元,同比增长4.2%;未贴现的银行承兑汇票余额为2.49万亿元,同比下降6.7%;企业债券余额为31.11万亿元,同比增长0.3%;政府债券余额为69.79万亿元,同比增长16%;非金融企业境内股票余额为11.43万亿元,同比增长7.5%。

从结构看,2023年末对实体经济发放的人民币贷款余额占同期社会融资规模存量的62.3%,同比高0.5个百分点;对实体经济发放的外币贷款折合人民币余额占比0.4%,同比低0.1个百分点;委托贷款余额占比3%,同比低0.3个百分点;信托贷款余额占比1%,同比低0.1个百分点;未贴现的银行承兑汇票余额占比0.7%,同比低0.1个百分点;企业债券余额占比8.2%,同比低0.8个百分点;政府债券余额占比18.5%,同比高1.1个百分点;非金融企业境内股票余额占比3%,同比低0.1个百分点。

第三节 货币市场

货币市场是1年期以内的短期金融工具交易所形成的供求关系及其运行机制的总和。货币市场的活动主要是为了保持资金的流动性,以便随时获得可用于周转的货币。它一方面满足资金需求者的短期资金需要，另一方面为资金供给者的暂时闲置资金提供能够获取盈利的机会。在货币市场中，短期金融工具的存在及发展是其发展的基础。短期金融工具将资金供给者和资金需求者联系起来，并为中央银行实施货币政策提供操作手段。在货币市场上交易的短期金融工具，一般期限较短，最短的只有1天，最长的也不超过1年，较为普遍的是3～6个月。正因为这些工具期限短，可随时变现，有较强的货币性，所以，短期金融工具又有"准货币"之称。

货币市场就其结构而言，可分为同业拆借市场、银行承兑汇票及贴现市场、商业票据市场、大额可转让定期存单市场、回购市场、短期政府债券市场、货币市场共同基金市场等若干个子市场。

一、同业拆借市场

(一) 概念

同业拆借市场也可以称为同业拆放市场，是指金融机构之间以货币借贷方式进行短期资金融通活动的市场。同业拆借的资金主要用于弥补短期资金的不足、票据清算的差额及解决临时性的资金短缺需要。同业拆借市场是一个交易量大，能敏感地反映资金供求关系和货币政策意图，影响货币市场利率的市场，因此它是货币市场中非常重要的子市场之一。

同业拆借市场产生于存款准备金政策的实施，伴随着中央银行和商业银行业务的发展而发展。

(二) 交易特征

同业拆借市场主要是银行等金融机构之间相互借贷在中央银行存款账户上的准备金余额，用以调剂准备金头寸的市场。

头寸是指银行等金融机构所拥有的款项，收多付少即头寸多，收少付多即头寸缺，结算收付差额叫轧头寸，借款弥补差额叫拆头寸。另外，头寸也指银根，银根松，也说头寸松；银根紧，也说头寸紧。

1. 同业拆借市场的交易原理

随着金融市场的发展，同业拆借市场的参与者也开始呈现出多样化的格局，交易对象也不仅限于商业银行的准备金，它还包括商业银行相互间的存款以及证券交易商和政府拥有的活期存款。拆借的目的除满足准备金要求外，还包括轧平票据交换的差额，解决临时性、季节性的资金需求等，但它们的交易过程都是相同的。

同业拆借市场资金借贷程序简单快捷，借贷双方可以通过电话直接联系，或与市场中介人联系，在借贷双方就贷款条件达成协议后，贷款方可直接通过代理行经中央银行的电子资金转账系统将资金转入借款方的资金账户上，数秒钟即可完成转账程序。当贷款归还时，可用同样的方式划转本金和利息，有时利息的支付也可通过向贷款行开出支票进行支付。

2. 同业拆借市场的参与者

同业拆借市场的主要参与者首推商业银行，非银行金融机构也是同业拆借市场上的重要参与者。同业拆借市场中的交易既可以通过市场中介人，也可以直接联系交易。同业拆借的两个主要交易类型包括头寸拆借和同业借贷。

头寸拆借是指金融同业之间为了轧平头寸，补足存款准备金或减少超额准备进行的短期资金融通活动。同业借贷是指金融同业之间因为临时性或季节性的资金余缺而相互融通调剂资金。

同业拆借的关系人可以由拆出方和拆入方构成，也可以由拆出方、拆入方和经纪商构成。

3. 同业拆借市场的拆借期限与利率

目前同业拆借的期限有：1天、7天、14天、1个月、3个月、6个月、9个月、1年，共计8个期限品种，但通常以7天为限，短至隔夜，一般不超过1个月。同业拆借交易的利率为"拆息率"，拆息率每天不同，其高低灵敏地反映着货币市场资金供求状况及变化，是货币政策调控的主要对象。同业拆借的利率有两种：一种是由拆借双方协定，而不通过公开市场竞价来确定；另一种是拆借双方借助经纪商通过市场公开竞价确定。拆借利率一般要低于再贴现率。同业拆借市场利率通常被当作基准利率，对整个经济活动和宏观调控具有特殊的意义。同业拆借市场的参与者主要是各金融机构，市场特性最活跃，同业拆借以金融机构的信用为担保，交易量极大。这些特性决定了拆息率非同凡响的意义。在整个利率体系中，基准利率是在多种利率并存的条件下起决定作用的利率。当它变动时，其他利率也相应发生变化。了解了这种关键性利率水平的变动趋势，也就了解了全部利率体系的变化趋势，一般利率通常参照基准利率而定。如伦敦银行同业拆放利率，即LIBOR(London Inter bank Offered Rate)利率是指伦敦银行同业之间的短期资金借贷利率，LIBOR这一国际金融市场最有代表性的拆息率，现在已经作为国际金融市场中大多数浮动利率的基础利率和关键性利率，许多浮动利率的融资工具在发行时都以该利率作为浮动的依据和参照。我国同时需要参照上海银行间同业拆放利率(Shibor)，在本书第三章已有表述。

同业存单作为电子化、标准化的货币市场创新产品，与同业拆借形成互补。同业存单是存款类金融机构在全国银行间市场上发行的记账式定期存款凭证，其投资和交易主体为全国银行间同业拆借市场成员、基金管理公司及基金类产品。存款类金融机构可以在当年发行备案额度内，自行确定每期同业存单的发行金额、期限，但单期发行金额不得低于5 000万元人民币。同业存单发行利率以市场化方式确定，并在Shibor基础上加减点生成。由于同业存单的期限为1个月及以上，对于活跃货币市场交易、提高中长端Shibor基准性、促进完善货币市场基准利率曲线具有积极意义。同业存单区别于拆借以短期品种为主的特点，同业存单以3个月及以上中长期限为主，可为银行提供较为稳定的资金来源，利率波动也相对较小，对于提高银行流动性管理水平、促进货币市场平稳运行具有重要意义。

二、回购市场

(一) 概念

回购市场是指通过回购协议进行短期资金融通交易的市场。所谓回购协议，是指在出售证券的同时和证券的购买商签订协议，约定在一定期限后按原定价格或约定价格购回所卖证券，从而获得及时可用资金的一种交易行为。

从本质上看，回购协议是一种质押贷款协议。在这里应该把握两个要点：一是虽然回购交易是以签订协议的形式进行交易的，但协议的标的物却是有价证券；二是我国回购协议市场上回购协议的标的物是经中国人民银行批准的，可用于在回购协议市场进行交易的政府债券、中央银行债券及金融债券。

回购协议市场从几方面吸引投资者。首先，该市场为剩余资金的短期投资提供了现成的工具。实际上，大量的回购协议交易是隔夜回购，隔夜回购的利率通常较低，但比较受金融机构的欢迎。其次，在剩余资金数量每日不定的情况下，投资者可通过滚动隔夜回购的办法来有效地管理可能产生的剩余资金。

回购协议根据期限不同分为隔夜、定期和连续性3种合约。

回购协议的期限从一日至数月不等。一般来说，回购协议中所交易的证券主要是政府债券。还有一种逆回购协议，实际上与回购协议(也称正回购)是方向相反的交易。它是从资金供给者的角度出发相对于回购协议而言的。回购协议中，卖出证券取得资金的一方同意按约定期限以约定价格购回所卖出证券。在逆回购协议中，买入证券的一方同意按约定期限以约定价格出售所买入证券。从资金供给者的角度看，逆回购协议是回购协议的逆运行。正回购和逆回购如图4-4所示。

图4-4　正回购和逆回购

(二) 市场交易及风险

回购协议市场没有集中的有形场所，交易以电信方式进行。大多数交易在资金供给者和资金需求者之间直接进行。大银行和政府债券交易商是回购协议市场的主要资金需求者。回购协议市场作为银行资金来源渠道之一，它有着与众不同的优势。首先，它持有大量的政府证券和政府代理机构证券，这些都是回购协议项下的正宗抵押品。其次，银行利用回购协议所取得的资金不属于存款负债，不用缴纳存款准备金。对于中央银行来说，通过回购交易可以实施公开市场操作，所以，回购市场是其执行货币政策的重要场所。回购协议中的证券交付一般不采用实物交付的方式，特别是在期限较短的回购协议中。

尽管回购协议中使用的是高质量的抵押品，但是交易的双方当事人也会面临风险。回购协议具有信用风险和利率风险。信用风险是指由于回购协议的卖方到期不履行按价购回的协定，或买方到期不愿将证券卖回给卖方而给对方带来损失的可能性。利率风险则是指由于市场利率的变动而导致所持有的抵押品的市值发生变动的可能性。

实际经济生活中，中央银行和商业银行之间开展正回购或者逆回购是每天各国央行调控货币供应量的常规操作，也是每天中国人民银行公开市场业务的主体。中国人民银行向债券一级交易商卖出有价证券，并约定在未来特定日期买回有价证券的交易行为，这是正回购，代表央行从市场收回流动性。中国人民银行向债券一级交易商购买有价证券，并约定在未来特定日期将有价证券卖回给一级交易商的交易行为，这是逆回购，代表央行向市场投放流动性。

(三) 回购利率的决定

在回购市场中，利率是不固定的，利率的确定取决于多种因素，这些因素主要有以下几种：市场资金供求状况，国家宏观调控需要，回购期限长短，货币市场其他子市场利率水平，用于回购的证券质量等。一般央行通过投标选取中标利率。

三、商业票据市场

商业票据是大公司为了筹措资金，以贴现方式出售给投资者的一种短期无担保承诺凭证。美国的商业票据属本票性质，英国的商业票据则属汇票性质。由于商业票据没有担保，仅以信用作保证，不需要有真实商业交易发生，因此能够发行商业票据的一般都是规模巨大、信誉卓著的大公司。商业票据市场就是这些信誉卓著的大公司发行的商业票据交易的市场。

商业票据是货币市场上历史最悠久的工具，最早可以追溯到19世纪初。历史上，商业银行是商业票据的主要购买者。自20世纪50年代初期以来，由于商业票据风险较低、期限较短、收益较高，许多公司也开始购买商业票据。现在，商业票据的主要投资者是保险公司、非金融企业、银行信托部门、地方政府、养老基金组织等。商业银行在商业票据的市场需求上已经退居次要地位，但银行在商业票据市场仍具有重要作用。这表现在商业银行代理发行商业票据及提供商业票据发行的信用额度支持等。

在美国商业票据市场上，大多数商业票据的发行面额都在100 000美元以上。二级市场商业票据的最低交易规模为100 000美元。商业票据的期限较短，一般不超过270天。市场上未到期的商业票据平均期限在30天以内，大多数商业票据的期限在20～40天之间。

商业票据的销售渠道有两个：一是发行者通过自己的销售力量直接出售；二是通过商业票据交易商间接销售。尽管在投资者急需资金时，商业票据的交易商和直接发行者可在到期之前兑现，但商业票据的二级市场并不活跃。主要是因为商业票据的期限非常之短，购买者一般计划持有到期，此外发行商业票据要经过信用评估。

发行商业票据的非利息成本包括：信用额度支持的费用和信用评估费用。

商业票据市场的最新发展情况如下。首先，除美国外的其他国家开始发行自己的商业票据。其次，出现了外国公司在美国发行的商业票据、储蓄贷款协会及互助储蓄银行发行的商业票据、信用证支持的商业票据及免税的商业票据等新品种，使商业票据市场能够吸引更多的资金供求者。

四、银行承兑汇票及贴现市场

(一) 银行承兑汇票市场

在商品交易活动中，发货人为了向购货人索取货款而签发的商业汇票，经付款人在票面上注明承诺到期付款的"承兑"字样并盖章后，就成为承兑汇票。经购货人承兑的汇票称商业承兑汇票，经银行承兑的汇票即为银行承兑汇票。由于银行承兑汇票由银行承诺承担最后付款责任，实际上是银行将其信用出借给企业，因此企业必须缴纳一定的手续费。这里，银行是第一责任人，而出票人则只承担第二手责任。以银行承兑汇票作为交易对象的市场即为银行承兑汇票市场。银行承兑汇票票样如图4-5所示。

银行承兑汇票市场是为方便商业交易活动而创造出的一种工具，在对外贸易中运用较多。一般而言，进口商首先要求本国银行开立信用证，作为向国外出口商付款的保证。信用证授权国外出口商开出以开证行为付款人的汇票，可以是即期的也可以是远期的。若是即期汇票，付款银行(开证行)见票付款。若是远期汇票，付款银行(开证行)在汇票正面签上"承兑"字样，填上到期日，并盖章为凭。这样，银行承兑汇票就产生了。

图4-5 银行承兑汇票票样

银行承兑汇票不仅在国际贸易中运用，还在国内贸易中广泛运用。银行承兑汇票的优点如下。第一，信用好，承兑性强。银行承兑汇票经银行承兑到期无条件付款，就把企业之间的商业信用转化为银行信用，对企业来说，收到银行承兑汇票，就如同收到了现金。第二，流通性强，灵活性高。银行承兑汇票可以背书转让，也可以申请贴现，不会占压企业的资金。第三，节约资金成本。对于实力较强、银行比较信得过的企业，只需缴纳规定的保证金，就能申请开立银行承兑汇票，用以进行正常的购销业务，待付款日期临近时再将资金交付给银行。由于银行承兑汇票具有上述优点，因而受到企业的欢迎。银行承兑汇票的流转程序如图4-6所示。

图4-6 银行承兑汇票流转程序

银行承兑汇票对借款人、承兑银行、投资者均具有积极作用，具体如下。

从借款人角度看，借款人利用银行承兑汇票较传统银行贷款的利息成本及非利息成本之和低；借款人运用银行承兑汇票比发行商业票据筹资有利。

从银行角度看，银行运用银行承兑汇票可以增加经营效益。银行通过创造银行承兑汇票，不必动用自己的资金，即可赚取手续费；银行运用其承兑汇票可以增加其信用能力；银行法规定出售合格的银行承兑汇票取得的资金不要求缴纳准备金。

从投资者的角度看，投资银行承兑汇票的安全性非常高，一流质量的银行承兑汇票具有公开的贴现市场，可以随时转售，因而具有高度的流动性。

(二) 银行承兑汇票的贴现市场

可以用于贴现的银行承兑汇票首先是未到期银行承兑汇票,其次是必须以合法的商品交易为基础。票据贴现的种类包括以下几种。

1. 贴现

贴现是银行承兑汇票的持票人将已承兑未到期的汇票转让给银行,银行按贴现率扣除自贴现日起至到期日为止的贴息后付给持票人现金的一种行为。如图4-7所示,银行承兑汇票贴现的处理程序(商业承兑汇票贴现程序基本类似)如下。

(1) 申请贴现。
(2) 审查办理贴现。
(3) 交存票款。
(4) 银行结算。

图4-7 银行承兑汇票贴现的处理程序

2. 转贴现

转贴现是贴现银行需要资金时,持未到期的票据向其他银行办理贴现的一种行为。转贴现的处理程序如图4-8所示。

(1) 申请转贴现银行在汇票上作转贴现背书,填制转贴现凭证,向转贴现银行申请转贴现。
(2) 转贴现银行审查转贴现手续,办理转贴现。
(3) 转贴现承兑汇票到期后,转贴现银行向申请转贴现银行收取票款。
(4) 申请转贴现银行向承兑人收取票款。
(5) 在汇票承兑人无款支付时,申请转贴现银行向贴现申请人进行追索。
(6) 向承兑人追索。

图4-8 转贴现处理程序

3. 再贴现

再贴现是中央银行对商业银行已贴现过的票据作抵押的一种放款行为。再贴现是中央银行对商业银行提供贷款的一种特别形式，也是中央银行控制信贷规模和货币供给量的一个重要手段。在对宏观经济的调控以间接调控为主的国家，中央银行通过控制再贴现率来控制再贴现规模从而控制货币供应量，所以，再贴现政策也是调控货币供应量的主要政策之一。

再贴现处理程序如图4-9所示。

(1) 贴现银行申请再贴现。

(2) 中央银行审查再贴现请求，办理再贴现手续。

(3) 再贴现银行收取到期票款。

(4) 申请再贴现银行向承兑人收取票款。

(5) 承兑人无款支付时，申请再贴现银行向贴现申请人追索。

(6) 向承兑人追索。

图4-9　再贴现处理程序

五、大额可转让定期存单市场

大额可转让定期存单是银行或储蓄机构发行的一种证明有一笔特定数额的资金已经存放在发行存单的金融机构之中的文件。它是20世纪60年代以来金融环境变革的产物，这种存单形式的最先发明者应归功于美国花旗银行。

同传统的定期存款相比，大额可转让定期存单具有以下几点不同。①定期存款单记名、不可流通转让；大额定期存单则是不记名的、可以流通转让的。②定期存款单金额不固定，可大可小；可转让定期存单金额较大，在美国最少为10万美元，二级市场上的交易单位为100万美元，在中国香港地区最小面额为10万港元。③定期存款单利率固定；可转让定期存单利率既有固定的，也有浮动的，且一般来说比同期限的定期存款利率高。④定期存款单可以提前支取，提前支取时要损失一部分利息；大额可转让定期存单不能提前支取，但可在二级市场流通转让。大额可转让定期存单如图4-10所示。

大额可转让定期存单一般由较大的商业银行发行，主要是由于这些机构信誉较好，可以相对降低筹资成本，且发行规模大，容易在二级市场流通。

按照发行者的不同，大额可转让定期存单可以

图4-10　大额可转让定期存单

分为4类：国内存单、欧洲美元存单、扬基存单、储蓄机构存单。

2015年6月2日，中国人民银行公布《大额存单管理暂行办法》，之后历经几次补充调整。大额存单是指由银行业存款类金融机构面向非金融机构投资人发行的、以人民币计价的记账式大额存款凭证，是银行存款类金融产品，属一般性存款。具体内容如下。

第一，发行人。全国性市场利率定价自律机制成员单位和已制定本机构大额存单管理办法并建立大额存单业务管理系统的商业银行可以发行大额存单。发行人应当于每期大额存单发行前在发行条款中明确是否允许转让、提前支取和赎回，以及相应的计息规则等。

第二，凭证类型。大额存单发行采用电子化的方式，没有纸质凭证。

第三，发行渠道。大额存单可以在发行人的营业网点、电子银行、第三方平台以及经中国人民银行认可的其他渠道发行。

第四，期限品种。大额存单采用标准期限的产品形式，大额存单期限包括1个月、3个月、6个月、9个月、1年、18个月、2年、3年和5年共9个品种。

第五，认购起点。个人投资人认购大额存单起点金额不低于20万元，机构投资人认购大额存单起点金额不低于1 000万元。

第六，利率确定。大额存单发行利率以市场化方式确定，固定利率存单采用票面年化收益率的形式计息，浮动利率存单以上海银行间同业拆借利率(Shibor)为浮动利率基准计息。

第七，付息方式。大额存单自认购之日起计息，付息方式分为到期一次还本付息和定期付息、到期还本。

第八，提前支取。个人大额存单如果部分提前支取，最低金额必须保证不低于20万元，只要剩余金额低于20万，则会变成普通存款。

第九，流通转让。大额存单可以用于办理质押业务，包括但不限于质押贷款、质押融资等大额存单可以转让、提前支取和赎回，大额存单转让可以通过第三方平台开展，转让范围限于非金融机构投资人及人民银行认可的其他机构。大额存单目前只支持一次性还本付息存单全部转让，不支持部分转让，也不支持分次付息存单的转让，转让过程一般不需要收取手续费。

六、短期政府债券市场

短期政府债券是政府以债务人身份承担到期偿付本息责任的期限在一年以内的债务凭证。从广义上看，政府债券不仅包括国家财政部门所发行的债券，还包括政府及政府代理机构所发行的证券。狭义的短期政府债券则仅指国库券。一般来说，短期政府债券市场主要指的是国库券市场。

政府短期债券以贴现方式发行，投资者的收益是证券的购买价与证券面额之间的差额。由财政部发行的短期债券一般称为国库券。新国库券的拍卖，通过两种方式进行：一是竞价方式；二是非竞价方式。

同其他货币市场信用工具不同，短期国库券交易具有一些较明显的投资特征。这些特征对投资者购买国库券具有很大影响。国库券的4个投资特征是：①违约风险小；②流动性强；③面额小；④收入免税。

我国短期国库券由中央政府发行，期限一般为3个月、6个月和1年期共3种。以低于票面金额的价格贴现发行，采用记账式，以价格为标的实行竞争性招标发行，发行后就可以分销、上市交易。

七、货币市场共同基金市场

货币市场共同基金市场是20世纪70年代出现的一种新型投资理财工具。共同基金是将众多的小额投资者的资金集合起来,由专门的经理人进行市场运作,赚取收益后按一定的期限及持有的份额进行分配的一种金融组织形式。而对于主要在货币市场上进行运作的共同基金,则称为货币市场共同基金。

货币市场共同基金最早出现在1972年。目前,在发达的市场经济国家,货币市场共同基金在全部基金中所占比重最大。中国自2003年12月起,开始运作货币市场共同基金,发展很快。

货币市场共同基金一般属开放型基金,即基金份额可以随时购买和赎回。基金的初次认购按面额进行,一般不收或收取很少的手续费。由于开放型基金的份额总数是随时变动的,因此,货币市场共同基金的交易实际上是指基金购买者增加持有或退出基金的选择过程。货币市场共同基金与一般的基金相比,除具有一般基金的专家理财、分散投资等特点外,还具有如下一些投资特征:①货币市场基金投资于货币市场中高质量的证券组合;②货币市场共同基金提供一种有限制的存款账户;③货币市场共同基金所受到的法规限制相对较少。

第四节 资本市场

资本市场是期限在一年以上的中长期金融市场,其基本功能是实现并优化投资与消费的跨时期选择。按市场工具来划分,资本市场通常由股票市场、债券市场、投资基金和衍生品市场构成。

一、股票市场

(一) 股票及其分类

股票是股份公司发行的,用以证明投资者的股东身份,并据以获得股息的凭证。股票是一种资本所有权证券,它是现代企业制度和信用制度发展的结果。在现代股份制度运行中,股份公司发行两种主要类型的股票,即普通股票和优先股票。

1. 普通股票

普通股票是代表股东享有平等权利,并且随发行公司经营利润的多少分得相应股息的股票。普通股票是股份公司发行的标准股票,投资于这种股票的股东享有的权利主要包括以下3项。①对公司的经营参与权。这一权利主要通过参加股东大会来行使并反映在股东的选举权、被选举权、发言权、表决权上。股东通过这些权利间接参与公司经营。②公司盈余和剩余财产分配权。其股票收益上不封顶,下不保底,每一阶段的红利数额也是不确定的。公司盈余的分配是有先决条件的,即必须先行支付员工的工资、借贷款项、税款、公司债券持有者的债息、法定公积金和优先股股息,即便是扣除上述支付后的净利润一般也要保留一部分用于增加公司资本投入,或用于维持未来股息分配的稳定。③优先认股权。这是指股份公司为增加资本而决定发行新的股票时,现有的普通股股东有权按当时的持股比例和低于市场的价格优先认购,以便保持其在股份公司中的权益比例。

普通股的价格波动没有范围限制,暴涨暴跌现象屡见不鲜。因此,普通股的投资风险较大,其预期收益率高。而根据其风险特征,普通股又可分成以下几类:蓝筹股、成长股、收入股、周期股、防守股、概念股、投机股。普通股票如图4-11所示。

2. 优先股票

优先股票是指优先于普通股股东分配公司收益和剩余财产的股票。优先股票与普通股票相比有两个方面的基本优先权：一是优先股票在发行之时就约定了固定的股息，该股息不受公司经营状况和盈利水平的影响；二是优先股票有剩余资产优先分配权，即当

图4-11　普通股票

公司破产倒闭或解散清算时，优先股股东先于普通股股东分配公司剩余财产。但是在一般情况下，优先股持有人不能参与公司的经营管理，他们没有普通股持有人那样的投票权。同时，由于其股息是固定的，所以，当企业生产景气时，一般不能像普通股股东那样获得高额盈利。优先股股东在剩余财产控制权方面劣于普通股，优先股股东通常是没有投票权的，只是在某些特殊情况下才具有临时投票权。优先股票如图4-12所示。

图4-12　优先股票

由于优先股股息是固定的，因此优先股的价格与公司的经营状况关系不如普通股密切，其风险小于普通股，其收益率也低于普通股。普通股和优先股的对比见表4-3。

表4-3　普通股和优先股的对比

项目	股利数量	表决权	利润分配	剩余财产分配	保留盈余
普通股	不固定	有	不优先	不优先	享有
优先股	一般固定	无	优先	优先	不享有

债券与股票的区别在于以下几点：①持有者权利不同；②期限不同；③收益稳定性不同；④分配和清偿顺序不同。

(二) 股票发行市场

发行市场是指公司直接或通过中介机构向投资者出售新发行的股票的市场。新发行的股票包括初次发行和再发行的股票，前者是公司第一次向投资者出售的原始股，后者是在原始股的基础上增加新的份额。

发行市场是通过发行股票进行筹资活动的市场，一方面为资本需求者提供筹集资金的渠道，另一方面为资本供应者提供投资场所，发行市场是实现资本职能转化的场所，通过发行股票，把社会闲散资金转化为生产资本，由于发行活动是股市一切活动的源头和起始点，故又称发行市场为"一级市场"。

1. 股票发行实行注册制

股票发行注册制是指发行人申请发行股票时，必须依法将公开的各种资料完全准确地向证券监管机构申报。证券监管机构的职责是对申报文件的全面性、准确性、真实性和及时性做形式审查，不对发行人的资质进行实质性审核和价值判断，将发行公司股票的良莠留给市场来决定。2018年11月5日，习近平总书记在首届中国国际进口博览会开幕式上宣布，在上海证券交易所设立科创板并试点注册制，标志着注册制改革进入启动实施阶段。2023年2月1日，全面实行股票发行注册制改革正式启动。

2. 发行方式的选择

股票发行的方式一般可分成公募和私募两类。对于再发行的股票还可以采取优先认股权方式，也称配股。

3. 选定作为承销商的投资银行

当股票发行数量很大时，常由多家投资银行组成承销辛迪加或承销银团来处理整个发行，其中一家投资银行作为牵头承销商起主导作用。在私募的情况下，发行条件通常由发行公司和投资者直接商定，从而绕过了承销环节。

4. 准备招股说明书

招股说明书是股份有限公司发行股票时，就发行中的有关事项向公众做出披露，并向非特定投资人提出购买或销售股票的要约邀请性文件。招股说明书主要供社会公众了解发起人和将要设立公司的情况，说明公司股票发行的有关事宜，公司首次公开发行股票，必须制作招股说明书。

5. 发行定价

股票发行价格主要有平价、溢价和折价3种。平价发行就是以股票票面所标明的价格发行；溢价就是按超过票面金额的价格发行；折价发行就是按低于票面金额的价格发行。其中，溢价发行又可分为时价发行和中间价发行，前者即按发行时的市场供求状况决定发行价格，后者则介于时价和平价之间。事实上，股票发行价格除与公司盈利能力相关之外，还受监管要求、宏观经济形势、二级市场环境、本次发行数量、行业特点及竞争格局、公司发展速度及潜力、投资者心理等多个因素影响。具体实施时，可以采用累计投标法，让机构投资者参与确定发行价格，累计投标法的询价对象主要是机构投资者，询价方式主要是网下询价。同时运用"回拨机制"让中小投资者间接参与股票发行价格的确定。此外，还可以采用议价法，由股票发行人与主承销商协商确定发行价格。

6. 发行方式

实际经济生活中，近年主要采取网上发行方式。

1) 网上竞价发行

在我国，网上竞价发行是指主承销商利用证券交易所的交易系统，以自己作为唯一的"卖方"，按照发行人确定的底价将公开发行股票的数量输入其在交易所的股票发行专户，投资者作为"买方"，在指定时间通过交易所会员交易柜台以不低于发行底价的价格及限购数量，进行竞价认购的一种发行方式。

新股网上竞价发行的具体程序如下。

(1) 新股竞价发行,须由主承销商持中国证监会的批复文件向证券交易所提出申请,经审核后组织实施。发行人至少应在竞价实施前2~5个工作日在中国证监会指定的报刊及当地报刊上按规定要求发布招股说明书及发行公告。

(2) 除法律法规明确禁止买卖股票者外,凡持有证券交易所股票账户的个人或者机构投资者,均可参与新股竞买。尚未办理股票账户的投资者可通过交易所证券登记结算机构及各地登记代理机构预先办理登记,开立股票账户,并在委托竞价申购前在经批准开办股票交易业务的证券营业部存入足够的申购资金。

(3) 投资者在规定的竞价发行日的营业时间办理新股竞价申购的委托买入,其办法类似普通的股票委托买入办法。申购价格不得低于公司确定的发行底价,申购量不得超过发行公告中规定的限额,且每一股票账户只能申报一次。

(4) 新股竞价发行申报时,主承销商为唯一的卖方,其申报数为新股实际发行数,卖出价格为发行底价。

(5) 新股竞价发行的成交(认购确定)原则为集合竞价方式。即对买入申报按价格优先同价位时间优先原则排列,当某申报买入价位以上的累计有效申购量达到申报卖出数量(新股实际发行数)时,此价位即为发行价。当该申报价位的买入申报不能全部满足时,按时间优先原则成交。累计有效申报数量未达到新股实际发行数量时,则所有有效申报均按发行底价成交。申报认购的余数,按主承销商与发行人订立的承销协议中的规定处理。

(6) 计算机主机撮合成交产生实际发行价格后,即刻通过行情传输系统向社会公布,并即时向各证券营业部发送成交(认购)回报数据。

(7) 新股竞价发行结束后的资金交收,纳入日常清算交割系统,由交易所证券登记结算机构将认购款项从各证券公司的清算账户中划入主承销商的清算账户,同时各证券营业部根据成交回报打印成交过户交割凭单同投资者(认购者)办理交割手续。

(8) 竞价发行完成后的新股股权登记由计算机主机在竞价结束后自动完成,并由交易所证券登记结算机构以软盘形式交予主承销商和发行人。投资者如有疑义,可持有效证件及有关单据向证券登记结算机构及其代理机构查询。

(9) 采用新股竞价发行,投资人仅按规定交付委托手续费,不必支付佣金、过户费、印花税等其他任何费用。

(10) 参与新股竞价发行的证券营业部,可按实际成交(认购额)的3.5‰的比例向主承销商收取承销手续费,由交易所证券登记结算机构每日负责拨付。

2) 网上定价发行

新股网上定价发行价格固定,采用证券交易所先进的交易系统来发行股票,即主承销商利用交易系统,按已确定的发行价格向投资者发售股票。

目前,网上定价发行的具体处理原则如下。

(1) 有效申购总量等于该次股票发行量时,投资者按其有效申购量认购股票。

(2) 当有效申购总量小于该次股票发行量时,投资者按其有效申购量认购股票后,余额部分按承销协议办理。

(3) 当有效申购总量大于该次股票发行量时,由证券交易所主机自动按每1 000股(深圳500股)

确定一个申报号，连序排号，然后通过摇号抽签，每一中签号认购1 000股(深圳500股)。

新股网上定价发行具体程序如下。

(1) 投资者申购(T)：缴足申购款，进行申购委托。

(2) 资金冻结(T+1)：由中国结算公司将申购资金冻结。

(3) 验资及配号(T+2)：配号，交易所将根据最终的有效申购总量，按每1 000股(深圳500股)配一个号的规则，由交易主机自动对有效申购进行统一连续配号。

(4) 摇号抽签(T+3)：公布中签率，摇号抽签。

(5) 公布中签号、资金解冻(T+4)：对未中签部分的申购款予以解冻。

网上竞价发行和网上定价发行的不同在于：①发行价格的确定方式不同，竞价发行方式事先确定发行底价，由发行时竞价决定发行价，定价发行方式事先确定价格；②认购成功者的确认方式不同，竞价发行方式按价格优先、同等价位时间优先原则确定，网上定价发行方式按抽签决定。

(三) 股票流通市场

股票流通市场是投资者之间买卖已发行股票的场所，也称二级市场。从本质上来说，股民平时参与的市场主要都是二级市场。二级市场的核心作用包括如下两方面。①二级市场在于为有价证券提供流动性。保持有价证券的流动性，使证券持有者随时可以卖掉手中的有价证券得以变现。②二级市场同时可以为有价证券定价，来向证券持有者表明证券的市场价格，这是二级市场的核心作用。

下面从结构与机制、市场效率、股票价格等几方面来讨论二级市场。

1. 结构与机制

二级市场通常可分为有组织的证券交易所和场外交易市场，但也出现了具有混合特性的第三市场和第四市场，与此相适应，证券交易所也称为第一市场，场外市场也称为第二市场。

1) 证券交易所

证券交易所是由证券管理部门批准的，为证券的集中交易提供固定场所和有关设施，并制定各项规则以形成公正合理的价格和有条不紊的秩序的正式组织。

证券交易所的组织形式有两种。①公司制的证券交易所，公司制的证券交易所是以股份有限公司形式成立并以营利为目的的法人团体。②会员制的证券交易所。会员制的证券交易所是由会员自愿组成的，不以营利为目的的社会法人团体。

上海证券交易所、深圳证券交易所和北京证券交易所如图4-13所示。

上海证券交易所　　深圳证券交易所　　北京证券交易所

图4-13　证券交易所

证券交易所的主要功能如下。

(1) 提供买卖证券的交易席位和有关交易设施。在美国，交易席位可分为4种类型：第一类是佣金经纪人；第二类是特种会员；第三类是场内经纪人；第四类是场内交易者。

(2) 制定有关场内买卖证券的上市、交易、清算、交割、过户等各项规则。上市是赋予某个证券在证券交易所内进行交易的资格，上市股票的发行公司必须向交易所提交申请，经审查满足交易所对股票上市的基本要求，方能在交易所挂牌上市交易，但获得上市资格并不等于一劳永逸，证券交易所为了保证上市股票的质量，会对其进行定期和不定期的复核，不符合规则者可暂停上市或予以摘牌。上市股票的交易一般采取公开竞价法，又称双边拍卖法，是买卖双方按价格优先和时间优先的原则进行集中竞价。在不同价位，买方最高申报价格和卖方最低申报价格优先成交，在同一价位，指令先到者优先成交。而在申报竞价时有口头唱报竞价、计算机终端申报竞价和专柜书面竞价等形式。股票买卖成交后，就进入交割过户阶段，交割一般可分为证券商之间的交割和证券商与委托客户的交割，前者在证交所的结(清)算部进行，通常采用余额交割制，后者则在成交后完成，至于成交后要间隔多少天交割，各证交所有不同的规定，称作T+0，T+1，T+2……对于记名股票，还须办理过户手续以享有股东的各种权益，但目前大多数股票均已实现无纸化交易，过户和交割同时完成。

(3) 管理交易所的会员，执行场内交易的各项规则，对违纪现象做出相应处理等。

(4) 编制和公布有关证券交易的资料。

图4-14所示为上海证券交易所大厅。

2) 场外交易市场

场外交易是相对于证券交易所交易而言，凡是在证券交易所之外的股票交易活动，都可称作场外交易。由于这种交易起先主要是在各证券商柜台上进行，因而也称为柜台交易(OTC)。

场外交易市场与证交所相比，没有固定的集中的场所，而是分散于各地，规模有大有

图4-14 上海证券交易所大厅

小，由自营商来组织交易。场外交易市场无法实行公开竞价，价格是通过商议达成的。场外交易比证交所上市所受的管制少，灵活方便。

3) 第三市场

第三市场是指原来在证交所上市的股票移到场外进行交易而形成的市场。换言之，第三市场交易的是既在证交所上市又在场外市场交易的股票，以区别于一般含义的柜台交易。

4) 第四市场

第四市场是指大机构和大额投资者绕开通常的经纪人或自营商，彼此之间利用计算机网络直接进行的大宗证券交易。第四市场是场外交易市场的特殊形式。

2. 市场效率

二级市场是一个汇集信息从而发现价格的市场，如果在确定的股票价格中能充分反映所获得的全部信息，股价能够根据得到的信息完全、迅速地调整到位，那么它(从信息上)就是有效率的。

(1) 弱式有效。当现在的价格充分反映价格历史序列数据中所包含的一切信息，即由过去股价构成的信息集，投资者不可能通过对股价变动的历史进行分析来获得任何对预测未来股价变动有用的信息从而获得超额利润，此时的市场为弱式有效，表现为股价的"随机游走"，它使得技术分析毫无用处。在这种情况下，长期投资或称购存策略是最好的选择。

(2) 半强式有效。现在的股价充分反映更大的信息集，不仅包括历史的价格信息，而且包括

所有与股票有关的公开信息,则称为半强式有效。对于半强式有效,实证检验的结果大体表明公开信息能迅速反映在现时市价中。

(3) 强式有效。若股价充分反映所有公开的和内部的信息,即信息集是完全的,则为强式有效,在这样的市场中,投资者不可能找到一种好的方法得到反常回报。

3. 股票价格

(1) 股票价格的几个不同概念。①票面价值。股票的票面价值是指股票票面上标明的金额,表示每股的资本额。②账面价值。股票的账面价值是指每股股票所代表的公司实际资产的金额。③发行价格。股票的发行价格是新股票发售时的实际价格。④市场价格。股票的市场价格是指由股票市场的供求关系决定的价格。⑤内在价值。股票内在价值也称为股票的理论价值,即股票未来收益的现值。

(2) 股票价格的形成。股票价格就是由每年的股息收入和股票出售时的价格这两部分收入按市场利率折算的现值。其计算公式可以表示为

$$P = \left[\frac{D_1}{(1+i_1)} + \frac{D_2}{(1+i_1)(1+i_2)} + \cdots + \frac{D_n}{(1+i_1)(1+i_2)\cdots(1+i_n)}\right] + \frac{F}{(1+i_1)(1+i_2)\cdots(1+i_n)}$$

式中:P为股票现值;D为每股股息;i为市场利率;F为股票出售时的价格;n为股票持有年限。

假定每年的股息和市场利率都不变,股票持有期为无限期,则通过简化,股票价格的计算公式可以表示为

$$P = \frac{D}{i}$$

也就是说,股票理论价格主要取决于两个因素:每股股息和市场利率。

股票市场价格的其他影响因素包括:①公司经营状况,一般而言,股价与公司经营状况成正比;②一国宏观经济运行状况,一般而言,股价与一国宏观经济运行状况成正比;③经济周期的变动,一般而言,在经济的复苏和高涨阶段,股价上升,在经济危机和萧条阶段,股价下跌;④政治因素,政治因素对股价的影响很大,但很难预测;⑤心理因素,大多数投资者对股市持乐观态度时,股价一般会上升,反之则股价下降。

股票价格指数是用来反映不同时期股价总体变动情况的相对指标,即把某一时期的股价平均数化为以另一时期股价平均数为基准的百分数,并以指数形式表示。世界证券市场上最具有影响力和权威性的股票价格指数主要有以下几种:道琼斯股票平均价格指数,标准普尔股票价格指数,《金融时报》股票价格指数,日经股价指数,中国香港恒生指数等。

二、债券市场

从1981年恢复国债发行开始,中国债券市场在曲折中前行,走过了不同寻常的发展历程。1996年末中央托管机构建立,债券市场由此进入快速发展期,市场规模迅速壮大,市场创新不断涌现,市场主体日趋多元,市场活跃度稳步提升,对外开放稳步推进,制度框架也逐步完善。中国债券市场已成为全球第二大债券市场。

(一) 债券品种

1. 按照发行主体划分

1) 政府债券

(1) 国债。发行主体是中央政府,具有最高信用等级,由财政部具体进行发行操作,分为

记账式国债和储蓄国债。其中，记账式国债通过中央结算公司招标发行，在中央结算公司总托管。目前贴现国债有91天、182天、273天三个品种，附息国债有1年、2年、3年、5年、7年、10年、15年、20年、30年、50年期等品种。储蓄国债通过商业银行柜台面向个人投资者发行，分为凭证式和电子式，其中储蓄国债(电子式)在中央结算公司总托管。

(2) 地方政府债券。发行主体是地方政府，分为一般债券和专项债券。通过中央结算公司招标或承销发行，在中央结算公司总托管。目前有1年、2年、3年、5年、7年、10年、15年、20年、30年等品种。自2019年起，地方政府债券可在商业银行柜台发行。

2) 中央银行票据

发行主体为中国人民银行，是为调节货币供应量面向商业银行(一级交易商)发行的债务凭证。期限一般不超过1年，但也有长至3年的品种。央行票据通过央行公开市场操作系统发行，在中央结算公司托管。

3) 政府支持机构债券

一般地，政府支持机构债券通过中央结算公司发行，主要在中央结算公司托管。

(1) 铁道债券。发行主体为中国国家铁路集团有限公司(前身为铁道部)，由发展改革委核准发行。

(2) 中央汇金债券。发行主体为中央汇金投资有限责任公司，经央行批准发行。

4) 金融债券

一般而言，金融债券通过中央结算公司发行，在中央结算公司托管。

(1) 政策性金融债券。发行主体为开发性金融机构(国家开发银行)和政策性银行(中国进出口银行、中国农业发展银行)。近年来，政策性金融债券加大创新力度，推出扶贫专项金融债、"债券通"绿色金融债等品种，试点弹性招标发行。政策性金融债券已在商业银行柜台交易，其中国开债在柜台已实现常规化发行。

(2) 商业银行债券。发行主体为境内设立的商业银行法人，分为一般金融债券、小微企业贷款专项债、"三农"专项金融债、次级债券、二级资本工具、无固定期限资本债券等品种。

(3) 非银行金融债券。发行主体为境内设立的非银行金融机构法人，包括银行业金融机构发行的财务公司债券、金融租赁公司债券、证券公司债券、保险公司金融债和保险公司次级债。

5) 企业信用债券

(1) 企业债券。其发行主体为企业，经发展改革委注册后发行。发展改革委指定相关机构负责企业债券的受理、审核，其中，中央结算公司为受理机构，中央结算公司、银行间市场交易商协会为审核机构。企业债券通过中央结算公司发行系统发行，在中央结算公司总登记托管。

中小企业集合债券。其为企业债券的一种，由牵头人组织，发债主体为多个中小企业所构成的集合。发行企业各自确定发行额度分别负债，使用统一的债券名称，统收统付。期限一般为3~5年。

项目收益债券。其为企业债券的一种，发行主体为项目实施主体或其实际控制人，债券募集资金用于特定项目的投资与建设，本息偿还资金完全或主要来源于项目建成后的运营收益。

可续期债券。其为企业债券的一种，发行主体为非金融企业，在银行间债券市场发行。无固定期限，嵌入发行人续期选择权，具有混合资本属性。

(2) 非金融企业债务融资工具。在交易商协会注册发行，发行主体为具有法人资格的非金融企业，在上清所登记托管。

(3) 公司债券。发行主体为上市公司或非上市公众公司，在中证登登记托管。

(4) 可转换公司债券。发行主体为境内上市公司，在一定期间内依据约定条件可以转换成股份，在中证登登记托管。

(5) 中小企业私募债券。发行主体为境内中小微型企业，在中证登登记托管。

6) 资产支持证券

(1) 信贷资产支持证券。发行主体为特定目的信托受托机构(信托公司)，代表特定目的信托的信托受益权份额。受托机构以因承诺信托而取得的银行业金融机构的信贷资产(信托财产)为限，向投资机构支付资产支持证券收益。信贷资产支持证券在中央结算公司登记托管。

(2) 企业资产支持证券。发行主体为券商，以券商集合理财计划形式出现，基础资产为信贷资产以外的其他资产、收费权等，在中证登登记托管。

7) 熊猫债券

境外机构在中国境内发行的人民币债券，包括主权类机构、国际开发机构、金融机构和非金融企业等。

8) 同业存单

存款类金融机构法人在银行间市场上发行的记账式定期存款凭证，是货币市场工具。同业存单采用电子化方式通过外汇交易中心公开或定向发行，投资和交易主体为同业拆借市场成员、基金管理公司及基金类产品，在上清所登记托管。固定利率存单期限包括1个月、3个月、6个月、9个月和1年；浮动利率存单期限包括1年、2年和3年。

2. 按照付息方式划分

(1) 零息债券。低于面值折价发行，到期按面值一次性偿还，期限在1年以上。

(2) 贴现债券。低于面值折价发行，到期按面值一次性偿还，期限在1年以内。

(3) 固定利率附息债券。发行时标明票面利率、付息频率、付息日期等要素，按照约定利率定期支付利息，到期日偿还最后一期利息和本金。

(4) 浮动利率附息债券。以某一短期货币市场参考指标为债券基准利率并加上利差(发行主体可通过招标或簿记建档确定)作为票面利率，基准利率在待偿期内可能变化，但基本利差不变。

(5) 利随本清债券。发行时标明票面利率，到期兑付日前不支付利息，全部利息累计至到期兑付日和本金一同偿付。

3. 按照币种划分

(1) 人民币债券，是指以人民币计价的债券，包括境内机构发行的人民币债券和境外机构发行的熊猫债券，占中国债券市场的绝大部分。

(2) 外币债券，是指境内机构在境内发行的以外币计价的债券，经人民银行批准发行。目前仅有零星的境内美元债券，大部分在中央结算公司托管。

(3) SDR债券，是指以特别提款权(SDR)计价的债券。2016年8月世界银行在中国银行间市场发行5亿以人民币结算的SDR债券，后续预计有更多中资机构和国际组织参与发行。

4. 其他

(1) 绿色债券。募集资金专项支持绿色产业项目的债券，以2015年中国金融学会绿色金融专业委员会编制并由人民银行发布的《绿色债券支持项目目录》和发展改革委发布的《绿色债券发行指引》为界定标准，分为贴标绿色债券和非贴标绿色债券。事实上，央企国企等向来是绿色债券发行的"大户"。据中央财经大学绿色金融国际研究院绿色债券数据库统计，截至2023年11月末，我国境内贴标绿色债券存量规模约3.44万亿元。其中，97家央企中有16家央企曾发行绿色债券，绿色债券发行数量总计142只，募集资金规模为4 180.97亿元。另据证监会大类行业统计，发行绿色债券的央企主要分布在电力、热力生产和供应业，其中，中国长江三峡集团有限公司、国家电力投资集团有限公司发行绿色债券数量较多，分别为44只、26只，同时发行绿色债券规模较大，分别达1 270亿元、1 202.18亿元。

(2) 社会效应债券。将募集资金用于社会公共服务领域的有情怀的债券，注重运用市场化手段解决社会性问题。2016年，中国首单社会效应债券——山东省沂南县扶贫社会效应债券在银行间交易商协会完成注册，募集资金5亿元，用于当地的扶贫工作。

(3) 疫情防控债券。2020年初，随着新冠疫情暴发，我国生产、消费需求下降，实体经济受到较大冲击，众多中小微企业经营困难。为应对疫情，支持企业复工复产，中央和地方纷纷出台扶持政策，资本市场也加大对疫情防控领域的支持力度，疫情防控债券也应运而生。具体品种包括抗疫特别国债，以及募集资金用于受疫情影响较大的行业、企业或为疫情防控领域相关项目而发行的金融债、公司债、资产支持证券、债务融资工具等。

(二) 债券市场参与者和中央托管机构

1. 债券现货市场参与者

(1) 发行人，包括中央及地方政府、中央银行、政府支持机构、金融机构、企业法人、国际开发机构等。

(2) 承销商，由依法取得承销资格的商业银行、证券公司担任。

(3) 做市商，经人民银行批准在银行间债券市场开展做市业务，享有规定权利并承担相应义务的金融机构。

(4) 货币经纪公司，经银保监会批准在中国境内设立的，通过电子技术或其他手段，专门从事促进金融机构间资金融通和外汇交易等经纪服务，并从中收取佣金的非银行金融机构。

(5) 结算代理人，受市场其他参与者的委托并为其办理债券结算等业务的金融机构，银行间债券市场结算代理人主要由商业银行担任。

(6) 境内投资人，商业银行、信用社、非银行金融机构(包括信托公司、财务公司、租赁公司等)、证券公司、保险公司、基金公司、非金融机构、非法人机构投资者、个人投资者。

(7) 境外投资人，包括境外央行或货币当局、主权财富基金、国际金融组织、人民币业务清算行、跨境贸易人民币结算境外参加行、境外保险机构、合格境外机构投资者(QFII)等。

2. 债券衍生品市场参与者

场内债券衍生品市场，交易前台为中国金融期货交易所(简称中金所)。投资人为符合标准的自然人、一般单位客户和特殊单位客户，其中特殊单位客户包括证券公司、基金管理公司、信托公司等。符合条件的试点商业银行和具备投资管理能力的保险机构，按照依法合规、风险可控、商业可持续的原则，可参与中金所国债期货交易。

场外债券衍生品市场，场外债券衍生品的交易登记和辅助报价前台是外汇交易中心。

3. 中央托管机构

目前涉及债券集中托管业务的机构有三家：中央国债登记结算有限责任公司(简称中央结算公司)、中国证券登记结算有限责任公司(简称中证登)、银行间市场清算所股份有限公司(简称上清所)。其中，中央结算公司占市场主要份额，中央结算公司是财政部唯一授权的政府债券总托管人，主持建立、运营全国国债托管系统。中央结算公司在以下方面发挥着重要作用：中国债券市场核心运行平台；国家宏观政策实施支持平台；中国金融市场定价基准形成平台；中国债券市场对外开放主门户；中央结算公司受发行人委托，履行为发行人代理拨付债券兑付本息和相关收益资金的职能。

(三) 债券发行方式

1. 公募发行方式

债券公募发行是主流发行方式，具体分为以下两种方式。

(1) 招标发行。由发行人确定招标方式、中标方式等发行条件，在市场上公开竞标，承销团成员按中标额度承销债券。债券发行有数量、价格、利率和利差等招标方式，以及等比数量、统一价位、多重价位及混合式等中标方式，且招标方式与中标方式有多种组合。目前，政府债券、金融债券、规模较大的企业信用债券多采用招标发行。

(2) 簿记建档发行。发行人和主承销商协商确定利率或价格区间后，由簿记管理人(一般由主承销商担任)与投资者进行一对一的沟通协商，投资者确定在不同利率档次下的申购订单，管理人将订单汇集后按约定的定价和配售方式确定最终发行利率或价格，进行配售发行。目前，企业信用债券、金融债券、信贷资产支持证券、非金融企业债务融资工具等也较多选择此种发行方式。

2. 私募发行方式

私募发行方式即协议定向发行。发行人根据市场的需求，与债券认购人协商决定债券票面利率、价格、期限、付息方式、认购数量和缴款日期等发行条件、认购费用和认购人义务并签署债券认购协议。协议定向发行作为债券市场化发行的补充。

3. 柜台发行方式

商业银行柜台债券发行通常与银行间市场同步进行，一般根据银行间债券市场招标定价结果确定发行价格，承销商成员进行承购和分销。其中，关键期限记账式国债在银行间市场与柜台同时分销，由承销商使用在银行间债券市场自营中标的额度进行柜台分销；政策性金融债和地方政府债由发行人确定柜台上市债券，并进行柜台额度追加招标，由承销商进行柜台分销；储蓄国债仅在柜台发行，由发行人单独确定发行价格。

中央结算公司提供一体化综合发行服务平台，满足大规模、高频度、低成本、低风险、高效率的发行需求。

(四) 债券交易

1. 市场格局

目前，中国债券市场形成了统一分层的市场体系，主要包括银行间市场、交易所、商业银行柜台三个子市场。

(1) 银行间市场。这是中国债券市场的主体，债券存量接近全市场的90%。该市场属于大宗交易市场(批发市场)，参与者是各类机构投资者，实行双边谈判成交，主要实行"实时、全额、逐笔"的结算方式。中央结算公司为投资者开立债券账户，实行一级托管，并提供交易结算服务。

(2) 交易所。由各类社会投资者参与，属于集中撮合交易的零售市场，典型的结算方式是净额结算。交易所债券实行两级托管体制，其中中央结算公司为总托管人，负责为交易所开立代理总户，中证登为债券分托管人，记录交易所投资者明细账户，中央结算公司与交易所投资者没有直接的权责关系。交易所债券交易结算由中证登负责。

(3) 商业银行柜台。是银行间市场的延伸，也属于零售市场。柜台市场实行两级托管体制，其中中央结算公司为一级托管机构，负责为开办银行开立债券自营账户和代理总账户，开办银行为二级托管机构，负责为投资者开立二级托管账户，中央结算公司与柜台投资者没有直接的权责关系。

2. 交易业务类型

(1) 现券交易。交易双方在交易达成当日或者次日(交易对手方有境外投资者参与的，结算周期可适当延长)，以约定的品种、数量、价格转让债券所有权。

(2) 回购交易。回购一直是债券市场最主要的交易品种，在货币调控及商业银行等机构流动性管理中发挥重要作用。其中，银行间债券市场的回购主要有质押式回购、买断式回购等形式。交易所债券回购也主要分为质押式回购和买断式回购，质押券包括国债、公司债券、企业债券、分离交易的可转换公司债券、资产支持证券等，买断式回购品种主要为国债。

(3) 债券借贷。债券融入方以一定数量的债券为质物，从债券融出方借入标的债券，同时约定在未来某一日期归还所借入标的债券，并由债券融出方返还相应质物的债券融通行为。目前只在银行间市场推出双边债券借贷，未来有望向债券自动借贷方向完善。

(4) 债券衍生品交易。这类债券包括债券远期和国债期货。债券远期是交易双方约定在未来某一日期，以约定价格和数量买卖标的债券。国债期货是由国债交易双方订立的标准化契约，约定在未来某一日期以成交价交收一定数量的国债凭证。

(5) 国库现金管理。中央国库现金管理是指在确保中央财政国库支付需要前提下，以实现国库现金余额最小化和投资收益最大化为目标的一系列财政管理活动。操作方式包括商业银行定期存款、买回国债、国债回购和逆回购等。地方国库现金管理是指地方政府对市、区(县)政府存放在同级国库的财政资金进行财政管理，操作工具为商业银行定期存款。

(6) 公开市场操作。公开市场操作是中央银行吞吐基础货币，调节市场流动性的主要货币政策工具，通过中央银行与指定交易商进行有价证券和外汇交易，实现货币政策调控目标。从1999年以来，公开市场操作已成为人民银行货币政策日常操作的重要工具，对于调控货币供应量、调节商业银行流动性水平、引导货币市场利率走势发挥了积极的作用。

三、投资基金

(一) 投资基金的概念

投资基金是指通过向个人出售股份来筹集资金，然后用于购买多样化的股票和债券组合或其他金融资产。投资基金把中小投资者的资金集中起来，通过专家进行管理，可以降低交易成本和信息成本，并可通过投资的多样化而降低风险，因而受到广大投资者的欢迎。

(二) 投资基金的种类

1. 根据组织形式分类

据此分类形式，可分为公司型基金和契约型基金。公司型基金和契约型基金对比如表4-4所示。

(1) 公司型基金是依据公司法成立的、以营利为目的的股份有限公司形式的基金，其特点是基金本身是股份制的投资公司，基金公司通过发行股票筹集资金，投资者通过购买基金公司股票而成为股东，享有基金收益的索取权。

(2) 契约型基金是依据一定的信托契约组织起来的基金,其中作为委托人的基金管理公司通过发行受益凭证筹集资金,并将其交由受托人(基金保管公司)保管,本身则负责基金的投资营运,而投资者则是受益人,凭基金受益凭证索取投资收益。

表4-4 公司型基金和契约型基金的对比

比较项目	公司型(美国)	契约型(其他国家)
法律依据	公司法	基金契约,信托法
基金财产的法人资格	具有法人资格	没有法人资格
发行的凭证	股票	受益凭证(基金单位)
投资者的地位	行使股东权利	受益人,对资金的运用没有发言权
基金资产运用依据	公司章程	契约
融资渠道	可以向银行借款	一般不能向银行借款
基金运营方式	公司具有永久性	契约期满,基金运营相应终止

2. 根据基金发行的股份份额是否固定及可否被赎回分类

据此分类形式,可分为开放式基金和封闭式基金。

开放式基金和封闭式基金的对比见表4-5。

表4-5 开放式基金和封闭式基金的对比

比较项目	开放式基金	封闭式基金
期限	没有固定的存续期	有固定的存续期
规模	不固定,一般在设立3个月或半年后,投资人随时可以申购或赎回	在存续期内,如果未经法定程序认可,规模固定不变
交易价格	以每日计算出的该基金资产的净值为基础	受股市行情、基金供求关系及其他基金价格波动因素的共同影响
交易方式	向基金管理公司或其代理人提出申购或赎回申请	转让给其他投资者,变现投资
净资产的信息披露	每日公布资产净值	不需要按日公布资产净值
投资策略	必须留存部分现金以备日常赎回之用	长期投资,更好地设计投资组合,分散风险

3. 根据投资目标分类

据此分类形式,可分为收入型基金、成长型基金和平衡型基金。

(1) 收入型基金是以获取最大的当期收入为目标的投资基金,其特点是损失本金的风险小,但长期成长的潜力也相应较小。

(2) 成长型基金是以追求资本的长期增值为目标的投资基金,其特点是风险较大,可以获取的收益也较大。

(3) 平衡型基金是以净资产的稳定、客观的收入以及适度的成长为目标的投资基金,其特点是具有双重投资目标,谋求收入和成长的平衡,所以风险适中,成长潜力也不是很大。

4. 根据地域分类

据此分类形式,可分为国内基金、国家基金、区域基金和国际基金。

(1) 国内基金是把资金只投资于国内有价证券,且投资者多为本国公民的一种投资基金。

(2) 国家基金是指在境外发行基金份额筹集资金，然后投资于某一特定国家或地区资本市场的投资基金。

(3) 区域基金是把资金分散投资于某一地区各个不同国家资本市场的投资基金。

(4) 国际基金是指不限定国家和地区，把资金分散投资于全世界各主要资本市场上，从而能最大限度地分散风险的投资基金。

如QDII基金，QDII是Qualified Domestic Institutional Investor (合格的境内机构投资者)的首字缩写。它是在一国境内设立，经该国有关部门批准从事境外证券市场的股票、债券等有价证券业务的证券投资基金。它是在货币没有实现完全可自由兑换、资本项目尚未开放的情况下，有限度地允许境内投资者投资境外证券市场的一项过渡性的制度安排。

再如，QFII(Qualified Foreign Institutional Investors)合格的境外机构投资者的英文简称。QFII机制是指外国专业投资机构到境内投资的资格认定制度。QFII是一国在货币没有实现完全可自由兑换、资本项目尚未开放的情况下，有限度地引进外资、开放资本市场的一项过渡性的制度。这种制度要求外国投资者若要进入一国证券市场，必须符合一定的条件，得到该国有关部门的审批通过后汇入一定额度的外汇资金，并转换为当地货币，通过严格监管的专门账户投资当地证券市场。

5. 按投资对象分类

据此分类形式，大致可分为以下10种。

(1) 股票基金。它的投资对象是股票，这是基金最原始、最基本的品种之一。

(2) 债券基金。它是投资于债券的基金，这是基金市场上规模仅次于股票基金的另一重要品种。

(3) 货币市场基金。它是投资于短期债券、短期票据等货币市场工具的基金。

(4) 专门基金。它是从股票基金发展起来的投资于单一行业股票的基金，也称次级股票基金。例如，专门投资于房地产行业的房地产基金。

(5) 衍生基金和杠杆基金。它是投资于衍生金融工具，包括期货、期权、互换等，并利用其杠杆比率进行交易的基金。

(6) 对冲基金与套利基金。前者是在金融市场上进行套期保值交易，利用现货市场和衍生市场对冲的基金，后者是在不同金融市场上利用其价值差异低买高卖进行套利的基金。

(7) 雨伞基金。它是在一组基金之下再组成若干个"子基金"，以方便和吸引投资者在其中自由选择和低成本转换。

(8) 基金中的基金。它是以本身或其他基金单位为投资对象的基金，其选择面比雨伞基金更广，风险也进一步降低。

(9) ETF基金。ETF是Exchange Traded Fund的英文缩写，中译为"交易型开放式指数基金"，又称交易所交易基金。ETF是一种在交易所上市交易的开放式证券投资基金产品，交易手续与股票完全相同。ETF管理的资产是一揽子股票组合，这一组合中的股票种类与某一特定指数，如上证50指数，包含的成份股相同，每只股票的数量与该指数的成份股构成比例一致，ETF交易价格取决于它拥有的一揽子股票的价值，即"单位基金资产净值"。ETF的投资组合通常完全复制标的指数，其净值表现与盯住的特定指数高度一致。例如，上证50ETF的净值表现就与上证50指数的涨跌高度一致。

(10) 认股权证基金。此类型基金主要投资于认股权证，基于认股权证有高杠杆、高风险的产品特性，此类型基金的波动幅度亦较股票型基金为大。

(三) 投资基金的设立和募集

设立投资基金首先需要发起人，发起人可以是一个机构，也可以是多个机构共同组成。

基金的设立申请一旦获主管机关批准，发起人即可发表基金招募说明书，着手发行基金股份或受益凭证，该股票或凭证由基金管理公司和基金保管公司共同签署并经公证后发行，发行方式可分公募和私募两种，类似于股票的发行。

(四) 投资基金的运作

按照国际惯例，基金在发行结束一段时间内，通常为3至4个月，就应安排基金证券的交易事宜。对于封闭型基金股份或受益凭证，其交易与股票债券类似，可以通过自营商或经纪人在基金二级市场上随行就市，自由转让。对于开放型基金，其交易表现为投资者向基金管理公司申购股票或受益凭证，或基金管理公司赎回股票或受益凭证，赎回或申购价格一般按当日每股股票或每份受益凭证基金的净资产价值来计算，大部分基金是每天报价一次，计价方式主要采用"未知价"方式，即基金管理公司在当天收市后才计价以充分反映基金净资产和股份或受益凭证总数的变化。

本章小结

1. 金融市场简单地讲就是进行金融交易的场所。其主要由以下4个要素构成，即金融市场的参与者、金融市场的交易对象、金融市场的交易工具和金融市场的组织方式。

2. 货币市场是指以短期金融工具为媒介进行期限在一年以内(包括一年)的融资活动的交易场所，又称短期资金市场或短期金融市场。它可分为同业拆借市场、票据贴现市场、可转让大额定期存单市场和回购市场等。

3. 资本市场是指以中期或长期投资(一般为一年以上)为基本特征的金融市场，也称长期金融市场或证券市场。资本市场按融资工具的不同可大致分为股票市场和债券市场这两个子市场。

4. 股票市场和债券市场都有一级市场和二级市场。一级市场是新证券发行的市场。二级市场是已发行在外的证券进行买卖交易的市场，包括证券交易所、场外交易市场、第三市场和第四市场。

5. 证券交易所是证券买卖双方公开交易的市场，是一个高度组织化、有固定地点、集中进行证券交易的市场，是整个证券市场的主体和核心。证券交易所的组织形式有公司制和会员制两种。中国的上海证券交易所和深圳证券交易所都属于会员制交易所。

习题

一、单项选择题

1. 金融市场按中介特征划分为直接金融市场和(　　)。
   A. 间接金融市场　　B. 有形市场　　C. 无形市场　　D. 公开市场
2. 商业票据最发达的金融市场是(　　)。
   A. 英国　　B. 美国　　C. 法国　　D. 德国
3. 资本市场包括股票市场、债券市场和(　　)。
   A. 贴现市场　　B. 国库券市场　　C. 基金市场　　D. 同业拆借市场
4. 外汇市场的主要交易对象是(　　)。
   A. 汇率　　B. 基金　　C. 外汇　　D. 债券

5. 金融机构之间发生的短期临时性借贷活动是( )。
   A. 贷款业务　　　　B. 票据贴现业务　　C. 同业拆借　　　　D. 再贴现业务
6. 基础性金融市场有货币市场、资本市场和( )。
   A. 期货市场　　　　B. 期权市场　　　　C. 货币互换　　　　D. 外汇市场
7. 衍生性金融市场有期货市场、期权市场、互换市场和( )。
   A. 外汇市场　　　　B. 资本市场　　　　C. 货币市场　　　　D. 远期市场
8. 按照金融资产的新旧程度不同，金融市场可分为( )。
   A. 一级市场和二级市场　　　　　　　B. 同业拆借市场和长期债券市场
   C. 货币市场和资本市场　　　　　　　D. 货币市场和债券市场
9. 下列金融工具中属于间接融资工具的是( )。
   A. 可转让大额定期存单　　　　　　　B. 公司债券
   C. 股票　　　　　　　　　　　　　　D. 政府债券
10. 银行在票据未到期时将票据买进的做法称为( )。
    A. 票据交换　　　　B. 票据承兑　　　　C. 票据结算　　　　D. 票据贴现
11. ( )是银行间所进行的票据转让。
    A. 贴现　　　　　　B. 转贴现　　　　　C. 再贴现　　　　　D. 都不是
12. 下列属于优先股股东权利范围的是( )。
    A. 选举权　　　　　B. 被选举权　　　　C. 收益权　　　　　D. 投票权

二、多项选择题

1. 金融市场的要素构成包括( )。
   A. 金融市场的交易对象　　　　　　　B. 金融市场的工具
   C. 金融市场的交易主体　　　　　　　D. 金融市场的组织方式
   E. 金融市场的交易价格
2. 金融市场的功能包括( )。
   A. 融通资金的功能　　　　　　　　　B. 资源配置功能
   C. 宏观调控功能　　　　　　　　　　D. 经济"晴雨表"功能
   E. 分配资金的功能
3. 货币市场包括( )。
   A. 同业拆借市场　　B. 票据贴现市场　　C. 可转让定期存单
   D. 短期债券市场　　E. 债券回购市场
4. 资本市场包括( )。
   A. 股票市场　　　　B. 长期债券市场　　C. 基金市场　　　　D. 同业拆借市场
   E. 票据贴现市场
5. 影响股票价格的因素包括( )。
   A. 心理因素　　　　B. 公司经营状况　　C. 经济周期的变动
   D. 政治因素　　　　E. 一国宏观经济运行状况
6. 按投资对象分类，投资基金包括( )。
   A. 股票基金　　　　　　　　　　　　B. 衍生基金和杠杆基金
   C. 债券基金　　　　　　　　　　　　D. 雨伞基金

E. 对冲基金与套利基金

7. 投资基金根据地域分类，包括(　　)。
   A. 国内基金　　B. 国家基金　　C. 区域基金
   D. 国际基金　　E. 全球基金

8. 根据组织形式分类，投资基金分为(　　)。
   A. 公司型基金　　B. 契约型基金　　C. 收入型基金
   D. 成长型基金　　E. 平衡型基金

9. 金融市场按交割方式分为(　　)。
   A. 现货市场　　B. 衍生市场　　C. 有形市场
   D. 无形市场　　E. 公开市场

10. 开放式基金和封闭式基金的区别包括(　　)。
    A. 存续期　　B. 规模　　C. 交易方式
    D. 投资策略　　E. 净资产的信息披露

11. 与普通股股东相比，拥有优先股股票的股东具有如下的优先权利(　　)。
    A. 优先认股权　　　　　　　　B. 固定的股息收益
    C. 经营参与权　　　　　　　　D. 剩余财产优先分配权
    E. 随时转让权

12. 下列关于股票与债券的说法中正确的是(　　)。
    A. 股票的持有者是公司的所有者，债券的持有者是公司的债权人，二者的权利义务不同
    B. 股票与债券均是发行者的筹资手段，可以买卖转让
    C. 股票与债券均需要到期还本
    D. 股票股息是不固定的，而债券有固定的利息收入
    E. 持有股票的风险比持有债券的风险小

13. 债券按照付息方式划分为(　　)。
    A. 零息债券　　　　　　　　B. 贴现债券
    C. 固定利率附息债券　　　　D. 浮动利率附息债券
    E. 利随本清债券

三、判断正误题

1. 银行同业拆借市场属于资本市场范畴。　　　　　　　　　　　　　　　　(　　)
2. 股票市场属于货币市场范畴。　　　　　　　　　　　　　　　　　　　　(　　)
3. 票据贴现是指持票人将未到期票据向中央银行办理贴现业务。　　　　　　(　　)
4. 债券回购市场属于货币市场范畴。　　　　　　　　　　　　　　　　　　(　　)
5. 票据贴现属于货币市场范畴。　　　　　　　　　　　　　　　　　　　　(　　)
6. 金融期货与金融期权业务属于金融衍生业务。　　　　　　　　　　　　　(　　)
7. 从本质上看，回购协议是一种质押贷款协议。　　　　　　　　　　　　　(　　)
8. 若股价充分反映所有公开的和内部的信息，市场效率为半强势有效。　　　(　　)
9. 股票基金，它的投资对象是股票，这是基金最原始、最基本的品种之一。　(　　)
10. 持有优先股股票的股东具有优先认股权。　　　　　　　　　　　　　　　(　　)

四、简答题

1. 简述金融市场的功能。
2. 简述货币市场的构成及内容。
3. 简述金融市场的构成要素。
4. 简述直接融资及间接融资的特征。
5. 简述直接融资及间接融资的优缺点。
6. 简述同业拆借市场的交易原理。
7. 简述开放式基金同封闭式基金的区别与联系。
8. 简述回购协议的优点及作用。
9. 简述证券交易所的功能。
10. 简述贴现、转贴现、再贴现的处理程序。
11. 简述股票网上定价发行的程序。
12. 简述大额存单的主要内容。

五、论述题

1. 论述金融市场的发展趋势。
2. 论述债券发行方式和债券交易业务类型。
3. 梳理论述我国债券品种。

案例分析

案例一　提高直接融资比重

党的十九届五中全会提出，全面实行股票发行注册制，建立常态化退市机制，提高直接融资比重。这是党中央在面向"十四五"这一新的历史起点做出的重大决策部署，也是"十四五"时期资本市场实现高质量发展的战略目标和重点任务，我们必须深刻学习领会，坚决贯彻落实。

一、充分认识提高直接融资比重的重大意义

党的十八大以来，习近平总书记就提高直接融资比重、优化融资结构、增强金融服务实体经济能力做出一系列重要指示。发展直接融资是资本市场的重要使命。在党中央、国务院的坚强领导下，近年来我国资本市场改革发展明显加速，设立科创板并试点注册制成功落地，创业板、新三板等一批重大改革相继推出，对外开放持续深化，直接融资呈现加快发展的积极态势。截至2020年9月末，直接融资存量达到79.8万亿元，约占社会融资规模存量的29%。其中，"十三五"时期，新增直接融资38.9万亿元，占同期社会融资规模增量的32%。

"十四五"时期是我国开启全面建设社会主义现代化国家新征程的第一个五年。提高直接融资比重，对于深化金融供给侧结构性改革，加快构建新发展格局，实现更高质量、更有效率、更加公平、更可持续、更为安全的发展，具有十分重要的意义。

(1) 提高直接融资比重是服务创新驱动发展战略的迫切要求。党的十九届五中全会强调，要坚持创新在我国现代化建设全局中的核心地位，把科技自立自强作为国家发展的战略性支撑。从国际经验看，激发市场主体创新创造活力，加速科技成果向现实生产力转化，需要充分发挥直接融资，特别是股权融资风险共担、利益共享机制的独特作用，加快创新资本形成，促进科技、资本和产业的紧密融合。

(2) 提高直接融资比重是完善要素市场化配置的关键举措。党的十九届五中全会提出，要健全要素运行机制，完善要素交易规则和服务体系。发展直接融资可将不同风险偏好、期限的资金更为精准高效地转化为资本，促进要素向最具潜力的领域协同集聚，提高要素质量和配置效率，推动产业基础高级化、产业链现代化。从境外经验看，以直接融资为主导的经济体，在产业结构转型升级中往往能够抢占先机，转型过程也更为平稳顺畅。

(3) 提高直接融资比重是深化金融供给侧结构性改革的应有之义。习近平总书记深刻指出，深化金融供给侧结构性改革要以金融体系结构调整优化为重点。我国融资结构长期以间接融资为主，信贷资产在金融总资产中的比重超过70%。提高直接融资比重，有助于健全金融市场功能，丰富金融服务和产品供给，提高金融体系适配性；有助于稳定宏观杠杆率，更好防范化解金融风险。

(4) 提高直接融资比重是建设更高水平开放型经济新体制的重要途径。合作共赢仍是世界经济发展的主流，对外开放始终是我国经济发展的重要动力。在新冠疫情冲击下，国际贸易投资明显下降，全球产业链供应链遭遇梗阻，供需两端受挫。面对困境，我们需要加快打造更为开放融合的直接融资体系，进一步便利跨境投融资活动，积极促进内需和外需、进口和出口、引进外资和对外投资协调发展，助力全球产业链供应链进一步连接、优化、巩固。

二、提高直接融资比重面临的机遇与挑战

直接融资的发展根植于实体经济。当今世界正经历百年未有之大变局，新冠疫情全球大流行使这个大变局加速变化。在党中央坚强领导下，我国已率先控制住疫情，经济长期向好的趋势持续巩固，在高质量发展轨道上稳健前行、不断升级。"十四五"时期，我国将加快构建以国内大循环为主体、国内国际双循环相互促进的新发展格局，这为提高直接融资比重提供了宝贵的战略机遇。

一是实体经济潜力巨大。凭借超大规模的市场容量、完整的产业体系和8亿多素质不断提高的劳动力，我国产业发展升级的势头依然强劲，实体经济潜能将进一步释放，对资本要素的需求将加快扩大。二是宏观环境总体向好。货币、财政、产业、区域等宏观政策协同持续增强，法治保障不断强化，有利于扩大直接融资的生态体系正逐步形成。三是居民财富管理需求旺盛。我国人均国内生产总值已跨越1万美元关口，中等收入群体超过4亿人，居民扩大权益投资的需求快速上升，为资本市场发挥财富管理功能、提高直接融资比重创造了重要条件。四是我国资本市场的国际吸引力不断增强。随着金融扩大开放和全面深化资本市场改革的持续推进，境内资本市场正在发生深刻的结构性变化，日益成为全球资产配置的重要引力场。

同时，我们要清醒认识到，我国间接融资长期居于主导地位，存量规模大，发展惯性和服务黏性强；市场对刚性兑付仍有较强预期。资本市场新兴加转轨特征明显、发展还不充分，制度包容性有待增强；中介机构资本实力弱、专业服务能力不足；投资者结构还需优化，理性投资、长期投资、价值投资的文化有待进一步培育；市场诚信约束不足，有的方面管制仍然较多，跨领域制度协同还需加强。提高直接融资比重，必须坚持问题导向，加快破解这些体制机制性障碍。

三、提高直接融资比重的重点任务

"十四五"时期，提高直接融资比重，要坚持以习近平新时代中国特色社会主义思想为指导，贯彻新发展理念，围绕打造一个规范、透明、开放、有活力、有韧性的资本市场，强化资

本市场功能发挥，畅通直接融资渠道，促进投融资协同发展，努力提高直接融资的包容度和覆盖面。

(1) 全面实行股票发行注册制，拓宽直接融资入口。注册制改革是资本市场改革的"牛鼻子"工程，也是提高直接融资比重的核心举措。总书记多次对股票发行注册制改革做出部署。要坚持尊重注册制的基本内涵，借鉴国际最佳实践，体现中国特色和发展阶段特征，及时总结科创板、创业板试点注册制的经验，稳步在全市场推行以信息披露为核心的注册制。同时，全面带动发行、上市、交易、持续监管等基础制度改革，督促各方归位尽责，使市场定价机制更加有效，真正把选择权交给市场，支持更多优质企业在资本市场融资发展。

(2) 健全中国特色多层次资本市场体系，增强直接融资包容性。形成适应不同类型、不同发展阶段企业差异化融资需求的多层次资本市场体系，增强服务的普惠性，是提高直接融资比重的关键。要科学把握各层次资本市场定位，完善差异化的制度安排，畅通转板机制，形成错位发展、功能互补、有机联系的市场体系。切实办好科创板，持续推进关键制度创新。突出创业板特色，更好地服务成长型创新创业企业发展。推进主板(中小板)改革。深化新三板改革，提升服务中小企业能力。稳步开展区域性股权市场制度和业务创新试点，规范发展场外市场。积极稳妥发展金融衍生品市场，健全风险管理机制，拓展市场深度，增强发展韧性。

(3) 推动上市公司提高质量，夯实直接融资发展基石。形成体现高质量发展要求的上市公司群体，是提升资本市场直接融资质效的重要一环。要持续优化再融资、并购重组、股权激励等机制安排，支持上市公司加快转型升级、做优做强。进一步健全退市制度，畅通多元退出渠道，建立常态化退市机制，强化优胜劣汰。推动上市公司改革完善公司治理，提高信息披露透明度，更好发挥创新领跑者和产业排头兵的示范作用，引领更多企业利用直接融资实现高质量发展。

(4) 深入推进债券市场创新发展，丰富直接融资工具。债券市场是筹措中长期资金的重要场所，对于推动形成全方位、宽领域、有竞争力的直接融资体系发挥着不可替代的作用。要完善债券发行注册制，深化交易所与银行间债券市场基础设施的互联互通，进一步支持银行参与交易所债券市场。加大资产证券化产品创新力度，扩大基础设施领域公募不动产投资信托基金试点范围，尽快形成示范效应。扩大知识产权证券化覆盖面，促进科技成果加速转化。

(5) 加快发展私募股权基金，突出创新资本战略作用。私募股权基金是直接融资的重要力量，截至2020年9月末，登记备案的股权和创投基金管理人近1.5万家，累计投资超过10万亿元，在支持科技创新中发挥着日益重要的基础性、战略性作用。要进一步加大支持力度，积极拓宽资金来源，畅通募、投、管、退等各环节，鼓励私募股权基金投小、投早、投科技。出台私募投资基金管理暂行条例，引导其不断提升专业化运作水平和合规经营意识。加快构建部际联动、央地协作的私募风险处置机制，切实解决"伪私募、类私募、乱私募"突出问题，促进行业规范健康发展。

(6) 大力推动长期资金入市，充沛直接融资源头活水。长期资金占比是影响资本市场稳定的重要因素，也是决定直接融资比重高低的核心变量之一。要加快构建长期资金"愿意来、留得住"的市场环境，壮大专业资产管理机构力量，大力发展权益类基金产品，持续推动各类中长期资金积极配置资本市场。加大政策倾斜和引导力度，稳步增加长期业绩导向的机构投资者，回归价值投资的重要理念。鼓励优秀外资证券基金机构来华展业，促进行业良性竞争。

四、凝聚提高直接融资比重合力

提高直接融资比重是一项系统工程，必须从经济金融全局的高度加强统筹谋划，有效发挥市场主体、监管机构、宏观管理部门、新闻媒体等各方合力。

一是促进直接融资和间接融资协调发展。直接融资比重的提升，离不开间接融资领域相关改革的同向发力。要健全市场化利率形成和传导机制，提高金融资产定价有效性，增加直接融资吸引力。落实好资管新规，统一监管标准，推动行业切实回归本源、健康发展。二是进一步完善直接融资配套制度。加强顶层设计，完善有利于扩大直接融资、鼓励长期投资的会计、审计、财税等基础制度和关键政策。推进市场高水平对外开放，拓宽境外投资者进入股票、债券市场的渠道，增强外资参与便利度。完善统计制度，构建分层、分类、具有可扩展性的直接融资统计指标体系，更好反映社会融资的真实构成和发展趋势。三是构建有利于提高直接融资比重的良好市场生态。坚持市场化法治化导向，以全面贯彻新证券法为契机，落实"零容忍"要求，加强立法、行政、司法的协同配合，健全行政执法、民事追偿和刑事惩戒相互衔接、互相支持的立体、有机体系，切实加大投资者保护力度，增强投资者信心，促进市场良性循环。

(资料来源：中国证监会官网)

问题：

"十四五"时期，提高直接融资比重的发展重心放在哪些方面？

案例二 纳斯达克市场

纳斯达克证券市场有限公司隶属于美国全国证券交易委员会(The National Association of Securities Dealers，NASD)。该协会是一个自律性的管理机构，在美国证券交易委员会注册。几乎所有的美国证券经纪/交易商都是它的会员。纳斯达克证券市场创立于1971年，1971年2月8日正式开始交易，以全国证券交易商协会自动报价系统(NASD Automated Quotation System)运作。这是一套电子系统，专门收集和发布在场外交易非上市股票的证券商报价，是全球第一家自动报价证券市场。经过十年持续不断的发展，纳斯达克证券市场建立了上市标准更高的纳斯达克全国市场，并且首先采用同步报道交易情况的经营方式。

1. 纳斯达克证券市场的双轨制

纳斯达克证券市场在上市方面实行双轨制，分别为：纳斯达克全国市场和纳斯达克小型资本市场。通常，较具规模的公司证券在纳斯达克全国市场进行交易；而规模较小的新兴公司证券则在小型资本市场进行交易，因为该市场实施的上市规定没有那么严格。但证券交易委员会对两个市场的监管范围并没有区别。

2. 交易系统

纳斯达克证券市场是一个电子化市场，因此它没有也不需要设置证券交易大厅。然而，这个市场在世界各地一共装置了40多万台计算机销售终端，向世界各个角落的交易商、基金经理和经纪人传送5 000多种证券的全面报价和最新交易信息。但是，这些销售机并不能直接用于进行证券交易，既不能在纳斯达克市场为股票造市，也不能受理指令。如果美国以外的证券经纪人/交易商进行交易，一般要通过计算机销售终端取得纳斯达克证券市场的信息，然后用电话通知在美国的全国证券交易商协会会员公司进行有关交易。

3. 做市商

纳斯达克证券市场采用多个做市商制度，它们包括高盛及摩根·士丹利等证券公司，这些公司可随时动用资金买卖纳斯达克证券市场各类上市公司的股票。

证券公司的交易商通过微机工作站进行报价。这些微机工作站都使用纳斯达克证券市场有限公司的专利软件,从而使相互竞争的交易商能够同时参加市场活动。世界各地的其他交易商、经纪人和投资者则可以从计算机终端上看到市场价格和买卖数量的确认报价。所有交易则是根据这些报价进行。为某一股报出买卖价的做市商数目因公司的不同而有所差异。所有公司都必须至少有两名做市商为其股报价;对于规模甚大、流通性高的股票而言,做市商可多达45家;但平均来说,非美国公司股票的做市商数目约为11家。

4. 保荐人

在纳斯达克证券市场,做市商既可买卖股票,又可保荐股票,换句话说,他们可以对自己担任做市商的公司进行研究,就该公司的股票发表研究报告并提出推荐意见。

5. 交易报告

做市商必须在成交后90秒内向全国证券交易商协会当局报告在纳斯达克证券市场上市证券已完成交易的每一笔(整批股)。买卖数量和价格的交易信息随即转发到世界各地的纳斯达克证券市场计算机屏幕和销售终端。这些交易报告的资料作为日后全国证券交易商协会审计的基础。

纳斯达克成功的背后,主要有如下几方面的原因:独特的市场结构;宽松的上市标准;先进的电子交易系统和严格的风险控制系统;市场国际化进程和不懈的创新。

宽松的上市环境是纳斯达克成功最核心和重要的原因。它与纳斯达克脱离于柜台交易有关,但主要是因为纳斯达克认识到当今信息社会的新兴企业具有与传统企业截然不同的特点,技术含量高的企业往往具有惊人的增长潜力。放松上市标准,鼓励和扶植新兴高新技术企业上市,是纳斯达克鲜明的特点,也是其成功的根本所在。

纳斯达克自成立起就利用电子系统进行交易,是世界第一家股票电子交易市场。这种方式十分有利于网上交易的发展,现在美国网上交易已经十分发达和普遍。目前,纳斯达克正尝试新的创新,其中最引人注目的是24小时交易,它已与澳大利亚正在洽谈合作事宜。由此可见,纳斯达克充分利用电子交易系统的先进性不断革新交易手段,为保证在下个世纪的竞争中保持领先进行不懈的努力。

纳斯达克的风险控制,其手段和措施已经法治化和程序化。它有两个手段:股票发行监管和交易活动监管。前者对纳斯达克上市发行活动实行紧密监督,以维护市场秩序和投资者利益。其手段主要通过检查所有在媒体上披露的有关公司股票发行信息,并有权事先得到公司某些重要信息。对违规公司有关部门有权责令其停止上市交易活动。交易活动监管是指该系统对所有上市企业的交易活动实行实时监管,以保证交易活动的真实性和秩序化。它通过这种监控系统的自动搜索和分析功能实时监视所有交易活动。对上市公司提供纳斯达克有关交易管理规定和有关法律法规。若发现违规则交有关部门进一步落实处理。

这两种做法和分工并没有其他特别之处,但其手段的先进性和严密性有效地维护了市场秩序和投资者利益。在三十多年的发展中,纳斯达克一直较好地控制了风险,避免了重大事故发生,较好地处理了发展与风险控制的关系。

纳斯达克市场创造了一个新的企业家阶层——风险资本家。纳斯达克把企业家及其创新成果和风险资本家有机地结合起来。有创新思想的创业者先向风险资本家筹集资金,经营一段时间后让成功企业的原始股(IPO)上市。一般来说,这些股票能得到高额回报,足以补偿风险投资者在其他投资上的损失。这样,一个创新科技、风险投资和纳斯达克市场联动获利、彼此促进的资金流动和效益增长方式就出现了。20世纪90年代，美国通过风险基金和原始股上市等途径进行的风险投资每年都在450亿至650亿美元，其中纳斯达克吸纳的约占半数。人们几乎在纳斯达克每一个成功的企业后面都能发现风险资本家的身影，风险资本家也在纳斯达克成功地创造了一个个神话。

纳斯达克的成功是信息技术与金融业结合的典范。纳斯达克自创立以来，就没有交易大厅，而是采用电子化交易系统，这保证了市场的公正，所有交易都在井井有条、公平、监管有力和低成本的环境中进行。在网络时代，纳斯达克一直与网络技术保持同步，目前它每年投资2亿多美元进行技术设备的升级换代，今后还将逐年增加。1999年它同美国著名的通信公司微波世界通信公司合作，使用设备"2号企业网"将电子交易网络的速度和容量扩大一倍，达到日成交40亿股的能力，并具有扩充到80亿股的潜力。低交易成本、无交易时限、全球化证券市场、即时成交、公开和透明的企业和股价信息正是这个高科技的金融帝国一直孜孜不倦追求的目标。

纳斯达克的成功也是美国文化发展的典范。纳斯达克自成立之初就鼓励中小企业上市，口号是公司不分大小，只要公开、诚实就行。但是，纳斯达克也最充分地体现了优胜劣汰的资本竞争原则。这里只允许强者驻足，如果不能做到最好，随时都会被吐故纳新的竞争和不进则退的压力淘汰。财富的乘数倍增效应在这里得到了淋漓尽致的体现，它使强者的资本超速增值，而弱者则被迅速逐出场外，每年都有相当数量的公司遭遇摘牌而黯然离场。于是，更高、更快、更强、更大自然也就成了网络时代企业的基本生存哲学。

纳斯达克是美国新经济的摇篮，对美国新经济的发展起到巨大的推动作用。它也是美国高新技术企业成长的推进器，打造了微软、英特尔和思科等举世闻名的跨国公司。

但是，随着纳斯达克成为许多经济指标的晴雨表，纳斯达克指数投机味道也越来越浓，股价被炒至完全脱离现实者比比皆是。投资界举足轻重的人物如格林斯潘等人都在不同场合指出，有朝一日纳斯达克指数自高峰大幅回落在意料之中。美国一些经济学家也指出，20世纪90年代美国经济得天独厚，在高科技投资开花结果之余，外资源源流入也是一个极重要因素。但经过历史上最长的一个经济增长期后，外资继续流入的诱因已逐渐减低，相反，以往部分投资获利回吐，并把资金调离美国到其他地区寻找机会的诱因却越来越大。如果新一轮资金流向趋势一旦形成，并无实质因素支持的纳斯达克指数自高位回落超过25%甚至一半也绝不稀奇。

言犹在耳，一度在纳斯达克叱咤风云的数字英雄身价暴跌，纳斯达克也成了许多人的噩梦。它的明天是否会很美？这是值得期待的。

(资料来源：根据网络资料整理)

问题：

1. 针对纳斯达克证券市场发展的特点，简述我国证券市场在发展过程中应该做好哪些方面的工作。

2. 对于纳斯达克证券市场后来出现的一些问题，应该采取哪些防范措施？

案例三　中国香港地区资本市场发展经验

一、高度国际化

中国香港地区的资本市场得以快速发展的一个重要原因即国际化，主要体现在对外高度开放，资金进出完全自由，以及各类外资金融机构的积极参与。

对外开放程度高，国际知名投资银行几乎均在港设立分支机构，其中诸多为亚太地区总部。在中国香港地区的股票市场，外资投资无任何限制。在香港联合交易所的经纪会员中，外资会员比例约20%，交易额则超过市场交易总额的60%。在日常交易中，以退休基金、互惠基金等形式出现的各类国际资金超过50%。同时，投资者可以参与新加坡、伦敦、纽约及纳斯达克等海外市场的投资。资金的自由进出及外资机构的无障碍投资是中国香港地区股票市场得以迅速发展的重要原因。

中国香港地区的债券市场国际化体现在海外机构参与债券市场的程度和交易币种结构等。中国香港地区的税收优惠降低了国际机构发行成本，吸引更多国际机构进入。例如，截至2010年年底，在146家持牌银行中，外资银行有123家，占比高达84.25%。在香港联交所挂牌的海外或国际机构发行的债券超过120种。

其投资的自由无障碍与对外资机构的开放值得内地资本市场借鉴。

二、法规、制度完善，透明度高，得到国际认可

香港资本市场法规受西方法律体系影响明显，透明度高，得到国际普遍认可，并在后期的不断完善中，使各种制度符合国际标准。资本市场法规及制度得到国际的认可才能吸引更多的参与者。1973年股灾以后，在1974年2月13日颁布了《证券条例》，这是中国香港地区第一个关于证券业的条例。到1989年4月2日又颁布了《证券及期货事务监察委员会条例》。这两个条例成为对证券业进行全面监督的法律依据。为提供有效及现代化的证券及期货监管制度，自1996年将管理证券及期货业的九项条例及部分公司条例内容，更新为《证券及期货条例》，更符合国际标准，于2002年3月通过，并于2003年4月生效。

此外，重要的法律还有《证券公开权益条例》《证券内幕交易条例》《证券在证券交易所上市条例》《香港公司收购及合并守则》《香港公司购回本身股份守则》和《香港单位信托及互惠基金守则》等。

三、注重改革，及时有效

中国香港地区的资本市场开放程度高，自由的资金和投资者会给市场带来较大的波动，其对于监管上的薄弱环节进行了及时有效的改革，对于市场机制上的不完善也进行了卓有成效的改进。

1973年股灾之后，中国香港地区开始对证券交易所进行整顿，1985年颁布了证券交易所合并条例，1986年4月2日香港联合交易所开业，结束了远东、金银、香港、九龙四会并存相互竞争的时代。1987年股灾之后，以戴维森为首的证券业检讨委员会正式提出了证券业改革，其中一条重要建议就是设立专门的证券业监管机构。因此，1989年5月1日正式成立了香港证券及期货事务监察委员会(简称香港证监会)，作为独立于政府架构之外的机构。证监会是证券市场的监督者，负责纠正市场结构和监管工作中的制度性问题。

20世纪80年代，由于投资债券所获利息仍需缴纳15%的利息税导致债市发展迟缓，于1989年取消利息税，并于20世纪90年代初发行政府债，有效推动了债券市场的发展，也使得外资机构的发行成本降低，吸引了诸多发行方和投资者。

四、机构投资者为主导

中国香港地区资本市场中机构投资者占据主导地位，2004—2010年交易占比均在60%以上。机构投资者扮演着重要角色，由于其更专业的投资策略，能够有效减少市场的波动性，投机性降低。目前我国股票市场的换手率高、投机性强的问题可以通过引入更多长期机构投资者加以改观。

五、注重保护投资者

香港证监会注重投资者保护，采用产品披露、销售及分销程序(向投资者提供意见)和投资者教育三线并举的模式。一个投资产品若要上市，其销售文件必须得到证监会审批，在此过程中，强调产品信息尽可能完备披露。产品在通过中介人(包括银行、持牌公司和个人)销售和分销过程中，对中介人的业务操守进行监管。中介人在建议或招揽客户购买投资产品时，应确保所做出的建议或招揽是合理的。证监会对分销过程监管采取双管齐下方式，实行视察与教育并举。一方面对投资顾问进行多轮视察，对严重的不当销售个案采取纪律处分；另一方面，向业界提供培训，促进中介人了解并履行各项责任。

同时，证监会设立投资者赔偿基金，通过香港交易所买卖各类投资产品的投资者，一旦蒙受损失，就可以向投资者基金申请索偿。基金由证券及期货事务监察委员会负责管理，处理和厘定申索的职能则由投资者赔偿有限公司实现。

六、市场产品丰富

香港资本市场的新产品、新金融工具不断涌现，国际市场上的金融衍生工具80%已被香港采用。在股票市场上，不仅出现期指、期权、认股权证等，而且此类衍生工具交易额超过现货交易。香港上市公司在债券市场的募资产品也较为多样化。在债券、票据和存款证这三种形式的基础上，先后出现付息债券，变息债券，与各种指数、商品及货币挂钩式债券，各种可换股债券等多种形式。

香港衍生品市场在2002年引入"庄家制"之后，发展迅速，一跃成为世界主要权证市场之一。在期权合约中，股票期权一直表现抢眼，长期保持在交易期权总量的75%。而灵活的权证发行制度和巨大的权证发行量，为市场带来充足流动性，也给投资者提供多样化的投资产品和工具。

七、筹集资金方式多元化

中国香港的股票市场充分借鉴伦敦和纽约交易所经验，经过几十年的发展，已经形成了一套完全成熟的市场化操作规则，市场上有多样化的操作工具可供选择。当市场行情好，公司股价高时，公司可以选择以供股或配售的方式向公众人士或特定对象发行新股筹集资金，或者选择定向配售、代价发行等方式来收购相关资产和股权，即通过换股实施并购。在行情低迷时，上市公司可以较低价格发行代价股，收购集团内部资产，有利于集团增持上市公司股份，防止上市公司面向公众人士或特定投资对象发售新股时，过分摊薄集团对上市公司的控制权。而中国内地只有首次公开发行新股、配股、增发、可转债券四种形式，且发行条件十分严格。丰富的交易品种和操作手段对并购起到重要的推动作用。

强大的后续融资能力，为公司持续并购不断提供资金和交易手段的支持。与内地股票市场不同的是，除首次上市募集资金的方式外，在中国香港上市的公司的后续融资功能非常强大，而且几乎不受时间的限制，这是中国香港市场的重要特征。只要市场认同，只要投资者愿意购买股票，公司就可以在短时间(如一年)内采取多种形式多次从资本市场上融资或者发行代价股，从而为并购提供资金和交易手段上的支持。这也是成熟证券市场的优势，是中国香港吸引国际资本的基础，也是诸多公司来港上市的重要原因。而内地A股上市公司的再融资受到严格的增发和配股条件的约束，本次公开融资距上次的融资时间至少为12个月。

八、个人及机构税收优惠

特区政府在促进市场发展，提高国际化的过程中，为市场参与者提供了优惠的税收制度。例如，为外资机构进驻香港地区和参与市场投资均提供了相关税收优惠，在促进债券市场发展时取消了利息税,这些能够提高市场和地区的吸引力,促进资金的进入和整体资本市场的发展。

(资料来源:中国证监会官网)

问题:

结合实际,分析中国内地资本市场可以从哪些方面进行经验借鉴?

案例四 2023年金融市场运行情况

2023年,债券市场规模稳定增长,国债收益率整体震荡下行;债券市场高水平对外开放稳步推进,投资者结构保持多元化;货币市场交易量持续增加,银行间衍生品市场成交量保持增长;股票市场主要股指回落。

一、债券市场规模稳定增长

2023年,债券市场共发行各类债券71.0万亿元,同比增长14.8%。其中,银行间债券市场发行债券61.4万亿元,交易所市场发行债券9.6万亿元。2023年,国债发行11.0万亿元,地方政府债券发行9.3万亿元,金融债券发行10.2万亿元,公司信用类债券1发行14.0万亿元,信贷资产支持证券发行3 485.2亿元,同业存单发行25.8万亿元。

截至2023年末,债券市场托管余额157.9万亿元,同比增长9.1%,其中银行间债券市场托管余额137.0万亿元,交易所市场托管余额20.9万亿元。商业银行柜台债券托管余额577.5亿元。

二、债券收益率整体震荡下行

2023年末,1年、3年、5年、7年、10年期国债收益率分别为2.08%、2.29%、2.40%、2.53%、2.56%,分别较2022年末下行2个、11个、24个、29个、28个基点。2023年末,中债国债总指数收盘价为224.5,较2022年末上涨10.8;中债新综合全价指数收盘价为124.6,较2022年末上涨2.5。

图4-15 2023年国债收益率曲线变化情况

(数据来源:中央结算公司)

2023年12月,银行间同业拆借月加权平均利率为1.78%,同比上行52个基点;银行间质押式回购月加权平均利率为1.90%,同比上行50个基点。

三、债券市场对外开放平稳有序

截至2023年末,境外机构在中国债券市场的托管余额为3.72万亿元,占中国债券市场托管余额的比重为2.4%。其中,境外机构在银行间债券市场的托管余额为3.67万亿元。分券种看,境外机构持有国债2.29万亿元、占比62.4%,政策性金融债0.80万亿元、占比21.8%。

四、债券市场投资者结构保持多元化

2023年末,按法人机构(管理人维度)统计,非金融企业债务融资工具持有人2共计2 162家。从持债规模看,前50名投资者持债占比50.6%,主要集中在公募基金、国有大型商业银行、股份制商业银行等;前200名投资者持债占比82.1%。单只非金融企业债务融资工具持有人数量最大值、最小值、平均值和中位值分别为57、1、13、12家,持有人20家以内的非金融企业债务融资工具只数占比为88%。从交易规模看,2023年,非金融企业债务融资工具前50名投资者交易占比62.4%,主要集中在证券公司、基金公司和股份制商业银行;前200名投资者交易占比89.8%。

五、货币市场成交量持续提升

2023年,银行间货币市场成交共计1 817.2万亿元,同比增加19.0%。其中,质押式回购成交1 668.8万亿元,同比增加21.4%;买断式回购成交5.4万亿元,同比减少2.7%;同业拆借成交143.0万亿元,同比下降2.6%。交易所标准券回购成交455.8万亿元,同比增加12.9%。

2023年,银行间债券市场现券成交307.3万亿元,日均成交12 341.6亿元;单笔成交量主要分布在500～5 000万元和9 000万元以上,单笔平均成交量4702.1万元。交易所债券市场现券成交46.4万亿元,日均成交1 919.3亿元。柜台债券市场累计成交105.1万笔,成交金额1 961.4亿元。2023年末,开办柜台债券业务的商业银行共30家,较2022年末增加2家。

六、票据市场承兑贴现规模保持稳定

2023年,商业汇票承兑发生额31.3万亿元,贴现发生额23.8万亿元。截至2023年末,商业汇票承兑余额18.6万亿元,同比下降2.7%;贴现余额13.3万亿元,同比增长2.1%。

2023年,签发票据的中小微企业21.3万家,占全部签票企业的93.1%,中小微企业签票发生额20.7万亿元,占全部签票发生额的65.9%。贴现的中小微企业32.0万家,占全部贴现企业96.5%,贴现发生额17.5万亿元,占全部贴现发生额73.6%。

七、银行间衍生品市场成交规模同比增长

2023年,银行间本币衍生品市场共成交31.9万亿元,同比增长49.8%。其中,利率互换名义本金总额31.5万亿元,同比增长50.2%;标准债券远期成交3 088亿元,信用风险缓释凭证创设名义本金347亿元,信用违约互换名义本金25亿元。国债期货共成交52.4万亿元,同比增长12.8%。互换利率有所下降,2023年末,1年期FR007互换利率收盘价(均值)为1.99%,较2022年末下降19个基点;5年期FR007互换利率收盘价(均值)为2.32%,较2022年末下降45个基点。

八、股票市场主要指数回落

2023年末,上证指数收于2 974.9点,较2022年末下跌114.3点,跌幅为3.7%;深证成指收于9 524.7点,较2022年末下跌1 491.3点,跌幅13.5%。两市场全年成交额212.2万亿元,同比减少5.5%。

(资料来源:中国证券监督管理委员会、中央国债登记结算有限责任公司、全国银行间同业拆借中心、银行间市场清算所股份有限公司、上海票据交易所股份有限公司、上海证券交易所、深圳证券交易所、北京金融资产交易所)

注:1. 包括非金融企业债务融资工具、资产支持票据、企业债券、公司债券、交易所资产支持证券等;
  2. 仅统计上海清算所托管的非金融企业债务融资工具,下同。

问题:
分析我国近年来金融市场发展的显著变化。

第五章

商 业 银 行

商业银行作为一国金融体系中开展金融业务的主体,是整个金融体系中数量最多、业务量最大、分布最广的金融机构,在西方国家号称"金融百货公司"。随着市场经济的发展,商业银行以其自身开展的众多的金融业务,服务于微观经济主体的融资需要。本章将主要介绍商业银行的业务,货币创造的原理及制约因素。

第一节 商业银行概述

在各类金融机构中,商业银行以其历史最为悠久、机构庞大、资金实力雄厚、业务范围最为广泛、对社会经济生活影响面最大而在整个金融机构体系中占据主体地位。

一、商业银行的地位

现代商业银行是以获取利润为经营目标,以多种金融资产和金融负债为经营对象,具有综合性服务功能的金融企业。

从历史上看,商业银行产生和成长的时间最长,是整个金融业演化的主流,其组织管理和业务经营都比较全面和成熟。当今世界各国金融体系中,商业银行规模最庞大。商业银行经营业务范围广泛,综合性强。商业银行是唯一能够办理用支票提取活期存款业务,并提供交换和支付媒介、创造货币和信用的机构,这就把商业银行活动和中央银行货币运行以及整个社会活动紧密地联系起来。商业银行的主要业务、演进历程及职能见表5-1。

表5-1 商业银行的业务及职能

代表银行	主要业务/演进历程	职能
威尼斯银行	货币兑换:货币保管+支付、汇兑 货币保管:收费—付费 贷款取息:全额准备—部分准备	汇兑结算 存款 贷款
英格兰银行	金匠业:保管凭条—银行券 划款凭证—银行支票 十足准备—部分准备	货币形式 存款 贷款

商业银行是人们长期沿袭下来的习惯用语。但严格来讲，这一称谓和它目前的实际含义存在着较大的差别。首先，原来的商业银行只是专门从事短期性商业融资的机构，故在历史上获得了"商业银行"的称谓，但从现代商业银行的业务范围来看，这一称谓已与实际情况出现较大的差异；其次，"商业"两字掩盖了现代商业银行所具有的综合性和多功能特点。但是，由于约定俗成的缘故，商业银行的概念已为人们所接受。

二、商业银行的职能

商业银行在现代经济活动中有信用中介、支付中介、金融服务、信用创造和调节经济等职能，并通过这些职能在国民经济活动中发挥着重要作用。商业银行的业务活动对全社会的货币供给有重要影响，并成为国家实施宏观经济政策的重要基础。

(一) 信用中介

商业银行作为信用中介，一方面通过吸收存款的方式，动员和集中社会上一切暂时闲置的货币和货币资本；另一方面以贷款方式把这些货币和货币资本投向社会经济各部门形成生产要素，把借贷双方巧妙地联系起来，成为借贷双方的中介人，这是银行最基本的、最能说明其经营活动特征的职能。

信用中介职能也包括将社会各阶层的货币收入和积蓄转化为资本。个人货币收入是用来供个人消费的，积蓄是准备用作远期消费或不可预测的需要，它们都不是资本，金额也比较小。由于现代银行制度的发展，开办储蓄，并支付利息，小额的货币收入就可以转化为资本，从而扩大了社会资本总量，加速经济的发展。

(二) 支付中介

银行在办理与货币收付有关的服务性业务时，执行支付中介职能，如根据企业的委托，办理货币的收付与转账结算等。在这里，银行以社会的"出纳员"和"账房"的身份出现。银行的中介职能，不仅节约了社会流通费用，还加速了资本周转。

(三) 信用创造

信用创造是指通过吸收活期存款、发放贷款，在整个商业银行系统内利用超额准备金进行贷款或投资的过程中，活期存款的扩大所引起的货币供应量的增加，又称"货币制造"。商业银行发挥信用创造功能的作用主要在于通过创造存款货币等流通工具和支付手段，既可以节省现金使用，减少社会流通费用，又能够满足社会经济发展对流通手段和支付手段的需要。

(四) 金融服务

金融服务是指商业银行利用其在国民经济中联系面广、信息灵通等的特殊地位和优势，利用其在发挥信用中介和支付中介功能的过程中所获得的大量信息，借助电子计算机等先进手段和工具，为客户提供的财务咨询、融资代理、信托租赁、代收代付等各种金融服务。通过金融服务功能，商业银行既提高了信息与信息技术的利用价值，加强了银行与社会联系，扩大了银行的市场份额，同时获得了不少收费收入，提高了银行的盈利水平。

(五) 调节经济

商业银行在国家宏观经济政策的影响下，通过信贷政策的实施，利率、信贷规模及资金投向的调节，实现调节经济结构、投资消费比、产业结构等目的，为国家经济稳定发挥了重要作用。

三、商业银行的类型和组织

(一) 商业银行的类型

从历史观点而论，商业银行大致是遵循两大主流发展的，即职能分工型模式和全能型模式。

职能分工型商业银行又称分离型商业银行，其特点是：在法律规定金融机构只能分别专营某种金融业务的情况下，商业银行主要经营短期工商信贷业务。这种类型的商业银行是在20世纪30年代资本主义经济大危机之后形成的，并以英国、美国、日本为代表。

全能型商业银行又称综合型商业银行，其特点是可以经营一切银行业务，即可办理各种存款、放款及证券业务或其他业务。这类商业银行的设置以德国最为典型。

20世纪70年代以来，上述两种类型商业银行经营业务的范围和界限开始有所突破，职能分工型的商业银行开始向综合型方向发展。其原因在于：在金融业竞争日益激烈的条件下，商业银行面对其他金融机构的挑战，利润率不断降低，促使商业银行必须从事更广泛的业务活动以加强竞争实力；随着负债业务结构不断向长期、稳定的方向发展，银行也逐渐从事长期信贷和长期投资的活动。在此发展形势之下，实行分离型商业银行的国家也逐步放宽对商业银行业务分工的限制。

(二) 商业银行的组织

商业银行的外部组织形式因各国政治经济情况不同而有所不同。综合看来，主要有总分行制和单一银行制，其他还有持股公司制、连锁银行制等，见表5-2。

表5-2 商业银行的外部组织形式

类型	定义	备注
总分行制	大城市设立总行，其他地区和城市设立分支机构	被采用较多，以英国、德国、日本为主要代表
单一银行制	由一个独立的银行经营银行业务，不设立分支机构	美国：各州独立性较强；限制垄断
持股公司制	为控制/收购两家或两家以上的银行股权而专门组成的公司	"二战"后，流行于美国
连锁银行制	个人/集团控制两家以上的银行，但不以股权公司形式出现	实质同持股公司制，地位不及持股公司制

1. 总分行制

总分行制是银行在大城市设立总行，在国内外各地普遍设立分支行并形成庞大银行网络的制度。按总行行使经营管理职能的情况，总分行制又可以分为管理处制和总行制两类。管理处制是指总部负责管理下属分支机构的业务活动，自身并不经营具体的银行对外业务。总行制是指总行除负有管理和控制的职责外，自身也经营具体的银行业务。采取总分行制的优点有：①有利于银行扩大经营规模，获得规模经济的好处；②有利于银行广泛吸收存款，调剂资金，分散和缓解风险；③有利于国家控制和管理；④有利于提高银行的竞争实力。目前，世界各国的商业银行普遍采用这种制度。

2. 单一银行制

单一银行制也叫单元制，是不设任何分支机构的银行制度。单一银行制的优点有：①防止银行业的垄断与集中，鼓励银行间公平竞争；②地方性程度高，能全力为本地区经济服务；③营业成本较低，管理层次较少，经营效率较高。单一银行制的缺点有：①不利于银行的发展，不易获得规模经济的好处；②单一银行制银行资金实力较弱，抵抗风险能力较弱；③单一银行制与经济的外向型发展存在矛盾。由于只是单体银行，故在整体实力上会受到限制，许多业务需要依赖其他银行的代理才能完成。于是，在经济发展和同业竞争中常会处于不利的地位。目前，仅美国采用这种形式。

3. 持股公司制

持股公司制是为规避严禁设立分行的种种限制性规定而出现的发展对策，也称集团银行制，即专门成立一个股份公司负责收购其他银行具有决定性表决权的股份，从而实现大银行通过持股公司把许多小银行，甚至一些企业置于自己控制之下的目的。如果收购的银行只有一家，为单一银行持股公司制；如果收购的银行有两家或两家以上，则为多家银行持股公司制。持股公司控制下的各银行具有互补性，经营实力增强。这种银行的组织形式在美国最为流行，近年来美国银行兼并大都采用这一形式。

4. 连锁银行制

连锁银行制是指由某自然人或某个集团收购若干家银行具有决定性表决权的股份，从而实现对被控股银行的业务及经营决策的控制。与持股公司制一样，都是为弥补单一银行制的不足，回避对设立分支行的限制而实行的。连锁银行制与持股公司制所不同的是：连锁银行制下的大银行对其他银行的控制不如持股公司制下的大银行控制力强，因为单个人或单个集团的资金实力一般不会强于一个股份公司的资金实力。因而在连锁银行制下，被控股的银行往往是有限的若干家。此种形式盛行于美国中西部，不及持股公司形式普遍。

四、商业银行的经营原则

我国在《中华人民共和国商业银行法》中规定，商业银行以安全性、流动性、效益性为经营原则，实行自主经营，自担风险，自负盈亏，自我约束。

（一）安全性

安全性原则是指商业银行在经营管理过程中，不仅要保证商业银行自身资产的安全，而且要保证客户资产的安全，使客户对银行保持坚定的信任。因为银行贷款的发放存在着信用风险、利率风险等，有可能发生贷款本金及利息不能按时收回的情况。如果出现这种情况必然影响存款不能按时按量兑付，引起客户提取存款，甚至出现挤兑现象，危及银行的经营前途。因此，要求银行加强对客户的资信调查和经营预测，银行资产要在种类和客户两方面适当分散，并与负债的规模保持一定比例；遵守国家法令，执行中央银行的金融政策和制度，取得国家的法律保护和中央银行的支持等；提高自有资本在全部资产中的比重等。

（二）流动性

流动性是银行能随时应付客户提取存款的支付能力。保持流动性即保持银行的一定清偿力，以应付日常提现需要，特别是应付突然大量提现需要，对于保证银行不断有大量资金来源、银行信贷资金正常周转以及银行业务顺利经营都是极其重要的。在商业银行的资产构成中，可以随时用于偿付客户提取存款的库存现金和在中央银行的存款，其流动性最强；在短期内可以变现的国家债券，其流动性较好；长期贷款、不动产抵押贷款和长期债券需要较长时间收回资金，流动性最差。为了保持流动性，银行应首先使库存现金和短期内可变现资产能够满足客户提现的需要。

(三) 效益性

银行的经营动机是为了获取利润，利润表现了商业银行的经营管理水平。商业银行在竞争中必须不断改善经营管理，采取各种措施以获取更多的利润。这些措施主要是：合理调度头寸，把银行的现金准备压缩到最低限度；大量吸收存款，开辟资金来源，把这些资金用于能够获取较多收益的贷款和证券投资上，并尽可能避免呆账、坏账的损失；加强经济核算，采用先进技术设备，提高劳动效率，降低费用开支，不断增加业务效益；严守操作规则，完善内控机制，减少事故和差错。

表5-3为2022年四季度和2023年四季度商业银行主要监管指标情况。

表5-3 商业银行主要监管指标情况表

项目	2022年四季度	2023年四季度
(一) 信用风险指标	2023年第四季度的数据需要等待校对时候更新数据	
正常类贷款	1 756 404亿元	1 948 366亿元
关注类贷款	41 082亿元	44 632亿元
不良贷款余额	29 829亿元	32 256亿元
其中：次级类贷款	14 209亿元	13 187亿元
可疑类贷款	11 170亿元	11 413亿元
损失类贷款	4 450亿元	7 656亿元
正常类贷款占比	96.12%	96.20%
关注类贷款占比	2.25%	2.20%
不良贷款率	1.63%	1.59%
其中：次级类贷款率	0.78%	0.65%
可疑类贷款率	0.61%	0.56%
损失类贷款率	0.24%	0.38%
贷款损失准备	61 402	66 170
拨备覆盖率	205.85%	205.14%
贷款拨备率	3.36%	3.27%
(二) 流动性指标		
流动性比例	62.85%	67.88%
存贷比	78.76%	78.69%
人民币超额备付金率	2.05%	2.23%
流动性覆盖率	147.41%	151.60%
(三) 效益性指标		
净利润(本年累计)	23 030	23 775亿元
资产利润率	0.76%	0.70%
资本利润率	9.33%	8.93%
净息差	1.91%	1.69%
非利息收入占比	18.80%	19.93%
成本收入比	33.97%	35.26%

(续表)

项目	2022年四季度	2023年四季度
(四) 资本充足指标		
核心一级资本净额	209 721亿元	227 981亿元
一级资本净额	240 172亿元	262 142亿元
资本净额	296 174亿元	325 693亿元
信用风险加权资产	1 803 745亿元	2 006 892亿元
市场风险加权资产	24 076亿元	25 001亿元
操作风险加权资产	120 986亿元	124 377亿元
应用资本底线后的风险加权资产合计	1 952 537亿元	2 162 983亿元
核心一级资本充足率	10.74%	10.54%
一级资本充足率	12.30%	12.12%
资本充足率	15.17%	15.06%
杠杆率	6.87%	6.79%
(五) 市场风险指标		
累计外汇敞口头寸比例	1.33%	1.40%

(资料来源：国家金融监督管理总局官网)

银行业务经营的三项原则既有联系又有矛盾。银行业务经营的最终目标是取得利润，而要达到这一目标必须做到流动和安全。三者矛盾表现为：银行要增强业务经营的安全性和流动性，就可能影响所获取的利润；银行要增加利润，就可能威胁业务经营的安全性和流动性。

五、实施商业银行经营原则的具体措施

为了贯彻商业银行的"三性"原则，特别是考虑到商业银行信贷资金的安全，商业银行在经营贷款业务时，要掌握好以下一些基本要点。

1. 借款人信用

商业银行经营贷款业务，首先要重视借款人的信用。例如，西方银行家在长期实践的基础上，提出了在贷款审查中的"5W"原则，即"who"，借款人是谁，要求着重了解借款人本身的信用状况；"why"，借款人为何借款，要求搞清借款的目的和用途；"what"，借款人用什么做担保，要求确定贷款的抵押物，以及抵押物的质和量；"when"，借款人何时能归还贷款，即确定贷款期限；"which"，通过何种方式归还，即确定还款方式。在对借款人信用的审查方面，西方银行家提出了"5C"原则，包括借款人的品德(character)、才能(capacity)、资本(capital)、担保品(collateral)和企业的经营状况(condition of business)。除"5C"外，西方又有人提出了"5P"要素，即"personal factor"（个人因素），指借款人的信誉和人格等；"purpose factor"（目的因素），指放款目的的合法性和效益性；"payment factor"（偿债因素），指偿债能力的稳定性和偿还时间的合理性等；"protect factor"（债权保障因素）指还款担保和担保品的可得性等；"prospective factory"（展望因素），指对授信的评价及对银行收益与风险的评价。银行放款应尽量选择品德好、才干高、资力雄厚、担保抵押方面有可靠保证、经营状况良好的企业或借款人。此外，西方商业银行还通常采用其他一系列旨在降低信贷风险的管理制度和方法，如贷款抵押、担保制度、贷款风险规避、分散、转嫁、消缩策略，以及资产负债管理、资产风险管理方法等。

2. 贷款的用途和偿还计划

贷款的用途和性质与贷款的回收关系很大。贷款用于生产或商业经营,其风险一般小于把贷款用于投机。生产和商业经营性质的贷款比较稳妥,只要经营情况正常,一般都能通过投资的收回和盈利来还贷,而投机性质的贷款一旦碰到借款人失败,银行就会受到连累而蒙受损失。贷款用于日常经营的流动资金放款与用于添置固定资产的放款,安全性也不一样,后者往往期限较长而安全性较差。因此,银行必须掌握还款的资金来源,要求借款人提供切实可靠的还款计划。

3. 贷款的保护

银行在办理贷款业务时,除要求借款人有良好的信用外,还需要借款人提供担保品,当出现借款人不能如期还款的特殊情况时,可以把担保品变卖抵偿,而免受损失。因此,商业银行的贷款以抵押贷款为多。对于信用放款,在放贷之前,对借款人的资信状况要进行广泛、深入、细致的调查分析。贷款发放时要签订一些保护性条款,如对借款人提出流动性比率要求、要求其及时提供财务报表等。贷款发放后要做好跟踪调查,密切关注贷款的使用情况和借款人的经营状况。对于抵押贷款,要根据抵押品情况做具体的分析,以不动产作为抵押的,要做好抵押品的估值、产权认定工作;以商品作为抵押的,要注意商品的易售性和易损性、价格的稳定性,确定合适的垫头;以有价证券作为抵押的,应注意证券的流动性和安全性。

4. 贷款的种类和对象分布

银行为了资金运用安全,必须实行分散性原则,即贷款的区域、行业、贷款人不要太集中,贷款数额不宜太大,贷款的种类不宜太单一,即"不要把鸡蛋放在一个篮子里",从而降低信贷的风险。

5. 对贷款实行浮动利率或市场利率

银行需要规定贷款利率随市场利率浮动的时间和幅度,在市场利率变化的情况下保证银行利息的收入水平不降低,机会成本不增加,这是西方商业银行通常的做法。随着利率市场化的推进,这种做法可以考虑广泛选用。

第二节 商业银行的业务

商业银行的业务归纳起来分为四大项:负债业务、资产业务、中间业务和表外业务。前两项业务一般称为信用业务,是商业银行的基本业务,如表5-4所示。

表5-4 商业银行的信用业务

资产部分	负债部分
现金资产:	资本账户:
库存现金	资本
存款准备金	资本盈余
同业存款	未分配利润
在途资金	资本储备金
贷款:	存款:
企事业单位贷款	住户存款(含活期存款和定期存款)
住户贷款	非金融企业存款(含活期存款和定期存款)

(续表)

资产部分	负债部分
其他贷款	其他存款
投资：	借款：
债券投资	向中央银行借款
股权及其他投资	同业拆借
	其他借入资金
其他资产	其他负债

一、负债业务

负债业务是商业银行筹措资金、借以形成资金来源的业务，是商业银行资产业务和其他业务的基础。负债业务可以分为存款业务和其他负债业务。

(一) 存款业务

存款是商业银行最主要的资金来源。存款业务是指银行客户存入款项，存款人可以随时或如期支取的一种信用业务，是商业银行最传统的业务之一。在商业银行负债总额中，存款所占比重一般在70%以上。因此，商业银行总是千方百计地设法增加存款来进行贷款或投资，以增加利润。商业银行存款主要包括住户存款、非金融企业存款和机关团体存款等，其中住户存款是商业银行存款的主要部分。住户存款和非金融企业存款又可以细分为活期存款、定期存款及其他存款，其中又以定期存款为多数。

1. 活期存款

活期存款是指开户时不约定存期，客户可随时存取、存取金额不限的一种存款。开立这种存款账户是为了结算便利，但由于收付频繁，银行提供服务的费用较高，一般不计利息或者只支付少量的利息。我国商业银行目前对活期存款仍付给较低的利息。

人民币单位活期存款账户分为基本存款账户、一般存款账户、临时存款账户、专用存款账户。凡在中华人民共和国境内的企业、事业单位、机关、社会团体、部队、其他组织和个体工商户等单位均可开立人民币单位活期存款账户。

个人活期存款账户分为个人结算账户和储蓄账户两种，分别具有不同的功能。如果客户需要通过存折(卡)办理现金存取款、银行卡、转账、扣款、投资、汇入及汇出汇款等多种银行业务，建议选择个人人民币银行结算账户。只通过存折在柜台办理存取款业务的账户作为储蓄账户。个人结算账户包含了储蓄账户的全部功能，同时还可办理以下服务：支付水电气和电话等基本日常费用；代发工资、养老金或社会救济金；住房、汽车等消费信贷还款；汇款；第三方存管业务；记账式国债、开放式基金等投资业务；使用借记卡购物刷卡消费，通过电话银行、网上银行、ATM等自助设备存取款、查询余额、转账等；使用个人支票、信用卡等信用支付工具。储蓄账户只具有在营业柜台现金存取和本人账户之间转账的功能，不能办理以上个人结算账户的结算业务。

开户时，客户填写内容有存款日期、户名、存款金额、身份证种类、号码、联系方式的活期存款开户申请书和结算凭证，并将开户申请书和现金、身份证件交银行经办人员。银行经办人员审核后，办理开户手续，在存款凭条签字确认后，发给客户存折，并退还证件；若要求凭密码或印鉴支取，要在银行网点的密码器上自行按规定格式输入密码，或向经办人员提供两张印鉴卡片。

存取款时，实行免填客户凭条，只需口述存取款需求即可。续存时，将现金和存折(卡)交银行经办人员，支取时，将存折(卡)交银行经办人员，大额存取款的，需出示身份证件。其他仍按开户相应步骤办理。另外凭密码或印鉴支取存款的，每次都要按规定格式在银行网点的密码器上输入密码或在存款凭条上加盖印鉴。

活期存款按季结息，按结息日挂牌活期利率计息。不到结息日清户时，按清户日挂牌公告的活期利率计算到清户前一日止。

2. 定期存款

定期存款是客户在存款开户时约定存期，一次或按期分次(在约定存期内)存入本金，整笔或分期、分次支取本金或利息的一种存款方式。定期存款由于存期较长，到期时银行付给较高的利息。个人定期存款可分为以下几种类型：整存整取、零存整取、整存零取、存本取息、定活两便和教育储蓄。

(1) 整存整取：指开户时约定存期，整笔存入，到期一次整笔支取本息的一种存款。个人整存整取50元起存，起存金额为人民币10 000元，须一次性存入。开立人民币定期存款账户后，客户可分次存入多笔定期存款，人民币单位定期存款账户的资金应从人民币结算账户内转入。计息按存入时的约定利率计算，利随本清。整存整取存款可以办理到期日自动转存。存期分为三个月、六个月、一年、两年、三年、五年六个档次。

(2) 零存整取：指开户时约定存期、分次每月固定存款金额(由客户自定)、到期一次支取本息的一种存款。开户手续与活期储蓄相同，只是每月要按开户时约定的金额进行续存。储户提前支取时的手续比照整存整取定期储蓄存款有关手续办理。一般5元起存，每月存入一次，中途如有漏存，应在次月补齐。计息按实存金额和实际存期计算。存期分为一年、三年、五年。利息按存款开户日挂牌零存整取利率计算，到期未支取部分或提前支取按支取日挂牌的活期利率计算利息。

(3) 整存零取：指在存款开户时约定存款期限、本金一次存入，固定期限分次支取本金的一种存款。存款开户的手续与活期相同，一般存入时1 000元起存，支取期分一个月、三个月及半年一次，由客户与营业网点商定。利息按存款开户日挂牌整存零取利率计算，于期满结清时支取。到期未支取部分或提前支取按支取日挂牌的活期利率计算利息。存期分为一年、三年、五年。

(4) 存本取息：指在存款开户时约定存期、整笔一次存入，按固定期限分次支取利息，到期一次支取本金的一种存款。一般是5 000元起存。可一个月或几个月取息一次，可以在开户时约定的支取限额内多次支取任意金额。利息按存款开户日挂牌存本取息利率计算，到期未支取部分或提前支取按支取日挂牌的活期利率计算利息。存期分为一年、三年、五年。

(5) 定活两便：指在存款开户时不必约定存期，银行根据客户存款的实际存期按规定计息，可随时支取的一种个人存款种类。50元起存，存期不足三个月的，利息按支取日挂牌活期利率计算；存期三个月以上(含三个月)，不满半年的，利息按支取日挂牌定期整存整取三个月存款利率打六折计算；存期半年以上的(含半年)不满一年的，整个存期按支取日定期整存整取半年期存款利率打六折计息；存期一年以上(含一年)，无论存期多长，整个存期一律按支取日定期整存整取一年期存款利率打六折计息。

(6) 教育储蓄：指为鼓励城乡居民以储蓄方式，为其子女接受非义务教育积蓄资金，促进教育事业发展而开办的储蓄。教育储蓄的对象为在校小学四年级(含四年级)以上学生。教育储蓄存款按存期分为一年、三年和六年三种。教育储蓄每一账户起存50元，本金合计最高限额为2万元。客户凭学校提供的正在接受非义务教育的学生身份证明一次支取本金和利息时，可以享受利率优惠，并免征储蓄存款利息所得税。

3. 协定存款

协定存款是指对公客户(指符合开立基本存款户或一般存款户的企事业单位)与银行签订协定存款合同，双方商定对公客户保留一定金额的存款以应付日常结算，此部分按普通活期利率计付利息，超过定额金额的那部分存款按协定存款利率计付利息。

协定存款功能等同活期存款，但收益要高出活期存款近2倍，存款的余额越高，公司获得的利率越高，一般银行只会跟有大额存款的客户做协定存款，个人存款则不适用。协定存款的合同期限为一年，到期时，如双方没有提出终止或修改合同，即视为自动延期1年。经开户行确认后，在原合同上注明"合同继续有效"字样，账户继续使用。

4. 通知存款

通知存款是指存款人在存款时不约定存期，支取时需提前通知银行，约定支取存款日期和金额方能支取的存款，同时兼有活期存款与定期存款的性质。通知期限为1日、7日两种，其中1天通知存款需要提前1天向银行发出支取通知，并且存期最少需1天；7天通知存款需要提前7天向银行发出支取通知，并且存期最少需7天。按日计息，利率视通知期限长短而定，一般高于活期，低于定期存款。存款经通知而到期，存款人不提取的部分，过期不计利息。一般情况下，单位通知存款的最低起存金额为人民币50万元或等值5万美元，最低支取金额为10万元人民币或等值1万美元(实际执行时各行不一样)；个人通知存款最低起存金额为人民币5万元。本金一次性存入，可一次或分次支取，但分次支取后账户余额不能低于最低起存金额，当低于最低起存金额时银行给予清户，转为活期存款。这种存款有利于银行安排头寸，保证适度的清偿能力，提高资金利用效果；又使短期闲置资金获得较大收益，提高存款人的积极性。

5. 大额存单

大额存单是银行业存款类金融机构面向非金融机构投资人发行的记账式大额存款凭证，属一般性存款，纳入存款保险范围。大额存单的投资人包括个人、非金融机构、机关团体，以及保险公司、社保基金等。大额存单是具有标准化期限、最低投资金额要求、市场化定价的存款产品。大额存单包括机构大额存单和个人大额存单。单位大额存单以每期产品说明书为准，一般不低于人民币1 000万元，需一次全额存入，提前支取后留存金额不低于该期产品说明书规定的认购起存金额。个人大额存单为人民币标准类固定利率大额存单，一般包括1个月、3个月、6个月、9个月、1年、18个月、2年、3年、5年等9个期限，各期限产品的购买起点金额均不低于人民币20万元。大额存单相关规定详见第四章第三节。

大额存单优势如下：收益率高，利率较同期限现有定期存款产品更具竞争力；流动性好，可办理全部/部分提前支取(按月付息产品不支持部分提前支取)、质押贷款，还支持个人客户间转让(按月付息款产品除外)，随时满足客户的用款需求；安全性强，保本保息，不存在本金和收益损失风险，安全可靠；功能丰富，可依客户需要，选择性配发纸质存单凭证；渠道灵活，支持网点柜台、智能柜台、网上银行和手机银行等多个渠道办理(部分功能仅限个别渠道办理)。

6. 结构性存款

结构性存款是指投资者将合法持有的人民币或外币资金存放在银行，由银行通过在普通存款的基础上嵌入金融衍生工具(包括但不限于远期、掉期、期权或期货等)，将投资者收益与利率、汇率、股票价格及其他金融类或非金融类标的物挂钩的具有一定风险的金融产品。事实上，结构性存款不是普通存款，也不同于银行理财。结构性存款在存款的基础上嵌入金融衍生工具，通过与利率、汇率、指数等的波动挂钩，使存款人在承担一定风险的基础上获得更高收益。结构性存款的客户既有机构客户，也有个人客户。

结构性存款通常是本金100%保护，客户所承担的风险只是利息可能发生损失，而本金不会有任何损失。结构性存款的流动性较差，客户在结构性存款期间不得提前支取本金，客户在投资的时候需要注意资金流动的问题。

(二) 其他负债业务

各国的商业银行除主要吸收存款筹集资金外，还通过其他途径开展负债业务。它包括向中央银行借款、同业拆借、发行金融债券及回购协议等。

1. 向中央银行借款

当商业银行资金紧张时，可向中央银行借款。主要有两种形式：一是再贴现，即商业银行将其贴现买入的未到期票据向中央银行再次贴现，票据的债权由商业银行转到中央银行，商业银行提前取得资金；二是再贷款，即商业银行用其持有的合格票据、政府公债等有价证券作为抵押品向中央银行取得抵押贷款。在国外，商业银行较少直接向中央银行借款，只在再贴现和同业拆借等融资方式仍不能解决头寸不足的情况下，才不得不运用再贷款方式向中央银行借款。而在我国，再贷款是国有股份为主的商业银行从中央银行取得资金的主要来源。

2. 同业拆借

同业拆借是指商业银行之间及商业银行与其他金融机构之间的短期资金融通。拆入资金银行主要是用来解决临时资金周转的需要，期限一般较短，多则7日，少则1日，甚至还有半日拆借，上午借，下午还。

3. 发行金融债券

金融债券是商业银行和其他金融机构为了筹集信贷资金而发行的债权债务凭证。发行金融债券所筹的资金具有很高的稳定性，是中长期信贷资金的一个重要来源。与一般存款不同，发行金融债券所筹资金的主动权掌握在商业银行手中，筹集的资金一般有专门的用途，其债券具有较强的流动性。

4. 回购协议

回购协议是指商业银行通过卖出资产组合中的证券来获取资金，在卖出证券的同时，要同买入者签订一定时期后重新购回证券的协议。因此，证券回购协议实质上是短期资金借贷的一种有担保的具有流动性的手段。回购协议在西方国家的商业银行负债中占有重要的位置，如在美国，此项负债大约占全部负债的6%～10%。

二、资产业务

资产业务亦称授信业务，就是银行把通过负债业务吸收的资金加以运用的业务，它是商业银行取得经营收入的最主要的途径。资产业务形成银行对客户的债权，主要包括贷款和证券投资。

(一) 贷款

贷款是指银行将其组织的资金以货币资金的形式，按照一定的贷款利率贷放给客户，客户如期归还的一种行为。贷款是商业银行的一项基本业务，也是商业银行最重要的资产。据世界500家大银行统计资料显示，贷款一般占银行总资产的50%～60%。近年来，我国金融企业的贷款约占全部资产的90%以上。商业银行通过贷款满足社会经济对资金的需求，从而促进了经济的发展并为银行带来利润。贷款运用的好坏，不仅是银行经营成败的关键，还是社会经济兴衰的重要因素。

1. 贷款分类

1) 按贷款期限分类

据此分类方法，可分为短期、中期和长期贷款。

短期贷款是指贷款期限在1年以内(含1年)的贷款，一般用于借款人生产、经营中的流动资金需要，短期贷款的币种包括人民币和其他国家、地区的主要可兑换货币。中期贷款指贷款期限在1年以上(不含1年)5年以下(含5年)的贷款。长期贷款指贷款期限在5年以上(不含5年)的贷款。中长期贷款又可称为项目贷款，是指商业银行发放的，用于借款人新建、扩建、改造、开发、购置等固定资产投资项目的贷款，包括技术改造贷款、基本建设贷款、项目贷款、房地产贷款等。

2) 按贷款方式分类

据此分类方法，可分为信用贷款、担保贷款和票据贴现。

信用贷款是商业银行完全凭借客户的信誉而无须提供抵押物或第三者担保而发放的贷款。担保贷款分为保证贷款、抵押贷款和质押贷款。保证贷款指按《中华人民共和国担保法》(以下简称《担保法》)规定的保证方式以第三人承诺在借款人不能偿还贷款时，按约定承担一般保证责任或者连带责任而发放的贷款。抵押贷款指按《担保法》规定的抵押方式以借款人或第三人的财产作为抵押物发放的贷款。质押贷款指按《担保法》规定的质押方式以借款人或第三人的动产或权利作为质物发放的贷款。抵押贷款的抵押物主要是房产、机器设备、存货等；而质押贷款中的质押物主要是存单等动产。票据贴现指贷款人以购买借款人未到期商业票据的方式发放的贷款。

3) 按信贷资金来源分类

据此分类方法，可分为自营贷款、委托贷款和特定贷款。

自营贷款指贷款人以合法方式筹集的资金自主发放的贷款，其风险由贷款人承担，并由贷款人收回本金和利息。委托贷款指由政府部门、企事业单位及个人等委托人提供资金，由贷款人(即受托人)根据委托人确定的贷款对象、用途、金额、期限、利率等代为发放、监督使用并协助收回的贷款，贷款人(受托人)只收取手续费，不承担贷款风险。特定贷款指经国务院批准并对贷款可能造成的损失采取相应补救措施后责成国有股份为主的商业银行发放的贷款。

4) 按风险程度分类

据此分类方法，可分为正常、关注、次级、可疑和损失共5类贷款。按照《商业银行金融资产风险分类办法》(自2023年7月1日起施行)规定，商业银行承担信用风险的金融资产，包括但不限于贷款、债券和其他投资、同业资产、应收款项等，均可以分为正常类、关注类、次级类、可疑类、损失类，后三类合称不良资产。

正常类：债务人能够履行合同，没有客观证据表明本金、利息或收益不能按时足额偿付。关注类：虽然存在一些可能对履行合同产生不利影响的因素，但债务人目前有能力偿付本金、利息或收益。次级类：债务人无法足额偿付本金、利息或收益，或金融资产已经发生信用减值。可疑类：债务人已经无法足额偿付本金、利息或收益，金融资产已发生显著信用减值。损失类：在采取所有可能的措施后，只能收回极少部分金融资产，或损失全部金融资产。

2. 目前我国金融机构实际贷款投向

1) 企事业单位贷款

这是我国商业银行贷款总量中占比最大的一部分。分期限看，主要是短期贷款、票据融资，以及中长期贷款，尤以中长期贷款为主。

按用途看，固定资产贷款和经营性贷款并驾齐驱。固定资产贷款是指银行为解决企业固定资产投资活动的资金需求而发放的贷款。企业固定资产投资活动包括：基本建设、技术改造、开发并生产新产品等活动及相关的房屋购置、工程建设、技术设备购买与安装等。固定资产贷款特点：一般贷款金额较大；一般期限较长，大都为中期或长期贷款且大部分采取分期偿还；在贷款保障方式上，除要求提供必要的担保外，一般要求以项目新增固定资产作抵押；在贷款方法上，一般采用逐笔申请、逐笔审核。经营性贷款即流动资金贷款，是为满足客户在生产经营过程中短期资金需求，保证生产经营活动正常进行而发放的贷款。经营性贷款特点：流动资金贷款作为一种高效实用的融资手段，属于授信额度内最普遍的产品之一，具有贷款期限短、手续简便、周转性较强、融资成本较低的特点。

2) 房地产企业贷款

房地产企业贷款通常是指商业银行向房地产开发经营企业或土地储备机构发放的与房地产开发经营活动有关的贷款。房地产贷款多为中长期贷款。包括：土地储备贷款，发放给受政府主管部门委托负责土地的征用、收购、整理、储备和出让的机构或企业；住房开发贷款，发放给开发建造向市场租售的经济适用住房或各档次商品住宅的房地产开发企业；商用房开发贷款，发放给开发建造向市场租售的用于商业和商务活动的写字楼、办公楼、商场、商铺等商用房的房地产开发企业；经营性物业贷款，用于承贷物业在经营期间的维护、改造、装修等与物业本身相关的经营性资金需求，以及置换借款人为建设或购置该物业形成的贷款、股东借款等，不得用于购地、新建项目或其他限制性领域，经营性物业贷款在发放前应明确贷款用途。

3) 普惠金融领域贷款

普惠金融是指立足机会平等要求和商业可持续原则，以可负担的成本为有金融服务需求的社会各阶层和群体提供适当、有效的金融服务。普惠金融的存在是为了满足低收入者乃至贫困者短、小、急、频的金融需求。普惠金融服务对象主要为上班族、个体户、中小企业、微小企业、农户、城镇低收入人群、贫困人群、残疾人、老年人、特殊群体等等。不需要提供担保、抵押物，申请流程快捷(一般银行借贷需要一个多月，普惠金融借贷一般在3到5天)；资金配置效率高。

人民币普惠金融领域贷款主要包括普惠小微贷款、农户生产经营贷款、创业担保贷款、助学贷款和脱贫人口贷款等。其中做得比较有特色的是：中国工商银行的"经营快贷"产品；中国建设银行的线上自助贷款产品"小微快贷"；中国农业银行推出了"微捷贷"和针对农户的线上贷款产品"金穗快农贷"；中国民生银行的"云快贷"；阿里巴巴旗下的花呗和借呗等。

4) 绿色贷款

绿色贷款是指金融机构为支持环境改善、应对气候变化和资源节约高效利用等经济活动，发放给企(事)业法人、国家规定可以作为借款人的其他组织或个人，用于投向节能环保、清洁生产、清洁能源、生态环境、基础设施绿色升级和绿色服务等领域的贷款。按用途看，主要是基础设施绿色升级产业、清洁能源产业和节能环保产业贷款；按行业看，主要是电力、热力、燃气及水生产和供应业贷款。

5) 涉农贷款

涉农贷款是指涉及农户、农村等相关的贷款，主要包括农民贷款、农村企业及各类组织贷款、城镇企业及各类组织的涉农贷款等。在涉农贷款分类中，涉农贷款按城乡划分为农村贷款和都市农业相关贷款；涉农贷款按用途分为农林牧渔业贷款、农资及农副产品流通贷款、农村基础设施建设贷款、农产品加工贷款、农产品加工贷款。生产资料、农田基本建设贷款、农业科技贷款等；根据贷款主体，涉农贷款分为农民贷款、农村企业及各类组织的涉农贷款、城镇企业及城镇各类组织的涉农贷款。

6) 住户贷款

从贷款期限看，住户贷款具体分为短期贷款和中长期贷款，以中长期贷款为主。从用途看，住户贷款一般用于个人消费贷款和个人经营贷款，也可以说是包括个人住房贷款在内的消费贷款和个人经营贷款的总和。个人消费贷款是指向自然人发放的，用于借款人家庭合法合规消费用途的贷款，可用于购车、购车位、装修、教育学资、大宗消费购物、旅游、出国留学等个人或家庭合法消费(非购房或投资)用途。个人经营贷款是指向符合条件的自然人发放的用于生产经营或其他合理性投资需求的贷款，主要用于经营资金周转、经营场所和出租物业的装修、购置经营设备、购置或建造经营性物业。个人住房贷款是指向借款人发放的用于购买自用普通住房的贷款，借款人申请个人住房贷款时必须提供担保，个人住房贷款业务是商业银行的主要资产业务之一，也是住户贷款的主要部分，其主要贷款方式如下。

(1) 住户委托贷款，即住户担保委托贷款，它是指住房资金管理中心运用住房公积金委托商业银行发放的个人住户贷款。住户公积金贷款是政策性个人住户贷款，一方面是它的利率低；另一方面主要是为中低收入的公积金缴存职工提供这种贷款。由于住户公积金贷款和商业贷款的利息相差1%有余，因而无论是投资者还是购房自住的老百姓，都比较偏向于选择住户公积金贷款购买住房。

(2) 住户自营贷款，主要是以银行信贷资金为来源向购房者个人所发放的贷款，也可以称为个人住户担保贷款。

(3) 住户组合贷款，是以住房公积金存款和信贷资金作为来源向同一个借贷人发放的住房贷款，一般是住户担保委托贷款与住户自营贷款的组合。

近年来信贷结构的演变和趋势。信贷结构演变是经济结构变迁的映射，同时发挥促进实体经济发展的作用。2010年以来，伴随着城镇化步伐加快、经济结构转型和稳增长、调结构政策推动，我国信贷结构呈现出"制造业筑底企稳、普惠小微稳步提升、基建高位缓落、房地产冲高趋降"的变化特征，特别是2019年以来信贷结构明显改善。从大数看，2022年6月末206万亿元人民币贷款余额中，普惠小微、制造业、基建、房地产贷款大体占全部贷款余额的一成、一成、两成、两成半，近年来金融不断加大对普惠小微等领域的支持力度。

我国信贷结构变化如图5-1所示。

图5-1 我国信贷结构变化

(二) 证券投资

商业银行的证券投资是指商业银行运用其资金购买有价证券的行为，包括债券投资、股权及其他投资。银行购买的有价证券包括债券(国库券、公债券、公司债券)和股票。但对股票的购入，一般比较慎重。目前，各国商业银行的证券投资主要用于购买政府债券，特别是短期国库券。

银行证券投资和贷款一样，其目的在于获取盈利，同属银行的生利资产，但两者也有区别，主要表现在以下几方面。

(1) 证券投资中未到期的证券变现能力强；贷款在未到期前，银行难以收回，流动性较差。

(2) 证券投资用于证券的买卖活动，与生产不发生直接的联系；贷款主要用于生产经营活动，与再生产有着密切的联系。

(3) 证券投资是由银行以购买证券的方式进行的；贷款是银行应借款人的请求而进行的。

(4) 证券投资中证券的名义价值容易发生变动；贷款的名义价值不易发生变动。

(5) 在证券投资中银行比较主动，买多少，买何种证券，何时购买，由银行自行决定；贷款则不同，相对来讲银行处于被动地位。

根据分业管理的规定，我国商业银行主要是从事购买国库券和国家规定购买的金融债券业务。2007年，中国工商银行、中国建设银行参股了中铁股份，做出了投资一级市场股票的尝试。

近年来存款类金融机构本外币信贷收支表(项目)见表5-5，从中可以了解金融机构资产负债业务的主要项目及统计口径情况。

表5-5 存款类金融机构本外币信贷收支表(项目)

来源方项目	运用方项目
一、各项存款	一、各项贷款
(一) 境内存款	(一) 境内贷款
1. 住户存款	1. 住户贷款
(1) 活期存款	(1) 短期贷款
(2) 定期及其他存款	消费贷款
2. 非金融企业存款	经营贷款
(1) 活期存款	(2) 中长期贷款
(2) 定期及其他存款	消费贷款
3. 机关团体存款	经营贷款

(续表)

来源方项目	运用方项目
4. 财政性存款	2. 企(事)业单位贷款
5. 非存款类金融机构存款	(1) 短期贷款
(二) 境外存款	(2) 中长期贷款
二、金融债券	(3) 票据融资
三、对国际金融机构负债	(4) 融资租赁
四、其他	(5) 各项垫款
资金来源总计	3. 非存款类金融机构贷款
	(二) 境外贷款
	二、债券投资
	三、股权及其他投资
	四、在国际金融机构资产
	资金运用总计

注：本表机构包括中国人民银行、银行业存款类金融机构。银行业存款类金融机构包括银行、信用社和财务公司。

(资料来源：中国人民银行网站)

以2023年前三季度人民币存贷款业务为例，信贷总量增长较快。2023年前三季度，金融机构贷款同比多增较多。9月末，金融机构本外币贷款余额为239.5万亿元，同比增长10.2%，比年初增加19.5万亿元，同比多增1.4万亿元。人民币贷款余额为234.6万亿元，同比增长10.9%，当前存量贷款大体为年度增量的十倍，规模更为庞大，持续有力满足了实体经济融资需求。个别月份的增量易受基数、季节规律、季末考核等因素扰动，从累计增量角度看，1—9月新增贷款达19.7万亿元，较去年同期多增1.6万亿元，今年以来金融支持实体经济力度不断加大。信贷结构持续优化。9月末，企(事)业单位中长期贷款比年初增加11.9万亿元，在全部企业贷款中占比为75.8%。制造业中长期贷款余额同比增长38.2%，比全部贷款增速高27.3个百分点。普惠小微贷款余额同比增长24.1%，比全部贷款增速高13.2个百分点；普惠小微授信户数6 107万户，同比增长13.3%。贷款加权平均利率持续处于历史低位。

存款增加较多。9月末，金融机构本外币各项存款余额为286.6万亿元，同比增长9.7%，比年初增加22.1万亿元，同比少增5 547亿元。人民币各项存款余额为281.0万亿元，同比增长10.2%，比年初增加22.5万亿元，同比少增2 737亿元。外币存款余额为7 789亿美元。

人民币存贷款结构(以2023年前三季度为例)详细数据见表5-6。

表5-6 人民币存贷款结构(以2023年前3季度为例)

项目	9月末余额/亿元	同比增速/%
人民币各项存款	2 810 037	10.2%
住户存款	1 347 449	16.5%
非金融企业存款	790 706	4.6%
机关团体存款	355 732	7.2%
财政性存款	567 51	6.8%
非银行业金融机构存款	239 816	2.2%
境外存款	19 584	10.3%
人民币各项贷款	2 345 925	10.9%

(续表)

项目	9月末余额/亿元	同比增速/%
住户贷款	796 172	5.7%
企(事)业单位贷款	1 531 911	13.6%
非银行业金融机构贷款	5 773	28.3%
境外贷款	12 068	36.3%

(数据来源：中国人民银行货币政策执行报告)

三、中间业务

中间业务是指商业银行不需要运用自己的资金，通过代理客户办理收付和其他委托事项，从中收取手续费的各项业务。商业银行的中间业务主要有：代收代付业务、信用证业务、汇兑业务、代客买卖业务、信托业务和租赁业务等。这些中间业务在不同的商业银行归口管理并不一致，如和个人有关的中间业务可以归到个人银行或者私人银行、个人汇兑业务等，和企业有关的中间业务归到结算业务、贸易金融服务、金融市场服务等。

(一) 代收代付业务

代收代付业务是指各商业银行利用自身的结算便利，接受客户的委托代为办理指定款项的收付事宜的业务。代收业务的对象包括支票、票据、有价证券和商品凭证等。代收支票款项是客户收到其他银行的支票，委托自己的开户银行代为收款；票据代收业务是银行接受客户的委托，负责收取票据款项；有价证券代收业务是客户把有价证券交给银行，委托银行代收利息与股息等；商品凭证代收业务是卖方把货物向买方运送出去以后，把有关发货的商品凭证交给银行，委托银行代收款项。代付业务是为签约的企事业单位(个人)代发各种款项，包括但不限于工资、奖金、公积金、养老金和退休金等。

(二) 信用证业务

信用证业务是由银行保证付款的业务，可以解决买卖双方互不信任的矛盾。信用证是银行应买方的要求，开给卖方的一种保证付款的书面凭证。在银行应买方的要求开出信用证时，信用证上列买方购货所规定的条件，只要卖方按所列条件发货，就有权凭信用证要求银行付款。这种业务在异地采购，尤其在国际贸易中，使用非常广泛。银行经营信用证业务，可以从中收取手续费，并可以占用一部分客户资金。例如，中国银行的信用证保兑业务是指中国银行在开证行之外独立地对受益人承担第一付款责任，为出口商承担开证行的信用风险，使之在相符交单的条件下提前获得付款，分为公开保兑和沉默保兑两种方式，收取相关费用为保兑金额的2‰，最低500元，按季收取，费率可按国家、银行风险程度上浮。

(三) 汇兑业务

汇兑业务是银行代理客户把现款汇给异地收款人的业务。这种业务要使用特殊的汇兑凭证，即银行汇票或支付委托书。这些凭证是承兑银行向另一银行或分支行发出的命令，命令后者向第三者支付一定数额的货币。银行汇票由银行交给客户，客户再将它寄给收款人，由收款人向汇票指定的银行取款。支付委托书是由承兑银行用邮信或电报直接通知另一银行，再由后者通知第三者取款。银行经营汇兑业务可以占用客户一部分资金。目前个人汇兑业务发展到可以进行手机号转账。

(四) 代客买卖业务

代客买卖业务是银行接受客户的委托，代为买卖有价证券、贵金属和外汇的业务。在银行的代客买卖业务中最重要的是代理发行有价证券的业务。银行在代理国家发行国债、代企业发行债券、代基金公司发售基金和办理赎回时，可从业务总额中获得一定比率的手续费，这种收入往往是非常可观的。银行办理这种业务时，常常与资产业务相结合。即银行先按一定的折扣把有价证券买进，然后陆续卖出。在现代资本主义经济中，代理发行有价证券业务已超出中间业务的范围，成为银行资本与产业资本相结合的一种主要形式。

(五) 信托业务

信托业务是银行受客户的委托，代为管理、营运、处理有关钱财的业务。信托业务按业务对象可划分为个人信托和法人信托。个人信托业务包括：代管财产、遗产、有价证券、贵重物品，代办人寿保险、个人纳税等。法人信托业务包括：代办筹资、投资事宜，代办合并或接管其他企业，代管雇员福利账户和退休养老金的发放，业务咨询等。银行经营信托业务不仅可以收取手续费，而且可把占用的一部分信托资金用于投资、放款业务，如某人委托信托机构代为炒股，企业委托信托投资公司发行股票，信托机构为保险机构代办人寿保险等。

(六) 租赁业务

租赁业务是银行通过所属的专业机构将大型设备出租给企业使用的业务。这种业务一般是由银行所控制的分公司经营。租赁的范围包括飞机、船舶、车辆、钻井平台、电子计算机等，目前甚至扩大到成套工厂。银行通过收取租赁费来补偿设备价值的损失并从中获利。

此外，商业银行开展了许多新的中间业务，如代理融资业务、咨询和情报业务、电子计算机业务、银行卡业务等。

四、表外业务

表外业务是指商业银行所从事的不列入资产负债表且不影响资产负债总额的经营活动。表外业务的迅速发展，一方面为银行带来了巨额收益；另一方面，如果管理不善、控制不当也可能扩大银行经营风险，甚至会对金融体系的稳定产生不利影响。商业银行表外业务主要包括以下内容。

(1) 担保或类似的或有负债，包括担保、备用信用证、跟单信用证、承兑票据等。这类金融工具的共同特征是由某银行向交易活动中的第三者的现行债务提供担保，并承担现行的风险。

(2) 承诺业务，是指商业银行在未来某一日期按照事先约定的条件向客户提供约定的信用业务，包括贷款承诺等，具体分为不可撤销的承诺和可撤销的承诺。其中，不可撤销贷款承诺又称实质性贷款承诺，是指不经客户允许银行不得随意取消的贷款承诺，具有法律约束力，在有效承诺期内，按照双方约定的条件、金额和利率等，随时准备应客户需要提供贷款，该种承诺就有风险。

(3) 金融衍生交易类业务，是指商业银行为满足客户保值或自身头寸管理等需要而进行的货币(包括外汇)和利率的远期、掉期、期权等衍生交易业务。它是指近年来一些与利率或汇率有关的创新金融工具的交易业务。例如，目前商业银行操作的人民币外汇掉期交易和人民币利率互换交易。在西方国家，银行的表外业务已成为银行业务发展和扩大利润的一个重要手段。我国银行表外业务基本上是在改革开放后起步的，发展相对缓慢。

表外业务与中间业务都是独立于资产负债业务之外的业务，两者既有联系又有区别。两者的联系表现在：一方面表外业务与中间业务都属于收取服务费的业务；另一方面，表外业务与中间业务的范围有小部分重合。例如，信用证业务属于中间业务，但就其内涵来说，信用证业务又具有担保业务的性质，因此信用证业务既是中间业务又是表外业务。表外业务与中间业务的最大区别在于承担的风险不同。表外业务虽然不反映在资产、负债各方，不直接形成资产或负债，可却是一种潜在的资产或负债，在一定条件下会发生转化，表外业务可以转化为表内业务，因而承担一定的风险。而中间业务则一般没有资产负债方面的风险，主要是提供服务，银行完全是中间人的角色或者是服务者的角色。

第三节　商业银行存款货币创造

商业银行对货币流通的影响，首先表现在商业银行机构多，规模大，业务广泛，是整个货币流通的最主要载体。其次，商业银行办理支票活期存款，具有创造货币的功能。货币总规模及其结构、货币流通的质量都与商业银行活动有直接联系。下面介绍商业银行是怎样创造货币——派生存款，进而影响货币流通和经济生活的。

一、商业银行存款货币创造涉及的基本概念

在信用制度发达的国家中，活期存款是存款人能用支票随时提取的一种存款。一般来说，只有商业银行才有权经营活期存款。商业银行在经营存贷款的过程中还具有创造存款的能力。

(一) 原始存款

原始存款是与派生存款相对应的，是商业银行存款的重要组成部分。原始存款指客户以现金形式存入银行的直接存款。商业银行获得原始存款后，除按法定存款准备金比率保留一部分作为法定准备金外，其余部分可用于放款或购买证券。通过对原始存款的吸收和放贷，商业银行系统又可创造出数倍于原始存款的派生存款。原始存款是商业银行扩张信用的基础。中央银行通过规定法定存款准备金比率来控制这部分存款，以达到调节信贷规模和控制货币供应量的目的。

(二) 派生存款

派生存款指银行由发放贷款而创造出的存款。它是原始存款的对称，是原始存款的派生和扩大，是由商业银行发放贷款、办理贴现或投资等业务活动引申而来的存款。派生存款产生的过程，就是商业银行吸收存款和发放贷款，形成新的存款额，最终导致银行体系存款总量增加的过程。

(三) 存款准备金

存款准备金指金融机构为保证客户提取存款和资金清算需要而准备的在中央银行的存款。中央银行要求的存款准备金占其存款总额的比例就是存款准备金率，存款准备金的比例通常是由中央银行决定的，也称为法定存款准备金率。存款准备金通常分为法定存款准备金和超额存款准备金，其中法定存款准备金按央行的比例存放，超额存款准备金是金融机构除法定存款准备金外在央行任意比例存放的资金。存款准备金本来是为了保证支付的，而它却带来了一个意

想不到的"副产品",就是赋予了商业银行创造货币的职能,可以影响金融机构的信贷扩张能力,从而间接调控货币供应量。现已成为中央银行货币政策的重要工具,是传统的三大货币政策工具之一。

二、商业银行的货币创造过程

(一) 信用创造必须具备的条件

1. 部分准备金制度

准备金的多少与派生存款量直接相关。银行准备金的提取数量受法定存款准备金率制约。法定存款准备金率越高,提取的准备金越多,银行可用的资金就越少,派生存款量也相应减少;反之,法定存款准备金率越低,提取的准备金越少,银行可用资金就越多,派生存款量也相应增加。

2. 非现金结算制度

在现代信用制度下,银行向客户贷款是通过增加客户在银行存款账户的余额进行的,客户则是通过签发支票等方式完成其支付行为。因此,银行在增加贷款或投资的同时,还增加了存款额,即创造出了派生存款。如果客户以提取现金方式向银行取得贷款,就不会形成派生存款。

(二) 存款的创造过程与原理

现假设甲企业到A银行存款100万元,A银行存款增加100万元。A银行将存款的20%(法定存款准备金率)作为准备金,其余全部贷给乙企业,即贷给乙企业80万元。乙企业向丙企业支付货款80万元,丙企业将这笔货款全部存入B银行,B银行存款增加80万元。B银行将存款的20%(法定存款准备金率)作为准备金,其余全部贷给丁企业,即贷给丁企业64万元……如此循环下去,见表5-7。

表5-7 存款货币创造过程

单位:万元

银行名称	存款金额	准备金额	贷款金额
A银行	100	20	80
B银行	80	16	64
C银行	64	12.8	51.2
D银行	51.2	10.24	40.96
……	……	……	……
合计	500	100	400

由表5-7可知,在部分准备金制度下,100万元的原始存款,可使银行共发放贷款400万元,并可使活期存款总额增至500万元。活期存款总额超过原始存款的数额,便是该笔原始存款所派生的存款总额。银行这种扩张信用的能力取决于两大因素,即原始存款数额的大小和法定存款准备金率的高低,可用公式表示为

$$D = \frac{R}{r}$$

式中:D代表存款,R代表初始准备金(即原始存款),r是法定存款准备金率。

由上式可知，法定存款准备金率越高，存款扩张的倍数值越小；法定存款准备金率越低，存款扩张的倍数值则越大。法定存款准备金之外的超额准备金，用于发放贷款，同时创造出派生存款。

三、其他制约派生存款的因素

(1) 客户会从银行提取或多或少的现金，从而使一部分现金流出银行系统，出现所谓的现金漏损。现金漏损与存款总额之比称为现金漏损率，也称提现率。显然，当出现现金漏损时，银行系统的存款准备金会减少，即银行由吸收存款而可扩大贷款的资金相应减少，由此也就减小了银行创造派生存款的能力。

(2) 银行并非一定会将超额准备金全部贷出。为安全或应付意外之需，银行实际持有的存款准备金总是高于法定存款准备金。显然，这也相应地减小了银行创造派生存款的能力。银行超过法定要求保留的准备金与存款总额之比，称为超额准备金率。

(3) 上面关于存款的描述是笼统的，但存款至少可以大致分为活期存款和定期存款。对于这两种存款，通常分别规定不同的准备金率(也有不分活期、定期规定不同准备金率的。如无不同的准备金率，第三点所指的因素即无须考虑)。如果把 D 和 r_d 分别视为活期存款和相应的法定存款准备金率，那么定期存款中还有 $r_t \cdot TD/D$ 的部分不能成为创造存款货币 D 的基础。这里的 r_t 代表定期法定存款准备金率，TD 代表定期存款总额，TD/D 是指有多大比例的活期存款转为定期存款。

通过考虑以上3点可以看出，银行吸收一笔原始存款能够派生创造出多少存款，派生倍数大小如何，除取决于法定存款准备金率的高低外，还要受到现金漏损率(提现率)的多少、超额存款准备金率的高低和有关活期存款、定期存款准备率的大小所制约。由此，派生倍数用公式表示为

$$K = \Delta D / \Delta R = 1/(r_d + c + e + r_t \cdot t) \tag{1}$$

如果活期存款和定期存款采用统一的准备金率 r，那么，派生倍数用公式表示为

$$K = \Delta D / \Delta R = 1/(r + c + e) \tag{2}$$

式中：新增因素 c 和 e，分别表示提现率和超额存款准备金率；t 代表 TD/D，即活期存款中转化为定期存款的比例。

目前金融机构法定存款准备金率是按照商业银行规模确定的，大型银行、中型银行、小型银行分别实行不同的法定存款准备金率，进而计算出金融机构平均存款准备金率。如2024年2月5日，金融机构平均存款准备金率为7%。整个金融体系可以根据平均存款准备金率的变化测算对货币供应量的影响效果，即采用上面公式(2)进行测算。

以上只是就商业银行创造派生存款过程中的基本可测量因素对存款派生倍数影响所做的分析。如果考虑客户对贷款的需求要受到经济发展的制约，那么并非任何时候银行总有机会将可能贷出的款项全部贷出。也就是说，银行能否多贷，不仅取决于银行行为，还要看企业是否需要贷款。在经济停滞和预期利润率下降的情况下，即使银行愿意多贷，企业也不可能要求多贷款，从而可能派生规模扩大并不一定能够实现。

所以，制约存款货币创造和收缩的因素总体包括：原始存款、法定存款准备金率、超额准备金率、现金漏损率、定期及活期存款占存款总额的比例、客户对贷款的需求等。

通过商业银行的货币创造过程，可以解决商业银行扩大信用规模的资金需求，更好地满足

微观经济主体的融资需要，服务经济生活。但货币创造过程中，稍有不慎，又可能导致货币供应量过大，危及货币币值的稳定。

第四节　商业银行经营管理理论

一、商业银行资产管理理论

商业银行资产管理理论主要研究如何把筹集到的资金恰当地分配到现金资产、证券投资、贷款和固定资产等不同资产上。商业银行的资产管理理论以资产管理为核心，早在17至18世纪，资产管理就成为商业银行管理遵循的原则。商业银行资产管理理论历史上依次经历了由商业贷款理论向资产转移理论和预期收入理论发展的演变过程。

(一) 商业贷款理论

1. 基本观点

存款是银行贷款资金的主要来源，而银行存款的大部分是活期存款，这种存款随时可能被提取，为了保证资金的流动性，商业银行只能发放短期的与商业周转有关的、与生产物资储备相适应的有偿性贷款，而不能发放不动产贷款等长期贷款。银行贷款应该以商业行为为基础，以商业票据为凭证。

2. 局限性

(1) 这种带有自偿性特征的放款理论，不能满足经济发展对银行长期资金的需求，也限制了银行自身的发展。

(2) 忽视了银行存款的相对稳定性，没有充分利用长期负债。

(3) 忽视短期贷款的风险性，且使银行的发展受制于经济周期及其带来的风险。

(二) 资产转移理论

1. 基本观点

为了保持足够的流动性，商业银行最好将资金用于购买变现能力强的资产。这类资产一般具有以下条件。

(1) 信誉高，如国债或政府担保债券以及大公司发行的债券。

(2) 期限短，流通能力强。

(3) 易于出售。

2. 局限性

(1) 证券价格受市场波动的影响很大，当银根紧缩时，资金短缺，证券市场供大于求，银行难以在不受损失的情况下顺利出售证券。

(2) 当经济危机发生使证券价格下跌时，银行大量抛售证券，却很少有人购买甚至不购买，这与银行投资证券以保持资产流动性的初衷相矛盾。

(三) 预期收入理论

1. 基本观点

银行的流动性应着眼于贷款的按期偿还或资产的顺利变现，而无论是短期商业贷款还是可转让资产，其偿还或变现能力都以未来收入为基础。只要未来收入有保证就可以保证银行资产的流动性。

2. 局限性

(1) 把预期收入作为资产经营的标准，而预期收入状况由银行自己预测，不可能完全精确。

(2) 在贷款期限较长的情况下，不确定性因素增加，债务人的经营情况可能发生变化，到时并不一定具有偿还能力。

二、商业银行负债管理理论

商业银行负债管理理论产生于20世纪50年代末期，盛行于20世纪60年代。负债管理理论是以负债为经营重点，即以借入资金的方式来保证流动性，以积极创造负债的方式来调整负债结构，从而增加资产和收益。这一理论认为：银行保持流动性不需要完全靠建立多层次的流动性储备资产，一旦有资金需求就可以向外借款，只要能借款，就可通过增加贷款获利。

负债管理理论历史上依次经历了存款理论、购买理论和销售理论3个阶段。

(一) 存款理论

存款理论曾经是商业银行负债的主要正统理论。其主要特征是具有稳健性和保守性，强调应按照存款的流动性来组织贷款，将安全性原则摆在首位，反对盲目存款和贷款，反对冒险谋取利润。

1. 基本观点

(1) 存款是商业银行最主要的资金来源，是其资产业务的基础。

(2) 银行在吸收存款过程中是被动的，为保证银行经营的安全性和稳定性，银行的资金运用必须以其吸收存款沉淀的余额为限。

(3) 存款应当支付利息，作为对存款者放弃流动性的报酬，付出的利息构成银行的成本。

2. 局限性

(1) 没认识到银行在扩大存款或其他负债方面的能动性。

(2) 没认识到负债结构、资产结构及资产负债综合关系的改善对于保证银行资产的流动性、提高银行效益性等方面的作用。

(二) 购买理论

购买理论是存款理论之后出现的另一种负债理论，它对存款理论做了很大的否定。

1. 基本观点

(1) 商业银行对存款不是消极被动，而是可以主动出击，购买外界资金。

(2) 商业银行购买资金的基本目的是增强其流动性。

(3) 商业银行吸收资金的适宜时机是在通货膨胀的情况下。直接或间接抬高资金价格，是实现购买行为的主要手段。

2. 局限性

助长商业银行片面扩大负债，加深债务危机，导致银行业恶性竞争，加重通货膨胀负担。

(三) 销售理论

销售理论是产生于20世纪80年代的一种银行负债管理理论。

1. 基本观点

银行是金融产品的创造企业，银行负债管理的中心任务就是迎合顾客的需要，努力推销金融产品，扩大商业银行的资金来源和提高收益水平。该理论给银行负债管理注入了现代企业的营销观念，即围绕客户的需要来设计资产类或负债类产品及金融服务，并通过不断改善金融产品的销售方式来完善服务。它反映了20世纪80年代以来金融业和非金融业相互竞争和渗透的情况，标志着金融机构正朝着多元化和综合化发展。

2. 局限性

未能很好地解决如何使银行效益性与流动性和安全性统一的问题。

三、商业银行资产负债综合管理理论

20世纪70年代末80年代初，金融管制逐渐放松，银行的业务范围越来越大，同业竞争加剧。使银行在安排资金结构和保证获取盈利方面困难增加，客观上要求商业银行进行资产负债综合管理，由此产生了均衡管理的资产负债管理理论。

(一) 资产负债综合管理的主要特点

(1) 综合性，即资产和负债管理并重。

(2) 适应性，即根据经济环境的变化不断调整自己的经营行为，加强动态管理。

(二) 资产负债综合管理的基本经营原则

(1) 总量平衡原则，即资产与负债规模相互对称，统一平衡。

(2) 结构对称原则，即资产和负债的偿还期及利率结构对称。

(3) 分散性原则，即资金分配运用应做到数量和种类分散。

(三) 资产负债综合管理的主要技术方法

1. 缺口管理法

缺口管理法分为两种。一是利率敏感性缺口管理方法。基本思路是：银行可以根据利率变动的趋势，通过扩大或缩小利率敏感性资产与利率敏感性负债之间缺口的幅度，来调整资产和负债的组合及规模，以达到盈利的最大化。二是持续期缺口管理方法。具体做法是：在任何一个既定时期，计算资产加权平均到期日减负债加权平均到期日的差额，即持续期缺口。如该缺口为正，则说明资金运用过多；反之，则资金运用不足，应根据外部环境进行调控。

2. 利差管理法

利差管理法，即控制利息收入和利息支出的差额，以便适应银行的经营目标。其主要手段有两点：一是增加利差，如准确预测利率的变动趋势，增加盈利资产在总资产中的比重，加强投资的期限结构管理等；二是利用创新金融衍生工具及交易方式，即运用金融期货、金融期权、利率互换等衍生工具，进行利差管理与资产的避险保值。

✕ 本章小结

1. 商业银行的类型包括职能分工型和全能型。商业银行的外部组织形式因各国政治经济情况不同而有所不同。综合看来，主要有总分行制和单一银行制，其他还有持股公司制、连锁银行制等。

2. 商业银行的经营原则包括流动性、安全性和效益性。

3. 商业银行的业务归纳起来分为四大项：负债业务、资产业务、中间业务和表外业务。

4. 商业银行存款主要包括：活期存款、定期存款、协定存款、通知存款、大额存单和结构性存款等。

5. 目前我国金融机构实际贷款投向主要为：企事业单位贷款、房地产企业贷款、普惠金融领域贷款、绿色贷款、涉农贷款和住户贷款等。

6. 制约存款货币创造和收缩的因素总体包括：原始存款、法定存款准备金率、超额存款准备金率、现金漏损率等。

✂ 习题

一、单项选择题

1. 商业银行"三性"原则是指效益性、流动性和( )。
   A. 投资性　　　　B. 投机性　　　　C. 安全性　　　　D. 风险性
2. 下列选项中无风险的表外业务是( )。
   A. 咨询业务　　　B. 承诺业务　　　C. 担保业务　　　D. 衍生业务
3. 下列选项中有风险的表外业务是( )。
   A. 代理业务　　　B. 汇兑业务　　　C. 结算业务　　　D. 担保业务
4. 商业银行贷款五级分类包括：正常贷款、关注贷款、次级贷款、可疑贷款和( )。
   A. 抵押贷款　　　B. 质押贷款　　　C. 贴现贷款　　　D. 损失贷款
5. 代理业务是商业银行的( )。
   A. 表外业务　　　B. 中间业务　　　C. 资产业务　　　D. 负债业务
6. 银行在大城市设立总行，在本市及国内外各地普遍设立分支行的制度是( )。
   A. 单一银行制　　B. 总分行制　　　C. 持股公司制　　D. 连锁银行制
7. 在银行体系中，处于主体地位的是( )。
   A. 中央银行　　　B. 专业银行　　　C. 商业银行　　　D. 投资银行
8. 在国际银行业，被视为商业银行经营管理三大原则之首的是( )
   A. 效益性原则　　B. 流动性原则　　C. 安全性原则　　D. 社会性原则
9. 商业银行三大经营原则中流动性原则是指( )。
   A. 资产流动性　　　　　　　　　　B. 负债流动性
   C. 资产和负债流动性　　　　　　　D. 贷款和存款流动性
10. 商业银行负债业务经营的核心是( )。
    A. 资本金　　　　B. 存款
    C. 同业拆借　　　D. 向中央银行借款

二、多项选择题

1. 商业银行职能有( )。
   A. 信用中介职能　　　　　　　　　B. 支付中介职能
   C. 信用创造职能　　　　　　　　　D. 金融服务职能
   E. 融通资金职能
2. 商业银行负债业务包括( )。
   A. 存款　　　　　B. 借款　　　　　C. 贴现
   D. 贷款　　　　　E. 证券投资

3. 商业银行资产业务包括(　　)。
   A. 存款　　　　B. 借款　　　　C. 贴现
   D. 贷款　　　　E. 证券投资

4. 商业银行不良贷款是指(　　)。
   A. 正常贷款　　B. 关注贷款　　C. 次级贷款
   D. 可疑贷款　　E. 损失贷款

5. 商业银行贷款五级分类是指(　　)。
   A. 正常贷款　　B. 关注贷款　　C. 次级贷款
   D. 可疑贷款　　E. 损失贷款

6. 商业银行有风险表外业务包括(　　)。
   A. 担保业务　　B. 承诺业务　　C. 衍生业务
   D. 代理业务　　E. 信托业务

7. 商业银行"三性"原则是指(　　)。
   A. 效益性　　　B. 安全性　　　C. 流动性
   D. 投资性　　　E. 投机性

8. 贷款风险的种类包括(　　)。
   A. 周期性风险　B. 投机性风险　C. 信用风险
   D. 市场风险　　E. 操作风险

9. 资产管理理论的形成基础是(　　)。
   A. 生命周期理论　　　　B. 转移理论
   C. 预期收入理论　　　　D. 商业性贷款理论
   E. 支付理论

10. 下列应记入商业银行资产负债表资产方的是(　　)。
    A. 向央行的再贴现贷款　　B. 借款
    C. 国库券　　　　　　　　D. 贷款
    E. 都不是

11. 西方商业银行经营管理的基本原则是(　　)。
    A. 安全性　　　B. 流动性　　　C. 稳健性
    D. 效益性　　　E. 非营利性

三、判断正误题

1. 商业银行最基本的职能是支付中介职能。　　　　　　　　　　　　　　(　　)
2. 商业银行资本包括核心资本与附属资本。　　　　　　　　　　　　　　(　　)
3. 抵押贷款和质押贷款都属于担保贷款。　　　　　　　　　　　　　　　(　　)
4. 商业银行的主要负债业务是借款。　　　　　　　　　　　　　　　　　(　　)
5. 商业银行的主要资产业务是贴现。　　　　　　　　　　　　　　　　　(　　)
6. 有风险表外业务也叫中间业务。　　　　　　　　　　　　　　　　　　(　　)
7. 融资租赁业务属于无风险表外业务。　　　　　　　　　　　　　　　　(　　)
8. 银行的流动性要求主要来自负债方面的要求。　　　　　　　　　　　　(　　)

四、简答题

1. 简述商业银行的职能。
2. 简述商业银行的经营原则。
3. 借款人信用审核应遵循的原则是什么?
4. 简述商业银行的负债业务。
5. 简述商业银行主要资产业务。
6. 简述银行证券投资和贷款的异同。
7. 简述商业银行的中间业务种类。
8. 简述商业银行的表外业务。
9. 简述商业银行资产管理理论的内容。
10. 简述商业银行负债管理理论的内容。
11. 简述商业银行资产负债综合管理理论的内容。
12. 简述我国商业银行存款业务种类。
13. 简述我国商业银行实际贷款业务投向。

五、论述题

1. 试述实施商业银行经营原则的具体措施。
2. 试述商业银行经营管理理论的发展脉络。
3. 假定A银行从中央银行获得了1 000 000元的贴现贷款,且活期存款的法定存款准备金率为10%,那么在简单存款创造条件下,银行体系最终将创造多少存款?如果每家银行都希望持有5%的超额准备金,情形又将如何呢?
4. 假定活期存款的法定准备金率为10%,并且在整个银行体系没有任何超额准备金的情况下,有一家银行的客户提走了1 000元的活期存款,试用T型账户写出前四家银行的存款收缩情况,并计算整个银行体系的存款收缩总额。
5. 假设读者是一家商业银行的雇员,上司想就下述问题听取意见,读者应如何回答?
(1) 本银行既不想保留过多的超额储备,但又害怕出现流动性危机,可以采取什么办法?
(2) 本银行的一个值得信赖的老客户急需一笔资金,愿意以非常优厚的条件向本银行申请贷款,但本行的超额准备金却不够支出,本行是否应该拒绝这一申请?
(3) 本银行出现意想不到的存款外流,引起准备金不足,可以采取哪些措施加以补救?采取这些措施的代价是什么?
(4) 本银行为某公司开出的汇票进行承兑,但是汇票到期后,汇票的付款人却无力支付,本银行应该怎么办?

案例分析

案例一 加强存款管理 维护存款市场竞争秩序

维护存款市场竞争秩序,有利于保持金融机构负债成本合理稳定,促进降低社会融资成本,为有序推进利率市场化改革营造良好条件。中国人民银行高度重视加强存款管理,根据《储蓄管理条例》《人民币单位存款管理办法》等有关规定,发布《中国人民银行关于加强存款利率管理的通知》(银发〔2020〕59号),要求金融机构严格执行存款利率和计结息管理规定。同时，中国人民银行指导市场利率定价自律机制(简称利率自律机制)，对存款利率进行行业自律管理，维护存款市场有序竞争。

一、督促整改不规范存款创新产品

2019年以前，部分金融机构为吸收存款，发行了活期存款靠档计息、定期存款提前支取靠档计息和周期付息等所谓"创新"产品。这些产品的实际利率水平明显超出同期限存款利率，且违反了定期存款提前支取按活期计息、整存整取定期存款到期一次性还本付息等规定。为维护存款市场竞争秩序，2019年以来中国人民银行指导利率自律机制加强存款自律管理，督促金融机构依法合规经营，有序整改不规范存款创新产品。对于活期存款靠档计息产品，整改前(截至2019年5月16日)的余额为6.7万亿元，要求自2019年5月17日起金融机构逐步整改，2019年12月1日起停止新办，余额自然到期。截至2020年年末，活期存款靠档计息产品余额为1.2万亿元，较整改前压降5.5万亿元，压降比例超过81%。对于定期存款提前支取靠档计息产品，整改前(截至2019年12月16日)的余额为15.4万亿元，要求金融机构自2019年12月17日起立即停止新办，并于2020年年末将余额压降至零。为落实整改要求，2020年12月部分银行发布公告，宣布自2021年1月1日起调整定期存款靠档计息产品计息规则，明确提前支取按活期利率计息。截至2020年年末，定期存款提前支取靠档计息产品已顺利实现余额清零目标，共压降15.4万亿元。

二、将结构性存款保底收益率纳入自律管理

结构性存款收益一般包括保底收益和挂钩衍生品产生的收益两部分，其中保底收益率与一般存款的利率性质相同，但部分金融机构为吸引客户，将结构性存款保底收益率设定得较高，在一定程度上破坏了存款市场竞争秩序。为引导结构性存款规范有序发展，2019年12月中国人民银行组织利率自律机制将结构性存款保底收益率纳入自律管理范围，督促银行合理确定利率水平。同时，银保监会也采取措施，督促银行有序发展结构性存款业务。2020年12月，结构性存款保底收益率为1.25%，较2019年12月下降1.18个百分点。同时，结构性存款的整体预期收益率和兑付收益率也快速下行，2020年12月分别为3.09%和3.03%，较2019年12月下降0.5个和0.54个百分点。2020年年末结构性存款余额为6.3万亿元，较2020年4月的最高点10.7万亿元减少4.4万亿元。

三、加强对异地存款的管理

异地存款是指地方法人银行通过在没有设立实体网点的地市开立的账户吸收的存款，既包括通过第三方互联网平台，也包括通过自身的网上银行、手机银行等渠道吸收的存款。近两年，部分地方法人银行通过吸收异地存款实现快速扩张，偏离了服务本地的定位。由于异地存款稳定性较差，积累的流动性风险易快速传染，不利于维护市场竞争秩序和金融体系稳定。为引导地方法人银行更好地服务本地，维护市场竞争秩序，中国人民银行于2021年第一季度起，将地方法人银行吸收异地存款情况纳入宏观审慎评估(MPA)，禁止其通过各种渠道开办异地存款，已发生的存量存款自然到期结清。无实体经营网点，业务在线上开展的银行除外，但此类银行展业范围不受空间限制，实质上已成为全国范围内经营的银行，所以存款利率自律要求参考国有银行执行。

存款基准利率作为利率体系的"压舱石"，要长期保留。下一步，人民银行将继续发挥利率自律机制的作用，加强对不规范存款创新产品、结构性存款、异地存款的管理，防止非理性竞争，维护存款市场有序竞争，保持银行负债端成本稳定，为推进利率市场化改革和促进企业综合融资成本稳中有降创造良好环境。

(资料来源：中国货币政策执行报告2020年第四季度)

问题：
1. 收集资料，阐述当前金融机构存款业务存在的问题。
2. 分析加强存款秩序管理的措施。

案例二　实行综合经营是金融业融合创新的必由之路

第一，我国金融业要不要开展综合经营？

客观来看，分业经营是管理规制，综合经营是行业选择。我国最严格的分业经营可以追溯到计划经济时期以及改革开放初期的专业银行时代，如工商企业短期流动资金和长期基本建设投资来自不同的金融机构贷款。专业银行导致了市场人为分割和行政垄断，形成了低效率和高成本。最初的金融改革实际上秉承了使市场在资源配置中起决定性作用的理念精髓。商业化改革以后，银行从垄断转向竞争，服务从单一化转向多样化，产品从信用中介转向资产管理，可以说是势在必行。抓住了这一点，我们就可以理解一对看似矛盾的现象——为什么20世纪90年代我国确立了金融业分业经营、分业监管体制，但是金融业的跨业融合创新从来没有停顿？究其原因，乃更为根本的金融改革目标是确立现代金融企业制度，即"自主经营、自负盈亏、自担风险、自我发展"，以及"安全性、效益性、流动性"。上述"四自三性"实际上决定了金融机构必须通过降低交易成本、开展服务竞争以赢得生存和发展。而综合经营往往是金融机构取得竞争优势的必要手段——服务更多、更全、更新，因而更具吸引力。自国家"十一五"和"十二五"规划相继提出"稳步"和"积极稳妥"推进金融业综合经营试点以来，金融业综合经营步伐明显加快。目前，综合经营已经走到了一个十字路口，是允许开展综合经营，还是退回到分业经营，对此有一些不同看法。在我看来，允许金融业开展综合经营是尊重市场的现实选择，而回归分业经营已无现实可能。

一是从尊重现实的角度看，综合经营已成为我国金融体系的客观存在。目前，绝大多数大中型银行、证券公司和主要保险公司都已通过设立、并购其他金融行业的子公司和以资产管理业务为代表的交叉型金融业务，跨行业跨市场开展综合经营。同时，金融控股公司也在快速发展，投资控股了银行、信托、证券、基金、期货等机构的一些金融集团和资产管理公司等都已成为实质上的金融控股公司，一些地方政府也组建了地方金融控股公司。在产品方面，银行、证券、保险、信托的资产管理规模达到50多万亿元，与银、证、保金融业表内总资产相比，比例达到1∶4，已成为金融体系的重要组成部分，对货币供应量波动也产生了明显影响。互联网技术迅速发展使得银行、证券、保险等行业的相互交叉和融合更加深化，一些互联网企业陆续进入金融领域，在支付、小微贷款、金融产品销售等方面快速发展，部分企业已构建了涵盖银行、证券、保险业的综合化金融平台。

二是从提升金融业竞争力角度看，综合经营是实现收益与风险平衡的创新方向。长期以来，我国金融机构的主要缺陷是业务结构单一、经营方式粗放、金融服务水平不高，金融产品的深度和广度难以满足多元化金融需求。在利率和汇率市场化改革背景下，金融业有效管控风险实现可持续增长的压力日益突出。综合经营促进金融机构的业务和收入更加多元化和均衡化，更好地抵御周期性风险，提升跨周期经营能力。

三是从更好地满足实体经济需求看，综合经营是实现金融结构调整、培育发展新动能的必要措施。为推进供给侧结构性改革、落实"三去一降一补"的重点任务，金融业肩负着以金融创新推动企业去杠杆、补短板的重大使命。从去杠杆看，一直以来我国金融体系发展结构失衡，融资方式以银行间接融资为主。"要发展找贷款、要贷款去银行"造成企业债务持续攀升，杠杆率高企。在经济上行期，资产负债水涨船高，企业效益掩盖了债务压力；当经济下行压力加大时，高杠杆则凸显为经济金融领域的突出风险。去杠杆需要创新思维。资产证券化和市场化债转股等必要手段客观上要求银行与其他金融机构和金融市场密切配合，联动创新。从近年来综合经营的效果看，一些金融机构整合不同行业子公司的优势，通过交叉销售、合作营销、联合投资等方式，满足了部分企业的多元化融资需求，有利于改变融资过度依赖银行体系的状况。从补短板看，我国企业长期依靠低成本劳动力、土地和资源取得比较优势，但企业科技创新能力不足，小微企业发展缺乏后劲。补短板同样需要新思维。针对科技创新企业和小微企业高风险——高收益的特殊性，各类金融机构应该共同采取投贷联动、股债结合等方式，多渠道支持科技企业发展；引进大数据技术，在高效率管理风险的前提下补足银行在长尾客户服务方面的短板。实践中，部分金融机构也已通过综合开展银行、信托、金融租赁、投资银行、保险等业务，在拓展战略性新兴产业、促进保障房建设、扶持中小企业、支持县域经济与"三农"等方面改进了金融服务。然而，受制于创新能力不足和现行监管约束，我国金融机构开展综合经营总体上还停留在追求金融全牌照的层面，不同金融业务的相互补充和联动仍然有限，母公司与子公司之间、子公司之间的协同效应还没有充分发挥，储蓄资金向股权投资的转化十分不足。金融业通过综合经营服务实体经济的效能还需要大幅提升。

实践表明，金融业综合经营增加了金融产品、服务供给的多样性和竞争性，使企业和消费者有了更多选择，促进了社会经济发展，也助推了金融业自身的改革开放，提升了我国金融业的国际竞争能力。虽然其间也还存在这样那样的问题，尤其是监管体制不相适应的矛盾日趋严重，但总体来说，继续发展综合经营符合金融业风险和收益平衡需要，也是当前服务供给侧结构性改革义不容辞的历史使命。尊重规律，敬畏市场，因势利导，应作为改革的基本原则。

第二，国际上金融业综合经营的步伐停滞了吗？

从世界范围看，综合经营一直都是金融业的主要经营模式。1929年，美国经济大萧条导致了美国银行业与证券业的严格分离，但与此同时以德国为代表的欧洲大陆国家一直实行全能银行(Universal Banking)制度。20世纪80年代，英国进行金融大爆炸(Big Bang)改革，提供综合化金融服务的金融集团广泛出现。受其影响，日本也于20世纪90年代通过立法，由此也带动了韩国等亚洲一些国家和地区的金融业综合经营。1999年，美国颁布《金融服务现代化法》，允许通过金融控股公司模式开展综合经营，标志着综合经营在全球范围内彻底取代了分业经营。这背后的驱动因素主要有两个：一是金融结构更加市场化，资本市场发挥的作用越来越大，商业银行很难完全不介入证券业务中；二是金融机构有追求规模效应、范围经济从而降低经营成本、提高盈利能力的内在动力。目前，主要发达经济体和主要新兴市场经济体均允许金融机构开展综合经营。从具体模式看，相当多国家主要通过控股公司结构实现综合经营，同时，银行、证券、保险的业务和产品交叉情况也很普遍。

从最新发展趋势看，后金融危机时期全球金融业总体方向是优化综合经营、加强宏观审慎管理。危机爆发后，有人认为金融业综合经营使金融机构的业务活动过于复杂，加剧了金融风险的识别和管理难度，是危机产生的重要因素之一，应限制金融机构的规模和经营范围。但国际社会经过不断反思，认识逐步由浅入深，由直观转入理性，一些观点和做法值得我们借鉴与讨论。

一是理性认识分业经营、综合经营与危机爆发的因果关系。2009年5月，美国国会授权6名民主党成员、4名共和党成员组成了"金融危机调查委员会"，目的是调查美国本次金融危机的成因。该委员会走访了700余位证人,举行了19天听证会,给出的危机成因是:监管失败、系统重要性金融机构公司治理和风险管理失败、过度借贷和高风险投资、应对危机准备不足与政策前后不一致、问责缺失、住房抵押贷款门槛过低、衍生品失控、评级机构失灵八大原因,其中并无综合经营。实践证明,在金融危机的暴风骤雨中,相比单一化经营,综合经营具有更强的抗风险能力。据麦肯锡公司统计,中小型单一业务银行占了金融危机中失败金融机构的绝大多数,在危机最严重的2008年和2009年,美国149家失败金融机构中综合经营集团只有3家。

二是优化综合经营格局。危机后,美国"沃尔克"规则、英国"威克斯规则"、欧盟"利卡宁报告"的主要内容是在商业银行的储蓄业务和高风险业务之间建立防火墙,目标是提高商业性金融机构的风险管理水平,并非禁止或限制综合经营。特别是,由G20引领、IMF和FSB等国际金融组织推动的国际金融监管改革更好地优化了金融业综合经营的顶层设计。危机后,一些金融机构也全面优化了综合经营格局。例如,花旗集团将保险、证券经纪等集中纳入旗下的"花旗控股",以减轻资本金压力。摩根大通仍然保持多元化业务结构,大力发展交叉销售和业务协同,降低投资银行经营成本。摩根士丹利和高盛在转型为金融控股公司后,重新树立起在投资银行领域的优势地位,摩根士丹利还由此进入商业银行业务领域。目前国际前20大银行集团、前20大保险公司都拥有多元化的业务结构和经营模式。在此可以做一个比喻:假如洗澡水是风险管理失控,婴儿是综合经营优势,倒洗澡水而不扔掉婴儿就是各国兴利除弊的良好实践。

三是加强宏观审慎管理制度建设。危机后,各国并不否定金融业的融合创新,而是从如何解决监管失败的角度构建着力防范系统性风险、有效管理系统重要性金融机构的新框架。宏观审慎管理制度随之建立并不断完善,在宏观审慎管理和微观审慎监管方面正在构建一套更加清晰而严格的监管规则,金融业综合经营将遵循新的监管要求进一步规范发展。

第三,在承认金融业综合经营是大势所趋的前提下,怎样建设良好的制度环境?

我们面临金融业融合创新的道路选择。综合国际实践经验、我国实体经济需要和金融业发展现状,发展金融控股公司是稳妥推进金融业综合经营的基本方向。可以按"集团综合经营、金融控股公司管理股权、子公司分业经营"模式设计并规范我国的金融机构跨业发展基本框架。这就要求我们全面完善金融机构公司治理和组织架构,落实风险管理主体责任,减少套利投机,建立完整的风险管理及内控机制和信息数据平台,提高持续的风险管控能力。

我们面临金融业融合创新的规制选择。必须承认,金融业综合经营使得金融体系的关联性增加,对金融规制提出了挑战。例如,金融控股公司监管真空导致层层控股和整体杠杆率上升,单体风险传染至整个系统,跨市场监管套利活动以及复杂而难以管理等问题。但是,我们不能因为金融创新而采取简单回归分业经营的监管"懒政"。建立面向所有投融资行为的功能监管以保证监管全覆盖,建立立足严格的消费者保护的行为监管以确保创新负作用最小化,建立穿透式监管以确保杠杆率保持在合理水平,才是合理的规制选择。同时,还要建立良好的监管问责机制。

总书记在党的十八届五中全会上明确指出,"近年来,我国金融业发展明显加快,形成了多样化的金融机构体系、复杂的产品结构体系、信息化的交易体系、更加开放的金融市场,特别是综合经营趋势明显"。为此,明确要求我们"要坚持市场化改革方向,要统筹监管系统重要金融机构和金融控股公司"。积极响应总书记的号召,加大结构性改革力度,通过不断的融合创新积极支持实体经济发展和"三去一降一补",努力防控风险,是我们应该而且必须坚持的方向。

G20杭州峰会的主题是"构建创新、活力、联动、包容的世界经济"。可以说，不论是经济还是金融，长远发展的动力都源自创新，良好的体制机制都立足于鼓励创新。综合经营作为一种制度创新，在设计合理的政策环境下，我国金融机构必将借此实现由大到强的转变，成为全球金融体系中具有国际竞争力的中流砥柱！

(资料来源：中国人民银行官网)

问题：
1. 简述我国金融业开展综合经营的必要性。
2. 简述推进金融业综合经营的保障措施。

案例三　接管包商银行

1. 为什么要接管包商银行

包商银行出现严重信用风险，为保护存款人和其他客户合法权益，依照《中华人民共和国中国人民银行法》《中华人民共和国商业银行法》《中华人民共和国银行业监督管理法》有关规定，人民银行、银保监会会同有关方面于2019年5月24日依法联合接管包商银行，接管期限为一年。接管组由中国人民银行、中国银行保险监督管理委员会会同有关方面组建。自接管开始之日起，接管组全面行使包商银行的经营管理权，并委托中国建设银行股份有限公司(以下简称建设银行)托管包商银行业务。建设银行组建托管工作组，在接管组指导下，按照托管协议开展工作。接管后，包商银行正常经营，客户业务照常办理，依法保障银行存款人和其他客户合法权益。

2. 为什么由中国建设银行实施托管

托管的目的是保障包商银行正常经营，各项业务不受影响。

中国建设银行是中国最大的商业银行之一，综合实力强，经营管理规范，网点和客户服务体系完善。由中国建设银行实施托管，有利于保障包商银行各项业务正常开展，持续运营。

3. 个人储蓄存款本息是否得到全额保障

人民银行、银保监会和存款保险基金对个人储蓄存款本息全额保障，个人存取自由，没有任何变化。

4. 接管对个人理财业务有何影响

接管后，包商银行个人理财各项业务不受影响，原有合同继续执行，无须重签。

5. 持有包商银行银行卡怎么办，网上银行业务是否受影响

接管后，包商银行银行卡照常使用，具有银联标识的银行卡可继续在各家银行通存通兑，网上银行业务照常运营，不受影响。

6. 接管后，个人客户需要配合做什么

接管后，包商银行正常经营，个人存、贷、汇等各项业务照常办理，无须个人配合做任何工作。

7. 蒙商银行与包商银行是什么关系

2019年5月24日以来，包商银行被人民银行、银保监会依法接管已近一年。在2019年6月完成大额债权收购与转让后，7月至9月完成了清产核资，10月起接管领导小组启动了包商银行改革重组事宜。为稳妥处置包商银行风险、最大限度保护客户和员工合法权益，按照市场化、法

治化原则，由存款保险基金管理有限责任公司联合内蒙古自治区、包头市两级财政及部分区属企业，并引入建设银行、徽商银行等优质机构，发起设立一家新银行(名称为蒙商银行)，收购承接包商银行的相关业务、资产和负债。2020年4月9日，中国银行保险监督管理委员会批准了新银行即蒙商银行的筹建申请；4月29日，中国银行保险监督管理委员会内蒙古监管局批准了蒙商银行的开业申请。蒙商银行已于2020年4月30日完成工商登记，依法设立。

蒙商银行是新设立且独立于包商银行的法人主体。蒙商银行定位为城市商业银行，经营范围界定为内蒙古自治区内，回归内蒙古，服务内蒙古经济社会发展。其经营宗旨为扎根内蒙古，依法稳健经营，建成资本充足、内控严密、运营安全、服务和效益良好的区域性商业银行。

8. 蒙商银行成立后，包商银行客户原有业务如何划分，如何办理

包商银行客户原有业务划分的总体原则为包商银行总行及内蒙古自治区内各分支机构的相关业务由蒙商银行承接，内蒙古自治区外各分支机构的相关业务由徽商银行承接。

基于上述总体原则，对于个人客户而言，包商银行北京分行、深圳分行、成都分行、宁波分行个人业务(包括存款业务，贷款业务，信用卡业务，代销国债、保险、基金、信托及其他资管产品业务等)由徽商银行承接，总行及内蒙古自治区内各分支机构个人业务由蒙商银行承接。包商银行的个人理财产品由蒙商银行承接。个人客户通过包商银行"有氧金融"线上渠道或通过包商银行合作的第三方互联网平台办理的存款业务、贷款业务、基金业务，均由蒙商银行承接。

对于对公客户而言，包商银行内蒙古自治区外各分支机构的对公存款业务、同业负债业务、中间业务(包括委托贷款业务及现金管理业务等)由徽商银行承接，总行及内蒙古自治区内各分支机构的对公存款业务、同业负债业务和中间业务由蒙商银行承接。包商银行的对公理财产品由蒙商银行承接。对公贷款业务、表外业务(包括保函业务、信用证业务、银行承兑汇票业务等)、表内外投资的非标准化债权类资产和权益类资产按照客户/底层资产融资人注册地划分，注册地在内蒙古自治区外的业务由徽商银行承接，注册地在区内的业务由蒙商银行承接。其他同业资产类、金融市场相关资产类业务由蒙商银行承接。

少量未按照上述原则划分承接主体的对公客户，将另行通知。前述承接涉及的后续事项将根据法律法规的有关规定实施。

自《关于包商银行股份有限公司转让相关业务、资产及负债的公告》发布之日起，包商银行相关业务按照上述原则分别由蒙商银行、徽商银行承接。因银行系统切换和标识、凭证、印章的更换等工作尚在进行中，客户及相关权利人仍可继续至包商银行分支机构营业网点办理业务，也可继续通过包商银行的网上银行、手机银行或电话银行等渠道办理业务，客户及相关权利人办理各项业务不受影响。

9. 蒙商银行成立后，包商银行的个人存款如何保障

包商银行原个人存款分别由蒙商银行、徽商银行承接后，各项权利及业务办理不受影响，并由存款保险基金依法保障。

10. 蒙商银行成立后，包商银行的对公存款和同业负债如何保障

包商银行原对公存款和同业负债分别由蒙商银行、徽商银行承接后，各项权利及业务办理不受影响，并由存款保险基金依法保障。

11. 蒙商银行成立后，包商银行原有客户购买的理财产品业务如何办理

包商银行原有个人理财产品和对公理财产品全部由蒙商银行承接。因银行系统切换和标识、凭证、印章的更换等工作尚在进行中，客户仍可继续前往包商银行营业网点或通过包商银行的网上银行、手机银行办理理财产品的相关业务。

(资料来源：中国人民银行官网)

问题：

1. 商业银行经营过程中面临哪些风险？商业银行应如何规避这些风险？
2. 当商业银行破产倒闭时，一般采取哪些措施妥善处理？

第六章

中央银行

中央银行是一国金融体系的领导核心，中央银行的金融调控对一国金融及经济的正常发展起关键作用。通过中央银行的业务操作使一国宏观金融调控的目标得以实现，保证货币币值的稳定，并以此促进经济的增长，这是摆在一国金融及经济发展中的重要问题。此外，中央银行与政府的关系，即中央银行的独立性问题，是关系到金融监管及宏观调控能否有效开展的重要前提。

第一节 中央银行的产生及类型

一、中央银行的产生与发展

(一) 中央银行的初创时期

如果从1656年最早成立的中央银行瑞典银行算起，到1913年美国联邦储备体系为止，中央银行的创立经历了257年的曲折历程。据不完全统计，这一时期世界上设立的中央银行有29家。设立于17、18世纪的仅有3家，设立于19世纪的有21家，设立于20世纪初的有5家。

成立于1656年的瑞典银行，是世界上最早执行中央银行职能的银行，是当时欧洲第一家发行银行券的银行。由于它最先享有发钞特权，最早由国家经营，因此被公认为中央银行的先驱。但其早期业务多属于商业性质，且随后多家银行均有货币发行权，直到1897年才独享货币的发行权，成为纯粹的中央银行。所以该行成立虽早于英格兰银行，但如果以集中货币发行作为衡量中央银行的标志，则远远落后于英格兰银行。

英格兰银行成立于1694年，是现代中央银行的"鼻祖"，是银行发展史上的里程碑。英格兰银行在成立之后，除具有一般商业银行的性质外，还享有某些特权。随着英国279家银行都能发行银行券局面的结束，其他商业银行需要银行券时只能从英格兰银行提取，所以，其他商业银行必须在英格兰银行存款。1844年，《英格兰银行条例》(又称《皮尔条例》)通过，英格兰银行成为唯一发行银行。1854年，英格兰银行成为票据交换中心，1872年承担在其他银行困难时提供资金支持(即"最后贷款者")的责任,随后在一定程度上具有了金融管理的职能。

美国联邦储备体系成立于1913年,它的产生经历了一个长期的过程。1776年美国独立,1782年建立具有现代意义的第一家银行——北美银行,1791年经国会批准改为美国第一国民银行,除经营商业银行业务外,独占货币发行权,代理国库,其由联邦政府投入资本200万美元,占总资本的五分之一,经营期限20年,期满后由于主张地方财政分权的州银行和其他部门的反对而关闭。停办后,各州银行滥发纸币导致纸币迅速贬值、物价上涨,面对很多银行破产倒闭的现实,国会接受教训,于1816年成立美国第二国民银行,政府仍保持20%份额的资本(总额由原1 000万增加到3 500万美元),期限也仍为20年,至1825年设立了25家分支机构,拥有美国银行总存款的1/3,但它在行使职责中无法集中过去各州银行代理国库的财政存款,1836年期满后未获延期而改为一家州银行继续营业。1837—1863年为美国历史上的自由银行时期,在这一时期银行数量大量增加,不少银行纷纷破产,出现多次金融恐慌。1908年,美国国会成立了全国货币委员会。1913年12月,美国国会通过《联邦储备银行法》。1914年1月,建立联邦储备体系,即中央银行。

从以上看出,中央银行初创时期有以下几个特点:普通银行的自然演进;货币发行权的逐步集中;政府控制动机的不断加强;对商业银行提供清算及资金支持;与法制的建立并行发展。

(二) 中央银行制度的普遍推行时期

这一时期是指20世纪初至20世纪中叶,即两次世界大战之间的这段时期,以1920年的布鲁塞尔会议为主要推动力,加上第一次世界大战后恶性通货膨胀后的经济形势与发展的需要,出现了中央银行设立的第二次高潮。这一时期各国改组或设立的中央银行有43家。在20世纪30年代经济大危机后,新、老中央银行均开始建立准备金制度并以重点管理其他金融机构为己任。

(三) 中央银行制度的强化时期

这一时期从20世纪中叶至今。"二战"后,一批经济落后的国家获得独立,它们皆视中央银行的建立为巩固民族独立和国家主权的一大标志,所以纷纷建立本国的中央银行。随着经济的发展,人们对中央银行的认识逐步加深,特别是20世纪30年代经济大危机的发生及凯恩斯理论的出现,使得中央银行成为政府对宏观经济实施调控的重要工具之一。在这一时期,政府通过中央银行的国有化逐渐实现了由一般的发行银行向真正的发行银行的转化;由一般的代理国库款项收支向政府的银行的转化;由集中保管准备金向银行的银行转化;由货币政策的一般运用向综合配套运用的转化;各国中央银行的联系与合作加强。我国的中央银行是中国人民银行,下设北京和上海两个总部,相关情况参见图6-1和表6-1。

(a) 北京总部

(b) 上海总部

图6-1　中国人民银行

表6-1　中国人民银行发展历程

1948年	成立，总部设在北京
1984年	专门行使中央银行职能
1992年	剥离证券业监管职能——证券委、证监会成立
1993年	职能界定——制定和执行货币政策、金融监管
1998年	剥离保险业监管职能——保监会成立
1999年	按经济区划设置九大分行、两个营业部(京、渝)
2003年	剥离银行业监管职能——银监会成立
2005年	央行第二总部落户上海
2023年	撤销中国人民银行大区分行及分行营业管理部、总行直属营业管理部和省会城市中心支行，在31个省(自治区、直辖市)设立省级分行，在深圳、大连、宁波、青岛、厦门设立计划单列市分行，共计36个分行。中国人民银行北京分行保留中国人民银行营业管理部牌子，中国人民银行上海分行与中国人民银行上海总部合署办公。不再保留中国人民银行县(市)支行，相关职能上收至中国人民银行地(市)中心支行

就中央银行这一组织机构而言，各国中央银行建立和发展的道路是不尽相同的，有的是从商业银行演化而来的，如英格兰银行；有的则是从它诞生的那一天起就是中央银行，如美国联邦储备银行。究其原因，有如下几点。

1. 政府融资问题

银行业是一个古老的行业，现代的银行业起源于文艺复兴时期的意大利。当时这些银行的贷款对象主要是商人和一些挥霍无度的王公贵族。国家机器的强化、自然灾害的发生和战争的频繁爆发，一方面减少了国家财政收入，另一方面则增加了财政支出。为弥补财政亏空，一国政府逐渐成为银行的常客。17世纪末，英国国王威廉三世执政时，国家财政陷于困境，需要大量举债，由英格兰银行向政府贷款120万英镑。从此，英格兰银行成为政府的融资者和国库代理人，成为历史上第一家具有"政府的银行"职能的银行。

2. 银行券发行问题

在银行业发展初期，差不多每个银行都有发行银行券的权力，许多商业银行除办理存放款和汇兑等业务外，都从事银行券的发行。银行券分散发行的弊病很大，一是在资本主义竞争加剧、危机四伏、银行林立的情况下，一些银行特别是小的商业银行，由于信用能力薄弱，经营不善或受同业挤兑，无法保证自己所发行银行券的兑现，从而无法保证银行券的信誉及其流通的稳定，由此还经常引起社会的混乱；二是一些银行限于实力、信用和分支机构等问题，其信用活动的领域受到限制，所发行的银行券只能在国内有限的地区流通，从而给生产和流通带来困难。由此，客观上要求有一个实力雄厚并在全国范围内有权威的银行来统一发行银行券。

3. 票据交换问题

随着经济和金融的发展，银行业务必然日趋扩大，银行每天收受票据的数量增多，各银行之间的债权债务关系复杂化，由各个银行自行轧差进行当日清算已发生困难。这种状况不仅表现为异地结算矛盾突出，即使同城结算也成问题。因此，客观上要求建立一个全国统一的、有权威的、公正的清算中心，而这个中心只能由中央银行承担。

4. 最后贷款人问题

随着商品生产和流通的扩大，对银行贷款的需求量也不断增加，并且要求贷款的期限延长。商业银行如果仅用自己吸收的存款来提供贷款，则远远不能满足社会经济发展的需要。如将吸收的存款过多地发放贷款，又会削弱银行的清偿能力，从而常常出现因支付能力不足而发生挤兑或破产的可能。因支付手段不足而大量倒闭的现象，始终贯穿20世纪30年代以前的银行史，对国民经济的稳定发展构成了极大的威胁。这就客观上要求有一个信用卓著、实力强大并具有提供有效支付手段能力的机构，适当集中各家商业银行的一部分现金准备，充当商业银行的最后支持者。

5. 金融监督与管理问题

同其他行业一样，银行业经营竞争也很激烈。而它们在竞争中的破产、倒闭给经济造成的动荡要比其他行业大得多。因此，客观上需要有一个代表政府意志的专门机构从事金融业管理、监督与协调的工作。

二、中央银行的组织形式

虽然目前世界各国(地区)基本上都实行中央银行制度，但并不存在一个统一的模式。归纳起来，大致有单一型中央银行制度、复合型中央银行制度、准中央银行制度和跨国型中央银行制度4种类型，见表6-2。

表6-2 中央银行制度

类型	定义	特点	实行国家或地区
单一型	总、分支行	权力集中，职能齐全，分支机构众多	绝大多数国家
复合型	央行、商行职能合一	权利、职能相对分离，分支机构不多	苏联、东欧、1984年前的中国
准央行	多机构各执行央行部分职能	无专门的中央银行	新加坡、中国香港地区
跨国型	多国共有一家央行	与货币联盟、经济联盟相联系	欧洲中央银行

(一) 单一型中央银行制度

单一型中央银行制度是指国家建立单独的中央银行机构，使之全面行使中央银行职能的中央银行制度。这种类型又分为两种情况。

1. 一元式中央银行制度

一元式中央银行制度是指一国只设立一家统一的中央银行行使中央银行的权力和履行中央银行的全部职责，中央银行机构自身上下是统一的，机构设置一般采取总分行制，逐级垂直隶属。这种组织形式下的中央银行是完整标准意义上的中央银行，目前世界上绝大多数国家的中央银行都实行这种体制，如英国、法国、日本等。中央银行的总行或总部通常都设在首都，根据客观经济需要和本国有关规定在全国范围内设立若干分支机构。英国的中央银行英格兰银行总行设在伦敦，在伯明翰、利物浦等8个城市设有分行；日本的中央银行——日本银行，总行设在东京，在国内设有33家分行和13个办事处，还在纽约、伦敦、巴黎、法兰克福和中国香港地区等地设有代表处。也有少数国家的中央银行总行不设在首都，而是设在该国的经济金融中心城市，如印度的中央银行印度储备银行总行设在孟买。一元式中央银行制度的特点是权力集中统一、职能完善、有较多的分支机构。1984年以后，我国的中央银行中国人民银行亦采用一元式组织形式。

2. 二元式中央银行制度

二元式中央银行制度是指中央银行体系由中央和地方两级相对独立的中央银行机构共同组成。中央级中央银行和地方级中央银行在货币政策方面是统一的，中央级中央银行是最高金融决策机构，地方级中央银行要接受中央级中央银行的监督和指导。但在货币政策的具体实施、金融监管和中央银行有关业务的具体操作方面，地方级中央银行在其辖区内有一定的独立性，与中央级中央银行也不是总分行的关系，而是按法律规定分别行使其职能。这种制度一般与联邦制的国家体制相适应，如目前的美国即实行此种中央银行制度。

美国的中央银行称为联邦储备体系。在中央一级设立联邦储备理事会，并有专门为其服务的若干职能部门；在地方一级设立联邦储备银行。美国联邦储备理事会设在华盛顿，负责管理联邦储备体系和做出全国的金融决策，对外代表美国中央银行。美国联邦储备体系将50个州和哥伦比亚特区划分为12个联邦储备区，每一个区设立一家联邦储备银行。联邦储备银行在各自的辖区内履行中央银行职责。

(二) 复合型中央银行制度

复合型中央银行制度是指一个国家不专门设立行使中央银行职能的银行，而是由一家大银行既行使中央银行职能，又经营一般银行业务的银行体制。主要存在于苏联和东欧地区，以及现在的朝鲜，中国在1983年前也实行这种制度，现在已经较少国家采用。这种中央银行制度往往与中央银行初级发展阶段和国家实行计划经济体制相对应。复合型中央银行制度在具体实行时又分两种形式：即一体式中央银行制和混合式中央银行制。一体式中央银行制是由一家银行集中中央银行与商业银行的全部业务及职能于一身的中央银行，如苏联、中国都曾实行过这种制度。混合式中央银行制是分设中央银行与专业银行，中央银行业务与专业银行业务互相交叉办理，以前东欧地区国家曾实行过这种制度。

(三) 准中央银行制度

准中央银行制度是指国家(地区)不设通常完整意义上的中央银行，而设立类似中央银行的金融管理机构执行部分中央银行的职能，并授权若干商业银行也执行部分中央银行职能的中央银行制度。采取这种中央银行组织形式的国家有新加坡、马尔代夫、斐济、沙特阿拉伯、阿拉伯联合酋长国、塞舌尔等。在这类中央银行制度下，国家设立的专门金融管理机构，其名称和职责在各国也有所不同。如新加坡设立金融管理局，隶属财政部，该金融管理局不负责发行货币，货币发行权授予大商业银行，并由国家货币委员会负责管理；除此之外，金融管理局全面行使中央银行的其他各项职能，包括制定和实施货币政策、监督管理金融业、为金融机构和政府提供各项金融服务等。马尔代夫设立货币总局，负责货币发行和管理，制定和实施货币政策，同时授权商业银行行使某些中央银行职能。斐济设有中央金融局，沙特阿拉伯设有金融管理局，阿拉伯联合酋长国设有金融局，塞舌尔设有货币局，这些也都是类似中央银行的金融管理机构。这类准中央银行制度通常与国家或地区较小而同时又有一家或几家银行一直处于垄断地位有关。

我国在对香港地区恢复行使主权之前，香港地区基本上也实行准中央银行制度。中国香港地区在很长的时期内，并无一个统一的金融管理机构。在货币制度方面，港币发行由渣打银行和汇丰银行负责，长期实行英镑汇兑本位，1972年改行港币与美元挂钩，1983年10月开始实行与美元挂钩的联系汇率制度。20世纪60年代以前，中国香港地区基本上没有金融监管，1964年《银行业条例》颁布后，金融监管的趋势才有所加强，1993年4月1日中国香港地区成立了金融管理局,集中行使货币政策、金融监管和支付体系管理职能,但货币发行仍由渣打银行和汇丰银行负责。1994年5月1日起,中国银行香港分行成为中国香港地区的第三家发钞银行,票据结算仍然由汇丰银行负责。1997年,按照"一国两制"的原则和《中华人民共和国香港特别行政区基本法》的规定,中国香港仍然实行独立的货币与金融制度,其货币发行与金融管理自成体系。

(四) 跨国型中央银行制度

跨国型中央银行制度是指由若干国家联合组建一家中央银行,由这家中央银行在其成员国范围内行使全部或部分中央银行职能的中央银行制度。这种中央银行制度一般与区域性多国经济的相对一致性和货币联盟体制相对应。"二战"后,一些地域相邻的欠发达国家建立了货币联盟,并在联盟内成立了由参加国共同拥有的中央银行。这种跨国的中央银行为成员国发行共同使用的货币和制定统一的货币金融政策,监督各成员国的金融机构及金融市场,对成员国政府进行融资,办理成员国共同商定并授权的金融事项等。实行跨国中央银行制度的国家主要在非洲和东加勒比海地区,如西非货币联盟的中央银行,成员国包括贝宁、科特迪瓦、尼日尔、塞内加尔等国;中非货币联盟的中非国家银行,成员国包括喀麦隆、乍得、刚果、中非等国;还有东加勒比海货币管理局等。

随着欧洲联盟成员国经济金融一体化进程的加快,一种具有新的性质和特点的区域性货币联盟已经诞生。1998年7月1日欧洲中央银行(European Central Bank)正式成立,1999年1月1日欧元正式启动,2002年7月1日起欧元成为法定货币。欧洲中央银行的成立和欧元的正式启动,标志着现代中央银行制度又有了新的内容并进入了一个新的发展阶段。欧元区的建立和不断扩大给全球金融业乃至全球经济带来了巨大的影响。

三、中央银行的资本类型

(一) 资本全部为国家所有

目前,大多数国家中央银行的资本金是国家所有的。这分为两种情况:一是国家通过购买中央银行资本中原来属于私人的股份而对中央银行拥有了全部股权;二是中央银行成立时,国家就拨付了全部资本金。一般说来,历史比较久远的中央银行大多为私营银行或股份银行演变而来,最初的资本金大多为私人投资或股份合作。随着中央银行地位的上升和作用的增强,为了更好地行使中央银行职能,许多国家认为排除私人股本更为适宜,所以国家通过购买私人股份的办法逐渐实行了中央银行的国有化。如加拿大银行于1938年、法兰西银行于1945年、英格兰银行于1946年、荷兰银行于1948年、挪威银行于1949年、印度储备银行于1949年、德国联邦银行于1958年、西班牙银行于1962年分别被本国政府将其全部股本收归国有。1920年布鲁塞尔国际经济会议要求各国普遍建立中央银行制度以后,原来未建立中央银行制度的国家纷纷设立了自己的中央银行,这中间有许多国家是由政府直接拨款建立中央银行的。特别是第二次世界大战之后,一批新独立的国家在筹建中央银行时正赶上欧洲的国有化浪潮,于是由政府拨款直接建立了自己的中央银行。目前,中央银行资本为国家所有的国家有英国、加拿大、澳大利亚、挪威、瑞典、丹麦、俄罗斯、蒙古国、泰国、新西兰、印度、巴哈马、肯尼亚、埃及、阿曼、尼日利亚、坦桑尼亚、印度尼西亚、阿拉伯联合酋长国等,并且中央银行的国有化已成为一种发展趋势。中国人民银行的资本组成也属于国家所有的类型,《中国人民银行法》第八条规定:"中国人民银行的全部资本由国家出资,属于国家所有。"

(二) 资本部分为国家所有

资本部分为国家所有，即国家和民间股份混合所有的资本结构。这种资本组成类型，国家资本大多在50%以上，非国家资本即民间资本包括企业法人和自然人的股份低于一半。例如，日本的中央银行日本银行的股份，政府拥有55%，民间持股为45%；墨西哥的中央银行，国家资本占53%，民间资本占47%；巴基斯坦中央银行的股份，政府持有51%，民间资本占49%。另外，厄瓜多尔、委内瑞拉、卡塔尔等国中央银行的资本中，政府和民间股份各占50%。在国家不拥有全部股份的中央银行中，法律一般都对非国家股份持有者的权利做了限定，如只允许有分取红利的权利而无经营决策权，其股权转让也必须经中央银行同意后方可进行等。对于一些具体事宜有些国家还做了更为详细的规定，如日本银行规定，私股持有者每年享受的最高分红率为5%。由于私股持有者不能参与经营决策，所以对中央银行的政策基本上没有影响。

(三) 资本全部为民间所有

这类中央银行，国家不持有股份，全部资本由其他股东投入，由法律规定执行中央银行职能，主要有美国和瑞士等少数国家。美国联邦储备银行的股本全部由参加联邦储备体系的会员银行所拥有，会员银行按自己实收资本和公积金的6%认购所参加的联邦储备银行的股份，先缴付所认购股份的一半，另一半待通知随时缴付。会员银行按实缴股本享受年息6%的股息。瑞士国家银行1905年创建时为联合股份银行，资本额为5 000万瑞士法郎，实收资本为2 500万瑞士法郎，其中多数股份由州政府银行持有，少数股份由私人持有，但必须是本国公民、本国公司企业或在瑞士建立总代表处的法人。瑞士政府不持有该银行的股份，但掌握其人事权，国家银行的董事大部分由政府指派。

(四) 无资本金的中央银行

韩国的中央银行是目前唯一没有资本金的中央银行。1950年韩国银行成立时，注册资本为15亿韩元，全部由政府出资。1962年，《韩国银行法》的修改使韩国银行成为"无资本的特殊法人"。该行每年的净利润按规定留存准备之后，全部汇入政府的"总收入账户"。会计年度中如发生亏损，首先用提存的准备弥补，不足部分由政府的支出账户划拨。

(五) 资本为多国共有

货币联盟中成员国共同组建中央银行的资本金是由各成员国按商定比例认缴的，各国以认缴比例拥有对中央银行的所有权。

中央银行的资本组成虽然有上述5种类型，但有一点是共同的，即无论是哪种类型的中央银行，都是由国家通过法律(跨国中央银行是通过成员国之间的条约)赋予其执行中央银行的职能，资本所有权的归属已不对中央银行的性质、职能、地位、作用等发生实质性影响。

第二节 中央银行的性质和职能

一、中央银行的性质

中央银行的性质是由其业务活动的特点和所发挥的作用决定的。从中央银行业务活动的特点看，它是特殊的金融机构：一方面，中央银行的主要业务活动同样具有银行固有的办理"存、贷、汇"业务的特征；另一方面，它的业务活动又与普通金融机构有所不同，主要表现在其业务对象不是一般的工商客户和居民个人，而是商业银行等金融机构。同时，国家还赋予中央银行一系列特有的业务权力，如垄断货币发行、管理货币流通、集中存款准备金、维护支付清算系统的正常运行、代理国库、管理国家黄金外汇储备等。从中央银行发挥的作用看，它是保障金融稳健运行、调控宏观经济的国家行政机构。中央银行通过国家特殊授权，承担着监督管理普通金融机构和金融市场的重要使命。同时，由于中央银行处于整个社会资金运动的中心环节，是国民经济运行的枢纽，是货币供给的提供者和信用活动的调节者，故而中央银行对金融业的监督管理和对货币、信用的调控以及对宏观经济运行具有直接的重要影响。因此，中央银行又是宏观经济运行的调控中心。

作为国家管理金融业和调控宏观经济的重要部门，中央银行自然具有一定的国家机关的性质，负有重要的公共责任。并且，随着国家对金融和经济实施干预或调控力度的加大，中央银行的国家机关性质也趋于强化。中央银行具有国家机关的性质，但与一般的行政机关又有很大的不同：①中央银行履行其职责主要是通过特定金融业务进行的，对金融和经济的管理调控基本上是采用经济手段，如调整利率和法定存款准备金率、在公开市场上买卖有价证券等，这些手段的运用更多地具有银行业务操作的特征，这与主要依靠行政手段进行管理的国家机关有明显不同；②中央银行对宏观经济的调控是分层次实现的，即通过货币政策工具操作调节金融机构的行为和金融市场运作，然后通过金融机构和金融市场影响各经济部门，其作用比较平缓，市场的回旋空间较大，这与一般国家机关的行政决定直接作用于各微观经济主体而又缺乏弹性有较大不同；③中央银行在政策制定上有一定的独立性，这在后面还将专门论及。

表6-3集中对中央银行和商业银行进行了直观对比。

表6-3 中央银行和商业银行的对比

项目	中央银行	商业银行
性质	国家机关	企业
地位	核心、超然地位，管理者	金融业主体，被管理者
业务目标	稳定货币、经济增长	以营利为目的
业务对象	政府、银行	企业、居民
业务内容	发行货币、金融管理	货币信用业务

总之，从中央银行业务活动的特点和发挥的作用看，中央银行既是为商业银行等普通金融机构和政府提供金融服务的特殊金融机构，又是制定和实施货币政策、监督管理金融业、规范与维护金融秩序、调控金融和经济运行的宏观管理部门。这可以看作对中央银行性质的基本概括。

二、中央银行的职能

中央银行是"发行的银行、银行的银行和政府的银行"，这是对早期中央银行职能的典型概括。尽管随着中央银行制度的发展，现代中央银行的职能有了更加丰富的内容，但由于这种概括由来已久，已被大家普遍接受，并且这种概括简明、形象、便于理解和记忆，因此，"发行的银行、银行的银行和政府的银行"仍被看作中央银行的三大基本职能。另外，对中央银行职能的归纳与表述还有很多种。有的归纳为服务职能、调节职能和管理职能三大类；有的按照其性质归纳为政策功能、银行功能、监督功能、开发功能和研究功能五大类；还有的归纳为独立货币发行、为政府服务、保存准备金、最后融通者、管制作用、集中保管黄金和外汇、主持全国银行清算、检查与监督各金融机构的业务活动八大类；等等。在把"发行的银行、银行的银行和政府的银行"看作是中央银行职能时，中央银行的职能又可以概括归纳为制定和执行货币政策、对金融业实施监督管理、组织参与和管理支付清算3个基本方面。下面按照中央银行在国民经济中的地位进行职能分析。图6-2概括说明中央银行的职能。

图6-2 中央银行的职能

(一) 中央银行是"发行的银行"

中央银行是"发行的银行"，是指国家赋予中央银行集中与垄断货币发行的特权，是国家唯一的货币发行机构(在有些国家，硬辅币的铸造与发行由财政部门负责)。中央银行集中与垄断货币发行权是其自身之所以成为中央银行最基本、最重要的标志，也是中央银行发挥其全部职能的基础。几乎在所有的国家，垄断货币的发行权都是与中央银行的产生与发展直接相连的。从商业银行逐步演变而成为中央银行的发展进程看，货币发行权的独占或垄断是其性质发生质变的基本标志；从国家直接设立的中央银行看，垄断货币发行权是国家赋予的最重要的特权之一，是所有授权中首要的也是最基本的特权。一部中央银行史，首先是一部货币发行权逐渐走向集中、垄断和独占的历史。

中央银行垄断货币发行权是统一货币发行与流通和稳定货币币值的基本保证。在信用货币流通情况下，中央银行凭借国家授权以国家信用为基础而成为垄断的货币发行机构，中央银行按照经济发展的客观需要和货币流通及其管理的要求发行货币。

中央银行作为一国发行货币和创造信用货币的机构，在发行现钞、供给货币的同时，必须履行保持货币币值稳定的重要职责，这是社会经济正常运行与发展的一个基本条件。中央银行要根据一定时期内的经济发展需要及物价水平等诸多因素，制定与实施货币政策，运用多种手段有效调控货币供应量，保持货币供应量与客观实际需要量的相对平衡，实现货币币值的基本稳定。随着信用制度的发展和现代科技成果在金融领域中的广泛应用，货币的存在形式和结构比例发生了很大变化，对货币供给的控制，已扩及存款货币，控制的最小口径也已是包括通货和活期存款在内的M_1，其中通货数量只占M_1的较小比例，控制的较大口径是包括通货和全部存款在内的M_2，M_2的状况与货币币值是否稳定有着密切的关系，二者的关联度越来越高。

货币发行是中央银行的重要资金来源，也为中央银行调节金融活动和全社会货币、信用总量，促进经济增长提供了资金力量。因此，具有"发行的银行"这一基本职能是中央银行实施金融宏观调控的充分与必要条件。

(二) 中央银行是"银行的银行"

中央银行是"银行的银行"，是指：①中央银行的业务对象不是一般企业和个人，而是商业银行和其他金融机构及特定的政府部门；②中央银行与其业务对象之间的业务往来仍具有银行固有的办理"存、贷、汇"业务的特征；③中央银行为商业银行和其他金融机构提供支持和服务，同时是商业银行和其他金融机构的管理者。"银行的银行"这一职能，最能体现中央银行是特殊金融机构的性质，也是中央银行作为金融体系核心的基本条件。中央银行对商业银行和其他金融机构的活动能够施以有效影响也主要是通过这一职能。

"银行的银行"这一职能也是与中央银行的产生与发展紧密相连的，是中央银行自身之所以成为中央银行的另一个重要标志。中央银行作为银行的银行，具体表现在以下3个主要方面。

1. 集中存款准备金

在中央银行产生之后，为了保证商业银行和其他存款机构的支付和清偿能力，从而保障存款人的资金安全及合法权益，也为了保障商业银行等金融机构自身运营的安全，各国一般通过法律，明确规定商业银行及有关金融机构必须按存款的一定比例向中央银行缴存法定存款准备金，中央银行充当法定存款准备金的唯一保管者。在商业银行及有关金融机构出现支付和清偿困难，并在中央银行认定的必要条件下，允许商业银行及有关金融机构动用其在中央银行的法定存款准备金。中央银行集中法定存款准备金的另一个目的是调节信用规模和控制货币供应量。此外，中央银行集中保管商业银行及其他存款机构的法定存款准备金，也增加了中央银行的资金实力，是中央银行的主要资金来源之一，它既增强了中央银行通过再贴现或再贷款支持商业银行及有关金融机构的能力，也使金融体系整体的支付保证能力增强。

2. 充当商业银行等金融机构的"最后贷款人"

(1) 当商业银行或其他金融机构发生资金周转困难、出现支付危机时，中央银行为其提供全力支持，以防银行挤提风潮的扩大导致支付链条中断以致引起金融恐慌甚至整个银行业的崩溃。

(2) 为商业银行办理资金融通，使其在同业拆借方式之外，增加商业银行资金头寸短期调剂的渠道，为其提供最终保障。

(3) 中央银行通过对商业银行等金融机构提供多种方式的资金支持，调节银行信用和货币供应量，传递和实施金融调控的意图。

3. 组织、参与和管理全国的清算

在存款准备金制度建立后，各商业银行都在中央银行设立了存款账户，这给中央银行负责全国的资金清算带来了极大便利。各金融机构之间的清算通过其在中央银行的存款账户进行转账、轧差，直接增减其存款金额便可完成。中央银行办理金融机构同城票据交换和同城、异地的资金清算，具有安全、快捷、可靠的特点。这一方面加速了资金周转，减少了资金在结算中的占用时间和清算费用，提高了清算效率，解决了非集中清算带来的困难；另一方面，中央银行通过组织、参与和管理清算，对金融机构体系的业务经营能够进行全面及时地了解和把握，为中央银行加强金融监管和分析资金流量提供了条件。目前，大多数国家的中央银行已成为全国资金清算中心。

(三) 中央银行是"政府的银行"

中央银行是"政府的银行"体现在以下几点。

第一，中央银行根据法律授权制定和实施货币政策，对金融业实施监督管理，负有保持货币币值稳定和保障金融业稳健运行的责任。

第二，中央银行代表本国政府参加国际金融组织，签订国际金融协定，参与国际金融事务与活动。

第三，中央银行为本国政府代理国库，办理政府需要的银行业务，提供各种金融服务。

作为"政府的银行"，中央银行的职能具体主要包括以下内容。

(1) 代理国库。

(2) 代理政府债券的发行。

(3) 向政府融通资金。

(4) 为国家持有和经营管理国际储备。

(5) 代表本国政府参加国际金融活动。

(6) 制定和实施货币政策。

(7) 对金融业实施监管。

(8) 为政府提供经济金融情报和决策建议，向社会公众发布经济金融信息。

第三节 中央银行的业务

一、中央银行业务活动的原则

从总体上看，最基本的业务活动原则是必须服从于履行职责的需要。因为中央银行的全部业务活动都是为其履行职责服务的，是其行使特定职权的必要手段。所以，中央银行的各种业务活动必须围绕着各项法定职责展开，必须以有利于履行职责为最高原则。

在具体的业务经营活动中，中央银行一般奉行非营利性、流动性、主动性、公开性4个原则。

(一) 非营利性

非营利性指中央银行的一切业务活动都不以营利为目的。中央银行特殊的地位和作用，决定了中央银行以调控宏观经济、稳定货币、稳定金融、为银行和政府服务为己任，是宏观金融管理机构而非营利性金融机构，由此决定了中央银行的一切业务活动都要以此为目的，不能以追求利润为目标，只要是宏观金融管理所必需的，即使是没有利润的甚至亏损的业务也要去做。因此，在中央银行的日常业务活动中，利润不是其追逐和考虑的目的。当然，中央银行的业务活动不以营利为目的，并不意味着不讲经济效益，在同等或可能的情况下，中央银行的业务活动应该获得应有的收益，尽量避免或减少亏损，以降低宏观金融管理的成本。在实际业务活动中，中央银行以其特殊的地位、政策和权力开展经营，其结果也往往能获得一定的利润，但这只是一种客观的经营结果，并不是中央银行主观追逐的业务活动目的。

(二) 流动性

流动性主要是指资产业务需要保持流动性。因为中央银行在充当金融机构的"最后贷款人"，进行货币政策操作和宏观经济调控时，必须拥有相当数量的可用资金，才能及时满足其调节货币供求、稳定币值和汇率、调节经济运行的需要。所以,为了保证中央银行资金可以灵活调度、及时运用,中央银行必须使自己的资产保持最大的流动性,不能形成不易变现的资产。以保持流动性为原则从事资产业务,就必须注意对金融机构融资的期限性,一般不发放长期贷款,许多国家的中央银行法明确规定贷款期限就是为了确保资产的流动性,如《中华人民共和国中国人民银行法》第二十七条规定,对商业银行贷款的期限不得超过1年。同时,在公开市场买卖有价证券时,也要尽量避免购买期限长、流动性小的证券。

(三) 主动性

主动性主要是指资产负债业务需要保持主动性。由于中央银行的资产负债业务直接与货币供应相联系,如货币发行业务直接形成流通中货币,存款准备金业务不仅导致基础货币的变化,还会引起货币乘数的变化,再贴现、公开市场业务是提供基础货币的主要渠道等,因此,中央银行必须使其资产负债业务保持主动性,这样才能根据履行职责的需要,通过资产负债业务实施货币政策和金融监管,有效控制货币供应量和信用总量。

(四) 公开性

公开性主要是指中央银行的业务状况公开化,定期向社会公布业务与财务状况,并向社会提供有关的金融统计资料。中央银行的业务活动保持公开性,一是可以使中央银行的业务活动置于社会公众的监督之下,有利于中央银行依法规范其业务活动,确保其业务活动的公平合理性,保持中央银行的信誉和权威;二是可以增强中央银行业务活动的透明度,使国内外有关方面及时了解中央银行的政策、意图及其操作力度,有利于增强实施货币政策的告示效应;三是可以及时准确地向社会提供必要的金融信息,有利于各界分析研究金融和经济形势,也便于他们进行合理预期,调整经济决策和行为。正因为如此,目前各国大多以法律形式规定中央银行必须定期公布其业务、财务状况和金融统计资料,中央银行在业务活动中也必须保持公开性,不能隐匿或欺瞒。

二、中央银行业务活动的分类

按中央银行的业务活动是否与货币资金的运动相关,一般可分为银行性业务和管理性业务两大类,如图6-3所示。

图6-3 中央银行业务

(一) 银行性业务

银行性业务是中央银行作为发行的银行、银行的银行、政府的银行所从事的业务。这类业务都直接与货币资金相关,都将引起货币资金的运动或数量变化,具体又可分为两种,见表6-4。

(1) 形成中央银行资金来源和资金运用的资产负债业务,主要有货币发行业务、存款准备金业务、其他存款业务或发行中央银行债券、再贴现业务和贷款业务、公开市场证券买卖业务、黄金外汇业务、其他贷款或融资业务等。

(2) 与货币资金运动相关但不进入中央银行资产负债表的银行性业务,主要有清算业务、经理国库业务、代理政府向金融机构发行及兑付债券业务、会计业务等。

表6-4 简化的中央银行资产负债表

资产	负债
有价证券(A_1)	通货发行(L_1)
再贴现贷款(A_2)	商业银行等金融机构存款(L_2)
财政借款或透支(A_3)	财政性存款(L_3)
黄金、外汇(A_4)	其他负债(L_4)
在途资金(A_5)	延期支付(L_5)
其他资产(A_6)	资本(L_6)
合计	合计

(二) 管理性业务

管理性业务是中央银行作为一国最高金融管理当局所从事的业务。这类业务主要服务于中央银行履行宏观金融管理的职责,其最大的特点为:一是与货币资金的运动没有直接的关系,不会导致货币资金的数量或结构变化;二是需要运用中央银行的法定特权。管理性业务主要有金融调查统计业务,对金融机构的稽核、检查、审计业务等。

三、中央银行的负债业务

(一) 货币发行业务

在中央银行成立后,货币发行大都集中由中央银行统一办理。其原因是:①钞票可以整齐划一,在全国范围内流通,不会造成币制混乱;②便于政府监督管理,推行国家的货币政策;③中央银行可以随时根据社会经济发展变化进行调节和控制,使货币数量和流通需要尽可能相适应;④中央银行处于相对独立地位,可以抵制政府滥发钞票的要求,使货币供应量适当;⑤中央银行统一发行货币,可以掌握一定量的资金来源,增强金融实力,有利于调控货币供应量。中央银行发行纸币,是通过再贴现、再贷款、购买证券、收购金银外汇等投入市场,从而形成流通中的货币。但每张纸币投入市场后,都是中央银行对社会公众的负债。因此,货币发行成为中央银行一项重要的负债业务。

各国中央银行对货币(现钞)发行均有以下几个原则。

1. 集中垄断发行

中央银行发行的货币具有无限法偿的能力,在一切对公对私交易中可以无限使用,并且现代中央银行均不承担兑现义务。

2. 有可靠的信用基础

在纸币流通条件下，货币的发行是有客观限制的，不能随意发行，必须有一定的发行保证制度，必须有独立的发行体制，不受政治压力和外界影响，使货币的发行建立在可靠的信用基础之上。

3. 维持高度弹性

中央银行发行货币应当适应经济形势的客观要求，有一定的伸缩弹性。随着生产和流通的发展，中央银行应该相应增加货币数量，避免货币数量过少，形成通货紧缩，影响商品生产和流通的扩大；同时中央银行要适当控制，以免货币数量过多，形成通货膨胀，影响经济稳定。因此，要求中央银行经常研究市场，研究货币供应、需求和均衡，使市场货币供应适应经济发展的要求。

我国现行的货币发行原则是集中统一发行原则、经济发行原则、计划发行原则。

图6-4集中展示了中国人民银行人民币发行和回笼的过程。

图6-4 人民币发行和回笼过程

(二) 代理国库业务

中央银行经办政府的财政收支，执行国库的出纳职能。如接受国库的存款，兑付国库签发的支票，替政府发行债券并还本付息等。此外，国家财政拨给经费的行政事业单位的存款，也都由中央银行办理。财政金库存款与机关、团体、部队等行政事业单位存款在其支出之前存在中央银行，属于财政性存款，是中央银行的重要资金来源，构成中央银行的负债业务。中央银行代理国库业务，可以维持财政与金融之间的联系，使国家的财源与金融机构的资金来源相联系，充分发挥货币资金的作用，并为政府资金的融通提供一个有力的调节机制。

(三) 集中存款准备金业务

各商业银行吸收的存款不能全部贷出，必须保留一部分现款，以备存款人提取。但是商业银行的现金准备，并不能都存在自己的金库里，必须按照规定的比率将其一部分存储于中央银行。这样就使商业银行的现金准备集中于中央银行，形成法定存款准备金和超额准备金。中央银行掌握了各商业银行的准备金存款，形成中央银行的资金来源，便可运用这些准备金支持银行的资金需要。现金准备集中存放于中央银行，除增强整个银行系统的后备力量，防止商业银行倒闭外，更主要的是中央银行通过存款准备金可以控制商业银行的贷款量。中央银行降低法定存款准备金率，即可增加商业银行的贷款和投资；提高法定存款准备金率，就可减少商业银行的贷款和投资。中国自1984年开始实施法定存款准备金政策。

四、中央银行的资产业务

(一) 再贴现和再贷款业务

商业银行缴存在中央银行的法定存款准备金，构成中央银行吸收存款的主要部分。当商业银行资金短缺时，可从中央银行取得借款。其方式是把工商业企业贴现的票据向中央银行办理再贴现，或以票据或有价证券作为抵押向中央银行申请借款。

再贴现是中央银行对金融机构持有的未到期已贴现商业汇票予以贴现的行为，在我国，目前是作为结构性货币政策工具使用。中央银行通过适时调整再贴现总量及利率，明确再贴现票据选择，达到吞吐基础货币和实施金融宏观调控的目的，同时发挥调整信贷结构的功能。再贴现专用额度优先支持涉农票据、小微企业票据和民营企业票据，重点支持复工复产的小微企业、春耕备耕，以及受疫情影响较为严重的小微企业。

再贷款是中央银行贷款的简称，是指中央银行对金融机构的贷款，是中央银行调控基础货币的渠道之一，新增再贷款主要用于促进信贷结构调整，引导扩大县域和"三农"信贷投放。目前，中国人民银行的再贷款主要是支农、支小再贷款和金融稳定再贷款。支农再贷款专用额度的资金投向用途为涉农贷款，重点支持脱贫攻坚、春耕备耕、养猪等牲畜养殖、县域小微企业复工复产等领域。支小再贷款专用额度的资金投向用途为普惠小微企业贷款(指单户授信1 000万元及以下小微企业贷款，以及个体工商户、小微企业主经营性贷款)，重点支持受疫情等原因影响较大的外贸、制造业、旅游娱乐、住宿餐饮、交通运输等行业的小微企业和个体工商户。

(二) 对政府的贷款

中央银行对政府的贷款是政府弥补财政赤字的途径之一，但如果对这种贷款不加限制，则会从总量上削弱中央银行宏观金融控制的有效性，因此，各国中央银行法对此都做了明确的规定。美国联邦储备银行对政府需要的专项贷款规定了最高限额，而且要以财政部的国库券作为担保。英格兰银行除少量的政府隔日资金需要可以融通外，一般不对政府垫款，政府需要的资金通过发行国库券的方式解决。

《中华人民共和国中国人民银行法》规定，中国人民银行不得对政府财政透支，不得直接认购、包销国债和其他政府债券，不得向地方政府、各级政府部门提供贷款。

(三) 金银、外汇储备业务

目前各国政府都赋予中央银行掌管全国国际储备的职责。所谓国际储备，是指具有国际性购买能力的货币，主要有黄金(包括金币和金块)、白银(包括银币和银块)和外汇(包括外国货币、存放外国的存款余额和以外币计值的票据及其他流动资产)，此外，还有特别提款权和在国际货币基金组织的头寸等。中央银行执行这一职责的意义如下。

(1) 有利于稳定币值。多数国家的中央银行都保持一定比例的国际储备，以保证币值的稳定。当国内物资不足、物价波动时，可以使用国际储备进口商品或抛售黄金回笼货币，平抑物价，维持货币对内价值的稳定。

(2) 有利于稳定汇价。在浮动汇率制度下，各国中央银行在市场汇率波动剧烈时，可运用国际储备进行干预，以维持货币对外价值的稳定。

(3) 有利于保证国际收支的平衡。当外汇收支经常发生逆差时，中央银行可以使用国际储备抵补进口外汇的不足。当国际储备充足时，中央银行可以减少向外借款，用国际储备清偿债务或扩大资本输出。

由上可见，金银、外汇不仅是稳定货币的重要储备，而且是用于国际支付的国际储备，因此，其成为中央银行的一项重要资产业务。当代世界各国国内市场上并不流通和使用金银币，纸币也不兑换金银，而且多数国家实行不同程度的外汇管理，纸币一般也不与外汇自由兑换，在国际支付中发生逆差时一般也不直接支付黄金，而是采取出售黄金换取外汇来支付。这样，各国的金银、外汇自然要集中到中央银行储存。需要金银、外汇者，一般向中央银行申请购买，买卖金银、外汇是中央银行的一项业务。

中央银行的金银、外汇储备业务，各国都有明确的规定。在瑞典，允许国家银行收购和出售黄金、白银、外汇，在国会许可下，可向国际金融机构贷款。在德国，规定联邦银行可以对信用机构买卖以外国货币支付的汇票、支票、有价证券，以及黄金、白银，可以从事所有与外国银行交往的业务。

(四) 证券买卖业务

各国中央银行一般都经营证券业务，主要是买卖政府发行的长期或短期债券。在一些经济发达国家，政府债券发行量大，市场交易量也大，仅以政府债券为对象进行买卖，中央银行即可达到调节货币供应量的目的。一般说来，在金融市场不太发达的国家，中央政府债券在市场上流通量小，中央银行买卖证券的范围就要扩大到各种票据和债券，如汇票、地方政府债券等。

中央银行持有证券和买卖证券的目的，不在于获取利润，而是为了调节和控制市场货币供应量。中央银行买进有价证券，向市场投放了货币，可以增加商业银行的原始存款，进而通过贷款业务创造存款货币，扩大货币供应量；反之，中央银行卖出有价证券，则可减少货币供应量。同时，中央银行买卖有价证券会影响商业银行利率的变化。当中央银行买进有价证券时，促使市场上有价证券减少，从而提高有价证券价格，降低商业银行利率；反之，中央银行卖出有价证券会造成银行可贷资金减少，致使商业银行利率上升。

可见，中央银行买卖证券会直接影响有价证券的价格和利率，影响商业银行现金准备的增减，从而影响信贷规模，影响货币供应量。但是中央银行经营这项业务，应当具备以下条件：一是中央银行处于领导地位，且有雄厚的资金力量；二是要赋予中央银行弹性操作的权力，即在买卖证券的数量、种类等方面有一定的机动权限；三是金融市场较发达，组织也较健全；四是证券的数量和种类要适当，长期、中期及短期种类齐备，便于选择买卖；五是信用制度要相当发达。各国中央银行买卖证券业务的做法基本上是一致的。我国中央银行已于1996年4月1日开始参与公开市场业务操作，主要是买卖国库券，近年来也买卖央行发行的定向票据等。

五、中央银行的中间业务

由于各商业银行都有法定存款准备金存在中央银行，并在中央银行开立活期存款账户。这样就可以通过存款账户，在全国范围内划拨清算，结清商业银行之间的债权债务关系。各国中央银行的清算业务大体可分为3项：①办理票据集中交换，主办票据交换所；②办理交换差额的集中清算，通过各行在中央银行开设的账户划拨；③办理异地资金转移，提供全国性的资金清算职能。目前各国做法不一，英国以伦敦为全国清算中心；美国各联邦储备银行代收外埠支票，并以华盛顿为全国最后清算中心；德国、法国则利用遍布全国的中央银行机构，建立转账账户，为银行业服务。

中国的银行清算业务是由中国人民银行清算总中心负责完成的。

中国人民银行清算总中心是中国人民银行直属事业单位，是为中央银行、商业银行和全社会提供支付清算及相关服务的全国性金融服务组织,担负中国人民银行支付清算系统建设、运行、维护和管理的职责。

清算总中心负责建设、运行、维护、管理全国的支付清算系统,包括:大额实时支付系统(HVPS)、小额批量支付系统(BEPS)、网上支付跨行清算系统(IBPS)、境内外币支付系统(CFXPS)。这是我国重要的金融基础设施,是国家和社会资金流动的大动脉。如图6-5所示。

图6-5 央行支付清算系统

(1) 大额实时支付系统。2002年10月8日投产试运行,2005年6月24日推广至全国。该系统主要处理同城和异地的大额贷记支付业务和紧急的小额贷记支付业务。大额支付指令逐笔实时发送、全额清算资金,主要为银行业金融机构和金融市场提供快速、高效、安全、可靠的支付清算服务,是支持货币政策实施和维护金融稳定的重要金融基础设施。第二代支付系统已于2013年10月8日成功上线运行,并已于2015年4月底完成全国推广。

(2) 小额批量支付系统。2005年11月28日投产试运行,2006年6月26日推广至全国。该系统主要处理同城和异地纸凭证截留的借记支付业务以及每笔金额在规定金额起点以下的小额贷记支付业务。支付指令批量发送,轧差净额清算资金,主要为社会提供低成本、大业务量的支付清算服务。

(3) 境内外币支付系统。2008年4月28日投产,该系统以清算处理中心为核心,由直接参与机构等单一法人集中接入,由代理结算银行进行银行间外币资金结算。清算处理中心负责外币支付指令的接收、存储、清分、转发,并将参与者支付指令逐笔实时清算后,分币种、分场次将结算指令提交结算银行结算。结算银行是人民银行指定或授权的商业银行,为直接参与机构开立外币结算账户,负责直接参与机构之间的外币资金结算。目前开通了港币、英镑、欧元、日元、加拿大元、澳大利亚元、瑞士法郎和美元8种货币支付业务,满足了国内对多种币种支付的需求,提高了结算效率和信息安全性。

(4) 网上支付跨行清算系统。作为第二代支付系统的核心业务子系统,已于2010年8月30日先期投产运行,并于2011年1月24日推广至全国,主要支持网上支付等新兴电子支付业务的跨行(同行)资金汇划处理。网上支付跨行清算系统采取实时传输及回应机制,可处理跨行支付、跨行账户信息查询以及在线签约等业务。客户通过商业银行的网上银行可以足不出户办理多项跨行业务,并可及时了解业务的最终处理结果。

2013年10月8日正式上线运行的第二代支付系统,在继承了第一代各业务系统功能的同时,引入了先进的支付清算管理理念和技术标准,支持商业银行一点接入支付系统,并实现"一点清算"。第二代支付系统将具有更加广阔的发展前景。

第四节　中央银行的独立性

在中央银行与政府的关系中，最基本、最重要的问题就是二者如何保持协调，又要保持各自的独立，寻找二者结合的均衡点，这就是中央银行与政府关系的核心内容，即中央银行的独立性只是一种相对的对立性。

一、中央银行相对独立性的含义

中央银行独立性是指中央银行履行自身职责时法律赋予或实际拥有的权力、决策与行动的自主程度。中央银行的独立性比较集中地反映在中央银行与政府的关系上，这一关系包括两层含义：其一是中央银行应对政府保持一定的独立性；其二是中央银行对政府的独立性是相对的。中央银行相对于政府的独立性，主要是从法定职责、隶属关系、负责人产生程序、任期和权力大小、与财政的资金关系、最高决策机构政府参与程度等几个标准来判断。根据独立性程度，中央银行可分为强、居中、弱3种类型。中央银行的相对独立性具体是指：①中央银行要为政府服务，特别是在政府债务的筹集与管理方面给予支持，而不能完全独立于政府不受其约束，也不能凌驾于政府之上；②中央银行作为具体制定和贯彻执行宏观货币政策及相关措施的机构，要以国家经济发展目标为根本目标，遵从经济发展的客观规律和货币信用规律，独立地制定和执行符合国民经济发展的根本需要，并适应国民经济发展特定阶段需求的货币政策措施。这种相对独立性说明了中央银行不完全听命于政府控制的决策过程，能够对政府的超经济行为(如迎合特定政治需要或实行脱离实际的计划行动等)起到制约作用，以防止国民经济运行受短期行为影响而脱离正常轨道。

中央银行与财政部之间的资金关系，是其与政府之间关系的具体体现，因而也是其相对独立性强弱的重要决定因素。由于政府财政收支往往因季节、突发事件，以及政治、外交需要等出现暂时的赤字，即收不抵支，因而需要中央银行以国债购买或短期借款等融资方式给予资金支持。在正常情况下，如政府财政出现长期或大量赤字，并以超经济手段直接或间接迫使中央银行予以融资，从而可能导致通货膨胀等灾难性后果，则中央银行从国民经济宏观管理的角度出发，不应屈从于此种要求。然而只有相对独立性较强的中央银行，才能够真正做到这一点。如果一国中央银行与政府(财政部)在关系上不能独立，受到许多牵制，那么在一些重大政策问题，特别是资金透支等问题上不得不妥协的话，也就是说相对独立性较差的话，在政府的压力前就可能"顶不住"，而不得不实行增加货币供应量等不利于国民经济发展长远目标的政策与措施。

二、中央银行相对独立性的必要性

中央银行相对独立性的必要性体现在以下几方面。

(1) 避免政治性经济波动产生的可能。例如，西方国家每隔几年举行一次大选，竞选双方为了拉选票，往往采取一些经济措施有利于政治目的的实现。因此，中央银行易于受到某种政治压力，使货币政策偏离原定目标。在大选前，政府往往实行宽松的财政与货币政策，刺激经济增长，以便争取选票，结果导致通货膨胀。如果中央银行有较强的独立性就可避免这类政治经济动荡对货币政策的干扰。

(2) 避免财政赤字货币化的需要。中央银行作为政府的银行，有义务帮助政府平衡财政预算和弥补赤字。但财政活动的客观结果并不一定保持经济的稳定增长和物价稳定。如果财政出现了赤字，中央银行就要无条件去弥补，就谈不上独立的货币政策。但事实上，在凯恩斯主义盛行时期，货币政策常常要服从财政政策的需要。如财政需要在市场上筹款，中央银行就要想办法降低市场利率，减少财政借款的成本，或者直接对政府贷款、透支。这样就形成了财政赤字货币化、赤字与通货膨胀之间的恶性循环。中央银行货币政策的主要目标是稳定货币币值，它对财政只能是一般支持，而不是无条件支持，更不能通过发行货币去弥补财政赤字，因为这样只能助长通货膨胀。因此，中央银行保持相对独立性是很有必要的。

(3) 中央银行是负有社会性责任的机构，当政府与社会公众利益和银行综合利益发生矛盾时，中央银行需要具有一定的独立性来进行协调和选择。

(4) 为了适应中央银行特殊业务与地位的需要。中央银行既不是行政部门，也不同于一般的国有化企业，它的业务具有高度技术性，而且它的政策直接影响国民经济的各个部门。因此，中央银行的最高层管理人员必须具有丰富的国内外经济知识、熟练的技术和经验来制定货币政策，调节资金流向。中央银行的主要顾客虽然是政府和外国的中央银行，但它同时还要为其他顾客(商业银行和其他金融机构)服务，从这些方面看，中央银行也不应受政府的完全控制。

(5) 稳定经济和金融的需要。由于存在政治经济动荡，中央银行制定的货币政策应具有连贯性，不应受党派的干扰，其地位也应当比较超然。如果中央银行受政府的完全控制，其结果只能更便于政府推行通货膨胀政策，这将使经济更加不稳定。中央银行具有较大独立性，明确其首要任务是稳定物价，健全金融体制，以促进经济稳定增长和充分就业，这样，中央银行可以制定和执行正确的货币政策，对政府执行通货膨胀政策也可以起到约束作用。中央银行对政府的贷款一般只限于短期贷款，而且贷款金额规定有最高限额。其目的之一就在于限制政府推行通货膨胀政策。中央银行与政府所处的地位有所不同，因而它们在考虑一些经济政策的侧重点方面也不尽相同。就一个国家来说，比较侧重的是促进经济增长与解决失业问题，因此政策的重点往往放在推行赤字财政政策以刺激有效需求和增加就业上，结果往往导致通货膨胀。就一国的财政部来说，比较关心的是如何能更有效地从市场筹措资金，以维持政府机构的正常运行，因此其关注的是市场利率不但要稳定，而且要偏低，这样才有利于政府发行债券。但是就中央银行来说，它的首要任务在于稳定币值，如果市场银根偏松，便出现了通货膨胀的风险，这时中央银行只应优先考虑如何采取紧缩的措施，以制止通货膨胀，而不应仍维持低利率政策以利于财政筹措资金。

三、中央银行相对独立性的原则

中央银行保持其相对独立性，必须遵循两条基本的原则。

(1) 中央银行货币金融政策的制定及整体业务操作必须以国家的宏观经济目标为基本出发点，不能自行其是，既要考虑自身所承担的任务及责任，又不能独立于国家的宏观经济目标之外，甚至与国家的宏观经济目标相对立。

(2) 中央银行货币金融政策的制定及整体业务操作都必须符合金融活动自身的规律性。也就是说，中央银行的业务操作及货币金融政策的制定，不能完全受制于政府的短期行为，而应遵循金融活动的特有规律，应对政府的短期行为起到一定的抑制作用，防止其为了特定的政治需要和一些脱离实际的发展计划而牺牲货币政策，使中央银行的决策也坠入短期化的陷阱，从而影响社会经济的稳定与协调发展。在当今世界，若是丝毫不受政府的监督和制约，不顾货币金融政策与国家宏观经济政策的协调性，为所欲为地完全独立于政府的中央银行，那么它只能是一个无政府集团，既不可能在现实中存在，也不可能在经济生活中起到重要的作用；相反，若是对政府百依百顺，成为政府附庸的中央银行，这也不是真正意义上的中央银行，而只是政府的一个出纳机构，它既不可能担负起所负有的社会责任，也不可能在经济生活中有效地发挥作用。因此，中央银行完全独立于政府或附庸于政府都不可接受，与政府的关系只能是相对独立，即在政府的监督和国家总体经济政策指导下的独立。

四、中央银行相对独立性的内容

任何一个国家，中央银行的独立性再强，也不能脱离政府及政治的影响，而只能是相对独立。一般来说，中央银行的独立性主要体现在以下几方面。

(1) 建立独立的货币发行制度，以维持货币币值的稳定。这里包括3层含义：一是货币发行权必须高度集中于中央银行，必须由中央银行垄断货币发行，不能搞多头发行，不能由政府或财政来发行，也不能由中央银行和财政及其他部门共同来发行。二是一定时期内，中央银行发行多少货币、什么时间发行、货币的地区分布、面额比例等，应由中央银行根据国家的宏观经济政策，以及经济发展的客观需要自行决定，而不应该受到来自政府或其他部门，以及党派、个人的干扰，以保证中央银行独立地发行货币，从而维护货币币值的稳定。三是中央银行不应在政府的干预和影响下搞财政发行，也没有向财政长期无限地提供资金或为财政透支的义务。也就是说，中央银行应按经济的原则独立地发行货币，不能承担财政透支，不能在发行市场上直接购买政府公债，不能给财政长期融通资金，不能代为行使其他应由财政行使的职能，以保证货币发行权牢固地掌握在中央银行手中。

(2) 独立地制定或执行货币金融政策。内容如下。一是货币政策的制定权和操作执行权，必须是掌握在中央银行手中，而不是掌握在政府及政府其他部门的手中。当然，中央银行在制定货币政策时，必须体现或考虑政府的宏观经济政策及意图，尽可能地使中央银行的货币政策与国家的宏观经济政策保持一致，但是在货币政策的执行过程中，必须保持高度的独立性，不受各级政府和部门的干预。只要中央银行的货币政策没有违反国家的总体经济目标和其他的大政方针，政府和其他部门、党派、个人均无权干涉中央银行的政策行动。二是中央银行的货币政策在制定和执行上与政府发生分歧时，政府应充分尊重中央银行方面的经验和意见，尽可能地采取相互信任、相互尊重、平等讨论问题的方式来解决，以防止由政府对中央银行的行政干预而造成宏观决策的失误。三是在中央银行货币政策的执行过程中，各级政府及有关部门应尽可能给予配合，以便中央银行的货币政策能更有效地发挥作用，而不应采用各种直接或间接的方式来抵消货币政策的作用。

(3) 独立地管理和控制整个金融体系和金融市场。中央银行应在国家法律的授权和法律的保障下，独立地行使对金融体系和金融市场的管理权、控制权和制裁权。所谓管理权，就是中央银行有权管理金融市场的交易，有权管理金融机构的建立和撤并，有权对金融机构的业务活动、经营状况进行定期或不定期的检查，并做出一些具体的规定。所谓控制权，就是中央银行有权把金融体系和金融市场的业务活动置于自己的监督和控制之下，使整个金融活动按货币政策的需要而正常地进行。所谓制裁权，就是中央银行有权对违反金融法规、抗拒管理的金融活动和金融机构给予经济的、行政的制裁。此外，中央银行在行使上述权力时，不应受到来自政府或其他部门的干扰。

五、中央银行独立性的模式

由于各国政治制度的不同，文化传统的差异，生产力水平的不同，以及经济运行模式、信用制度发达程度的差异，中央银行与政府之间关系的模式也存在着很大的差异。但是，随着商品经济的国际化，各国间经济制度、管理体制，特别是其中技术成分的相互渗透、相互学习与交流，中央银行与政府的关系也逐步趋同，形成几种模式，并被各国按照自己的需要，以法律的形式确定其基本框架、运作机制。

(一) 中央银行隶属于议会

在这种模式中，中央银行专门负责货币政策的决定和运作，直接向国会负责，不接受政府的指示，中央银行总裁由总统或皇室征得国会的同意后任命。中央银行是独立于政府之外的一个机构，中央银行与财政部之间是相互独立、协调配合的关系。

美国联邦储备委员会与政府的关系就是这种模式的典型。美国联邦储备委员会是独立于政府之外的一个机构，至少从形式上看是这样的。美国总统取得国会参议院同意，任命联邦储备委员会理事，以及该委员会的主席或副主席，但由于理事任期与总统任期不一致，总统无法在其任期内更换绝大多数理事。联邦储备委员会独立自主地决定货币政策目标及政策手段的运用，总统不能干预法律授予联邦储备委员会的各项权力，也不能直接向其发布指示，除非国会授权。美国联邦储备委员会向国会负责，每年要向国会众议院呈交其业务的详细报告，并印发给议员。只有国会有权改变联邦储备制度的体制和权限，但联邦储备委员会对国会也保持了一定程度的独立性。政府各部门每年的经费开支必须向国会申请核批，而按照法律的规定，各联邦储备银行则可以在自己每年的盈利中直接支付或提存一切必需开支的费用。

在中央银行与政府的关系中，与财政部的关系最为引人注目。美国联邦储备委员会与财政部形式上完全相互独立，在政策的制定和推行上相互无权干涉。联邦储备委员会作为"政府的银行"，重要职责之一就是代理国库和国债的发行，并有义务支持财政。但财政部在筹款困难的条件下，只能向其短期借款，并且数量受到限制，还要用特别债券作为抵押。不过，在实现国家经济政策目标这一点上，联邦储备委员会与财政部是一致的，只是分工不同而已。因此，二者之间相互协调，尽可能取得政策上的一致。

概括来说，美国联邦储备委员会不隶属于政府，只对国会负责，对金融政策的制定和推行具有绝对的权力，这就是美国模式的基本内容。这一模式的特点是：中央银行具有高度的独立性，法律赋予其与政府平行的地位，它与政府之间不是领导与被领导、指示与服从的关系，而是相互尊重与合作的关系。

(二) 中央银行隶属于政府

中央银行是"政府的银行"，因而世界上许多国家的中央银行在组织形式上都隶属于政府，但由于政府对中央银行职能与作用认识水平差异很大，政府金融素质高低不同，因此在这一模式下，中央银行实际独立性的差异较大。

在苏联和以前的东欧国家，在原计划经济体制下，中央银行独立性十分有限，中央银行完全听命于政府，在货币金融政策的制定执行方面受政府的行政干预很大。但是随着这些国家经济体制转轨，市场经济体制逐步确立，中央银行独立性逐渐增强。20世纪90年代以来，随着经济转轨步伐的加快，这些转型经济国家逐渐认识到了中央银行的特殊地位与作用，纷纷通过制定或修改中央银行法律，明确中央银行货币金融政策的目标是稳定货币，减少政府直接任命中央银行理事的数量，中央银行总裁的任命也由政府直接任命改为政府提名，国会任命，限制政府或财政部部长在中央银行理事会中的投票与发言决策权力，从而使中央银行的独立性逐渐有所提高。中国人民银行隶属于政府，与财政部并列。《中华人民共和国人民银行法》规定："中国人民银行是中央银行，中国人民银行在国务院领导下，制定和实施货币政策，对金融业实施监督管理。"

(三) 中央银行隶属于财政部

由于各国政治制度不同，国情不一样，中央银行资本所有权不同，因此，反映在中央银行与财政部关系上的差别较大。目前，有些国家中央银行在行政关系上隶属于财政部，在制定执行货币金融政策上也与财政部有密切的联系，有的国家中央银行完全听命于财政部，独立性很小；有的国家中央银行在行政关系上隶属于财政部，但在制定执行货币金融政策上独立性较大，因而形成了中央银行实际独立性差异较大的两种具体类型。

根据现行的《日本银行法》，日本银行作为日本政府的一个组成部分，隶属于财政部——大藏省，并接受大藏省的领导和监督，日本银行的独立性较差。《日本银行法》规定，日本银行专门以完成国家任务为目的而从事经营。日本银行的资本中，政府占55%，有关日本银行的经营目的、名称、总行及分支机构设置、资本金额及资产、高级官员、有关业务及执行、货币发行、财务等的任何变更，都要经大藏大臣批准。日本银行设立政策委员会，它是日本银行的最高权力机构，由7人组成，全体委员经国家参众两院同意后，由政府内阁任命。按惯例，日本银行总裁任委员会主席，但总裁及副总裁都由日本政府内阁任免。日本银行每年的经费预算、盈利分配要经大藏大臣批准。大藏大臣有权命令日本银行办理必要业务或其他必要事项。为监督日本银行的业务状况，大藏大臣特设监察官，该监察官有权随时检查或命令日本银行报告业务及财务收支状况，并出席日本银行的各种会议，发表意见。日本银行代理国库事务，认购或承销政府公债，政府可以向日本银行借款，不需要担保。由上述日本银行与政府诸方面关系所决定，日本银行金融政策的制定和推行主要受政府经济政策的左右。正像《日本银行法》中所规定的那样："日本银行以谋求发挥全国经济力量、适应国家政策的需要，担任调节货币、调整金融及保持并扶植信用制度为目的。"概括日本银行与政府关系的特点就是：中央银行是政府的一个组成部分，隶属于大藏大臣领导，向政府负责，金融政策的制定和推行主要反映政府的意志，独立性很小。

另外，有些国家的中央银行名义上归财政部管辖，但实际上其独立性较强。如英格兰银行就是一家法律上独立性较小，但实际独立性较大的中央银行。英格兰银行从1694年成立至1946年以前，一直为私人股份制银行，完全独立于政府之外发挥其中央银行的职能作用。1946年通过的关于英格兰银行国有化的法令，把英格兰银行收归国有，从此，英格兰银行与政府的关系进入了一个新的阶段。根据国有化法令，该行120万英镑的资本全部由政府买下，并接受财政部的领导，使其在形式上成为政府机构的一个组成部分，"财政部为了公共利益，认为必要时，无论何时，在与英格兰银行总裁协商后，就可发出指示"。英格兰银行的最高决策机构是董事会，其16名成员均由政府推荐，国王任命。英格兰银行代理国库，代理外汇平准账户；一般不向财政贷款，但在特殊情况下，可向财政贷款；该行还为政府发行、管理公债券；代表政府参加一切国际金融机构的活动。法律没有明确确定英格兰银行实现特定经济目标的义务，法定的职责只是与监督管理银行机构有关的事项。因此，它的主要实际职责是帮助政府制定和推行货币政策，以实现由政府确定的经济目标。尽管法律规定英格兰银行隶属于财政部，最高决策机构的人选由政府确定,财政部有权对英格兰银行发布指示(事实上财政部从来没有使用过这一权力)。但政府很尊重英格兰银行的意见和它在日常金融业务管理这一专门领域内的特殊地位和作用,英格兰银行也同样尊重政府的法定特权。导致这种结果的一个法定性因素,是英格兰银行在长期从事金融市场活动并与各类金融机构广泛接触中所积累起来的专门技术和知识,这是任何部门所无法忽视、任何专门技术无法取代的。英格兰银行与政府的关系可概括为:英格兰银行是政府控制下的机构,但在政府的授权下,它的独立性和影响作用比法律所规定的要大得多。这种关系表明了英格兰银行与政府关系的特点。

(四) 中央银行隶属于某一委员会

在瑞典,瑞典银行只接受银行委员会的指示,政府一般无权干预中央银行决定的事项,中央银行具有较强的独立性。有的国家的中央银行虽然名义上隶属于某一个委员会,有形式上较强的独立性,但实际上仍然完全受政府的控制,独立性较小,如原比利时国民银行,当政府官员认为比利时国民银行的决定违反国家利益时,可以暂停决定的执行,并向财政部部长通报,由财政部部长决定中央银行的决议是否执行。

(五) 中央银行几种模式评价

把各国中央银行与政府的关系归纳并划分为几种模式,本身就是一件困难的事情。这至少有以下3个原因。①仅仅由于不同国家的中央银行对应于不同的国家政府这一事实,就导致了中央银行与政府之间关系的千差万别。当进行上面的模式划分时,将归于同一模式中的各国的历史、文化传统、价值观念、政治制度、经济水平等因素对中央银行与政府之间关系所带来的影响大部分都忽略了。②中央银行与政府的关系在法律上规定的并不等于实际存在的,因此在模式的划分过程中难免顾此失彼。③各国中央银行与政府的关系不是固定不变的,而是经常处于调整过程中。

划分模式面对种种困难,现在又要比较各种模式的优劣,应当说这是更为困难、几乎无法解决的问题。这不仅是前述三方面困难的自然延伸,而且它又向人们提出在比较各种模式时作为前提条件存在的问题:比较指标是什么?评价标准又是什么?由于各国的政治制度不同,商品经济和信用制度的发达程度存在差异,几乎找不到一个统一的评价标准。这里仅把注意力集中于比较中央银行与政府关系中的中央银行的独立性程度这一点上。下面仅就独立性问题比较和评价上述几种模式的优劣。

在上述几种模式中,不难看出,实际上在中央银行隶属于议会并对议会负责的模式中,中央银行的独立性较大,这是综合比较的结果。如果单就关系到中央银行独立性的个别因素来讲,则不完全是这样一个顺序。同样即便是同属于一个模式的中央银行,它们各自与政府之间的关系也是存在很大差异的。一国中央银行与政府的关系是否合理、协调,并不完全取决于中央银行的独立性。如果一国中央银行的权力过大,独立性过强,以至于它可以置政府的任何意见于不顾,那么当它能力不够或判断错误时,其后果是不堪设想的。因此,尽管像美国联邦储备体系和英格兰银行这样的世界一流水平的中央银行,有着制定和推行货币政策的丰富经验和辉煌的成就,其现有的独立性是否过大的问题也受到国内多方面的注意,限制它们权力的呼声时而可以听到。同样,以前的苏联和东欧模式,中央银行完全依附于政府的情况,也是不可取的。在这一模式中,中央银行管理金融的技术性和专业性特点几乎全被抹杀了,政府决策同样存在着失误的危险。

没有政府的监督，不配合政府总的经济政策，中央银行的独立性就会造成经济的混乱和社会的不稳定；而没有中央银行的独立，摆脱各种干扰，客观地分析经济形势并提出货币政策的建议，政府就可能基于对金融形势的错误分析而对所要解决的经济问题开出错误的药方。基于这一点，在中央银行与政府的关系中，并不应推崇某一种固定的模式，关键是寻找到中央银行与政府结合的最佳均衡点。

六、中国人民银行独立性问题

关于中国人民银行的独立性，具体规定如下。①根据《中国人民银行法》的规定，中国人民银行在国务院领导下依法独立执行货币政策，履行职责，开展业务，不受地方政府、各级政府部门、社会团体和个人的干涉。②人民银行相对于其他部委和地方政府具有明显的独立性。③财政不得向中国人民银行透支；中国人民银行不得直接认购政府债券，不得向各级政府贷款，不得包销政府债券。

随着改革开放政策的推行和市场经济的发展，中国人民银行作为中央银行的地位逐步得到加强和提高。但是，与中国商品经济发展和实际需要对照，中国人民银行作为中央银行的作用还未完全发挥出来，需要进一步增强中国人民银行的独立性。

要理顺中国人民银行与政府的关系，一方面是改革中国人民银行的体制及机构，提高中国人民银行干部队伍素质，充分发挥中国人民银行作为中央银行的各项职能与作用；另一方面要提高政府素质，转变政府职能，增强对中央银行性质、任务特殊性及其重要性的认识，从而真正实现中央银行与政府之间的相互尊重，密切配合，真正发挥中央银行的作用。

中国人民银行作为国家的中央银行，其职能的发挥、任务的完成，必然涉及国家经济金融工作的各个方面，特别是在制定执行货币政策，加强金融监管，防范和化解金融风险的过程中，更需要各个方面的理解、支持与配合。中国人民银行要增强其独立性，提高其地位，结合目前金融工作实际，具体应从以下两方面入手。

(1) 中国人民银行要处理好与监管对象即各金融机构之间的关系。一方面要敢于监管，维护金融方针、货币政策和法规的严肃性，维护金融秩序的稳定。中国人民银行与各金融机构在业务上是领导与被领导、管理与被管理的关系。中国人民银行要根据货币政策、法定存款准备金政策、利率政策、信贷政策及其他各项金融监管的法规条例，对金融机构从设立到经营的每个重要环节进行严格的监管，维护本辖区金融秩序的稳定。另一方面要善于监管，在服务中加强管理，树立主动服务的观念和意识，做好对各金融机构的指导、协调与服务工作。这主要体现在对金融机构的信贷投向、投量、结构提出指导性意见，积极为金融机构办理再贴现业务；协调金融机构在业务竞争中的关系；向金融机构提供各种政策和信息等。寓管理于服务之中，在服务中加强和改善金融监管。

(2) 要处理好与地方党政之间的关系。金融监管工作牵涉面广、政策性强，需要地方党政的支持。要处理好与地方党政之间的关系应做到以下几点。一是要向地方党委、政府多宣传国家的金融方针和货币政策，宣传金融监管的重要性。二是应维护金融秩序稳定，为地方经济发展创造良好的金融环境。三是积极开展调查研究，及时反映本辖区金融运行情况，以及新的金融政策措施出台后对辖区经济和社会发展带来的影响和变化，按照国家的金融方针和货币政策，结合当地实际，提出具体的对策和措施，为发展地方经济出谋划策。四是要积极开展短期资金融通和再贴现业务。在政策许可的范围内，通过各种渠道，运用各种调节手段，调整资金的区域分布结构,增加资金运筹总量。五是应贯彻国家产业政策,进一步优化信贷结构,把优先支持农业发展放在信贷工作的首位。中国人民银行分支行既要坚决维护货币政策和金融宏观调控的统一性、严肃性,又要从地方经济发展的实际出发,千方百计为地方经济发展提供金融支持和金融服务,将管理与服务有机地统一起来。

第五节 中央银行与金融监管

一、金融监管的含义和必要性

(一) 金融监管的含义

金融监管是金融监督与金融管理的复合称谓。从词义上讲,金融监督是指金融主管当局对金融机构实施全面地、经常性地检查和督促,并以此促使金融机构依法稳健地经营、安全可靠和健康地发展。金融管理是指金融主管当局依法对金融机构及其经营活动实行的领导、组织、协调和控制等一系列的活动。但在实际中,这两个词单独使用时,一般分别包括了两个词的复合内容。

金融监管有狭义和广义之分。狭义的金融监管是指中央银行或其他金融监管当局依据国家法律法规的授权对整个金融业(包括金融机构及金融机构在金融市场上所有的业务活动)实施的监督管理。广义的金融监管是在上述监管之外,还包括了金融机构的内部控制与稽核、同业自律性组织的监管、社会中介组织的监管等。

(二) 金融监管的必要性

金融监管的必要性主要体现在以下三方面。

(1) 金融是现代经济的核心,金融体系是全社会货币的供给者和货币运行及信用活动的中心,金融业的发展状况对社会经济的运行和发展起着至关重要的作用,具有特殊的公共性和全局性。金融业在国民经济中处于特殊的重要地位,这决定了对金融业的监管是一个国家社会经济稳定发展的必然要求。

(2) 金融业是一个存在诸多风险的特殊行业,又关系千家万户和国民经济的方方面面,一旦金融机构出现问题,将对整个经济与社会产生很大的影响。金融机构在经营中面临的风险,主要有以下几类:信用风险,即到期的贷款可能收不回来;流动性风险,即到期不能偿还负债;收益风险,即负债成本可能超过资产收入;市场风险,即资产现值可能低于购买时的价值;管理风险,即管理者不称职带来的风险;还有汇率风险、利率风险和其他风险等。一旦金融机构发生危机或破产倒闭,将直接损害众多债权人的利益,后果是十分严重的。金融监管可以帮助管理者将风险控制在一定范围之内,保证金融体系的安全。只有金融体系安全运行,才能保持公众对金融体系的信心,从而保证国民经济的健康发展。

(3) 维护金融秩序,保护公平竞争,提高金融效率。良好的金融秩序是保证金融安全的重要前提,公平竞争是保持金融秩序和金融效率的重要条件。为了金融业健康发展,金融机构都应该按照有关法律的规定规范地经营,不能搞无序竞争和不公平竞争。这就需要金融主管当局通过金融监管实现这一目的,以保证金融运行有序、竞争公平且有效率。

(三) 金融监管的特点

1. 法制性

法制性是指国家的金融监管都是通过立法程序进行的，是一国金融体制的有机组成部分，属于国家的法定制度。金融监管当局在国家的授权下，依据法律规定的职责权限行使监管权，其管理行为具有权威性、严肃性和相对确定性。被监管者必须在法律许可的范围内从事金融活动并依法接受监管。

2. 社会性

社会性是指广义上的金融监管。因为金融业有明显的"公共性"，其活动范围遍及社会各部门。因此，有效的金融监管应该是一种社会性的监管，需要社会各界的协调和配合。不仅要有监管机构的直接管理和被监管者的自律性监管，而且要有行业公会等组织的同业横向监管、社会各部门及公众舆论的社会性监管等。

3. 系统性

系统性指金融监管既包括监管的主体、客体，也包括监管的法律依据、监管的目标，以及监管的内容和手段等，因而金融监管是一个庞大的系统工程。各组成部分之间存在有机联系，缺一不可，共同形成一个完整的系统。

二、金融监管的目标和原则

(一) 金融监管的目标

金融监管目标是实现金融有效监管的前提和监管当局采取监管行动的依据。金融监管的目标可分为一般目标和具体目标。世界各国都认为，一般目标应该是促成建立和维护一个稳定、健全和高效的金融体系，保证金融机构和金融市场健康地发展，从而保护金融活动各方特别是存款人的利益，推动经济和金融发展。但由于各国历史、经济、文化背景和发展情况的不同，也就使具体监管目标有所不同。世界大多数国家的具体监管目标体现在中央银行法上，其中也有一些国家的法规把中央银行的政策目标和其监管目标放在一起作为一个整体目标。从这些法规中可以看出其监管目标的侧重点。

党的十九大要求，健全货币政策和宏观审慎政策双支柱调控框架，深化利率和汇率市场化改革，健全金融监管体系，守住不发生系统性金融风险的底线。

中国现阶段的金融监管目标可概括如下。

(1) 一般目标：防范和化解金融风险，维护金融体系的稳定与安全，保护公平竞争和金融效率的提高，保证中国金融业的稳健运行和货币政策的有效实施。

(2) 具体目标：经营的安全性、竞争的公平性和政策的一致性。经营的安全性包括两方面：一是保护存款人和其他债权人的合法权益；二是规范金融机构的行为，提高信贷资产质量。竞争的公平性是指通过中央银行的监管，创造一个平等合作、有序竞争的金融环境，鼓励金融机构在公平竞争的基础上，增强经营活力，提高经营效率和生存发展能力。政策的一致性，即通过监管，使金融机构的经营行为与中央银行的货币政策目标保持一致。通过金融监管，促进和保证整个金融业和市场经济的健康发展。

(二) 金融监管的原则

1. 依法管理原则

各国金融管理体制各有不同，但在依法管理这点上是共同的。这有两重含义：一方面金融机构必须接受国家金融管理当局的监督管理,要由法律来保证,不能有例外;另一方面管理当局实施监管必须依法而行。若非如此则难以保持管理的权威性、严肃性、强制性和一贯性,也就不能保证监管的有效性。

2. 合理、适度竞争原则

竞争是市场经济条件下的一条基本规律,是优胜劣汰的一种有效机制。金融管理当局的管理重心应放在创造适度竞争环境上,既要避免造成金融高度垄断,排斥竞争从而丧失效率与活力,又要防止出现过度竞争、破坏性竞争从而波及金融业的安全和稳定,甚至引起银行业破产倒闭及社会经济生活的剧烈动荡。为此,金融管理的目标应是创造一个公平、高效、适度、有序的竞争环境。

3. 自我约束与外部强制相结合原则

外部强制管理再缜密、严格,也是相对有限的。如果管理对象不配合、不愿自我约束,而是千方百计设法逃避、应付、对抗,那么外部强制监管也难以收到预期效果;相反,如果将希望全部放在金融机构本身自觉自愿的自我约束上,则实难有效避免种种不负责任的冒险经营行为与道德风险的发生。因此,时时要把创造自我约束环境和加强外部强制管理结合起来。

4. 安全稳健与经济效益相结合原则

要求金融机构安全稳健地经营业务历来都是金融监管的中心目的,为此所设的金融法规和一系列指标体系都着眼于金融业的安全稳健及风险防范。但金融业的发展毕竟在于满足社会经济发展的需要,追求发展就必须讲求效益。因此,金融监管必须切实把防范风险同促进金融机构增加效益协调起来。

此外,金融监管还应注意如何顺应不断变化的市场环境,对过时的监管内容、方式、手段等及时进行调整。进入20世纪90年代以来,金融自由化浪潮一浪高过一浪,金融衍生工具风险、金融业的收购兼并风潮、金融风险的国际扩散等,已成为金融管理当局高度关注的问题,监管力度的松紧搭配和管理的更加审慎已逐渐上升为基本原则的一个重要延伸部分。我国金融监管政策和资讯的查询非常便利,有多家专业金融监管网站,其中部分网站如图6-6和图6-7所示。

图6-6 国家金融监督管理总局

图6-7　中国证券监督管理委员会

三、金融监管的内容和方法

(一) 金融监管的内容

中央银行或货币管理当局对金融业的监管包括对商业银行及非银行金融机构和金融市场的监管。具体监管内容主要有三方面，即市场准入的监管、市场运作的监管、市场退出的监管。

1. 市场准入监管

所有国家对银行等金融机构的监管都从市场准入开始，各个国家的金融监管当局一般会参与金融机构的审批过程。银行申请设立必须符合法律规定，主要包括两方面：①具有素质较高的管理人员；②具有最低限度的认缴资本额。管理人员的条件和资本额的标准各国都有具体规定。我国金融机构的设立申请，一般也是主要审查这两方面。

在我国，金融机构设立的最后批准权限在中国人民银行总行。按照有关法律规定，我国商业银行应采取股份有限公司或有限责任公司的形式设立，城市和农村信用社及其联社都采取合作制，最近几年也开始尝试股份制的模式。设立各类金融机构，都必须符合规定的最低资本金要求。我国金融机构的设立采取特许证制度。

2. 市场运作监管

金融机构经批准开业后，中央银行还要对金融机构的运作过程进行有效监管，以便更好地实现监控目标的要求。

(1) 资本监管。对于商业银行的资本金，除注册时要求的最低标准外，一般还要求银行自有资本与资产总额、存款总额、负债总额及风险投资等之间保持适当的比例。银行在开展业务时要受自有资本的制约，不能脱离自有资本而任意扩大业务。2012年6月7日，银监会发布了《商业银行资本管理办法(试行)》，历时10年，修改后的《商业银行资本管理办法》于2024年1月1日起施行。该办法适用于在中华人民共和国境内设立的商业银行，包括中资银行、外商独资银行和中外合资银行。商业银行资本应抵御其所面临的风险，包括个体风险和系统性风险。商业银行应当符合本办法规定的资本监管要求，系统重要性银行应当同时符合相关办法规定的附加资本监管要求。资本监管指标包括资本充足率和杠杆率。资本充足率是指商业银行持有的、符合本办法规定的资本净额与风险加权资产之间的比率。一级资本充足率是指商业银行持有的、符合本办法规定的一级资本净额与风险加权资产之间的比率。核心一级资本充足率是指商业银行持有的、符合本办法规定的核心一级资本净额与风险加权资产之间的比率。杠杆率是指商业银行持有的、符合本办法规定的一级资本净额与调整后表内外资产余额之间的比率。商业银行应当按照本办法规定的机构档次划分标准,满足差异化资本监管要求。资本充足率监管要求包括最低资本要求、储备资本和逆周期资本要求、系统重要性银行附加资本要求及第二支柱资本要求。商业银行各级资本充足率不得低于如下最低要求:①核心一级资本充足率不得低于5%;②一级资本充足率不得低于6%;③资本充足率不得低于8%。商业银行应当在最低资本要求的基础上计提储备资本。储备资本要求为风险加权资产的2.5%,由核心一级资本来满足。商业银行应当在最低资本要求和储备资本要求之上计提逆周期资本,逆周期资本的计提与运用规则由人民银行会同银保监会另行规定。除上述资本充足率监管要求外,商业银行的杠杆率不得低于4%。核心一级资本包括:实收资本或普通股、资本公积、盈余公积、一般风险准备、未分配利润、累计其他综合收益、少数股东资本可计入部分。其他一级资本包括:其他一级资本工具及其溢价、少数股东资本可计入部分。二级资本包括:二级资本工具及其溢价、超额损失准备。

截至2023年第三季度,我国金融机构资本充足率情况如下:大型商业银行17.10%、股份制商业银行13.22%、城市商业银行12.54%、民营银行12.15%、农村商业银行12.07%、外资银行19.48%,总体情况较好。

(2) 流动性监管。各国金融监管当局对银行的流动性同资本充足性一样重视,只是监管流动性的方法有所不同。有的国家不正式规定流动性的具体界限,但经常予以检查监督,有的国家对银行资产负债分别设计比例来监视银行的清偿能力;有的国家对吸收短期存款而进行长期投资的银行单独进行管理,对其长期性投资加以特殊限制。对流动性的监管既包括本币流动性,也包括外币流动性。有的国家对这两个指标分开管理,有的国家合在一起管理,统一规定一个标准。在实践中要恰当地评价、准确地测量银行的流动性是很复杂的,也很困难。基本趋势是以考核银行资产负债期限和利率结构搭配是否合理为基础对流动性进行系统的评价。

(3) 业务范围监管。金融机构可经营哪些业务,不可以经营哪些业务一般是有限制的。一些国家把商业银行业务与投资银行业务分开,并禁止商业银行认购股票;一些国家则限制银行对工商企业的直接投资。有的国家禁止在银行内把银行业务与非银行业务混在一起,但允许通过银行控股公司、附属机构等参与某些风险较大的非银行活动;有的国家允许银行经营非银行业务,但限制投资规模;有的国家允许受特殊管理的银行进行大范围的经营活动;有的国家对银行经营的业务种类很少施加限制。同时,各国普遍监督保险企业的运营。

(4) 贷款风险的控制。追求最大限度的利润是商业银行经营的直接目的,商业银行把吸收的资金尽可能地用于贷款和投资,尽可能地集中投向盈利高的业务。由于获利越多的资产,风险相对就越大,因而大多数国家的中央银行都尽可能限制贷款投向的过度集中,通常限制一家银行对单个借款者提供过多的贷款,以分散风险。分散风险既是银行的经营战略,也是金融监管的重要内容。经验表明,在经济、金融环境不断变化的情况下,任何形式的风险集中都有可能使一个营运正常的银行步入险境。因此,如何对风险集中进行准确的估计和有效的控制,成为近年来备受关注的一个问题。如意大利规定对单个客户的贷款不得超过银行自有资本;美国规定不得超过自有资本的10%;日本规定不得超过自有资本的20%。从风险管理和风险监管的角度上讲,仅对各种风险进行逐项控制是远远不够的,更重要的是应当将注意力放到各类风险之间的相互联系和相互影响上。既要考虑表内业务风险,也要考虑表外业务风险;既要注意资产风险,也要注意负债风险。在金融创新日新月异的情况下,要对银行的风险集中程度做出客观准确的评价,不仅要对银行的整体业务状况进行深入的了解,而且必须有一套科学的考核参数和分析方法。

(5) 外汇风险管理。在外汇风险管理领域,大多数国家对商业银行的外汇业务及外汇头寸都很重视,并制定适当的国内管理制度,但各自的管理制度有着显著的差别。美国、法国、加拿大等国对外汇的管制较松;而英国、日本、荷兰、瑞士等国对外汇的管制较严。如英格兰银行对所有在英国营业的银行的外汇头寸进行监控,要求任何币种的交易头寸净缺口数均不得超过资本金的10%,各币种的净空头数之和不得超过资本金的15%。对于外国银行分支机构,英格兰银行要求其总部及母国监管当局要对其外汇交易活动进行有效的控制;日本要求经营外币的银行在每个营业日结束时,其外汇净头寸(包括即期和远期外汇)不得突破核准的限额;荷兰、瑞士对银行持有未保险的外币款项,要求其增加相应的资本金等。

(6) 准备金管理。银行的资本充足性与其准备金政策之间有着内在的联系,因此,对资本充足性的监管必须考虑准备金因素。监管当局的主要任务是确保银行的准备金是在充分考虑谨慎经营和真实评价业务质量的基础上提取的。各国金融监管当局已经普遍认识到准备金政策是增强国际金融体系稳健性的一个重要因素,也有助于银行业在国际范围内的公平竞争。因此,监管当局之间的协商与合作将会推动在准备金问题上达成共识。

(7) 存款保险管理。为了维护存款者利益和金融业的稳健经营与安全,有些国家建立了存款保险制度。在金融体制中设立负责存款保险的机构,规定本国金融机构按吸收存款的一定比率向专门的保险机构缴纳保险金,当金融机构出现信用危机时,由存款保险机构向金融机构提供财务支援,或由存款保险机构直接向存款者支付部分或全部存款,以维护正常的金融秩序。对于存款保险制度,多数学者持赞同态度。也有人认为,存款保险制度的存在使存款者和金融机构本身会受到直接的保护,有可能促使银行无所顾忌地从事过度的冒险活动。从国际金融业的实践来看,存款保险制度对促进金融业稳定发展的作用是明显的。

2015年5月1日《存款保险条例》施行,我国存款保险制度正式建立。按照国务院工作部署和要求,人民银行认真履行职责,精心组织、扎实做好存款保险制度实施的各项工作。当时全国3 959家吸收存款的银行业金融机构已全部办理了投保手续,风险差别费率平稳实施,存款保险制度功能不断完善。2017年,大中小银行存款的格局保持稳定,银行业金融机构经营秩序正常,各方反应积极正面。存款保险制度作为金融业的一项重要基础性制度安排,在完善金融安全网、加强存款人保护、推动形成市场化的金融风险防范和处置机制,建立维护金融稳定的长效机制等方面发挥积极作用。根据《存款保险条例》规定,投保机构向存款保险基金管理机构缴纳保费,形成存款保险基金。按照《存款保险条例》规定,投保机构每6个月缴纳一次保费。存款保险基金由人民银行开立专门账户,分账管理,单独核算。据中国人民银行金融稳定局官网存款保险基金收支情况显示,截至2022年末,全国3 998家吸收存款的银行业金融机构按规定办理了投保手续。2022年共归集保费487.27亿元,基金利息收入9.88亿元,资金支持到期转回2.76亿元。为推进金融风险化解,使用存款保险基金368.56亿元开展风险处置,使用31.25亿元收购金融机构股权,使用300亿元向地方风险处置提供专项借款,使用211.32亿元归还金融稳定再贷款。截至2022年末,存款保险基金存款余额549.4亿元。

3. 市场退出监管

金融机构的市场退出是指停止办理金融业务,吊销金融营业许可证,取消金融机构的资格。金融机构市场退出的原因和方式可以分为两类:主动退出(自愿退出)与被动退出(强制退出)。主动退出是指金融机构因分立、合并或者出现公司章程规定的事由需要解散,因此而退出市场，其主要特点是"主动地自行要求解散"。被动退出则是指由于法定的理由，如由法院宣布破产或因严重违规、资不抵债等原因而遭关闭；中央银行将金融机构依法关闭，取消其经营金融业务的资格，金融机构因此而退出市场。

我国对金融机构市场退出的监管也是由法律予以规定，一般有以下几种形式：接管、解散、撤销、破产。

(二) 金融监管的方法

中央银行的金融监管主要依据法律法规来进行。在具体监管过程中，主要运用金融稽核手段。

1. 依法实施金融监管

中央银行实施金融监管的依据是国家的法律和法规，中央银行依法对金融机构及其经营活动实行外部监督、稽核、检查和对违法者进行处罚。各国金融监管体制和风格虽各有不同，但在依法管理这一点上是共同的，这是由金融业的特殊地位和对经济的重大影响所决定的。金融机构必须接受国家金融管理当局的监管，金融监管必须依法进行，这是金融监管的基本点。要保证监管的权威性、严肃性、强制性和一贯性，才能保证它的有效性。而要做到这一点，金融法规的完善和依法监管是绝对不可少的。市场经济就是要充分发挥各个生产要素和环节的主动性和积极性，鼓励和支持竞争，而竞争要做到规范有序，必须而且只能由法律做保障。

2. 运用稽核手段实施金融监管

"稽"，就是审查；"核"，就是认真地对照、考察、核算、核实。金融稽核是指中央银行或监管当局根据国家规定的稽核职责，对金融业务活动进行的监督和检查。它是由管辖行的稽核机构派出人员以超脱的、公正的客观地位，对辖属行、处、所，或业务领导范围内的专业行处，运用专门的方法，就其真实、合法、正确、完整性，做出评价或建议，向派出机构及有关单位提出报告。因此，金融稽核是做好金融宏观控制的一项重要手段，是经济监督体系中的一个重要组成部门，与监察、审计工作有着紧密的联系。

在我国，中国人民银行稽核、检查监督的主要内容包括以下方面。

(1) 业务经营的合法性。即对金融机构遵守国家和中央各项方针、政策、法律、制度的情况进行检查，其中包括：货币政策和利率政策的执行，存款准备金的缴存，代理财政性存款的划缴，联行资金的清算，业务经营范围的划分，存、贷款及办理结汇的情况，贷款期限的管理，拆入、拆出资金的管理，债券的发行，新增机构的报批等。

(2) 资本金的充足性。即金融机构实收资本的构成及来源是否适当，以及资本金与资产总额、存款总额、负债总额的比例等。

(3) 资产质量。从稽核金融机构资产的流动性、安全性和效益性的角度来评价其资产质量，主要检查：贷款投向是否正确，贷款结构是否合理，贷款风险程度，贷款担保状况，信贷的集中程度等。

(4) 负债的清偿能力。检查金融机构可变现资产的数量、质量，以保证存款的支付，主要稽核存入中国人民银行的备付金数量及占存款总额的比例，联行和同业往来可调用的资金数量，近期内难以收回的贷款数量，可以取得中国人民银行借款和再贴现的数量，可以拆入资金的数量等。

(5) 盈利情况。主要稽核金融机构的收益率，以及利润来源和结构是否合理、适当。

(6) 经营管理状况。主要稽核金融机构的内部控制制度以及基本制度的执行情况，包括：

主要负责人的决策和组织领导能力,高中级管理人员的工作胜任情况,内部控制构成因素的状况,如组织结构、岗位责任、业务程序、处理手续、检查标准、人员素质、内部稽核等。

中国人民银行的稽核分两类,即全面稽核与专项稽核。

全面稽核是指中国人民银行对金融机构的全面业务、经营管理和财务状况按照稽核程序进行检查。检查以业务经营合法性、资本金的充足性、信贷计划的适度性、资产的风险性、负债清偿的保证性、经营的效益性、管理的科学性为主要内容。

专项稽核是指中国人民银行对金融机构的业务经营活动、财务活动或经营管理的某一方面、某一层次、某一项目、某一问题的真实性或合规性进行专项的检查监督。

中国人民银行在进行具体稽核时,又有以下几种方式:现场稽核方式、报表稽核方式、委托稽核方式、联合稽核方式。

四、中国金融监管体系

目前,我国实行金融分业经营体制,并依据中国人民银行法、商业银行法、证券法、保险法和银行业监管法的规定实施具体的金融监管。2017年全国金融工作会议结束不久,国务院金融稳定发展委员会迅即成立,主要通过召开会议,研究经济金融形势,部署金融领域重点工作,补齐监管短板等;2018年全国两会结束后,银监会和保监会合并,组建中国银行保险监督管理委员会,作为国务院直属事业单位,并将银监会和保监会拟订银行业、保险业重要法律法规草案和审慎监管基本制度的职责划入央行。金融监管框架由之前的"一行三会"分而治之的模式转变为"一委一行两会"统筹协调模式,更加有利于新形势下的监管职能发挥和跨领域协调;2023年3月,十四届全国人大批复国务院机构改革方案,组建中央金融委员会、中央金融工作委员会、国家金融监督管理总局,统筹推进中国人民银行分支机构改革,将中国证券监督管理委员会调整为国务院直属机构,深化地方金融监管体制改革等。2023年金融机构改革是中国金融监管体制迈向更加完善的重要一步,这也意味着,成立近5年的银保监会完成其历史使命,"一委一行两会"时代落幕,"两委一行一局一会"统筹协调监管模式开始。此外,审计机关、税务机关等分别履行部分国家金融监管职能。在具体分业监管体制中,中央金融委员会负责顶层设计,中央金融工作委员会统一领导金融系统党的工作。中国人民银行处于核心地位,是日常全国金融业的最高主管机关。在宏观层面,由人行负责货币政策、宏观审慎(即双支柱),双支柱分别致力于实现币值稳定和金融稳定,同时在一定程度上参与微观审慎监管。在微观层面,由国家金融监督管理总局、证监会负责具体的监管措施落实,这是双支柱的柱础。此外,建立以中央金融管理部门地方派出机构为主的地方金融监管体制。具体情况如图6-8和图6-9所示。

图6-8 "两委一行一局一会"金融监管体系

图6-9　金融监管的"双支柱+柱础"模式

(一) 中央金融委员会

中央金融委员会是为加强党中央对金融工作的集中统一领导而设立的金融决策议事协调机构，负责金融稳定和发展的顶层设计、统筹协调、整体推进、督促落实，研究审议金融领域重大政策、重大问题等。

下设中央金融委员会办公室，作为中央金融委员会的办事机构，列入党中央机构序列。不再保留国务院金融稳定发展委员会及其办事机构，将国务院金融稳定发展委员会办公室职责划入中央金融委员会办公室。

(二) 中央金融工作委员会

中央金融工作委员会负责统一领导金融系统党的工作，指导金融系统党的政治建设、思想建设、组织建设、作风建设、纪律建设等，作为党中央派出机关，同中央金融委员会办公室合署办公。中央和国家机关工作委员会的金融系统党的建设职责划入中央金融工作委员会负责。

(三) 中国人民银行

中国人民银行作为国务院组成部门，肩负货币政策、宏观审慎政策的职责，即"货币政策和宏观审慎政策双支柱调控框架"，并被国务院赋予金融稳定、反洗钱、征信管理等和监管有关的重要职能。

首先是金融稳定职能，国务院从金融运行和风险防范、金融监管协调等综合角度，进一步明确了中国人民银行担负金融稳定的重要职责。中国人民银行作为中央银行，具有维护金融稳定的便利性。

其次是反洗钱职能。近年来国际社会越来越重视反洗钱工作，有关国家和国际组织对中国积极参与反洗钱的国际合作和做好相关工作提出了很高要求。支付清算系统是资金流动的重要渠道，中央银行作为社会资金清算服务的最终提供者，能通过对大额资金流动的监测发现可疑资金的线索。因此，国家明确由中国人民银行组织协调全国的反洗钱工作，指导、部署金融业反洗钱工作，承担全社会反洗钱的资金监测职责。

最后是征信管理职能。按照国务院关于征信管理工作先从信贷征信起步的要求，国家安排中国人民银行管理全国的信贷征信业，进而推动社会体制的建设。中国人民银行的征信管理主要有五方面：一是开展企业和个人征信系统建设；二是征信法规建设；三是培育征信服务市场，并对其进行监督管理；四是开展征信宣传，促进公众信用意识和信用水平的提高；五是制定信用服务行业标准，推动信息共享，加快社会信用体系建设。根据要求，中国人民银行设立征信管理局。同时，中国人民银行还下设征信中心，负有建设和管理全国征信数据库的责任。

(四) 国家金融监督管理总局

国家金融监督管理总局作为国务院直属机构，2023年在中国银行保险监督管理委员会基础上组建，不再保留中国银行保险监督管理委员会。国家金融监督管理总局统一负责除证券业之外的金融业监管，强化机构监管、行为监管、功能监管、穿透式监管、持续监管，统筹负责金融消费者权益保护，加强风险管理和防范处置，依法查处违法违规行为。原来中国人民银行对金融控股公司等金融集团的日常监管职责、有关金融消费者保护职责，中国证券监督管理委员会的投资者保护职责均划入国家金融监督管理总局。

国家金融监督管理总局主要职责如下。

(1) 依法依规对全国银行业、保险业和金融控股公司实行统一监督管理，维护、保险业和金融控股公司合法、稳健运行，对派出机构实行垂直领导。

(2) 对银行业、保险业和金融控股公司改革开放和监管有效性开展系统性研究。参与拟订金融业改革发展战略规划，参与起草银行业和保险业重要法律法规草案，以及审慎监管和金融消费者保护基本制度。起草银行业和保险业其他法律法规草案，提出制定和修改建议。

(3) 依据审慎监管和金融消费者及投资者保护基本制度，制定银行业和保险业审慎监管与行为监管规则。制定小额贷款公司、融资性担保公司、典当行、融资租赁公司、商业保理公司、地方资产管理公司等其他类型机构的经营规则和监管规则。制定网络借贷信息中介机构业务活动的监管制度。

(4) 依法依规对银行业、保险业和金融控股公司及其业务范围实行准入管理，审查高级管理人员任职资格。制定银行业和保险业从业人员行为管理规范。

(5) 对银行业、保险业和金融控股公司的公司治理、风险管理、内部控制、资本充足状况、偿付能力、经营行为和信息披露等实施监管。

(6) 对银行业、保险业和金融控股公司实行现场检查与非现场监管，开展风险与合规评估，保护金融消费者合法权益，依法查处违法违规行为。

(7) 负责统一编制全国银行业、保险业和金融控股公司监管数据报表，按照国家有关规定予以发布，履行金融业综合统计相关工作职责。

(8) 建立银行业、保险业和金融控股公司风险监控、评价和预警体系，跟踪分析、监测、预测银行业和保险业运行状况。

(9) 会同有关部门提出存款类金融机构和保险业机构紧急风险处置的意见与建议，并组织实施。

(10) 依法依规打击非法金融活动，负责非法集资的认定、查处和取缔，以及相关组织协调工作。

(11) 根据职责分工，负责指导和监督地方金融监管部门相关业务工作。

(12) 参加银行业、保险业和金融控股公司国际组织与国际监管规则制定，开展对外交流与国际合作事务。

(13) 负责国有重点银行业金融机构监事会的日常管理工作。

(五) 中国证券监督管理委员会

2023年，中国证券监督管理委员会由国务院直属事业单位调整为国务院直属机构，强化其资本市场监管职责，依照法律法规和国务院授权，统一监督管理全国证券期货市场，维护证券期货市场秩序，保障资本市场合法运行。原属于国家发展和改革委员会的企业债券发行审核职责划入中国证券监督管理委员会，由中国证券监督管理委员会统一负责公司(企业)债券发行审核工作。

中国证券监督管理委员会主要职责如下。

(1) 研究和拟订证券期货市场的方针政策、发展规划；起草证券期货市场的有关法律法规，提出制定和修改的建议；制定有关证券期货市场监管的规章、规则和办法。

(2) 垂直领导全国证券期货监管机构，对证券期货市场实行集中统一监管；管理有关证券公司的领导班子和领导成员。

(3) 监管股票、可转换债券、证券公司债券和国务院确定由证监会负责的债券及其他证券的发行、上市、交易、托管和结算；监管证券投资基金活动；批准企业债券的上市；监管上市国债和企业债券的交易活动。

(4) 监管上市公司及其按法律法规必须履行有关义务的股东的证券市场行为。

(5) 监管境内期货合约的上市、交易和结算；按规定监管境内机构从事境外期货业务。

(6) 管理证券期货交易所；按规定管理证券期货交易所的高级管理人员；归口管理证券业、期货业协会。

(7) 监管证券期货经营机构、证券投资基金管理公司、证券登记结算公司、期货结算机构、证券期货投资咨询机构、证券资信评级机构；审批基金托管机构的资格并监管其基金托管业务；制定有关机构高级管理人员任职资格的管理办法并组织实施；指导中国证券业、期货业协会开展证券期货从业人员资格管理工作。

(8) 监管境内企业直接或间接到境外发行股票、上市以及在境外上市的公司到境外发行可转换债券；监管境内证券、期货经营机构到境外设立证券、期货机构；监管境外机构到境内设立证券、期货机构、从事证券、期货业务。

(9) 监管证券期货信息传播活动，负责证券期货市场的统计与信息资源管理。

(10) 会同有关部门审批会计师事务所、资产评估机构及其成员从事证券期货中介业务的资格，并监管律师事务所、律师及有资格的会计师事务所、资产评估机构及其成员从事证券期货相关业务的活动。

(11) 依法对证券期货违法违规行为进行调查、处罚。

(12) 归口管理证券期货行业的对外交往和国际合作事务。

此外，完善国有金融资本管理体制，按照国有金融资本出资人相关管理规定，将中央金融管理部门管理的市场经营类机构剥离，相关国有金融资产划入国有金融资本受托管理机构，由其根据国务院授权统一履行出资人职责。加强金融管理部门工作人员统一规范管理，中国人民银行、国家金融监督管理总局、中国证券监督管理委员会、国家外汇管理局及其分支机构、派出机构均使用行政编制，工作人员纳入国家公务员统一规范管理，执行国家公务员工资待遇标准。同时，我国法律还规定由金融业的自律监管和社会监管作为辅助监管，自律监管包括金融机构自我监管和行业自律监管，社会监管主要是指中介机构的监管。

本章小结

1. 中央银行制度的类型有单一式中央银行制度、复合式中央银行制度、准中央银行制度和跨国中央银行制度4种类型。

2. 中央银行职能有发行的银行、银行的银行和政府的银行。

3. 中央银行相对独立性，是指中央银行要为政府服务，同时中央银行独立地制定和执行符合国民经济发展根本需要，并适应国民经济发展特定阶段需求的货币政策措施。

4. 在具体的业务经营活动中，中央银行一般奉行非营利性、流动性、主动性、公开性4个原则。

5. 按中央银行的业务活动是否与货币资金的运动相关，一般可分为银行性业务和管理性业务两大类。主要有货币发行业务、存款准备金业务、其他存款业务或发行中央银行债券、再贴现业务和贷款业务、公开市场证券买卖业务、黄金外汇业务、其他贷款或融资业务等。

6. 中国现阶段的金融监管目标可概括为一般目标与具体目标。一般目标为：防范和化解金融风险，维护金融体系的稳定与安全，保护公平竞争和金融效率的提高，保证中国金融业的稳健运行和货币政策的有效实施。具体目标为：经营的安全性、竞争的公平性和政策的一致性。

7. 中央银行金融监管内容主要有三方面，即市场准入监管、市场运作监管和市场退出监管。

习题

一、单项选择题

1. 货币发行属于中央银行的( )。
   A. 资产业务　　　B. 负债业务　　　C. 中间业务　　　D. 表外业务
2. 中国人民银行成立于( )。
   A. 1948年　　　B. 1949年　　　C. 1984年　　　D. 1983年
3. 我国的中央银行制度属于( )。
   A. 单一型　　　　　　　　　　B. 多元制
   C. 跨国中央银行制度　　　　　D. 准中央银行制度
4. 目前世界上多数国家实行的是( )。
   A. 一元式中央银行制　　　　　B. 二元式中央银行制
   C. 多元中央银行制　　　　　　D. 复合中央银行制
5. 中国模仿西方国家设立的最早的中央银行是( )。
   A. 交通银行　　　B. 中国银行　　　C. 中央银行　　　D. 户部银行
6. 再贴现属于中央银行的( )业务。
   A. 资产　　　　B. 负债　　　　C. 中间　　　　D. 所有者权益
7. 中央银行在公开市场上主要是买卖( )。
   A. 政府债券　　　B. 股票　　　　C. 公司债券　　　D. 商业票据

8. 中央银行之所以成为中央银行的最基本、最重要的标志是(　　)。
   A. 独占货币发行权　　　　　　　B. 充当最后贷款人
   C. 成为全国的资金清算中心　　　D. 制定执行货币政策

9. 我国负责货币政策和宏观审慎政策的机构是(　　)。
   A. 中央金融委员会　　　　　　　B. 中国人民银行
   C. 国家金融监督管理总局　　　　D. 证监会

10. 中国金融监管体系中负责协调的部门是(　　)。
    A. 中央金融委员会　　　　　　　B. 中国人民银行
    C. 国家金融监督管理总局　　　　D. 证监会

二、多项选择题

1. 当代中央银行的突出职能是(　　)。
   A. 货币政策的制定和实施　　　　B. 金融监管
   C. 提供支付清算服务　　　　　　D. 统一货币发行
   E. 制约政府权力

2. 下列选项中，属于中央银行资产业务的有(　　)。
   A. 通货　　　　　　　　　　　　B. 黄金和外汇储备
   C. 商业银行存款　　　　　　　　D. 政府存款
   E. 持有的政府债券

3. 实行二元式中央银行制度的国家有(　　)。
   A. 美国　　　　B. 德国　　　　C. 瑞士
   D. 新加坡　　　E. 意大利

4. 下列选项中，属于中央银行负债业务的有(　　)。
   A. 通货　　　　　　　　　　　　B. 黄金和外汇储备
   C. 商业银行存款　　　　　　　　D. 政府存款
   E. 持有的政府债券

5. 中国人民银行是(　　)。
   A. 发行的银行　　B. 专业银行　　C. 政府的银行
   D. 银行的银行　　E. 政策性银行

6. 中国人民银行是由(　　)三家根据地银行合并而成的。
   A. 华北银行　　　B. 西北农民银行　　C. 北海银行
   D. 中国农民银行　E. 东北银行

7. 中央银行的存款主要来自(　　)。
   A. 政府和公共部门　　　　　　　B. 工商企业
   C. 居民　　　　　　　　　　　　D. 金融机构
   E. 国外部门

8. 中央银行业务活动以(　　)为基本原则。
   A. 非营利性　　B. 流动性　　C. 主动性
   D. 公开性　　　E. 营利性

9. 在假设其他情况不变的前提下，（　　）会使一国的基础货币增加。
   A. 央行增加黄金储备　　　　　　B. 商业银行向央行归还借款
   C. 财政部向央行透支　　　　　　D. 央行在二级市场上买入国债
   E. 央行以外汇储备偿还到期的外债
10. 中央银行对财政资金支持的正确做法为（　　）。
    A. 提供短期贷款　　　　　　　　B. 提供长期贷款
    C. 承购包销政府债券　　　　　　D. 为财政筹资创造有利条件
    E. 保证随时对财政透支

三、判断正误题

1. 货币是一种债务凭证，是货币发行人即中央银行对社会公众的负债。（　　）
2. 我国人民币的发行有发行保证的规定。（　　）
3. 中央银行在处理与政府的关系时，可以保持完全独立。（　　）
4. 中央银行自有资本的形成都是通过政府出资。（　　）
5. 单一中央银行制即一元中央银行制。（　　）
6. 货币发行主体多元化有利于经济发展。（　　）
7. 西方国家中央银行领导人的任期通常长于总统的任期，这是为了保证货币政策的连续性和独立性。（　　）

四、简答题

1. 简述中央银行产生及存在的必要性。
2. 简述中央银行的性质。
3. 简述中央银行的主要业务。
4. 简述中央银行保持相对独立性的必要性和内容。
5. 简述中国支付清算系统的构成。
6. 简述中国人民银行独立性的具体规定。
7. 简述中央银行金融监管体系。
8. 简述中央银行金融监管模式。

五、论述题

1. 论述中央银行相对独立性的含义、必要性及内容。
2. 结合实际论述中央银行的三大职能。
3. 论述中央银行金融监管内容与监管方法。

案例分析

案例一　强化金融稳定保障体系　守住系统性风险底线

过去五年，人民银行坚持以习近平新时代中国特色社会主义思想为指导，坚决贯彻落实党中央、国务院决策部署，按照"稳定大局、统筹协调、分类施策、精准拆弹"的基本方针，会同有关部门打好防范化解重大金融风险攻坚战，不断强化金融稳定保障体系，有效应对复杂严峻的国内外形势和新冠疫情的冲击考验，维护了金融安全稳定发展大局，为金融业持续健康发展营造了安全稳定的良好环境。

一、精准有效处置重大金融风险

遵照党中央、国务院部署要求,人民银行会同有关部门,坚决打好防范化解重大金融风险攻坚战,精准有效处置重大金融风险,全面清理整顿影子银行和非法金融活动。经过三年集中攻坚,系统性金融风险上升势头得到遏制,金融业脱实向虚、盲目扩张态势得到根本扭转,牢牢守住了不发生系统性金融风险的底线。

一是有效处置重点高风险集团风险。对"明天系""安邦系""华信系"、海航集团等资产负债规模大的高风险企业集团进行"精准拆弹"。果断接管包括包商银行在内的10家"明天系"金融机构;新设大家保险对安邦集团实施拆分和重组;完成华信集团整体合并破产,保障全体债权人依法公平受偿;海航集团破产重整执行完毕,老股东权益清零,保障了债权人权益,保证航空主业安全运营,维护了社会稳定。

二是有序推动中小金融机构改革化险。顺利完成恒丰银行等重点金融机构风险处置。哈尔滨银行、甘肃银行财务重组和增资扩股方案顺利实施。2020—2022年新增5 500亿元地方政府专项债券,专项用于补充中小银行资本金。支持配合相关地方政府推动中小金融机构改革化险,高风险中小金融机构数量总体下降。

三是全面清理整顿影子银行和非法金融活动。出台资管新规及配套实施细则,统一资产管理业务监管标准,重点拆解高风险影子银行业务和交叉性金融产品,"类信贷"特征的高风险影子银行较历史峰值压降近30万亿元。互联网金融风险专项整治工作顺利完成,近5 000家P2P网贷机构全部停业。严厉打击非法集资,过去五年累计立案查处非法集资案件2.5万起。

二、加强维护金融稳定制度机制建设

五年来,防范化解金融风险体制机制建设有力推进,金融法治建设持续加强,宏观审慎管理制度框架进一步完善,金融风险监测、评估、预警体系不断健全,风险防范化解工作迈上制度化、法治化轨道,金融稳健运行的制度基础不断夯实。

一是金融稳定立法工作成效显著。人民银行和相关部门持续推进金融稳定立法,相关工作取得重要进展。2022年12月,全国人大常委会对金融稳定法草案进行第一次审议。草案总体思路是坚持党对金融工作的集中统一领导,统筹发展和安全;坚持问题导向和系统观念,着力完善金融风险事前防范、事中化解和事后处置全流程全链条的制度安排;坚持市场化法治化方向,压实相关方的风险处置责任,既防范系统性风险又防范道德风险;坚持权责一致,立足国情,依法合理界定职责分工,健全协调配合的工作机制。

二是实施并完善存款保险制度。截至2022年9月末,全国共有4 015家投保机构,存款保险50万元偿付限额能够为99.3%的存款人提供全额保障。持续加大存款保险宣传力度,公众认知度和公信力显著提升,2020年11月,存款保险标识全面启用,存款保险宣传常态化、机制化格局初步形成。不断完善风险差别费率机制,早期纠正成效初显,通过要求投保机构及时采取补充资本、控制资产增长、控制重大交易授信、降低杠杆率等措施化解风险,累计推动数百家机构退出问题投保机构名单。探索发挥存款保险市场化、法治化处置平台作用,支持重点区域和机构风险化解。

三是设立金融稳定保障基金。金融稳定保障基金定位于由中央掌握的应对重大金融风险的资金,资金来自金融机构、金融基础设施运营机构等主体,与存款保险基金和相关行业保障基金双层运行、协同配合,共同维护金融稳定与安全。在重大金融风险处置中,金融机构、股东和实际控制人、存款保险基金和相关行业保障基金等各方应依法依责充分投入相应资源。金融风险严重危及金融稳定的，可以按照规定使用金融稳定保障基金。目前，金融稳定保障基金基础框架初步建立，已有一定资金积累，并且已在两个风险处置案例中得到实际运用。

四是不断健全金融风险监测、评估、预警体系。全面评估我国金融体系稳健性状况，自2017年起按季对银行业金融机构开展央行金融机构评级，引导金融机构审慎、稳健经营。2020年底以来按季对央行金融机构评级1~7级的银行开展风险监测预警，及时识别苗头性风险并采取措施促使大部分银行异常指标回归至行业正常水平。连续11年开展压力测试，覆盖约4 000家银行业金融机构。五是加强对系统重要性金融机构的统筹监管。批准三家金融控股公司设立许可，稳妥有序开展准入管理和持续监管。出台系统重要性金融机构监管规定，健全完善监管框架。加强金融基础设施统筹监管与建设规划，推动形成布局合理、治理有效、先进可靠、富有弹性的金融基础设施体系。发布《全球系统重要性银行总损失吸收能力管理办法》，提高全球系统重要性银行服务实体经济和抵御风险的能力。

三、下一步工作思路

下一步，人民银行将全面贯彻落实党的二十大和中央经济工作会议精神，坚持稳字当头、稳中求进，有效防范化解重大经济金融风险，强化金融稳定保障体系。持续化解重点企业集团和金融机构风险，进一步推动深化金融机构改革，稳步推进金融立法工作，持续强化金融业审慎监管和行为监管，坚持"治已病"和"治未病"相结合，健全金融风险预防、预警、处置、问责制度体系，补齐金融风险防范化解制度短板，坚决守住不发生系统性金融风险的底线。

(资料来源：中国人民银行货币政策执行报告2022)

问题：
1. 重大金融风险隐患主要包含哪些方面？
2. 简述金融稳定制度机制建设的主要内容。

案例二　金融支持保市场主体

2020年以来，人民银行认真贯彻党中央、国务院关于"六稳""六保"工作的决策部署，果断加大货币政策逆周期调节力度，创新货币政策工具，千方百计帮助市场主体渡过难关、平稳发展。在这个过程之中，人民银行系统和各金融机构共同努力，不断完善内部管理机制，创新金融产品，提高金融服务效率和水平，取得了积极的成效。

一、金融支持稳企业保就业工作进展情况及成效

2020年以来，人民银行认真贯彻落实党中央、国务院关于做好"六稳"工作、落实"六保"任务的决策部署，切实履行金融支持稳企业保就业的牵头责任。统筹金融系统力量，持续加大对各类市场主体的支持力度，力争做到在政策层面上点面结合、综合施策，同时兼顾长远的机制建设。

一是保持流动性合理充裕。灵活运用中期借贷便利、公开市场操作、再贷款、再贴现等工具，促进市场整体利率稳中有降。

二是持续释放LPR改革红利，引导公开市场逆回购的操作利率、中期借贷便利利率、贷款市场报价利率分别下行，同时启动了存量浮动利率贷款定价基准转换，推动降低存量贷款利率。

三是用好结构性的货币政策工具。先后出台了3 000亿元的专项再贷款和1.5万亿元的普惠性再贷款、再贴现，全力支持运行保证。创新支持中小微企业贷款的延期还本付息以及普惠小微

信用贷款两项直达实体经济的政策工具,精准滴灌中小微企业。

四是拓宽各类主体的融资渠道。支持国债、地方政府债券和专项债券顺利低成本发行。设立公司信用债的绿色发行通道,扩大企业直接融资规模。发展供应链金融,支持各类供应链平台接入相关的票据平台。发布《标准化票据管理办法》,支持中小微企业通过标准化票据融资。

五是强化政策的协调联动。联合银保监会等八部委出台了《进一步强化中小微企业金融服务的指导意见》,优化银行的内部政策安排,完善地方融资环境,提升金融服务能力,同时印发了《金融支持稳企业保就业工作指引》。

"一分部署、九分落实"。人民银行各分支行和各金融机构在认真贯彻落实相关政策方面,勇于担当,迎难而上,做了大量工作,加大了对重点行业和重点企业等各类市场主体的金融支持,同时创新了很多有效的典型经验做法。

在金融系统和各级政府、有关部门的共同努力及社会各界的全力支持之下,金融支持稳企业、保就业政策初见成效,总体上实现了融资服务"量增、面扩、价降",市场主体经营状况趋于向好。一是贷款的覆盖面明显提升。2020年7月末普惠小微贷款余额13.7万亿元,同比增长27.5%,连续5个月创有统计以来的新高;前7个月增加2.2万亿元,同比多增8 810亿元,支持小微经营主体3 007万户,同比增长21.7%。二是信用贷款、首贷占比持续提升。2020年7月末单户授信1 000万元以下的小微企业贷款中信用贷款占比17%,比上年末提高了3.8个百分点,前7个月新增首贷户超过167万户,占新发放贷款户数的16%,较上年年末提高了10多个百分点。三是贷款利率持续下降。7月份新发放的小微企业贷款平均利率5.27%,较去年同期下降了0.91个百分点。四是重点领域行业贷款快速增长。7月末单户授信1 000万以下小微企业贷款中,制造业、批发零售业贷款余额3.5万亿元,占比68%;前7个月增加了4 272亿元,占比63%,有力地推动了稳企业、保就业。此外,外贸行业有贷户数和贷款余额也分别较4月末增长了76.5%和27.5%。五是债券市场融资作用提升。前7个月,共发行公司信用类债券7.1万亿元,净融资3.4万亿元,同比多增1.7万亿元,其中大家关注的民营企业发债4 762亿元,同比增长47.9%,债券的发行和净融资规模都创近三年的新高。此外,还支持25家商业银行发行小微金融债券2 789亿元。六是市场主体经营状况总体改善。据了解,7月末全国共有各类市场主体1.3亿家,较上年末增加约900万家。以上是面上的数据。

一些具体的政策措施也取得了积极进展,比如说再贷款和再贴现方面,3 000亿元专项再贷款已经基本投放完毕,支持了防疫保供企业7 600余家。1.5万亿元再贷款、再贴现已经投放超过了1万亿元,支持企业超过140万户。从两个直达工具的进展情况看,6至7月份已经对50.6万家企业的1.44万亿元到期贷款本金实施延期,其中普惠小微贷款本金延期4 126亿元;发放普惠小微信用贷款1.6万亿元,同比多发放5 017亿元。从重点企业融资对接看,经过各分行、发改、工信部门以及各金融机构的共同努力,据不完全统计,走访对接了10.4万家重点企业,有4.5万家企业获贷1.6万亿元,带动稳定企业就业人数1 154万。

二、"敢贷、愿贷、会贷、能贷"机制建设

银保监会高度重视小微企业金融服务工作,特别是2020年以来按照党中央、国务院决策部署,会同相关部门围绕"增量扩面、提质降本"的目标,督促银行业金融机构加大对小微企业的金融服务力度。引导建立"敢贷、愿贷、能贷、会贷"的机制,一直是监管政策的一大特点。近年来,银保监会围绕信贷投放、资本监管、不良容忍、尽职免责、外部环境建设等方

面，出台了一系列差异化的鼓励支持政策。今年主要从以下三方面开展工作。

一是迅速出台金融惠企的金融保障措施，指导银行精准加大信贷投放力度。针对疫情冲击下小微企业资金周转面临的突出困难，与人民银行等部门共同制定实施贷款阶段性延期还本付息政策；在部分省份试点推进应急贷款工作。大力推动金融支持产业链协同复工复产，鼓励有条件的银行开发供应链业务系统，与核心企业、政府部门相关系统对接，为上下游小微企业提供供应链融资服务。

二是将阶段性纾困与长效机制建设相结合，进一步强化监管激励约束。明确普惠型小微企业贷款不良率高于各项贷款不良率三个百分点以内的容忍标准，督促银行对受疫情影响严重地区的分支机构，在内部考核中适当提高容忍度。对因疫情影响发生的小微企业不良贷款，有充分证据应视为不可抗力，对相关人员免予追责；对此类贷款损失可适当简化内部认定手续，加大核销力度。同时出台《商业银行小微企业金融服务监管评价办法》，引导和激励商业银行"锻长板、补短板"，提升服务小微企业的能力。

三是联动多部门协同发力，进一步优化外部配套支持。推动财税部门对普惠型小微企业贷款的利息收入继续免征增值税。与税务总局、发展改革委等部门深化"银税互动""信易贷"的相关工作，推动地方政府搭建信用信息综合服务平台，加大数据整合共享，为银行提供依法合规对接涉企数据的便利渠道。

在监管引领和各项政策共同支持下，银行业金融机构持续加大创新力度，依托大数据、云计算等技术，改进风控模型和业务流程；完善内部绩效考核和激励约束机制，畅通政策传导渠道，调动基层人员积极性，逐步建立完善了"敢贷、愿贷、能贷、会贷"机制。小微企业信贷投放呈高速增长态势。截至2020年7月末，全国小微企业贷款余额40.83万亿元，较年初增长10.62%。其中，单户授信总额1 000万元及以下的普惠型小微企业贷款余额13.91万亿元，与2018年年初相比，两年多时间，余额将近翻了一倍；较年初增速19.2%，比各项贷款增速高10.43个百分点；有贷款余额户数2 397.16万户，较年初增加285.23万户，阶段性实现增速和户数"两增"目标。五家大型银行普惠型小微企业贷款增速37.1%，全年有望超额实现《政府工作报告》提出的40%增速目标。2020年1至7月，全国银行业新发放普惠型小微企业贷款利率为5.93%，较2019年全年利率水平下降0.77个百分点；其中五家大型银行新发放此类贷款利率为4.25%，较好地体现了降成本的"头雁"作用。

下一步，银保监会将继续认真贯彻党中央、国务院决策部署，持续督促银行业金融机构完善内部机制体制，确保各项稳企惠企的金融支持政策精准落地，不断深化推进小微企业金融服务。

江苏是制造业大省、外贸大省，中小企业众多，面对疫情带来的前所未有的冲击，在中国人民银行总行的统一部署下，人民银行南京分行紧密结合江苏实际，以实施金融支持稳企保就业"8+10"专项行动为抓手，以开展"商业银行中小微企业金融服务能力提升工程"为突破，将金融支持稳企保就业工作融入"敢贷、愿贷、会贷、能贷"长效机制和能力建设，取得明显成效。2020年7月末全省金融机构本外币贷款余额15.1万亿元，同比增长16.4%，增速比去年同期提高1.8个百分点；中小微企业贷款余额6.8万亿元，同比增长14.5%，增速比去年同期提高4.7个百分点；普惠小微贷款余额1.32万亿元，同比增长39.3%；制造业本外币贷款比年初新增1 302亿元，创7年来新高。2020年6至7月江苏法人银行普惠小微贷款延期本金352.5亿元，延期率达47.5%；前7个月江苏1至5级地方法人银行普惠小微贷款新增额中信用贷款占比达22.4%。人民银行南京分行会同相关部门主要抓了以下几方面工作。

一是消除银行机构对风险和追责的担忧，调动基层行和一线人员"敢贷"的积极性。推动银行机构有效落实尽职免责制度，2020年1至8月全省主要银行机构累计进行责任认定人数2.57万，其中免予追责2.1万人，占比达81.7%。充分发挥融资担保、财政资金和出口信用保险的风险分担作用。协调推进信用信息共享，加强地方征信体系建设，在苏州高标准建设全国首家小微企业数字征信实验区，累计帮助4万户小微企业获得1 000亿元的贷款。

二是建立健全银行机构外部和内部的激励约束机制，增强银行机构"愿贷"的主动性。前8个月，全省人民银行系统共发放再贷款再贴现1 566亿元，引导银行机构向农户和中小微企业发放优惠利率贷款，惠及市场主体13万户。完善再贷款展期制度，重启人民银行南京分行再贴现窗口，在全国率先完成地方法人银行存量浮动利率贷款LPR定价转换，理顺价格机制，增强银行机构投放中小微企业贷款的动力。督促指导各银行机构完善中小微企业贷款内部转移定价，推动各商业银行将普惠金融内部绩效考核权重提升至10%以上。部分银行还推出具有自身特色的小微贷款奖励制度，如有的银行将发放普惠小微信用贷款的考核奖励提高50%，有的银行对客户经理推荐并审批成功的普惠小微信用贷款按每笔100元进行奖励。

三是创新技术、产品和业务模式，提高银行机构"会贷"的专业性。截至2020年7月末，江苏省内107家银行机构依托230个线上金融产品，对10.5万户中小微企业发放贷款1 012亿元。指导推动各银行机构积极开展中小微企业金融产品创新，提升"直达小微"的金融服务能力。积极推广"应收账款质押融资""微贷技术""信贷工厂"等信贷模式，助力中小微企业信贷"增量扩面"。

四是提升内部经营要素质量，强化银行机构"能贷"的可持续性。2020年上半年全省城商行和农商行通过各种渠道补充资本830亿元。各银行机构大力引进金融科技人才，持续提升客户经理综合素养，努力培养一支适应小微金融业务发展需要的高素质专业人才队伍。加大科技开发投入，强化信息化系统建设，不断提升银行机构科技水平，增强银行服务中小微企业的科技支撑。

(资料来源：根据中国人民银行官网内容整理)

问题：
1. 央行采取了哪些措施支持稳企业保就业工作？
2. "敢贷、愿贷、会贷、能贷"机制建设应选择哪些方面作为切入点？

案例三　持续推进支付体系高质量发展

支付体系是国民经济高效运转和稳健运行的重要基础设施。党的十九大以来，人民银行以习近平新时代中国特色社会主义思想为指导，逐步建成安全高效、为民便民、国际领先的支付体系，有力支持经济社会高质量发展。

一、构建多层次广覆盖的支付清算网络

人民银行坚持独立自主原则，逐步构建大额支付与零售支付协同发展、国内支付与国际支付统筹兼顾的现代化支付清算网络。

(一) 建立四通八达的境内支付清算网络。大额支付系统为银行机构、企事业单位提供跨行资金汇划服务,连接各银行机构、金融市场,是我国的核心支付清算系统。小额支付系统和网上支付跨行清算系统提供7×24小时"全天候"零售支付清算服务。中央银行会计核算数据集中系统(ACS)为中央银行业务提供全面账务处理服务,为人民银行履职提供有力保障。中国银联、网联清算、农信银资金清算中心、城银清算等清算组织为商业银行、城市及农村中小金融机构、支付机构等提供清算服务。

(二) 推动支付清算网络向境外延伸。为提高人民币跨境支付结算效率,人民银行组织建设人民币跨境支付系统(CIPS)。截至2022年第一季度末,已接入76家直接参与者和1228家间接参与者,连接178个国家和地区,实现对全球各时区金融市场的全覆盖,能够满足各类跨境贸易、投融资业务等结算需求。截至2021年底,中国银联网络已延伸至全球180个国家和地区,境外受理商户超过3500万户,在境外75个国家和地区发行超过1.8亿张银联卡,部分支付服务技术和标准陆续出海,成为我国自主银行卡品牌,并跻身国际三大卡组织。多层次、广覆盖的支付清算网络,为促进我国经济高质量发展,维护金融安全发挥了重要作用。一是在资金循环中的中枢作用日益突出。2021年,人民银行支付清算系统处理业务219亿笔、金额6622万亿元。根据支付与市场基础设施委员会(CPMI)最新数据,我国支付系统业务处理金额在其27个成员国中排名第二。二是为普惠金融发展提供支撑。商业银行重点发挥网点多、分布广、服务全的基础作用;支付机构重点深耕小额、便民零售支付领域,为社会公众提供安全、高效、便捷的支付服务。目前,我国借记卡、ATM、POS机数量等多项指标已位居CPMI成员国之首。三是推动支付产业创新发展。在安全高效、遍及全国的支付清算网络基础上,以移动支付为代表的支付产业快速发展。普华永道的消费者调查数据显示,我国移动支付使用率为86%,居全球第一。

二、探索形成中国特色的支付业务监管体系

人民银行将支付体系治理作为回应人民期待、增进人民福祉的具体实践,逐步建立"政府监管、行业自律、公司治理、社会监督"治理体系。

(一) 完善支付机构监管机制。人民银行深入贯彻党中央关于推动平台经济规范健康持续发展重大决策部署,推动平台企业支付业务逐步回归本源。坚持规范与发展并重,探索建立了包括支付机构准入许可、许可续展、执法检查、市场退出等在内的全生命周期监管机制,强化支付机构监管。落实互联网金融整治工作部署,组织建设网联清算平台,完成支付机构客户备付金全额集中存管,将社会资金纳入央行清算体系,有效维护公平竞争秩序。强化支付服务市场供给侧结构性改革,坚持市场化、法治化原则,累计推动71家支付机构有序退出市场,不断优化支付服务市场结构。

(二) 深入推进电信网络诈骗和跨境赌博"资金链"治理。电信网络诈骗、跨境赌博严重危害人民群众生命财产安全。人民银行牵头负责"资金链"治理,出硬招实招提升打击治理的整体性和系统性。2021年以来,协助公安部门紧急拦截涉诈资金5738亿元,主要支付渠道可疑涉赌资金交易规模较年初继续显著下降,金融行业常态化反诈防赌治理格局逐渐形成,有效保护了人民群众财产安全。

(三) 保持支付领域严监管态势。人民银行持续开展支付市场乱象整治,坚持对违法违规行为零容忍,从严从重查处支付违规行为,坚决整肃市场秩序,有效净化市场环境。支付清算协会发挥自律管理作用,不断完善并综合运用各类自律机制,助力政府监管,引导会员单位规范发展。

三、提供安全、便捷、高效的支付服务

人民银行始终坚守"支付为民"理念,创新管理方式、提升服务水平,有力支持实体经济发展,服务社会民生。

(一) 优化银行账户管理与服务。一方面,人民银行顺应经济发展需要,创新实施账户分级分类管理。根据实名程度、验证方式和账户定位的不同,构建Ⅰ、Ⅱ、Ⅲ类户分级分类的银行账户管理体系。另一方面,优化营商环境,持续提升账户服务水平。2019年7月全面取消企业银行账户许可,简化企业经商办事流程。同时,聚焦特定人群账户服务需求,优化高校毕业生和农民工等流动就业群体开户、小微企业账户服务,切实解决"开户难"问题。

(二) 丰富和优化各类支付服务。人民银行秉承"包容审慎"原则,加快推进支付产业数字化转型升级,引导市场主体合规创新,持续优化支付服务供给,支持数字经济发展。我国支付方式从现金支付、刷卡支付等线下支付方式逐渐向网络支付等线上支付方式转移。除传统支付产品以外,条码支付、近场支付等新兴支付方式不断发展,支付产品不断创新,有效满足了消费者网上购物等各类日常生活需要。

(三) 助力精准扶贫和乡村振兴。人民银行持续深化农村支付服务环境建设,开展移动支付便民工程及支付适老化工作,切实提升金融服务效率,促进金融普惠发展。推动金融机构设立近80万个助农取款服务点,服务点功能逐步由单一取款拓展到汇款、代理缴费,同时加载了电商、保险、益农信息等综合性服务,城乡居民享受到了同等高效便捷的基本支付服务。当前,以银行卡助农取款服务为主体的基础支付服务村级行政区覆盖率达99.62%,基本实现"人人有卡、家家有户、村村有服务"。持续推进"数字鸿沟"弥合,鼓励市场主体开发适老支付产品。

四、坚定不移推动中国特色支付体系高质量发展

人民银行将坚持以习近平新时代中国特色社会主义思想为指引,恪守"支付为民"初心,不断推动我国支付体系高质量发展,为建设现代化中央银行和服务经济民生提供更好支撑。

一是完善顶层设计。进一步加快支付领域立法步伐,通过统一权威的法规制度,构建富有包容性的支付治理架构,更好地适应支付市场发展需要。

二是坚持严监管不动摇。加强现代科技在支付监管领域的应用,全面提升支付体系安全保障能力。建立统筹监管机制,发挥监管合力,突出全链条管理和穿透式监管,系统治理跨境赌博、电信网络诈骗和非法支付活动"资金链",维护好、发展好、保障好人民群众利益。

三是丰富支付服务供给。聚焦人民群众急难愁盼,持续优化支付市场结构,改进银行账户服务,落实落细支付手续费降费政策,推动农村支付服务高质量发展,提升电子支付在公共服务、便民场景的通用性和便利性,保持我国移动支付全球领先的优势地位。

四是提升国际竞争实力。统筹发展与安全,加快支付体系建设,提高支付清算系统韧性,防范化解支付领域的风险隐患。推进人民币跨境支付系统建设和推广,以便捷、安全、高效的支付服务惠及全球经贸,在支付领域全球治理中发挥重要建设性作用。

(资料来源:中国人民银行官网)

问题:
1. 简述构建多层次广覆盖的支付清算网络的做法。
2. 简述中国支付业务监管体系的特色。

案例四　设立金融稳定保障基金　构建防范化解重大金融风险长效机制

金融业是经营和管理风险的行业，防范化解金融风险是金融工作的永恒主题。2021年12月，中央经济工作会议提出"化解风险要有充足资源"的理念。2022年《政府工作报告》明确要求，"设立金融稳定保障基金，发挥存款保险制度和行业保障基金的作用，运用市场化、法治化方式化解风险隐患，有效应对外部冲击，牢牢守住不发生系统性风险的底线"。设立金融稳定保障基金，有效应对具有系统性影响的重大金融风险，是健全金融风险防控长效机制的内在要求，是统筹发展与安全、维护金融稳定、提高金融服务实体经济能力的关键举措，对维护我国经济金融安全具有重要意义。

一、设立金融稳定保障基金的必要性

设立金融稳定保障基金是坚守金融工作永恒主题的需要。2017年第五次全国金融工作会议指出，"防止发生系统性金融风险是金融工作的永恒主题"。党的十九大将防范化解重大风险作为三大攻坚战之一和决胜全面建成小康社会的重大举措。近年来，按照党中央、国务院决策部署，防范化解重大金融风险攻坚战取得重要阶段性成果，重点领域金融风险得到有序处置，金融风险整体收敛、总体可控，金融业总体平稳健康发展。同时应该看到，金融业是经营和管理风险的行业，各行各业的风险都可能镜像反映到金融行业。抓紧设立金融稳定保障基金，是主动防范化解系统性金融风险、应对各种风险挑战的关键举措。

设立金融稳定保障基金是统筹发展和安全的需要。统筹发展和安全，把安全发展贯穿国家发展各领域和全过程，防范和化解影响我国现代化进程的各种风险，是党中央统筹全局做出的重大战略安排。金融安全是国家安全的重要组成部分，维护金融安全是坚持总体国家安全观的重要内容。设立金融稳定保障基金，筹集中央掌握的应对带有系统性影响的重大金融风险处置资金，是健全我国金融安全网的关键一环，也是落实中央经济工作会议关于"正确认识和把握防范化解重大风险""化解风险要有充足资源"要求的重要举措。

设立金融稳定保障基金是促进金融更好地服务实体经济的需要。防范化解重大风险是金融稳健运行的根本保障，也是金融服务实体经济的基础条件。国际金融危机表明，一旦出现重大金融风险，金融对实体经济的支持就会受到冲击，国家还需拿出大量公共资源开展危机救助，给纳税人带来沉重负担。设立金融稳定保障基金，既能提高金融业长期服务实体经济的能力，又能防止个别机构经营失败造成风险外溢，保障金融服务连续性，提升公众信心，对于推动经济持续健康发展具有十分重要的意义。

设立金融稳定保障基金符合相关国际准则和通行做法。国际金融危机后，金融稳定理事会等国际组织相继出台《金融机构有效处置机制核心要素》《有效存款保险制度核心原则》等国际准则，强调在压实金融机构"自救"及自身吸损责任的同时，要尽快建立权威、高效、有序、公平的金融机构风险处置机制，减少对公共资金的过度依赖。建立主要来源于金融行业资源，用于特定金融机构救助、处置或应对重大金融风险事件的基金，成为普遍共识。主要发达经济体设立了金融稳定保障基金或通过存款保险基金实现类似功能。

二、设立金融稳定保障基金的国际做法

国际金融危机后，美国、欧盟等主要经济体普遍推动金融风险处置机制改革，建立用于维护金融稳定的保障基金，提升金融风险处置和危机应对能力，并通过完善损失分摊等机制防范道德风险。核心内容如下。

建立迅速清晰的系统性风险响应决策机制。美国2010年颁布《多德—弗兰克华尔街改革和消费者保护法案》，强化金融稳定体制框架，设立了金融稳定监督委员会(FSOC)，负责识别和防范系统性风险，包括认定需要接受美联储监管的系统重要性金融机构。欧盟2010年全面改革监管体系，在欧央行下设系统性风险委员会(ESRB)，负责宏观审慎管理，识别风险隐患，可向欧洲银行管理局、欧洲证券和市场管理局、欧洲保险和职业养老金管理局三个微观审慎监管机构以及各成员国、各国监管机构提出警告或建议，并成立专门检查小组评估建议采纳情况。

金融稳定保障基金主要用于处置重大金融风险。美国2010年建立的有序清算基金主要用于处置可能造成系统性风险的金融机构，专为美国联邦存款保险公司(FDIC)处置系统重要性金融机构提供资金支持。欧盟于2016年成立的欧洲单一处置基金可为欧洲银行业联盟内包括100多家大型银行在内的金融机构提供处置资金。此外，《金融机构有效处置机制核心要素》明确金融稳定保障基金还应覆盖金融基础设施。

风险处置成本主要由金融行业内部承担。美国有序清算基金采取事后收费制，FDIC在接管问题机构后可向财政部借款形成有序清算基金，但借款额度有严格限制且须提供详尽的还款计划限期偿还。若处置回款及基金投资收益不足以偿付借款本息，FDIC须向并表资产达到一定规模的银行控股公司和大型非银行金融机构收费偿还。欧洲单一处置基金采用事先积累制，事前确定收费标准，由欧洲银行业联盟21个成员国的全部信贷机构和部分投资公司事前缴费出资，如损失过大，也可进行事后收费。欧洲稳定机制可作为单一处置基金的后备融资来源，可为其提供最高680亿欧元的贷款资金。

强化市场纪律和防范道德风险。在金融稳定保障基金的使用过程中，主要经济体普遍遵循"先自救纾困、后外部救助"的原则。在金融风险处置中，处置成本一般首先由股东按照"不比破产清算所得更差"的原则承担，并动员市场资金参与问题机构重组或收购，再由存款保险基金、相关行业保障基金依法提供资金支持，金融稳定保障基金可作为必要的后备支持，在面临系统性金融风险、危及金融体系稳定且穷尽其他各种市场化手段和资源的前提下依法动用。

三、我国金融稳定保障基金的基本框架

2000年以来，我国分别建立了证券、保险、信托等行业保障基金，2015年根据《存款保险条例》建立存款保险基金，在金融风险化解和处置中发挥了积极作用。2017年，我国设立国务院金融稳定发展委员会，同时强化人民银行的宏观审慎管理和系统性风险防范职责。近年来的国际实践与经验，对于我国建立金融稳定保障基金，进一步扩充风险处置资金来源、提升金融风险应对能力、压实金融行业自身责任具有重要的借鉴意义。

职能定位。金融稳定保障基金是应对重大金融风险的后备资金，是我国金融安全网的重要组成部分。金融稳定保障基金由国家金融稳定发展统筹协调机构统筹管理，与存款保险基金和相关行业保障基金双层运行、协同配合，共同维护金融稳定与安全。在日常运行中，金融稳定保障基金依托现有的存款保险基金和行业保障基金管理机构进行筹集和管理。

资金来源。金融稳定保障基金主要来自金融机构、金融基础设施等市场主体，可以降低金融风险处置对公共资金的依赖，在维护金融稳定的同时，严肃市场纪律，防范道德风险。在具体收费标准上，统筹考虑交费机构的资产规模、业务复杂性、经营管理水平和风险状况等因素，实现风险与交纳费用相匹配。

资金运用。在重大金融风险处置中，金融机构、股东和实际控制人、地方政府、存款保险基金和相关行业保障基金等各方依法依职责充分投入相应资源后，仍有缺口的，经批准后，按程序使用金融稳定保障基金。

(资料来源：中国金融稳定报告2022)

问题：

1. 简述设立金融稳定保障基金的意义。
2. 简述我国金融稳定保障基金的基本框架及实际使用情况。

第七章

其他金融机构

作为一国金融体系的重要补充，其他金融机构开展的业务对微观经济主体也是十分必要的，如信托、保险等业务。因此，了解其他各类金融机构的职责及业务分工对各经济主体开展融资也是必需的。对从事重点项目开发、进出口贸易等方面的各经济主体来说，尤其需要熟悉和掌握政策性银行的业务。我国的金融机构体系如图7-1所示。

图7-1 我国的金融机构体系

第一节　政策性银行

政策性银行是指多由政府创立、参股或保证的，不以营利为目的，专门为贯彻并配合政府社会经济政策或意图，在特定的业务领域内，从事政策性融资活动，充当政府发展经济、进行宏观经济管理的金融机构。政策性银行具有专业银行的特征，属于专业银行，但是专业银行并非都是政策性银行。一般来说，大多数国家成立的政策性银行主要有开发银行、农业政策性银行、进出口政策性银行。

一、开发银行

开发银行是指专门为经济开发提供长期投资贷款的金融机构。第一家开发银行1822年诞生于比利时，主要职能是促进新工业的创立。开发银行从事的业务也称为开发性金融业务。开发性金融以服务国家战略为宗旨，以国家信用为依托，以市场运作为基本模式，以保本微利为经营原则，以中长期融资为载体，在实现政府发展目标、弥补市场失灵、提供公共产品、提高社会资源配置效率、熨平经济周期波动等方面具有独特优势和作用。

开发银行可分为国际性和国家性两种类型。国际性开发银行由若干个国家出资共同设立，其又可分为全球性和区域性两种，前者如世界银行、国际开发协会；后者如亚洲开发银行、泛美开发银行、非洲开发银行等。国家性开发银行又可分为全国性开发银行和地方性开发银行。前者一般由一国中央政府建立，服务于全国；后者一般由地方政府设立，专为本地区经济开发服务，如巴西东北部开发银行等。由于各国的国情差异，开发银行的资金来源与运用各有不同。开发银行资金来源渠道主要有以下几种。

(1) 资本金大多依靠政府资金，有的由政府提供全部资本金和部分营运资金。

(2) 发行债券。开发银行发行债券一般由政府担保或被视为"政府债券"，风险很小，具有较大吸引力，成为主要的筹资手段和来源。

(3) 吸收存款。开发银行主要吸收定期存款、储蓄存款，发行大额可转让存单。吸收存款易与商业银行形成竞争局面，有悖于开发银行的宗旨。因此，广泛吸收存款的开发银行为数不多，且主要集中在发展中国家。

(4) 借入资金。开发银行可从政府得到官方资助，还可以从中央银行、其他金融机构借入资金。借用政府资金一般条件极为优惠，成本低廉，数额庞大，有助于开发银行降低经营成本，保持充足的资金量，致力于有宏观价值的项目，并能承担由于发放优惠贷款和投资所造成的利差"损失"。

(5) 借入外资。开发银行一般通过借入一定比例的外资，引进技术设备，建设重要项目，发放贷款和投资，支持经济的发展。

开发银行资金运用主要有3种途径。一是贷款。开发银行主要业务是对开发项目提供贷款，满足开发项目对资金的需求。其特点是中长期、资本性，条件是支出项目要符合政府经济政策，尤其是产业政策的意图。开发银行贷款除直接发放外，还采取联合贷款的方式，以满足大型建设项目的资金需求。二是投资。指开发银行的直接投资，即参与某一项目的筹建并购买一定量的股权资本。开发银行的投资活动要遵循投资面宽、减少风险损失、投资比例适当、持有股份比例适当等原则。三是债务担保。开发银行从事担保的目的在于使项目(企业)能得到更广泛的融资渠道，从而获得更多的开发资金。

国家开发银行(以下简称"国开行")成立于1994年，是直属中国国务院领导的政策性金融机构。2015年3月，国务院明确将国开行定位为开发性金融机构。2017年4月，"国家开发银行股份有限公司"名称正式变更为"国家开发银行"，组织形式由股份有限公司变更为有限责任公司。国开行注册资本4 212.48亿元，股东是中华人民共和国财政部、中央汇金投资有限责任公司、梧桐树投资平台有限公司和全国社会保障基金理事会，持股比例分别为36.54%、34.68%、27.19%、1.59%。国开行主要通过开展中长期信贷与投资等金融业务，为国民经济重大中长期发展战略服务。截至2022年年末，国家开发银行注册资本4 212.48亿元，资产总额超过182 431亿元，贷款余额及垫款本金144 749亿元；净利润843亿元，资本充足率11.37%，可持续发展能力和抗风险能力进一步增强。穆迪、标准普尔等专业评级机构，连续多年对国开行评级与中国主权评级保持一致。国开行是全球最大的开发性金融机构，中国最大的中长期信贷银行和债券银行。

国家开发银行是一个政策性金融机构，它同商业性金融机构相比，有其不同的特性：一是任务特殊，着重于贯彻政府政策意图，支持国家进行宏观经济管理，促进经济和社会的发展；二是经营目标特殊，不以营利为目的，而主要从经济发展的角度来评价和选择项目；三是融资原则特殊，它的主要资金来源是国家财政划拨的资金和其他财政性资金，向金融机构发行的债券，向社会发行的由财政担保的建设债券和经批准在国外发行的债券，它不吸收居民储蓄存款。开发银行不以营利为目的，但必须按照市场经济的原则，讲求效益，择优选定项目，建立投资约束和风险责任机制。

国家开发银行主要支持国家基础设施、基础产业、支柱产业及战略性新兴产业等领域发展和国家重点项目建设；促进区域协调发展，支持新型城镇化、中小企业、"三农"、教育、中低收入家庭住房、医疗卫生及环境保护等瓶颈领域的发展；支持国家"走出去"战略，积极拓展国际合作业务和"一带一路"建设。总体来说，国开行一直致力于主动发挥开发性金融与中长期投融资优势，以市场化的方式服务国家发展战略，大力支持实体经济，基础设施、民生金融和国际合作三大业务均迈上新台阶。

国家开发银行具体在中国的业务范围如下：支持国家重点建设，独家支持三峡工程起步，支持全国铁路建设，推动公路大发展，支持核电加快发展；推动新型城镇化建设，大力支持城市基础设施建设，支持中低收入家庭住房建设；促进区域协调发展，鼎力支持西部大开发，支持东北老工业基地振兴，积极支持沿边开发开放；助力产业转型升级，助力钢铁产业技术升级和结构调整，助力石油石化行业做大做强，支持煤炭产业可持续发展，促进中国造船业、航运业发展，扶持战略性新兴产业发展，助力提升装备制造业综合实力，绿色信贷支持节能环保，加大新能源开发支持力度，推动物流业健康发展，促进文化产业繁荣；普惠金融改善民生，推进中小企业贷款业务，引入微贷款国际先进模式，助学贷款惠及千万学生，支持新农村建设和县域发展，支持抗震救灾和灾后重建；服务国家"走出去"战略，服务经济外交大局，开展国际能源合作，支持中资企业"走出去"；履行社会责任。

二、农业政策性银行

为贯彻配合政府农业政策，为农业提供特别贷款，主要是低利中长期优惠性贷款，促进和保护农业生产与经营，这种农业金融机构，一般被称为农业政策性银行。德国是世界上最早建立农业金融制度的国家，至今已有200多年的历史。

农业政策性银行的资金来源呈多样化，主要包括借入政府资金、发行债券、借入其他金融机构资金、国外借款和吸收存款等。

(1) 借入政府资金，各国在程度上有所不同。例如，美国农业合作信贷机构均由联邦政府出资建立；法国农业信贷银行在较长时期内一直向政府借款，只是近些年逐步减少；印度国家农业和农村开发银行等均以向政府借款为主要来源。一般而言，发展中国家的农业政策性银行比发达国家的农业政策性银行，更多地依赖政府资金。

(2) 发行由政府担保的债券筹措资金。例如，美国农业合作信贷机构发行联合的统一债券，法国农业信贷银行、韩国"农协"均发行债券，筹措社会资金。由于这些债券得到政府担保，被视为政府债券，颇受欢迎，筹资能力较强。

(3) 向中央银行和其他金融机构借入资金。一些国家，尤其是发展中国家农业政策性银行还从中央银行借款，即由中央银行充当农业信贷"最后贷款人"。此外，有些国家的农业政策性银行机构还从商业性金融机构借入资金，满足短期周转需求。

(4) 从国外借款。借款途径有国际金融机构，如世界银行及其附属机构——国际开发协会、国际农业开发委员会、外国政府和外国金融机构等。

(5) 少数农业政策性银行吸收存款。如法国农业信贷银行吸收存款，拓展业务范围，逐步向"综合性"银行发展。中国农业发展银行也吸收存款。

农业政策性银行资金运用主要有3种途径。一是贷款。贷款是最主要的资金运用形式，通过贷款向农业生产经营者提供所需的资金和特别资助。日本农林渔业金融公库贷款包括土地改良贷款、自耕农维持贷款、农业结构改善贷款、综合设施贷款等，基本上是根据农业发展的要求而增加贷款项目，利率优惠3%～7.9%，期限10年以上，最长可达45年，并成为日本农业贷款的第二大来源。二是担保。担保是以承保金融机构自身的实力弥补农贷生产经营者担保力不足的弱点，目的在于扩大农业融资规模。三是发放补贴。美国商品信贷公司对遭受洪水、干旱等自然灾害而造成的种植面积减少或较大减产给予灾害补贴。

农业政策性银行的主要职责是：①提供农业低利贷款，弥补农业信贷资金"缺口"，满足农业资金需求；②提供特别政策性贷款、补贴或补偿，配合实施政府农业政策。

中国农业发展银行成立于1994年，是国家出资设立、直属国务院领导、支持农业农村持续健康发展、具有独立法人地位的国有政策性银行。其主要任务是以国家信用为基础，以市场为依托，筹集支农资金，支持"三农"事业发展，发挥国家战略支撑作用。其经营宗旨是紧紧围绕服务国家战略，建设定位明确、功能突出、业务清晰、资本充足、治理规范、内控严密、运营安全、服务良好、具备可持续发展能力的农业政策性银行。截至2022年底，中国农业发展银行注册资本为1 770亿元，总资产9.09万亿元，贷款余额7.74万亿元，其中政策性贷款占比93.59%，其品牌定位为粮食银行、农地银行、水利银行和绿色银行，在服务乡村振兴、服务粮食安全和生态文明建设方面发挥重要作用。

中国农业发展银行支持的领域主要包括：办理粮食、棉花、油料、食糖、猪肉、化肥等重要农产品收购、储备、调控和调销贷款，办理农业农村基础设施和水利建设、流通体系建设贷款，办理农业综合开发、生产资料和农业科技贷款，办理棚户区改造和农民集中住房建设贷款，办理易地扶贫搬迁、贫困地区基础设施、特色产业发展及专项扶贫贷款，办理县域城镇建设、土地收储类贷款，办理农业小企业、产业化龙头企业贷款，组织或参加银团贷款，办理票据承兑和贴现等信贷业务；吸收业务范围内开户企事业单位的存款，吸收居民储蓄存款以外的县域公众存款，吸收财政存款，发行金融债券；办理结算、结售汇和代客外汇买卖业务，按规定设立财政支农资金专户并代理拨付有关财政支农资金，买卖、代理买卖和承销债券，从事同业拆借、存放，代理收付款项及代理保险，资产证券化，企业财务顾问服务，经批准后可与租赁公司、涉农担保公司和涉农股权投资公司以合作等方式开展涉农业务；经国务院银行业监督管理机构批准的其他业务。

三、进出口政策性银行

　　进出口政策性银行是一个国家支持和推动进出口尤其是出口，促进国际收支平衡，带动经济增长的重要金融机构。从其命名看，有的国家称作进出口银行或输出入银行、外贸银行；有的国家称为出口信贷公司、出口信贷担保公司、出口信贷保险公司等。进出口银行的建立和发展源于进出口贸易成为各国经济的重要组成部分。这些政策性进出口金融机构承担商业性金融机构和普通出口商不愿或无力承担的高风险，弥补商业性金融机构贷款不足，改善本国出口融资条件，增强本国商品出口竞争能力。最早出现的专门从事进出口融资的金融机构是1919年成立的英国出口信贷担保局。

　　进出口政策性银行，从其所有权看，多为官方或半官方所有，极少数为私营机构。从职能上看，主要有4项。一是融通资金，如提供出口信贷和各种有利于刺激出口的贷款。二是为融资提供便利，提供贷款担保、保险等。三是提供其他服务，如提供咨询服务等。四是经办对外援助，服务于政府的对外政策。

　　进出口政策性银行的资金来源有政府拨入资金、借入资金、发行债券和其他渠道等，各国又有所不同。其资金运用主要有贷款、担保与保险等。各国金融机构一般均以不同方式提供贷款，支持出口。开展担保活动，使进出口政策性银行成为进出口商获得银行贷款的保证人，一旦借款人不能偿还债务，则由这些金融机构予以偿还全部或部分贷款。保险业务在绝大多数国家由保险公司经营，银行等其他金融机构不经营保险业务。唯有出口信贷保险，除有专门的出口信贷保险机构经营外，进出口银行等金融机构也经营保险业务。

　　中国进出口银行于1994年4月组建并于7月1日正式开业，是由国家出资设立、直属国务院领导、支持中国对外经济贸易投资发展与国际经济合作、具有独立法人地位的国有政策性银行。依托国家信用支持，积极发挥在稳增长、调结构、支持外贸发展、实施"走出去"战略等方面的重要作用，加大对重点领域和薄弱环节的支持力度，促进经济社会持续健康发展。截至2022年底，进出口银行注册资本为1 500亿元人民币，资产总额59 370.17亿元。目前，中国进出口银行拥有标准普尔公司、穆迪投资者服务公司和惠誉信用评级有限公司的评级，这些评级分别是A+、A1、A+，与中国国家主权信用评级一致。

　　进出口银行的经营范围：经批准办理配合国家对外贸易和"走出去"领域的短期、中期和长期贷款，含出口信贷、进口信贷、对外承包工程贷款、境外投资贷款、中国政府援外优惠贷款和优惠出口买方信贷等；办理国务院指定的特种贷款；办理外国政府和国际金融机构转贷款（转赠款）业务中的三类项目及人民币配套贷款；吸收授信客户项下存款；发行金融债券；办理国内外结算和结售汇业务；办理保函、信用证、福费廷等其他方式的贸易融资业务；办理与对外贸易相关的委托贷款业务；办理与对外贸易相关的担保业务；办理经批准的外汇业务；买卖、代理买卖和承销债券；从事同业拆借、存放业务；办理与金融业务相关的资信调查、咨询、评估、见证业务；办理票据承兑与贴现；代理收付款项及代理保险业务；买卖、代理买卖金融衍生产品；资产证券化业务；企业财务顾问服务；组织或参加银团贷款；海外分支机构在进出口银行授权范围内经营当地法律许可的银行业务；按程序经批准后以子公司形式开展股权投资及租赁业务；经国务院银行业监督管理机构批准的其他业务。

  2015年4月12日，中国政府网公告了国务院正式批准三大政策性银行的深化改革方案，本次改革重新强调政策性职能，是对政策性银行走商业化道路后的"归位"，除此之外，改革的另一大重点是提高政策性银行的抗风险能力。根据国务院的批复内容显示，三大政策性银行中，"国家开发银行要坚持开发性金融机构定位"，"中国进出口银行改革要强化政策性职能定位"，"中国农业发展银行改革要坚持以政策性业务为主体"。通过改革，中国农业发展银行和中国进出口银行政策性功能和定位更加突出，资本实力和抗风险能力显著增强。治理结构、约束机制、内部管理进一步健全，金融服务和可持续发展能力稳步提升，从而在支持外贸发展、实施"走出去"战略、服务"三农"、推进城乡协调发展、维护国家粮食安全等方面发挥更加重要的作用。同时，国家开发银行通过深化改革，开发性金融机构的功能和定位更加明确，有助于发挥其在重点领域、薄弱环节、关键时期的重要作用。此次的批复方案针对国开行提出的"合理补充资本金，强化资本约束机制"的要求，进出口银行提出的"提升资本实力，建立资本充足率约束机制"的要求，农发行提出的"确立以资本充足率为核心的约束机制"的要求，规定资本充足率统一按照10.5%的标准实施。

第二节　专业银行

  专业银行是指有专门经营范围和提供专门性金融服务的银行，这类银行一般有其特定的客户。这类银行的存在是社会分工发展在金融领域中的表现，随着社会分工的不断发展，要求银行必须具有某一方面的专门知识和专门职能，服务于某一方面的专门客户，从而推动各式各样的专业银行不断出现。

一、投资银行

  投资银行是与商业银行相对应的一类金融机构，主要从事证券发行、承销、交易、企业重组、兼并与收购、投资分析、风险投资、项目融资等业务的非银行金融机构，是资本市场上的主要金融中介。由于投资银行业的发展日新月异，因此对投资银行的界定显得十分困难。投资银行是美国和欧洲大陆对其的称谓，在英国称之为商人银行，在日本则指证券公司。国际上对投资银行的定义主要有如下四种。

  第一种：任何经营华尔街金融业务的金融机构都可以称为投资银行。

  第二种：只有经营一部分或全部资本市场业务的金融机构才是投资银行。

  第三种：把从事证券承销和企业并购的金融机构称为投资银行。

  第四种：仅把在一级市场上承销证券和二级市场交易证券的金融机构称为投资银行。

  较早建立的英国商人银行是在伦敦为海外贸易活动融通资金而设立的银钱商号，它的鼻祖是18世纪中叶英国的承兑所。

  投资银行的资金主要依靠发行自己的股票和债券来筹集，即便有些国家的投资银行被允许接受存款，也主要是定期存款。此外，它们也从其他银行取得贷款，但都不构成其资金来源的主要部分。

一般来说,投资银行的主要业务包括以下几方面。

(1) 帮助筹资者设计与发行新证券,进行直接融资,包括为政府、企业向国内外资本市场发行各种债券、股票。

(2) 充当发行人与投资人的中介,代理客户买卖和承销股票、债券,从事自营买卖,进行股票、债券的国内外二级市场交易。

(3) 投资基金的发起和管理。

(4) 企业重组、兼并和收购。

(5) 项目融资顾问、投资顾问及其他顾问业务。

(6) 自有资本的境内外直接投资。

(7) 代理客户和为自身进行外汇买卖。

(8) 各种资产管理业务。

(9) 国内和国际货币市场业务,如同业拆借等。

从投资银行所从事的主要业务看,投资银行是资本市场资金的重要供应者和需求者。由于投资银行的金融中介和组织作用,故资本市场的各方面参与者,即无论是政府、企业、机构和个人,还是金融产品的发行人和各种投资人,都在它的周围有机地联系起来。投资银行是资本市场的关键要素和最主要的组织者,它是使整个资本市场得以高效、有序运转的核心力量,市场机制对社会经济资源的决定性配置作用在此得到最充分体现。

我国的投资银行起步较晚,现正处于方兴未艾之际,有关的管理体制尚未完备,国内的标准投资银行体系的建立还未形成局面。

中国建设银行、美国摩根•士丹利公司、中国经济担保公司、中国香港地区的名力集团、新加坡政府投资公司合作,创建了我国第一家合资投资银行——中国国际金融股份有限公司(中金公司),于1995年8月11日正式营业。中金公司是中国首家中外合资的投资银行,凭借率先采用国际最佳实践以及深厚的专业知识,完成了众多开创先河的交易,其目标是打造中国的国际一流投行,并成为未来金融体系的核心参与者。自1995年成立以来,中金公司一直致力于为多元化的客户群体提供高质量金融增值服务,建立了以研究和信息技术为基础,投资银行、股票业务、固定收益、资产管理、私募股权和财富管理全方位发展的业务结构。

商业银行与投资银行的区别详见表7-1。

表7-1 投资银行与商业银行的区别

项目	投资银行	商业银行
机构性质	金融中介机构	金融中介机构
本源业务	证券承销与交易	存贷款业务
融资功能	直接融资	间接融资
活动领域	主要是资本市场	主要是货币市场
利润来源	佣金	存贷款利差
业务特征	无法用资产负债表反映	表内与表外业务
监管部门	证券监管当局	银行监管当局

二、储蓄银行

储蓄银行是指办理居民储蓄并以吸收储蓄存款为主要资金来源的银行。世界第一家地方储蓄银行是1817年由慈善团体在荷兰建成的。英、德等国也于18世纪末和19世纪初相继设立。就经营组织形式而言，西方国家的储蓄银行既有私营的，也有公营的，有的国家绝大部分储蓄银行都是公营的。

储蓄银行的类型有：互助储蓄银行、信托储蓄银行、储蓄会、储蓄与放款协会、储金局、邮政储蓄系统等。互助储蓄银行属于互助储金性质的银行，它将存户资金集中起来，以优惠的条件再贷给存户。这种银行最早在美国建立，至今已很普遍。储蓄银行所汇集起来的储蓄存款余额较为稳定，所以主要用于长期投资，如发放不动产抵押贷款(主要是住房贷款)，投资于政府公债、公司股票及债券，对市政机构发放贷款等。中德住房储蓄银行是中国首家按照国际通行运作模式建立的住房储蓄银行，2004年2月15日在天津正式开业，是由中国建设银行和德国施威比豪尔住房储蓄银行共同投资组建，注册资本20亿元人民币。主要从事吸收住房储蓄存款及其他公众存款；发放住房储蓄类贷款、其他个人住房贷款、保障性住房开发类贷款；受托办理公积金贷款等业务。

三、抵押银行

抵押银行是"不动产抵押银行"的简称，是以土地、房屋等不动产抵押办理放款业务的专业银行。这种放款一般期限较长，属于长期信贷。不动产抵押银行的业务对象在西方国家大体可分为两类：一类是办理以土地为抵押的长期放款，主要贷给土地所有者或购买土地的农业主；另一类是办理以城市房屋为抵押的长期放款，主要贷给房屋所有者或经营建筑业的企业。法国的房地产信贷银行、德国的私人抵押银行和公营抵押银行等，均属此类。这类银行作为抵押品的除土地、房屋外，也收受股票、债券和黄金作为贷款的抵押品。抵押银行的贷款资金来源主要靠发行不动产抵押证券。这种不动产抵押证券以抵押在银行的土地及其他不动产作保证，可以买卖转让。

中国没有专设的抵押银行。只是在《中华人民共和国民法典》和《借款合同条例》中规定了可以开展抵押的条款。

四、合作银行

合作银行是由私人和信用合作社组成的互助性合作金融机构。它一般是在信用合作社的基础上建立和发展起来的，具有与信用合作社相同的宗旨和经营原则。合作银行的组织形式有两种。一是在各类信用合作社以外单独建立自己的机构体系，并与其他信用合作社相互协调、相互配合。如丹麦的合作银行，各类合作社约占60%，个人社员约占40%。资金来源主要是合作社、农民、其他个人的存款，贷款对象主要是合作社，约占贷款总额的2/3。二是合作银行作为信用合作社的地区或全国的联合组织，大多数国家都如此。

合作银行的负债业务主要是通过组织合作社存款、发行债券和向国外借款等方式筹集长期资金。

合作银行的资产业务主要是向下一级合作银行或信用合作社提供贷款，或者直接发放长期、大额的贷款，以弥补合作社资金的不足。

在我国，中共中央《关于建立社会主义市场经济体制若干问题的决定》和国务院《关于金融体制改革的决定》中指出要"有步骤地组建农村合作银行和城市合作银行"和"积极稳妥地发展合作银行体系，在城市信用合作社的基础上试办城市合作银行"。先在几个大城市试点后，再逐步推开。目前，城市合作银行已经更名为城市商业银行。农村合作银行是由辖内农民、农村工商户、企业法人和其他经济组织入股组成的股份合作制社区性地方金融机构。主要任务是为农民、农业和农村经济发展提供金融服务。

五、清算银行

清算银行亦称"交换银行""划拨银行""汇划银行"。它是能直接在票据交换所进行票据清算的银行。在英国，清算银行实质上就是商业银行，不过这些商业银行能在伦敦票据交换所办理票据清算，而其他银行必须通过这些清算银行才能进行票据清算。票据交换是指在同城范围内银行间相互代收、代付票据进行相互清算，这是一种集中办理转账清算的制度。票据清算一般由中央银行管理，通过票据交换所进行。应收大于应付款的差额增加在中央银行的存款；应收小于应付款的差额减少在中央银行的存款。票据清算的结算原则是维护收付双方的正当权益，中央银行不予垫款。其特点是：便利资金清算，节省大量现金使用，国际上最早的票据交换组织为英国伦敦的票据交换所，成立于1775年。交易所指定的、协助交易所办理交易资金清算业务的商业银行也属于清算银行。

第三节　非银行金融机构

一般来说，人们把商业银行、专业银行、政策性银行及中央银行以外的金融机构列入非银行金融机构，也就是说，它们属于金融机构，但又不是银行。如前所述，非银行金融机构构成庞杂，如信托机构、保险机构、租赁公司、财务公司、信用合作组织、消费信贷机构、证券公司等。

一、保险公司

保险公司是金融机构的一个组成部分，是经营保险业务的经济组织。它是以集合多数单位或个人的风险为前提，用其损失概率计算分摊金，以保险费的形式聚集起来，建立保险基金，用于补偿因自然灾害或意外事故造成经济损失的具有法人资格的企业。

保险作为正式行业来经营，最早开始于14世纪，即1347年在意大利一名叫乔治·勒克维伦的热那亚商人签发的第一张海运保险单，承担"圣·克勒拉"号货船从热那亚到马乔卡的海运保险。1949年10月20日，我国正式成立了中国人民保险公司。中国人民保险集团公司于1996年7月23日正式成立，这是中国第一家保险集团公司，下设中保财产保险有限公司、中保人寿保险有限公司、中保再保险有限公司3个专业子公司。中保集团以控股公司的形式对其子公司投资并实施领导、管理和监督。中保集团的成立，是中国人民保险公司发展史上的一个里程碑。

各国按照保险种类分别建有形式多样的保险公司，如财产保险公司、人身保险公司、火灾和事故保险公司、老年和伤残保险公司、信贷保险公司、存款保险公司等，其中，一般又以人身保险公司的规模为最大。截至2024年初，国家金融监督管理总局官网显示人身险备案产品公司全国一共112家，财产险备案产品公司94家。表7-2反映中国保险业经营情况，表7-3、表7-4反映中国财产保险和人身保险经营情况。

由表7-3和表7-4可以看出，财产保险公司的主要业务种类包括：机动车辆保险、责任保险、农业保险、健康险和意外险，也包括企业财产保险、家庭财产保险、工程保险、保证保险。人身保险公司的主要业务种类包括：寿险、意外险、健康险。

由于保险公司获得的保费收入经常远远超过它的保费支出，因而聚集起大量的货币资金。这些货币资金比银行存款往往更为稳定，是国家金融体系长期资本的重要来源。保险公司的资金运用业务，主要是长期证券投资，如投资于公司债券和股票、市政债券、政府公债，以及发放不动产抵押贷款、保单贷款等。

表7-2 中国保险业经营情况表

单位：亿元、万件

项目	本年累计/截至当期(截至2023年12月底)
原保险保费收入	51 247
1. 财产险	13 607
2. 人身险	37 640
原保险赔付支出	18 883
1. 财产险	9 171
2. 人身险	9 712
资金运用余额	276 738
其中：银行存款	27 243
债券	125 661
股票和证券投资基金	33 274
资产总额	299 573
其中：再保险公司	7 471
资产管理公司	1 052
净资产	27 348

(资料来源：国家金融监督管理总局官网)

表7-3 中国财产保险公司经营情况表

单位：亿元、万件

项目	本年累计/截至当期(截至2023年12月底)
原保险保费收入	15 868
其中：机动车辆保险	8 673
责任险	1 268
农业保险	1 430
健康险	1 752
意外险	509
赔款支出	10 694
保险金额	121 001 292
其中：机动车辆保险	8 646 849
责任险	48 307 354
农业保险	49 828
保单件数	7 455 348

(续表)

项目	本年累计/截至当期(截至2023年12月底)
其中：机动车辆保险	62 997
责任险	3 049 171
总资产	27 593

(资料来源：国家金融监督管理总局官网)

表7-4　中国人身保险公司经营情况表

单位：亿元、万件

项目	本年累计/截至当期(截至2023年12月底)
原保险保费收入	35 379
其中：寿险	27 646
意外险	450
健康险	7 283
保护投资款新增交费	5 956
投连险独立账户新增交费	140
赔付支出	8 189
新增保险金额	13 026 899
新增保单件数	79 779
总资产	259 286

(资料来源：国家金融监督管理总局官网)

二、信用合作社

信用合作社是由个人集资联合组成，以互助为主要宗旨的合作金融组织。其基本的经营目标，是以简便的手续和较低的利率，向社员提供信贷服务，帮助经济力量薄弱的个人解决资金困难，以免遭高利盘剥。

信用合作社资金主要来源于其成员缴纳的股金和吸收存款，贷款主要用于解决其成员的资金需要。起初，信用合作社主要发放短期生产贷款和消费贷款。现在，一些资金充裕的信用社已开始为解决生产设备更新、改进技术等提供中期、长期贷款，并逐步采取了以不动产或有价证券为担保的抵押贷款方式，其与商业银行业务大同小异。按照地域不同，信用合作社原来分为农村信用合作社和城市信用合作社。目前，中国的城市信用合作社基本上已改组为城市商业银行，农村信用合作社有的改组为农商银行，有的依然保留为农村信用合作社，还有的改组为农村合作银行。农村信用合作社一般在省级为农村信用社联合社，其履行对全省农信社、农商银行和农村合作银行的管理、指导、协调、服务职能，是在农村网点分布最密、服务范围最广、支持"三农"和小微企业力度最强的地方性金融机构。在支农、支小、扶贫、扶绿等服务乡村振兴项目过程中，充分发挥农村金融、普惠金融、民生金融三大主力军作用。各省的农村信用联社均致力于实现营业网点"乡乡通"、普惠金融便民点"村村通"、电子银行业务"户户通"。

三、财务公司

　　财务公司亦称"财务有限公司"。它是经营部分银行业务的非银行金融机构。其中，有的专门经营抵押放款业务，有的依靠吸收大额定期存款作为贷款或投资的资金来源；有的专门经营耐用品的租购或分期付款销货业务。财务公司在18世纪始建于法国，然后美、英等国相继开办。我国财务公司的产生既是我国企业集团发展到一定程度的客观要求，又是我国经济体制改革和金融体制改革的必然产物。中国的财务公司都是由企业集团内部集资组建的，其宗旨和任务是为本企业集团内部各企业筹资和融通资金，促进其技术改造和技术进步。财务公司的短期资金来源主要是通过银行借款和卖出公开市场票据；长期资金来源于推销企业股票、债券和发行公司本身的证券。多数财务公司接受定期存款。当代西方财务公司业务几乎与投资银行无异。除上述业务外，大的财务公司还兼营外汇、联合贷款、包销证券、不动产抵押、财务及投资咨询服务等。例如，中油财务有限责任公司成立于1995年12月18日，是由中国石油天然气集团公司发起设立，经中国人民银行批准成立的非银行金融机构，是集团公司的内部银行和唯一司库平台，也是第一家专业化运作的内部金融企业。其履行集团公司资金结算、资金归集、资金监控和金融服务平台职责，为集团公司及成员企业提供交易款项收付、内部转账结算、票据承兑贴现、存贷款、投融资、外汇交易和产业链金融等服务，运行维护集团公司司库系统，助力实现集团公司资金集中管理和资金使用效率提升。截至2021年底，公司资产总额6 403亿元，当年营业收入140.2亿元、利润总额72.3亿元，主要经营指标名列财务公司行业第一。

　　财务公司的特点如下。

　　(1) 业务范围广泛，但以企业集团为限。财务公司是企业集团内部的金融机构，其经营范围只限于企业集团内部，主要是为企业集团内的成员企业提供金融服务。财务公司的业务包括存款、贷款、结算、担保和代理等一般银行业务，还可以经人民银行批准，开展证券、信托投资等业务。

　　(2) 资金来源于集团公司，用于集团公司，对集团公司的依附性强。财务公司的资金来源主要有两方面：一是由集团公司和集团公司成员投入的资本金，二是集团公司成员企业在财务公司的存款。财务公司的资金主要用于为本集团公司成员企业提供资金支持，少量用于与本集团公司主导产业无关的证券投资方面。由于财务公司的资金来源和运用都限于集团公司内部，因而财务公司对集团公司的依附性强，其发展状况与其所在集团公司的发展状况相关。

　　(3) 接受企业集团和人民银行的双重监管。财务公司是企业集团内部的金融机构，其股东大都是集团公司成员企业，因而其经营活动必然受到集团公司的监督。同时，财务公司所从事的是金融业务，其经营活动必须接受银保监局监管。

　　(4) 坚持服务与效益相结合、服务优先的经营原则。财务公司作为独立的企业法人，有其自身的经济利益，但由于财务公司是企业集团内部的机构，且集团公司成员企业大都是财务公司的股东，因此，财务公司在经营中一般都应较好地处理服务与效益的关系，在坚持为集团公司成员企业提供良好金融服务的前提下，努力实现财务公司利润的最大化。

四、信托投资公司

　　信托投资公司属于信托公司类型之一。除办理一般信托业务外，其突出的特点在于从事投资业务。信托投资公司活动方式是：通过发行股票和债券来筹集本公司的资本并用以投资其他公司的债券、股票；再以购入这种证券做担保，增发新的投资信托证券。

现代信托业务源于英国，但历史上最早办理信托业务的经营性机构产生于美国。我国最早的信托公司是1921年在上海成立的"上海通商信托公司"。1979年以后，我国开始恢复信托业务。1979年中国银行恢复设立信托咨询部；同年10月，中国国际信托投资公司成立。截至2022年末，中证金服显示全国共有69家信托投资公司。例如，中国平安信托有限责任公司成立于1996年4月9日，是中国平安保险(集团)股份有限公司的控股子公司，是中国平安在香港联交所(2318.HK)和上海证券交易所(601318)整体上市的重要组成部分，经过六次增资扩股，注册资本增加到目前的人民币130亿元，其从事的业务包括：资金信托；动产信托；不动产信托；有价证券信托；其他财产或财产权信托；作为投资基金或者基金管理公司的发起人从事投资基金业务；经营企业资产的重组、购并及项目融资、公司理财、财务顾问等业务；受托经营国务院有关部门批准的证券承销业务以及法律法规规定或中国银行业监督管理委员会批准的其他业务。

我国信托投资公司的业务内容主要分为以下4类。

(1) 信托业务类，包括：信托存款、信托贷款、信托投资、财产信托等。

(2) 代理业务类，包括：代理发行债券股票和基金、代理收付款项、代理催收欠款、代理监督、代理会计事务、代理保险、代保管、代理买卖有价证券等。

(3) 租赁业务类，包括：直接租赁、转租赁、代理租赁、回租租赁等。

(4) 咨询业务类，包括：资信调查、商情调查、投资咨询、介绍客户、金融业务咨询等。

五、证券公司

证券公司是专门从事各种有价证券经营及相关业务的金融企业。证券公司有独资、合伙或股份公司等形式，它主要由一些经纪人组成。证券公司既是证券交易所的重要组成成员，又是有价证券转让柜台交易的组织者、参加者。

据中国证券业协会官网数据显示，截至2023年6月30日，141家证券公司总资产11.65万亿元，净资产2.86万亿元，净资本2.13万亿元，客户资金余额1.93万亿，资产管理业务规模9.16万亿元。141家证券公司2023年上半年度实现营业收入2 245.07亿元，各主营业务收入分别为代理买卖证券业务净收入(含交易单元席位租赁)523.03亿元、证券承销与保荐业务净收入255.37亿元、财务顾问业务净收入27.05亿元、投资咨询业务净收入24.69亿元、资产管理业务净收入109.63亿元、利息净收入280.87亿元、证券投资收益(含公允价值变动)748.17亿元。

中国证券业协会每年对证券公司进行业绩考核排名，考核指标包括：总资产、净资产、营业收入、净利润、净资本、核心净资本、客户资金余额、托管证券市值、证券经纪业务收入、代理买卖证券业务收入、交易单元席位租赁收入、代理销售金融产品收入、投资银行业务收入、承销与保荐业务收入、股票主承销佣金收入、融资类业务利息收入等指标。

证券公司的主要业务包括证券经纪、证券投资咨询、与证券交易及证券投资活动有关的财务顾问、证券承销与保荐、证券自营、证券资产管理。此外，还办理如下业务。

(1) 为客户保存证券。这样，交易时就不必每次携带证券实物。此外，证券公司还代理客户收取债券的利息或股票的分红等。

(2) 为客户融资和融券。当客户采用信用交易方式，如保证金交易，证券公司给予贷款，贷款利率通常略高于银行贷款利率。如果客户采用卖空方式交易，证券公司可以贷给证券，到期由客户购买证券再归还。

(3) 提供证券投资的信息。

六、租赁公司

租赁公司是通过融物的形式起融资作用的企业。美国是最先出现现代租赁的国家。第二次世界大战后，美国企业界迫切需要巨额投资，以实现军需品生产向民用品生产的转变。由于科技飞速发展与设备陈旧落后的矛盾日益突出，投资需求不断增大。当时，企业界获得中长期贷款的来源有限，而传统的融资方式已不能满足这种需求，于是，出现了新型的信贷方式——融资租赁。1952年5月，在美国旧金山创立了第一家现代专业租赁公司，现为美国国际租赁公司。这家公司的建立，标志着现代租赁体制的确立和现代租赁业务的真正开始。20世纪60年代，现代租赁业扩展到欧洲和日本，20世纪70年代开始向世界各地渗透，进入20世纪80年代后期，已成为一种国际性设备投资的多功能新兴产业。中国第一家专业租赁公司是1982年2月在北京成立的中国东方租赁有限公司。

七、典当行

典当是指当户将其动产、财产权利作为当物质押或者将其房地产作为当物抵押给典当行，交付一定比例费用，取得当金，并在约定期限内支付当金利息、偿还当金、赎回当物的行为。

典当行是指依法设立的专门从事典当活动的企业法人，其组织形式与组织机构适用《中华人民共和国公司法》的有关规定。

商务主管部门对典当业实施监督管理，公安机关对典当业进行治安管理。典当行的名称应当符合企业名称登记管理的有关规定。典当行名称中的行业表述应当标明"典当"字样。其他任何经营性组织和机构的名称不得含有"典当"字样，不得经营或者变相经营典当业务。

《典当管理办法》对申请设立典当行、典当行的变更和终止、经营范围、当票、经营规则、监督管理、罚则等，均做出详细的规定。典当行可以经营下列业务：动产质押典当业务；财产权利质押典当业务；房地产(外省、自治区、直辖市的房地产或者未取得商品房预售许可证的在建工程除外)抵押典当业务；限额内绝当物品的变卖；鉴定评估及咨询服务；商务部依法批准的其他典当业务。

✦ 本章小结

1. 专业银行是指有专门经营范围和提供专门性金融服务的银行。例如，投资银行等的业务是很多微观经济主体需要的。

2. 政策性银行是指多由政府创立、参股或保证的，不以营利为目的，专门为贯彻并配合政府社会经济政策或意图，在特定的业务领域内，从事政策性融资活动，充当政府发展经济、进行宏观经济管理的金融机构。政策性银行主要有开发银行、农业政策性银行、进出口政策性银行。

3. 非银行金融机构构成庞杂，如保险机构、信用合作组织、财务公司、信托投资公司、证券公司、租赁公司、典当行等。

习题

一、单项选择题

1. ( )不属于存款型金融机构。
   A. 商业银行　　B. 储蓄银行　　C. 信用社　　D. 投资基金
2. ( )不属于投资型金融机构。
   A. 共同基金　　　　　　　　B. 金融公司
   C. 货币市场共同基金　　　　D. 养老基金
3. ( )不是政策性银行的资金来源。
   A. 政府资金　　B. 发行债券　　C. 发行货币　　D. 借入资金
4. ( )属于政策性银行。
   A. 中国人民银行　　　　　　B. 中国进出口银行
   C. 中国农业银行　　　　　　D. 交通银行
5. 信用合作社属于( )。
   A. 存款型金融机构　　　　　B. 契约型金融机构
   C. 投资型金融机构　　　　　D. 政策型金融机构
6. 典当行可以经营的业务是( )。
   A. 吸收存款　　B. 质押贷款业务　　C. 商品寄售　　D. 旧物收购
7. 进出口银行不可以经营的业务是( )。
   A. 贷款业务　　B. 保险业务　　C. 股票业务　　D. 担保业务
8. ( )不是投资基金的特点。
   A. 专家理财　　B. 投资组合　　C. 规模经营　　D. 收益率特别高

二、多项选择题

1. 投资银行的主要业务包括( )。
   A. 投资基金的发起和管理　　B. 企业重组、兼并和收购
   C. 各种资产管理业务　　　　D. 同业拆借
   E. 居民储蓄
2. 下列属于政策性银行的是( )。
   A. 工商银行　　　　　　　　B. 国家开发银行
   C. 中国农业发展银行　　　　D. 中国农业银行
   E. 中国进出口银行
3. 开发银行的资金运用包括( )。
   A. 贷款　　　　B. 投资　　　　C. 债务担保
   D. 贴现　　　　E. 再贴现
4. 下列金融机构与投资银行本质相同的是( )。
   A. 商人银行　　B. 商业银行　　C. 实业银行
   D. 证券公司　　E. 中央银行
5. 下列属于非银行金融机构的是( )。
   A. 银保监会　　B. 交通银行　　C. 信托投资公司
   D. 金融租赁公司　　E. 商业银行

6. 证券公司的主要业务通常由( )组成。
   A. 证券自营   B. 证券承销与保存
   C. 外汇买卖业务   D. 证券经纪
   E. 贵金属买卖业务

三、判断正误题

1. 投资银行是专门对工商企业办理投资和长期信贷业务的银行。( )
2. 中国邮政储蓄银行是真正专业的储蓄银行。( )
3. 合作银行是由私人和信用合作社组成的互助性合作金融机构。( )
4. 抵押银行是"不动产抵押银行"的简称，是以土地、房屋等不动产抵押办理放款业务的专业银行。( )
5. 在我国，住房储蓄银行属于政策性银行。( )
6. 开发银行是指专门为经济开发提供短期投资贷款的金融机构。( )
7. 在西方国家，储蓄银行和商业银行同样受到严格监管，因为它们也创造存款，这些存款是货币供应的重要组成部分。( )
8. 信用合作社属于契约型金融机构。( )
9. 农业政策性银行，为农业提供特别贷款，主要是低利中长期优惠性贷款。( )

四、简答题

1. 简述开发银行的业务范围。
2. 简述各种专业银行的业务范围。
3. 政策性银行的资金来源一般包括哪些？

五、论述题

1. 试述我国金融机构体系的结构与职能。
2. 试述投资银行的主要业务活动并说明投资银行与商业银行的区别。

案例分析

案例一 2023年国家开发银行部分贷款情况

2023年，该行保持信贷总量稳定增长，全年发放人民币贷款3.08万亿元，完成6 900亿元年度人民币贷款新增目标。

2023年，国家开发银行服务全面加强基础设施建设，聚焦国家"十四五"规划102项重大工程，支持引江补汉、平陆运河、"东数西算"等一批重大项目落地实施，全年发放基础设施贷款1.51万亿元。

国家开发银行日前召开的2024年工作会议指出，2024年，开发银行要立足职能定位、强化使命担当，不断提升服务国家战略质效，助力经济持续回升向好。同时，更好统筹发展和安全，防范化解重点领域风险，完善全面风险管理体系。

1. 发放水利和水资源领域贷款

2023年，该行聚焦国家水网重大工程和防汛救灾、农村供水、水生态修复和环境保护、水能资源综合利用等领域，加大中长期融资支持力度，全年发放水利和水资源领域贷款1 913亿元。

作为服务我国基础设施建设的主力银行,国家开发银行围绕贯彻落实《国家水网建设规划纲要》,制定专门工作方案,明确支持完善水资源配置和供水保障体系、支持完善流域防洪减灾体系、支持完善河湖生态系统保护治理体系、支持国家水网高质量发展等工作重点,积极提供规划融资服务,充分运用优惠信贷政策,加快贷款评审和发放。

2. 发放国家助学贷款

截至2023年底,国家开发银行已累计发放国家助学贷款3 766亿元,贷款余额1 909亿元,累计资助家庭经济困难学生2 000万人,覆盖了28个省(区、市)、2 616个县(区)以及教育部认可的所有高校。其中,2023年国家开发银行发放国家助学贷款599亿元,占当年全国发放总量的85%以上,支持学生563万人,切实发挥了国家助学贷款主力承办银行作用。

同时,国家开发银行认真做好"延期免息""提额降息"等相关工作。2023年,国家开发银行为25万名毕业学生办理了助学贷款本金延期偿还,为371万名毕业学生免除了当年应偿还的助学贷款利息,为47万名在校学生办理了助学贷款提额,为超过900万名贷款学生下调了助学贷款利率。

此外,面向国家助学贷款学生中品学兼优的全日制本专科生(含高职、第二学士学位学生),国家开发银行联合交通银行、招商银行、平安银行,向中国教育发展基金会捐赠设立"筑梦奖学金",计划开展5年,总金额4亿元,共计奖励优秀学子10万名。该项目实施范围为我国西部地区高校。目前,"筑梦奖学金"已完成对首年度19 658名获奖学生的遴选表彰。

3. 发放转贷款

2023年,国家开发银行认真贯彻落实《国务院关于推进普惠金融高质量发展的实施意见》,立足职能定位,优化普惠金融领域转贷款业务模式,提升精细化管理水平,加大和优化对专精特新、战略性新兴产业、制造业等重点领域小微企业的金融服务,为小微企业绿色转型提供支持,进一步提升普惠金融服务质效。开发银行加强与其他金融机构分工协作,以低成本资金引导合作银行加大对小微企业融资支持力度,将转贷款精准投向亟需资金支持的领域,助力纾解小微企业融资难融资贵问题;全年发放转贷款3 779亿元,支持小微企业超过37万户(次)。

4. 发放铁路基础设施建设贷款

2023年该行聚焦服务国家战略重点领域和薄弱环节发展,加大中长期信贷支持力度,发放铁路基础设施建设贷款1 055亿元,支持贵南高铁、成自宜高铁、汕汕高铁、昌景黄高铁等多条高铁开通运营,涉及新通车里程约2 300公里。

据介绍,2023年,国家开发银行聚焦高速铁路、重要区域城际铁路等重点领域,加强与有关部委、国铁集团及其他重点企业的沟通对接,积极提供中长期融资支持和规划融智等服务,有力支持了铁路交通基础设施高质量发展。

国家开发银行有关部门负责人表示,下一步,该行将强化职能定位,聚焦主责主业,继续深化政银企对接合作,重点围绕"八纵八横"高速铁路网建设,积极提供稳定的中长期融资支持,为构建现代综合交通运输体系贡献力量。

5. 发放农田建设专项贷款

2023年,该行将支持高标准农田建设作为助力普惠金融、服务"三农"的重要工作,全年发放贷款76亿元,重点支持四川、湖南、广西、江苏、新疆、贵州、重庆、辽宁等省份高标准农田建设和改造提升。

据了解,国家开发银行还设立了农田建设专项贷款,为农田建设领域提供长期稳定金融服务,支持保障粮食安全。

国家开发银行乡村振兴业务部有关负责人介绍,下一步,开发银行将继续聚焦农业基础设施精准补短板、强弱项,用好农田建设专项贷款,优化资源配置、加大投放力度,为支持加快推进农业现代化持续提供优质高效金融服务。

6. 发放能源保供专项贷款

2023年,该行发放能源保供专项贷款超1 000亿元,精准支持煤炭主产区和重点煤炭企业增加电煤供应,支持河北等受灾地区和供电供暖重点地区重点电力企业电煤储备,服务保障今冬明春保暖保供工作。

同时,国家开发银行充分利用支持煤炭清洁高效利用专项再贷款这一结构性货币政策工具,建立配套机制,推动重点项目建设,切实降低企业融资成本。截至目前,借助支持煤炭清洁高效利用专项再贷款,该行已累计支持29个大型现代化煤矿建设,总产能约1.15亿吨/年,支持94个煤电项目建设,总装机近1亿千瓦。

国家开发银行相关负责人表示,下一步,该行将继续扎实做好能源保供金融服务,积极发展绿色金融,为煤炭清洁高效利用重点项目提供中长期融资支持,持续为构建清洁低碳安全高效的能源体系贡献力量。

(资料来源:国家开发银行官网)

问题:
1. 依据上述资料,试概括国家开发银行的业务范围。
2. 试分析国家开发银行对中国经济的贡献。

案例二 新型农村金融机构——村镇银行

新型农村金融机构是指银监会发布《关于调整放宽农村地区银行业金融机构准入政策 更好地支持社会主义新农村建设的意见》后,经中国银行业监督管理委员会批准设立的村镇银行、贷款公司、农村资金互助社三类农村金融机构。

由于农业自身抵御自然灾害能力差、风险高和收益不稳定等特点,中国的农村金融长期面临着"失血"难题,很多商业银行纷纷弱化农村市场,减少分支机构,而不良资产率偏高的农村信用社对农民提供的信贷支持也非常有限。

为解决这一难题,中国政府从2006年开始试点发展农村资金互助社、小额贷款公司和村镇银行三类新型农村金融组织。因为植根于社会基层,直接服务于农村、广大中小企业等基层对象,这类新型农村金融组织在中国被形象地称为"草根金融"。

与国有商业银行和地方性金融机构相比,这些蓬勃发展的新型农村金融机构贷款具有方式灵活、放款及时、利率机动三大特点,因此受到农户广泛欢迎。

村镇银行已成为服务乡村振兴战略、助力普惠金融发展的金融生力军。同时,主发起人制度是村镇银行助力乡村振兴战略的有力保障。不同类型主发起人发起的村镇银行带有浓厚的"母行基因",在经营发展中呈现出百花齐放、风格各异的特点。

村镇银行机构组建数量不断由"数量"向"质量"转变。至2019年年末,村镇银行组建数量为1 637家,开业数量为1 630家,覆盖了全国31个省份的1 306个县(市、旗),县域覆盖率达70%,且新设机构主要集中在中西部地区。与此同时,村镇银行坚持专注"存贷汇"等基础金融服务,近六成资产为贷款,近九成负债为存款,吸收资金主要用于当地;持续加大涉农和小微企业贷款的投放力度，农户和小微企业贷款合计占比92%，坚持按照小额分散原则开展信贷业务，户均贷款余额37万元，连续5年下降。

资产负债规模增速居银行业首位。2018、2019年年末，全国村镇银行资产总额分别为1.51万亿元、1.69万亿元，负债总额分别为1.33万亿元、1.5万亿元，总资产、总负债两年平均增速为14.52%、15.09%，较银行业金融机构整体平均增速分别高3.9和5.1个百分点，居传统银行业金融机构首位，整体发展态势良好。

支农支小特色明显，对县域、农村地区持续"供血"成效显著。截至2019年年末，村镇银行支农支小的贷款余额连续7年保持在90%以上，累计发放农户及小微贷款余额达5.59万亿元，存贷比78.5%；坚持"小额、分散"授信原则，户均贷款余额33.4万元，连续8年保持稳步下降。

流动性总体较好，风险抵补能力较强。2018、2019年年末村镇银行流动性比例分别为69.13%、74.4%，均与主发起行签订了流动性支持协议，流动性风险整体可控；不良贷款率分别为3.66%、3.7%，资本充足率为18.3%、17.2%。

主发起行对村镇银行可持续发展有积极促进作用。截至2019年年末，4家大型商业银行累计设立村镇银行139家，6家股份制银行设立村镇银行69家，95家城商行在215个市发起设立村镇银行463家，175家农商银行在271个市发起设立村镇银行935家。不同类型主发起行的管理模式、公司治理理念、经营策略及风险控制策略对村镇银行的发展具有重要作用。其中，大型商业银行有强大的管控能力、战略引领能力、品牌影响力和科技服务能力；股份制银行有较强的市场反应能力，特色鲜明的管理模式和经营策略；城商行的小微信贷理念、技术、模式和管理经验能较好地传递给村镇银行；农商行较好地传承了"农村"基因，与村镇银行的定位较为契合，在文化、服务、产品方面和农村、农民更近、更接地气，能帮助村镇银行找准差异化经营理念和特色化发展模式，引领村镇银行实现高质量可持续发展。

村镇银行的发展机遇在于县域经济发展、普惠金融、差异化竞争优势和体制机制改革红利，挑战集中在宏观经济、同业竞争、金融科技、品牌认可度等方面。应引导村镇银行坚守支农支小市场定位、下沉服务重心、专注信贷主业、完善公司治理，持续增加对当地"三农"和小微企业、社区客户的金融供给，全面提升金融服务能力。

(资料来源：中国银行业协会官网)

问题：

1. 简述主发起行对村镇银行发展的作用。
2. 简述村镇银行经营中存在的主要问题。

第八章

货币供求与均衡

货币供给、货币需求及均衡理论是当代西方主要的货币经济理论,其理论基础是供求规律。货币需求理论要解决和研究的主要问题是:货币需求内涵的界定,决定货币需求的因素,西方货币需求理论的借鉴意义等。货币供给理论侧重于研究影响中央银行和商业银行货币供给能力的因素及供给过程。只有在分析货币供求理论的基础上,才能进一步研究和阐明货币供求均衡的不同状态对就业、物价、国民收入等各经济变量的影响。

第一节 货币需求理论

人们对货币需求的研究已有一百多年历史,迄今为止,已形成相对完整的货币需求理论,并且,随着社会经济的发展和货币信用关系的发达,对货币需求理论的研究仍在不断深化。

一、马克思的货币需求理论

按照马克思对货币需要量的论述,流通中必需的货币量为实现流通中待售商品价格总额所需的货币量。在商品流通中,货币是交换的媒介,因此,待售商品的价格总额决定了所需要的货币数量。但考虑到单位货币可以多次媒介商品交易,由商品价格总额决定的货币量应当是货币流量而非存量。用公式表示待售商品价格总额与货币需要量的关系,可以表达为

货币需要量=商品价格总额/单位货币流通速度

若以 M 表示货币需要量,Q 表示待售商品数量,P 表示商品平均价格,V 表示货币流通速度,则有

$$M = P \cdot \frac{Q}{V}$$

马克思的货币需要量公式具有重要的理论意义。它反映了商品流通决定货币流通这个基本原理。货币是为适应商品交换的需求而产生的,因商品的交换进入流通,并因交换的需求改变数量(无论该数量变化是自发进行还是政府部门人为调整)。这种分析,对于人们了解日趋发达的

货币信用关系,了解商品流通与货币流通的内在联系,均具有重要的指导意义。

由于马克思的货币需要量模型建立在金属货币流通基础上,因此对该模型的理解必须注意以下几个问题。

(1) 货币需要量理论强调待交换的商品价值决定其价格,货币数量不影响价格水平。这个论断适用于金属货币流通时期。由于金本位制度下铸币可以自由地进入或退出流通,因此,流通中的铸币量可以在价值规律下,自发地调节商品流通对货币的需要量。当流通中货币量大于需要量时,有相应数量的货币退出流通;当流通中货币量小于需要量时,又有相应数量的货币进入流通。因此,商品价格不会由于货币量的大量匮缺或严重过剩而出现大幅度波动。但是,当金属货币的流通为纸币及不兑现信用货币流通取代时,必须考虑货币供应对货币需求的反作用。

不兑现信用货币流通使货币供应量失去自动适应货币需要量的性能。流通中货币量对货币需要量经常存在的差异,必然引起商品价格的变动。这就是说,通过商品价格变动,使原来过多的货币为流通所吸收,变成价格上升后货币需要量的组成部分。这种货币供给对货币需求的反作用,在现代经济中是显著的,不容忽视。

针对不兑现信用货币流通下货币量对价格的影响,马克思在货币需要量规律的基础上提出了纸币流通规律,指出在纸币流通下,单位纸币所代表的金属货币量等于流通中所需的金属货币量除以流通中的纸币总额,即

单位纸币代表的金属货币量=流通中所需的金属货币量/流通中的纸币总额

在这个公式中,可以明显看出货币供应量对货币币值从而对物价的影响。在货币需求不变的条件下,如果纸币供应量增加,则有币值下降和物价上升的变化。

(2) 货币需要量规律及其模型为人们提供了对货币需求进行理论分析的思路,但直接运用这个模型测算实际生活中的货币需求,还存在很多难题。例如,在货币需要量公式中,$P \cdot Q$代表待售商品价格总额,可是实际生活中很难确切统计某一时刻有多少商品正处于销售中,有多少处于储存状态,又有多少处于积压状态。因此,人们一般以国内生产总值(GDP)作为测算$P \cdot Q$的替代物,但GDP并不等于$P \cdot Q$。GDP作为年度内新生产的商品价格总额,包括待销售商品及储存商品这两部分。至于货币需要量公式中的V,表示进入流通的、不断充当流通与支付手段的货币周转次数,这也是很难测算的。现实生活中,人们对V只根据某一时期GDP与同期货币供应量平均值的比值计算。由此得出的货币流通速度不可能与货币需要量公式中的V完全一致。

由于货币需要量公式中各因素测算上的困难,该公式所指出的货币需要量还只能是理论分析中一个定性的量,并非实践中可以测算的量。

(3) 货币需要量公式反映的是货币的交易需求。所谓交易需求,是指人们进行商品与劳务交换时所需要的货币量。随着社会商品货币关系的发展,金融交易开始越来越多地进入人们交易的范围,成为资金融通、资产保值及升值的一种重要方式。因此,要求对货币需要量的考察不仅应从商品交易需求的角度,而且应从金融交易的角度进行。

二、费雪方程式与剑桥方程式

费雪方程式与剑桥方程式是古典货币数量理论中的两个经典论述。19世纪,古典货币数量学说有了进一步的发展,首先是美国经济学家欧文·费雪提出了交易方程式,或称费雪方程式。

费雪认为，如果用 M 表示一定时期内流通货币的平均数量，用 V 表示货币流通速度，用 P 表示各类商品的加权平均价格，用 T 表示各类商品的交易量，那么，货币量 M 与其他3个经济变量间的关系可以由以下的方程式表示

$$MV = P \cdot T$$

在这个方程式中，M 是可以由模型之外因素决定的外生变量；V 是由制度性因素决定的，因而短期内不变，可以视之为常数；T 是由生产决定的，可以视之大体稳定。因此，只有 P 与 M 的关系最为密切。或者说，货币数量的变化会主要影响价格的变化。

如果将上式两边同除以V，可以得出

$$M = \frac{PT}{V}$$

此式即为费雪方程式。从形式上看，费雪方程式与马克思的货币需要量公式没有大的区别，但二者的含义是截然不同的。前者强调货币数量变化对商品价格的影响，后者则特别强调商品生产过程对商品价格的决定作用。

费雪方程式没有考虑微观经济主体动机对货币需求的影响，这是一个很大的缺陷。以马歇尔和庇古为代表的剑桥学派对货币需求的研究更多地重视微观主体的行为。

剑桥学派认为，经济社会中个人对货币的需求，实质是选择以怎样的方式保持自己的资产。因此，个人的财富水平、利率变动以及持有货币可能拥有的便利等诸多因素，均会影响个人的持币需求。微观主体的货币需求可表达为

$$M_d = kPY$$

式中：Y 代表总收入，P 表示价格水平，k 表示以货币形式保有的财富占名义总收入的比例。此式即为剑桥方程式。

如果令 $k = \frac{1}{V}$，剑桥方程式与费雪方程式的形式基本一致。但二者在内容上还是有很大差异的：首先，费雪方程式强调货币的交易手段职能，剑桥方程式则强调货币作为一种资产的性质。因此，费雪方程式侧重分析货币总流量与总产出和价格水平的关系，剑桥方程式则侧重分析货币存量占收入的比例。其次，费雪方程式从宏观的角度分析货币需求，完全不考虑利率等因素对微观主体持币动机的影响，剑桥方程式则从微观角度分析货币需求。尽管利率因素并没有在方程式中明确表述出来，但已隐含在对 k 的分析中。

三、凯恩斯的货币需求理论

凯恩斯早期是剑桥学派的一员。在1936年出版的《就业、利息和货币通论》一书中，凯恩斯系统地提出了他的货币需求理论。所谓流动性偏好，是指人们在心理上偏好流动性，愿意持有货币而不愿意持有其他缺乏流动性资产的欲望。这种欲望构成了对货币的需求。凯恩斯认为，人们的货币需求行为是由3种动机决定的，分别为交易动机、预防动机和投机动机。

(1) 交易动机。即人们为了应付日常的商品交易而需要持有货币的动机。凯恩斯把交易动机又分为所得动机和业务动机两种。所得动机主要是对个人而言，业务动机主要是对企业而言。基于所得动机与业务动机而产生的货币需求，凯恩斯称之为货币的交易需求。

(2) 预防动机。即人们为了应付不测之需而持有货币的动机。凯恩斯认为，出于交易动机而在手中保存的货币，其支出的时间、金额和用途一般事先可以确定。但是生活中经常会出现一

些未曾预料的、不确定的支出和购物机会。为此，人们也需要保持一定量的货币在手中，这类货币需求可称为货币的预防需求。

（3）投机动机。投机动机是指由于未来利息率的不确定，人们为避免资本损失或增加资本收益，及时调整资产结构而形成的对货币的需求。即人们根据对市场利率变化的预测，需要持有货币以便满足从中投机获利的动机。因为货币是最灵活的流动性资产，具有周转灵活性，持有它可以根据市场行情的变化随时进行金融投机。出于这种动机而产生的货币需求，称为货币的投机需求。凯恩斯认为投机动机的货币需求是随利率的变动而相应变化的需求，它与利率呈负相关关系，利率上升，需求减少，反之，则投机动机货币需求增加。

由于交易动机而产生的货币交易需求，加上出于预防动机和投机动机而产生的货币资产需求，构成了货币总需求。

很明显，货币的交易需求取决于待交易的商品与劳务规模，交易量越大，社会对货币的需求就越大。由于收入水平可以在较大程度上反映待交易的商品与劳务规模，因此，货币的交易需求可以表示为收入的函数

$$M_1 = L_1(Y)_+$$

式中：M_1 表示货币的交易需求，加号（+）表示货币的交易需求随收入同向变化。

资产需求分析是凯恩斯货币需求理论中最有特色的部分。为便于分析，凯恩斯将用于贮藏财富的资产分为两类：货币与债券。货币是不生息资产，债券是生息资产。当利率上升时，人们会预期未来利率下降，因而未来债券价格上升。因此，人们倾向于少持有货币，多持有债券，以实现资本收益。同样道理，当利率下降时，人们会产生利率上升的预期，因而增加现期货币的持有，减少对债券的持有。根据以上分析，货币的资产需求可表达为利率的函数

$$M_2 = L_2(r)_-$$

式中：M_2 表示货币的资产需求，负号（−）表示货币的资产需求随利率反向变化。

由于货币需求可以被看成交易需求与资产需求的总和，货币需求函数可以表达为

$$M = M_1 + M_2 = L_1(Y)_+ + L_2(r)_-$$

凯恩斯货币需求函数的一个重要意义在于，将利率引入货币需求决定因素中，意味着通过利率这个变量，可以将货币供求与实际经济的供求(社会总产出与社会总需求)联系起来，分析货币市场供求的变化对商品市场供求的影响。由于利率是货币资金市场供求关系的反映，货币供应量的变动能够迅速影响利率，所以，货币供给不仅通过价格的变动调节货币需求，而且可以通过利率的变化调节货币需求。根据这一思想，凯恩斯提出了一个重大的政策理论，即国家可以在社会有效需求不足情况下扩大货币供应量，降低利率，通过降低利率诱使企业家扩大投资，增加就业和产出。这样做的结果，并不会对价格产生较大冲击，因为前提是有效需求不足，并且产出扩大会给物价的稳定提供保证。凯恩斯这一理论表明，货币供给对货币需求的影响，不能仅仅理解为一种扰乱价格稳定的消极影响，也可以是促进产出、稳定物价的积极影响。

凯恩斯货币需求理论的提出，为资产选择方法这一现代货币分析的基础理论框架的建立与发展奠定了基础。资产选择方法是根据凯恩斯提出的货币资产需求的假设，分析在人们追求利润最大化和风险最小化的过程中货币政策手段的实施，借助利率的变化实现货币传递过程并实现对最终目标的调整。为此，凯恩斯学派做了大量研究，进一步提出，利率的变动不仅影响资

产需求，而且影响交易需求。由于货币(钞票和活期存款)本身不带来利息收入，企业在不妨碍生产和交易的前提下，必然尽可能将用于交易的货币存量减少至最低额。企业根据利率变动和交易成本的变化购买证券以获利，并在商品交易到来之前迅速将证券变现以应支付之需。这种论点，更加强调了利率在制约货币总需求中的作用。

四、弗里德曼的货币需求理论

现代货币数量论是指以米尔顿·弗里德曼为代表的芝加哥学派的货币需求理论。现代货币数量论是弗里德曼全部理论体系的支柱，而货币需求理论又是其现代货币数量论的核心。在1956年发表的《货币数量说的重新表述》一书中，他强调：数量说首先是货币需求的学说而不是产出学说，也不是货币收入学说或价格水平学说。

弗里德曼一方面采纳了剑桥学派和凯恩斯把货币看作是一种资产的核心思想，另一方面基本上承袭了传统货币数量说的长期结论，即货币量的变动反映于物价的变动上。他认为，影响货币需求的因素是多种多样的，他用一个多元函数来表示货币需求，即

$$M_d = f(P, r_b, r_e, \frac{1}{P}\frac{dP}{dt}; Y, W, U)$$

式中：M_d表示名义货币需求量；f表示函数关系；P表示物价水平；r_b表示固定收益的债券利率；r_e表示非固定收益的证券利率；$\frac{1}{P}\frac{dP}{dt}$表示物价变动率；Y表示永恒所得；W表示非人力资本对人力资本之比率；U表示反映主观偏好和风尚及客观技术与制度等因素的综合参数。

在影响货币需求的多种因素中，作为各种形式资产总和的总财富是最重要的变量。总财富的衡量实际上是很难做到的，但可以用收入来代替。弗里德曼使用的收入概念是恒久性收入，不是统计学家所使用的现期收入，因为现期收入的波动性很大。

弗里德曼进一步把财富分为人力财富和非人力财富，对于大多数财富持有者来说，他的主要资产是个人的能力。

对于货币需求来说，货币和其他资产的预期收益率也是一个很重要的因素，这个因素与通常的消费者需求理论中的商品价格及其替代品与互补品相类似。弗里德曼认为，货币的名义收益率可以为零，也可以是正的或负的收益率。其他资产的名义收益率由两部分构成：一部分是现期支付的收益或成本，如债券的利息、股票的股息和红利、物质资产的会计储存费用等；另一部分是在通货膨胀或通货紧缩条件下，这些资产名义价格的变化。

影响货币需求的还有其他一些因素，如货币提供的效用、对未来经济波动程度的预测、现有资本品的交易量等。

弗里德曼提出的函数关系式是指单个财富持有者的货币需求。但是，只要略去分配对Y和W这些变量的影响，把M和Y分别作为按人口平均的货币持有量和实际收入，W为以非人力财富持有的总财富中的一部分，这个函数就能适用于整个社会。

弗里德曼货币需求函数的最主要特点就是强调恒久性收入对货币需求的主导作用。他认为，货币需求也像消费需求一样，主要由恒久性收入决定。从长期看，货币需求必定要随恒久性收入的稳定增加而增加。这一结论是他用统计方法进行实证研究的结果。在对一个较长时期的收入数量进行统计时，一个统计周期收入的平均值就可以看作是恒久性收入的近似值。当然，恒久性收入在周期内也发生波动，在扩张时期里增加，在收缩时期里下降，但恒久性收入

波动的幅度比现期收入的波动幅度要小得多，既然实际货币需求取决于恒久性收入，那么实际余额就完全等于预期的余额，货币流通速度(恒久性收入除以货币存量)在扩张时期下降，在收缩时期上升或以较小的比率下降，由于恒久性收入在周期里不会发生较大幅度的变化，故货币流通速度也比较稳定，从而货币需求也是相对稳定的。

弗里德曼货币需求理论的另一个特点是：他的货币对总支出和产量实际发生影响的传递机制假说与凯恩斯学派的理论存在显著不同。凯恩斯学派认为货币数量的变化首先影响利息率，利息率的变化能使盈利能力和投资能力发生变化，间接影响投资支出，投资支出再通过乘数作用影响总收入水平，因此，凯恩斯非常重视货币需求和投资支出的利率弹性。弗里德曼则强调现金余额的作用，他认为能够对总支出即总需求水平直接和广泛发挥影响的是货币数量。在所考虑的资产范围上，凯恩斯学派注重的是较小范围的金融资产和市场利息率，弗里德曼考虑的则是广义的资产和利息率，如耐久和半耐久性消费品、建筑和其他一类资产等。既然货币需求是由恒久性财产决定的稳定的函数，既然能对总需求发生最直接、最广泛影响的是货币数量，那么，弗里德曼自然就主张采取稳定货币供应增长率的货币政策。他认为，货币政策的首要任务是防止货币本身成为经济波动的主要源泉，货币当局应避免剧烈地和反复无常地改变货币政策的宏观调节方向，只有这样，才能给经济提供一个稳定增长的条件。

通过以上的概要介绍可以看出，现代西方的货币需求理论具有以下几个特点。

(1) 无论是古典学派、凯恩斯学派，还是弗里德曼学派，他们分析的货币需求实际上指的是对现金的需求，至于个人的储蓄存款和企业在银行的存款是不包括在内的。

(2) 从剑桥学派开始到凯恩斯学派和弗里德曼学派，当他们注重分析货币持有者的动机和行为时，分析对象总是个人和微观经济单位。

(3) 西方学者的货币需求分析，不仅关注了再生产对货币流通量的决定性影响，而且关注了追求物质利益极大化时人们的行为对货币需求量的重要影响作用。

(4) 西方学者的货币需求分析，不仅运用了一般理论方法，而且注意运用了精巧的数学分析工具。

(5) 西方学者的货币需求分析大都是为制定和选择货币政策奠定理论基础。

五、中国的货币需求理论

在中国经济运行过程中，许多经济学家都对货币需求问题进行了研究。研究中一般使用货币需要量概念表达货币需求量。讨论的中心内容是如何理解和应用马克思的货币需要量公式。在改革开放之前，中国关于马克思货币需要量公式的讨论主要集中于以下几方面。

(1) 讨论流通中需要的货币之外延是否包括现金与银行存款两部分内容。在相当长的时期内，占统治地位的观点是，货币需要量即指现金需要量。20世纪80年代以后，随着中国经济体制改革与对外开放，商品流通范围扩大，对现金与银行存款使用范围的限定放松，曾经占统治地位的现金等于货币的观点让位于现金加各项活期存款的观点，并自1994年起，中国人民银行开始正式按规定的货币层次定期公布各层次货币的统计指标。显然，这一讨论目前已告结束。

(2) 关于纸币贮藏是否也构成对货币的需求。一种观点认为，纸币没有十足的价值，不具备自发调节流通中货币量的功能，也不具备货币贮藏功能。纸币一旦退出流通，就失去了货币的意义，纸币进入贮藏实际上只能说是"沉淀"，社会对纸币贮藏的需求不构成货币需要量内容。但是，当人们看到现实社会中纸币的确是作为一种可以选择的金融资产时，无论持有纸币是用于交易还是用于贮藏，均会对货币的需求量产生影响。在这一点上，似乎也没有进一步争论的必要。

根据马克思货币需要量公式，人们发现，在经济体制不变的情况下，社会商品零售总额与流通中货币(现金)之比为8∶1时，社会的商品供求关系处于稳定和基本均衡的状态，物价的上涨压力较低，货币流通状况正常。因此，"8∶1"或"1∶8"(指流通中现金与社会商品零售总额之比)便成为衡量流通中货币是多是少，或者说货币的供应量是否等同于货币需要量的一个简明又实用的尺度。如果比值低于8∶1，则可以认为货币流通量多于货币需要量；反之，则可以认为货币量不足。

"8∶1"实际上是货币流通速度的一个经验数字。在该速度下的货币供应量较好地适应了在特定经济环境下货币的需要量。直到20世纪80年代初期以前，"8∶1"已成为马克思货币需要量原理在中国的具体化。但是，随着20世纪80年代以后经济体制改革的深化，"8∶1"这个经验数字已不再能够成为衡量货币流通正常与否的尺度。并且，由于商品流通的范围扩大，渠道增加，货币的外延也发生变化。继续运用马克思货币需要量公式的原理，寻找简便易行的经验数字作为衡量货币供应量正常与否的尺度，已经不是一件易事了。

20世纪90年代以来，对我国货币政策实践有较大影响力的货币需求公式是

$$M = Y + P$$

即，货币供给增长率M等于经济增长率Y加预期的物价上涨率P。

在这个公式中，经济增长率用国民生产总值增长速度表示。显然，这个概念涵盖的内容远远大于商品零售总额，可以更好地反映商品与劳务交换对货币需求的影响。其次，货币的定义也不仅仅指现金，可以灵活地使用不同层次的货币，如M_1、M_2。再次，将预期物价上涨率加入模型，实际上是承认了物价上涨对名义货币需求的作用。因此，此公式比"8∶1"这个经验数字更接近体制改革后的中国现实。

第二节 货币需求

一、货币需求的含义

在现代高度货币化的经济社会里，一切经济活动都离不开货币信用形式。由于货币具有一般购买力与支付能力，因此，社会各部门(个人、企业、单位和政府)在经济活动中必须持有一定的货币量，才能去进行媒介交换、支付费用、偿还债务、投资或保存价值等活动，由此产生了对货币的需求。

所谓货币需求，是指社会各部门在既定的收入或财富范围内能够而且愿意以货币形式持有的数量。在理解货币需求的含义时，需要把握以下几点。

(1) 货币需求是一个存量概念。它主要考察在特定的时点和空间范围内(如某年年底、某国)，社会各部门在其拥有的全部资产中愿意以货币形式持有的数量或份额，因而是一个存量概念。尽管存量的多少与流量的大小、速度相关，但货币需求理论研究的主要是存量问题。

(2) 货币需求是有条件限制的，是一种能力与愿望的统一。它以收入或财富的存在为前提，是在具备获得或持有货币的能力范围之内愿意持有的货币量。因此，货币需求不是一种纯主观

的或心理上的占有欲望，不是人们无条件地"想要"多少货币的问题，人们对货币的欲望可以是无限的，但对货币的需求是有限的。只有同时满足两个基本条件才能形成货币需求：一是必须有能力获得或持有货币；二是必须愿意以货币形式保有其资产。有能力而不愿意不会形成对"货币"的需求，而愿意却无能力只是一种不现实的幻想。

(3) 现实中的货币需求不仅仅是指对现金的需求，而且包括了对存款货币的需求。因为货币需求是对所有商品流通、劳务提供，以及一切有关货币支付、贮藏所提出的需求，除了现金，存款货币同样能满足这种需求。

(4) 人们对货币的需求既包括了执行流通手段和支付手段职能的货币需求，也包括了执行价值贮藏手段职能的货币需求。前者是对货币作为交换媒介和延期支付手段的需求，后者是对货币作为资产保存形式的需求，二者的差别只在于持有货币的动机不同或货币发挥职能作用的形式不同，但都在货币需求的范畴之内。如果仅囿于前者，显然不能涵盖货币需求的全部，并与现实情况不符。

二、货币需求的微观角度和宏观角度

所谓货币需求分析的微观角度，就是从微观主体的持币动机、持币行为考察货币需求变动的规律性。在前面介绍过的货币需求方程和货币需求函数中，剑桥方程式、凯恩斯货币需求模型、弗里德曼货币需求函数，都是从微观角度分析货币需求的典型。

货币需求的研究任务首先是识别货币需求的决定因素并辨明各因素对货币需求量的影响。对于货币需求的决定因素，通常划分为3类：第一类为规模变量，如收入和财富；第二类为机会成本变量，如利率、物价变动率；第三则称为其他变量，如制度因素等。

将机会成本变量引入货币需求模型或函数，是从微观角度考察货币需求问题的典型表现。其目的在于说明利率和价格变动这类因素对货币保有主体可能造成的潜在收益或损失，以及这种潜在收益或损失对微观主体货币需求行为的影响。早期货币需求模型都未考虑机会成本因素。剑桥方程式在对实际现金余额与收入的比率k做注解时强调了利率因素的作用，可以说是引入机会成本因素的开端。但在模型上并未直接表示出来。直到凯恩斯的货币需求的动机分析，才建立起内容和形式相一致的微观货币需求研究方法，而后则不断有所发展。

从微观角度考察货币需求的方法有4点长处：①在规模变量为一定时，解释货币流通速度的变动；②货币不仅有交易媒介功能，而且还有资产和价值贮藏功能；③强调利率、价格等市场信号对货币需求也能产生相当程度的影响；④有可能使短期货币需求分析更精确化。

货币需求的宏观分析是货币当局决策者为实现一定时期的经济发展目标，确定合理的货币供给增长率，从总体上考察货币需求的方法。准确地判断总体货币需求的数量是决定货币供给量的关键。

从宏观角度估算货币需求，需要利用货币需求的宏观模型。马克思的货币必要量公式、费雪的交易方程式、上面介绍的我国近年提出的"$M = Y + P$"公式都是宏观模型。这些模型的共同特点是都没有顾及微观主体的心理、预期及行为等因素，不考察各种机会成本变量对货币需求的影响，而主要从市场供给、收入这类指标的变化来考察（"$M = Y + P$"中有个P，但如果考察实际货币需求，公式中的这个因素就不存在了）。也可这样理解：机会成本因素及微观主体行为对货币需求的影响都已纳入货币流通速度这一吸纳性极强的变量中。但货币流通速度由于综合的内容太多，故很难据此对货币需求进行具体分析。特别是它不像利率那样以一个独立的、毫不含糊的数值存在,而只是已发生的货币流量与货币存量的比值,不同的观点、不同的计算方法可以使这个比值有很大的出入。因而宏观货币需求分析必须发展。

在西方经济学中,实际的途径是在建立起微观货币需求模型之后,进一步研究这个模型能否直接用于或经过修订用于宏观分析。例如,弗里德曼的微观货币需求模型,对其中个别变量加以解释,就变成了宏观模型。

三、名义货币需求与实际货币需求

在通货膨胀条件下,货币需求可分为名义货币需求与实际货币需求,如同利率区分为名义利率和实际利率一样。

所谓名义货币需求,是指个人、家庭、企业等经济单位或整个国家在不考虑价格变动时的货币需求量,即用实际货币单位表示的货币数量,如某企业员工月工资1万元人民币,对应每月这1万元工资发放的货币需求就是名义货币需求,通常以M_d表示。实际货币需求则是指名义货币数量在扣除了通货膨胀因素之后的实际货币购买力,即以货币所实际对应的社会资源即商品和劳务价值表示的货币需求,它等于名义货币需求除以物价水平,即$\frac{M_d}{P}$。因此,名义货币需求与实际货币需求的根本区别在于是否剔除了通货膨胀(或物价变动)的影响。对于货币需求者来说,重要的是货币所具有的购买力的高低而非货币数量的多寡,但在物价总水平有明显波动的情况下,区分并研究名义货币需求对于判断宏观经济形势和制定并实施货币政策具有重要意义。

四、影响我国货币需求的因素

不管是货币需求的理论分析,还是货币需求的实践研究,核心内容都不外乎是考察影响货币需求量的经济因素。但由于不同国家在经济制度、金融发展水平、文化、社会背景及所处经济发展阶段的不同,影响货币需求的因素也会存在差别。如果把我国现阶段的货币需求也视作个人、企业等部门的货币需求之和的话,那么,影响我国现阶段货币需求的主要因素如下。

(一) 收入

在市场经济中,各微观经济主体的收入最初都是以货币形式获得的,其支出也都要以货币支付。一般情况下,收入提高,说明社会财富增多,支出也就会相应扩大,也就需要更多的货币量来媒介商品交易。因此,收入与货币需求总量呈同方向变动。

国民收入的变动对货币需求变动的影响可以用$\frac{\Delta M_d}{M}$除以$\frac{\Delta Y}{Y}$来反映,也就是当收入变化一个微小的百分比时,货币需求所变化的数量,这通常被称为货币需求的收入弹性。若用E_m表示货币需求的收入弹性,则

$$E_m = \frac{\Delta M_d}{M} \div \frac{\Delta Y}{Y}$$

改革开放以来,我国个人的收入水平增长较快,对货币需求产生了重大影响。随着市场经济的进一步发展和市场机制的不断完善,传统体制下的实物分发与福利制度正在被废除,人们的劳动收入更多地以货币形式获得,人们的消费所需也更多地通过货币的支付来实现,货币收支的增加必然对货币需求产生重大影响。同时,企业之间随着计划性实物调配方式的废除,货

币收支迅速增加，也对我国货币需求产生重要影响。因此，在经济货币化程度全面提高的过程中，货币需求有增加的趋势。

(二) 价格

从本质上看，货币需求是在一定价格水平下人们从事经济活动所需要的货币量。在商品和劳务量既定的条件下，价格越高，用于商品和劳务交易的货币需求也必然增多。因此，价格和货币需求，尤其是交易性货币需求之间，是同方向变动的关系。

实际经济生活中，物价变动率对货币需求的影响很大。由商品价值或供求关系变化所引起的物价变动率对货币需求的影响是相对稳定的，二者之间通常可以找到一个相对稳定的比率。而由通货膨胀造成的非正常的物价变动对货币需求的影响则极不稳定。因为这种非正常的物价变动不仅通过价格总水平的波动影响货币需求，而且通过人们对未来通货膨胀的预期来影响货币需求。例如，在通货膨胀率极高的时期，通常会出现抢购和持币待购等非正常行为，必然带来货币需求的超常增长。如果对这类货币需求的变动，货币当局不采取措施予以调节，则会使通货膨胀更加恶化。至于这部分货币需求究竟会增加多少，因其决定因素过于复杂而难以确定，但绝不能据此而忽视物价变动对货币需求产生的巨大影响。

(三) 利率

利率与货币需求量之间呈现反方向的变动关系。一般来说，利率越高，各微观经济主体的货币需求量将减少；利率越低，货币需求量将增多。然而微观经济行为主体的货币需求又有不同的目的(交易或投资)，因此，利率与货币需求量之间的关系十分复杂，需要具体情况具体分析。

(四) 货币流通速度

从动态的角度考察，一定时期的货币总需求是指该时期货币的流量。而流量又不外乎是货币平均存量与货币流通速度的乘积。现假定用来交易的商品与劳务总量不变，而货币流通速度加快，从而便可以减少现实的货币总需求。反之，如果货币流通速度减慢，则必然增加现实的货币需求量。因此，货币流通速度与货币总需求是反向变动的关系，并且在不考虑其他因素的条件下，二者之间的变化存在固定的比例关系。

(五) 金融资产收益率

金融资产的收益率是指债券的利息率或股票的收益率。在金融制度发达和比较发达的国家和地区，人们往往有投资性货币需求，亦即以营利为目的、以资产选择为内容的货币需求。当金融资产收益率明显高于存款利率时，人们理所当然地愿意购买有价证券，从而会增加投资性货币需求。金融资产的收益率对货币需求的影响也很复杂，既然它是一种资产选择行为，那便包含着人们对流动性与安全性的权衡，并非单纯追求收益。与此同时，它更多地影响货币需求的结构，使不同的货币需求动机之间产生此消彼长的替代关系。由于我国金融市场发展迅速，故需要对这类因素进行深入分析和研究。

(六) 企业和个人对利润与价格的预期

当企业对利润预期很高时，往往有很高的交易性货币需求，因此，它同货币需求量呈同向变动。当人们对通货膨胀的预期较高时，往往会增加消费、减少储蓄，抢购和持币待购成为普遍现象。因此，它同货币需求量呈反向变动。

(七) 财政收支状况

当财政收入大于财政支出且有结余时，一般意味着货币需求量的减少，因为社会总产品中的一部分无须货币去分配和使用，从而减少了一部分交易性货币需求。反之，当财政支出大于财政收入出现赤字时，则表现为货币需求量的增加。赤字的弥补不管是通过向社会举债还是向中央银行短期透支，都会引起货币需求量的增加。

(八) 其他因素

这些因素主要包括以下三方面。

(1) 信用的发展状况。若信用关系不发达，信用形式单一，则现实的货币需求量就大。

(2) 金融机构技术手段的先进程度和服务质量的优劣。先进的技术手段和高质量的金融服务往往能提高货币流通速度，减少现实的货币需求；反之，则增加货币需求。

(3) 国家的政治经济形势对货币需求的影响。如经济形势较好的阶段，货币需求量较大。此外，一国的民族特性、生活习惯、文化传统等也对货币需求有一定的影响。

在上述影响货币需求的诸因素中，收入、物价、利率和货币流通速度的影响是主要的，这在货币需求理论发展中已有分析。而企业和个人对利润和价格的预期、财政收支状况等因素，则是我国经济条件下，促使货币需求扩张的常见动因。需要注意的是，在影响我国货币需求的因素分析中，伴随着市场经济的发展，需要给予足够的关注和不断地深入研究。

第三节 货币供给

一、货币供给与货币供应量

(一) 货币供给

货币供给是指一国经济体系中货币的投入、创造和扩张(或收缩)的过程。它主要包括货币供应量及其层次、货币供给过程、货币供给的决定因素等。

在研究货币供给问题时还需要说明名义货币供给与实际货币供给。名义货币供给指以货币单位来表示的货币供给，表现为通货净额与存款净额之和，名义货币供给主要是由中央银行通过准备金及流通中现金来控制。实际货币供给指以流通中货币所能购买的商品和劳务表示的货币供给，它以真实的物品和劳务表示。

(二) 货币供应量

货币供应量是指一国在某一时点上为社会经济运转服务的货币存量，它由包括中央银行在内的金融机构供应的存款货币和现金货币两部分构成。货币供应量分散由政府、企事业单位、社会公众等持有，是银行体系所供应的债务总量。货币供应量有狭义与广义之分。狭义的货币供应量为M_1，广义的货币供应量为M_2。研究货币供应量的目的是使银行体系实际提供的货币量与社会经济总体对货币的需求量保持一致，并能不断保持经济的稳定增长。

在研究货币供应量时需要说明内生变量与外生变量、货币存量与货币流量的概念。

内生变量也称非政策变量，它是指在经济机制内部由纯粹的经济因素所决定的变量，即货币供给取决于客观的经济运行过程本身，而不是取决于货币当局的主观意志，如收入、储蓄、投资、消费等。所谓外生变量，又称为政策变量，是指在经济机制中易受外部因素影响，由非经济因素所决定的变量，即由货币当局的货币政策决策控制，并用作实现其货币政策目标的变量，如再贴现、公开市场业务等。货币供应量是融内生性和外生性于一体的复合变量。货币供应量首先是一个外生变量，因为货币供应量形成的源头是基础货币，基础货币是可以由中央银行直接控制的，中央银行能够按照自身的意图运用政策工具对社会的货币量进行扩张和收缩，货币供应量的大小在很大程度上为政策所左右。

所谓货币存量，是指中央银行通过自己的资产活动，形成社会经济体系中现有的货币量。所谓货币流量，是指已经形成的货币存量经过多次易手，媒介数倍于货币存量的社会产品和劳务。也可以这样表示

$$货币流量 = 货币存量 \times 货币流通速度$$

二、货币供应量的层次划分

各国中央银行对货币供应量层次的划分不尽相同。货币供应量层次的划分一般考虑的原则是货币的流动性程度。流动性程度是指货币变为现款的能力，也就是变为现实流通手段和支付手段的能力。货币供应量层次划分还要考虑与有关经济变化有较高的相关程度，具有划分层次所需的统计资料和数据，并且中央银行具有调控能力。显然，现金与活期存款是流动性最强的货币，通常被列为货币的第一层次；银行定期存款和储蓄存款的流动性次之，但较其他货币形态要强，因而在第一货币层次上加入该两项存款，形成货币的第二层次；货币的第三层次则是在第二层次货币基础上加入各种非银行金融机构的存款；由于非金融机构发行的各种短期金融工具比上述各种货币的变现能力要弱，但比其他长期债券要强，因此将其列入第四货币层次。

上述货币供应量层次划分的内容可用公式表述为

$$M_1 = C + D$$

式中：C表示现金；D表示活期存款。

$$M_2 = M_1 + (D_s + D_t)$$

式中：D_s表示在银行的储蓄存款；D_t表示在银行的定期存款。

$$M_3 = M_2 + D_n$$

式中：D_n表示各种非银行金融机构的存款。

$$M_4 = M_3 + L$$

式中：L表示非金融机构发行的所有短期金融工具。

因此，M_4是货币的最广义定义。

我国从1984年开始对货币层次进行划分，1994年第三季度起定期向社会公布货币供应量的统计监测指标，按照货币流动性的强弱将货币供应量分为4个层次。

M_0 = 现金流通量

$M_1 = M_0$ + 企业活期存款 + 机关团体存款 + 农村存款 + 个人持有的信用卡存款

$M_2 = M_1$ + 城乡居民储蓄存款 + 企业机关定期存款 + 外币存款 + 信托类存款 + 证券公司客户保证金

$M_3 = M_2$ + 金融债券 + 商业票据 + 大额可转让定期存单

货币供应量层次的划分与中央银行公布的货币层次的数字区别如下。

(1) 每季公布的货币供应量只到M_2，M_3是考虑了金融不断创新的现状而增设的，目前不公布M_3。

(2) 目前本外币的金融统计尚未并账，M_2中的外币存款暂无法合并，因而不包括在公布的货币供应量中。

货币当局对不同口径货币的监测和控制，也促使各类金融机构做出相应的反应。例如，定期存款到期前不便于流动，于是创造易于变现的可转让大额定期存单；定期存款不能开支票，于是创造了自动转账制度；储蓄存款不能开支票，于是创造了货币市场互助基金账户；等等。这些创新都使流动性加强，并大大突破了原有货币层次的界限，界限变得模糊，以致各国货币统计口径每过一段时期就不得不进行调整。图8-1所示为2018年以来中国广义货币供应量增长情况。表8-1所示为2018年以来中国货币供应量及各层次情况。

图8-1　中国广义货币供应量增长情况

(资料来源：国家统计局)

表8-1　中国货币供应量及各层次情况

单位：亿元人民币

项目	时间					
	2018年	2019年	2020年	2021年	2022年	2023年
货币和准货币(M_2)	1 826 744.20	1 986 488.82	2 186 795.89	2 382 899.56	2 664 320.84	2 922 713.33
货币(M_1)	551 685.90	576 009.15	625 580.99	647 443.35	671 674.76	680 542.52
流通中货币(M_0)	73 208.40	77 189.47	84 314.53	90 825.15	104 706.03	113 444.64

注：货币供应量已包含住房公积金中心存款和非存款类金融机构在存款类金融机构的存款。

(资料来源：国家统计局、中国人民银行)

三、货币供给过程

在现代信用货币制度下，货币供给的主体是银行。流通中的货币都是通过银行供给的，货币供给与银行的资产负债活动密切相关。在具有货币收支的各经济部门中，企业和个人等经济单位一律不能擅自发行货币，也不能开空头支票创造货币，而只能在既定的收入规模内安排自己的支出。假定现有货币总量1 500元,甲部门1 000元,乙部门500元;又假定甲部门用500元向乙部门购买商品。于是,甲部门的货币减少了500元,乙部门的货币增加了500元。虽然既定的货币量在不同的部门之间进行了重新分配,但货币总量并不因交易活动而发生变化。这说明单纯的非银行经济单位之间的经济活动不创造货币。

在实行中央银行制度下,货币供应量是通过中央银行创造基础货币和商业银行创造存款货币而注入流通领域的。这一供应过程具有以下3个特点。

(1) 货币供给形成的主体是中央银行和商业银行(包括接受活期存款的金融机构),亦即银行系统,一般不包括非银行金融机构。

(2) 两个主体各自创造相应的货币。中央银行创造现金通货,商业银行则创造存款货币。

(3) 银行系统供给货币的过程必须具备3个基本条件:一是实行完全的信用货币流通,即流通中不存在金属货币和国家纸币(原来意义上的);二是实行存款准备金制度;三是广泛采用非现金货币结算方式。在这3个条件下,货币的形成主要有两个环节:一是由中央银行控制的货币供给;二是商业银行的存款货币创造。在这两个环节中,由于商业银行要受制于中央银行,因此,中央银行在整个货币供给中居于核心地位。换言之,中央银行控制的货币供应量是货币供给过程的主流部分。关于商业银行与存款货币的创造问题,前面已做了分析,这里不再赘述,仅对中央银行控制的货币供给做剖析。

中央银行控制的货币供给,一般通过两条渠道产生:一是在公开市场上购买有价证券或外汇;二是对商业银行办理再贴现或发放再贷款。中央银行这两种货币供应方式尽管不同,但其产生的效果却并无本质区别。为了分析方便,下面举例说明货币供给过程,用T型账户表示,如图8-2所示。

现假定中央银行从甲商业银行通过公开市场业务购买有价证券1 000元(或为商业银行办理票据贴现,其结果相同),付给甲商业银行1 000元现金(中央银行此时可以给付支票,亦可给现金,亦可记入甲商业银行的存款账户。本例为简化易懂,假设支付的是现金)。甲商业银行以这1 000元资金来源的10%(假定为法定准备金率)作为准备金,其余都贷给甲企业。甲企业用这笔贷款支付乙企业的购货款,乙企业便有了900元的销售收入。乙企业又将这笔货币交存其开户行——乙商业银行,就使乙商业银行存款增加900元。乙商业银行又以这笔存款的10%作为准备金,其余810元又向丙企业发放贷款。以此类推,中央银行通过购买有价证券所形成的货币供给过程就开始了。

这个例子包含着银行系统创造货币的基本原理,即中央银行不论是购买有价证券,还是向商业银行开展再贷款业务,都会通过商业银行存款创造的机能,使货币供给量得到多倍扩大。至于货币供给量的减少,其道理与货币供给增加如出一辙,只不过方向相反而已。

另外需要说明的是:商业银行的货币创造活动虽然在多数情况下可以自主进行,但从总体上看,这一过程仍然置于中央银行的宏观调控约束之下。一般情况下,中央银行可以根据法定存款准备金率、商业银行的超额准备金率和公众的提现率等因素,较为科学地计算该时期的货币乘数,以此来监控货币流通总量。当中央银行感到货币供给量已经超过预测的货币需求量时,便会采取措施限制商业银行存款派生能力,以维持货币总供求的均衡。不过最基础的货币供给形式,还是由中央银行向商业银行发放贷款或购买有价证券。在我国,再贷款目前是我国基础货币投放的主要渠道。1994年汇改以后,中央银行通过外汇占款渠道投放的基础货币大量增加。1996年,我国开办本币公开市场业务,现已成为我国又一条重要的货币供给渠道。除此以外，还有银行收购黄金，以及中央银行上缴财政税利或财政向中央银行短期透支等都将形成基础货币的投放。

图8-2 货币供给过程

四、影响货币供给的因素

(一) 货币供给模型

根据商业银行存款货币扩张与收缩过程的分析，存款货币的变动与存款准备金率的变动之间存在着一种乘数或倍数关系。在这一基础上，接下来进一步讨论货币供给的理论模型。首先引入基础货币(monetary base)和货币乘数(money multiplier)的概念。

基础货币又称强力货币(high-powered money)或高能货币，是指处于流通界为社会公众所持有的通货及商业银行存于中央银行的准备金的总和。实际上也是中央银行对社会公众的负债总额。上述两项由于可以作为准备金或基础来支撑数倍货币供应量，故称为基础货币或高能货币。又因为基础货币构成中央银行负债，是中央银行为影响货币供应量所能强力控制的，所以也称强力货币。

货币乘数就是基础货币每增加或减少一个单位所引起的货币供应量增加或减少的倍数，亦称货币供给的扩张倍数，它反映货币供应量与基础货币之间的数量关系。

令 M_s 表示货币供应量，B 表示基础货币，k 表示货币乘数，则货币供给的基本模型为

$$M_s = B \cdot k$$

从上述理论模型可以看出，货币供应量的多少基本上取决于基础货币和货币乘数两个因素。在货币乘数 k 不变时，基础货币 B 的变动直接引起货币供应量的增加或减少，而且二者具有同向变动关系。由于基础货币基本上受中央银行货币政策左右，所以从该模型的这一决定因素看，货币供给具有外生性，是外生变量。当基础货币 B 不变时，货币供给量取决于另一变量——货币乘数 k。

(二) 决定货币供给的因素

理论和实践都已证明，中央银行能对基础货币进行有效的控制。如果把货币供应量的变动与基础货币的变动联系起来考察，又可推导出货币乘数及其决定因素。货币的创造和扩张过程因金融体制不同而异，即使在同一经济金融体制下，认识上也会有所不同。但有一点是明确的，即基础货币是货币供给扩张的决定因素，基本上是货币供给中的外生变量。而从中央银行投放基础货币到形成货币供应量之间的传导过程，则要受包括体制在内的多种因素影响，因此，货币供给的内生性就包含在货币乘数的影响因素之中。下面就对这些因素进行分析。

1. 基础货币与货币供应量

基础货币作为整个银行体系内存款扩张、货币创造的基础，其数额大小对货币供应总量具有决定性的影响。

既然基础货币由现金和存款准备金两部分构成，而现金是中央银行对社会公众的负债，存款准备金是中央银行对商业银行的负债，两者都是中央银行的负债，所以，通过中央银行资产负债表就能考察影响基础货币变动的因素。表8-2是西方中央银行高度简化的资产负债表。

表8-2　高度简化的中央银行资产负债表

资产	负债
国外净资产 对政府债权净额 对商业银行债权 其他项目净值	流通中货币 准备金存款
资产合计	负债合计

从表8-2可以看出，基础货币的增减变化，通常取决于4个因素：国外净资产、对政府债权净额、对商业银行债权和其他项目净值。其中，对商业银行的债权变化为最重要因素。

国外净资产由外汇、黄金占款和中央银行在国际金融机构的净资产构成。其中，外汇、黄金占款是指本国中央银行收购外汇和黄金资产而相应投放的本国货币。一般情况下，若中央银行放弃稳定汇率的目标，则通过该项资产业务投放基础货币有较大的主动权；但若中央银行追求稳定汇率的目标，由于需要通过买卖外汇、调节供求关系以平抑汇率，外汇市场的供求状况对中央银行的外汇占款有很大影响，通过该渠道投放基础货币就有相当程度的被动性。

就对政府债权净额而言，中央银行代理政府发行债券，但中央银行一般不能直接认购；中央银行虽可持有政府债券，但都是从事公开市场业务的结果。因此，中央银行如果对政府债权净额增加，或是由于直接认购了政府债券，或是贷款给财政弥补财政赤字。无论哪种方式，都表明中央银行通过财政部门把基础货币注入流通领域。

中央银行对商业银行债权的增加，意味着中央银行再贴现或再贷款资产的增加，说明通过商业银行注入流通的基础货币增加，这必将引起商业银行超额准备金增加，使货币供应量多倍扩张。相反，如果中央银行对商业银行的债权减少，则意味着中央银行减少了再贴现或再贷款资产,货币供应量必将大幅收缩。一般来说,在市场经济中,对商业银行的债权,中央银行具有较强的控制力。

其他项目(净额)主要是指固定资产的增减变化,以及中央银行在资金清算过程中应收应付的增减变化。它们都会对基础货币量的增减产生影响。

2. 货币乘数与货币供应量

在货币供给过程中,中央银行的初始货币提供量与社会最终形成的货币供应量之间存在着数倍扩张(或收缩)的效果或反应,即所谓的货币乘数效应。货币乘数效应的实质,是要揭示基础货币与货币供应量之间的倍数扩张关系。

根据最近几年的实际情况看,决定货币乘数的主要因素有3项,即现金比率(提现率)、超额准备金率、法定存款准备金率。

现金比率即流通中的现金与商业银行活期存款的比率。现金比率受经济的货币化程度、居民货币收入、储蓄倾向及对通货膨胀的心理预期等多种因素影响,不是中央银行所能完全控制的。但它对货币乘数的确定有重大影响。一般来说,现金比率低,货币乘数高;反之,货币乘数低。

超额准备金率的高低主要取决于商业银行自身的经营决策。超额准备金是商业银行或存款机构在货币当局规定必须缴纳的法定准备金之外,保留的一部分准备金。商业银行保留超额准备金主要是解决意外的大额提现、结清存款或用于更好的投资机会。商业银行愿意持有多少超额准备金,一是取决于持有超额准备金的机会成本;二是取决于借入准备金的成本高低;三是取决于经营风险和资产的流动性。超额准备金与存款总额的比率即为超额准备金率,超额准备金率的变动将影响到货币乘数大小,在基础货币供应量不变的情况下,它制约着银行体系创造货币的能力。总之,商业银行持有的超额准备金越多,货币乘数就越小;反之,货币乘数就越大。

法定存款准备金率由中央银行直接决定。法定存款准备金是商业银行存款准备总额的最主要的构成部分,这项准备金一般是不准动用的。法定存款准备金率越高,货币乘数越小;反之,货币乘数越大。近年来法定存款准备金率的调整时,大型金融机构、中小型金融机构及县域金融机构等有所不同,中央银行通过频繁调整法定存款准备金率来调控货币供应量。

上述分析说明,货币供应量是由中央银行、商业银行体系及居民共同决定的。中央银行只能直接控制基础货币的供应,并通过对货币乘数施加影响,借以控制货币供应量。图8-3诠释了货币供给调控机制。

图8-3 货币供给调控机制

第四节 货币供求均衡

一、货币供求均衡与社会总供求平衡

现代经济中，人们十分关注社会总供求的平衡状态。如果社会总需求大于社会总供给，则意味着市场处于供求紧张状态，物价上涨和社会不稳定；如果社会总需求小于社会总供给，则意味着市场处于疲软状态，企业开工不足，失业率上升和经济萧条。显然，无论出现哪种情况，都不为人们所期望。政府采取经济与行政手段调节经济运行的目的，无非是促使经济在社会总供求平衡的基础上运行。在这个过程中，社会总供求平衡状态与货币供求状况之间，始终存在紧密的联系。

在货币经济中，所有商品与劳务的供给，其目的均为获取等值的货币，以便做进一步的购买，并进行连续的生产与消费过程，表现为商品与劳务的供给和货币需求的联系；而货币的供给，又会在一定程度上形成对商品与劳务的需求。这种联系表现为

$$AS \rightarrow M_d$$
$$AD \rightarrow M_s$$

式中：AS表示社会总供给，AD表示社会总需求。

由于社会总供给与社会总需求之间存在密切的联系，并且社会总需求更多地制约社会总供给的变化，而货币供给，从根本上说受制于货币需求，因此，上述关系可以进一步表示为图8-4。

图8-4 货币均衡与总供求均衡关系

在这个关系图中，如果有AS=AD，则会有$M_d = M_s$。社会总供求的平衡与否与货币供求的均衡与否密切相关。

事实上，人们对社会总供求平衡状态的关注只是在货币经济产生后，或者说，只是在有了货币以后，才产生社会总供求失衡的可能性。物物交换下，社会总供给与总需求间总是平衡的。这时，一切对商品和劳务的需求都来自需求者对商品与劳务的供给，供给的同时创造出需求，供给与需求不仅在价值上相等，而且在时空上同步。例如，甲与乙之间，甲对乙产品需求的满足，来自甲向乙提供的产品。反之，乙的需求由甲的产品满足，乙的供给成为甲的需求。当所有物物交换都是这样进行时，社会总供求在任何时点上都是平衡的。但是，货币的出现使上述物物交换中必然的均衡被打破了。以货币为媒介，甲对社会供给商品后可以不马上购买，亦即不马上实现对社会商品的需求。乙的需求便会由于自己的产品供给无法实现得不到满足，形成商品供过于求。

货币的出现，为社会总需求与总供给失衡创造了技术上的可能性，是导致社会总供求失衡的外部原因。但事情也有相反的一面。货币的存在尽管会促成失衡，但也创造了运用货币政策，调节货币供应以调节社会总需求，使社会总供求恢复平衡的可能性。

因此，货币经济中，注重货币供求的研究是十分重要的。通过这项研究，可以分析货币供给与货币需求之间的内在联系及实现均衡的条件，探索寻求货币供求均衡及社会总供求平衡的途径。

二、货币供求均衡的含义

实际货币需求量在现实中并不直接表现出来。形象地说，它是看不见、摸不着的，无法进行实际统计。事实上，现实生活中可以直接统计的货币需求量是名义货币需求量，它等于同时存在的货币供应量。由于在货币供给一定情况下，无论货币需求如何，社会公众持有的货币额不可能超过当时整个经济体系中的货币存量，也不会少于这个存量，因此，若不考虑其他因素，仅从名义量上看，货币供给与货币需求数量总是相等的。因此，在任何一个时点上，货币供给量同时代表当时的名义货币需求量。

这样看来，该如何理解货币供求的均衡与否呢？其实，前文所述及的货币需求，是指人们愿意且有能力持有的货币量，可称之为实质货币需求。计划的货币需求并不一定等同于实质货币需求。因此，关于货币供求关系的研究，实质是货币供给与实质货币需求关系的研究。

货币供给与实质货币需求间存在3种对比状态，即

$$M_s = M；M_s > M；M_s < M$$

式中：M表示实质货币需求。

当货币供给与实质货币需求平衡时，表现为经济的长期稳定增长及物价的相对稳定；当货币供给大于实质货币需求时，表现为经济增长速度减缓，物价上涨速度超出人们在经济上和心理上可以承受的程度；当货币供给小于实质货币需求时，表现为经济增长停滞甚至负增长，商品严重滞销，失业率上升。因此，为货币供求均衡状态下定义时，应当是对这样一种状态的描述：即货币供求均衡表现为物价相对稳定、经济稳定增长的长期趋势。在这种状态下，不存在由于购买与支付手段不足出现的商品滞销，也不存在因购买与支付手段过多而形成的物价上涨。

三、货币供求均衡的条件

无论货币在现代经济中的作用有多大，货币存在的基础之一在于它充当商品交换的中间媒介。因此，商品的交易及经济的运行对货币供应状态起决定性作用。按前文所述内容，社会总供求与货币供求之间的密切联系说明了社会总供求的平衡态必然影响货币供求的均衡态。例如，当社会总供给小于社会总需求时，必然有货币供给大于实质货币需求的情况发生。那么，实现货币供求的均衡，也必须从恢复社会总供求平衡开始。这就是说，实现货币供求的均衡实际是实现社会总供求的平衡。这个过程侧重于以下几方面。

(1) 运用货币政策调节社会总需求，实现社会总供求平衡。在社会总需求不足时，采取扩张的货币政策，如扩大货币供应量或降低利率，以增加社会总需求，减少储蓄。在社会总需求过大时，采取紧缩的货币政策，减少货币供给，提高利率，以抑制社会总需求，增加储蓄。后一种情况发生时，一般存在两种选择：一种选择是严厉紧缩，另一种选择是温和紧缩。严厉紧缩是指短期内迅速减少货币供给或大幅度提高利率，使社会总需求的膨胀趋势很快被抑制，但与之相伴的往往是社会总供给增长减速或停滞。当社会总需求的减速大于社会总供给的减速时，社会总供求在低水平上恢复平衡；当社会总需求的减速小于社会总供给的减速时，社会总供求

的平衡会迟迟无法实现，并伴有持续存在的社会总需求大于社会总供给并引发通货膨胀。显然，这是政府不希望出现的局面。这种选择一般针对严重通货膨胀时期。温和紧缩是指货币供给紧缩速度较慢，其目的在于紧缩社会总需求的同时保证社会总供给的正常增长，从而实现社会总供求平衡。

(2) 采取正确的财政收支政策保证实现社会总供求平衡。财政政策对社会总供给与社会总需求的调节往往比货币政策的效果更好。但是，必须强调财政政策尤其赤字财政政策的实施对货币供给的影响。如果财政赤字导致货币增加的量超出实质货币需求，就会形成货币供求失衡与社会总供求失衡。所以，当社会总需求不足时，运用赤字财政政策刺激社会总需求必须适度。在社会总需求过多时，财政赤字的存在只会加剧两个失衡。这时，实现社会总供求平衡及货币供求均衡首先要缩小甚至消灭财政赤字，在财政收支均衡的基础上实现总体均衡。

本章小结

1. 在西方货币需求理论中，货币需求是指经济主体持有货币的意愿。现实的主流观点是指社会各部门在既定的收入或财富范围内能够而且愿意以货币形式持有的数量。

2. 西方货币需求理论按其影响程度和先后顺序主要有古典学派的货币需求理论(包括现金交易数量说和现金余额数量说)、凯恩斯的货币需求理论和弗里德曼的现代货币数量说。当然，中国长期关注的是马克思的货币需要量学说。

3. 货币供给是指一国经济体系中货币的投入、创造和扩张(或收缩)的过程。它主要包括货币供应量及其层次、货币供给过程、货币供给的决定因素等。货币供应量是指一国在某一时点上为社会经济运转服务的货币存量。在货币供给过程中，中央银行直接控制基础货币的规模，商业银行则通过其存款货币的创造机制来扩大货币供应量，两者对货币供给的扩张或收缩都发挥着重要作用。

习题

一、单项选择题

1. 根据凯恩斯流动性偏好理论，当预期利率上升时，人们就会(　　)。
   A. 抛售债券而持有货币　　　　B. 抛出货币而持有债券
   C. 只持有货币　　　　　　　　D. 以上说法均不正确

2. 根据凯恩斯流动性偏好理论，当前市场利率比正常水平高时，人们就会(　　)。
   A. 抛售债券而持有货币　　　　B. 抛出货币而持有债券
   C. 只持有货币　　　　　　　　D. 以上说法均不正确

3. 超额准备金率的变动主要取决于(　　)的行为。
   A. 中央银行　　B. 社会公众　　C. 商业银行　　D. 监管当局

4. 在其他条件不变的情况下，法定存款准备金率越高，则货币乘数(　　)。
   A. 越大　　　　B. 越小　　　　C. 不变　　　　D. 不一定

5. 在基础货币一定的条件下，货币乘数越大，则货币供应量(　　)。
   A. 越多　　　　B. 越少　　　　C. 不变　　　　D. 不确定

6. 在其他条件不变的情况下，商业银行的超额准备金率越高，则货币乘数(　　)。
   A. 越大　　　　　B. 越小　　　　　C. 不变　　　　　D. 不确定

7. 在其他条件不变的情况下，商业银行的超额准备金率越低，则货币供应量(　　)。
   A. 越多　　　　　B. 越少　　　　　C. 不变　　　　　D. 不确定

8. 在货币供应量决定因素中，商业银行能控制的是(　　)。
   A. 基础货币　　　　　　　　　　　B. 法定存款准备金率
   C. 现金比率　　　　　　　　　　　D. 超额准备率

9. 货币供应量一般是指(　　)。
   A. 流通中的现金量　　　　　　　　B. 流通中的存款量
   C. 流通中的现金量与存款量之和　　D. 流通中的现金量与存款量之差

10. 基础货币是由(　　)提供的。
    A. 投资基金　　　B. 商业银行　　　C. 中央银行　　　D. 财政部

二、多项选择题

1. 基础货币包括(　　)。
   A. 公众的手持现金　　　　　　　　B. 财政存款
   C. 法定存款准备金　　　　　　　　D. 超额准备金
   E. 同业存款

2. 下列哪些情况可引起基础货币减少(　　)。
   A. 央行收回再贷款　　　　　　　　B. 央行增加再贷款
   C. 央行购买国债　　　　　　　　　D. 央行卖出国债
   E. 央行减少外汇储备

3. 中央银行增加基础货币供给的途径有(　　)。
   A. 再贴现　　　　　　　　　　　　B. 再贷款
   C. 财政借款　　　　　　　　　　　D. 从市场上买入国债
   E. 买入黄金与外汇

4. 马克思认为，一定时期流通中的货币需要量取决于(　　)。
   A. 商品价格　　　B. 货币价值　　　C. 商品数量
   D. 货币储藏量　　E. 货币流通速度

5. 凯恩斯认为，人们持有货币的动机有(　　)。
   A. 储备动机　　　B. 消费动机　　　C. 交易动机
   D. 预防动机　　　E. 投机动机

6. 商业银行存款创造的前提条件是(　　)。
   A. 全额准备金制度　　　　　　　　B. 部分准备金制度
   C. 转账结算制度　　　　　　　　　D. 现金结算制度
   E. 支付清算制度

7. 制约商业银行不能无限制创造存款的因素有(　　)。
   A. 利率　　　　　　　　　　　　　B. 法定存款准备金率
   C. 超额准备金率　　　　　　　　　D. 现金漏损率
   E. 汇率

三、判断正误题

1. 货币需求完全是人们的一种主观愿望需求。（ ）
2. 一个人的物质财富在其总财富中所占比例越大，对货币的需求越小。（ ）
3. 基础货币增加，货币供应量一定增加。（ ）
4. 商业银行的活期存款是现代信用货币经济中最主要的货币形式。（ ）
5. 货币需求是指经济主体持有货币的意愿，是指社会各部门在既定的收入或财富范围内能够而且愿意以货币形式持有的数量。（ ）
6. 中央银行直接控制基础货币的规模，商业银行则通过其存款货币的创造机制来扩大货币供给量。（ ）

四、简答题

1. 为什么在货币供给大于货币需求时出现经济过热与物价上涨？
2. 为什么在货币供给小于货币需求时出现物价下降？
3. 决定货币供给的因素有哪些？
4. 中央银行哪些资产业务会影响基础货币的变化？
5. 凯恩斯货币需求理论的主要内容是什么？
6. 货币供求均衡的条件是什么？
7. 决定货币需求的因素有哪些？

五、论述题

1. 中央银行如何对货币供求失衡进行调节？
2. 试分析在货币供给中，商业银行、中央银行的作用。
3. 论述货币供给的过程。

✕ 案例分析

案例一　正确理解中央银行资产负债表与货币供应的关系

传统观点认为，广义货币 M_2 的变动是基础货币变动通过货币乘数放大而引起的。由于基础货币主要由现金、法定存款准备金和超额存款准备金构成，是中央银行负债的主体和货币政策实施结果的反映，数值上接近央行资产负债表规模，因此央行资产负债表规模变动容易被视同为货币政策取向发生变化。但事实上，广义货币 M_2 增长与央行资产负债表规模、基础货币之间并无固定关联。

广义货币创造的直接主体是银行而非央行，现实中的广义货币 M_2 由银行通过贷款等信用扩张创造而来，是由银行自主实现的，并不需要用到基础货币。中央银行通过调节基础货币为银行货币创造提供支持和约束，银行贷款创造存款货币时，要根据央行的要求将数量上等同于新增存款货币一定比例的超额存款准备金转存为法定存款准备金，但中央银行并不是货币创造的主体。

应当看到，超额存款准备金是可以支持银行货币创造的银行体系流动性，而法定存款准备金是被"冻结"的银行体系流动性，不能支持银行货币创造。央行资产负债表和基础货币中包含了上述两项的加总，简单用于分析货币政策取向的意义不大。例如，2008年国际金融危机前美联储资产负债表规模保持基本不变，但主要通过政策利率调节使货币政策松紧发生了变化。

再如,从2000年初至2013年末,我国中央银行资产负债表累计扩张了8倍,但期间我国货币政策也经历过不同取向。

拉长时间轴看,我国央行扩表幅度与主要发达经济体央行扩表幅度大体相当。从2000年初至2020年9月末,我国央行资产负债表扩张了9.6倍,与同期美国(9.5倍)、欧元区(7.1倍)和日本央行(5.2倍)的扩表幅度大体相当(见图8-5)。我国央行扩表始于21世纪初,属于外汇占款增长引起的被动扩表模式,对应基础货币增长主要来自被"冻结"的法定存款准备金,降准会将部分法定存款准备金"解冻"转为超额存款准备金,这可以增加银行体系流动性、支持货币创造,但央行资产负债表规模和基础货币保持不变,甚至因银行把释放的存款准备金用于归还对央行的借款,短期内还可能有所减少。相较而言,主要发达经济体央行大幅扩表多始于2008年国际金融危机后,是其在正常货币政策空间耗尽的情况下,进一步通过量化宽松政策投放流动性以刺激经济所引起的,央行扩表与超额存款准备金增加基本对应,与我国存在本质差异。

图8-5 中国、美国、欧元区、日本央行资产负债表规模

(资料来源:Wind 数据库)

近年来,我国央行摆脱了外汇占款增长导致的被动扩表模式,货币政策自主性明显增强,银行作为货币创造中枢的作用充分发挥。2020年以来,中国人民银行主要运用降准和再贷款工具对冲新冠疫情影响,但反映在央行资产负债表上,缩表的降准和扩表的再贷款两者相互抵消,央行资产负债表规模保持基本稳定,同时广义货币M_2和社会融资规模增速明显高于2019年,对比主要发达经济体央行资产负债表规模大幅上升,突出反映了我国保持了正常货币政策且传导顺畅。

需要强调的是,货币乘数是广义货币M_2和基础货币之间的恒等式比例。广义货币M_2的创造取决于银行行为,而银行贷款创造存款后所产生的缴纳法定准备金的需求,央行既可以通过缩表的降准对冲,也可以通过扩表的再贷款工具提供,这意味着货币乘数其实是一种事后的恒等式结果,并不存在分子和分母之间的直接逻辑关联。传统货币乘数观点反映了对货币创造的机械式观察,未充分认识到商业银行才是货币创造的主体,已不适用于对货币的现实分析。

总体而言,央行资产负债表规模、货币乘数与广义货币M_2增长之间并无必然的逻辑关联,且我国作为全球为数不多的仍坚持货币政策正常化的大型经济体,不需要以央行大规模扩表的方式投放流动性,不宜简单根据央行资产负债表扩张幅度、货币乘数来衡量货币政策效果。观察货币政策的松紧,关键还是看作为货币政策中介目标的货币供应量和社会融资规模。只要保持了货币信贷合理增长,就说明银行货币创造的市场化功能正常发挥,中央银行提供的基础货币是适度的。下一步,中国人民银行将继续按照党中央、国务院部署,稳健的货币政策更加灵活适度、精准导向,搞好跨周期政策设计,完善货币供应调控机制,发挥基础货币投放对推动

经济高质量发展的积极作用。

(资料来源:中国货币政策执行报告,2020年第三季度.)

问题:
1. 根据资料分析央行资产负债表规模、货币乘数与广义货币M_2增长之间的关系。
2. 根据资料分析外汇占款导致的央行被动扩表模式的含义。
3. 分析说明商业银行通过哪些方面促成了货币供应量增大。

案例二　如何看待M_2和存款增长

2023年以来,我国M_2和人民币存款延续较快增长态势。4月末,M_2、各项存款均同比增长12.4%,分别较上年同期高1.9个、2个百分点。M_2和存款增长受各种因素综合影响,与实体经济的关系要合理看待。

理论上,中长期货币和存款的增长主要是经济发展和货币化进程带动。一是经济增长驱动。按照货币需求理论,经济规模和增速是影响货币需求的主要变量,企业投资扩大、居民消费增加、经济体量增大都会带来货币需求的上升。过去十年(2013—2022年)名义GDP年均增速为8.8%,同期M_2年均增速为10.6%,与其基本匹配并略高1~2个百分点,合理满足了实体经济发展的货币需求。二是转轨阶段的货币化需求。过去我国货币增长还受金融深化过程的货币化影响,除GDP增长外,资产价格的大幅变化也吸纳了货币的增长,使得通胀水平能够基本保持稳定。此外,从横向对比看,各国自身经济特点对货币及存款增长也有影响。我国以间接融资为主的融资结构和居民习惯于储蓄存款,使得货币和存款需求较其他经济体更大。统计口径方面,美欧对存款纳入M_2统计有金额或期限方面的要求,我国则没有类似限制,M_2口径也相对较大。

实践中,搞好跨周期调节的要求更加明确,近期M_2和存款的较快增长很大程度是宏观政策适度发力、市场主体行为变化的体现。从宏观政策看,去年以来,逆周期调节力度加大,稳增长一揽子政策陆续实施,货币政策充分发力,配套资金先行到位,相应表现为金融数据领先于经济数据。从商业银行看,前期政策的传导效果进一步体现,带动M_2较快增长。银行信贷投放加快,有力满足实体融资需求,1—4月人民币贷款新增11.3万亿元,同比多增2.3万亿元。银行购债力度也明显加大,有效支持财政靠前发力,1—4月金融机构债券投资增加2.9万亿元,同比多6 253亿元,其中政府债券在全部债券投资中增量占比达76%。从企业和居民主体看,一方面,随着我国市场化利率体系和利率传导机制不断理顺完善,理财打破刚兑、净值化后,与存款利差也趋于收窄,企业和居民理财资金回流为表内存款,推升了M_2增速。一季度末,资管产品直接汇总的资产合计94.7万亿元,较年初减少1.6万亿元。另一方面,疫后实体经济的生产流通传导、消费需求等恢复仍有时滞,经济循环阻滞摩擦未消,也导致货币流通速度降低,市场主体的货币持有量和预防性储蓄存款上升。

中长期看,经济平稳增长、物价稳定是检验货币增长是否合理的标准和关键。总的来看,我国货币供应量和社会融资规模增速与名义经济增速保持基本匹配,实现了较快增长和较低通胀的优化组合。过去十年实际GDP年均增速为6.2%,CPI年均涨幅在2%左右。近期M_2增速与通胀和经济增速间存在一定缺口,主要是政策效果显现、需求恢复存有时滞所致。未来随着疫情影响进一步消退、市场预期持续好转、经济加快恢复,居民的消费和投资意愿回升,前期积累的预防性储蓄有望逐步释放,有利于M_2和存款平稳增长。3—4月住户存款同比多增额较1—2月已明显收窄，4月末M_2增速也已较2月高点回落0.5个百分点。下阶段，人民银行将继续按照党中央、国务院部署，精准有力实施稳健的货币政策，搞好跨周期调节，兼顾短期和长期、经济增长和物价稳定、内部均衡和外部均衡，保持连续性、稳定性、可持续性，既着力支持扩大内需，为实体经济提供有力支持，又坚持总量适度、节奏平稳，保持货币供应量和社会融资规模增速与名义经济增速基本匹配，巩固拓展经济向好势头，更好地服务中国式现代化。

(资料来源：中国货币政策执行报告，2023年第一季度)

问题：
1. 分析自2022年以来M_2和存款较快增长的原因。
2. 分析检验货币增长是否合理的标准和关键。

案例三　2023年金融统计数据报告

一、广义货币增长9.7%

12月末，广义货币(M_2)余额292.27万亿元，同比增长9.7%。狭义货币(M_1)余额68.05万亿元，同比增长1.3%。流通中货币(M_0)余额11.34万亿元，同比增长8.3%。全年净投放现金8 815亿元。

二、全年人民币贷款增加22.75万亿元

12月末，本外币贷款余额242.24万亿元，同比增长10.1%。人民币贷款余额237.59万亿元，同比增长10.6%。

全年人民币贷款增加22.75万亿元，同比多增1.31万亿元。分部门看，住户贷款增加4.33万亿元，其中，短期贷款增加1.78万亿元，中长期贷款增加2.55万亿元；企(事)业单位贷款增加17.91万亿元，其中，短期贷款增加3.92万亿元，中长期贷款增加13.57万亿元，票据融资增加3 410亿元；非银行业金融机构贷款增加1 928亿元。12月份，人民币贷款增加1.17万亿元，同比少增2 401亿元。

12月末，外币贷款余额6 564亿美元，同比下降10.7%。全年外币贷款减少852亿美元，同比少减927亿美元。12月份，外币贷款减少127亿美元，同比少减215亿美元。

三、全年人民币存款增加25.74万亿元

12月末，本外币存款余额289.91万亿元，同比增长9.6%。人民币存款余额284.26万亿元，同比增长10%。

全年人民币存款增加25.74万亿元，同比少增5 101亿元。其中，住户存款增加16.67万亿元，非金融企业存款增加4.22万亿元，财政性存款增加7 924亿元，非银行业金融机构存款增加1.64万亿元。12月份，人民币存款增加868亿元，同比少增6 402亿元。

12月末，外币存款余额7 978亿美元，同比下降6.6%。全年外币存款减少561亿美元，同比少减869亿美元。12月份，外币存款增加47亿美元，同比多增129亿美元。

四、12月份银行间人民币市场同业拆借月加权平均利率为1.78%，质押式债券回购月加权平均利率为1.9%

全年银行间人民币市场以拆借、现券和回购方式合计成交2 124.49万亿元，日均成交8.5万亿元，日均成交同比增长18.1%。其中，同业拆借日均成交同比下降2.6%，现券日均成交同比增长13.3%，质押式回购日均成交同比增长21.4%。

12月份同业拆借加权平均利率为1.78%，比上月低0.11个百分点，比上年同期高0.52个百分点；质押式回购加权平均利率为1.9%，比上月低0.08个百分点，比上年同期高0.49个百分点。

五、国家外汇储备余额3.24万亿美元

12月末，国家外汇储备余额为3.24万亿美元。12月末，人民币汇率为1美元兑7.082 7元人民币。

六、2023年经常项下跨境人民币结算金额为14.03万亿元，直接投资跨境人民币结算金额为7.6万亿元

2023年，经常项下跨境人民币结算金额为14.03万亿元，其中货物贸易、服务贸易及其他经常项目分别为10.69万亿元、3.34万亿元；直接投资跨境人民币结算金额为7.6万亿元，其中对外直接投资、外商直接投资分别为2.6万亿元、5万亿元。

注1：当期数据为初步数。

注2：自2015年起，人民币、外币和本外币存款含非银行业金融机构存放款项，人民币、外币和本外币贷款含拆放给非银行业金融机构的款项。

注3：报告中的企(事)业单位贷款是指非金融企业及机关团体贷款。

注4：自2022年12月起，"流通中货币(M_0)"含流通中数字人民币。12月末流通中数字人民币余额为136.1亿元。修订后，2022年各月末M_1、M_2增速无明显变化，修订后M_0增速有变化。

注5：自2023年1月起，人民银行将消费金融公司、理财公司和金融资产投资公司等三类银行业非存款类金融机构纳入金融统计范围。2023年1月末，三类机构贷款余额8 410亿元，当月增加57亿元；存款余额222亿元，当月增加27亿元。文中数据均按可比口径计算。

(资料来源：中国人民银行网站)

问题：

1. 衡量金融运行情况的主要统计指标有哪些？
2. 比较近三年内金融运行情况的主要统计指标，说明变化趋势。

第九章

通货膨胀与通货紧缩

通货膨胀与通货紧缩是当今世界各国经济发展中普遍存在的问题，也是西方经济理论中的重要组成部分。科学地定义和衡量通货膨胀与通货紧缩，揭示它们产生的原因，分析它们对经济社会的影响，熟悉通货膨胀和通货紧缩的治理对策，对经济社会发展具有重要的意义。近年来，通货紧缩问题及通货膨胀问题成为备受世界关注的经济问题。

第一节 通货膨胀概述

一、通货膨胀的含义

研究通货膨胀首先要弄清楚什么是通货膨胀。但恰恰在这一基本问题上，经济学家们存在着激烈的争论，而且至今还没有一个被普遍接受的定义。

一种最常见的定义是通货膨胀表现为物价水平的普遍持续上升，托宾、萨缪尔森等人都持这种观点。这一定义的要点有3点：①通货膨胀不是价格水平短期或一次性的上升，而是价格水平的持续上升；②通货膨胀不是指个别商品价格水平的上升，而是指价格总水平，即所有商品与劳务价格的加权平均值上升；③价格总水平每年上升多少即为通货膨胀是很难判断的。这里有一个主观判断标准，即经济主体对价格上升的敏感程度。

持上述观点的经济学家也被称为"物价派"。而另一些经济学家则不同意上述定义，他们强调了通货膨胀与货币量的联系，可以称之为"货币派"。

货币主义代表人物弗里德曼虽然认为"物价的普遍上升就叫通货膨胀"，但他又强调"无论何时何地大规模的通货膨胀总是个货币现象"。这种把通货膨胀与货币量联系起来的定义实际上是着重从通货膨胀的根源，而不是从现象上来给通货膨胀下定义。

本书将通货膨胀定义为：通货膨胀是指流通中的货币量超过了客观需要量，从而引起货币贬值和物价普遍、持续上涨的经济现象。

全面理解这一定义，要把握以下5个要点。

(1) 通货膨胀只发生在纸币流通情况下。

(2) 流通中的或客观需要的"货币量"应包括纸币、活期存款乃至全部存款。

(3) "物价"是指一般物价水平，或者说物价总水平。

(4) 物价水平的起伏波动或间歇性上涨，一般不视为通货膨胀。

(5) 物价水平的上涨，需达到一个量的界限才视为通货膨胀。

二、通货膨胀的度量

我国采取的主要度量指标包括：居民消费价格指数、商品零售价格指数、工业生产者出厂价格指数、工业生产者购进价格指数、农业生产资料价格指数、农产品生产价格指数、固定资产投资价格指数等。下面择其主要的指标加以介绍。

(一) 居民消费价格指数

居民消费价格指数(consumer price index，CPI)是度量居民生活消费品和服务价格水平随着时间变动的相对数，综合反映居民购买的生活消费品和服务价格水平的变动情况，包括城市居民消费价格指数和农村居民消费价格指数。全国居民消费价格指数(CPI)涵盖全国城乡居民生活消费的食品烟酒、衣着、居住、生活用品及服务、交通和通信、教育文化和娱乐、医疗保健、其他用品和服务八大类、268个基本分类，其中既有价格上涨的商品，也有价格下降的商品。数据来源于全国31个省(区、市)、500个市(县)、6.3万家价格调查点，包括食杂店、百货店、超市、便利店、专业市场、专卖店、购物中心，以及农贸市场与服务消费单位等。国家统计局采用抽样调查方法抽选确定调查网点，按照"定人、定点、定时"的原则，直接派人到调查网点采集原始价格。中国2023年全国居民人均消费支出26 796元，居民人均消费支出构成情况如图9-1所示。我国近几年全国居民、城市居民、农村居民消费价格指数变化趋势见图9-2。

图9-1　2023年居民人均消费支出构成

(资料来源：中华人民共和国国家统计局)

图9-2　居民、城市居民、农村居民消费价格指数变化趋势

(资料来源：中华人民共和国国家统计局)

以居民消费价格指数度量通货膨胀，其优点在于消费品的价格变动能及时反映消费品供给与需求的对比关系，直接与公众的日常生活相联系，在检验通货膨胀效应方面有其他指标难以比拟的优势。多数国家度量通货膨胀时采用这一尺度。其局限性在于消费品只是社会最终产品的一部分，从而不足以说明全面的情况。用生活费用指数度量通货膨胀与用消费品价格指数度量，其性质类似，但前者包括的范围较广，作为度量尺度似乎更好一些。

(二) 商品零售价格指数

商品零售价格指数是反映一定时期内城乡商品零售价格变动趋势和程度的相对数。商品零售价格的变动与国家的财政收入、市场供需的平衡、消费与积累的比例关系有关。因此，该指数可以从一个侧面对上述经济活动进行观察和分析。商品零售价格指数可分为城市商品零售价格指数和农村商品零售价格指数。具体又可以分为食品、饮料烟酒、服装鞋帽、纺织品、中西药品、化妆品、书报杂志、文化体育用品、日用品、家用电器、金银珠宝、燃料、建筑装潢材料、机电产品等商品零售价格指数。我国近年来商品零售价格指数变动趋势见图9-3。

图9-3　商品零售价格指数变化趋势

(资料来源：中华人民共和国国家统计局)

(三) 工业生产者价格指数

工业生产者价格指数包括工业生产者出厂价格指数(producer price index for industrial products，PPI)和工业生产者购进价格指数。

工业生产者出厂价格指数反映一定时期内全部工业产品第一次出售时的出厂价格总水平的变动趋势和变动幅度的相对数。工业生产者购进价格指数反映作为中间投入的原材料、燃料、动力购进价格总水平的变动趋势和变动幅度的相对数。近几年工业生产者出厂价格和购进价格指数变化见图9-4和图9-5。工业生产者出厂价格统计调查涵盖1 702个基本分类的11 000多种工业产品的价格；工业生产者购进价格统计调查涵盖900多个基本分类的6 000多种工业产品的价格。工业生产者价格调查采取重点调查与典型调查相结合的调查方法。年主营业务收入2 000万元以上的企业采用重点调查方法；年主营业务收入2 000万元以下的企业采用典型调查方法。工业生产者价格调查涉及全国400多个城市的近6万家工业企业。

以工业生产者价格指数度量通货膨胀，其优点是能在最终产品价格变动之前获得工业投入品及非零售消费品的价格变动信号，进而能够判断其对最终进入流通的零售商品价格变动可能带来的影响。这个指标的变动规律同消费物价的变动规律有显著区别。在一般情况下，即使存在过度需求，其波动幅度也常常小于零售商品的价格波动幅度。因此，在使用这一指标判断总供给与总需求对比关系时，可能会出现信号失真现象。

图9-4　近几年工业生产者出厂价格指数变化

(资料来源：中华人民共和国国家统计局)

图9-5　近几年工业生产者购进价格指数变化

(资料来源：中华人民共和国国家统计局)

(四) 采购经理指数

采购经理指数(PMI)，是通过对企业采购经理的月度调查结果统计汇总、编制而成的指数，它涵盖了企业采购、生产、流通等各个环节，包括制造业和非制造业领域，是国际上通用的监测宏观经济走势的先行性指数之一，具有较强的预测、预警作用。综合PMI产出指数是PMI指标体系中反映当期全行业(制造业和非制造业)产出变化情况的综合指数。PMI高于50%时，反映经济总体较上月扩张；低于50%，则反映经济总体较上月收缩。

综合PMI产出指数由制造业采购经理指数与非制造业商务活动指数加权求和而成，权数分别为制造业和非制造业占GDP的比重。

制造业PMI是由5个扩散指数(分类指数)加权计算而成。5个分类指数及其权数是依据其对经济的先行影响程度确定的。具体包括：新订单指数，权数为30%；生产指数，权数为25%；从业人员指数，权数为20%；供应商配送时间指数，权数为15%；原材料库存指数，权数为10%。

制造业采购经理调查指标体系包括生产、新订单、新出口订单、在手订单、产成品库存、采购量、进口、主要原材料购进价格、出厂价格、原材料库存、从业人员、供应商配送时间、生产经营活动预期等13个分类指数。非制造业采购经理调查指标体系包括商务活动、新订单、新出口订单、在手订单、存货、投入品价格、销售价格、从业人员、供应商配送时间、业务活动预期等10个分类指数。分类指数采用扩散指数计算方法，即正向回答的企业个数百分比加上回答不变的百分比的一半。由于非制造业没有合成指数，国际上通常用商务活动指数反映非制造业经济发展的总体变化情况。

中国采购经理指数涉及《国民经济行业分类》(GB/T4754-2017)中制造业的31个行业大类，3 200家调查样本；非制造业的43个行业大类，4 300家调查样本。2024年1月中国采购经理指数运行情况如图9-6、图9-7、图9-8所示。

图9-6　制造业PMI指数(经季节调整)

图9-7　非制造业商务活动指数(经季节调整)

图9-8　综合PMI产出指数(经季节调整)

采购经理指数(PMI)，作为国际通行的经济监测指标体系，许多国家通常与国内生产总值(GDP)、就业指数、生产者物价指数(PPI)、新屋开工/营建指标(与国内固定资产投资指标类似)、汇率、股指等并行,用来分析经济走势、帮助进行各种投资决策、进行阶段性研究预测等等,已成为政府、银行、企业、各类金融机构以及财经媒体广为应用的重要信息之一,采购经理指数已成为世界经济运行活动的重要评价指标和世界经济变化的晴雨表。

除上面的指数外,还有几个指数也是需要关注的,具体如下。

农产品生产价格指数,是反映一定时期内,农产品生产者出售农产品价格水平变动趋势及幅度的相对数。该指数可以客观反映全国农产品生产价格水平和结构变动情况,满足农业与国民经济核算需要。

国内生产总值(GDP)平减指数又称GDP缩减指数,是指没有剔除物价变动前的GDP(现价GDP)增长与剔除了物价变动后的GDP(即不变价GDP或实际GDP)增长之商。该指数也用来计算GDP的组成部分,如个人消费开支。它的计算基础比CPI更广泛,涉及全部商品和服务,除消费品外,还包括生产资料和资本、进出口商品和劳务等。因此,这一指数能够更加准确地反映一般物价水平走向,是对价格水平最宏观的测量。

三、通货膨胀的分类

在经济分析过程中,人们还以不同的标准,对通货膨胀进行了分类。具体分类大致如图9-9所示。

图9-9 通货膨胀的分类

第二节 通货膨胀的成因

在西方,有众多解释通货膨胀成因的理论,这些理论分别从社会总需求、总供给,以及总需求与总供给相结合的角度分析了通货膨胀的成因。

一、需求拉动型通货膨胀

需求拉动型通货膨胀又称超额需求通货膨胀,是指总需求超过总供给所引起的价格水平的持续显著的上涨。需求拉动型通货膨胀理论是一种比较古老的通货膨胀理论,这种理论把通货膨胀解释为"过多的货币追求过少的商品",如图9-10所示。

需求拉动型通货膨胀理论有其存在的前提条件,即当经济中实现了充分就业,资源已得到充分利用,此时过度的需求不仅不会促使产量增加,反而会引起物价上涨,产生通货膨胀。根据这种观点,总需求增加引起的通货膨胀可以分为3个阶段:首先是由于价格对总需求的反应慢于生产,所以产量增加,而价格水平并未上升;然后是当产量继续增加时,价格开始上升,这时出现了通货膨胀;最后产量下降,但价格仍然上升,于是出现了滞胀现象。

图9-10 需求拉动型通货膨胀

此外,对需求拉动型通货膨胀还有一种解释,就是以弗里德曼为首的现代货币主义者认为,总需求的增长最终是由于货币量过多所造成的,用货币供给增长和货币供给的加速可以分别解释通货膨胀率和通货膨胀的加速。这样，便把现代通货膨胀归因于凯恩斯主义国家干预经济的政策所引起的货币量过度发行。

二、成本推动型通货膨胀

成本推动型通货膨胀理论是西方学者试图从供给方面说明为什么会发生一般价格水平上涨的一种理论。它是指在没有超额需求的情况下，由于供给方面成本的提高所引起的一般价格水平持续和显著的上涨，如图9-11所示。

西方学者着重论述了两种类型的成本推动，即工资推动和利润推动。

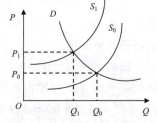

图9-11 成本推动型通货膨胀

工资推动通货膨胀是指不完全竞争的劳动力市场造成的过高工资所导致的一般价格水平的上涨。据西方学者解释，在完全竞争的劳动力市场上，工资率完全取决于劳动力的供求，工资的提高不会导致通货膨胀；而在不完全竞争的劳动力市场上，由于强大的工会组织的存在，工资不再是竞争的工资，而是工会和雇主集体议价的工资，并且由于工资的增长率超过劳动生产率的增长率，工资的提高就导致成本提高，从而导致一般价格水平上涨。这就是所谓工资推动通货膨胀。西方学者进而认为，工资提高和价格上涨之间存在因果关系：工资提高引起价格上涨，价格上涨又引起工资提高。这样，工资提高和价格上涨形成了螺旋式的上升运动，即所谓的工资—价格螺旋。

利润推动通货膨胀是指垄断企业和寡头企业利用市场势力谋取过高利润所导致的一般价格水平的上涨。西方学者认为，就像不完全竞争的劳动力市场是工资推动通货膨胀的前提一样，不完全竞争市场是利润推动通货膨胀的前提。在完全竞争的商品市场上，价格完全取决于商品的供求，任何企业都不能通过控制产量来改变市场价格，而在不完全竞争的商品市场上，垄断企业和寡头企业为了追求更大的利润，可以操纵价格，运用价格上涨的手段来抵消成本的增加；或者为追求更大利润，以成本增加作为借口提高商品价格。

三、供求混合型通货膨胀

供求混合型通货膨胀的论点是将供求两个方面的因素综合起来，认为通货膨胀是由需求拉动和成本推动共同起作用而引发的，如图9-12所示。

这种观点认为，在现实经济社会中，通货膨胀的原因究竟是需求拉动还是成本推动很难分清：既有来自需求方面的因素，又有来自供给方面的因素，即所谓"拉中有推，推中有拉"。例如，通货膨胀可能从过度需求开始，但由于需求过度所引起的物

图9-12 供求混合型通货膨胀

价上涨会促使工会要求提高工资，因而转化为成本(工资)推动的因素。另外，通货膨胀也可能从成本方面开始，如迫于工会的压力而提高工资等。但如果不存在需求和货币收入的增加，这种通货膨胀过程是不可能持续下去的。因为工资上升会使失业增加或产量减少，结果将会使"成本推动"的通货膨胀过程终止。可见，"成本推动"只有加上"需求拉动"才有可能产生一个持续性的通货膨胀。现实经济中，这样的论点也得到论证：当非充分就业均衡非常严重时，则往往会引出政府的需求扩张政策，以期缓解矛盾。这样，成本推动与需求拉动并存的混合型通货膨胀就会成为经济生活的现实。

四、结构型通货膨胀

结构型通货膨胀是在没有需求拉动和成本推动的情况下，只是由于经济结构因素的变动，也会出现一般价格水平的持续上涨现象。如果结构型通货膨胀没能有效抑制就会变成成本推动型通货膨胀，进而造成全面通货膨胀。这些结构因素包括以下几点。

(一) "瓶颈"制约

在有的国家，由于缺乏有效的资源配置机制，故使得资源在各部门之间的配置严重失衡，有些行业生产能力过剩，而另一些行业，如农业、能源、交通等部门则严重滞后，形成经济发展的"瓶颈"。当这些"瓶颈"部门的价格因供不应求而上涨时，便引起了其他部门，甚至是生产过剩部门的连锁反应，形成一轮又一轮的价格上涨。

(二) 需求移动

社会对产品和服务的需求不是一成不变的，它会不断地从一个部门转移到另外一个部门，而劳动力及其他生产要素的转移则需要时间。因此，原先处于均衡状态的经济结构可能因需求的移动而出现新的失衡。那些需求增加的行业，价格和工资将上升；而需求减少的行业，由于价格和工资刚性的存在，却未必会发生价格和工资的下降。其结果是，需求的转移导致了物价的总体上升。

(三) 劳动生产率增长速度的差异

部门间劳动生产率增长速度的不同会引起整体物价水平的上升，这是结构型通货膨胀理论最津津乐道的一个命题。其基本的逻辑是，一国经济可根据劳动生产率增长速度的差异而划分为不同的部门。为方便起见，不妨将劳动生产率增长较快的部门称为先进部门，将劳动生产率增长较慢的部门称为落后部门。如果不同部门内的货币工资增长率都与本部门的劳动生产率增长率相一致，则价格水平便可以维持在原有的水平上。但是落后部门的工人往往会要求向先进部门的货币工资增长率(它等于该部门劳动生产率的增长率)看齐，因为如果不这样的话，他们的相对实际工资就要下降，而这显然是他们所不愿意的。不少经济学家甚至相信，工人对相对实际工资的关心要超过对实际工资的关心。由于这一压力，货币工资的整体水平便与先进部门的劳动生产率同比例增长。其结果是，落后部门的生产成本上升，进而造成整体物价水平的上升。

结构型通货膨胀理论标志着人们对通货膨胀成因认识的进一步深化，特别是在许多发展中国家，经济结构的失衡和部门间劳动生产率增长的差异确实在促成通货膨胀方面扮演着重要的角色。但是结构型通货膨胀的发生同样要以货币扩张为条件，因为在货币总量不变的条件下，这些结构性的因素也只能导致相对价格的变化，而不是整体价格的上涨。

五、其他原因

通货膨胀是一种非常复杂的经济现象，往往是由多种原因引起的。除需求拉动、成本推动和结构因素外，还存在一些诸如供给不足、预期不当、体制因素等其他原因。

(一) 供给不足

在社会总需求不变的情况下，社会总供给相对不足，也会引起物价上涨，出现通货膨胀。社会总供给不足的原因，可能是生产性投资不足，以致产出减少；也可能是由于劳动生产率低下，企业管理水平不高，以致高收入、低效益；还可能是由于产品质量低劣，样式陈旧，品种、功能单一，不能满足人们的需要，从而不能形成有效供给。这几种情况都会导致社会总需求与社会总供给失衡，出现通货膨胀。

（二）预期不当

在持续的通货膨胀情况下，公众对通货膨胀会产生预期，提前做出反应。例如，雇员要求增加工资时就会加入预期的通货膨胀率，而雇主则会按其预期的通货膨胀率提高产品价格。如果预期不当，通常是公众对未来通货膨胀的走势产生过于悲观的估计，以致其预期的通货膨胀率往往高于实际将要发生的通货膨胀率，这样，物价就会以更快的速度上涨，形成实际上的本期通货膨胀，而实际上的通货膨胀又会对下一轮的公众预期产生不良影响。

（三）体制因素

体制不完善也会引发通货膨胀，尤其是在体制转型国家，新、旧体制交替中各种错综复杂的矛盾交织到一起，可能产生或助长通货膨胀。在我国，影响通货膨胀的体制因素主要表现在以下几方面。

(1) 企业制度不完善。产权关系不明晰，不能真正成为自主经营、自负盈亏、自担风险、自我发展的独立法人，这就使得企业缺乏自我预算约束，出现企业间攀比收入，不顾收益，盲目投资，以致投资需求膨胀等不正常现象，诱发通货膨胀。

(2) 财政金融体制不完善。中央银行的独立性、权威性不够，缺乏对宏观经济的有效调控手段，以致对控制货币供应量心有余而力不足，同时银行缺乏自我约束机制和风险防范机制，这些都致使货币供应量经常性失控，引发通货膨胀。

(3) 流通体制不完善。流通秩序混乱，流通环节过多，物价管理制度措施不完善，都为哄抬物价、变相涨价等行为提供了温床。

以上对通货膨胀的主要原因进行了概括性的介绍，在通货膨胀产生的现实过程中，上述因素通常是综合起作用的。当然，具体到每一次通货膨胀，可能某一种原因或某几种原因起主要的作用。

第三节 通货膨胀的经济效应

一、通货膨胀与经济增长

关于通货膨胀对经济增长的影响(即通货膨胀的产出效应)，主要有3种观点：促进论、促退论和中性论。

所谓促进论，是指认为通货膨胀具有正的产出效应。持这一观点的人认为，在资本主义经济长期处于有效需求不足、实际经济增长率低于潜在经济增长率的状态下，政府可以实施通货膨胀政策，用增加赤字预算、扩张投资支出、提高货币供给增长率等手段刺激有效需求，促进经济增长。

促退论正好与促进论相反，是一种认为通货膨胀会损害经济增长的理论。具体表现在以下几方面。

(1) 通货膨胀会降低借款成本，从而诱发过度的资金需求。而过度的资金需求会迫使金融机构加强信贷配额管理，从而削弱金融体系的运营效率。

(2) 较长时期的通货膨胀会增加生产性投资的风险和经营成本，资金从生产性部门流向非生产性部门。

(3) 通货膨胀持续一段时间后，政府可能采取全面价格管制的办法，削弱经济的活力。

中性论是认为通货膨胀对产出、对经济成长既无正效应也无负效应的理论。这种理论认为，由于公众预期，在一段时间内人们会对物价上涨做出合理的行为调整，就会使通货膨胀各种效应的作用相互抵消。

通货膨胀对经济增长究竟有没有促进作用？经济学界的基本定论是：通货膨胀不利于经济增长，即使对经济发展有某些刺激作用，也是短时期的，并以积累更大矛盾为代价。据对全世界170个国家的统计，长期处于双高型(高通货膨胀率、高经济发展速度)的国家几乎没有，即使有，暂时出现的正效应也是以有效需求的不足为前提条件的。而且，短期双高之后，有的国家则长期陷入滞胀状态而不能自拔。

二、通货膨胀的分配效应

通货膨胀的分配效应是指通货膨胀对社会不同成员所占有的实际收入和财富的数量结构的变化所起的作用。

(一) 通货膨胀对收入的分配效应

在通货膨胀时期，人们的名义收入和实际货币收入之间会产生差距，物价总水平上涨时有些人的收入水平会下降，而有些人的收入水平反而会提高。但是，只要存在工资对于物价调整滞后，企业的利润就会增加，企业家的收入增加，而出卖劳动力获取工资的人就会受到损失。

(二) 通货膨胀对财富的分配效应

一个家庭的财富或资产由两部分构成：实物资产和金融资产。许多家庭同时还有负债。因此，一个家庭的财产净值是它的资产价值与负债价值之差。

在通货膨胀环境下，实物资产的价格一般随通货膨胀率的变动相应向正方向变化，但是一般变动幅度大小不同，而金融资产则较复杂。例如，股票价格在通货膨胀之下呈上升趋势，但影响股市的因素很多，因此股票并不一定是通货膨胀中保值资产的稳妥形式。

在通货膨胀环境下，债权人和债务人之间也存在财富的再分配。也就是通货膨胀将一部分财富从债权人手中转移到了债务人手中。因此，政府作为最大的债务人，在通货膨胀中往往受益。

总之，从通货膨胀分配效应看，通货膨胀使债权人受损，债务人受益；使货币财产占有者受损，实物财产占有者受益；使工资收入者受损，利润收入者受益；使退休者受损，工作者受益。

三、通货膨胀的资本积累效应

通货膨胀对资本的积累效应是指通过价值再分配影响剩余价值转化为追加资本数量的变化效果。关于该效应，主要存在两种观点。

(一) 通货膨胀对资本积累的正面效应

(1) 在一定时期内，通货膨胀具有强制储蓄作用。政府如果通过向中央银行借债，从而引起货币增发这类办法筹措建设资金，就会强制增加全社会的投资需求，结果是物价上涨。在公众名义收入不变条件下，按原来的模式和数量进行的消费和储蓄，两者的实际额均随物价的上涨而相应减少，其减少部分大体相当于政府运用通货膨胀实现政府收入的部分，如此实现的政府储蓄是通货膨胀的强制储蓄效应。

(2) 在物价上涨，名义工资不变的情况下，企业获得较多利润，从而增加生产，加大积累。

(二) 通货膨胀对资本积累的负面影响

从长远来看，通货膨胀不会增加资本积累，而且会对金融、财政的积累产生破坏性影响。

(1) 造成金融萎缩，使其无法发挥正常功能。在通货膨胀造成货币贬值时，以实物形式保存财产的倾向导致储蓄和存款被提取，信贷资金来源减少，加之提供信用的不力，银行就会压缩信贷业务和其他正常业务，使正常的融资渠道受到阻塞。此外，随着物价上涨，融资须以高利率为代价，而高利率又难以为所有的投资者所接受，结果必然是造成金融萎缩，使金融机构丧失集中社会资金的应有作用。

(2) 恶化财政收支状况。财政赤字是产生通货膨胀的主要原因之一。为了弥补财政赤字，一般采用发行国库券、公债或向银行透支等方式。这样，在通货膨胀时期，政府作为国家信用的债务人可以减轻一定的债务负担。同时，为弥补财政赤字，增发货币可以获得追加的财政收入，也就是西方经济学者所说的"通货膨胀税"。但从根本上说，当通货膨胀发展到一定程度后，对财政也同样产生消极影响，因为严重的通货膨胀会引起经济衰退，破坏、缩减财政收入的来源，而财政支出却不能减少，相反还要增加，导致财政收支状况的进一步恶化。

另外，一国的通货膨胀率如果经常地高于国际平均通货膨胀率，还会引起国际收支恶化，以及黄金和外汇储备外溢。

四、通货膨胀的资源配置效应

资源配置即在一定的范围内，社会对其所拥有的各种资源在不同用途之间分配。通货膨胀对资源的配置效应，是通过不同商品相对价格变动引导的，具体表现为以下两方面。

(一) 优化组合作用

在某种特定条件下，通货膨胀对资源配置可以起到优化组合的作用。在某些行业和部门有发展潜力而资源供应短缺的情况下，通货膨胀可能使其供不应求的产品价格迅速上升，吸引资源，使资源向需要发展的部门和行业转移。

(二) 阻碍效应

通货膨胀发展到一定程度以后，它会对资源的优化组合产生阻碍效应。从总体角度分析，这种阻碍合理配置资源的效应才是经常出现的局面，而且破坏严重。

(1) 使生产领域的资本流向流通领域，导致生产萎缩。通货膨胀时期，进行投机的商业资本周转快，获利大。而生产领域的资本一般是投资周期较长，在物价不稳定的条件下，进行生产性投资是不利的。这样，部分生产资本就会转入流通领域，结果使生产资本减少，生产规模缩减。

(2) 改变生产格局，导致资源浪费和国民经济的畸形发展。在通货膨胀期间，物价上涨的不平衡使得各个生产部门和企业利润的分配严重不平衡，加之价格变动无法预测，结果导致社会资源随价格无规则地盲目流动，分配不当，造成浪费，使一些生产部门急剧扩大，或使一些生产部门日渐萎缩，使本来就不协调的产业结构更加不合理，对经济造成长期损害。

(3) 使正常的商品流通遭到破坏。由于各种商品的价格上涨幅度在各地区之间不平衡，故商品不再遵循从产地到销地的正常路线流动，而是根据价格的上涨幅度来流通，甚至出现从销售地向产地逆流的现象。物价的此起彼伏造成商品的盲目流转，正常的商品流通过程遭到破坏，必然使各地区、各部门之间的经济联系发生困难，加剧整个国民经济的混乱状态，导致资源严重浪费。

(4) 使商品需求发生变态。在通货膨胀时期，货币持有者为避免货币进一步贬值产生损失，纷纷抢购商品，甚至不考虑是否需要，使得商品供应减少，货币流通速度加快，这又会进一步加剧通货膨胀。随着通货膨胀的加剧，助长投机活动的猖獗，使流通领域愈来愈混乱，正常的商品流通被买空卖空、囤积居奇等投机活动所代替。

第四节　通货膨胀的治理

一、西方国家治理通货膨胀的对策

通货膨胀严重影响资本主义国家经济的正常发展，为此，各主要资本主义国家都十分重视平抑通货膨胀，将其视为经济工作的主要任务之一，并采取了一系列措施来抑制通货膨胀。概括而言，主要的治理措施有下列几种。

(一) 紧缩性货币政策

通货膨胀是纸币流通条件下出现的经济现象，引起物价总水平持续上涨的主要原因是流通中的货币量过多。因此，各国在治理通货膨胀时，所采取的重要措施之一就是紧缩货币政策，即中央银行实行抽紧银根政策，也就是通货紧缩或紧缩货币，通过减少流通中货币量的办法以提高货币购买力，减轻通货膨胀压力。掌握货币政策工具的中央银行一般采取下列措施。

(1) 出售政府债券，这是公开市场业务的一种方法，中央银行在公开市场上出售各种政府债券，就可以缩减货币供应量和货币供应量潜在的膨胀，这是最重要且经常被利用的一种抑制政策工具。

(2) 提高贴现率和再贴现率，以影响商业银行的贷款利息率，这势必带来信贷紧缩和利率上升，有利于控制信贷的膨胀。

(3) 提高商业银行的法定存款准备金率，以减少商业银行贷款发放，从而减少货币供应量。

(4) 直接提高利率，紧缩信贷。利率的提高会增加使用信贷资金的成本，借贷就将减少，同时利率提高，还可以吸收储蓄存款，减轻通货膨胀压力。

(二) 紧缩性财政政策

用紧缩性财政政策治理通货膨胀就是紧缩财政支出、增加税收、谋求预算平衡、减少财政赤字。

(三) 收入政策

收入政策就是政府为了降低一般物价水平上涨的幅度而采取的强制性或非强制性地限制货币工资和价格的政策。其目的在于力图控制通货膨胀而不至于陷于"滞胀"。

收入政策一般包括以下几方面内容。

(1) 确定工资—物价指导线，以限制工资—物价的上升。这种指导线是政府当局在一定年份内允许总货币收入增加的一条目标数值线，即根据统计的平均劳动生产率的增长，政府当局估算出货币收入的最大增长限度，而每个部门的工资增长率应与全社会劳动生产率增长趋势相匹配，不允许超过。只有这样，才能维持整个经济中每单位产量的劳动成本的稳定，因而预定的货币收入增长就会使物价总水平保持不变。

(2) 工资管制(或冻结工资)。即强制推行的控制全社会职工货币工资增长总额和幅度，或政府强制性规定职工工资在若干时期内的增加必须固定在一定水平上的措施。管制或冻结工资被认为可以降低商品成本，从而减轻成本推动通货膨胀的压力。这是通货膨胀相当严重时采取的非常措施，但正是因为通货膨胀严重，使人民收入及生活水平持续下降，从而使冻结或管制工资措施实施起来更为困难。

(3) 以纳税为基础的收入政策。这是指通过一种对过多地增加工资的企业按工资增长超额比率征以特别税款的办法，来抑制通货膨胀。一般认为，实行这种税收惩罚办法，可以使企业有所约束，拒绝工资超额提高，并同工会达成工资协定，从而降低工资增长率，减缓通货膨胀率。

(四) 价格政策

通过反托拉斯法限制价格垄断，这是价格政策的基本内容。价格垄断有可能出现定价过高和哄抬物价的现象，为了治理通货膨胀，就必须限制价格垄断。

(五) 供应政策

供应政策重在增加有效供给，需要提高劳动生产率，降低商品成本。供应政策的主要内容包括：①减税，即降低边际税率；②削减社会福利开支；③稳定币值；④精简规章制度，给企业松绑，刺激企业创新积极性，提高生产率等。

二、发展中国家治理通货膨胀的对策

为了更好地抑制愈来愈高的通货膨胀率，20世纪60年代以来，发展中国家从各自不同的社会经济条件出发，先后采取过许多不同的反通货膨胀对策。概括起来，这些对策有两种类型。

第一种是"传统疗法"，即采取紧缩的财政和金融政策。包括：①紧缩财政，增收节支，即精简行政机构和行政人员，压缩行政费用，减少福利费用和物价补贴，控制基建规模，整顿国有企业，改革税制，提高税率，这一政策旨在改善财政收支状况，减少财政赤字，减少财政货币发行；②紧缩金融，提高利率，控制信贷规模和货币供应量；③控制工资增长，减轻市场的消费需求压力。

第二种是"冲击疗法"，即反传统疗法。其主要内容是：冻结物价，限定工资和公用事业收费标准，改革货币体制，废除旧币，发行新币等。

这些措施对不同的发展中国家来说，效果极不相同。有些国家和地区的通货膨胀得到了有效的控制，保证了经济的稳定增长，而有些国家不仅未能将通货膨胀控制住，而且愈演愈烈。

三、中国应对通货膨胀的成功经验

放眼全世界，中国应对和解决通胀的能力，毫无疑问是最成功的，而且，对于通胀的管理，在过去几十年里面，中国也积累了足够的经验，有了足够的方式方法和工具的准备。改革开放以来，我国发生了5次较为严重的通货膨胀，以居民消费价格指数指标判断，详见图9-13。国家针对这几次通胀均采取有效措施进行了治理，取得较好的效果。

图9-13　改革开放以来居民消费价格指数变化趋势

(资料来源：中华人民共和国国家统计局)

(一) 1980年通货膨胀

为了恢复国内经济，自1978年十一届三中全会起，我国实行改革开放政策，党的工作重心转向社会主义现代化建设。随后经济出现了快速的增长，大规模的基建投资建设导致财政支出激增，出现了较为严重的财政赤字，央行为了解决财政赤字，大量发行货币，货币供应量M_0从1978年的212亿元扩张到1980年的346.2亿元，上涨了63.3%。过量的货币发行必定会引起通货膨胀，CPI物价指数从1978年的0.7%上涨到1980年的7.5%。

快速上行的通货膨胀引起了政府的高度重视，为了抑制通胀，1980年12月，国务院发出了《关于严格控制物价、整顿议价的通知》，政府采取了压缩基本建设投资、收缩银根等一系列措施，通货膨胀在1981年得到抑制，历时两年多。

(二) 1985年通货膨胀

1984年，中央政府提倡加快改革，建设"有计划的商品经济"，地方政府响应号召，扩大投资规模，固定资产投资增长率从1983年的16.2%上涨到1985年的38.8%；而1984年的货币供应量M_2比1983年新增1071.3亿元，过快的社会投资引起社会总需求过旺。同年，国务院决定实行工资改革，使得居民实际收入大幅上扬。社会投资增长以及居民收入增速快于劳动生产率的提高，通货膨胀再次出现，CPI价格指数从1984年的2.7%上涨到1985年的9.3%。

为了抑制此次通胀，国务院采取了一系列的宏观调控政策，通过紧银根，减少货币发行，控制固定资产投资规模，抑制物价上扬，本次通胀历时三年。1985年通货膨胀刚刚得到控制，我国马上又经历了改革开放以来的第三次通胀。

(三) 1988年通货膨胀

中央为了理顺价格机制，1988年上半年放开肉、蛋、菜、糖价格，7月底，又放开名烟、酒价格，名烟酒价格一下上涨5至10倍，社会出现抢购现象，在这种情况下又规划出台物价工资改革方案。改革需要稳定的经济增长环境，为了使经济保持较高的增速，紧缩的政策开始松动，货币供应量M_0同比增速从1987年的19.4%上涨至1988年的46.7%，1988年CPI物价指数一下暴涨至18.8%。

1989年，中央召开会议整顿经济秩序，采取减少社会总需求，控制贷款规模紧缩银根，提高利率回笼货币等政策，1990年通胀得到控制，历时三年。

(四) 1994年通货膨胀

1993年，中央为了进一步理顺价格，先后放开了粮食、钢铁及部分统配煤炭的价格，调整提高了原木、水泥的出厂价格，并对部分原油价格实行了议价。生产要素价格上升推动企业成本大幅上涨。随后，中央又出台了工资改革制度，进一步添加企业的成本负担，最终造成物价上涨。与此同时，1993—1994年固定资产投资规模高速增长，1994年固定资产投资增速达到25.5%；而货币供给量在1992年已经开始上涨，影响滞后到1994年，加剧总供给与总需求的不平衡，拉动市场物价的上涨。1994年，CPI物价指数上涨到了24.1%的极高水平。

在抑制通胀方面，政府采取紧缩的货币政策，提高银行存贷利率，减少货币供应量，在1996年通胀得到控制，历时三年。

(五) 2011年通货膨胀

2011年，因内外因的共同影响，造成了此次的通货膨胀。首先，2009年的"四万亿投资计划"及为了对冲巨额的外汇占款，央行抛出20万亿人民币，导致了当时的流动性过剩。2010年12月份M_2的增长率处于19.72%的较高水平，过多的货币供应形成潜在的通货膨胀压力。其次，大宗商品价格上涨，由于我国对原油、铁矿石等大宗商品进口依存度较高，给中国带来输入性通胀的压力。再者，当时房地产泡沫越吹越大，国内总需求过剩，加大了通胀压力。2011年，CPI物价指数上涨至5.4%，是1996年以来的最高值。

稳定物价成为当时的首要任务，央行实行从紧的货币政策，密集上调基准利率和存款准备金率，2010—2011年期间，上调5次基准利率12次存款准备金率，到2011年6月20日，存款准备金率高达21.5%。2011年末通胀得到控制，历时一年多。

通过历史的回顾分析，我们不难发现，我国的通胀多发于市场经济改革的浪潮中，伴随着的是经济的高速增长，通过大规模发行货币，扩大基建投资和房地产投资建设稳定经济发展，宏观经济上表现为投资增速和货币供应量快速上涨，CPI物价指数随之上扬。面对不同时期的通胀，政府采取了多样的应对措施，收缩银根减少货币流通以及控制投资压缩社会总需求是政府采用频率最高且效果最好的两项政策。

第五节 通货紧缩

一、通货紧缩概述

(一) 通货紧缩的定义和判断标准

关于通货紧缩的定义，国内目前有3种不同观点：一种观点认为，通货紧缩是物价的普遍持续下降。这种观点和国外经济学界关于通货紧缩的主流观点比较接近。另一种观点认为，通货紧缩是物价持续下跌，货币供应量持续下降，与此相伴随的是经济衰退。还有一种观点认为，通货紧缩是经济衰退的货币表现，因而必须具有以下3个特征：①物价持续下跌，货币供应量持续下降；②有效需求不足，失业率高；③经济全面衰退。综合以上观点，国内比较正统的通货紧缩定义如下。

通货紧缩是与通货膨胀相对立的一个概念，通常意义上是指一般物价水平的持续下跌，即由于产能过剩或需求不足等原因导致的物价、工资、利率、粮食、能源等各类价格持续下跌。

人们认为，通货紧缩是与通货膨胀相反的一种经济现象。通货膨胀是货物与服务价格普遍持续上升，通货紧缩则是货物和服务价格普遍持续下跌。价格是货物和服务价值的货币表现，价格普遍持续下降，表明单位货币所反映的商品价值在增加，即通货在收缩，因而通货紧缩与通货膨胀一样，也是一种货币现象。通货紧缩所反映的物价下跌，必须是普遍的、持续的。个别货物和服务价格的下降，是由于某些货物或服务供大于求或技术进步、市场开放、生产效率提高降低了成本所导致，反映了不同货物和服务之间比价的变化，不是通货紧缩。货物和服务价格的暂时或偶然下跌，是受诸如消费心理变化、季节性因素等某些非货币因素影响而引起的，其与货币本身没有必然联系，也不是通货紧缩。

在经济实践中，判断某个时期的物价下跌是否是通货紧缩，一看通货膨胀率是否由正转变为负；二看这种下降的持续是否超过了一定时限。有的国家以一年为界，有的国家以半年为界，我国通货膨胀潜在压力较大，可以一年为界。只要具备两条中的一条，就可以认为是通货紧缩。

以物价普遍持续下跌判断通货紧缩，并不排斥对货币供应量和经济增长率的分析。通货紧缩是一种货币现象，但物价总水平的持续下跌有可能与广义货币供应量(M_2)适度增长并存。这一现象的出现与特定的货币结构有关，如货币供应的流动性(M_1/M_2)下降，即M_2中储蓄存款比重大。例如，我国1998年下半年以来M_2增量中几乎全部是储蓄存款，而企业存款（特别是活期存款）则是零增长或负增长。这种特定的货币结构下的通货紧缩现象，实质上是通货中强流动性部分发生了紧缩。

总之，尽管关于经济增长和货币供应状况的分析对于判断通货紧缩非常重要，但通货紧缩的最终判断标准还是物价的普遍持续下跌。从某种意义上说，经济下滑是通货紧缩的结果，货币供应收缩是通货紧缩的原因之一，它们都不是通货紧缩本身。

(二) 通货紧缩的分类

1. 按产生机理划分为需求不足型通货紧缩和供给过剩型通货紧缩

需求不足型通货紧缩，总需求不足使得正常的供给显得相对过剩，由此引发的通货紧缩称为需求不足型通货紧缩。由于引起总需求不足的原因可能是消费需求不足，投资需求不足，也可能是国外需求减少或者几种因素共同造成的不足，因此，依据造成需求不足的主要原因，可以把需求不足型的通货紧缩细分为消费抑制型通货紧缩、投资抑制型通货紧缩和国外需求减少型通货紧缩。

供给过剩型通货紧缩，由于技术创新和生产效率的提高，会出现供给的相对过剩。这种状态并非指社会物质产品极其丰富，超出了人们的需求，而是指面对消费升级，产品供给未能及时跟上，出现了产品断层，某个层次的产品供给能力过剩了，而新产品的开发、升级换代正处于试验阶段。产业结构的调整也需要一个过程，而这一过程同样可能造成通货紧缩的局面。

2. 按紧缩程度划分为相对通货紧缩和绝对通货紧缩

相对通货紧缩是指物价水平在零值以上，在适合一国经济发展和充分就业的物价水平区间以下，在这种状态下，物价水平虽然还是正增长，但已经低于该国正常经济发展和充分就业所需要的物价水平，通货处于相对不足的状态。这种情形已经开始损害经济的正常发展，虽然是轻微的，但如果不加重视，可能会由量变到质变，对经济发展的损害会加重。

绝对通货紧缩是指物价水平在零值以下，即物价出现负增长，这种状态说明一国通货处于绝对不足状态。这种状态的出现，极易造成经济衰退和萧条。根据对经济的影响程度，又可以分为轻度通货紧缩、中度通货紧缩和严重通货紧缩。而这三者的划分标准主要是物价绝对下降的幅度和持续的时间长度。一般来说，物价出现负增长，但幅度不大(如下降5%)，时间不超过两年的称为轻度通货紧缩。物价下降幅度较大(如下降5%~10%)，时间超过两年的称为中度通货紧缩。物价下降幅度超过两位数，持续时间超过两年甚至更长的情况称为严重通货紧缩。

严重通货紧缩往往伴随经济衰退。20世纪30年代美国经济大萧条是最典型的例子。从1929年10月24日股票市场崩溃开始，美国经济陷入严重的通货紧缩和衰退之中，一直延续到1933年，这期间消费价格指数年均下降6.7%，实际国内生产总值年均下降8.2%，失业率连续几年超过20%。但是，不能据此认为只有出现经济衰退才可判定为通货紧缩。通货紧缩并不一定导致经济衰退，轻度通货紧缩一般不会造成经济下滑，中度通货紧缩可以引起经济下滑，如得不到治理，发展成严重的通货紧缩，就可能导致经济衰退。但是，通货紧缩只是经济下滑或经济衰退的一个原因，而不是唯一的原因。人们可以用经济下滑或衰退来判断通货紧缩的严重程度和危害程度，但不能用经济是否下滑、是否衰退作为判断通货紧缩是否存在的依据。

此外，通货紧缩还可以分为显性通货紧缩和隐性通货紧缩。界定通货紧缩，在一般情况下可以而且能够用物价水平的变动来衡量，因为通货紧缩与通货膨胀一样是一种货币现象。但是如果采取非市场的手段，硬性维持价格的稳定，就会出现实际产生了通货紧缩，但价格可能并没有降低下来的状况，而这种类型的通货紧缩就是隐性通货紧缩。隐性通货紧缩的存在为我们的判断带来了困难，但并不影响我们以物价水平的变化作为通货紧缩的标准，就像隐性通货膨胀的存在，不影响我们以物价水平作为通货膨胀是否发生的判断标准一样。

(三) 通货紧缩的国际传导

1997年7月爆发亚洲金融危机以来，世界上遭受金融危机困扰的国家及与这些国家经济关联度较高的国家和地区都程度不同地遇到了一个新的棘手问题，即经济衰退和通货紧缩。英国《经济学家》杂志则干脆说："目前正处于全球性的通货紧缩时期。"

为什么全世界都在谈论和思考通货紧缩的治理问题？原因就在于：持续的通货紧缩必然会导致经济衰退。其作用机理如下：

(1) 由于产品销售价格下降，但公司或工厂员工的工资存在着下限刚性，因此，企业利润就会下降甚至企业出现亏损。

(2) 在竞争市场上企业的产品降价会产生连锁反应，一旦出现降价大战，所谓"宁让利润，不让市场"的行为会使整个行业处于逆向选择的洪流中。

(3) 由企业利润的损失到全行业的不景气会进一步影响投资者的意愿，在持续一段时间后，消费者也会由于缺少收入增长的预期而调整支出计划，这样，投资需求和消费需求双双出现萎缩，经济就步入了"通货紧缩→利润减少→生产水平下降→总需求收缩→经济衰退→进一步通货紧缩"的恶性循环。

在经济全球化的时代，通货紧缩同通货膨胀一样，也会发生国际传递，其主要渠道有两条。

第一条是货物贸易渠道。在通货紧缩条件下，如果某一外向型经济比重较高的贸易伙伴国的商品价格普遍下跌，在汇率结构大体不变的情况下，其产品的出口竞争力自然会下降，国外市场萎缩势必要影响外贸企业特别是出口产品生产企业的市场规模，而外贸产品积压和涌入内销渠道，会进一步加剧产品过剩，从而促使国内市场上的商品价格下跌。这种现象持续一定时间和发展到一定程度，自然会使该国出现通货紧缩传染。

第二条是资本渠道。通货紧缩持续一段时间后，企业利润水平的下降会降低国外投资者的投资意愿。同时，通货紧缩的国家一般要采取降低名义利率的措施，在其他条件不变时，由于追逐利差的套利行为无利可图，短期资本的流入量也会锐减。按照一般规律，当外部资本流入时，一国用本币购买外汇若不进行对冲操作就会相应增加货币供给量，正由于这一点，当一国通货紧缩反作用于资本国际流动时，由于外部因素近乎强制形成的货币供给增长因素的作用会自动减弱甚至消失。

在20世纪经济发展史上，美国从1929年至1933年所经历的经济大萧条和通货紧缩给人们留下了十分痛苦的回忆。但从理论上正确认识通货紧缩并在政策上寻求恰当的解决方案依然是十分重要的。

二、通货紧缩的原因

(一) 西方通货紧缩理论

1. 债务通货紧缩理论

这种观点把通货紧缩与债务联系起来，从过度债务引起货币信贷紧缩来分析通货紧缩的原因。英国经济学家费雪认为，美国大萧条时的通货紧缩是经济中的过度负债造成的。

2. 资本边际效率理论

这是凯恩斯提出来的理论。资本边际效率理论偏重于分析资本边际效率的波动在经济周期中的作用。他强调，资本的边际效率不只依赖于现有的资本品的多少及其生产成本的大小，而且依赖于人们对资本品未来收益的预期。资本边际效率的崩溃常常伴随着利率的上涨，后者又使投资量减少加速，从而加剧经济中的失望情绪，进一步推动通货紧缩。

3. 货币供应收缩论

这种观点认为，由于货币供给不能满足经济增长需要，影响总需求的扩大，结果导致通货紧缩，这是由戴维·E. W. 莱德勒提出的。

货币主义学派更为直接地从货币供应的收缩中寻找通货紧缩的答案。美国经济学家弗里德曼认为，通货膨胀是一种货币现象，通货紧缩也是一种货币现象。

4. 心理因素论

除上述观点外，国外学者还有从公众心理角度来分析通货紧缩原因的。G. 莱斯根在《通货膨胀和通货紧缩的周期》这本书中认为通货紧缩是经济周期现象，而周期是心理因素引起的。

(二) 通货紧缩的具体原因

引发通货紧缩的原因较多，既有货币因素，又有非货币因素；既有生产方面的原因，又有管理方面的原因；既有国外的原因，也有国内的原因。具体原因概括如下。

1. 紧缩性的货币财政政策

由于政策时滞的原因，一国在治理通货膨胀时采取紧缩性的货币财政政策，降低货币供应量，削减公共开支，减少转移支付，但是随着通货膨胀治理取得成效但并未及时改变紧缩政策，就会使商品市场和货币市场出现失衡，出现"过多的商品追求过少的货币"，商品供给过剩随即出现，从而引起政策紧缩性的通货紧缩。

2. 有效需求不足

当经济到达繁荣的高峰阶段，会由于生产能力大量过剩，商品供过于求，出现物价的持续下降，此时投资者增加投资的积极性就很弱，同期消费者的消费也受到影响，因为物价下行，有利于推迟消费，不利于提高消费。当人们预期实际利率进一步下降，经济形势继续不佳时，投资和消费需求都会进一步减少，这会导致物价更大幅度下跌，形成需求更大幅度减少的恶性循环。从银行角度看，由于在经济过热时，银行信贷盲目扩张，造成大量坏账，形成大量不良资产，金融机构自然会"惜贷"和"慎贷"，加上企业和居民不良预期形成的不想贷、不愿贷行为，必然导致信贷萎缩，同样减少社会总需求。从企业角度看，债务累积和资产价格下跌前提下，企业销售的现金流和新的负债不是用来投资，而是用来偿还债务本息，从而导致投资需求下降，总需求萎缩。上述多种原因促成需求拉下型的通货紧缩。

3. 经济结构失衡及体制变化

由于经济中存在不合理的扩张和投资，造成不合理的供给结构和过多的无效供给，当积累到一定程度时必然加剧供求矛盾，导致供过于求，产品价格下跌，造成结构紧缩性的通货紧缩。体制变化（企业体制、保障体制等）一般会打乱人们的稳定预期，如果人们预期将来收入会减少，支出将增加，那么人们就会"少花钱，多储蓄"，引起有效需求不足，物价下降，从而出现体制变化性的通货紧缩。

4. 国际市场的冲击

对于开放度较高的国家，在国际经济不景气的情况下，国内市场也会受到较大影响。主要表现在出口下降，外资流入减少，导致国内供给增加、需求减少，产品价格下降。如果一国实行钉住某种货币如美元的联系汇率制度，本国货币又被高估，那么会导致出口下降，国内商品过剩，企业经营困难，社会需求减少，则物价会持续下跌，从而形成外部冲击性的通货紧缩。

此外，人口老龄化也是造成通货紧缩的原因之一。伴随人口老龄化，房地产市场需求下降，房地产价格下跌。除房地产外的其他资本品需求也在下降，如交通、通信设备及人力资本积累所需要的教育。随着劳动年龄人口规模和比重的下降，资本的边际报酬也将下降。进入人口老龄化阶段后，总需求的结构逐步从传统制造业向养老、医疗等服务产业转移，造成传统制造业的产能过剩和价格下跌，并带动整体物价水平的下跌。

三、通货紧缩对经济社会的影响

通货紧缩的危害很容易被人忽视，因为表面上看，一般价格的持续下跌会给消费者带来一定的好处，在低利率和低物价增长的情况下，人们的购买力会有所提高。

然而，通货紧缩的历史教训令人胆战心惊，这就是20世纪30年代的全球经济大危机。通货紧缩与通货膨胀一样，会对经济发展造成不利影响。通货紧缩会加速实体经济进一步紧缩，因此，它既是经济紧缩的结果，又反过来成为经济进一步紧缩的原因。通货紧缩一旦形成，如果不能及时处理好，可能会带来如下一系列问题。

（一）通货紧缩可能形成经济衰退

通货紧缩是经济衰退的加速器。由于通货紧缩增加了货币的购买力，使人们仍保留更多的储蓄、更少的支出，尤其是耐用消费品的支出。这样，通货紧缩使个人消费支出受到抑制。与此同时，物价的持续下跌会提高实际利率水平，即使名义利率下降，资金成本仍然比较高，致使企业投资成本巨大，投资项目变得越来越没有吸引力，企业因而减少投资支出。此外，商业活动的萎缩会造成更低的就业增长，并形成工资下降的压力，最终造成经济衰退。

(二) 通货紧缩会加重债务人的负担

通货紧缩的情况下，企业负债的实际利率较高，而且产品价格出现非预期下降，收益率也随之下降，企业进一步扩大生产的动机会随之下降。生产停滞，企业归还银行贷款的能力有所减弱，这便使银行贷款收回面临更大的风险。而银行资产的质量变坏，使得个人更倾向于持有现金，从而可能出现"流动性陷阱"。

当企业持续降低产品价格而且产量难以保证时，企业就会减少就业岗位、减少资本支出，消费者因此产生的第一反应是减少消费。这样，降低成本成为企业共同防护的手段，竞争导致价格下跌、再下跌，从而形成通货紧缩。

(三) 通货紧缩使消费总量趋于下降

初看起来，通货紧缩对消费者是一件好事，因为消费者只需支付较低的价格便可获得同样的商品。但是，在通货紧缩的情况下，就业预期、价格和工资收入、家庭资产趋于下降。消费者会因此而缩减支出增加储蓄。在通货紧缩条件下，工人如果要得到同样多的收入，就得工作更长的时间。综合来说，通货紧缩使消费总量趋于下降。

(四) 通货紧缩容易使银行业产生大量不良资产

通货紧缩可能使银行业面临困境，当银行业面临一系列系统恐慌时，一些资不抵债的银行会因存款人"挤提"而被迫破产。

通货紧缩一旦形成，便可能形成"债务—通货紧缩陷阱"。此时，货币变得更为昂贵，债务则因货币成本上升而相应上升。虽然名义利率未变甚至下调，但实际利率仍然较高，债务负担有所增加，企业经营的困难会最终体现在银行的不良资产上。因此，通货紧缩对于银行来说，容易形成大量的不良资产。

四、通货紧缩的治理对策

(一) 扩张性的财政政策

扩张性的财政政策主要包括减税和增加财政支出两种。减税涉及税法和税收制度的改变，不是一种经常性的调控手段，但在对付较严重的通货紧缩时也会被采用。财政支出是总需求的重要组成部分，因此，增加财政支出可以直接增加总需求。同时，财政支出增加还可能通过投资的乘数效应带动私人投资的增加。政府既可增加基础设施的投资和加强技术改造投资，以扩大投资需求，又可通过增发国家机关和企事业单位职工及退休人员的工资，以扩大消费需求；既要适度扩大财政支出的总量，又要注重优化财政支出的结构；既要增加中央政府投资，又要鼓励和带动地方和民间投资；既要坚持立足内需为主，又要千方百计开拓国际市场，积极扩大外需；既要解决需求不足的问题，又要解决供给刚性和产业结构问题。

财政政策历来被视为扩张支出的法宝。因为同货币政策相比，财政政策在扩张财政支出方面具有以下优点。

(1) 动作迅速。财政政策是政府手中的武器，它可以经过相对简单的决策程序，通过国债等手段迅速筹集资金。

(2) 作用直接。政府掌握的资金可以根据宏观经济调节需要指定投向，在短时间内转化为购买支出，直接消化某行业过量库存或形成新的生产能力及设施建设。

(3) 以公益目的为主。以扩张为目的的财政性投资或财政支出转化的投资，并不需要进行长时间的市场论证或风险考虑。因为财政主要关注的是以谋求社会效应为目的的公益性项目，即具有一般规模大、投资多、受益面宽、服务年限长、影响深远等特点的投资项目，如政府部门发起实施的农业、环保、水利、教育、交通等项目。

当然，增加财政支出只是弥补总需求缺口的临时性应急措施：一方面，政府举债能力有限，在国民经济中存在闲置资源时，财政支出虽可以扩大，但社会闲置资源毕竟有限，实行积极的财政政策也要适度，否则财政赤字会超过承受能力，引发通货膨胀；另一方面，积极的财政政策对经济的带动作用也有限。如果通货紧缩的根本原因是缺乏有利可图的机会，那么用赤字财政政策来对付通货紧缩，就不能从根本上解决问题，长期扩大低效率和无效率的投资，会导致经济衰退和通货膨胀并存。

(二) 扩张性的货币政策

扩张性的货币政策有多种方式，如扩大中央银行基础货币的投放、增加对中小金融机构的再贷款、加大公开市场操作的力度、适当下调利率和存款准备金等。适当增加货币供应，促进信用的进一步扩张，从而使货币供应量与经济正常增长对货币的客观需求基本平衡。在保持币值稳定的基础上，对经济增长所必需的货币给予足够供应。货币政策的重点是：一是以间接调控为主；二是调控货币总量与调节货币层次相结合；三是在进行需求管理的同时兼顾供给管理；四是寻找稳定币值、经济增长和防范金融风险的结合点。

(三) 加快产业结构的调整

无论是扩张性的财政政策还是扩张性的货币政策，其作用都是有限的，因为作为需求管理的宏观经济政策工具，它们的着眼点都是短期的。对于因生产能力过剩等长期因素造成的通货紧缩，短期性的需求管理政策难以从根本上解决问题，当供需矛盾突出时，在供需矛盾的背后，往往存在结构性的矛盾。因此，要治理通货紧缩，必须对产业结构进行调整。就产业结构的调整来说，主要是推进产业结构的升级，培育新的经济增长点，同时形成新的消费热点。对于生产过剩的部门或行业要控制其生产，减少产量。同时，对其他新兴行业或有发展前景的行业应采取措施鼓励其发展，以增加就业机会，提高居民收入，增强社会购买力。产业组织结构的调整也是在中长期内治理通货紧缩的有效手段。在生产能力过剩时，很多行业会出现恶性市场竞争，为了争夺市场，价格战会不断出现，行业利润率不断下降，如果价格战能在较短的时间里使一些企业退出市场，或者在行业内部出现较大范围的兼并与重组，即产业组织结构发生调整，则在调整后的产业组织结构中，恶性市场竞争会被有效制止，因恶性竞争带来的物价水平大幅度下降的情况也就有可能避免。

(四) 其他措施

除以上措施外，对工资和物价的管制政策也是治理通货紧缩的手段之一，例如，可以在通货紧缩时期制订工资增长计划或限制价格下降，这与通货膨胀时期的工资—物价指导线措施的作用方向是相反的，但作用原理是相同的。此外，通过对股票市场的干预也可以起到一定的作用，如果股票市场呈现牛市走势，则有利于形成乐观的未来预期，同时股票价格的上升使居民金融资产的账面价值上升，产生财富增加效应，也有利于提高居民的边际消费倾向。

五、中国的通货紧缩及治理经验

中国改革开放以来主要经历了三次通货紧缩，每次时间都持续长达一年以上，我国历次通货紧缩发生时间参见本章第四节图9-13和本章案例一的图9-14所示。

(一) 1998年通货紧缩

1997年以前，中国一直处于通货膨胀的经济时期，1996年由于银行积累了大量的坏账，加之为了治理1994年的通胀，银行紧缩银根后积累了大批的不良贷款，银行的这种现象到1996年已经达到非常严重的状态，为了防范银行风险，政府开始控制银行不良贷款，银行出现惜贷现象，企业不再像以前一样可以轻松地获得贷款，而是面临发不出工资的局面，经营困难，不得不降价销售产品，推动物价下滑。同时，1997年7月，亚洲金融危机爆发，出口市场收缩，国内供给压力增大，加剧国内通货紧缩。1997年CPI价格指数下滑至2.8%，到1998年，CPI增速出现负增长，为-0.8%。

通货紧缩也使得经济增速从1997年的9.2%下降至1998年的7.8%，为了保持经济稳定，政府将货币政策从"适度从紧"转为"稳健的货币政策"，由于银行惜贷，货币供应传导受阻。积极的财政政策在当时发挥了关键的作用，政府通过发行国债，投资基建设施来提高社会总需求。2000年，通缩得到控制，历时两年。

(二) 2002年通货紧缩

2002年，CPI指数再次为负值，当年的物价总水平连续下跌了10个月，从这一点来讲，可以认为当时出现了通货紧缩。2001年中国加入WTO，吸引了大量的外资，企业技术水平得到提升，生产效率提高，成本下降而引发物价总水平的下滑。企业生产成本的下降伴随着的是利润的增长，企业再生产意愿得到激发，而物价水平的下降刺激需求的增加。这次通缩和1998年不同，是由总供给的增长快于总需求的增长而导致的物价水平下降，并不是需求不足引发的，所以当时并没有出现货币供应量和投资增速的快速下滑。2003年CPI指数恢复正增长，结束了这次非典型的通货紧缩，历时一年。

(三) 2009年通货紧缩

从2007年下半年，由美国开始的次贷危机演变为金融危机，并迅速向世界蔓延，我国也未能独善其身。我国的经济明显受了金融危机的影响，2009年每月的出口额增速均在-20%以下，大量中小企业破产，大批农民工返乡，货币供应量M_2增速从18.92%下降至14.8%，经济增速快速回落，2009年一季度GDP的增长率仅为6.6%，CPI物价指数从2008年末开始下滑，2009年出现连续10个月负值。

为了应对这种危局，中国政府实行积极的财政政策和适度宽松的货币政策，推出"四万亿投资计划"，加快基建投资，扩大内需。四万亿的投资计划也为2011年的通胀埋下了伏笔。大规模的政府投资使得经济快速升温，CPI物价指数上涨，该次通缩历时一年。

排除2002年的良性通缩，1998年和2009年的通缩发生在东亚金融危机和美国次贷危机时期，均由于内外需同时减少导致供需失衡造成的物价下降。宏观经济上表现为货币供应量减少，M_2、固定资产投资以及出口增速快速下降，最终表现为GDP缩水。面对这两次通缩，政府采取了不同的应对措施。1998年，采取了降息等货币政策，由于传导效应缓慢，货币政策没有发挥太大的效应，而发行国债等财政政策起到了关键作用。2009年，政府通过"四万亿投资计划"快速地治理了通缩问题，结果是引发了全面的通货膨胀。

此外，2012—2016年以及2021年PPI下行，但是CPI保持正值。因为国际上衡量通货膨胀和通货紧缩主要指标是CPI，所以并不界定为通货紧缩。

本章小结

1. 通货膨胀是指流通中的货币量超过了客观需要量，从而引起货币贬值和物价普遍、持续上涨的经济现象。

2. 通货膨胀的度量，我国主要采用居民消费价格指数、商品零售价格指数、农业生产资料价格指数、农产品生产价格指数、工业生产者出厂价格指数、工业生产者购进价格指数、采购经理指数等。

3. 通货膨胀的成因包括需求拉动、成本推动、供求混合推动、经济结构因素的变动等。

4. 通货膨胀的经济效应包括：经济增长效应、分配效应、资本积累效应、资源配置效应。

5. 治理通货膨胀的对策主要有：紧缩性货币政策、紧缩性财政政策、收入政策、价格政策、供应政策等。

6. 通货紧缩是与通货膨胀相对立的一个概念，通常意义上是指一般物价水平的持续下跌。

7. 通货紧缩对经济社会的影响：可能形成经济衰退，会加重债务人的负担，使消费总量趋于下降，容易使银行业产生大量不良资产。

习题

一、单项选择题

1. 认为通货膨胀的原因在于经济发展过程中社会总需求大于总供给，从而引起一般物价水平持续上涨，是（　　）。
   A. 需求拉动论　　　　　　　　B. 成本推动论
   C. 开放型通货膨胀　　　　　　D. 隐蔽型通货膨胀

2. 认为通货紧缩完全是一种货币现象是（　　）的观点。
   A. 凯恩斯主义　　B. 后凯恩斯学派　　C. 货币主义学派　　D. 马克思主义

3. 有关通货膨胀成因的凯恩斯的需求拉动假说的理论缺陷在于（　　）。
   A. 假定通货膨胀与充分就业共生　　B. 假定通货膨胀与充分就业不共生
   C. 假定通货膨胀与失业共生　　　　D. 假定通货膨胀与失业不共生

4. 通货膨胀从本质上讲，是一种（　　）。
   A. 经济现象　　B. 社会现象　　C. 货币现象　　D. 价格现象

5. 治理通货膨胀对策中，通过公开市场业务出售政府债券属于（　　）。
   A. 控制需求　　　　　　　　　B. 改善供给
   C. 收入指数化政策　　　　　　D. 紧缩性财政政策

6. 治理通货膨胀对策中，压缩财政支出属于（　　）。
   A. 改善供给　　　　　　　　　B. 紧缩性收入政策
   C. 收入指数化政策　　　　　　D. 紧缩性财政政策

7. 在通货膨胀中，最大的受益者是（　　）。
   A. 从企业的利润中取得收益者　　B. 国家机关工作人员
   C. 科技工作者　　　　　　　　　D. 政府

8. (　　)不属于紧缩性财政政策。
   A. 削减政府支出　　　　　　B. 减少公共事业投资
   C. 增加税收　　　　　　　　D. 制定物价、工资管制政策
9. (　　)不属于通货紧缩有害的方面。
   A. 容易使银行业产生大量不良资产
   B. 实际利率上升，债务人负担加重
   C. 实际利率上升，投资吸引力下降
   D. 促进企业在市场竞争中为占领市场份额而运用降价促销战略
10. (　　)不是通货膨胀的成因。
    A. 银行信用膨胀　　B. 财政赤字　　C. 经常项目顺差　　D. 资本项目逆差
11. 以存在强大的工会力量，从而存在不完全竞争的劳动力市场为假设前提的通货膨胀理论是(　　)型通货膨胀。
    A. 需求拉动　　　B. 工资推动　　　C. 利益推动　　　D. 混合推动

二、多项选择题

1. 下列选项中，(　　)属于通货紧缩三要素定义。
   A. 物价水平持续下降　　　　B. 货币供应量持续下降
   C. 社会总需求上升　　　　　D. 经济衰退
   E. 经济增长
2. 在通货膨胀中，最大的利益受损者主要包括(　　)。
   A. 商人　　　　　　B. 固定利息债权人
   C. 工人　　　　　　D. 国家公务员
   E. 农民
3. 下列说法中正确的有(　　)。
   A. 物价水平的持续下降意味着实际利率的上升，投资项目的吸引力下降
   B. 物价水平的持续下降意味着货币购买力不断提高，从而消费者会增加消费，减少储蓄
   C. 通货紧缩可能引发银行业危机
   D. 通货紧缩可能会造成失业率上升
   E. 通货紧缩可能会造成失业率下降
4. 根据通货膨胀在不同经济体制下的不同表现形式，可以划分为(　　)形式。
   A. 爬行式通货膨胀　　　　　B. 温和式通货膨胀
   C. 奔腾式通货膨胀　　　　　D. 公开型通货膨胀
   E. 隐蔽型通货膨胀
5. 根据物价上涨速度的不同，可将通货膨胀划分为(　　)等类型。
   A. 公开型通货膨胀　　　　　B. 恶性通货膨胀
   C. 爬行通货膨胀　　　　　　D. 隐蔽型通货膨胀
   E. 温和通货膨胀
6. 根据通货膨胀产生的原因，可将其划分为(　　)等类型。
   A. 投资膨胀型　　B. 需求拉动型　　C. 成本推动型
   D. 供求混合推动型　　　　　E. 结构型

7. 成本推动假说认为，引起生产成本上升而导致通货膨胀的根据在于(　　)。
   A. 工资推动　　B. 投资推动　　C. 供求推动
   D. 需求推动　　E. 利润推动
8. 紧缩的货币政策实施的手段主要包括(　　)。
   A. 提高法定存款准备金率　　　B. 提高存贷款利率
   C. 提高再贴现率　　　　　　　D. 央行出售政府债券
   E. 增加公开市场的货币投放
9. 宽松的货币政策主要包括(　　)。
   A. 提高存款准备金率　　　　　B. 降低存款准备金率
   C. 降低贴现率　　　　　　　　D. 中央银行在公开市场上卖出证券
   E. 中央银行在公开市场上买入证券

三、判断正误题

1. 在通货膨胀时期，物价上涨，债务人受益，债权人受损。　　　　　　　　　　(　　)
2. 如果人们能对通货膨胀率进行正确的预期，则可用相应降低借贷利率的方式来规避债权人的损失。　　　　　　　　　　　　　　　　　　　　　　　　　　　　　　　　(　　)
3. 通货紧缩从本质上讲是一种货币现象。　　　　　　　　　　　　　　　　　(　　)
4. 供给过剩型的通货紧缩指的是商品和服务的相对过剩。　　　　　　　　　　(　　)
5. 经济学家弗里德曼和费尔普斯指出，通货膨胀与失业之间的负相关关系在短期内是不成立的，但在长期中可以成立。　　　　　　　　　　　　　　　　　　　　　　(　　)
6. 通货膨胀不是一次性的或短暂的物价水平上涨，而是持续的不可逆转的物价上涨的现象。　　　　　　　　　　　　　　　　　　　　　　　　　　　　　　　　　(　　)
7. 需求拉动型通货膨胀认为，通货膨胀的原因在于产品成本的提高，因而推动着物价上涨。　　　　　　　　　　　　　　　　　　　　　　　　　　　　　　　　　(　　)
8. 判断一国是否出现了通货紧缩，主要是看通货膨胀率是否由正变负和物价的下降是否超过了一定期限。　　　　　　　　　　　　　　　　　　　　　　　　　　　　(　　)
9. 采用向中央银行、商业银行、企业和个人发行债券的方法弥补财政赤字，一般不会扩大货币总量，引发通货膨胀。　　　　　　　　　　　　　　　　　　　　　　(　　)
10. 普遍、持续的物价下降意味着单位货币购买力的不断上升，对投资者来说意味着投资成本降低，对经济发展是有利的。　　　　　　　　　　　　　　　　　　　　(　　)
11. 经常项目顺差会造成国内市场货币流通量过多，造成通货紧缩压力。而资本项目顺差则不形成通货膨胀压力。　　　　　　　　　　　　　　　　　　　　　　　　(　　)
12. 供应学派主张通过降低税率促进生产发展，治理通货紧缩。　　　　　　　(　　)
13. 收入指数化既能剥夺政府从通货膨胀中获得收益，又可抵消或缓解物价波动对个人收入水平的影响。　　　　　　　　　　　　　　　　　　　　　　　　　　　(　　)
14. 通货紧缩会影响货币政策的实施，使货币政策失去灵活性。　　　　　　　(　　)
15. 价格上涨就意味着通货膨胀。　　　　　　　　　　　　　　　　　　　　(　　)
16. 通货膨胀一定意味着人们生活水平的下降。　　　　　　　　　　　　　　(　　)

四、简答题

1. 什么是通货膨胀？简述通货膨胀的类型。

2. 什么是通货紧缩？简述通货紧缩的类型。
3. 简述通货膨胀成因的理论观点。
4. 比较居民消费价格指数和工业生产者价格指数的优缺点。
5. 简述采购经理指数的主要内容。
6. 在治理通货紧缩的过程中，宽松财政政策的优点是什么？

五、论述题

1. 为什么促进论者会认为适度的通货膨胀有利于促进经济的增长？而其效果在发展中国家表现得尤为明显？
2. 论述通货膨胀的成因、影响及治理对策。
3. 论述通货紧缩的成因、影响及治理对策。

案例分析

案例一　我国通胀水平处于温和区间

通胀根本上取决于实体经济供需的总体平衡情况。通胀水平受供需两方面影响，既与消费等需求拉动有关，还与供给冲击、成本推动等供给因素密不可分，总供给与总需求大体平衡是物价稳定的基础。近几年我国供需总体平衡，物价水平保持基本稳定。2022年以来，主要发达经济体经历了数十年不遇的高通胀，对其央行货币政策决策产生了重大影响。相较而言，我国通胀保持在温和区间，过去一年、五年和十年，CPI年均涨幅都在2%左右。我国一方面扎实做好疫情防控下的保就业、保主体、保民生工作，稳住社会生产力，确保经济循环基本畅通，另一方面货币政策保持稳健，货币信贷合理增长，为物价稳定奠定坚实基础。

21世纪以来，我国曾多次出现CPI阶段性下行现象。如图9-14所示。2008—2009年和2020年主要是受国际金融危机和新冠疫情的超预期因素影响，CPI涨幅阶段性快速回落，甚至短暂跌破0，经济平稳发展面临压力并较快企稳。2002年CPI曾阶段性回落，且连续10个月低于0，与加入世贸组织后国外供给输入充分等因素有关，宏观经济保持平稳较快发展。其余时期也曾出现过CPI的阶段性回落，均未明显影响宏观经济运行的总体走势。总的看，若经济保持正常增长态势，CPI阶段性回落的影响不宜夸大。

历史上看，我国PPI波动相对较大。原油、铁矿石等工业品供需变化大，导致PPI波幅较大，2000年以来有近四成月份PPI同比涨幅处于负值区间，且曾出现较长时间的负增长，如2012—2016年PPI连续50多个月同比负增长。但PPI下行并不代表总体物价水平的持续下降，国际上衡量通胀水平主要使用CPI。

图9-14　本世纪以来我国较为明显的物价下行阶段

今年以来物价涨幅阶段性回落，主要与供需恢复时间差和基数效应有关。我国经济运行开局良好，同时通胀保持温和，CPI涨幅逐月下行，4月涨幅降至0.1%，PPI近几个月运行在负值区间。本轮物价回落客观上有以下因素。一是供给能力较强。在稳经济一揽子政策有力支持下，国内生产持续加快恢复，PMI生产分项保持在较高景气区间；农副产品生产稳定、物流渠道畅通，也保证了居民"菜篮子""米袋子"供应充足。二是需求复苏偏慢。实体经济生产、分配、流通、消费等环节本身有个过程，加之疫情的"伤痕效应"尚未消退，居民超额储蓄向消费的转化受收入分配分化、收入预期不稳等制约，特别是汽车、家装等大宗消费需求偏弱。近期居民出现提前还贷现象，也一定程度影响当期消费。三是基数效应明显。去年国际油价一度逼近140美元大关，今年以来已回落至80美元附近，带动CPI交通工具燃料和居住水电燃料的同比增速走低；疫情扰动使得去年3月鲜菜价格反季节上涨，对今年也存在高基数影响。GDP等宏观经济数据同样存在明显基数效应，去年二季度受疫情冲击GDP同比降至0.4%，低基数作用下今年二季度GDP增速可能明显回升。

未来几个月受高基数等影响，CPI将低位窄幅波动。今年5—7月CPI还将阶段性保持低位，主要受去年同期CPI涨幅基本在2.5%左右的高基数影响。但要看到，随着基数降低，特别是政策效应将进一步显现，市场机制发挥充分作用，经济内生动力也在增强，供需缺口有望趋于弥合，预计下半年CPI中枢可能温和抬升，年末可能回升至近年均值水平附近。当前我国经济没有出现通缩。通缩主要指价格持续负增长，货币供应量也具有下降趋势，且通常伴随经济衰退。我国物价仍在温和上涨，特别是核心CPI同比稳定在0.7%左右，M_2和社融增长相对较快，经济运行持续好转，不符合通缩的特征。中长期看，我国经济总供求基本平衡，货币条件合理适度，居民预期稳定，不存在长期通缩或通胀的基础。

下阶段，人民银行将继续实施好稳健的货币政策，总量适度、节奏平稳，提升支持实体经济的质效，加强与财政政策等协调配合，形成扩大需求的合力，推动经济运行持续好转，保持物价基本稳定。

(资料来源：中国货币政策执行报告，2023年第一季度)

问题：
近几年我国供需总体平衡，物价水平保持基本稳定，请分析说明客观原因。

案例二　全年物价仍可实现预期目标 但应警惕结构性通胀压力

近期全球通胀水平持续高位运行，特别是主要发达经济体面临几十年未有的高通胀压力，6月美国CPI、欧元区HICP同比分别上涨9.1%、8.6%，分别创近40年和有统计以来新高，宏观政策陷入稳增长与抗通胀的两难局面。这与发达经济体央行前期对通胀形势有所误判、政策调整落后于市场曲线密切相关，也给我国宏观调控带来启示和借鉴。应当看到，保持币值稳定是中央银行的首要职责，维护通胀平稳是宏观大盘稳定的题中之意，也是促进经济持续平稳增长的环境要求。任何时刻，中央银行都应该对物价走势的边际变化保持高度关注，综合考量多方面因素，客观研判未来通胀形势，未雨绸缪做好政策安排。

一方面，从基本面来看我国具备保持物价水平总体稳定的有利条件。过去一段时间我国通胀走势总体温和平稳，今年1—6月CPI累计同比上涨1.7%，PPI同比涨幅逐月收敛回落，在全球出现罕见高通胀的背景下保持了国内物价形势的稳定。预计今年物价涨幅仍将运行在合理区间，有望实现全年CPI平均涨幅在3%左右的预期目标。这得益于党中央、国务院统一部署抓好粮食和能源保供稳价，有效隔离了国际大宗商品和粮食价格上涨对国内物价的传导冲击，并坚持不搞"大水漫灌"、不超发货币，为物价稳定奠定坚实基础，成绩来之不易。从根本上看，我国是全球主要生产国之一，货币政策保持稳健，经济总供给、总需求大体平衡，粮食自给率较高，今年夏粮再获丰收、产量创历史新高；同时煤炭和清洁能源等价格与国际市场联动性较低，国内产业链、供应链运转较为通畅，居民通胀预期平稳，健康、良性、有韧性的经济基本面有利于物价涨幅在中长期内总体运行在合理可控的区间范围。

另一方面也要看到，短期内我国结构性通胀压力可能加大，输入性通胀压力依然存在，多重因素交织下物价涨幅可能阶段性反弹，对此不能掉以轻心。从外部看，过去二十年对平抑全球通胀发挥重要作用的全球一体化、劳动力供给充裕等红利已发生逆转，能源转型和产业链重构成本增加，全球通胀中枢明显抬升。疫情反复、气候反常、地缘政治冲突等超预期因素还可能加大供需扰动和物价波动的不确定性，外部大环境已发生根本性变化。从国内看，诸多因素叠加将驱动通胀中枢阶段性抬升，主要压力来自如下方面。一是疫情受控后未来消费复苏回暖，可能推动前期PPI上涨向CPI的传导加快。今年1—6月份我国PPI中生产资料涨幅由11.8%逐月收敛至7.5%，但生活资料涨幅由0.8%逐月扩大至1.7%，向下游的传导效应已在显现。在此过程中，消费需求的反弹是主导力量，供给端的全要素生产率提高只能部分消化涨价压力。实践中，美国此轮CPI涨幅加速上扬即起始于2021年3月后消费需求加快复苏时期。二是我国CPI篮子对食品特别是猪肉价格依赖较大，目前新一轮"猪周期"已开启，可能拉动CPI食品分项涨幅走高。2006年以来我国大体经历过四轮"猪周期"，每轮历时四年左右，前1年半至2年为价格上行期。今年4月份国内猪肉价格下行至阶段低点，距离上一轮周期的起点(2018年5月前后)已有四年左右时间。4月下旬以来猪肉价格趋于上行，尤其是6月下半月后涨价加快、上行曲线斜率变陡，平均批发价在6月16日至7月15日的一个月时间内涨价逾40%，意味着新一轮"猪周期"已经开启。比较来看，当前我国生猪供给总体充裕，本轮"猪周期"内猪肉涨价幅度有望较2019年猪瘟时期相对温和，但在其价格上行期仍会给CPI带来一定上拉效应。三是我国对石油、天然气等能源品的进口依赖度较高，能源进口成本攀升最终将体现为国内交通出行、相关产业链终端消费品等更广范围的价格上涨。今年下半年以来布伦特原油期货价格在90~115美元/桶区间震荡，绝对水平仍处高位，1—7月均价较去年同期上涨逾50%。受此带动影响，前7个月国内92号汽油均价同比上涨25.3%，CPI中交通通信分项累计同比上涨6.3%，比总体CPI涨幅高4.5个百分点，输入性通胀压力依然存在。

综合研判，预计今年下半年我国CPI运行中枢较上半年1.7%的水平将有所抬升，一些月份涨幅可能阶段性突破3%，结构性通胀压力加大。下一阶段，货币政策将坚持稳健取向，坚持不搞"大水漫灌"、不超发货币，兼顾把握好稳增长、稳就业、稳物价的平衡。一方面，不断夯实国内粮食稳产增产、能源市场平稳运行的有利条件，密切关注国内外通胀形势变化，做好妥善应对；另一方面，继续保持流动性合理充裕，加大对实体经济的支持力度，保持货币供应量和社会融资规模合理增长，力争全年经济运行实现最好结果。

(资料来源：中国货币政策执行报告，2022年第二季度)

问题：
1. 阐述结构性通货膨胀的内涵。
2. 分析结构性通货膨胀的压力来源。

第十章

货币政策

近几年中国人民银行实施稳健的货币政策，综合运用降准、再贷款、再贴现、中期借贷便利、公开市场操作等多种货币政策工具，保持流动性合理充裕，货币市场利率运行平稳。同时注重发挥结构性货币政策工具作用，引导金融机构加大对中小微企业、绿色发展等重点领域和薄弱环节的支持力度。本章将对货币政策的目标、工具、传导机制及效应进行深入的分析与探讨。

第一节 货币政策目标

一、货币政策概述

(一) 货币政策的含义

货币政策是指中央银行为实现一定的经济目标，运用各种工具调节和控制货币供给量，进而影响宏观经济的方针和措施的总和。货币政策在国家的宏观经济政策中居于十分重要的地位。货币政策的变化会引起总需求和总供给的变化、一般价格水平的变化、经济增长速度和经济结构的变化、国际收支平衡的变化等，因而它是现代市场经济国家最重要的宏观经济调控手段之一。中央银行在国家法律授权的范围内独立地或在中央政府领导下制定货币政策，并运用其拥有的货币发行特权和各种政策手段，利用其领导和管理全国金融机构的特殊地位，组织货币政策的实施。

(二) 货币政策的内容

货币政策包括政策目标、实现目标的政策工具、监测和控制目标实现的各种操作指标和中介指标、政策传递机制和政策效果等基本内容。这些基本内容紧密联系，构成一个国家货币政策的有机整体。在制定和实施货币政策时，必须对这一有机整体进行统筹考虑。

(三) 货币政策的功能

货币政策作为国家重要的宏观调控工具之一，主要具有以下五方面的功能。

1. 促进社会总需求与总供给的均衡，保持币值稳定

社会总需求与总供给的均衡是社会经济平稳运行的重要前提。社会总需求是有支付能力的需求，它是由一定时期的货币供应量决定的。中央银行通过货币政策的实施，调节货币供应量，影响社会总需求，从而促进社会总需求与总供给的平衡，有利于币值稳定。

2. 促进经济的稳定增长

人类社会是在不断发展的，而它的发展离不开经济增长。由于各种因素的影响，经济增长不可避免地会出现各种波动。剧烈的波动对经济的持续稳定增长是有害的。"逆风向行事"的货币政策具有促进经济稳定增长的功能。在经济过度膨胀时，通过实施紧缩性货币政策，有利于抑制总需求的过度膨胀和价格总水平的急剧上涨，实现社会经济的稳定；在经济衰退和萧条时，通过实施扩张性货币政策，有利于刺激投资和消费，促进经济的增长和资源的充分利用。

3. 促进充分就业，实现社会稳定

非充分就业既不利于劳动力资源的充分利用，又可能导致社会的不稳定。因此，促进充分就业、实现社会稳定就成为宏观经济调控的重要目标之一。就业水平的高低受经济规模、速度和结构等因素的影响。货币政策通过一般性货币政策工具的运用可对货币供给总量、经济规模和速度产生重要影响，从而对就业水平产生影响；通过选择性货币政策工具的运用可对货币供给结构、经济结构产生影响，同样可以对就业水平产生影响。

4. 促进国际收支平衡，保持汇率相对稳定

在经济和金融日益全球化、国际化的宏观环境下，一个国家汇率的相对稳定是保持其国民经济稳定健康发展的必要条件，而汇率的相对稳定又与国际收支平衡密切相关。货币政策通过本外币政策协调、本币供给的控制、利率和汇率的适时适度调整等，对促进国际收支平衡、保持汇率相对稳定具有重要作用。

5. 保持金融稳定，防范金融危机

保持金融稳定是防范金融危机的重要前提。货币政策通过一般性政策工具和选择性政策工具的合理使用，可以调控社会信用总量，有利于抑制金融泡沫和经济泡沫的形成，避免泡沫的突然破灭对国民经济，特别是金融部门的猛烈冲击，有利于保持金融稳定和防范金融危机。

二、货币政策的最终目标

货币政策的最终目标包括币值稳定、经济增长、充分就业和国际收支平衡。

(一) 币值稳定

抑制通货膨胀，避免通货紧缩，保持价格稳定和币值稳定是货币政策的首要目标。通货膨胀特别是严重通货膨胀，将导致严重后果，主要包括如下方面。①社会分配不公。一些人的生活水平因此下降，社会矛盾尖锐化。②借贷风险增加。通货膨胀突然加速时贷出资金的人将遭受额外的损失；通货膨胀突然减速时借入资金的人将遭受额外的损失，正常的借贷关系将遭到破坏。③相对价格体系遭到破坏。价格信号作为市场机制有效配置资源的基础遭到破坏，经济秩序混乱，并最终影响经济的稳定增长。④严重的通货膨胀导致货币的严重贬值，可能导致其货币体系的彻底崩溃。通常，通货膨胀与货币供给的过度扩张紧密相关，抑制通货膨胀、保持价格稳定和币值稳定就成为货币政策的首要目标。

但是，抑制通货膨胀的目标并非通货膨胀率越低越好。价格总水平的绝对下降，即负通胀率，将会带来通货紧缩。通货紧缩将严重地影响企业和公众的投资和消费预期，制约其有效的

投资需求和消费需求的增长,使企业销售下降、存货增加、利润下降,企业倒闭和失业率上升,经济增长停滞甚至严重衰退,陷入经济危机。因此,抑制通货膨胀和避免通货紧缩是保持币值稳定的货币政策目标不可分割的两方面。

坚守币值稳定这个根本目标,同时中央银行也要强化金融稳定目标,把保持币值稳定和维护金融稳定更好地结合起来。保持币值稳定,并由此为经济增长营造适宜的货币环境,是货币政策的根本目标。要根据形势发展,探索更为科学合理地确定和衡量价格水平的方式、方法。当前,我国金融体系和资产市场规模巨大,且容易产生顺周期波动。因此,必须强化宏观审慎政策,更好地维护金融体系稳定。

(二) 经济增长

经济增长是提高社会生活水平的物质保障,任何国家要不断地提高其人民的生活水平,必须保持一定速度的经济增长。经济增长也是保护国家安全的必要条件,一个国家的经济实力,是决定其在激烈的国际经济和政治、军事竞争中的竞争能力的重要因素。因此,加速经济发展,对发展中国家尤为重要。一国经济为了有效地竞争并且快速增长,必须有效地利用自己的资源,并为增加生产潜力而进行投资。低于潜在水平的增长将会导致资源的浪费,高于潜在水平的增长将会导致通货膨胀和资源的过度利用。

作为宏观经济目标的增长应是长期稳定的增长。过度追求短期的高速甚至超高速增长可能导致经济比例的严重失调和经济的剧烈波动。货币政策作为国家干预经济的重要手段,保持国民经济的长期稳定增长是其不可推卸的责任。

(三) 充分就业

所谓充分就业,是指任何愿意工作并有能力工作的人都可以找到一个有报酬的工作,这是政府宏观经济政策的重要目标。非充分就业,表明存在社会资源特别是劳动力资源的浪费,失业者生活质量下降,并导致社会的不稳定。因此,好多国家都把充分就业作为最重要的宏观经济目标之一。但是,充分就业并不是追求零失业率。由于摩擦性失业、结构性失业、季节性失业和过渡性失业的存在,一定程度的失业在经济正常运行中是不可避免的,这种失业被称为自然失业。而由于总需求不足所导致的失业则是应该尽量避免的。因此,充分就业的目标就是要把失业率降低到自然失业率水平。就业水平受经济发展的规模、速度、结构及经济周期的不同阶段等众多因素的影响。货币政策对国民经济发展的规模、速度、结构及经济周期变动等方面具有重要影响,特别是在经济衰退、失业严重的时期,实行扩张性的货币政策,对扩大社会总需求、促进经济发展、降低失业率具有重要意义。

(四) 国际收支平衡

保持国际收支平衡是保证国民经济持续稳定增长和经济安全甚至政治稳定的重要条件。一个国家国际收支失衡,无论是逆差还是顺差,都会给该国经济带来不利影响。巨额的国际收支逆差可能导致外汇市场对本币信心的急剧下降,资本可能大量外流,外汇储备急剧下降,本币将会大幅贬值,并导致严重的货币和金融危机。20世纪90年代的墨西哥金融危机和亚洲金融危机的爆发就是这方面的最好例证。而长期的巨额国际收支顺差,既使大量的外汇储备闲置,造成资源的浪费,又要为购买大量的外汇而增发本国货币,可能导致或加剧国内通货膨胀;此外,巨额的经常项目顺差或逆差还可能加剧贸易摩擦。当然,相比之下,逆差的危害比顺差更大,因此各国调节国际收支失衡主要是为了减少甚至消除国际收支逆差。

货币政策在调节国际收支方面具有重要作用。在资本项目自由兑换的情况下，提高利率将吸引国际资本的流入，降低资本项目逆差或增加其盈余；反之亦然。汇率的变动对国际收支平衡也具有重要影响。本币贬值有利于促进出口，抑制进口，降低贸易逆差或增加其盈余，但不利于资本项目的平衡。反之，本币升值将吸引国际资本流入，有利于资本项目平衡，但会抑制出口，鼓励进口，不利于经常项目平衡。因此，货币政策的目标之一，就是要通过本外币政策的协调，实现国际收支的平衡。

需要特别强调的是，保持金融稳定，是避免货币危机、金融危机和经济危机的重要前提。货币危机是由货币严重贬值带来的货币信用危机。在不兑现的信用货币条件下，一旦发生信用危机，将可能直接威胁到该货币的流通及其货币制度的稳定。货币危机既可能由国内恶性通货膨胀、货币对内严重贬值引致，也可能由对外严重贬值引致。

货币危机通常会演变为金融危机。金融危机主要是指由银行支付危机带来的大批金融机构倒闭，并威胁到金融体系的正常运行。例如，东南亚金融危机发生时，东南亚国家由于本币大幅贬值，使企业和银行所借大量短期外债的本币偿债成本大幅上升，导致大量的企业和金融机构无力偿债而破产。

金融危机处理不当通常引发经济危机。经济危机是经济的正常运行秩序遭受严重破坏、企业大量破产、失业大幅上升、经济严重衰退，甚至濒临崩溃的一种恶性经济灾害。历史上出现的经济危机，大多是由金融危机引发的。在当今世界经济一体化、金融一体化的浪潮冲击下，保持一个国家的金融稳定具有更加重要的意义。

三、货币政策最终目标的统一性与矛盾性

货币政策最终目标之间既有统一性，又有矛盾性。

(一) 充分就业与经济增长的关系

按照奥肯定律，实际GDP增长比潜在GDP(也称充分就业GDP)增长每快2%，失业率下降大约1%；GDP增长比潜在GDP增长每慢2%，失业率上升大约1%。失业与经济增长之间通常存在负相关关系，因此，充分就业与经济增长之间通常存在正相关关系。但是，经济增长可以采取劳动密集型、资本密集型或资源密集型、知识密集型等不同的发展模式，除劳动密集型外，其他几种增长模式都与充分就业有一定的矛盾。

(二) 稳定币值与经济增长和充分就业的关系

根据菲利普斯曲线和奥肯定律，通货膨胀与经济增长和就业之间通常存在正相关关系。但过高的通货膨胀将破坏正常的经济秩序，从而迫使经济进行紧缩调整，降低经济增长率和就业率。

(三) 稳定币值与国际收支平衡的关系

币值稳定和汇率稳定，有利于国际收支平衡，但为了贸易平衡而使本币对外贬值则可能导致国内通货膨胀加剧。有时为拯救濒临破产的银行而增发货币，可能导致通货膨胀。国际收支平衡有利于金融的稳定。国际收支失衡，如贸易赤字和资本大量外流，将导致货币危机。金融稳定也有利于国际收支的平衡，金融动荡将加剧资本外流，加剧国际收支失衡。

表10-1介绍了西方各主要国家货币政策最终目标的发展变化情况。

表10-1 西方各国货币政策目标的发展变化情况

国别	20世纪五六十年代	20世纪七八十年代	20世纪90年代以来
美国	以充分就业为主	以币值稳定为主	以反通胀为唯一目标
日本	对外收支平衡，物价稳定	币值稳定，对外收支平衡	物价稳定，对外收支平衡
德国	以币值稳定为主，兼顾国际收支平衡	以币值稳定为主，兼顾国际收支平衡	以币值稳定为主，兼顾国际收支平衡
英国	以充分就业为主，兼顾国际收支平衡	以币值稳定为主	以反通胀为唯一目标
加拿大	充分就业，经济增长	以币值稳定为主	以反通胀为唯一目标
意大利	充分就业，经济增长	以币值稳定为主，兼顾国际收支平衡	以币值稳定为主，兼顾国际收支平衡

四、货币政策中介指标

从货币政策工具的运用到货币政策目标的实现之间有一个相当长的作用过程，在这一过程中有必要及时了解政策工具是否得力，判断货币政策目标能否实现，这就需要借助于中介目标的设置并有效传导。货币政策中介目标也称为中介指标，是中央银行为了把货币供应控制在预定目标以内而选择采用的能够达到预定目标的中介性政策变量指标。事实上，中央银行本身并不能直接控制和实现诸如经济稳定增长这些货币政策目标。它只能借助于货币政策工具，并通过对中介指标的调节和影响最终实现政策目标。因此，中介指标成了货币政策作用过程中一个十分重要的中间环节，影响它们的选择是否正确及选定后能否达到预期调节效果，关系到货币政策最终目标能否实现。通常认为中介目标的选取要符合如下五个标准。

(一) 可控性

可控性即是否易于为中央银行所控制。通常要求中介指标与所能适用的货币政策工具之间要有密切的、稳定的和统计数量上的联系。

(二) 可测性

可测性包括两方面：一是中央银行能够迅速获取有关中介指标的准确数据；二是有明确的定义并便于观察、分析和监测。

(三) 相关性

相关性是指只要能达到中介指标，中央银行在实现或接近实现货币政策最终目标方面不会遇到障碍和困难。也就是说，要求中介指标与货币政策的最终目标之间要有密切的、稳定的和统计数量上的联系，对货币政策目标有明显的经济相关和统计相关性质。

(四) 抗干扰性

货币政策在实施过程中常会受到许多外来因素或非政策因素的干扰。只有选取受干扰程度较低的中介指标，才能通过货币政策工具的操作达到最终目标。

(五) 与经济体制、金融体制有较好的适应性

经济及金融环境不同，中央银行为实现既定的货币政策目标而采用的政策工具就不同，选择作为中介指标的金融变量也必然有区别，这是不言自明的。

根据以上五个条件，尤其是前三个条件所确定的中介指标一般有利率、货币供应量、超额

准备金和基础货币等。根据这些指标对货币政策工具反应的先后和作用于最终目标的过程，又可分为两类：一类是近期指标，即中央银行对它的控制力强，但距离货币政策的最终目标较远；另一类是远期指标，即中央银行对它的控制力较弱，但距离货币政策最终目标较近。

1. 利率指标

作为中介指标，利率的优点表现在如下方面。

(1) 可控性强，中央银行既可以直接调节再贴现率，也可以通过公开市场业务或再贴现政策，间接调节市场利率的走向。

(2) 可测性强，中央银行在任何时候都能观察到市场利率的水平及结构。

(3) 相关性强，中央银行能够通过利率变动影响投资和消费支出，从而调节总供求。

但是利率作为中介指标也有不理想之处。即利率指标往往具有双重性质：一方面，作为经济内生变量，它们的变动会受到社会经济状况的影响；另一方面，作为政策变量，它们的变动又带有政策性因素，这种状况往往会给中央银行的判断带来麻烦，使中央银行分辨不清这种变动是来自社会经济状况的影响，还是政策产生的效果，有时甚至会产生"误诊"。

2. 货币供应量

以货币供应量作为中介指标，首先遇到的困难是确定以哪种口径的货币供应量作为中介指标：是M_0，是M_1，还是M_2。就可测性、可控性来说，三个指标均可满足，它们随时都分别反映在中央银行和商业银行及其他金融机构的资产负债表上，可以进行测算和分析。M_0直接由中央银行发行并注入流通，通过控制基础货币，中央银行也能有效地控制M_1和M_2。问题在于相关性，到底是哪一个指标更能代表一定时期的社会总需求和购买力，从而通过对它的调控就可直接影响总供求。现金在现代经济生活中已经起不了这种作用，问题是M_1和M_2的优劣比较，对此有颇不相同的见解。就抗干扰性来说，货币供应量的变动作为内生变量是顺循环的，而作为政策变量则应是逆循环的。因此，政策性影响与非政策性影响，一般说来不会互相混淆。

以上两种指标一般视为远期目标。这类中介指标距离货币政策最终目标较近，但中央银行对这些指标的控制力弱于像超额准备金和基础货币这样的短期指标。

3. 超额存款准备金和基础货币

超额存款准备金对商业银行的资产业务规模有直接决定作用。法定存款准备金、公开市场业务和再贴现等货币政策工具，都是通过影响超额存款准备金的水平而发挥作用的。但是，作为中介指标，超额存款准备金往往因其取决于商业银行的意愿和财务状况而不易为货币当局测度和控制。

基础货币是流通中的现金和商业银行的法定存款准备金的总和，它构成了货币供应量倍数伸缩的基础。不像超额存款准备金，它可满足可测性和可控性的要求，数字一目了然，数量也易于调控，不少国家把它视为较理想的近期指标。

第二节　货币政策工具

一、货币政策工具概述

货币政策工具又称货币政策手段，是指中央银行为调控中介指标进而实现货币政策目标所采用的政策手段。货币政策中介指标和最终目标都是通过中央银行对货币政策工具的运用来实现的。

判断一项货币政策工具是否强有力，有以下几个标准。

(一) 控制货币供应量的能力

由于货币供应量的增减变动能直接影响社会总支出，而且能影响金融市场资金供求，甚至能影响利率及资产价格，再间接影响整个经济活动，所以，货币政策工具的优劣主要看对货币供应量的影响力如何。优良的货币政策工具对货币供应量的控制力强，相反则对货币供应量的控制力弱。

当然，不能期望货币政策工具对货币供应量有完全的控制力，因为商业银行和一般大众的活动对货币供应量都或多或少发挥影响，但货币当局所能操作的政策工具具有更大的影响力。

(二) 对利率的影响程度

利率也是货币政策的一个中介目标，它是借贷市场上资金的价格，其变动在一定程度上影响融资成本和投资收益。所以，货币政策工具的任务之一是影响利率水平，借以影响经济活动。

货币政策工具不仅应当对利率总水平有所影响，而且应当影响长短期利率的结构变化，从而影响资金的使用方向。大体上说，提高短期利率，将减少大众持有货币及向银行借款的需求；提高长期利率，产生长期投资支出趋减的效果。所以，货币政策工具必须产生对利率结构的影响力。

(三) 对商业银行行为的影响

商业银行通过贷款创造的存款是货币供应量的主要部分，商业银行的经营活动直接影响企业和个人的支出，如果货币政策工具不能强有力地影响商业银行的贷款等经营行为，那么实现货币政策的最终目标就是一句空话。货币政策工具对商业银行行为的影响主要是通过商业银行的准备金变动来实现的，因此，货币政策工具必须能有效地制约准备金的变动。

(四) 对大众预期的影响

货币政策对大众心理预期有着十分重要的影响。某一货币政策工具，经过实施之后，就会立刻产生"告示作用"，从而对企业及大众的心理预期产生影响。而这种心理预期变化，有可能加深货币政策的效果，也有可能抵消货币政策的效果。因此，在选择货币政策工具时，必须注意它对大众心理预期影响的方向，如果产生的影响是正方向的，则可视为工具；反之则相反。

(五) 伸缩性

货币政策当然要以解决经济问题进而实现货币政策目标为任务。但是，经济形势是时常变化的，有时货币政策必须随时进行调整，以适应经济形势的变化。因此，货币政策工具必须具备充分的伸缩性，可以根据任何经济形势的新变化而进行调整。但这种伸缩性必须是有限制的，如果伸缩性太大，就会引起货币政策多变，使受影响的经济部门无所适从。

二、一般性货币政策工具

一般性货币政策工具是指对货币供应总量进行调节，具有全局性影响的货币政策工具，也是中央银行普遍或常规运用的货币政策工具。中央银行经常采用的一般性货币政策工具主要有法定存款准备金、再贴现和公开市场业务，这三大传统的政策工具有时也被称为货币政策的"三大法宝"。

一般性货币政策工具的实施对象是整体经济和金融活动，主要调节货币供应总量、信用量和一般利率水平。一般性货币政策工具的根本特点在于：它是针对总量进行调节的，又称为数量工具。中央银行经常使用且对整个宏观经济运行发生影响。

(一) 法定存款准备金

1. 法定存款准备金政策工具的含义

存款准备金是指金融机构为保证客户提取存款和资金清算需要而准备的资金，存款准备金分为法定存款准备金和超额存款准备金。

法定存款准备金是指在中央银行制度建立后，各国在法律上规定商业银行必须按其吸收的存款总额的一定比率向中央银行缴存准备存款，该部分商业银行不得动用，这部分资金就是法定存款准备金。法定存款准备金占全部存款的比例就是法定存款准备金率。中央银行通过调整法定存款准备金率以增加或减少商业银行的超额准备金，影响商业银行信贷资金供应能力，以收缩或扩张信用，从而间接调控货币供应量，实现货币政策所要达到的目标。

超额存款准备金是金融机构自身决定并且存放在中央银行、超出法定存款准备金的部分，主要用于支付清算、头寸调拨和资产运用的备用资金。超额存款准备金作为货币政策的近期中介指标，直接影响社会信用总量。

商业银行将吸收的存款保留一部分用作支付准备金是由来已久的做法，把这种做法写入法律，最早见于1842年美国的《路易斯安那州银行法》，而将存款准备金集中于中央银行，则最初始于英国。以法律形式规定商业银行必须向中央银行上缴存款准备金并规定法定存款准备金率，则始于1913年美国的联邦储备法。但是，存款准备金制度建立之初其并不是作为中央银行货币政策的调节工具而设立，而是为了保持商业银行的清偿力而设立。1935年，美联储首次获得了改变法定存款准备金率的权力，存款准备金制度才真正成为中央银行货币政策的重要工具。就目前来看，凡是实行中央银行制度的国家，一般都实行法定存款准备金制度。

2. 法定存款准备金政策工具的作用

(1) 保证商业银行等存款货币机构资金的流动性。商业银行等存款货币机构为保持自己资金的流动性，一般会自觉地保留一定的现金准备，以备客户提取。在没有法定存款准备金制度规定时，商业银行可能受较好的贷款条件的诱惑而将资金大量贷出，从而影响银行的流动性和清偿力。法定存款准备金制度的建立，强制商业银行将准备金存入中央银行，可从制度上避免这种情况的发生，以保证银行资金的流动性。

(2) 集中一部分信贷资金。存款准备金缴存中央银行，使中央银行可以集中一部分信贷资金，用以履行其中央银行职能，如中央银行向商业银行提供信用贷款和再贴现贷款，以调剂不同地区和不同银行间短期资金的余缺。

(3) 调节货币供给总量。法定存款准备金制度的建立为商业银行等存款货币机构派生存款规定了一个量的界限。法定存款准备金率的调整将直接影响商业银行等存款货币机构创造派生存款的能力，从而影响货币乘数。同时，法定存款准备金率的调整还直接影响商业银行等存款货币机构的准备金结构，当提高法定存款准备金率时，商业银行的法定存款准备金增加，超额存款准备金减少，将降低商业银行的存款创造能力；反之亦然。如果法定存款准备金率的调高使法定存款准备金的增加超过商业银行超额存款准备金的数量，则将迫使商业银行减少贷款及加强贷款或投资回收，其紧缩作用相当明显。因此，法定存款准备金政策为中央银行提供了一个调节货币供给总量、实施货币政策的强有力工具。

3. 法定存款准备金政策工具的优缺点

法定存款准备金作为一种货币政策工具，其优点在于：它对所有存款货币银行的影响是平等的，对货币供给量具有极强的影响力，力度大，速度快，效果明显。

但是，它作为一种货币政策工具，也有一定的局限性。其一，对经济的振动太大。由于商业银行存款规模巨大，法定存款准备金率的轻微变动将会带来法定存款准备金量的巨大变动。通过货币乘数的放大作用，将对货币供给总量产生巨大的影响，甚至可能带来经济的强烈振荡。其二，法定存款准备金率的提高，可能使超额存款准备金率较低的银行立即陷入流动性困境。为了减少这种冲击力，中央银行将被迫通过公开市场业务或贴现窗口向急需流动性的商业银行提供流动性支持。由于法定存款准备金政策对经济的极大冲击力，因而中央银行使用时一般比较慎重。

4. 法定存款准备金率的调整

我国自1984年开始实施法定存款准备金制度。法定存款准备金率的适时调整，是该政策工具发挥作用的基本方式，其总体趋势显现为降低状态，以保持金融体系流动性合理充裕，引导货币信贷平稳适度增长，为供给侧结构性改革营造适宜的货币金融环境。图10-1介绍的是2018年以来金融机构平均法定存款准备金率变动情况。表10-2介绍了截至2024年2月，金融机构法定存款准备金率情况。为巩固和增强经济回升向好态势，中国人民银行自2024年2月5日起，下调金融机构法定存款准备金率0.5个百分点(不含已执行5%法定存款准备金率的金融机构)，本次下调后，金融机构加权平均存款准备金率约为7.0%，较2018年初降低8个百分点。

图10-1　2018年以来金融机构平均法定存款准备金率变动情况

(资料来源：中国人民银行网站)

表10-2　金融机构法定存款准备金率情况(截至2024年2月5日)

金融机构	法定存款准备金率
大型银行	8.5%
中型银行	6.5%
小型银行	5.0%

说明：大型银行包括国有大型银行，中型银行包括股份制商业银行等，小型银行包括4000多家农村商业银行、农村合作银行、农村信用社和村镇银行等。

(资料来源：中国人民银行网站)

中国人民银行对各金融机构的法定存款准备金按法人统一考核,实行按旬考核。许多国家商业银行存入中央银行的法定存款准备金一般是无息的。这种无息的准备金存款相当于对商业银行征收一种赋税。因此,当法定存款准备金率过高时,将削弱这些金融机构与其他不缴法定存款准备金的金融机构的竞争能力。因此,国外有人建议中央银行应该对金融机构的法定存款准备金支付利息。我国商业银行存入中央银行的法定存款准备金是有息的。

从对我国法定存款准备金利率及其对银行经营活动的影响分析可见,由于商业银行对企业的贷款存在信用风险,而在中央银行的准备金存款无信用风险,如中央银行按照市场利率支付法定存款准备金利息,将导致商业银行"惜贷"而把资金大量存入中央银行,从而不利于中央银行货币政策的有效实施。更好的做法是中央银行按照低于金融市场存款利率的水平支付商业银行法定存款准备金利息。这既考虑了商业银行的利益,又不至于鼓励其"惜贷"。这正是我国目前的做法。

2018年1月1日至2024年2月5日央行下调法定存款准备金率(以下称为降准)情况。2018年以来,央行17次下调法定存款准备金率,共释放长期资金约13.4万亿元。其中,2018年4次降准释放资金3.7万亿元,2019年3次降准释放资金2.7万亿元,2020年3次降准释放资金1.8万亿元,2021年2次降准释放资金2.2万亿元,2022年2次降准释放资金1万亿元,2023年3月和9月2次降准释放资金总量约1万亿元,2024年2月1次降准释放资金约1万亿元。通过降准政策的实施,优化了金融机构的资金结构,满足了银行体系特殊时点的流动性需求,加大了对中小微企业的支持力度,降低了社会融资成本,推进了市场化法治化"债转股",鼓励了广大农村金融机构服务当地、服务实体,有力地支持了疫情防控和企业复工复产,发挥了支持实体经济的积极作用。降准操作并不改变央行资产负债表规模,只影响负债方的结构,短期内商业银行可能根据经营需要减少对中央银行的负债,因此基础货币可能有所下降。但从长期来看,降准不但不会使货币供应量收紧,反而具有很强的扩张效应。降低法定存款准备金率,意味着商业银行被央行依法锁定的钱减少了,可以自由使用的钱相应增加了,从而提高了货币创造能力,这与美联储等发达经济体央行通过减少债券持有量的"缩表"从而达到收紧货币的目的正相反。中国人民银行坚决贯彻落实党的二十大、中央经济工作会议和全国"两会"精神,按照党中央、国务院决策部署,精准有力实施好稳健货币政策,更好发挥货币政策工具的总量和结构双重功能,保持货币信贷总量适度、节奏平稳,保持流动性合理充裕,保持货币供应量和社会融资规模增速同名义经济增速基本匹配,更好地支持重点领域和薄弱环节,不搞"大水漫灌",兼顾内外平衡,着力推动经济高质量发展。

(二) 再贴现

1. 再贴现政策工具的含义

再贴现是指持有票据的金融机构在票据到期日前,将票据权利背书转让给中央银行,由其扣除一定利息后,将约定金额支付给持票行的票据行为。再贴现政策是指中央银行通过提高或降低再贴现率的办法,影响商业银行筹资成本,进而影响商业银行等存款货币机构从中央银行获得的再贴现贷款和超额准备金,达到增加或减少货币供给量、实现货币政策目标的一种政策措施。此外,再贴现政策还可按国家产业政策的要求,有选择地对不同种类的票据进行融资,促进经济结构调整。

再贴现政策一般包括两方面的内容:一是再贴现率的调整;二是规定向中央银行申请再贴现票据的资格。

再贴现政策是由历史上较早出现的再贴现业务发展而来的。早期的再贴现业务是一种纯粹的信用业务。商业银行通过将其持有的未到期的商业票据拿到中央银行办理再贴现，以获得一定数量的资金，解决暂时的资金短缺问题。随着中央银行职能的不断完善和调节宏观经济作用的日益加强，再贴现业务逐步演化为一种调节货币供给总量的货币政策工具。

再贴现率的高低及其变动会影响中央银行的货币政策效应，因此必须谨慎对待。中央银行的决策机构通常定期举行会议研究并决定再贷款利率及再贴现率。

2. 再贴现政策工具的作用

(1) 再贴现率的升降会影响商业银行等存款货币机构的超额存款准备金和资金成本，从而影响它们的贷款量和货币供给量。当再贴现率提高时，商业银行等存款货币机构从中央银行贴现窗口借款的成本上升，因而将减少其贴现贷款，使商业银行的超额存款准备金相应缩减。如果超额存款准备金不足，商业银行就只能收缩对客户的贷款和投资规模，从而也就缩减了市场的货币供应量，随着市场货币量的缩减，银根紧缩，市场利率也相应上升，社会对货币的需求也相应减少。与此相反，当中央银行降低再贴现利率时，商业银行向中央银行借款或贴现的资金成本降低，借款比较容易，这就会增加向中央银行的借款或贴现，商业银行的超额存款准备金相应增加。商业银行超额存款准备金相对充裕时，放款有利可图，商业银行会扩大对客户的贷款和投资规模，从而导致市场货币供应量增加，市场利率相应降低，社会对货币的需求也会相应增加。因此，中央银行通过调整再贴现率间接地干预了商业银行的融资政策，使其改变放款和投资活动，可以影响市场银根松紧。

(2) 再贴现政策对调整信贷结构有一定效果。中央银行通过再贴现政策不仅能够影响货币供给总量的增减，而且可以调整信贷结构，使之与产业政策相适应。其方法有两种：一是中央银行可以规定再贴现票据的种类，决定何种票据具有再贴现资格，从而影响商业银行的资金投向；二是对再贴现的票据实行差别再贴现率。如中央银行对再贴现票据按国家政策进行分组，对各组票据规定不同的再贴现率，从而影响各种再贴现票据的再贴现数量，使货币供给结构与中央银行的政策意图相符合。

(3) 再贴现率的升降可产生货币政策变动方向和力度的告示作用，从而影响公众预期。当再贴现率提高时，意味着中央银行将实行较为紧缩的货币政策；反之则意味着中央银行将实行较为宽松的货币政策。这对于引导公众预期具有重要作用。

(4) 防止金融恐慌。除作为影响基础货币和货币供给总量的一种工具外，再贴现还具有防止金融恐慌的作用。在发生银行危机的时候，再贴现是中央银行向商业银行系统提供信贷资金的一种特别有效的方法。通过该渠道，资金可以立刻被送到急需它们的商业银行手里。再贴现是中央银行作为"最后贷款人"而发挥作用的主要形式。在1929—1933年间的金融危机中，美联储没有很好地利用贴现工具防止恐慌的发生和蔓延。而此后，它吸取该教训，在1974年拯救陷入困境的富兰克林国民银行和大陆伊利诺斯国民银行，以及1987年防止"黑色星期一"股市风潮可能引发的金融恐慌方面，利用其再贴现工具发挥了重要的作用。

3. 再贴现政策工具的优缺点

再贴现政策的最大优点是中央银行可利用它来履行"最后贷款人"的职责，并在一定程度上体现中央银行的政策意图，既可以调节货币供给总量，又可以调节信贷结构。但它同样存在一定的局限性。

(1) 调整再贴现率的告示效应是相对的，有时并不能准确反映中央银行货币政策的意图。

如果市场利率相对于再贴现率正在上升，则再贴现贷款将增加。这时即使中央银行并无紧缩意图，但为了控制再贴现贷款规模和调节基础货币的结构，它也会提高再贴现率以使其保持与市场利率变动的一致。但这可能被公众误认为是中央银行正在转向紧缩性货币政策的信号。这时，告示效应带来的可能并非有助于中央银行货币政策意图的正确表示。更好的办法可能是直接向公众宣布中央银行的货币政策意图。

(2) 再贴现政策是缺乏弹性的。一方面，再贴现率的随时调整，通常会引起市场利率的经常性波动，这会使企业或商业银行无所适从；另一方面，再贴现率不随时调整，又不宜于中央银行灵活地调节市场货币供应量，因此，再贴现政策的弹性是很小的。当中央银行把再贴现率定在一个特定水平上时，市场利率与再贴现率中间的利差将随市场利率的变化而发生较大的波动。这些波动可能导致再贴现贷款规模乃至货币供应量发生非政策意图的较大波动。

(3) 利用再贴现率的调整来控制货币供给量的主动权并不完全在中央银行。中央银行能够调整再贴现率，但不能强迫商业银行办理再贴现。再贴现率高低有一定限度，而在经济繁荣或经济萧条时期，再贴现率无论高低，都无法限制或刺激商业银行向中央银行再贴现，这也使中央银行难以有效地控制货币供应量。相对于公开市场业务，再贴现政策的效果更难控制。

由于再贴现政策存在着上述局限性，货币学派的代表人物弗里德曼和其他一些经济学家建议，中央银行应该取消这项政策工具，以建立更为有效的货币控制。但大多数经济学家并不支持该建议，他们认为再贴现政策仍然具有重要的作用。

中国再贴现自1986年开办，2008年开始发挥结构性功能，重点用于支持扩大涉农、小微和民营企业融资。近几年中国人民银行再贴现资金主要用于支持中小银行、企业复工复产、脱贫攻坚、春耕备耕、禽畜养殖、外贸行业等资金需求，并加大对受疫情影响较大的旅游娱乐、住宿餐饮、交通运输等行业，以及对防疫重点地区的支持力度。后面结构型工具中还会介绍。

(三) 公开市场业务

1. 公开市场业务政策工具的含义

公开市场业务也称公开市场操作，是指中央银行在金融市场买进或卖出有价证券，以改变商业银行等存款货币机构的超额存款准备金，进而影响货币供给量和利率，实现货币政策目标的一种政策措施。中国公开市场操作包括人民币操作和外汇操作两部分。外汇公开市场操作于1994年3月启动，人民币公开市场操作于1998年5月26日恢复交易，规模逐步扩大。1999年以来，公开市场操作发展较快，目前已成为中国人民银行货币政策日常操作的主要工具之一，目前公开市场业务交易几乎每个工作日都在进行操作，这对于调节银行体系流动性水平、引导货币市场利率走势、促进货币供应量合理增长发挥了积极的作用。

中国人民银行从1998年开始建立公开市场业务一级交易商制度，选择了一批能够承担大额债券交易的商业银行作为公开市场业务的交易对象。2004年建立了公开市场业务一级交易商年度考评调整机制，为择优筛选央行合格交易对手和平稳开展公开市场操作提供了有力的制度保障。一级交易商的机构类别也从商业银行扩展至证券公司等其他金融机构，2023年一级交易商51家。

2. 公开市场业务政策工具的作用

公开市场业务作为政策工具通常具有以下三方面的作用。

(1) 调控存款货币银行的超额存款准备金和货币供给量。中央银行通过在金融市场买进或卖出有价证券，可直接增加或减少商业银行等存款货币机构的超额储备水平，从而影响存款货币银行的贷款规模和货币供给总量。

(2) 影响利率水平和利率结构。中央银行通过在公开市场买卖有价证券可从两个渠道影响利率水平。当中央银行买进有价证券时，一方面，证券需求增加，证券价格上升；另一方面，商业银行超额存款准备金增加，货币供给增加，这两方面均影响利率，促使利率下降。由于利率下降对微观经济主体借款和消费的刺激作用，又在一定程度上促进扩张政策的实现。当中央银行卖出有价证券时，利率的变化方向相反。此外，中央银行在公开市场买卖不同期限的有价证券，可直接改变市场中不同期限证券的供求平衡状况，从而使利率结构发生变化。

(3) 与再贴现政策配合使用，可以改善货币政策效果。当中央银行提高再贴现率时，如果商业银行持有较多超额存款准备金而不依赖中央银行贷款，使紧缩性货币政策难以奏效。这时，中央银行若以公开市场业务相配合，在公开市场卖出政府债券，则商业银行的超额存款准备金必然减少，紧缩政策目标得以实现。

3. 公开市场业务的政策目的

公开市场业务的政策目的有两个。

(1) 维持既定的货币政策，又可称为保卫性目标。除中央银行的公开市场业务外，影响存款货币银行超额存款准备金的因素还有很多，如公众持有通货数量的改变等。这些因素并非中央银行能够直接控制，因此，要避免这些因素变动对存款货币银行超额储备水平和货币供给总量的影响，中央银行必须预测这些因素的变化，并采取相应的公开市场业务来抵消其变化的影响，以保持存款货币银行储备水平的稳定和既定货币政策目标的实现。在此目标下，公开市场业务的任务是：通过及时、准确的短期操作，以保证既定货币政策目标的实现。

(2) 实现货币政策的转变，又可称为主动性目标。当中央银行货币政策方向和力度发生变化时，可通过公开市场业务来实现其转变。在此目标下，其任务是通过连续、同向操作，买入或卖出有价债券，增加或减少商业银行的超额存款准备金总量和货币供给总量，达到实施扩张或紧缩的货币政策目标。

4. 公开市场业务的优点

与其他货币政策工具相比，公开市场业务具有以下优点。

(1) 公开市场业务的主动权完全掌握在中央银行手中，其操作规模大小完全受中央银行自己控制，而不像再贴现业务规模不完全受中央银行控制。

(2) 公开市场业务可以灵活精巧地进行，用较小的规模和步骤进行操作，可以较为准确地达到政策目标，不会像法定存款准备金政策那样对经济产生过于猛烈的冲击。

(3) 公开市场业务可以进行经常性、连续性的操作，具有较强的伸缩性，是中央银行进行日常性调节的较为理想的工具。

(4) 公开市场业务具有极强的可逆转性，当中央银行在公开市场业务中发现操作不当时，可立即逆向使用该工具以纠正其错误。而其他货币政策工具则不能迅速逆转。

(5) 公开市场业务可迅速地操作。当中央银行决定要改变商业银行超额存款准备金水平和基础货币数量时，只要向公开市场交易商发出购买或出售的指令，交易便可很快执行。

公开市场业务存在许多优点，它已成为大多数国家中央银行经常使用的货币政策工具。在多数发达国家，公开市场操作是中央银行吞吐基础货币、调节市场流动性的主要货币政策工具，通过中央银行与市场交易对手进行有价证券和外汇交易，实现货币政策调控目标。部分国家和地区中央银行公开市场操作开展情况如表10-3所示。

表10-3　部分国家和地区中央银行公开市场操作开展情况

国家(或地区)中央银行	启用年份	交易工具	交易方式
英格兰银行	1694	商业票据、政府债券	买卖、回购
美国联邦储备系统	1920	政府债券	回购、买卖
加拿大银行	1935	政府债券	买卖、回购
法兰西银行	1930	货币市场债券、国债	买卖、回购
瑞士国民银行	1930	银行债券	买卖
澳大利亚储备银行	1950	政府债券	回购
德意志联邦银行	1955	政府债券、票据	回购、买卖
韩国银行	1961	政府债券、货币稳定债券、外汇、基金债券	回购、发行
日本银行	1962	政府债券、票据、大额可转让存单	回购、买卖
巴西中央银行	1970	政府指数债券、中央银行债券	买卖、回购
泰国银行	1979	政府债券、中央银行债券	回购、发行
印度尼西亚银行	1984	中央银行存单、银行承兑汇票	回购、买卖
新西兰储备银行	1986	政府债券、中央银行债券	回购、发行
马来西亚银行	1987	政府债券、中央银行债券	回购、发行
新加坡金融管理局	1980	国债	发行、回购
埃及中央银行	1980	国债	发行、回购
阿根廷中央银行	1980	国债	买卖、回购
印度储备银行	1980	国债	买卖、回购
俄罗斯中央银行	1994	国债	买卖、回购、逆回购
中国人民银行	1994	外汇、国债	买卖、回购、逆回购

(资料来源：中国人民银行，1994—1996年公开市场业务年报)

5. 公开市场业务的局限性

(1) 公开市场业务操作较为细微，技术性较强，政策意图的告示作用较弱。

(2) 需要以较为发达的有价证券市场为前提。如果市场发育程度不够，或者交易工具太少等，都将制约公开市场业务的效果。

6. 公开市场业务的具体操作

(1) 公开市场业务的操作计划。公开市场业务具体实施，是通过公开市场操作室来完成的。为实现公开市场业务的操作目标，公开市场操作室必须首先确定公开市场操作量并制订操作计划。公开市场操作量根据中央银行的货币政策意图和存款货币银行的超额储备状况来确定。

(2) 公开市场业务的操作方式。公开市场业务操作有两种基本方式：一是长期性储备调节，为改变商业银行等存款货币机构的超额储备水平而使用；二是临时性储备调节，为抵消其他因素的影响，维持商业银行等存款货币机构的超额储备水平而使用。两种操作工具的特点及其影响如表10-4所示。

表10-4 公开市场操作方式的比较

公开市场操作		对储备的影响	特点
长期性操作	购入债券	长期性增加	(1) 长期内的储备调节 (2) 单向性的储备调节 (3) 用于货币政策重大变化
	售出债券	长期性减少	
临时性操作	购买—回购协议	临时性增加	(1) 短期内的储备调节 (2) 双向性的储备调节 (3) 用于维持既定货币政策
	售出—购回协议	临时性减少	

(3) 公开市场业务的操作对象。中央银行的公开市场业务操作是与政府债券一级交易商进行的。在政府债券市场上，有众多的证券交易商，但中央银行只在其中选择部分一级交易商作为交易对象。选择交易对象的标准主要有：一是该金融机构的资本与其掌握的头寸相比，是否充足；二是该金融机构的业务量是否具有一定规模，是否一直是市场比较活跃的报价行；三是该金融机构是否有较强的管理能力。

(4) 公开市场业务的交易方式。从交易品种看，中国人民银行公开市场业务债券交易主要包括：回购交易、现券交易和发行中央银行票据。其中，回购交易分为正回购和逆回购两种。正回购为中国人民银行向一级交易商卖出有价证券，并约定在未来特定日期买回有价证券的交易行为，正回购为央行从市场收回流动性的操作，正回购到期则为央行向市场投放流动性的操作；逆回购为中国人民银行向一级交易商购买有价证券，并约定在未来特定日期将有价证券卖给一级交易商的交易行为，逆回购为央行向市场上投放流动性的操作，逆回购到期则为央行从市场收回流动性的操作。回购业务一般采取底价利率招标进行。现券交易分为现券买断和现券卖断两种，前者为央行直接从二级市场买入债券，一次性地投放基础货币；后者为央行直接卖出持有债券，一次性地回笼基础货币。中央银行票据是中央银行为调节商业银行超额存款准备金而向商业银行发行的短期债务凭证，央行通过发行央行票据可以回笼基础货币，央行票据到期则体现为投放基础货币。

(5) 公开市场业务的操作过程。公开市场操作过程是按一定程序进行的。通常美联储公开市场操作室每天的操作流程见表10-5。

表10-5 美联储公开市场操作室每天的操作流程

时间	活动清单
08:30	收集经济金融信息，观察市场反应
09:00	与公开市场交易商讨论市场发展情况
10:30	与财政部电话联系，取得政策的协调一致
10:45	确定一天操作方案
11:15	与公开市场委员会代表例行电话会议
11:40	与交易商联系，宣布公开市场操作
17:00	操作情况交流与检查

我国公开市场操作国债回购的操作过程如下。①每次操作前，中国人民银行公开市场操作室公布五个方面的信息：回购的种类、回购债券的品种、回购期限的档次、回购数量总额、回购底价利率。②各交易商在规定的时间内向公开市场操作室投标。在同一交易日，每个交易商

对公开市场操作室发布的每一招标书的投标次数不得超过3次。③公开市场操作室根据公平、公正的市场原则确定各交易商的投标是否中标。

公开市场操作室在该交易日内向中标的一级交易商发出回购中标通知书。回购中标通知书即为回购成交确认书。若回购双方对回购中标通知书内容无异议，将与国债回购主协议一起构成买卖双方确认交易条款的法律依据；若由于技术性原因而引起回购双方对中标通知书内容发生争议，双方必须次日上午之前针对有争议部分进行重新核实确认或纠正。回购双方必须在次日(遇节假日顺延)进行清算和交割。

此外，在公开市场业务中还包括中央银行发行票据业务、央行票据互换工具(CBS)业务和短期流动性调节工具(SLO)交易业务。中央银行票据(Central Bank Bill)其实质是中央银行债券，之所以叫"中央银行票据"，是为了突出其短期性特点(从已发行的央行票据来看，期限最短的3个月，最长的也只有3年)。央行票据互换工具(CBS)是为提高银行永续债的流动性，由中国人民银行决定创设的工具，公开市场业务一级交易商可以使用持有的合格银行发行的永续债从中国人民银行换入央行票据。短期流动性调节工具(SLO)，是公开市场常规操作的必要补充，在银行体系流动性出现临时性波动时相机使用，公开市场短期流动性调节工具以7天期以内短期逆回购或正回购为主，也有隔夜等超短期品种，作为指引市场基准利率的努力，为利率市场化进程打下更好的基础，但未作为优先的常规性制度安排。

三、结构性货币政策工具

我国的结构性货币政策工具是中国人民银行引导金融机构信贷投向，发挥精准滴灌、杠杆撬动作用的工具，通过提供再贷款或资金激励的方式，支持金融机构加大对特定领域和行业的信贷投放，降低企业融资成本。

结构性货币政策工具分为长期性工具和阶段性工具，如表10-6所示。

表10-6 主要结构性货币政策工具情况表(截至2024年1月)

	工具名称	利率(1年期)
长期性工具	支农再贷款	1.75%
	支小再贷款	1.75%
	再贴现	1.75%(6个月)
阶段性工具	普惠小微贷款支持工具	1%(激励)
	抵押补充贷款	2.25%
	碳减排支持工具	1.75%
	支持煤炭清洁高效利用专项再贷款	1.75%
	科技创新再贷款	1.75%
	普惠养老专项再贷款	1.75%
	交通物流专项再贷款	1.75%

(资料来源：中国人民银行官网)

结构性货币政策工具兼具总量和结构双重功能，一方面，结构性货币政策工具建立激励相容机制，将央行资金与金融机构对特定领域和行业的信贷投放挂钩，发挥精准滴灌实体经济的独特优势；另一方面，结构性货币政策工具具有基础货币投放功能，有助于保持银行体系流动性合理充裕，支持信贷平稳增长。具体工具介绍如下。

(一) 支农再贷款

支农再贷款自1999年起向地方法人金融机构发放，引导其扩大涉农信贷投放，降低"三农"融资成本。发放对象为农村商业银行、农村合作银行、农村信用社和村镇银行。对符合要求的贷款，按贷款本金的100%予以资金支持。属于长期性工具。

(二) 支小再贷款

支小再贷款自2014年起向地方法人金融机构发放，引导其扩大小微、民营企业贷款投放，降低融资成本。发放对象包括城市商业银行、农村商业银行、农村合作银行、村镇银行和民营银行。对符合要求的贷款，按贷款本金的100%予以资金支持。属于长期性工具。

(三) 再贴现

再贴现是中国人民银行对金融机构持有的已贴现票据进行贴现的业务，自1986年开办，2008年开始发挥结构性功能，重点用于支持扩大涉农、小微和民营企业融资。发放对象包括全国性商业银行、地方法人银行和外资银行等具有贴现资格的银行业金融机构。属于长期性工具。

(四) 普惠小微贷款支持工具

按照国务院常务会议决定，2021年12月，中国人民银行创设普惠小微贷款支持工具，支持对象为地方法人金融机构，对其发放的普惠小微贷款，按照余额增量的2%提供激励资金，鼓励持续增加普惠小微贷款。实施期为2022年到2023年6月末，按季操作。属于阶段性工具。

(五) 抵押补充贷款

2014年，中国人民银行创设抵押补充贷款。抵押补充贷款主要服务于棚户区改造、地下管廊建设、重大水利工程、"走出去"等重点领域。发放对象为国家开发银行、农发行和进出口银行。对属于支持领域的贷款，按贷款本金的100%予以资金支持。属于阶段性工具。

(六) 碳减排支持工具

按照国务院常务会议决定，2021年11月，中国人民银行联合国家发改委、生态环境部创设碳减排支持工具，发放对象为21家全国性金融机构、部分外资金融机构和地方法人金融机构，明确支持清洁能源、节能环保、碳减排技术三个重点减碳领域。对于符合要求的贷款，按贷款本金的60%予以低成本资金支持。经国务院批准，政策延续至2024年末，实施期为2021年到2024年末，按季操作。属于阶段性工具。

(七) 支持煤炭清洁高效利用专项再贷款

按照国务院常务会议决定，2021年11月，人民银行联合国家发改委、能源局创设支持煤炭清洁高效利用专项再贷款，发放对象为国家开发银行、进出口银行、工行、农行、中行、建行和交行共7家全国性金融机构，明确支持煤的大规模清洁生产、清洁燃烧技术运用等七个煤炭清洁高效利用领域，以及支持煤炭开发利用和增强煤炭储备能力。对于符合要求的贷款，按贷款本金的100%予以低成本资金支持。经国务院批准，政策延续至2023年末，实施期为2021年到2023年末，按月操作。属于阶段性工具。

(八) 科技创新再贷款

按照国务院常务会议决定，2022年4月，中国人民银行联合工信部、科技部创设科技创新再贷款，发放对象为21家全国性金融机构，明确支持高新技术企业、专精特新中小企业、国家技术创新示范企业、制造业单项冠军企业等科技创新企业；对于符合要求的贷款，按贷款本金的60%予以低成本资金支持，按季操作。属于阶段性工具。

(九) 普惠养老专项再贷款

按照国务院常务会议决定，2022年4月，中国人民银行联合国家发改委创设普惠养老专项再贷款，发放对象为国家开发银行、进出口银行、工行、农行、中行、建行和交行共7家全国性金融机构，明确支持符合标准的普惠养老机构项目，初期选择浙江、江苏、河南、河北、江西等五个省份开展试点；对于符合要求的贷款，按贷款本金的100%予以低成本资金支持，实施期暂定两年，按季操作。属于阶段性工具。

(十) 交通物流专项再贷款

按照国务院常务会议决定，2022年5月，人民银行联合交通运输部创设交通物流专项再贷款，发放对象为农发行、工行、农行、中行、建行、交行和邮储银行共7家全国性金融机构，明确支持道路货物运输经营者和中小微物流(含快递)企业。对于符合要求的贷款，按贷款本金的100%予以低成本资金支持。经国务院批准，政策延续至2023年6月末，实施期为2022年5月至2023年6月末，按季操作。属于阶段性工具。

除上述结构性工具外，央行在2022年第四季度补充实施了设备更新改造专项再贷款、普惠小微贷款减息支持工具和收费公路贷款支持工具，在2022年11月至2023年3月末实施了"保交楼"贷款支持计划，在2022年11月至2025年10月末实施了民营企业债券融资支持工具(第二期)，2023年实施房企纾困专项再贷款，2023—2024年实行租赁住房贷款支持计划等。

四、配合流动性管理的货币政策工具

(一) 常备借贷便利(SLF)

从国际经验看，中央银行通常综合运用常备借贷便利和公开市场操作两大类货币政策工具管理流动性。常备借贷便利的主要特点：①由金融机构主动发起，金融机构可根据自身流动性需求申请常备借贷便利；②常备借贷便利是中央银行与金融机构"一对一"交易，针对性强；③常备借贷便利的交易对手覆盖面广，通常覆盖存款金融机构。

全球大多数中央银行具备借贷便利类的货币政策工具，但名称各异，如美联储的贴现窗口、欧洲央行的边际贷款便利、英格兰银行的操作性常备便利、日本银行的补充贷款便利、加拿大央行的常备流动性便利、新加坡金管局的常备贷款便利，以及新兴市场经济体中的俄罗斯央行的担保贷款、印度储备银行的边际常备便利、韩国央行的流动性调整贷款、马来西亚央行的抵押贷款等。借鉴国际经验，中国人民银行于2013年初创设了常备借贷便利(standing lending facility，SLF)。

常备借贷便利是中国人民银行正常的流动性供给渠道，主要功能是满足金融机构期限较长的大额流动性需求。对象主要为政策性银行和全国性商业银行。期限为1～3个月。利率水平根据货币政策调控、引导市场利率的需要等综合确定。常备借贷便利以抵押方式发放，合格抵押品包括高信用评级的债券类资产及优质信贷资产等。

为满足金融机构临时性流动性需求，2023年12月，中国人民银行对金融机构开展常备借贷便利操作共158.48亿元，其中隔夜1.18亿元，7天期138.80亿元，1个月期18.50亿元。期末常备借贷便利余额为157.30亿元。常备借贷便利利率发挥了利率走廊上限的作用，有利于维护货币市场利率平稳运行。隔夜、7天、1个月常备借贷便利利率分别为2.65%、2.80%、3.15%。

(二) 中期借贷便利(MLF)

当前银行体系流动性管理不仅面临来自资本流动变化、财政支出变化及资本市场IPO等多方面的影响，还承担着完善价格型调控框架、引导市场利率水平等多方面的任务。为保持银行体系流动性总体平稳适度，支持货币信贷合理增长，中央银行需要根据流动性需求的期限、主体和用途不断丰富和完善工具组合，以进一步提高调控的灵活性、针对性和有效性。2014年9月，中国人民银行创设了中期借贷便利(medium-term lending facility，MLF)。

中期借贷便利是中央银行提供中期基础货币的货币政策工具，对象为符合宏观审慎管理要求的商业银行、政策性银行。中期借贷便利采取质押方式发放，金融机构提供国债、央行票据、政策性金融债、高等级信用债等优质债券作为合格质押品。中期借贷便利利率发挥中期政策利率的作用，通过调节向金融机构中期融资的成本来对金融机构的资产负债表和市场预期产生影响，引导其向符合国家政策导向的实体经济部门提供低成本资金，促进降低社会融资成本。2018年6月为进一步加大对小微企业、绿色经济等领域的支持力度，并促进信用债市场健康发展，中国人民银行决定适当扩大中期借贷便利(MLF)担保品范围。新纳入中期借贷便利担保品范围的有：不低于AA级的小微企业、绿色和"三农"金融债券，AA+、AA级公司信用类债券(优先接受涉及小微企业、绿色经济的债券)，优质的小微企业贷款和绿色贷款。

据2023年12月数据显示，为维护银行体系流动性合理充裕，结合金融机构流动性需求，中国人民银行对金融机构开展中期借贷便利操作共14 500亿元，期限1年，利率为2.50%，较上月持平。期末中期借贷便利余额为70 750亿元。

五、选择性货币政策工具

选择性货币政策工具是指中央银行针对某些特殊的经济领域或特殊用途的信贷而采用的信用调节工具。其主要有消费者信用控制、证券市场信用控制、不动产信用控制和优惠利率。

(一) 消费者信用控制

消费者信用控制是指中央银行对消费者不动产以外的耐用消费品分期购买或贷款的管理措施。其目的在于影响消费者对耐用消费品有支付能力的需求。

在消费过度膨胀时，可对消费者信用采取一些必要的处理措施：①规定分期购买耐用消费品首期付款的最低限额，这一方面降低了该类商品信贷的最高贷款额，另一方面则限制了缺乏现金支付首期付款的消费；②规定消费信贷的最长期限，从而提高每期还款金额，限制平均收入水平和目前收入水平较低的人群的消费；③规定可用消费信贷购买的耐用消费品种类，也就限制了消费信贷的规模。该类措施在消费膨胀时能够有效地控制消费信用的膨胀，许多国家在严重通货膨胀时期都采用过。相反，在经济衰退、消费萎缩时，则应放宽甚至取消这些限制措施，以提高消费者对耐用消费品的购买能力，刺激消费的回升。

(二) 证券市场信用控制

证券市场信用控制是指中央银行对有价证券的交易，规定应支付的保证金限额，目的在于限制用借款购买有价证券的比重。它是对证券市场的贷款量实施控制的一项特殊措施，在美国货币政策史上最早出现，目前继续使用。

中央银行规定保证金限额的目的：一方面是控制证券市场的信贷资金需求，稳定证券市场价格；另一方面则是调节信贷供给结构，通过限制大量资金流入证券市场，使较多的资金用于生产和流通领域。我国改革开放以来，证券市场从无到有，发展迅速，但也出现了大量信贷资金流入股市、债市和期货市场，导致证券市场过热，出现金融资产泡沫的不良运行状况。为解决该问题，我国实行了证券业和银行业分业经营的管理体制，采取一系列措施限制信贷资金流入股市，限制证券经纪公司向客户透支炒股等，对于我国稳定金融市场，抑制金融泡沫、避免金融危机发挥了重要作用。

(三) 不动产信用控制

不动产信用控制是指中央银行对商业银行等金融机构向客户提供不动产抵押贷款的管理措施。其主要是规定贷款的最高限额、贷款的最长期限和第一次付现的最低金额等。采取这些措施的目的主要在于限制房地产投机，抑制房地产泡沫。美国在第二次世界大战和朝鲜战争时期，为了确保经济资源尽量用于战争，特设置W规则限制消费信用，X规则限制不动产信用。

我国在20世纪90年代初期也出现了房地产过热的情况，各行各业、各种资金大量流向房地产投机，形成大量的房地产泡沫。为了限制房地产投机，国家采取了一系列措施限制信贷资金向房地产的过度流入，对抑制房地产泡沫发挥了一定的作用。而在20世纪90年代后期，为了有效地扩大内需，刺激经济增长，抵消亚洲金融危机和世界经济衰退的不利影响，国家则采取了一系列措施放开房地产信贷限制，特别是住房信贷限制，既配合了住房分配货币化改革的需要，又推动了住房消费和房地产业的发展。2007年房产价格上涨过快，对全面物价上涨起了推波助澜的作用，国家采取各种办法控制房价，包括提高第二套住房贷款的首付比例等方法。

(四) 优惠利率

优惠利率是指中央银行对国家拟重点发展的某些部门、行业和产品规定较低的利率，以鼓励其发展，有利于国民经济产业结构和产品结构的调整和升级换代。优惠利率主要配合国民经济产业政策使用。例如，对急需发展的基础产业、能源产业、新技术、新材料的生产，出口创汇企业的产品的生产等，给予较低的优惠利率，提供资金方面的支持。

实行优惠利率有两种方式：其一，中央银行对这些需要重点扶持发展的行业、企业和产品规定较低的贷款利率，由商业银行执行；其二，中央银行对这些行业和企业的票据规定较低的再贴现率，引导商业银行的资金投向和投量。优惠利率多为发展中国家所采用。我国在此方面也使用较多。

六、其他货币政策工具

(一) 直接信用控制

直接信用控制是以行政命令或其他方式，直接对金融机构尤其是商业银行的信用活动进行控制。其主要手段包括规定利率限额及信用配额、规定金融机构的流动性比率和直接干预等。直接信用控制的手段一般都是根据不同情况有选择地使用，并且这类手段更多地通过金融监管来进行。

规定利率限额主要是规定贷款利率下限和存款利率上限，这是最常见的手段之一，其目的是防止金融机构为谋求高利而进行风险存贷或过度竞争。在美国，这一手段曾长期使用。

信用配额是指中央银行根据市场资金供求状况及客观经济需要，分别对各个商业银行的信用规模或贷款规模加以分配，限制其最高数量。在多数发展中国家，这一手段经常被采用。

规定金融机构流动性比率也是限制商业银行等金融机构信用扩张的主要措施，是保证金融机构安全的手段。流动性比率是指流动性资产对总资产的比重，一般说来，流动性比率与收益率成反比。为保持中央银行规定的流动性比率，商业银行必须采取缩减长期放款、扩大短期放款和增加应付提现的流动性资产等措施。

直接干预是中央银行直接对商业银行的信贷业务、放款范围等加以干预，如对业务经营不当的商业银行拒绝再贴现或实现高于一般利率的惩罚性利率，以及对银行吸收存款的范围加以干涉等。

(二) 间接信用指导

中央银行还可通过道义劝告和窗口指导的方式对信用变动方向和重点实施间接指导。

所谓道义劝告，是指中央银行利用其声望和地位，对商业银行和其他金融机构经常发出通告、指示或与各金融机构的负责人进行面谈，交流信息，解释政策意图，使商业银行和其他金融机构自动采取相应措施来贯彻中央银行的政策。这不仅在西方国家采用，在我国也较多地采用，如各种工作会议、"吹风会议"等。这对于各金融机构正确地理解中央银行的货币政策意图，正确地贯彻和实施货币政策都具有积极的意义。

窗口指导则是中央银行根据产业行情、物价趋势和金融市场动向，规定商业银行的贷款重点投向和贷款变动数量等。这些规定虽然没有法律强制力，但其作用有时也很大。窗口指导曾一度是日本银行货币政策的主要工具。我国在取消贷款规模控制以后，更加注重窗口指导的作用，在1998年国家就颁发了产业投资指导政策，以指导商业银行的贷款方向。此外，还定期(按年和季)对国有商业银行下达贷款增量的指导性计划，引导其贷款规模控制。

间接信用指导的优点是较为灵活，但其发挥作用的大小，取决于中央银行在金融体系中是否具有较高的地位、较高的威望和控制信用的足够的法律权力和手段。我国在从计划经济向社会主义市场经济转轨过程中，宏观调控方式逐步从以直接控制手段为主向以间接调控手段为主转变，道义劝告和窗口指导具有重要作用。

第三节 货币政策的传导机制

一、货币政策传导机制

货币政策传导机制是中央银行运用货币政策工具影响中介指标，进而最终实现既定政策目标的传导途径与作用机理。货币政策传导机制实际是一个过程，即中央银行根据货币政策目标，运用货币政策工具，通过金融机构的经营活动和金融市场进行传导，进而影响企业和家庭的生产、投资和消费等行为，最终对总需求和经济运行产生影响的过程。

不同的货币政策传导机制理论，提出了不同的货币政策传导渠道，其传导渠道主要有利率渠道、信贷渠道、资产价格渠道、汇率渠道等。利率渠道是指当中央银行采取扩张性货币政策时，货币供应量的增加会降低利率，借贷成本下降，进而会促使企业增加投资支出和消费者增加对耐用品的消费支出。信贷渠道是指货币政策工具通过调控货币供给量的增加和减少，影响到银行融资规模和结构的变化，从而对实际经济产生影响。资产价格渠道是指货币政策的变化引起资产价格的变化，进而对微观经济主体的投资和消费产生影响。汇率渠道也称国际贸易渠道，是指货币政策的变动通过货币供给量影响汇率，进而对净出口产生影响的过程。

货币政策传导途径一般有三个基本环节,其顺序如下。①从中央银行到商业银行等金融机构和金融市场。中央银行的货币政策工具操作,首先影响的是商业银行等金融机构的超额存款准备金、融资成本、信用能力和行为,以及金融市场上货币供给与需求的状况。②从商业银行等金融机构和金融市场到企业、居民等非金融部门的各类经济行为主体。商业银行等金融机构根据中央银行的政策操作调整自己的行为,从而对各类经济行为主体的消费、储蓄、投资等经济活动产生影响。③从非金融部门经济行为主体到社会各经济变量,包括总支出量、总产出量、物价、就业等。中央银行就是通过这三个环节或途径使用货币政策工具来实现其货币政策目标的。

在整个货币政策的传导过程中,金融市场发挥着重要的作用。首先,中央银行主要通过金融市场实施货币政策工具,商业银行等金融机构通过金融市场了解中央银行货币政策的调控意图;其次,企业、居民等非金融部门经济行为主体通过市场利率的变化,接受金融机构对资金供应的调节进而影响其投资与消费行为;最后,社会各经济变量的变化也通过市场反馈信息,影响中央银行、各金融机构的行为,进而引起货币供给的变化。

我国目前货币政策的作用过程,同样包含三个环节,即中央银行至金融机构,金融机构至企业、居民,企业、居民至国民经济各变量。但与西方发达国家的三个环节相比较,又有很大的差别,主要是因为在整个货币政策的作用过程中,金融市场作用有待加强。

有些基本的东西可以被视为公认的:①货币数量增加后,对金融市场上的利率会产生影响,同时对股票价格或债券价格也会产生影响;②正是由于利率或股票价格、债券价格的变化,企业家的投资热情和个人的消费欲望及现实支出就会改变;③当投资和消费发生变化后,国民生产总值自然会发生相应变化。因此,可以得到一个货币政策传导机制的一般模式,如图10-2所示。

图10-2 货币政策传导机制的一般模式

二、货币政策时滞

货币政策能否取得预期效果,固然与中央银行决策的正确与否、与作为政策传导体的商业银行对中央银行政策的配合程度等有关,但也往往受制于货币政策自身传导机制是否顺畅,这就是通常所说的"货币政策的作用时滞"问题,也就是指货币政策从制定到实现其全部效力所经过的时间的间隔。影响时滞长短的因素有：中央银行决策程序、货币政策工具运作方式、信息渠道的通畅程度、金融市场发达程度、人们心理预期的形成方式等。

有些西方学者认为不宜采用货币政策作为维持经济增长的主要政策的一个重要理由，是货币政策效果的滞后。货币政策的滞后效应，简而言之，就是指从需要制定货币政策，到这一政策最终发生作用，其中每一个环节都需要占用一定的时间，常被称为"货币政策的作用时滞"。就总体过程而言，货币政策时滞可分为内部时滞和外部时滞。

(一) 内部时滞

内部时滞是指作为货币政策操作主体的中央银行从制定政策到采取行动所需要的时间。当经济形势发生变化，中央银行认识到应当调整货币政策到着手制定政策再到实施政策，每一步都需要耗费一定的时间。内部时滞的长短，主要取决于货币当局对经济发展的反应能力和预见能力、制定对策时的效率和行动的决心等。内部时滞又可以细分为认识时滞和决策时滞两段。

1. 认识时滞

认识时滞是指从确有实行某种政策的需要，到货币当局认识到存在这种需要所需耗费的时间。例如，通货膨胀已经开始，客观上需要实行紧缩银根的政策。但中央银行要认识到有实行这种政策的必要，需要一定的观察、分析和判断的时间。这段时滞之所以存在，主要有两个原因：一是搜集各种信息资料需要耗费一定的时间；二是对各种复杂的社会经济现象进行综合性分析，做出客观的、符合实际的判断也需要耗费一定的时间。

2. 决策时滞

决策时滞是制定货币政策的时滞，即从认识到需要改变货币政策，到提出一种新的政策所需耗费的时间。中央银行一旦认识到客观经济过程需要实行某种政策，就要着手拟订政策实施方案，并按规定程序报批，然后才能公布、贯彻。这段时滞之所以存在，是因为中央银行根据经济形势研究对策，拟订方案，并对所提方案做可行性论证，最后审定批准，整个过程的每一个步骤都需要耗费一定的时间。这部分时滞的长短，取决于中央银行对作为决策依据的各种信息资料的占有程度和对经济、金融形势的分析、判断能力，体现着中央银行决策水平的高低和对金融调控能力的强弱。

(二) 外部时滞

外部时滞是指从中央银行采取行动到采用的货币政策工具对经济活动发生作用所耗费的时间，这也是作为货币政策调控对象的金融部门及企业部门对中央银行实施货币政策的反应过程。当中央银行开始实施新政策后会有以下过程：金融部门对新政策的认识→金融部门对政策措施所做的反应→企业部门对金融形势变化的认识→企业部门的决策→新政策发生作用等，其中每一步需要耗费一定的时间。外部时滞也可以细分为操作时滞和市场时滞两段。

1. 操作时滞

操作时滞是指从调整货币政策工具到其对中介指标发生作用所需耗费的时间。银行一旦调整政策工具的操作方向或力度，就会通过操作变量的反应，传导到中介变量。这段时滞之所以存在，是因为在实施货币政策的过程中，无论使用何种政策工具，都要通过操作变量的变动来影响中介变量而产生效果。而政策是否能够生效，主要取决于商业银行及其他金融机构对中央银行政策的态度、对政策工具的反应能力，以及金融市场对央行政策的敏感程度。

2. 市场时滞

市场时滞是指从中介变量发生反应到其对目标变量产生作用所需耗费的时间。货币政策要通过利息率的变动，经由投资的利率弹性产生效应；或者通过货币供应量的变动，经由消费的收入弹性产生效应。不仅企业部门对利率的变动、私人部门对货币收入的变动做出反应有一个滞后过程，而且投资或消费的实现也有一个滞后过程。各种政策工具对中介变量的作用力度大小不等，社会经济过程对中央银行的宏观金融调控措施的反应也是具有弹性的。因此，中介变量的变动是否最终能够对目标变量发生作用，还取决于调控对象的反应程度。

外部时滞的长短，主要取决于政策的操作力度和金融部门、企业部门对政策工具的弹性大小。外部时滞较为客观，不像内部时滞那样可由中央银行掌握，它是由社会经济结构与产业结构、金融部门和企业部门的行为等多种因素综合决定的复杂变量。因此，中央银行对这段时滞很难进行实质性的控制。

第四节　货币政策效应

一、货币政策的效果检验

考核货币政策实施效果是一项重要的研究工作。在实际工作中，常使用一些标志来进行分析、判断。这类标志就是指用来表明经济现象某种特征的数量指标，其具有两方面的含义：一是它必须是宏观经济运行状况的自身特征，是国民经济是否恢复或保持均衡的基本表现形式；二是它必须是可以计量的因素，通过不同数据的对比分析，可以反映出宏观经济运行过程是否保持均衡或不均衡的程度。以中央银行为主体，按内部效应(中介变量对政策工具操作的反应)和外部效应(目标变量对中介变量的反应)划分，货币政策的效果检验指标可分为外部效应指标和内部效应指标两类。

(一) 外部效应指标

1. 反映总体社会经济状况的指标

货币政策主要为解决经济增长、充分就业和国际收支等宏观经济问题服务。因此，利用一组国民经济发展比例和效益指标，可以考核货币政策对解决宏观经济问题、实现预期经济目标的效果。具体使用的指标主要有三个。①国内生产总值(GDP)指数和国民生产总值(GNP)指数。这两个按不变价格编制的总量指数反映了一国在一定时期内的经济增长状况。②失业率。失业率在一定程度上可以反映经济增长的潜力。③国际收支状况。它反映一定时期内的对外经济关系和对外经济依存程度，可从《国际收支平衡表》中看出大致状况。

2. 反映通货膨胀程度的指标

在不兑现的信用货币制度下，物价水平波动的主要原因在于货币供给过多。过多投放货币，必然引起物价上涨。因此，利用物价水平指标，可以直接考核通货膨胀程度。具体使用的指标主要有居民消费价格指数、商品零售价格指数、农业生产资料价格指数、农产品生产价格指数、工业生产者出厂价格指数、工业生产者购进价格指数、固定资产投资价格指数、国民生产总值平减指数等。

(二) 内部效应指标

1. 反映货币供给数量及结构变化的指标

货币政策操作变量的调整是否有效，取决于中介变量，主要是货币供应量是否发生相对应的变化。反映货币供给数量及结构变化的指标主要有两个。①货币供应量增长率。货币供应量增长率指标是反映在一定时期内货币供应量增量变动情况的相对数指标,包含M_0、M_1和M_2共三个层次。通过不同时期的货币供应量增长率的比较分析,可考核货币政策操作变量对中介变量的实施效果。②货币供应量结构比率。这主要是指M_0占M_1的比重和M_1占M_2的比重。M_0和M_1体现着现实的社会购买力,M_2还包括了一部分储蓄性质的潜在的或未来的社会购买力。很明显,有效需求过度问题在于现实社会购买力过剩,主要与M_1的增长率过高有关。

2. 反映币值情况的指标

货币供给的数量变化,总是会体现在货币的币值上。如果货币供给过度,引起物价上涨,单位货币所能购买的商品或劳务减少。因此,货币的币值能够通过商品的物价水平变动情况反映出来。货币购买力是指单位货币在一定的价格水平下能买到的商品或支付劳务费用的能力。它的高低取决于货币价值和商品价值。当货币价值不变时,商品或劳务价值提高,货币购买力下降;反之,货币购买力上升。当商品或劳务的价值量不变,而单位货币价值下降时,货币购买力也下降。在纸币流通条件下,货币购买力的高低取决于纸币发行量与货币需求量间的差距大小,纸币发行量超过经济对货币的需求量,货币购买力就会降低。反映货币币值变动的指标主要是货币购买力指数。货币购买力指数是反映不同时期货币购买力变动情况的相对数,用以说明单位货币在不同时期所能获得的商品和服务数量的变动情况。它一般用物价指数的倒数来衡量。

$$货币购买力指数 = \frac{1}{物价指数}$$

二、货币政策的有效性

(一) 货币政策与经济增长

研究货币政策的有效性,主要是针对最终目标而言的。就货币政策与经济增长的关系而言,二者之间是非常紧密的。许多研究方法证明,货币能够系统地影响产出,即货币与产出之间存在着稳定的联系。

产出的增长主要受到来自两方面因素的制约:一是货币投资因素;二是物资积累因素。即增加投资、实现产出增长,不仅取决于追加的货币资金数量,而且要受到可供追加的物质资源能力的约束。然而,货币投资和物资积累的对应关系又不是绝对的。由于商品的价值运动和使用价值运动相分离,总需求与总供给即使在总量上相平衡,但因时空结构上的差异,出现某些货币持有者暂时没有购买商品的愿望或者市场上暂时缺乏其所需要的商品,而将其所持有的货币储蓄起来,形成经济过程中社会购买力的"漏出"现象,使相应价值的商品在流通领域中沉淀下来。此时,增加货币供给、扩大社会购买力,可以刺激需求,以满足资金匮乏者的投资欲望,使沉淀商品充分运转,物质资源得到充分利用,并在运动中使价值增值。因此,从这个意义上讲,货币能够对潜在的社会购买力和沉淀的商品资源产生"返归"效应而影响产出。

在当代经济生活中,上述现象体现为储蓄与投资的关系。而投资与储蓄又往往反映为相互独立的行为:储蓄表现为积累货币资本的行为,投资则表现为使用所积累货币资本的行为。这就产生了两个问题:一是到底有多少储蓄会被用来投资?二是用于投资的货币资本有无相对应的实物储蓄?因此,储蓄与投资的对立不仅由货币资金的供求关系体现,而且由社会总供给与总需求的数量与结构关系决定。储蓄与投资相互独立,使得储蓄与投资并不一定相均衡,既可能出现剩余储蓄，也可以实现超储蓄投资。从储蓄与投资的对立统一关系意义上讲，货币对实物经济的影响程度取决于这样两个条件：存在剩余实物资源和剩余货币储蓄。

(二) 货币政策与其他宏观经济政策的配合

货币政策与其他宏观经济政策的协调配合问题，主要是指货币政策与财政政策的关系问题。在当代，各国都将货币政策和财政政策作为调控宏观经济的主要手段。要使国家对宏观经济的调控能够获得预期效果，就必须重视财政政策与货币政策的协调与配合问题。因此，将对货币政策与财政政策的综合考察作为研究政策有效性问题的重点，同时兼顾货币政策与收入政策和产业政策等其他宏观经济政策的关系问题。

1. 货币政策与财政政策的配合

财政政策与货币政策同属于国家干预社会经济生活的工具，它们共同作用于一国的宏观经济方面，它们之间存在着相互配合的要求。因此，尽管它们的实施和操作应当是相互独立的，但所产生的效应却是相互交叉的，并且存在作用机制复合的可能性。而财政政策与货币政策的协调与配合，就寓于这两大政策的复合效应之中。研究财政政策与货币政策的最佳配合问题，首先要厘清这两大政策的关系。

财政政策与货币政策的共性表现在这样三方面：一是这两大政策作用于同一个经济范围，即本国的宏观经济方面；二是这两大政策均由国家制定；三是最终目标一致。

财政政策与货币政策的区别也表现在三方面。一是政策的实施者不同。财政政策是由政府财政部门具体实施，而货币政策则由中央银行具体实施。尽管某些西方国家的中央银行在名义上归属于财政部领导，但其中绝大多数在实施货币政策方面由中央银行独立操作。二是作用过程不同。财政政策的直接对象是国民收入再分配过程，以改变国民收入再分配的数量和结构为初步目标，进而影响整个社会经济生活。货币政策的直接对象是货币运动过程，以调控货币供给的结构和数量为初步目标，进而影响整个社会经济生活。三是政策工具不同。财政政策所使用的工具一般与政府的收支活动相关，主要是税收和政府支出及转移性支付等。货币政策使用的工具通常与中央银行的货币管理业务活动相关，主要是法定存款准备金率、再贴现率或中央银行贷款利率、公开市场业务等。

由此可见，财政政策与货币政策出自同一个决策者却由不同机构具体实施；为达到同一个目标却又经过不同的作用过程；作用于同一个经济范围却又使用不同的政策工具。财政政策与货币政策的共性，决定了它们之间必须密切配合的客观要求；财政政策与货币政策的区别，又导致了它们之间在实施过程中发生偏差的可能性。于是就产生了如何协调这两类政策的问题。

从逻辑上看，财政政策与货币政策有四种配合模式：①紧缩的财政政策与紧缩的货币政策的配合，即通常所说的"双紧"政策；②宽松的财政政策与宽松的货币政策的配合，即通常所说的"双松"政策；③紧缩的财政政策与宽松的货币政策的配合，即通常所说的"紧财政、松货币"政策；④宽松的财政政策与紧缩的货币政策的配合，即通常所说的"松财政、紧货币"政策。

其中"双紧"和"双松"政策，反映着财政政策与货币政策的目标侧重点保持一致；"一松一紧"的政策，反映着财政政策与货币政策在总体要求一致的前提下，政策目标侧重点不同。这四种配合模式，对于政策的作用方向的不同组合，会产生不同的政策效应。

下面分别就财政政策与货币政策的联合机制来讨论不同政策配合模式的效应问题。

(1) 财政政策通过可支配收入和消费支出、投资支出两条渠道，对国民收入产生影响；而货币政策则要通过利率和物价水平的变动，引起投资的变化来影响国民收入。

(2) 货币政策通过货币供应量这一中介变量的变动，直接作用于物价水平，而财政政策则要通过社会购买力和国民收入的共同作用，才对物价水平发生影响。国民收入的内生性，决定了财政政策对物价水平的作用是间接的、滞后的。

(3) "双紧"或"双松"政策，其特点是财政政策与货币政策的工具变量调整的方向是一致的，各中介变量均能按两类政策的共同机制对国民收入和物价水平发生作用。因此，这类政策配合模式的作用力度强，变量间的摩擦力小，一旦调整政策，很快能产生效应，并带有较强的惯性。

(4) "一松一紧"的政策，其特点是财政政策与货币政策的工具变量调整的方向是相反的，使变量间产生出相互抗衡的摩擦力。然而，由于投资支出这类共同变量的变动方向不明确，因此，这类政策配合模式下，两类政策往往只能分别对自身能够直接影响的变量产生效应，并且在实施过程中功能损耗较大，作用力度较弱，但政策效应比较稳定，且不带有很大惯性。

2. 货币政策与收入政策和产业政策的配合

除与财政政策的协调配合外，货币政策的实施还需要与其他宏观调控政策进行配合。

(1) 与收入政策的协调与配合。收入政策主要是为了调节社会有效需求以及保证收入分配相对公平而采取的强制性或非强制性的工资管理等方面的政策。收入政策需要从总量和结构两方面进行考虑。

在总量方面，收入政策通过控制名义工资和其他收入的增长率，调节消费需求，进而影响物价水平和经济增长速度等宏观经济问题。在结构方面，收入政策通过调整国民收入初次分配与再分配的比例结构，使社会各阶层的收入水平相对合理，调节消费与积累、政府储蓄与私人储蓄等比例关系，改变投资规模，进而影响投资结构、投资效率和经济增长速度等宏观经济问题。

收入政策可被认为是从微观经济领域入手而作用于宏观经济方面的国家政策。在稳定物价和启动经济增长问题上，它与货币政策相辅相成，因而两者需要密切配合。

(2) 货币政策与产业政策的协调与配合。产业政策是国家为了促进国民经济的稳定协调发展，对某些产业、行业、企业进行一定形式的扶持或限制的政策。由于市场机制不能解决资源有效配置的所有问题，虽然它在微观领域，在促进提高生产效率等方面比较有效，但在经济结构调整、产业升级换代等方面作用比较小，表现出相当的盲目性和无序性。市场经济的自由发展会出现垄断，垄断会破坏合理的产业组织结构，影响市场机制在微观领域配置资源功能的发挥，因此，在运用财政政策、货币政策等进行宏观总量调控时，还应该发挥产业政策的作用，调整宏观和微观领域。

产业政策从调整生产结构入手，改善供给结构，属于供给管理政策，它与需求管理政策相互配合，实现总供给和总需求的积极平衡。

本章小结

1. 货币政策是指中央银行为实现一定的经济目标，运用各种工具调节和控制货币供给量，进而影响宏观经济的方针和措施的总和。

2. 货币政策包括政策目标、实现目标的政策工具、监测和控制目标实现的各种操作指标和中介指标、政策传导机制和政策效果等基本内容。

3. 货币政策的最终目标包括币值稳定、经济增长、充分就业、国际收支平衡。

4. 货币政策中介指标一般有利率、货币供应量、超额存款准备金和基础货币等。

5. 一般性货币政策工具是对货币供给总量或信用总量进行调节和控制的政策工具，主要包括法定存款准备金政策、再贴现政策和公开市场业务三大政策工具，俗称"三大法宝"。

6. 我国的结构性货币政策工具是中国人民银行引导金融机构信贷投向，发挥精准滴灌、杠杆撬动作用的工具，通过提供再贷款或资金激励的方式，支持金融机构加大对特定领域和行业的信贷投放，降低企业融资成本。结构性货币政策工具兼具总量和结构双重功能。结构性货币政策工具分为长期性工具和阶段性工具。

7. 选择性货币政策工具主要有：消费者信用控制、证券市场信用控制和不动产信用控制等。

8. 其他政策工具包括直接信用控制，其手段包括利率最高限额、信用配额、流动性比率管理和直接干预等；间接信用指导，通过道义劝告和窗口指导的方式进行。

9. 货币政策与其他宏观经济政策的协调配合问题，主要是指货币政策与财政政策的关系问题。此外，货币政策与收入政策和产业政策的配合也很重要。

习题

一、单项选择题

1. 下列( )不是货币政策的最终目标。
   A. 充分就业　　　B. 经济增长　　　C. 物价稳定　　　D. 国际收支顺差

2. 货币政策四大目标之间存在矛盾，任何一个国家要想同时实现都是很困难的，但其中( )经常是一致的。
   A. 充分就业与经济增长　　　　B. 经济增长与国际收支平衡
   C. 物价稳定与经济增长　　　　D. 物价稳定与充分就业

3. 菲利普斯曲线反映( )之间此消彼长的关系。
   A. 通货膨胀率与失业率　　　　B. 经济增长与失业率
   C. 通货紧缩与经济增长　　　　D. 通货膨胀与经济增长

4. 1995年我国以法律形式确定我国中央银行的最终目标是( )。
   A. 以经济增长为首要目标
   B. 以币值稳定为主要目标
   C. 保持物价稳定，并以此促进经济增长
   D. 保持币值稳定，并以此促进经济增长

5. 目前，西方各国运用较多而且十分灵活有效的货币政策工具为( )。
   A. 法定存款准备金　　　　B. 再贴现政策
   C. 公开市场业务　　　　　D. 窗口指导

6. 下列货币政策操作中，引起货币供应量增加的是( )。
   A. 提高法定存款准备金率　　B. 提高再贴现率
   C. 降低再贴现率　　　　　　D. 中央银行卖出债券

7. 中央银行降低法定存款准备金率时，商业银行(　　)。
   A. 可贷资金量减少　　　　　　　B. 可贷资金量增加
   C. 可贷资金量不受影响　　　　　D. 可贷资金量不确定
8. 一般来说，中央银行提高再贴现率时，会使商业银行(　　)。
   A. 提高贷款利率　　　　　　　　B. 降低贷款利率
   C. 贷款利率升降不确定　　　　　D. 贷款利率不受影响
9. 中央银行在公开市场上大量抛售有价证券，意味着货币政策(　　)。
   A. 放松　　　　B. 收紧　　　　C. 不变　　　　D. 不一定
10. (　　)不是通过直接影响基础货币变动实现调控的货币政策工具。
    A. 法定存款准备金政策　　　　B. 公开市场业务
    C. 再贴现政策　　　　　　　　D. 都不是
11. 货币政策时滞即(　　)。
    A. 内部时滞　　　　　　　　　B. 外部时滞
    C. 货币政策制定过程　　　　　D. 货币政策制定、实施等的时间过程

二、多项选择题

1. 中央银行的间接信用指导工具由(　　)等组成。
   A. 道义劝告　　　B. 窗口指导　　　C. 利率控制
   D. 信用配额管理　　E. 公开市场业务
2. 货币政策时滞中的内部时滞可分为(　　)。
   A. 决策时滞　　　B. 认识时滞　　　C. 行政时滞
   D. 作用时滞　　　E. 控制时滞
3. 我国的结构性货币政策工具包括(　　)。
   A. 支农再贷款　　B. 支小再贷款　　C. 科技创新再贷款
   D. 抵押补充贷款　　E. 再贴现
4. 货币政策中介目标选择标准有(　　)。
   A. 相关性　　　B. 可控性　　　C. 可测性
   D. 流动性　　　E. 安全性
5. 紧缩的货币政策实施的手段主要包括(　　)。
   A. 提高法定存款准备金率　　　　B. 提高存贷款利率
   C. 提高再贴现率　　　　　　　　D. 央行出售政府债券
   E. 增加公开市场的货币投放
6. 宽松的货币政策主要包括(　　)。
   A. 提高法定存款准备金率　　　　B. 降低法定存款准备金率
   C. 降低再贴现率　　　　　　　　D. 中央银行在公开市场上卖出证券
   E. 中央银行在公开市场上买入证券
7. 货币政策中介指标中的近期指标是(　　)。
   A. 利率　　　B. 货币供应量　　　C. 汇率
   D. 基础货币　　E. 超额准备金

8. 我国中央银行公开市场操作的对象主要包括(　　)。
   A. 国债　　　　　　　　　　B. 中央银行票据
   C. 政策性金融债券　　　　　D. 股票
   E. 可转换债券
9. 基础货币包括(　　)。
   A. 流通中现金　　　　　　　B. 法定存款准备金
   C. 超额准备金　　　　　　　D. 中央银行发行的债券
   E. 中央银行自有资本
10. 影响货币政策效应的主要因素是(　　)。
    A. 货币政策时滞　　　　　　B. 货币流通速度
    C. 政治经济体制　　　　　　D. 微观主体预期
    E. 金融创新

三、判断正误题

1. 任何一个国家要想同时实现货币政策所有目标是很困难的，因此，各国一般会选择一到两个目标作为货币政策的主要目标。(　　)
2. 币值稳定与物价稳定是同一个概念。(　　)
3. 公开市场业务是发达国家最常用的，也是最强有力的货币政策工具。(　　)
4. 中央银行在公开市场上买进证券，只是等额地投放基础货币，而不是等额地投放货币供应量。(　　)
5. 从技术上讲，中央银行创造基础货币的量可以是无限的。(　　)
6. 金融创新提高了货币供应量作为中介指标的可测性、可控性和相关性。(　　)
7. 再贴现是中央银行与商业企业之间办理的票据贴现业务。(　　)
8. 根据菲利普斯曲线，货币工资变动率与失业率存在比较稳定的此增彼减的关系。(　　)
9. 选择性的货币政策工具通常可在不影响货币供应总量的条件下，影响银行体系的资金投向和不同贷款的利率。(　　)

四、简答题

1. 中央银行选择货币政策中介目标的依据主要有哪些？
2. 简述货币政策的最终目标及含义。
3. 一般性货币政策工具主要有哪些，其各自的优缺点是什么？
4. 简述货币政策传导机制的一般模式。
5. 简述我国结构性货币政策工具的功能和种类。

五、论述题

1. 西方国家货币政策的最终目标有哪几个？中央银行在同一时间实行同一种货币政策能否同时达到这些最终目标，为什么？
2. 在通货紧缩情况下，如何运用一般性货币政策工具解决这一问题？

3. 在宏观调控中货币政策和财政政策配合运用的必要性和配合方式，试结合我国的实际情况进行分析。

案例分析

案例一　健全现代货币政策框架取得明显成效

健全现代货币政策框架是建设现代中央银行制度的重要内容，是实施好稳健货币政策、做好跨周期设计的制度基础，也是推动高质量发展的内在需要。近年来，中国人民银行按照党中央、国务院部署，完善货币供应调控机制，健全市场化利率形成和传导机制，创新和丰富货币政策工具体系，完善人民币汇率形成机制，推动健全现代货币政策框架取得明显成效。

一是完善货币供应调控机制。按照中央经济工作会议精神和《政府工作报告》要求，广义货币(M_2)和社会融资规模增速同名义经济增速相匹配。中国人民银行抓准银行作为货币创造的直接主体，通过完善中央银行调节银行货币创造的流动性、资本和利率三大约束的长效机制来调控货币供应。综合运用多种货币政策工具，保持流动性合理充裕，缓解了流动性约束，2018—2021年我国M_2平均增速为9%。以永续债为突破口推动银行多渠道补充资本，缓解了资本约束。2019年1月银行业成功发行首单永续债；截至2022年3月末，银行已累计发行永续债18 915亿元，撬动银行贷款近十万亿元。推动企业综合融资成本稳中有降，缓解了利率约束，企业贷款加权平均利率逐步下行，2022年3月为4.36%，是有统计以来的记录低点。2018—2021年，我国M_2平均增速与同期名义GDP8.3%的平均增速大致相当，支持实现了经济增长、物价稳定、充分就业的长期优化组合。

二是健全市场化利率形成和传导机制。按照党中央和国务院决策部署，2019年8月中国人民银行发布了改革完善贷款市场报价利率(LPR)形成机制的公告，改革后的LPR由报价行综合考虑市场利率走势并在参考中期借贷便利(MLF)利率的基础上市场化报价形成，既提升贷款利率市场化程度，又形成了"市场利率+央行引导→LPR→贷款利率"的传导机制，货币政策传导效率明显提高。目前新发生贷款利率已基本参考LPR定价，2020年8月存量浮动利率贷款定价基准转换也已顺利完成。同时，中国人民银行持续优化存款利率监管，2021年6月指导利率自律机制将存款利率自律上限改为在存款基准利率上加点确定，强化对不规范存款"创新"产品的管理，维护存款市场竞争秩序。2022年4月指导利率自律机制建立了存款利率市场化调整机制，引导银行根据市场利率变化合理调整存款利率，进一步推进存款利率市场化。从效果看，2019年8月LPR改革以来，企业贷款加权平均利率从2019年7月的5.32%降至2022年3月的4.36%，累计降幅达0.96个百分点，超过同期LPR0.55个百分点的降幅，有力推动了实际贷款利率明显持续降低，在很大程度上缓解了长期困扰的小微企业融资难融资贵问题。

三是创新和完善结构性货币政策工具体系。适应高质量发展的内在需要，注重引入激励相容机制，创新和运用结构性货币政策工具，引导金融机构加大对符合新发展理念相关领域的支持力度。2018年以来，共下调法定存款准备金率13次，释放长期资金约10.8万亿元。截至2022年4月末，金融机构平均法定存款准备金率为8.1%，较2018年初降6.8个百分点。用好再贷款再贴现工具，2021年初，对十个信贷增长缓慢省(区)增加再贷款额度2 000亿元，多措并举引导金融机构加大对信贷增长缓慢地区的信贷投放，促进区域协调发展。2021年11月，并行推出碳减排支持工具和支持煤炭清洁高效利用专项再贷款，精准促进绿色减碳。2022年1月1日起，将两项直达实体经济的货币政策工具转换为支持小微企业的市场化工具，其中，"普惠小微企业贷款延期支持工具"转换为"普惠小微贷款支持工具",中国人民银行对符合条件的地方法人银行发放的普惠小微贷款,按照余额增量的1%提供激励资金;"普惠小微企业信用贷款支持计划"并入"支农支小再贷款"管理,原来用于支持普惠小微信用贷款的4 000亿元再贷款额度可以滚动使用。近期,又推动设立科技创新和普惠养老两项专项再贷款,激励金融机构加大对科技创新和普惠养老服务供给的支持力度。2022年3月末,我国普惠小微贷款余额为20.8万亿元,为2018年初的2.5倍;普惠小微贷款支持小微经营主体5 039万户,是2018年末的2.2倍。2021年新发放的普惠小微贷款加权平均利率为4.93%,比2020年下降0.22个百分点,比2018年下降1.38个百分点。

四是深化汇率市场化改革,保持人民币汇率在合理均衡水平上的基本稳定。中国人民银行退出外汇市场常态化干预,市场供求在人民币汇率形成中发挥决定性作用,在发挥汇率价格信号作用的同时,提高了资源配置效率。坚持市场化改革方向,增强人民币汇率弹性,发挥汇率调节宏观经济和国际收支"自动稳定器"作用,促进内部均衡和外部均衡的平衡。建立并不断完善跨境融资宏观审慎管理,运用外汇存款准备金率等工具,引导金融机构优化外汇资产管理。引导企业和金融机构树立"风险中性"理念,强化外汇市场预期管理,维护外汇市场平稳运行。2018年以来,人民币汇率经受住了各项重大外部冲击,汇率弹性增强,较好地发挥了调节宏观经济和国际收支自动稳定器作用。人民币汇率有升有贬、双向浮动,保持在合理均衡水平上的基本稳定。2018年至2021年我国外汇市场973个交易日中,人民币对美元汇率中间价有485个交易日升值,有487个交易日贬值,有1个交易日持平。2022年3月末,人民币对美元汇率中间价为6.3482元,比上年末升值0.4%。

下一步,人民银行将继续健全现代货币政策框架,支持高质量发展,加快构建以国内大循环为主体、国内国际双循环相互促进的新发展格局。

(资料来源:中国人民银行官网)

问题:
1. 简述我国健全现代货币政策框架的意义。
2. 简述我国健全现代货币政策框架的成效。

案例二　积极发挥结构性货币政策工具作用

积极运用"支农支小再贷款"、再贴现、抵押补充贷款等工具,引导金融机构加大对国民经济重点领域、薄弱环节和区域协调发展的支持力度。 运用"支农支小再贷款"引导地方法人金融机构扩大对乡村振兴的信贷投放,扶贫再贷款按照现行规定进行展期,支持巩固脱贫攻坚成果。促进区域协调发展,继续引导10个省份地方法人金融机构运用好再贷款等工具增加对区域内涉农、小微和民营企业等经济发展薄弱环节的信贷投放。加大对小微企业纾困帮扶力度,引导地方法人金融机构运用支小再贷款等工具向受疫情影响较大的小微企业和个体工商户发放贷款,降低融资成本。发挥金融支持有效投资的积极作用,运用抵押补充贷款支持开发性政策性金融机构为基础设施重点领域设立金融工具和提供信贷支持。2022年末,全国支农再贷款余额为6 004亿元,支小再贷款余额为14 171亿元,扶贫再贷款余额为1 463亿元,再贴现余额为5 583亿元、抵押补充贷款余额为31 528亿元。

继续运用"普惠小微贷款支持工具",持续支持小微企业发展。 第四季度,中国人民银行向地方法人金融机构提供激励资金61.6亿元,支持其增加普惠小微贷款共计3 107亿元。工具实施以来，中国人民银行累计提供激励资金274.6亿元，支持地方法人金融机构增加普惠小微贷款共计16 054亿元。

并行实施"碳减排支持工具"和"支持煤炭清洁高效利用专项再贷款"，支持经济向绿色低碳转型。第四季度，人民银行通过两个工具分别向相关金融机构发放资金708亿元、234亿元，合计942亿元。自工具实施以来，人民银行通过两个工具分别累计发放资金3 097亿元、811亿元，合计3 908亿元。为保持金融对绿色发展、能源保供等领域的支持力度，"碳减排支持工具"将延续实施至2024年末，"支持煤炭清洁高效利用专项再贷款"延续实施至2023年末。

加快实施科技创新、普惠养老、交通物流、设备更新改造等专项再贷款政策。第四季度，人民银行通过上述政策工具分别向相关金融机构发放再贷款资金1 200亿元、3亿元、139亿元、809亿元。这些工具实施以来，人民银行分别累计发放资金2 000亿元、7亿元、242亿元、809亿元。为增强金融支持交通物流保通保畅的力度，交通物流专项再贷款将延续实施至2023年6月末，并将中小微物流仓储企业等纳入支持范围。

支持金融机构对普惠小微贷款、收费公路贷款阶段性减息。按照国务院常务会议决定，2022年11月、2023年1月，中国人民银行先后推出普惠小微贷款阶段性减息政策与收费公路贷款支持工具，支持相关金融机构2022年第四季度对普惠小微贷款减息1个百分点，对收费公路贷款减息0.5个百分点。由金融机构通过直接扣减、先收后返等方式直接让利给企业，对于金融机构实际减息金额，中国人民银行给予等额资金激励。两项政策实施完成后将顺利退出。

设立保交楼贷款支持计划，支持金融机构向已售逾期难交付住宅项目发放保交楼贷款。按照国务院常务会议决定，人民银行按照精准滴灌、正向激励和市场化原则，设立保交楼贷款支持计划，额度2 000亿元。2022年12月，人民银行印发《关于设立保交楼贷款支持计划有关事宜的通知》，明确专项再贷款采取"先贷后借"的直达机制，按季度发放，支持金融机构于2022年11月1日至2023年3月31日期间发放的保交楼贷款。金融机构自主决策、自担风险发放保交楼贷款后，向人民银行申请资金支持。对于符合要求的贷款，人民银行按贷款本金的100%予以资金支持。

(资料来源：中国货币政策执行报告，2022年第四季度)

问题：
1. 根据资料说明结构性货币政策工具的构成。
2. 简述结构性货币政策工具的功能。

案例三　坚持实施稳健货币政策　稳住宏观经济大盘

稳货币是稳经济、稳就业、稳物价的重要基础，实施好稳健货币政策的一个关键要求就是"稳"。从逆周期角度看，宏观经济是一个不可中断的连续过程，稳定不稳定的经济是金融宏观调控的根本要义。货币政策主要是熨平经济运行中出现的总需求波动，避免经济大起大落对生产要素和社会财富的破坏。从跨周期角度看，货币政策要在力度上保持稳健，防止因"大水漫灌"带来过度投资、债务攀升、资产泡沫等问题，并在结构上精准发力，通过优化结构增加经济的内生稳定性，保障经济长期平稳健康发展，体现稳中求进的工作总基调。随着宏观经济和物价水平持续保持稳定，居民对未来收入、企业对未来经营、外资对经贸往来的预期更加稳定，有助于提升有效需求和有效供给、消费和投资、内需和外需良性互动循环的确定性，这将进一步增强宏观经济的稳定性，使得货币政策可以通过较小的政策成本来稳住宏观经济大盘。

过去五年，中国人民银行按照党中央、国务院决策部署，始终坚持实施稳健的货币政策，为高质量发展提供"稳"的支撑。这五年极不寻常、极不平凡,世界百年未有之大变局加速演进,世纪疫情影响深远,地缘政治冲突加剧;我国全要素生产率提高受到一定制约,劳动力、土地等传统红利弱化,近来又面临需求收缩、供给冲击、预期转弱三重压力,一些领域风险上升,宏观稳定的重要性更为凸显。面对复杂严峻的国内外形势,我国始终坚持实施稳健的货币政策,坚持"稳"字当头,以稳应变,维持正常的货币政策空间,经济下行时不搞大水漫灌,经济回升时也不急转弯,用货币政策的稳定性应对内外部的不确定性,为稳定宏观经济大盘营造适宜的货币金融环境。

一是货币信贷总量稳定增长,稳固对实体经济支持力度。2018年以来累计实施14次降准释放长期流动性超11万亿元,灵活运用公开市场操作、中期借贷便利、再贷款等工具,维持流动性合理充裕;在央行资产负债表基本稳定的情况下,完善货币供应调控机制,把好货币供给总闸门。2018—2022年M_2年均增速为9.5%,与同期7.8%的名义经济增速基本匹配并适当提高,有力地支持了宏观经济运行在合理区间。如图10-3和图10-4所示。

图10-3　我国M_2、社融增速与名义GDP增速

图10-4　主要经济体央行资产规模变化

二是利率调控以我为主,推动综合融资成本稳中有降。珍惜正常的货币政策空间,通过创新实施贷款市场报价利率(LPR)改革、健全市场利率定价自律机制等方式,引导实际贷款利率稳步下行。面对主要发达经济体收紧货币政策的挑战,从优先确保国内发展的角度出发,没有选择跟随加息,在降息空间有限的情况下,仍适度引导政策利率下行,确保利率处于合理区间,以首先适配稳定国内需求和就业的需要。政策效果明显,企业贷款利率由2018年高点的5.60%降至2022年12月的3.97%,个人住房贷款利率从5.75%降至4.26%,公司债利率也有所下降,切实降低了实体经济债务负担,持续激发有效融资需求。如图10-5和图10-6所示。

图10-5　我国市场利率走势

图10-6　人民币对美元汇率及汇率指数

三是人民币汇率坚持市场导向,在合理均衡水平上保持基本稳定。始终坚持市场在资源配置中的决定性作用,增强人民币汇率弹性,同时运用市场化手段引导和稳定市场预期,退出常

态化干预，完善以市场供求为基础、参考"一篮子货币"进行调节、有管理的浮动汇率制度。近年来即使在汇率贬值压力较大的一些时期，中国人民银行都坚持主要运用市场化手段进行间接调控，总体看，人民币走势由外汇市场供求情况决定。2019年以来，在市场供求作用下，人民币对美元汇率曾三次"破7"，但很快又回到"7"下方。2022年发达经济体快速加息，美元指数走强，人民币短期内走弱，也完全是由市场驱动。人民银行采用了合适的货币政策工具组合，既将国内目标放在首位，又确保汇率由市场决定，同时稳定好预期，发挥汇率作为宏观经济稳定器和应对外部冲击缓冲器的作用，有效应对本轮外部冲击，为党的二十大胜利召开和宏观经济稳定创造了良好的外部市场环境。从历史长视角来看，人民币属于强势货币，2005年汇改以来人民币对美元升值了近20%，对"一篮子货币"升值了40%左右。

在"稳"的基础上，中国人民银行创新和运用结构性货币政策工具，为高质量发展增强"进"的动力。我国经济进入高质量发展阶段后，供给和需求两侧都有制约，但主要矛盾在供给侧。结构性货币政策"聚焦重点、合理适度、有进有退"，发挥总量、结构、价格三重优势，统筹扩大内需和优化供给，促进金融资源向小微企业、绿色发展、科技创新等重点领域倾斜，推动经济实现质的有效提升和量的合理增长，为实现宏观经济稳定和高质量发展注入新动力。2018年，牵头设计信贷、债券、股权"三支箭"政策组合，扭转民营企业融资渠道同步收窄局面。2020年疫情暴发后，从供给端入手保市场主体，分阶段推出3 000亿元、5 000亿元和10 000亿元再贷款再贴现，利率越来越市场化，政策覆盖面越来越广。设立普惠小微企业贷款延期支持工具和信用贷款支持计划两项直达工具，到期后接续转换为普惠小微贷款支持工具，小微企业融资支持力度加大。2021年以来，创设碳减排支持工具和支持煤炭清洁高效利用专项再贷款，科学有序助力绿色发展；推出科技创新、普惠养老、交通物流、设备更新改造等专项再贷款，强化对重点领域的精准支持；指导设立两批次共7 399亿元政策性开发性金融工具，支持基础设施建设撬动有效投资；适时出台3 500亿元"保交楼"专项借款、2 000亿元"保交楼"贷款支持计划，支持房地产市场稳健运行。截至2022年末，结构性货币政策工具余额约6.4万亿元，约占中国人民银行总资产的15%。

总体看，稳健货币政策有力促进了经济社会实现发展较快、就业充分、物价稳定的优化组合。2018—2022年，我国GDP年均增速超过5%，明显高于全球平均水平，年均新增城镇就业超过1 200万人。2022年我国CPI同比上涨2%，远低于8%以上的全球平均通胀水平，在全球高通胀背景下保持了物价基本稳定，过去五年、十年CPI平均通胀率也均为2%左右，实现了主要经济体长期追求的2%通胀目标，居民通胀预期保持平稳，为中长期物价基本稳定奠定了基础。如图10-7和图10-8所示。

图10-7 2018年以来主要经济体GDP平均增速

图10-8 我国与欧美CPI同比增速走势

下一步，中国人民银行将继续按照党中央、国务院部署，坚持走好中国特色金融发展之路，精准有力实施好稳健的货币政策，保持货币信贷合理增长，引导综合融资成本稳中有降，发挥好结构性货币政策工具的激励引导作用，为促进经济高质量发展提供"稳"的战略支撑和"进"的战略空间，推动实现中国式现代化。

(资料来源：中国人民银行官网)

问题：
1. 简述我国实行实施稳健货币政策的原因。
2. 实施稳健货币政策的着力点包括哪些方面？

第十一章 外汇与国际收支

开放经济条件下，随着全球经济和金融的一体化，国家间的商品、劳务、技术、资金等方面的往来金额极大，必然涉及在国际交流中采用何种货币支付，本国货币与外国货币之间的兑换比率等问题。作为微观经济主体，要熟练掌握外汇市场、汇率等方面的金融知识。

第一节 外汇与外汇市场

一、外汇

(一) 外汇的概念

外汇(foreign exchange)的含义有两种：一种是动态的含义，另一种是静态的含义。动态的外汇是国际汇兑的简称，是指经过银行等金融机构把一国货币换成另一国货币的活动和行为。静态的外汇则是指以外币表示的用于国际结算的支付手段。按照我国2008年8月1日修正的《中华人民共和国外汇管理条例》规定，外汇是指下列以外币表示的可以用作国际清偿的支付手段和资产：①外币现钞，包括纸币、铸币；②外币支付凭证或者支付工具，包括票据、银行存款凭证、银行卡等；③外币有价证券，包括债券、股票等；④特别提款权；⑤其他外汇资产。以上是通常所使用的外汇概念，此外尚有一种广义的外汇概念。国际货币基金组织(IMF)曾对外汇做出如下解释："货币行政当局(中央银行、货币管理机构、外汇平准基金组织及财政部)以银行存款、国库券、长短期政府债券等形式所保有的在国际收支逆差时可以使用的债权。其中包括由中央银行及政府间协议而发行的在市场上不流通的债券，而不管它是用债务国还是债权国的货币表示的。"按此定义，外汇不限于外币资产，还延伸到可用于国际结算的本币形式资产。不过，并不是任何本币形式的资产都具有这一性质。具有这一性质的只限于：①这种本币形式的资产，必须是经过中央银行和政府官方或具有官方职能的机构、企业所签协议而形成的；②这种本币形式的资产，是用以偿付双方国际收支逆差的。它在市场上不得流通，一般也不能转换成第三国货币，不具有自由兑换的性质。

(二) 外汇的特点

由于外汇是用于国际结算，清偿不同国家间的债权债务，便于国家间资金的转移和实现各国货币购买力的工具和手段，所以它必然有以下特点。

(1) 国际性，即外汇必须是国际上普遍能接受的外币资产。

(2) 可兑换性，即外汇必须能够自由兑换成其他外币资产或支付手段。

(3) 可偿性，即外汇表示的资产债权在国外保证得到偿付。例如，空头支票或被拒付的债权都不是外汇。

(三) 外汇的种类

根据不同的区分标准，外汇可以区分为不同的种类。

1. 按外汇是否可以自由兑换分为自由外汇和记账外汇

自由外汇是指不需要经过货币发行国的批准，就可以随时自由兑换成其他国家(或地区)的货币，用以向对方或第三国办理支付的外国货币及其支付手段，如美元、英镑、日元、欧元等。这些货币发行国基本上取消了外汇管制，持有这些货币，可以自由兑换成其他国家的货币或者对第三国进行支付。

记账外汇又称双边外汇、协定外汇或清算外汇，是指必须经过货币发行国的批准，否则不能自由兑换成其他国家的货币或对第三国进行支付的外汇。例如，我国与某些发展中国家、俄罗斯等一些国家的进出口贸易，为了节省双方的自由外汇，签订双边支付协定，采用记账外汇办理清算。

2. 按外汇的来源和用途分为贸易外汇和非贸易外汇

贸易外汇是指通过商品的进出口贸易所收付的外汇。贸易外汇包括进出口贸易货款及其从属费用(运费、保险费、广告宣传费等)，是一国外汇收支的主要项目。

非贸易外汇是指贸易外汇以外的一切外汇，即一切非来源于或用于进出口贸易的外汇，如劳务外汇、旅游外汇、捐赠和援助外汇、侨汇及投资收益汇回等，在一国外汇收支中也占有重要地位。

3. 按外汇交割期限的不同分为即期外汇和远期外汇

即期外汇也称现汇，是指在即期外汇买卖交易中按当天汇率成交的外汇，原则上买卖双方须在成交日当天或在成交日后的两个营业日内办理交割。

远期外汇是指外汇买卖双方按照合同约定，在未来某一日期办理交割的外汇，又称为期汇。

二、外汇市场

(一) 外汇市场的概念和构成

国际支付中要求进行各种货币的兑换，这种需求导致了外汇市场的产生。所谓外汇市场(foreign exchange market)，是指由各种经营外汇业务的机构和个人聚集在一起进行国家间的外汇买卖的活动和交易场所，简而言之，是经营外汇买卖的交易场所和交易网络。外汇市场有两种，即有形市场和无形市场。有形市场又称具体市场，是指外汇交易在固定场所、固定时间内，交易双方面对面进行交易的场所。无形市场又称抽象市场，是指外汇交易双方利用电话、电报、电传等通信设备进行交易，既无固定场所，也无固定时间，而是24小时都可进行交易。目前外汇交易中，绝大多数交易都是在无形市场上进行的。

外汇市场的参与者主要有外汇银行、外汇经纪人、中央银行和其他客户。目前世界上比较大的外汇市场有30多个，其中最重要的有伦敦、纽约、东京、苏黎世、中国香港地区、巴黎和法兰克福外汇市场等。外汇市场的结构和交易流程如图11-1和图11-2所示。

图11-1　外汇市场结构

图11-2　外汇市场交易流程

(二) 外汇交易

外汇交易是指在外汇市场上进行各种外汇买卖的活动。通常交易的货币主要是美元、欧元、英镑、日元、加拿大元等，其中美元的交易量最大。2002年后，欧洲联盟各国的货币逐步退出市场，由欧元来代替，欧元也成为外汇市场上的主要交易对象。外汇市场进行交易时通常要用到各个币种的代码，表11-1列出了主要货币的代码。

表11-1　主要货币的标准代码

货币名称	代码	货币名称	代码
美元	USD	人民币	CNY
英镑	GBP	港元	HKD
欧元	EUR	澳门元	MOP
日元	JPY	韩元	KRW
瑞士法郎	CHF	泰铢	THB
澳大利亚元	AUD	墨西哥比索	MXN
新西兰元	NZD	马来西亚林吉特	MYT
加拿大元	CAD	丹麦克朗	DKK

外汇市场上的外汇交易主要有以下几种。

1. 即期外汇交易

即期外汇交易(sport transaction)又称现汇交易,是外汇买卖成交后,在两个营业日内办理交割的外汇业务。即期交易主要用于进出口结算、银行间平衡头寸、套汇、个人用汇和侨汇等,这些都须在即期外汇市场上进行。例如,出口商因出口赚的外汇结算回来换成人民币,个人出境以人民币购外汇等均属即期外汇业务。

2. 远期外汇交易

远期外汇交易(forward transaction)又称期汇交易,是指外汇买卖双方签订买卖协议,并约定在未来某一时间进行交割的外汇交易。其作用有套期保值、投机等。远期外汇汇率是在即期汇率的基础上加减远期汇率的升贴水数而形成。例如,某一进口商有一宗引进设备业务,付款期在3个月后,由于担心外汇汇率上升会使付款的成本增大,那么就要做购买3个月后交割的远期外汇交易。

3. 掉期交易

掉期交易(swap transaction)指的是买入(或卖出)一笔即期外汇的同时卖出(或买入)相同金额的同一种货币的远期外汇的交易。其作用主要有:保值、与套利相结合获利、调整银行资金期限结构等。掉期交易有即期对即期掉期交易、即期对远期掉期交易、远期对远期掉期交易等类型。例如,在买进美元现汇的同时,卖出3个月美元的期汇,从而转移此间美元汇率下跌而承担的风险。

4. 外汇期货交易

外汇期货交易(foreign currency future transaction)是指在期货交易所内进行买卖外汇期货合约的交易。外汇期货交易的最大作用就是套期保值,同时可投机获利,即通过买空卖空交易获取差价。这是20世纪70年代后才发展起来的新型外汇交易。它和远期外汇交易相比,有许多不同的特点。

(1) 外汇期货交易必须在交易所内进行;远期外汇交易则在场内外都可以进行。

(2) 外汇期货交易合同是标准化的;远期外汇交易的合同却是非标准化的,一切由双方协议来决定。

(3) 外汇期货交易的汇率形成方式为公开竞价产生;远期外汇交易的汇率却是在即期汇率的基础上加减升贴水数而得。

(4) 外汇期货交易必须缴纳保证金;远期外汇交易则一般不需要。

(5) 外汇期货交易必须通过外汇经纪人进行;远期外汇交易则有无经纪人都可以。

(6) 外汇期货交易由专门的清算机构每日对未平仓者的盈亏状况进行清算;远期外汇交易到期进行结算。

(7) 外汇期货交易的参与者中绝大部分(98%以上)都通过买卖平仓终止交割义务;远期外汇交易大多数要在交割日进行现汇交割。

5. 外汇期权交易

前述外汇业务中,不管是远期外汇交易还是外汇期货交易,都有一个共同的缺点,就是在避免汇率风险时也消除了从汇率波动中获利的可能性。而外汇期权交易恰好弥补了前两者的不足,它既能避免汇率波动所带来的损失,又能保留从汇率波动中获利的机会。

外汇期权交易(foreign currency option transaction)是指外汇期权合约购买者向出售者付出一

定比例的期权费后,即可在有效期内享有按协定价格和金额履行或放弃买卖某种外币权利的交易行为。这是一种期汇交易权利的买卖,也是一项新兴的外汇业务,1982年12月诞生于美国费城股票交易所。从其作用来看有保值性和投机性两种。例如,某一日本出口企业出口价值1 000万美元的货物,一个月之后收回外汇。假定该出口企业签订的卖出一个月期的1 000万美元的合同,合同中规定的汇率为1美元=100日元,但合同到期执行时,市场的实际汇率为1美元=102日元,那么该出口企业将损失2 000万日元,如果出口商购买一个外汇期权合同,它就可以放弃原来所签订的外汇交易合同,从而按1美元=102日元交易。

6. 套汇交易

套汇交易是指套汇者利用两个或两个以上外汇市场上某些货币的汇率差异进行外汇买卖,从中套取差价利润的行为。

套汇交易分为直接套汇和间接套汇两类。直接套汇也称两角套汇,是指利用两个不同地点的外汇市场上某些货币之间的汇率差异,在两个市场上同时买卖同一货币,赚取差价的行为。间接套汇也称三角套汇,是指利用三个不同地点的外汇市场上的汇率差异,同时在三个市场上贱买贵卖,从中赚取汇率差价的行为。

7. 套利交易

套利交易也称利息套汇,是指两个不同国家的金融市场短期利率高低不同时,投资者将资金从利率较低的国家调往利率较高的国家,以赚取利差收益的外汇交易。

套利交易分为抛补套利和不抛补套利两类。抛补套利是指套利者把资金从低利率国家转向高利率国家的同时,在外汇市场上卖出高利率货币的远期,以避免汇率风险。不抛补套利是指套利者单纯把资金从低利率国家转向高利率国家,从中赚取利差的行为。

第二节 汇率

一、汇率及汇率制度

汇率(exchange rate)指的是两国货币之间折算的比率,或者说是以一国货币单位表示的另一国货币单位的价格,因此汇率也叫汇价。

(一) 汇率的标价方法

汇率的标价方法取决于以哪种货币作为标准进行折算。目前在国际上有以下3种标价方法。

1. 直接标价法

直接标价法是指以一定单位的外国货币作为标准折算成若干数量的本国货币来表示。这种标价法是用本币来标出单位外币的价格,所以也称为价格标价法或应付标价法。在直接标价法下的外国货币数额固定不变,本国货币的数额随汇率的高低而变化。一定单位的外国货币折算成的本国货币增多,说明外国货币汇率上升,即外币升值或本币贬值。反之,说明外币汇率下跌,即外币贬值或本币升值。世界上除英、美外的绝大多数国家都采用这种标价法。例如,某日我国对外公布的美元对人民币汇率为USD1=CNY6.230 0。这里6.230 0元人民币就是1美元的价格,表示要获得1美元,需付出6.230 0元人民币。

如图11-3、图11-4、图11-5所示为直接标价法的内涵及汇率升降的含义(以东京市场为例)。

图11-3　直接标价法图示(东京市场)

图11-4　直接标价法下，美元升值日元贬值(即外汇汇率上升、本币汇率下降)(东京市场)

图11-5　直接标价法下，美元贬值日元升值(即外汇汇率下降、本币汇率上升)(东京市场)

2. 间接标价法

间接标价法是指以一定单位的本国货币作为标准折算成若干数量的外国货币来表示。在这种标价法中本币是标准货币，即用外币来标出单位本币的价格，所以也称为应收标价法或数量标价法。在间接标价法下，本币数额固定不变，外币数额随汇率高低而变化。如果一定单位本币所兑换的外币数量增多，则说明本币汇率上升而外币汇率下跌，即本币升值，外币相对贬值；反之，则说明本币贬值，外币升值。目前，英国、美国、澳大利亚、新西兰、爱尔兰采用这种标价法。例如，某一天在伦敦外汇市场上，美元的牌价为GBP1=USD1.399 8。这里1.399 8美元就是1英镑的价格，表示收入1.399 8美元方可支付1英镑。

如图11-6、图11-7、图11-8所示为间接标价法的内涵及汇率升降的含义(以纽约市场为例)。

图11-6　间接标价法(纽约市场)

图11-7　间接标价法下，美元升值日元贬值(即本币汇率上升、外汇汇率下降)(纽约市场)

图11-8　间接标价法下，美元贬值日元升值(即本币汇率下降、外汇汇率上升)(纽约市场)

3. 美元标价法

美元标价法是以一定单位的美元为标准来计算应兑换多少其他货币的汇率表示方法，美元标价法又称纽约标价法。在这种标价法下美元的单位数额固定不变，美元与其他货币的比值是通过其他货币量的变化体现出来的。"二战"后，美元成为世界上最主要的清算和储备货币，随着欧洲货币市场的兴起，国际金融市场上的外汇交易量猛增，为便于在国家间进行外汇交易，银行间的报价均习惯采用美元标价法，目前各大国际金融中心已普遍使用美元标价法。例如，出口商出口货物不管用哪种货币报价，最终都要折合成美元进行统计。表11-2列出了各种货币对美元的折算率。

表11-2　各种货币对美元折算率表——2024年1月31日

货币名称		货币单位	对美元折算率	货币名称		货币单位	对美元折算率
AED	阿联酋迪拉姆	1迪拉姆	0.272 827	MKD	马其顿第纳尔	1第纳尔	0.017 575
ALL	阿尔巴尼亚列克	1列克	0.010 437	MMK	缅甸缅元	1元	0.000 476
AOA	安哥拉宽扎	1宽扎	0.001 174	MNT	蒙古国图格里克	1图格里克	0.000 295
ARS	阿根廷比索	1比索	0.001 211	MOP	澳门元	1元	0.124 134
AUD	澳元	1元	0.660 975	MUR	毛里求斯卢比	1卢比	0.022 297
BAM	波黑马克	1马克	0.552 899	MVR	马尔代夫卢非亚	1卢非亚	0.064 683
BGN	保加利亚列维	1列维	0.554 339	MWK	马拉维克瓦查	1克瓦查	0.000 594
BHD	巴林第纳尔	1第纳尔	2.652 274	MXN	墨西哥比索	1比索	0.058 308
BND	文莱元	1元	0.746 547	MYR	马来西亚林吉特	1林吉特	0.211 636
BOB	玻利维亚诺	1玻利维亚诺	0.144 404	NGN	尼日利亚奈拉	1奈拉	0.000 909
BRL	巴西雷亚尔	1雷亚尔	0.202 016	NOK	挪威克朗	1克朗	0.095 871
BWP	博茨瓦纳普拉	1普拉	0.073 400	NPR	尼泊尔卢比	1卢比	0.007 520
BYN	白俄罗斯卢布	1卢布	0.305 614	NZD	新西兰元	1元	0.615 057
CAD	加元	1元	0.748 504	OMR	阿曼里亚尔	1里亚尔	2.597 504
CHF	瑞士法郎	1法郎	1.163 460	PEN	秘鲁索尔	1索尔	0.262 017
CLP	智利比索	1比索	0.001 075	PHP	菲律宾比索	1比索	0.017 725

(续表)

货币名称		货币单位	对美元折算率	货币名称		货币单位	对美元折算率
CNY	人民币元	1元	0.140 768	PKR	巴基斯坦卢比	1卢比	0.003 576
COP	哥伦比亚比索	1比索	0.000 255	PLN	波兰兹罗提	1兹罗提	0.249 451
CZK	捷克克朗	1克朗	0.043 774	PYG	巴拉圭瓜拉尼	1瓜拉尼	0.000 137
DKK	丹麦克朗	1克朗	0.145 557	QAR	卡塔尔里亚尔	1里亚尔	0.274 311
DZD	阿尔及利亚第纳尔	1第纳尔	0.007 417	RON	罗马尼亚列伊	1列伊	0.217 844
EGP	埃及镑	1镑	0.032 321	RSD	塞尔维亚第纳尔	1第纳尔	0.009 252
EUR	欧元	1欧元	1.086 065	RUB	俄罗斯卢布	1卢布	0.011 209
GBP	英镑	1英镑	1.272 836	SAR	沙特里亚尔	1里亚尔	0.267 203
GHS	加纳塞地	1赛地	0.081 037	SDG	新苏丹镑	1镑	0.001 666
GYD	圭亚那元	1元	0.004 780	SDR	特别提款权	1特别提款权	1.330 120
HKD	港元	1元	0.127 927	SEK	瑞典克朗	1克朗	0.096 225
HRK	克罗地亚库纳	1库纳	0.002 808	SGD	新加坡元	1元	0.748 096
HUF	匈牙利福林	1福林	0.000 064	SLL	塞拉利昂利昂	1利昂	0.000 044
IDR	印度尼西亚卢比	1卢比	0.273 258	SRD	苏里南元	1元	0.027 377
ILS	以色列谢客尔	1谢客尔	0.012 031	SSP	南苏丹镑	1镑	0.000 917
INR	印度卢比	1卢比	0.000 763	SYP	叙利亚镑	1镑	0.000 077
IQD	伊拉克第纳尔	1第纳尔	0.000 024	THB	泰铢	1铢	0.028 401
IRR	伊朗里亚尔	1里亚尔	0.007 311	TND	突尼斯第纳尔	1第纳尔	0.320 749
ISK	冰岛克朗	1克朗	0.272 827	TRY	土耳其里拉	1里拉	0.033 012
JOD	约旦第纳尔	1第纳尔	1.409 741	TWD	台湾元	1元	0.032 077
JPY	日元	1元	0.006 802	TZS	坦桑尼亚先令	1先令	0.000 393
KES	肯尼亚先令	1先令	0.006 192	UAH	乌克兰格里夫那	1格里夫那	0.026 490
KRW	韩元	1元	0.000 756	UGX	乌干达先令	1先令	0.000 262
KWD	科威特第纳尔	1第纳尔	3.250 447	UYU	乌拉圭比索	1比索	0.025 598
KZT	哈萨克斯坦坚戈	1坚戈	0.002 239	UZS	乌兹别克斯坦苏姆	1苏姆	0.000 080
LAK	老挝基普	1基普	0.000 048	VEF	委内瑞拉博利瓦	1博利瓦	0.000 004
LBP	黎巴嫩镑	1镑	0.000 067	VND	越南盾	1盾	0.000 041
LKR	斯里兰卡卢比	1卢比	0.003 155	XAF	刚果中非共同体法郎	1法郎	0.001 625
LYD	利比亚第纳尔	1第纳尔	0.207 278	YER	也门里亚尔	1里亚尔	0.003 996
MAD	摩洛哥迪拉姆	1迪拉姆	0.099 892	ZAR	南非兰特	1兰特	0.053 317
MDL	摩尔多瓦列伊	1列伊	0.056 529	ZMW	赞比亚克瓦查	1克瓦查	0.036 790

注：1. 本表仅供计划、统计使用；

2. 人民币对美元折算率根据每月最后一个交易日中间价计算，其他货币对美元折算率根据当日上午9时国际外汇市场相应货币对美元汇率计算确定；

3. 因市场原因，委内瑞拉博利瓦对美元折算率根据2018年8月17日该货币对美元汇率计算确定。

(资料来源：国家外汇管理局)

(二) 汇率制度

汇率制度大体可分两类：固定汇率制度和浮动汇率制度。

固定汇率制度是第二次世界大战后较长时期所实行的一种汇率制度。"二战"后，在美国倡导下召开了国际金融会议，成立了国际货币基金组织(IMF)。当时许多资本主义国家参加了国际货币基金组织，该组织规定：美元与黄金挂钩，其他国家货币与美元挂钩，并与美元建立固定比价；有关国家货币汇率只能在一定幅度内波动，超过规定的上、下限，该国中央银行有义务进行干预，使汇率保持在规定的幅度内。在此之前的金本位制度下的汇率也是固定汇率制，可当时的固定汇率是以各国金属货币的实际黄金含量为基础而自然形成的固定汇率，其波动幅度被限制在黄金输送点之内，所以各国无须承担干预汇率的义务。

浮动汇率制度则是在1971年和1973年美元连续两次贬值，固定汇率制度难以继续维持之后，多数国家改行的一种制度。浮动汇率制度是各国对汇率波动不加限制，听其随市场供求关系的变化而涨跌的汇率制度。在这种汇率制度下各国中央银行只是根据需要，自由选择是否进行干预以及把汇价维持在什么样的水平上。在实际经济生活中，政府不进行任何有目的的干预是少有的，通常或多或少要加以适度调节。方式可以是直接参与外汇市场活动进行外汇买卖，或是通过调整国内利率水平等手段进行间接调节。这种情况被称为管理浮动。管理浮动汇率在各个国家都有具体的、不同的特点或形式，主要有以下几种。

(1) 单独浮动(independently floating)，即一国货币不与其他国家的货币发生固定联系，其汇率根据外汇市场的供求自动调整，如美国、日本、加拿大等多个国家的货币实行单独浮动。

(2) 联合浮动(join floating)又称共同浮动或集体浮动，是指国家或地区集团成员国之间实行固定汇率，同时对非成员国货币实行联合升降的浮动汇率。例如，欧洲联盟曾采取这种汇率制。

(3) 实行盯住政策(pegging policy)的浮动汇率制，即确保本国货币和某种货币的汇率固定不变，随着这一货币汇率的变动而与其他货币之间保持浮动汇率的汇率制度。盯住汇率制可分为盯住单一货币浮动和盯住合成货币浮动。目前，盯住单一货币的国家有50多个，其中盯住美元的就有30多个国家和地区，盯住合成货币的国家和地区有40多个，其中大部分为盯住"一篮子货币"，还有少数为盯住特别提款权。

(4) 按一套指标调整汇率的制度。在这种汇率制度下，一国货币随着选定的经济指标体系的变动而不断调整对其他货币之间的汇率。

(三) 汇率的种类

1. 按银行买卖外汇的角度划分为买入汇率、卖出汇率及中间汇率

买入汇率(buying rate)也称买入价，是外汇银行向同业或客户买入外汇时使用的价格。卖出汇率(selling rate)也称卖出价，是银行向同业或客户卖出外汇时使用的汇率。中间汇率也称中间价，是买入汇率和卖出汇率的平均数。

2. 按外汇管制的程度划分为官方汇率和市场汇率

官方汇率又称法定汇率，是指在外汇管制较严格的国家，由政府授权的官方机构制定并公布的汇率。市场汇率是指在外汇管制较宽松的国家的自由外汇市场上买卖外汇的价格。

3. 按外汇交易中支付方式的不同分为电汇汇率、信汇汇率和票汇汇率

电汇汇率(电汇价)是指银行卖出外汇时用电信方式通知境外联行或代理行付款的外汇汇率。信汇汇率(信汇价)是指银行卖出外汇时用信函方式通知境外联行或代理行付款的外汇汇率。票汇

汇率(票汇价)是指银行买卖即期汇票的汇率。电汇汇率是一国的基本汇率。

4. 按外汇交易的交割时间分为即期汇率和远期汇率

即期汇率(现汇汇率)是指外汇买卖双方在外汇买卖成交后的两个营业日内办理交割的汇率。远期汇率(期汇汇率)是指外汇买卖双方成交后，约定在将来某一时间进行交割的汇率。

5. 按制定汇率的角度不同分为基准汇率和交叉汇率

基准汇率是指一国货币与某一种国际上被普遍接受的关键货币的比价。交叉汇率(套算汇率)指两种货币之间的汇率通过第三种货币计算出来的汇率。多数情况下，一国货币和美元之间的汇率为基准汇率，一国货币与其他货币的汇率通常借助于基准汇率进行换算。

6. 按汇率制度的不同分为固定汇率和浮动汇率

固定汇率是指一国货币与外币的比价基本固定，并且汇率的波动被限制在一定的范围内的汇率。浮动汇率是指根据市场供求变化而自发形成的汇率。目前世界上多数国家采用浮动汇率。

二、汇率变动的影响因素

(一) 国际收支

国际收支是一国对外经济活动的综合反映，其收支差额直接影响外汇市场上的供求关系，并在很大程度上决定了汇率的基本走势和实际水平。

当一个国家的国际收支出现逆差时，其外汇供给会相对减少，这就会引起外汇汇率上升；当国际收支出现顺差时，其外汇供给就会相对增加，就会引起外汇汇率下降。从外汇需求方面考察，当该国的国际收支出现逆差时，该国对外汇的需求相对增加，导致外汇汇率上升；当该国的国际收支出现顺差时，该国的外汇需求相对减少，导致外汇汇率下降。从以上分析可以得出：一国的国际收支出现顺差，就会引起外国对该国货币需求的增长与外国货币供应的增加，进而引起外汇的汇率下降或该货币的汇率上升。反之，一国的国际收支出现逆差，就会增加该国的外汇需求和本国货币的供给，进而引起外汇的汇率上升或该国货币的汇率下跌。

(二) 通货膨胀率差异

通货膨胀是影响汇率变动的一个长期、主要而又有规律性的因素。在纸币流通条件下，两国货币之间的比率，从根本上说是根据其所代表的价值量的对比关系来决定的。因此，在一国发生通货膨胀的情况下，该国货币所代表的价值量就会减少，其实际购买力也就下降，对外比价也会下跌。当然，如果对方国家也发生了通货膨胀，并且幅度恰好一致，两者就会相互抵消，两国货币间的名义汇率可以不受影响，然而这种情况非常少见。一般来说，两国通货膨胀率是不一样的，通货膨胀率高的国家，货币汇率下跌；通货膨胀率低的国家，货币汇率上升。

(三) 利率差异

利率是金融资产的价格。在开放经济条件下，利率的变化通过作用于短期资本流出流入而影响汇率的变化。当一国提高利率水平或本国的利率水平高于外国利率时，意味着本国金融资产的收益率更高，对投资者更具有吸引力，则资金流入增加，对本国货币的需求增加，本国货币汇率趋于上涨；相反，当一国降低利率水平或本国的利率水平低于外国利率时，就意味着本国金融资产的收益率降低，则资金流出增加，对外国货币的需求增加，外汇汇率上升，本国货币汇率趋于下降。这里所说的利率差异，是指实际利率差异。在西方国家，实际利率一般是指长期政府债券利率与通货膨胀率的差额。

(四) 经济增长率差异

经济增长率与汇率之间的关系相对比较复杂。当一国经济增长率提高时，一方面反映该国经济实力增强，其货币在国际外汇市场上的地位提高，从而使该国货币汇率有上升趋势；另一方面，由于经济高速增长，该国国民收入增加，从而促使该国进口需求上涨，如果该国出口不变的话，那么就会使该国国际收支经常项目产生逆差，最终导致本币汇率下跌。但如果该国经济是以出口导向型为主，那么经济的增长就意味着出口的增加，使经常项目产生顺差，最终导致本币汇率上升。

(五) 市场心理预期

影响人们心理预期的因素主要有三方面：一是与外汇买卖和汇率变动相关的数据资料信息；二是来自各类媒体的经济新闻和政治新闻；三是社会上人们相互传播未经证实的消息。这些因素都会通过影响外汇市场交易者的心理预期进而影响汇率。有时虚假的经济新闻或者信息也会导致汇率的变动。

当市场预计某种货币趋跌时，交易者会大量抛售该货币，造成该货币汇率下浮的事实；反之，当人们预计某种货币趋于坚挺时，又会大量买进该货币，使其汇率上扬。由于公众预期具有投机性和分散性的特点，因此加剧了汇率短期波动的振荡。

(六) 中央银行干预

不论是在固定汇率制度下，还是在浮动汇率制度下，中央银行都会被动或主动地干预外汇市场，稳定外汇汇率，以避免汇率波动对经济造成不利影响，实现本国的政策目标。这种通过干预直接影响外汇市场供求的情况，虽无法从根本上改变汇率的长期走势，但对汇率的短期走向会有一定的影响。固定汇率制度在第二次世界大战后被维持了25年之久，足以显示中央银行干预的成效。特别是20世纪80年代以来，西方主要国家在管理浮动汇率制度的基础上进行联合干预，更使得中央银行成为外汇市场上影响汇率的不可忽视的力量。

综上所述，在浮动汇率制下，一国汇率受通货膨胀程度、利率水平、国际收支状况、经济增长、宏观经济政策、心理预期、突发事件等国内经济因素和世界经济形势的影响而频繁波动。

三、汇率变动对经济的影响

汇率作为宏观经济的重要变量和影响国民经济的重要杠杆，其变动对国内外经济有着广泛而深远的影响。

(一) 汇率变动对世界经济的影响

汇率变动对世界经济的影响主要表现在三方面。①对国际贸易的影响。汇率稳定有利于国际贸易的发展，而汇率不稳，则会使进出口商无法准确折算进出口贸易的成本与收益，增加国际贸易风险，影响国际贸易总量的增长和扩大。②对资本流动的影响。汇率稳定能够确保国外投资者获得预期利润，减少投资的汇率风险，促进资本输出/入的发展，而汇率不稳往往使资本在国家间频繁流动，增强国际游资的投机性，不利于世界经济的稳定发展。③对国际关系的影响。汇率不稳，往往加剧国家间的矛盾。如20世纪80年代初期至中期美元坚挺，一路攀升，加重了拉美等发展中国家的外债还本付息负担，最终爆发了债务危机，从而加剧了债务国与债权国之间的矛盾。另外，汇率的升降将直接影响相关国家的外贸与资本流向、流量，因此一些国家操纵市场汇率，进行所谓的"外汇倾销"，这必然会招致有关国家的反对和报复，从而加剧这些国家的矛盾与斗争。

(二) 汇率变动对国内经济的影响

汇率变动对国内经济的影响是多方面的，影响的广度和深度受一国的对外开放程度、经济结构、外汇和资本管制宽严等因素的制约，具有不确定性，必须具体情况具体分析。一般来说，汇率变动对国内经济的影响主要表现在以下几方面。

1. 对进出口贸易收支的影响

如果本币汇率下浮，在进出口商品需求弹性较高，以及存在闲置资源用于出口品和进口替代品的生产的情况下，由于以外币表示的出口商品价格下降和以本币表示的进口商品价格上升，将使出口增加和进口减少，从而改善进出口贸易收支状况。反之，如果本币汇率上浮，通过"相对价格效应"将会抑制出口，鼓励进口，扩大贸易收支逆差，影响贸易收支的改善。

2. 对物价水平的影响

如果本币汇率下浮，由于"相对价格效应"的作用，出口增加，进口减少，将使国内商品供应减少，通货膨胀压力加大。另外，进口商品价格上涨，从货币工资机制来讲，会推动生活费用的上涨，导致名义工资的提高。从生产成本机制来讲，会使以进口商品为原材料的产品成本增加，这两者既有可能诱发货币投放的增加，又有可能形成成本推动型通货膨胀，从而使国内的物价水平上升。反之，如果本币汇率上浮，则进口商品供给增加，进口商品成本降低，使进口商品和以进口原料生产的商品价格下降，进而推动国内整体物价水平下降。

3. 对资本流动的影响

汇率变动主要影响以保值或追求短期收益为目的的短期资本的流动，而对长期投资资本的流动影响不大。如果本币贬值，外汇汇率上浮，则短期资本为了避免所持有本币资产的价值相对下降而带来的损失，会纷纷逃往其他货币坚挺或汇率稳定的国家。如果本币升值，则意味着以本币表示的各种资产价值增加，短期资本为了投机获利或保值而流入国内。大规模的短期资本流动，不管是流出国外，还是流入国内，对国内经济、国际收支都将产生不利的影响。

4. 对外汇储备的影响

汇率变动主要是影响外汇储备的数量和实际价值的变动。当本币汇率下浮时，出口增加，进口减少，外汇收入增多，外汇支出减少，外汇储备相应增加，但汇率下跌又会引起资本外流，减少外汇储备；当本币汇率上浮时，出口减少，进口增加，会减少本国外汇收入，增加外汇支出，但同时会使保值性和投机性资本流入，增加外汇储备。因此，汇率变动对外汇储备数量增减变动的影响取决于进出口外汇收支变化与资本项目收支变化的对比情况。另外，目前世界各国所持有国际储备的绝大部分是外汇储备，如果储备货币汇率发生变动，必然影响一国国际储备的实际价值，从而造成外汇储备的风险损失或风险收益。

5. 对国内就业水平和收入的影响

传统理论认为本币汇率下浮对经济的影响具有扩张效应，在乘数作用下，通过增加出口，增加进口替代品的生产，使国民收入得到多倍增长，并提高国内就业水平。本币汇率上调，则会使出口减少，进口增加，减少国内总需求，抑制生产发展，从而导致国民收入水平和就业水平下降。

6. 对产业结构的影响

本币汇率的上浮或下浮，可以说是一种税负行为，本币汇率下浮是对出口的一种补贴，对进口的一种征税，而本币汇率上浮则正好相反。当本币汇率下浮时，通过"税负效应"，一方面引起出口增加，使生产出口商品的企业和部门收益增加，导致资源由其他部门向该类部门转移；另一方面使进口减少，国内需求转移到同类的商品上，使生产进口替代品的部门收益增加，引起资源的再分配。当本币汇率上浮时，"税负效应"则使稀缺资源从出口部门和生产进口替代品部门转移到其他部门上。因此，汇率的变化使资源在各部门之间重新分配，从而导致产业结构的变化。

四、人民币汇率问题

人民币汇率就是中华人民共和国的货币兑换其他国家的货币的比例，又称人民币汇价。现行的人民币汇率主要是人民币与发达国家货币之间的管理浮动汇率，其中以人民币对美元的汇率为基础汇率，人民币与其他货币之间的汇率通过各自与美元的汇率套算出来。人民币汇率在1994年以前一直由国家外汇管理局制定并公布，1994年1月1日人民币汇率"并轨"以后，实施以市场供求为基础的单一的、有管理的浮动汇率制。自2005年7月21日起，中国开始实行以市场供求为基础、参考"一篮子货币"进行调节、有管理的浮动汇率制度，保持人民币汇率弹性，发挥汇率调节宏观经济和国际收支"自动稳定器"的作用。注重预期引导，保持人民币汇率在合理均衡水平上的基本稳定，具体包括三方面的内容：一是以市场供求为基础的汇率浮动，发挥汇率的价格信号作用；二是根据经常项目主要是贸易平衡状况动态调节汇率浮动幅度，发挥"有管理"的优势；三是参考"一篮子货币"，即从"一篮子货币"的角度看汇率，不片面地关注人民币与某个单一货币的双边汇率。中国人民银行根据前一日银行间外汇市场形成的价格，公布人民币对美元等主要货币的汇率，各银行以此为依据，在中国人民银行规定的浮动幅度内自行挂牌。

第三节 国际收支

一、国际收支及国际收支平衡表概述

(一) 国际收支的概念

国际收支是指一定时期内一个经济体(通常指一个国家或者地区)与世界其他经济体之间发生的各项经济活动的货币价值之和。它有狭义与广义两个层面的含义。狭义的国际收支是指一个国家或者地区在一定时期内，由于经济、文化等各种对外经济交往而发生的，必须立即结清的外汇收入与支出。广义的国际收支是指一个国家或者地区内居民与非居民之间发生的所有经济活动的货币价值之和。国际收支是一国对外政治、经济关系的缩影，也是一国在世界经济中所处的地位及其升降的反映。国际收支状况通常通过国际收支平衡表进行反映。

随着国际交往在规模和范围上的扩展，许多国家采用拓宽了内涵的广义国际收支概念，包括：①一国与他国之间的商品、服务等交易行为；②该国所持有的货币黄金、特别提款权的变化，以及与他国之间的债权债务关系的变化；③凡不需偿还的单方转移项目和相应的科目，即会计上必须用来平衡的尚未抵消的交易。目前，国际货币基金组织即采用这一概念。

(二) 国际收支平衡表

国际收支平衡表是按照复式簿记原理，以某一特定货币为计量单位，运用简明的表格形式总括地反映一经济体(一般指一国家或地区)在特定时期内与世界其他经济体间发生的全部经济交易的报告文件。

国际收支平衡表按复式簿记原理编制，把全部对外经济交易活动划分为借方、贷方和差额三栏，分别反映一定时期内各项对外经济活动的发生额。一切收入项目，商品、服务和资产的减少，负债的增加，记入平衡表的贷方；一切支出项目，商品、服务和资产的增加，负债的减少，记入平衡表的借方。由于每笔经济交易同时记入有关项目的借方和贷方，数额相等，因此国际收支平衡表的借方总额与贷方总额总量是相等的。各国国际收支平衡表的格式基本相同，所列项目略有差异。表11-3是国际货币基金组织公布的通行国际收支平衡表简表。

表11-3　国际货币基金组织公布的国际收支平衡表简表

账户	贷方	借方
1. 经常账户		
A. 货物和服务		
B. 初次收入		
C. 二次收入		
2. 资本和金融账户		
A. 资本账户		
(1) 非生产非金融资产的取得/处置		
(2) 资本转移		
B. 金融账户		
(1) 直接投资		
(2) 证券投资		
(3) 金融衍生产品(储备除外)和雇员认股权		
(4) 其他投资		
(5) 储备资产		
3. 净误差与遗漏		

(三) 国际收支项目

表11-3中列出国际收支的具体项目，每个项目各反映不同性质的收支。根据国际货币基金组织编制的《国际收支和国际投资头寸手册(第六版)》，国际收支平衡表的标准组成包括三大账户：经常账户、资本和金融账户、错误与遗漏账户(即净误差与遗漏)。

1. 经常账户

经常账户又称往来账户，记录的是一个国家(或地区)与其他国家(或地区)之间实际资源的转移，是国际收支平衡表中最基本、最重要的账户，具体包括货物、服务、初次收入和二次收入。

(1) 货物和服务账户。货物和服务账户列示属于生产活动成果的交易项目。该账户的侧重点是居民与非居民之间货物和服务的交换环节。货物为有形的生产性项目，对其可建立所有者权益，且其经济所有权可以通过交易由一机构单位转移至另一机构单位。它们可以用来满足住户或社会的需求，或者用来生产其他货物或服务。这是经常账户和整个国际收支平衡表中最重要的项目。服务是改变消费单位条件或促进产品或金融资产交换的生产活动成果，服务一般不是可以单独对其建立所有者权益的项目，服务通常无法与其生产分离开来。

(2) 初次收入账户。初次收入账户显示的是居民与非居民机构单位之间的初次收入流量。初次收入反映的是机构单位因其对生产过程所做的贡献或向其他机构单位提供金融资产和出租自然资源而获得的回报。

(3) 二次收入账户。二次收入账户表示居民与非居民之间的经常转移。各种不同类型的经常转移计入本账户，表明其在经济体间收入分配过程中的作用。转移可以为现金或实物。

2. 资本和金融账户

资本和金融账户是对一国资产所有权在国家间转移的行为进行记录的账户，反映了国际资本流动。

(1) 资本账户。资本账户表述居民与非居民之间的应收和应付资本转移；居民与非居民之间非生产非金融资产的取得和处置。

(2) 金融账户。金融账户记录涉及金融资产与负债以及发生于居民与非居民之间的交易。金融账户显示的是金融资产和负债的获得和处置净额。金融账户交易列在国际收支中，由于它们对资产和负债存量有影响，所以也列在完整的国际投资头寸表中。按照职能类别，分为直接投资、证券投资、金融衍生产品(储备除外)和雇员认股权、其他投资以及储备资产5类。

3. 净误差与遗漏

由于统计资料来源不一、资料不全、资料本身错漏、记录时间不同，以及一些人为因素(如虚报出口)等原因，一国国际收支平衡表会不可避免地出现借方与贷方金额不相等的现象，这就需要人为设立一个平衡账户——错误与遗漏账户(净误差与遗漏)。

从2015年起，国家外汇管理局按照国际货币基金组织最新国际标准《国际收支和国际投资头寸手册(第六版)》编制和发布国际收支平衡表。与之前相比，主要变化有：一是将储备资产纳入金融账户统计，并在金融账户下增设"非储备性质的金融账户"，与原金融项目包含的内容基本一致；二是项目归属变化，如将经常账户下的转手买卖从原服务贸易调整至货物贸易统计，将加工服务(包括来料加工和出料加工)从原货物贸易调整至服务贸易等；三是项目名称和细项分类有所调整，如将经常项目、资本项目和金融项目等重新命名为经常账户、资本账户和金融账户，将收益和经常转移重新命名为初次收入和二次收入等；四是借方项目用负值表示。

二、国际收支失衡与调节

(一) 国际收支平衡标准

按复式簿记原理编制的国际收支平衡表，它的平衡或者说均衡只是形式上的。实际上，一国国际收支常常出现失衡状况，或是支大于收(逆差)，或是收大于支(顺差)，存在差额。问题是怎样判断一国国际收支是平衡还是不平衡？

国际上通行的方法是将国际收支平衡表上各个项目，区分为两种不同性质的交易：自主性交易和调节性交易。前者是指企业、单位和个人由于自身的需要而进行的交易，如货物和服务的输出入、赠予、侨民汇款和长期资本流出入，包括经常账户、资本和金融账户中的长期资本收支。调节性交易则是指在自主性交易产生不平衡时所进行的用以调节收支的弥补性交易，如向国外银行和国际金融机构借用短期资本、进口商取得分期付款的权利以及动用国际储备等，包括资本和金融账户中短期资本流动和储备资产项目的变动。可见两种交易引起的外汇收支最明显的区别在于：自主性交易系由商业经营、单方面支付和投资的需要所引起，与国际收支其他项目的大小无关；而调节性交易则是因为国际收支其他项目出现差额需要去弥补，才相应采取的一种交易。通常判断一国国际收支是否平衡，主要是看其自主性交易是否平衡。如果一国国际收支不必依靠调节性交易而通过自主性交易就能实现基本平衡，则是真正的平衡；反之，如果自主性交易出现收支差额，必须通过调节性交易来维持收支平衡，则为国际收支失衡。

(二) 国际收支失衡的原因

国际收支失衡的原因是多种多样的，因国、因时而异。概括说来，主要有以下几种。

1. 受经济结构制约

各国由于地理环境、资源分布、技术水平、劳动生产率等经济条件的不同，形成了各自的经济布局和产业结构，从而形成各自的进出口商品结构。当国家间对某些商品的生产和需求发生变化时，如果一国不能相应地调整其生产结构和出口商品结构，则会引起贸易和国际收支的失衡。

2. 受物价和币值的影响

从国内说，如果一国发生通货膨胀，国内物价上涨，本国货币币值下跌，其出口商品成本随之提高，出口商品在国际市场上的竞争力减弱；而进口商品在汇率不变情况下，价格相对较低，引起进口增加，其结果是国际贸易和国际收支状况恶化。从国际市场说，市场上大宗商品价格发生变动，也会直接影响该商品主要进出口国家的国际收支状况。

3. 受汇率变化的影响

在其他条件不变的前提下，当一国货币的汇率，即本币的对外币值发生变化时，如本币汇率升高，则不利于出口，会刺激进口，这是造成国际收支逆差的因素。如本国货币对外币值不变，而其他与本国处于竞争地位的国家的货币对外贬值，则对方国家的出口竞争力加强并使本国出口遭遇困难，这也有可能促成国际收支失衡。

4. 受利率变化的影响

一般情况下，利率降低时，或资本流入减少，或资本流出增加。即使一国利率没有变动而他国发生了变动，如他国提高了利率，也会给利率没有变动的国家的国际收支带来不利的影响。

5. 受经济周期性变化的影响

经济发展存在着周期性，经济周期的不同阶段对国际收支有不同的影响。繁荣时期，由于生产的高涨，进口大幅度增加，经常项目可能出现逆差，外汇储备相应下降。如果繁荣的经济促成了出口的增加，则经常项目就会呈现顺差，外汇储备相应上升。而在萧条时期，随着生产下降，一般说来，会导致国际收支恶化。

上述影响因素相互作用，往往引起连锁反应，可能是不同影响因素所发生效应的叠加，也可能是不同影响因素所发生效应的相互冲抵。当不利因素大于有利因素时，国际收支的失衡就不可避免。

(三) 国际收支失衡的调节

一国国际收支如果经常出现失衡而且收支差额较大，特别是发生长期性逆差，必然要进行调节。各国根据各自收支失衡的特点，采取相应的调节措施，一般有以下主要调节方式。

(1) 采取贸易保护措施。通过采取经济的、行政的手段，鼓励出口，抑制进口，缩减贸易逆差。例如，以财政减税或出口退税方式就能达到刺激出口的目的。

(2) 调整汇率以调节国际收支差额。在国际收支出现逆差时，降低本币汇率，有利于刺激出口，抑制进口，改善国际收支状况；反之，在国际收支有大量顺差时，则促使本币汇率上浮，以减少出口，增加进口，缩小顺差。

(3) 调整利率以影响资本的流出入。中央银行提高再贴现率，带动市场利率的上升，可以起到吸引外资流入的作用，缓和国际收支逆差；反之，则可抑制资本流入，促进资本流出，达到纠正国际收支顺差的目的。

(4) 利用政府信贷和国际金融机构的贷款来调节国际收支。政府间信贷可以是短期的，即由两国或数国中央银行签订短期信贷协议，提供短期贷款支持；也可以是事先安排的，即在各国中央银行之间签订互惠信贷协议，在需要时提供贷款支持。

(5) 实行外汇管理。对外汇收支与汇率实行直接的行政性干预以改善国际收支。诸如规定外汇收入全部或大部分卖给国家，对外汇支出进行某种限制等。

三、国际收支对国内经济的影响

国际收支与国内经济有着广泛的联系，这里从货币流通、资金收支和社会总供求三方面来分析。

(一) 国际收支对货币流通的影响

国际收支在多数情况下表现为外汇收支，其本身就是一种独立的货币收支过程。但是它与国内货币流通有着密切联系。

一般来说，外汇收入引起人民币货币供应增加，因为企业、单位和个人收入外汇，除允许在指定银行开立现汇账户外，都必须结汇给银行，由银行付给相应的人民币；外汇支出则会减少人民币货币供应量，因为企业、单位和个人所需外汇，要按照国家允许范围，以人民币向银行购汇。

外汇收支对人民币流通的影响因素主要有以下两点。

(1) 外汇储备状况。如果某一时期出现外汇收支顺差，外汇储备增加，则导致人民币供应增加；反之，结果相反。

(2) 人民币汇率水平。如果人民币汇率下降，则同样的外汇收入就要多供应人民币；反之，结果相反。

还应指出，外汇储备增加要占用人民币，而这项占用属于人民银行的资金运用项目，也就是说由此供应出的人民币具有基础货币性质，有可能派生出更多的货币供应量。因此，在对外开放日益扩大的情况下，考虑人民币流通时必须分析外汇收支的因素。

(二) 国际收支对资金收支的影响

国际收支所形成的外汇资金收支，与人民币资金收支也是相互交织的。下面分析贸易收支和资本收支与人民币资金收支的联系。

1. 贸易收支与人民币资金收支

贸易、劳务收支的实质，是国内商品、劳务的转换，完成这种转换需要借助两种货币形态：外汇资金和人民币资金。

从出口创汇看，组织出口商品生产和收购，必须先垫支人民币资金。这些先垫支的人民币资金来源，部分由企业自筹，相当部分由财政和银行提供。财政和银行都要提供一定的投资资金，其中流动资金则主要靠银行提供贷款。因此，贸易外汇收入实际是人民币资金的转化形态。

从进口用汇看，企业单位首先要用人民币资金向国家银行购汇，用以支付进口款项和费用；然后，商品进口后在国内销售，又恢复到人民币资金形态。企业单位购汇的人民币资金来源，可能是自筹的，也可能是财政和银行提供的。

2. 资本项目收支与人民币资金收支

资本项目收支反映外汇资金的流入流出。目前，我国资本项目收支主要表现为利用外资，这里围绕利用外资来讨论其与人民币资金的联系。

首先，利用外资建设某一项目，国内常需配套人民币资金。这通常包括两方面的配套。一是建设项目内部的配套，即利用外资主要是引进关键性设备和专有技术。至于相关的土建工程、辅助车间、国内能生产的配套设备，则需要人民币资金来解决，习惯称之为"小配套"。二是"大配套"，即为了配合引进一个大项目，在进行项目内配套外，还要进行有关的生产、交通、商业、生活设施等城市建设方面的新建或扩建，为此也需要大量人民币投资。这都需要财政和银行提供资金。同时项目投产后，还需要提供人民币流动资金。

其次，在直接投资形式的"三资"企业中，也需要国内提供流动资金贷款和技术改造贷款。

最后，从利用外资的还本付息看，也需要人民币资金。利用外资还本付息方式大体可分以下两大类型。一是要求在项目投产前还本付息，显然这必须另筹资金来源。在企业资金有限的情况下，常需要财政或银行给予支持。二是在项目投产后还本付息。企业投产后有了销售收入，自然有了还本付息的资金来源，但还要看企业销售收入经过各种扣除后有多少利润。如果企业资金利润率较低，在还款期内其利润收入尚不足以满足还本付息的需要，同样需要另筹资金来源，还少不了财政和银行的支持。

(三) 国际收支对社会总供求的影响

一般说来，社会总需求是由投资需求和消费需求构成的，社会总供给是由生产资料供给和消费资料供给构成的。在开放经济中，社会总供求不仅取决于国内各经济部门，还取决于对外部门。在存在商品、劳务进出口和资本的国际流动的条件下，它们对社会总供求的影响是：商品进口可以增加社会总供给量，出口则表示相应减少社会总供给量；资本流入，增加投资需求，资本流出则相当于减少投资需求。将这些列入社会总供求，则社会总供求的内容为

总需求=投资需求+消费需求+国外资本流入-国内资本流出

总供给=生产资料供给+消费资料供给+商品、劳务进口-商品、劳务出口

社会总供求可表示为

投资需求+消费需求+国外资本流入-国内资本流出=生产资料供给+消费资料供给+商品、劳务进口-商品、劳务出口

这意味着平衡社会总供求不仅可以通过调节国内生产和消费的比例来实现，还可以通过对国际收支中各项目的调节来实现。在国内总需求大于总供给时，适当安排贸易逆差，以吸收外资来平衡，就有利于缓和国内供求矛盾和资金不足，为发展经济提供稳定环境。

第四节 国际储备

一、国际储备的概念和形式

(一) 国际储备的概念

国际储备是一国货币当局准备用于弥补国际收支逆差、维持本币汇率稳定和对外应急支付的各种形式的资产。

国际储备和国际清偿能力不能等同。国际清偿能力除包括各种形式的国际储备外，还包括一国在国际上筹措资金的能力。因此，国际储备仅是一国现有的对外清偿能力，而国际清偿能力是现有的对外清偿能力和潜在的对外清偿能力的总和。

我国近年外汇储备情况及变动趋势如图11-9和图11-10所示。2014年年末外汇储备38 430.18亿美元是我国近几年的上限，之后整体上呈现略微下降趋势。

图11-9　近年国家黄金及外汇储备情况

(数据来源：国家统计局)

图11-10　近年国家外汇储备变动趋势

(数据来源：国家统计局)

(二) 国际储备的形式

1. 黄金储备

黄金储备是指一国货币当局持有的货币性黄金。据世界黄金协会统计，截至2022年11月底,全球官方黄金储备共计35 494.5吨,其中,欧元区(包括欧洲央行)共计10 771.6吨,占其外汇总储备的53.4%。全球黄金储备约占人类已开采黄金总量的1/5。截至2023年12月底,中国官方黄金储备共计2 235.4吨。

黄金作为一种价值实体,它是一种重要的国际储备资产,每个国家都持有一定数量的黄金储备。可是从其在整个储备资产中的地位来看,它却不是主要的,因为一国若持有太多的黄金储备,则其数量不但不能保证增加(即黄金不会生息),并要支出大量的管理费,而且其价格也并不总是稳定的。

2. 外汇储备

外汇储备是一国货币当局持有的对外流动性资产,其主要形式为国外银行存款和外国政府债券。

外汇储备由各种能充当储备货币的资产构成。储备货币必须具备三个特征:①必须是可兑换货币;②必须为各国普遍接受;③币值相对稳定。"一战"前,英镑是最主要的储备货币。20世纪30年代美元崛起,与英镑共享主要储备货币的权利。"二战"后,美元成了各国外汇储备中最主要的储备货币。20世纪60年代开始,美元地位下降,马克、日元的储备货币地位上升,从而形成储备货币多元化的局面。1999年1月1日,欧元问世,各国当时纷纷看好欧元,欧元成为目前第二位储备货币。目前全球主要储备货币为美元、欧元、日元、英镑和人民币。截至2023年12月底,中国官方外汇储备32 379.77亿美元。

3. 在国际货币基金组织的储备头寸

在国际货币基金组织(IMF)的储备头寸,亦称普通提款权(general drawing rights)是指成员国在IMF的普通资金账户中可自由提取和使用的资产。一国在IMF的储备头寸包括:①成员国向IMF认缴份额中25%的黄金或可兑换货币部分,因为这部分资金成员国可自由提用,故可成为一国国际储备资产;②IMF向其他成员国提供的本国货币的贷款,这部分贷款构成一国对IMF的债权,该国可无条件地提取并用于支付国际收支的逆差(各成员国认缴的份额75%是用本币缴纳的);③IMF向一国借款的净额,也构成该成员国对IMF的债权。

4. 特别提款权

特别提款权(SDR)是国际货币基金组织(IMF)创设的一种储备资产和记账单位,亦称"纸黄金"。它是IMF根据成员国出资的份额,按比例无偿分配,已分配而未使用的SDR,成为一国国际储备资产的一部分。SDR作为会员国的一种使用资金的权利,当会员国在发生国际收支逆差时,可用它向基金组织指定的其他会员国换取外汇,以偿付国际收支逆差或偿还基金组织的贷款,还可与黄金、自由兑换货币一样充当国际储备。但由于其只是一种记账单位,不是真正货币,故使用时必须先换成其他货币,不能直接用于贸易或非贸易的支付。

2015年11月30日,时任IMF总裁拉加德在华盛顿宣布,人民币符合SDR的所有标准,批准人民币进入SDR,于2016年10月1日起生效,人民币在SDR篮子中的比重为10.92%。人民币就此成为第一个被纳入"SDR货币篮子"的新兴市场国家货币,成为继美元、欧元、日元和英镑后,特别提款权中的第五种货币。人民币纳入SDR是人民币国际化的里程碑,是对中国经济发展成就和金融业改革开放成果的肯定,有助于增强SDR的代表性、稳定性和吸引力,也有利于国际货币体系改革向前推进。2022年5月11日,IMF执董会完成了五年一次的SDR定值审查。这是2016年人民币成为"SDR篮子货币"以来的首次审查。执董会一致决定,维持现有"SDR篮子货币"构成不变,即仍由美元、欧元、人民币、日元和英镑构成,并将人民币权重由10.92%

上调至12.28%(升幅1.36个百分点)，将美元权重由41.73%上调至43.38%，同时将欧元、日元和英镑权重分别由30.93%、8.33%和8.09%下调至29.31%、7.59%和7.44%，人民币权重仍保持第三位。执董会决定，新的"SDR货币篮子"在2022年8月1日正式生效，并于2027年开展下一次SDR定值审查。

二、国际储备的作用

(一) 调节国际收支的缓冲器

一国国际收支出现短期的逆差，可用本国的国际储备来平衡，而不用采取调整国内经济或进出口贸易的措施来纠正，不致影响国内经济的发展。

(二) 维护一国币值的保证

国际储备可作为干预资产，被一国货币当局用来干预外汇市场，以将本国货币的汇率维持在政府希望的水平上。充裕的国际储备是支持和加强本国货币信誉的物质基础。

(三) 向外借债还债的信用保证

国际储备是衡量一国对外资信的重要指标。国际储备可以作为一国向外借款的保证、偿还外债的保证，可以提高一国的资信，便于对外筹资，降低融资成本。

三、国际储备的管理

国际储备管理分三方面：国际储备水平管理，以求国际储备量适度；国际储备结构管理，以求储备资产构成最佳；国际储备经营管理，以求储备资产保值增值。

(一) 国际储备水平的管理

一国持有的国际储备，实际上是将可利用的实际资源储备起来，放弃和牺牲利用它们的机会，是一种经济效益的损失。所以国际储备的数量并不是越多越好，而是适度为宜。一国保持多大的国际储备量为适度，是国际储备水平管理的重要任务。从现实看，各国并没有统一的标准，因为一个国家在不同的发展阶段，或不同国家在相同发展阶段，对国际储备的需求都不会相同。因此，国际储备的绝对量不能说明国际储备的适宜度，国际储备的量化指标必须通过与相关指标的对比来说明。一般说来，决定一国储备水平的主要因素有以下几点。

1. 对外贸易状况

一个对外贸易依赖程度较高的国家，需要的国际储备较多；反之，较少。一个在贸易条件上处于不利地位，其出口商品又缺乏竞争力的国家，需要的国际储备较多；反之，较少。国际上普遍认为，一国持有的国际储备应能满足其3个月的进口需要。按此计算，储备额对进口的比率为25%左右。这就是所谓的储备进口比率法。该法的优点是简明易行，所以被世界各国及国际组织广泛采用。

2. 借用外国资金的能力

一国借用外国资金的能力越强，其国际储备水平可适当偏低；反之，应适当偏高。

3. 直接管制程度

一国外汇管制越严，需要的国际储备就越少；外汇管制放松，需要的国际储备就越多。

4. 汇率制度与外汇政策

实行固定汇率制度和稳定汇率政策的国情下，对国际储备的需求量较大；汇率自由浮动的国情下,对国际储备的需求量较小。

5. 货币的国际地位

一国货币如果可以作为储备货币,可通过增加本币对外负债来弥补国际收支逆差,而不需要较多的国际储备;反之,则需要较多的国际储备。

(二) 国际储备结构的管理

一国储备资产除水平上适度外,还须结构合理,这样才能做到流动性(或称变现性)、收益性、安全性兼顾。合理的国际储备结构,是指国际储备资产的最佳构成,即各种储备资产之间以及外汇储备的各种储备货币之间的最优比例关系。

1. 黄金储备、外汇储备、普通提款权和特别提款权的结构管理

现实生活中,除黄金储备外,变现性和收益性往往是互相排斥的。例如,变现性很高的国外银行活期存款的收益率很低,甚至为零,而外国政府长期债券收益较高,变现性却较低。如何在变现性与收益性之间权衡,二者兼顾,是黄金储备、外汇储备、普通提款权和特别提款权结构管理的主要目标。世界上由于各国国情不同,有的国家强调收益性,有的国家强调变现性,但是由于国际储备的作用主要是弥补国际收支的逆差,所以多数国家的货币当局更重视变现性。

目前,西方国家的一些经济学家或货币当局,将储备资产划分为三级:一级储备资产流动性最强,收益性最低;二级储备资产流动性次之,收益性高于一级储备;三级储备资产流动性最差,收益性最高。例如,银行活期存款、短期存款、短期政府债券为一级储备资产,中期政府债券为二级储备资产,长期公债券为三级储备资产。由于普通提款权和特别提款权使用上的特点,可分别把它们视为一级储备和二级储备。至于黄金储备,由于只有在金价有利,外汇储备利率较高时,各国货币当局才肯将其卖为储备货币,故可视为三级储备。如何安排三级储备资产的结构,在保持适度流动性的前提下,尽可能多地获得收益是国际储备结构管理的一个任务。

2. 各种储备货币的结构管理

由于普通提款权和特别提款权的多少都取决于成员国向基金组织缴纳的份额,其数量受基金组织的控制,不能随意变更,其内在构成也较为简单,所以国际储备结构管理的重点是外汇储备中各种储备货币的结构管理。

浮动汇率制度下,汇率的经常波动给外汇储备带来了贬值的风险。当然另一方面持有外汇储备资产还有一定的利息(银行存款、证券投资),所以储备货币外汇资产收益率等于价格变化率加名义利率。在储备货币的选择和应用上,优先考虑的是安全保值,同时兼顾流动性和收益性。这是储备货币结构管理的难点之所在。通常采用的办法是:注意将储备货币的结构同贸易赤字的货币结构保持一致,同清偿外债支付本息的货币结构保持一致,同干预市场所需用的货币结构保持一致,同时注意各种储备货币汇率、利率变化的现状与趋势,进行适当的抛补。

(三) 国际储备经营管理

妥善做好流动性管理,积极有效应对全球负利率加剧和国际金融市场大幅震荡等外部风险冲击,加强流动性管理,外汇储备规模稳中有升。持续提升投资运营能力,加强前瞻性、全局性研究,持续优化货币资产结构,动态调整投资策略,完善风险管理框架,实现资产风险和收益的平衡。稳妥审慎推进多元化运用,坚持商业化原则拓展外汇储备多元化运用,创新业务模式,深化履行出资人职责,推动股权投资机构完善公司治理,统筹管理多元化运用风险。不断

提升外汇储备运营管理水平,完善外汇储备经营管理体制机制,以自主研发推进提升信息化水平和运营能力,强化综合服务支持,加强人才队伍建设,保障经营管理高效运行。

本章小结

1. 外汇是指以外币表示的可以用作国际清偿的支付手段和资产,包括:外币现钞、外币支付凭证或者支付工具、外币有价证券、特别提款权、其他外汇资产等。

2. 外汇市场的交易主要有:即期外汇交易、远期外汇交易、掉期交易、外汇期货交易、外汇期权交易。

3. 外汇汇率指的是两国货币之间折算的比率,或者说是以一国货币单位表示的另一国货币单位的价格,因此汇率又称汇价。

4. 汇率的标价方法有直接标价法、间接标价法、美元标价法。

5. 汇率制度大体可分两类:固定汇率制度和浮动汇率制度。

6. 汇率变动对国内经济的影响:对进出口贸易收支的影响,对物价水平的影响,对资本流动的影响,对国际储备的影响,对国内就业水平和收入的影响,对产业结构的影响。

7. 国际收支平衡表的标准组成包括三大账户:经常账户、资本和金融账户、错误与遗漏账户(净误差与遗漏)。

8. 国际收支失衡的原因主要是:受经济结构制约,受物价和币值的影响,受汇率变化的影响,受利率变化的影响,受经济周期性变化的影响。

9. 国际储备是一国货币当局准备用于弥补国际收支逆差,维持本币汇率稳定和对外应急支付的各种形式的资产。

10. 国际储备的主要形式有:黄金储备、外汇储备、在国际货币基金组织的储备头寸、特别提款权。

习题

一、单项选择题

1. 下列选项中,说法错误的是( )。
   A. 外汇必须以外币表示
   B. 用作外汇的货币必须具有充分的可兑换性
   C. 外汇是一种金融资产
   D. 用作外汇的货币无须具有充分的可兑换性

2. 在美国,美元对英镑按( )计价。
   A. 直接标价法   B. 间接标价法   C. 美元标价法   D. 应收标价法

3. 以整数单位的外国货币为标准,折算为若干数额的本国货币的标价法是( )。
   A. 直接标价法   B. 间接标价法   C. 美元标价法   D. 应收标价法

4. 在直接标价法下,一定单位的外币折算的本国货币增多,说明本币汇率( )。
   A. 上升   B. 下降   C. 不变   D. 不确定

5. 在间接标价法下,汇率数值的上下波动与相应的外币的价值变动在方向上( ),而与本币的价值变动在方向上( )。
   A. 一致,相反   B. 相反,一致   C. 无关系   D. 不确定

6. 本币贬值对进出口的影响为( )。
   A. 促进进口，促进出口   B. 促进出口，抑制进口
   C. 抑制出口，抑制进口   D. 抑制出口，促进进口
7. 通常情况下，一国的利率水平较高，则会导致( )。
   A. 本币汇率上升，外币汇率上升   B. 本币汇率上升，外币汇率下降
   C. 本币汇率下降，外币汇率上升   D. 本币汇率下降，外币汇率下降
8. 通常情况下，一国国际收支发生顺差时，外汇汇率就会( )。
   A. 上升   B. 下降   C. 不变   D. 不确定
9. 一国价格水平上涨，会导致国际收支( )，该国的货币汇率( )。
   A. 顺差，上升   B. 顺差，下降   C. 逆差，上升   D. 逆差，下降
10. 各国中央银行往往在外汇市场通过买卖外汇对汇率进行干预，当外汇汇率( )时，卖出外币，回笼本币。
   A. 过高   B. 过低   C. 不一定   D. 都不是

二、多项选择题

1. 按外汇交易中支付方式的不同分为( )。
   A. 电汇汇率   B. 信汇汇率   C. 票汇汇率
   D. 远期汇率   E. 即期汇率
2. 我国的国际储备资产包括( )。
   A. 黄金   B. 外汇   C. 特别提款权
   D. 基金组织头寸 E. 白银
3. 作为国际支付手段的外汇，必须具备的基本特征有( )。
   A. 国际性   B. 自由兑换性   C. 可偿付性
   D. 收益性   E. 不可得性
4. 直接标价法和间接标价法的区别主要有( )。
   A. 使用的标准货币不同   B. 汇率波动所表现的货币不同
   C. 实行的国家不同   D. 买入卖出汇率标示的位置不同
   E. 没有实质性区别
5. 按照布雷顿森林货币体系的规定，两个挂钩是指( )。
   A. 美元同黄金挂钩   B. 英镑同黄金挂钩
   C. 各国货币之间相互挂钩   D. 各国货币同美元挂钩
   E. 欧元同黄金挂钩
6. 属于固定汇率制的国际货币体系有( )。
   A. 国际金本位制   B. 布雷顿森林体系
   C. 牙买加体系   D. 以上都是
   E. 以上都不是
7. 一国国际储备的增减，主要依靠( )的增减。
   A. 黄金储备   B. 外汇储备   C. 贵金属储备
   D. 普通提款权   E. 特别提款权

三、判断正误题

1. 从各国的政府行为来看，提高利率往往成为稳定本国货币汇率，防止其大幅度下跌的重要手段。（   ）
2. 直接标价法和间接标价法之间存在着一种倒数关系。（   ）
3. 以整数单位的外国货币为标准，折算为若干数额的本国货币的标价法是间接标价法。（   ）
4. 在直接标价法下，一定单位的外币折算的本国货币增多，说明本币汇率上升。（   ）
5. 在间接标价法下，一定数额的本币兑换成更多的外汇，说明本币汇率下降。（   ）
6. 国际收支顺差越大越好。（   ）
7. 黄金储备是一国国际储备的重要组成部分，它可以直接用于对外支付。（   ）
8. 汇率直接标价法是以本国货币为单位货币，以外国货币作为计价货币。（   ）

四、简答题

1. 什么是外汇，其基本特征有哪些？
2. 简述影响汇率变动的主要因素。
3. 简述外汇交易的主要种类。
4. 简述决定一国储备水平的主要因素。
5. 简述汇率变动对经济的影响。
6. 简述国际收支平衡表的账户构成。
7. 简述国际储备资产的形式。
8. 简述国际储备的作用。

五、论述题

1. 分析人民币加入"SDR货币篮子"的影响及意义。
2. 结合所学内容谈谈你对国际收支失衡的原因、影响及调节对策的理解。

案例分析

案例一 走向更加市场化的人民币汇率形成机制

自1994年开始，人民币汇率形成机制不断向着越来越市场化的方向改革，逐步形成了以市场供求为基础、参考"一篮子货币"进行调节、有管理的浮动汇率制度，汇率市场化水平不断提高，市场在汇率形成中发挥了决定性作用。近几年来，这一汇率制度经受住了多轮冲击的考验。人民币汇率形成机制改革将继续坚持市场化方向，优化金融资源配置，增强汇率弹性，注重预期引导，在一般均衡的框架下实现人民币汇率在合理均衡水平上的基本稳定。

一、当前人民币汇率形成机制特点

一是中国人民银行退出常态化干预，人民币汇率主要由市场决定。近两年来，中国人民银行通过加大市场决定汇率的力度，大幅减少外汇干预，在发挥汇率价格信号作用的同时，提高了资源配置效率。

二是人民币汇率双向浮动。2019年至2020年三季度，人民币对美元汇率中间价在427个交易日中有216个交易日升值、211个交易日贬值。近期人民币有所升值，主要是我国经济基本面良好的体现，我国率先控制了疫情，率先实现复工复产和经济恢复正增长，出口增长较快，境外主体持续增持人民币资产。总体来看，人民币仍是双向浮动的。

三是人民币汇率形成机制经受住了多轮冲击考验，汇率弹性增强，较好发挥了宏观经济和国际收支"自动稳定器"的作用。2020年前9个月，人民币对美元汇率年化波动率为4.25%，与国际主要货币基本相当。截至9月末，人民币对美元汇率较年初升值2.4%，衡量人民币对"一篮子货币"的中国外汇交易中心(CFETS)指数升值3.3%，升值幅度比较适中，同期欧元、日元对美元汇率分别升值约4.5%和3%。

四是社会预期平稳，外汇市场运行有序。近年来，尽管外部环境更趋复杂，但中国人民银行加强预期引导，外汇市场预期保持平稳，中间价、在岸价、离岸价实现"三价合一"，避免了汇率超调对宏观经济的冲击。外汇市场深度逐步提升，市场承受冲击能力明显增强，银行结售汇基本平衡，市场供求保持稳定。

五是市场化的人民币汇率促进了内部均衡和外部均衡的平衡。随着人民币汇率弹性增强，货币政策自主性提高，中国人民银行主要根据国内经济形势实施稳健的货币政策，避免了内部均衡和外部均衡的目标冲突。在此基础上，人民币汇率有序调整，合理反映了外汇市场供求变化，实现了国际收支的自主平衡，促进了内外部均衡。2021年上半年经常项目呈现顺差，资本项目呈现逆差，跨境资本双向流动特征明显。一方面，境外资本流入增多，改善了境内资产的持有人结构。另一方面，资本自主流出增多，主因是境内银行等主体自主增加境外资产，境内主体提高了境外资产占比。这种格局是健康的。

二、坚持更加市场化的人民币汇率形成机制

人民币汇率形成机制改革将继续坚持市场在人民币汇率形成中起决定性作用，优化金融资源配置。

一是坚持以市场供求为基础、参考"一篮子货币"进行调节、有管理的浮动汇率制度。作为一个新兴经济体，有管理的浮动汇率制度是当前合适的汇率制度安排。继续坚持让市场供求决定汇率水平，不进行外汇市场常态化干预。与此同时，我国的贸易和投资结构日趋多元化，主要贸易和投资伙伴的汇率水平变动都将影响我国的国际收支和内外部均衡，继续参考"一篮子货币"能有效增强汇率对宏观经济的调节作用和指示意义。

二是继续增强人民币汇率弹性，更好发挥汇率调节宏观经济和国际收支自动稳定器的作用。当今国际环境更趋复杂，国际金融市场波动明显，投资者对预期变动比较敏感，一些消息面的冲击容易引发市场大幅震荡。只有增强人民币汇率弹性，才能帮助对冲外部不稳定性不确定性的冲击，保持货币政策自主性。同时要注重预期引导，为外汇市场的有序运行和人民币汇率在合理均衡水平上的基本稳定创造条件。

三是加强外汇市场管理。由于外汇市场异质性预期特征明显，预期变化更容易形成羊群效应，对汇率走势形成较大影响。要充分发挥外汇市场自律机制作用，要求金融机构保持"风险中性"，加强对企业进行外汇衍生品交易的真实性审核，防止部分企业脱离实需、加杠杆炒汇、投机套利行为带来金融机构的信用风险。

四是把握好内外部均衡的平衡，在一般均衡的框架下实现人民币汇率在合理均衡水平上的基本稳定。人民币汇率是联系实体经济部门和金融部门、国内经济和国外经济、国内金融市场和国际金融市场的重要纽带，是协调好本外币政策、处理好内外部均衡的关键支点。我国是超大体量的新兴经济体，货币政策制定和实施必须以我为主，市场化的汇率有助于提高货币政策自主性，促进经济内部均衡和外部均衡的平衡，进而在一般均衡的框架下实现人民币汇率在合

理均衡水平上的基本稳定。

(资料来源：中国人民银行官网，2021年第三季度中国货币政策执行报告)

问题：
1. 简述目前人民币汇率形成机制及特点。
2. 简述人民币汇率形成机制未来的改革方向。

案例二 中国国际收支基本状况

2022年，我国经常账户和非储备性质的金融账户呈现"一顺一逆"。2022年，我国经常账户顺差4 019亿美元，较2021年增长14%；非储备性质的金融账户逆差2 110亿美元。

货物贸易顺差扩大。 2022年，我国货物贸易出口33 469亿美元，较2021年增长4%；进口26 782亿美元，增长1%；顺差6 686亿美元，增长19%。服务贸易逆差收窄。2022年，服务贸易收入3 690亿美元，较2021年增长9%；支出4 613亿美元，增长5%；逆差923亿美元，下降9%。其中，旅行、运输、知识产权使用费为主要逆差项目，规模分别增长7%、增长24%和下降11%；电信计算机和信息服务、商业服务为主要顺差项目，顺差规模合计增长34%。

初次收入保持逆差。 2022年，初次收入项下收入1 902亿美元，支出3 839亿美元，逆差1 936亿美元。其中，雇员报酬顺差63亿美元，投资收益逆差2 031亿美元。从投资收益看，外国来华各类投资的收益合计3 689亿美元，我国对外投资的收益合计1 658亿美元。

二次收入延续小幅顺差。 2022年，二次收入项下收入447亿美元，支出256亿美元，顺差191亿美元。

直接投资延续顺差格局。 2022年，直接投资顺差305亿美元。我国对外直接投资(资产净增加)1 497亿美元，企业"走出去"总体平稳有序；外商来华直接投资(负债净增加)1 802亿美元，体现了我国产业链供应链稳健、国内消费市场潜力巨大等优势对国际长期资本保持较强的吸引力。

证券投资呈现逆差。 2022年，证券投资逆差2 811亿美元。其中，我国对外证券投资(资产净增加)1 732亿美元；受内外部环境变化影响，境外对我国证券投资净流出(负债净减少)1 079亿美元。

其他投资总体均衡。 2022年，存贷款、贸易应收应付等其他投资顺差454亿美元。其中，我国对境外的其他投资净流入(资产净减少)1 386亿美元，境外对我国的其他投资净流出(负债净减少)932亿美元。

储备资产保持稳定。 2022年，因交易形成的储备资产(剔除汇率、资产价格等非交易价值变动影响)增加1 000亿美元，其中，外汇储备增加982亿美元。

经常账户顺差稳步增长，并保持在合理均衡水平。 2022年，经常账户顺差4 019亿美元，较2021年增长14%，与历史峰值基本持平，与同期GDP之比为2.2%，继续处于合理均衡区间。我国经常账户运行稳健主要得益于两方面因素。一是货物贸易方面，国内产业链供应链仍具备较强优势和韧性，制造业持续转型升级，跨境电商等贸易新业态蓬勃发展，新的贸易增长点不断涌现，同时我国贸易伙伴日趋多元化，货物贸易增长有力。二是服务贸易方面，计算机信息服务、知识产权、商业服务等生产性服务贸易收入增长较快，留学等旅行支出有所增加，但仍明显低于疫情前水平。

非储备性质的金融账户逆差与经常账户顺差形成自主平衡格局。 近年来，随着央行退出常态化外汇干预，我国国际收支逐步形成自主平衡格局，主要表现为经常账户保持稳定顺差，非储备性质的金融账户小幅逆差，储备资产变动更趋平稳。2022年，非储备性质的金融账户逆差2 110亿美元，从主要项目看，一是直接投资顺差305亿美元，其中来华直接投资1 802亿美元，较2021年有所下降但与疫情前2019年水平相当；对外直接投资总体延续平稳发展态势。二是我国金融市场开放坚持渐进可控原则，近年来境外投资者不断增持人民币资产，而且大部分资金的稳定性较高，因此2022年相关资金受国际环境变化影响的波动幅度相对不高，年底以来随着外部流动性改善已回归基本稳定；同时，境内主体海外投资热情较高，对外证券投资增长38%。三是存贷款等其他投资对外负债减少，主要反映了国际金融环境的变化和影响；跨境存贷款等对外资产有所回流，对冲部分渠道的资金流出，起到了自主调节作用。

(资料来源：2022年《中国国际收支报告》)

问题：
1. 中国国际收支顺差贡献率高的项目有哪些？
2. 收集资料并试分析近年中国国际收支变动趋势。

第十二章

金融与经济发展

2008年金融危机和经济危机席卷全球，从中可以看出金融与经济联系的紧密度。中国和发达国家经济发展的实践均表明金融是现代经济的核心，金融稳定经济就稳定。而发展中国家的经济金融实践也证明，金融发展滞后、金融压抑等是制约经济发展的重要因素。同时，金融危机也揭示了发达国家金融自由化带来的严重问题。因此，处理好经济与金融的关系，是金融健康发展和实现经济增长的重要保证。

第一节 金融发展与经济增长

在第二次世界大战后的最初二十年里，人们并没有将金融政策视为促进经济稳定与经济增长的重要工具，西方主流经济发展理论与金融理论基本上是相互脱离的，它们侧重分析各种实物因素，如资本、劳动力、技术及自然资源在经济发展中的作用，而忽视了金融因素的作用。20世纪60年代，以雷蒙德·戈德史密斯为代表的一批经济学家肯定了金融发展对于一国经济增长不可或缺的作用。20世纪70年代，罗纳德·麦金农(Ronald Mckinnon)的《经济发展中的货币与资本》和爱德华·肖(Edward Shaw)的《经济发展中的金融深化》，有力地证明了金融部门与经济发展之间存在密切的关联；他们还指出，由于发展中国家存在广泛的"金融压抑"现象，阻碍了金融的发展，从而制约了经济增长，所以发展中国家应将以金融自由化为内容的金融改革作为发展政策的核心。自此，发展中国家先后进行了以金融深化或金融发展为目标的金融体制改革。同时，发达国家也相继放松金融管制，一场在全球范围内的金融自由化运动迅速兴起。

从总体上看，金融自由化运动逐步打破了束缚在金融业上的种种陈规，金融业取得了长足的进步，推动了这些国家的经济增长。但是，某些发展中国家的金融自由化运动也出现了许多问题。20世纪80年代至今，金融危机频繁爆发，先后发生了拉美债务危机、墨西哥金融危机、东南亚金融危机等，迫使人们从理论和实践上重新认识金融深化(自由化)—金融发展—经济增长的逻辑关系。

一、金融发展的含义

金融发展作为一个专用术语，按照雷蒙德·戈德史密斯的解释，是指金融结构的变化，金融结构包括金融工具的结构和金融机构的结构两方面。一个社会的金融体系是由众多的金融工具、金融机构组成的。不同类型的金融工具与金融机构组合，构成不同特征的金融结构。有的国家金融体系中的金融工具种类多、数量大、流动性强；同时，金融机构的规模大、数量多、服务范围广，具有较强的竞争实力。有的国家金融工具种类少、数量不多、流动性也差；同时，金融机构的种类少、规模不大、服务范围有限、服务效率低下。一般来说，金融工具的数量、种类、先进程度，以及金融机构的数量、种类、效率等的综合，形成具有不同发展程度的金融结构。因此，金融发展程度越高，金融工具和金融机构的数量、种类就越多，金融服务的效率就越高。

综上，金融发展的实质是金融交易规模的扩大和金融高度产业化过程带来金融效率的持续提高，体现为金融压制的消除、金融结构的改善，即金融工具的创新和金融机构适应经济发展的多样化。

二、衡量金融发展的基本指标

根据金融发展的定义衡量金融发展程度，实际上是衡量金融结构的状态。另外，因为金融发展与经济增长之间存在正向关系，所以衡量金融发展的指标基本上可以分为两类：一是金融内部结构指标，二是金融发展状态与经济增长的相互关系指标。

(一) 金融内部结构指标

戈德史密斯提出了许多金融结构指标，具体如下。

(1) 主要金融资产(如短期债券、长期债券和股票等)占全部金融资产的比重。

(2) 金融机构发行的金融工具与非金融机构发行的金融工具之比率，该比率是衡量金融机构化程度的尺度。

(3) 在非金融机构发行的主要金融工具中金融机构持有的份额，该比率更详尽地衡量了金融机构化程度。

(4) 主要金融机构(如中央银行、商业银行、储蓄机构及保险组织)的相对规模。

(5) 同类金融机构资产之和与全部金融机构总资产的比率，该比率称为分层比率，用以衡量金融机构间的相关程度。

(6) 主要非金融部门的内源融资和外部融资的相对规模。

(7) 在外部融资方面，不同金融工具在已发行的各类债券和股票中所占的比重，如国内部门(主要是国内金融机构)和外国贷款人在各类债券和股票中的相对规模。

(二) 金融发展与经济增长的相互关系指标

1. 金融相关率

在对不同国家金融结构进行比较时，可能遇到统计数字不全的困难。为此，戈德史密斯提出把金融相关率作为金融比较的工具。该指标由于简单、实用、合理而被广泛使用。

所谓金融相关率，是指某一时期一国全部金融资产的价值与该国经济活动总量的比值。它是衡量金融上层结构规模的最广泛尺度。金融资产包括：非金融部门发行的金融工具(即股票、债券及各种信贷凭证)；金融部门(即中央银行、商业银行、清算机构、保险组织、二级金融交易中介)发行的金融工具(如通货与活期存款、居民储蓄、保险单等)和国外部门的金融工具等。在实际统计时，常用国民生产总值或国内生产总值来表示经济活动总量。

2. 货币化率

货币化率是指一国通过货币进行商品与服务交换的价值占国民生产总值的比重，主要用来衡量一国的货币化程度。随着商品经济的发展，使用货币作为商品与服务交换媒介的范围越来越广。对于这种现象，可称为社会的货币化程度不断提高。由于货币是金融资产的一个重要部分，所以货币化率是反映一个社会的金融发展程度的重要指标。在使用货币化率指标时，要注意使用的是哪个层次的货币统计量。

随着金融深化和货币化过程进展，发达国家的货币化率呈现倒"U"形，有一个峰值后再趋于平稳。我国还处于上升阶段，高货币化率并不能说明我国的金融市场发达。中国货币化率高的原因是各种生产要素资本化的过程扩大了基础货币的投放，并通过货币乘数的作用进一步放大了M_2。我国高货币化率原因主要有：银行主导型金融体系格局的货币化率高于市场主导型；收入分配差距大，货币供给被房价和地价吸收；金融资产单一，市场结构失衡；二元经济结构，城乡差距大，等等。

除了以上提到的指标，还可以根据研究的实际需要构造适宜的金融发展指标进行实证分析。例如，用流动性负债比率即金融体系的负债(现金+银行与非银行金融机构的活期存款以及有息负债)与GDP的比值来衡量金融深度，该指标与金融相关率类似，反映了整个金融中介部门的规模；用私人信贷比率即分配给私人部门的信贷与国内总信贷的比率，以及通过金融中介分配给私人部门的信贷与GDP的比率来衡量信贷在私人部门与公共部门之间的分配；用股票市场成交量比率(即股票成交量/GDP)以及股票的换手率(即股票成交量/流通股本)来衡量股票市场的发展程度；等等。

在衡量金融发展的程度时，需要区别质和量两个方面。金融效率的提高、金融结构的优化、金融风险的降低等反映了金融发展质量的提高，这些指标的发展通过便利经济交易、降低交易成本、管理风险等加速资本积累和技术创新来促进经济增长；相反，单纯的金融数量扩张并不一定能产生上述作用，从而促进经济增长，当金融体系的脆弱性累积到一定程度、出现金融危机时，金融对经济的反作用就暴露出来。

三、金融发展与经济增长的实证检验

雷蒙德·戈德史密斯在《金融结构与金融发展》一书中，详尽地研究了截至1963年近100年内30多个国家的金融发展状况，得出了以下主要规律。

(1) 从纵向看，在一国的经济发展过程中，金融资产的增长比国民财富的增长更为迅速。因此，金融相关比率有提高的趋势。但金融相关率的提高并不是无止境的，一旦经济发展到一定水平，金融相关比率的变动即趋于稳定。

(2) 从横向看，经济欠发达国家的金融相关率比欧洲与北美国家的金融相关率低得多。20世纪60年代初期，欠发达国家的金融相关率通常在1/3～2/3，而美国与西欧国家在19世纪末期已经达到并超过这一水平。这也体现了两类国家在金融发展上的差别。

(3) 金融相关率还受到一国经济结构的基本特征，如生产集中程度、财富分配状况、投资能力、储蓄倾向等的影响。这些特征反映在非金融部门发行的债权和股权证券的市值与国民生产总值的比率中。该比率越高，说明储蓄与投资的分离程度越高。

(4) 在大多数国家中，金融机构在金融资产的发行与持有上所占的份额随经济的发展而显著提高。

(5) 从直接融资的内部结构来看，随着金融机构的发展，债权比股权增长更快(许多国家限制金融机构持有股票)，而且长期债权投资的增长快于短期债权投资。金融机构持有大部分债权，而公司股票则主要由个人持有。发达国家股权投资与债权投资的比率高于不发达国家，而且发达国家金融机构持有的股票份额高于不发达国家，并有继续增长的趋势。

(6) 随着金融的发展，银行资产占金融机构全部资产的比重趋于下降，非银行金融机构的资产占有的比重相应提高。目前在一些发达国家，非银行金融机构的金融资产总额已超过银行的资产总额。货币化比率最初上升，继而停止上升或下降。

(7) 金融发达国家的融资成本(主要包括利息和其他费用)明显低于不发达国家的水平。不过，自19世纪中期以来，西欧与北美国家并未出现融资成本长期下降的趋势。

雷蒙德·戈德史密斯等人的研究开创了用定量方法描述金融发展之先河，揭示了各国金融发展的规律性。不过，戈德·史密斯并没有明确得出金融发展与经济增长之间的正向或负向关系，他只是从数据分析中得出大多数国家的经济发展与金融发展大致平行的结论，而对于金融因素是否促进了经济的加速增长，或者金融发展是否反映了经济增长，戈德史密斯谨慎地认为尚无把握建立因果机制。

20世纪90年代以后涌现的许多实证研究，为金融发展促进经济增长的观点提供了有力的支持。例如，金和列文(King and Levine，1993)研究了77个国家1960—1989年的状况，发现金融发展与经济增长存在显著的正相关关系，1960年以后的30年内，人均GDP增长率、人均资本增长率和人均生产率增长率与金融深度指标都存在显著的正相关关系。鉴于资本市场的重要性，列文和泽维斯(Levine and Zervos)研究了41个国家1976—1993年股票市场与长期经济增长的关系，数据分析说明股票市场的发展与经济增长是正相关关系。

第二节　金融压抑与经济增长

一、金融压抑的含义

所谓金融压抑，是指市场机制作用没有得到充分发挥的发展中国家所存在的金融管制过多、利率限制、信贷配额及金融资产单调等现象。也就是金融市场发展不够、金融商品较少、居民储蓄率高。表现为利率管制，实行选择性的信贷政策，对金融机构进行严格管理及人为高估本国汇率，提升本国币值等。

金融压抑理论由美国著名经济学家罗纳德·麦金农首创。在《经济发展中的货币和资本》一书中，麦金农从金融制度绩效的角度强调"金融压抑"对经济发展的负面影响。他尖锐地指出，正是政府对金融的过度管理才抑制了储蓄的增长并导致资源配置的低效率，并提出了废除金融管制、实现金融自由化的政策建议。麦金农认为，传统的货币理论基础只适用于发达国家，而对发展中国家货币金融问题的研究，必须分析发展中国家货币金融制度的特点。由于发达国家与发展中国家的市场存在着重大差别，因此，适用于发达国家的货币理论并不一定适用于发展中国家。

二、发展中国家普遍存在金融压抑现象

(一) 发展中国家普遍存在金融压抑现象的表现

与发达国家相比，发展中国家的金融体制显得很落后，从金融结构的角度来考察，主要表现在五方面。

(1) 发展中国家的金融工具形式单一，规模有限；发达国家的金融工具则种类丰富，规模庞大。

(2) 发展中国家的金融体系存在着明显的二元结构，即以大城市和经济发达地区为中心的以现代大银行为代表的现代部门和以落后的农村为中心的以钱庄、当铺为代表的传统部门。

(3) 发展中国家的金融机构单一，商业银行在金融活动中居于绝对的主导地位，非银行金融机构则极不发达，金融机构的专业化程度极低，金融效率低下；发达国家的金融机构体系却错综复杂、功能全面。

(4) 发展中国家的直接融资市场极其落后，并且主要是作为政府融资的工具而存在，企业的资金来源主要靠自我积累和银行贷款。

(5) 由于发展中国家对金融资产的价格实行严格的管制，致使金融资产价格严重扭曲，因此无法反映资源的相对稀缺性。具体表现是压低实际利率，高估本国货币的币值。

罗纳德·麦金农和爱德华·肖等人将发展中国家存在的上述现象概括为金融压抑，即发展中国家的金融资产、金融机构形式单一，存在过多的金融管制(包括利率限制、信贷配额，以及汇率和资本流动管制等)、金融效率低下的现象。

(二) 导致金融压抑的政策原因

金融压抑现象虽然与发展中国家落后的客观经济现实有关，但发展中国家政府所实行的金融压抑政策是更重要的原因。发展中国家的政府希望积极推动经济发展，但由于经济发展水平低、税收体制落后、外汇资金短缺、政府财力薄弱，为获得资金实现政府的发展战略，政府常常不得不对存贷款利率、汇率、信贷规模和投向、资本流动、金融业的准入等实行全方位的限制和干预。这种压抑性的金融政策主要体现在以下几方面。

(1) 通过规定存贷款利率和实施通货膨胀人为地压低实际利率。为了降低公共部门的融资成本，阻止私有部门同公共部门竞争资金，发展中国家通常以设定存贷款利率上限的方式来压低利率水平；同时由于发展中国家政府常常不得不依靠通货膨胀政策来弥补巨大的财政赤字，所以通货膨胀率往往居高不下。其结果是，发展中国家的实际利率通常很低，有时甚至是负数。这一结果严重脱离了发展中国家资金稀缺的现实。过低的实际利率使得持有货币(这里指广义货币M_2)的实际收益十分低下，从而降低了人们对实际货币的需求，金融资产的实际规模也就无法得到扩展。

(2) 采取信贷配给的方式来分配稀缺的信贷资金。由于利率低下导致储蓄减少、投资膨胀，发展中国家通常面临着巨大的资金缺口，在这种情形下实行选择性或部门性的信贷政策，引导资金流向政府偏好的部门和企业，为此不惜分割金融市场、限制金融市场的发展。这些为政府所偏好的企业，通常并不具有非常理想的投资收益率，而大多是享有特权的国有企业和具有官方背景的私有企业。由此导致的一个直接后果是，资金的分配效率十分低下。

(3) 对金融机构实施严格的控制。这种控制包括：对金融机构实施很高的法定存款准备金率和流动性要求，以便于政府有效地集中资金；严格限制金融机构的资金流向；严格限制某些种

类的金融机构的发展；实施金融机构的国有化等。政府倾向于鼓励那些能够从中获取巨大铸币收益的金融机构和金融工具的发展，抑制其他金融机构和金融工具的发展。货币和银行系统往往受到偏爱和保护，因为通过储备要求及强制性持有政府债券，政府可以无息或低息为公共部门融资。对私有证券因为不便于从中收取铸币税，政府则借助于交易税、印花税及资本利得税等多种形式对其进行抑制。这些控制造成的直接后果是，金融机构的成本高昂、效率低下，金融机构种类单一、专业化程度低。

(4) 人为高估本币的汇率。发展中国家为了降低进口机器设备的成本，常常人为地高估本币的汇率，使其严重偏离均衡的汇率水平。但是这一政策的结果是使发展中国家陷入了更为严重的外汇短缺困境。过高的本币汇率不仅使发展中国家本来就比较弱的产品国际竞争力更弱，而且使进口需求高涨。其结果是，发展中国家不得不实行全面的外汇管制，对稀缺的外汇资源进行行政性分配。

显然，发展中国家的金融压抑政策更加深了其金融压抑的严重程度。

三、中央集中计划体制国家的金融压抑

中央集中计划体制国家的金融也处于被抑制的状态。在中央集中计划体制的国家，普遍存在的情况是金融资产单一，银行业完全由国家垄断，金融业的价格和数量管制同时存在。不但利率、汇率受到严格管制，信贷资金的规模和投向也是受管制的，基本上不存在规范意义上的金融市场。其之所以出现这种情况，并不是因为这类国家的经济发展水平低到几乎不需要金融调节的程度，而是由其选择的体制所决定。中央计划高度集中、统一地分配资源必然排斥市场机制在配置资源方面的作用。相应地，其对金融的发展也无客观要求。

从1979年以前的中国经济体制模式可看出以下特点。

(1) 在经济增长机制中，起决定性作用的不是需求的拉动作用而是供给要素的计划分配。货币的作用是充当交易的媒介和记账手段，没有进一步发挥作用的根据。

(2) 在资金积累方式上，形成了单一的国家统一积累途径。在很长的一段时期内，甚至连企业的固定资产折旧也绝大部分上缴财政。财政分配成为主要分配方式，金融再分配的可能性极小。

(3) 在微观经济主体的行为中，企业的活动被限定在完成和超额完成计划的范围之内，没有多少自主经营的余地；居民家庭由于收入水平较低，没有多少储蓄，当然也没有资产选择行为；地方政府的经济职能也是制订计划和督促企业完成计划，在统收统支的制度下，它们也没有多大的独立财权。

在这种情况下，金融行业处于被压抑的不发达状态则是很自然的事情。

四、金融压抑对经济增长的阻碍

发展中国家的金融压抑政策扭曲了金融资产的价格，这种政策虽然在既定的通货膨胀率和名义利率下为政府赤字融通了资金，但对经济效率的损害也是相当大的。

(一) 利率管制对经济增长的副作用

人为压低利率的消极作用主要表现在四方面：①低利率促使人们更关心现期消费，忽视未来消费，扭曲了公众对资金的时间偏好，从而导致储蓄水平低于社会最优水平，较低的储蓄使投资也低于最优水平，最终损害经济增长率；②低利率使潜在的资金供给者不去正规的金融中

介机构存款，而是直接从事收益可能较低的投资，这就降低了整个经济体系的效率；③政府管制的金融中介可能因地方性的、不受政府管制的、非正规的地下的信贷市场的兴起而被削弱竞争力；④由于资金成本较低，银行借款人会投资于资本密集的项目。因为利率较低，收益较低的项目也会产生利润，这就产生了对贷款的超额需求，为避免信贷扩张发生通货膨胀，政府和银行不得不在实行利率压制政策的同时，实施行政性信贷配给。一方面寻租和腐败行为难以避免，另一方面由于逆向选择的结果，整个银行体系的资产质量都会下降，投资效率降低。

利率管制不但阻碍了发展中国家的经济增长，发达国家存在的利率管制也产生了一些消极影响。20世纪60年代末期以后，通货膨胀率上升使市场利率提高，因为银行存款利率受到利率上限的管制，市场利率与银行存款利率的差距拉大，导致西方某些发达国家的银行体系出现了"脱媒"现象。美国在1966年、1969年、1973—1974年、1978—1979年曾4次发生银行存款大量流失、信用收缩的"脱媒"危机。

(二) 外汇管制对经济增长的副作用

发展中国家对外汇市场进行管制，通过官定汇率高估本币币值和低估外币币值，可以达到降低进口成本的目的，但如果在这些国家能以较低的官定汇率获得外汇的只是一些享受特权的机构和阶层，那么外汇的供不应求不仅不能使国民受益，反而会助长黑市交易活动。此外，由于本币币值高估，出口受到了极大损失，导致外汇资金更加稀缺，国际收支状况恶化。与此同时，一些持有官方执照的进口商利用所享受的特权赚取超额利润。在许多发展中国家实行进口替代政策的情况下，更容易引起重视重工业和轻视农业、轻工业的后果。

(三) 其他金融压抑政策对经济增长的副作用

除扭曲金融领域的价格外，金融压抑的其他方面对经济增长也具有负面影响。例如，政府对银行信贷业务的过多行政干预，容易形成大量不良贷款，一方面降低了金融的效率，另一方面产生了潜在的金融风险，给金融安全及宏观经济的稳定发展带来隐患。一旦实施金融自由化政策，潜在的金融风险很容易突然转化成现实的金融风暴乃至金融危机。这说明以往实行的金融压抑政策所产生的后果有可能为日后金融自由化埋下隐患。在20世纪70年代拉美国家实施金融自由化时，由于经济波动加剧，许多私营企业发生了财务困难，致使一些银行濒临破产。为此，一些国家采取扩张信用的措施以拯救银行。但这些措施实施的同时又造成了宏观经济的不稳定，如通货膨胀的加剧。亚洲国家包括日本、韩国等的银行体系中的大量呆账在1997年亚洲金融危机中暴露出来，纷纷出现大银行倒闭的金融危机，对国内经济产生了巨大冲击。

20世纪70年代以来，一些经济学家对金融压抑的负效应做了大量的实证研究，他们通过分析金融压抑对储蓄和产出增长的短期和长期影响发现，金融压抑对储蓄率、投资率、出口和产出增长率都有显著的抑制效应。

第三节　金融自由化与经济增长

一、金融自由化的本质和内容

金融自由化也称"金融深化"，是"金融压抑"的对称，主张改革金融制度，改革政府对金融的过度干预，放松对金融机构和金融市场的限制，增强国内的筹资功能以改变对外资的过度依赖，放松对利率和汇率的管制使之市场化，从而使利率能反映资金供求，汇率能反映外汇供求，促进国内储蓄率的提高，最终达到抑制通货膨胀、刺激经济增长的目的。

"金融自由化"理论由美国经济学家罗纳德·麦金农和爱德华·肖在20世纪70年代首次提出。其背景是针对当时发展中国家普遍存在的金融市场不完全、资本市场严重扭曲、政府患有对金融的"干预综合征"进而影响经济发展的状况等。金融自由化有引发金融脆弱性的可能。严格意义上讲，金融自由化的真正含义是放松管制，其核心内容包括以下几方面。

（一）放松利率管制

由政府维持的官定利率人为造成的资金供求的均衡价格与官定价格之间存在着巨大差距。由于官定利率大大低于潜在起作用的供求均衡利率，因此，在信贷分配上出现了大量的以权谋私等问题。为了消除这一弊病，不少发展中国家解除了对利率的管制，更多的国家则是对利率采取了较为灵活的管理方式。

（二）缩减指导性信贷计划

在实施金融自由化之前，许多发展中国家的政府都对信贷分配实施指导性计划管理；在政府影响力较强的国家中，这些所谓的指导性信贷计划实际上起着指令性计划的作用。这种对金融活动的人为干预，效果大多都很差。正因为这一点，许多发展中国家在20世纪70年代中期缩减了指导性信贷计划，而阿根廷、智利和乌拉圭三国完全取消了指导性信贷计划。

（三）减少金融机构的审批限制，促进金融同业竞争

在发展中国家，一方面是金融机构数量不足，另一方面是存在着本国和外国银行登记注册中的各种障碍。不允许自由进入金融行业，势必造成金融垄断，金融垄断派生的不合理信贷分配和僵化的利率必然造成金融运行的低效率。许多发展中国家的政府认识到了这一点，从而将减少进入金融行业的障碍作为金融改革的一个重要内容，促进了金融同业的竞争。

（四）发行直接融资工具，活跃证券市场

在放开利率管制、鼓励金融机构间竞争的同时，实行金融自由化的国家无不积极发展证券市场。具体内容包括：增加可流通金融工具的发行数量，培育证券一级市场和二级市场，完善有关的证券管理法规，适时对外开放证券市场。

（五）放松对汇率和资本流动的限制

相对于其他金融自由化措施，汇率和资本账户的开放进度要缓慢得多。由于发展中国家管制汇率往往高估本国货币，一旦放开，可能出现本币的大幅度贬值，进口依赖较强的国家会引发严重的通货膨胀。因此，不少国家对汇率的放松持相对谨慎的态度，一般采取的是分阶段、逐步放开的方法。开放资本账户就是实现资本项目可自由兑换。据国际货币基金组织统计，实现经常项目下货币自由兑换的成员国数目，1970年只有35个，占国际货币基金组织成员国总数的30%，到1997年初增加到137个，相应比重提高到76%，而所有工业化国家在1995年初就都实现了资本项目下的货币自由兑换。

二、金融自由化对经济增长的促进作用

麦金农和爱德华·肖认为，金融压抑政策所带来的金融萎缩严重制约了发展中国家的经济增长，使得发展中国家陷入金融萎缩和经济萎缩的恶性循环。他们认为，发展中国家必须解除对金融资产价格的不适当管制，通过实施金融自由化政策来促进金融部门自身的发展，进而促

进经济增长,才能打破这一恶性循环。对金融自由化促进经济增长,爱德华·肖和麦金农分别提出了各自的理论说明。

(一) 爱德华·肖关于金融自由化对经济增长起促进作用的理论分析

爱德华·肖认为以取消利率和汇率管制为主的金融自由化政策会给经济增长带来一系列的正面效应。

1. 储蓄效应

取消利率管制后,随着储蓄实际收益率(实际利率)的上升,以及金融资产的多元化,私人部门储蓄的积极性将提高,将使国内私人储蓄率上升。国内利率高于国际金融市场利率,在放松资本管制的条件下,还会吸引大量的外资流入,使国外部门的储蓄增加。

2. 投资效应

取消利率管制后,利率将作为一种有效的相对价格引导着资源的配置。随着储蓄效应和金融中介的发展,投资规模和投资效率都将提高。一方面,金融中介的发展使得企业能在更大范围内更方便地获得融资;另一方面,实施金融自由化后,政府对资金的行政性分配减少,信贷资金更多地流向高收益的投资项目,使社会的投资效率得以提高。

3. 就业效应

落后经济中的失业,在某种程度上是金融压抑的结果。由低利率造成的低储蓄本来就不能为生产提供足够的资金,更为糟糕的是,由于利率的人为压低,这些和劳动力相比本来就十分稀缺的资金往往又被大量投资于资本密集型产业,从而使失业状况更为严重。金融自由化则有助于缓解这一状况。

4. 收入分配效应

金融自由化及其相关的政策,有助于促进收入分配的公平。金融自由化可以通过提高就业率而增加工资收入的份额,还会减少拥有特权的少数进口商、银行借款者和资源消费者的垄断收入。此外,金融自由化带来的资本积累还有助于改变落后经济中普遍存在的以压低农产品价格的形式进行的对农民的变相剥夺,在许多发展中国家,这种剥夺往往是积累工业化所需资本的重要方式。

5. 稳定效应

金融自由化还有利于就业和产出的稳定增长。其原因之一是,通过采取适宜的金融自由化政策,国内储蓄流量和国际收支状况都可以得到改善,从而使本国经济对国际贸易、国际信贷与国际援助等方面的波动就可以有较强的承受能力。其原因之二是,由于金融自由化导致储蓄增加,有利于改善财政收支,减少财政对通货膨胀税的过度依赖,从而使稳定的货币政策成为可能。

6. 减少因政府干预带来的效率损失和贪污腐败

在利率管制和汇率管制的条件下,常常伴有信贷和外汇的配给政策,这些繁杂的政策管理措施不仅效率低下,而且为政府实权部门的贪污腐败创造了条件,而取消各项管制的金融自由化政策则有利于铲除腐败的部分根源。

(二) 麦金农关于金融自由化对经济增长起促进作用的理论分析

麦金农从金融自由化的导管效应和替代效应来解释金融自由化对经济增长的促进作用。

1. 货币与实物资本的互补性假说

传统理论一般认为，货币和实物资本作为两种不同的财富持有形式，是相互竞争的替代品。麦金农根据以下两个假设前提提出了货币与实物资本的互补性假说。

(1) 发展中国家的金融市场不发达，所有经济单位都必须依靠自我积累来筹集投资所需的资金，即所有的经济单位只限于内源融资。

(2) 投资具有不可分割性，因为投资必须达到一定规模后才能获得收益，所以投资者必须是在具有相应规模的资源以后才进行一次性的投资，而不可能进行零星的、不连续的投资。

在经济单位仅限于内源融资的前提下，投资的不可分割性使得潜在的投资者必须为其投资积累足够的资金余额。因此，对实物资本需求越高的经济主体，其货币需求也越大。在此情况下，货币和实物资本就是互补品，而不是传统理论中所说的替代品。

2. 发展中国家的货币需求函数

根据货币与实物资本的互补性假说，麦金农提出了以下适用于欠发达国家的货币需求函数

$$\frac{M_d}{P} = L\left(Y, \frac{1}{Y}, d - \pi^e\right)$$

式中：$\frac{M_d}{P}$ 为实际货币需求；M_d 是名义货币存量(指广义货币，包括定期存款、储蓄存款、活期存款及流通中的通货等)；P 是价格水平；Y 代表收入；I 为投资；$\frac{I}{Y}$ 为投资占收入的比；d 为各类存款利率的加权平均数；π^e 为预期的未来通货膨胀率；$(d - \pi^e)$ 为货币的实际收益率。

在各变量中，$\frac{I}{Y}$ 与实际货币需求是正相关关系，这一关系体现了发展中国家货币与实物资本的互补性假说。因为在经济相对落后的发展中国家，资本市场极为落后，间接融资的机能也比较薄弱。因此，众多的小企业要进行投资和技术改造，只有通过内源融资，即依靠自身积累资金的办法来解决。在投资不可细分的情况下，投资者在投资前必须积累很大一部分资金。计划投资规模越大，所需积累的实际资金余额就越多。因此，$\frac{I}{Y}$ 对货币需求不仅影响很大，而且是正相关关系。

麦金农着重强调货币存款的实际收益率$(d - \pi^e)$，认为它与货币需求之间存在正相关关系。这是因为，由于发展中国家普遍存在利率压制和通货膨胀，在严重的利率压制和通货膨胀的情况下，货币存款的实际利率$(d - \pi^e)$往往为负数，这制约了货币需求，当然也就制约了金融部门的发展；如果采取适当的金融自由化政策，使货币存款的实际利率$(d - \pi^e)$提高，并转为正值，持有货币的实际收益转为正值，就会引致实际货币积累不断增长，货币需求增加。

3. 金融自由化的导管效应和替代效应

麦金农不但根据货币和实物资本的互补性提出了发展中国家的货币需求函数，而且还得出了投资和存款货币的实际利率在一定条件下呈正相关关系的结论，其函数表达式为

$$\frac{I}{Y} = f(r, d - \pi^e)$$

式中：r 是实物资本的平均回报率，它与投资需求呈正相关关系，这与传统理论没有什么不同。而且货币存款的实际利率$(d - \pi^e)$也可能对投资有正向的影响。当存款货币的实际利率低于投资的实际回报率r时，由于货币需求M_2与货币存款的实际利率呈正相关关系，实际利率的上升，增

强了人们以货币的形式进行内部储蓄的意愿。在投资不可细分的假设下，内部储蓄的增加，导致内源融资型投资上升。麦金农将货币存款的实际利率对投资的这种正向影响称作货币的"导管效应"——货币在一定条件下是资本积累的一个导管，而不是实物资本的替代资产。

不过，当货币存款的实际利率超过实物资本的平均回报率r以后，经济主体将持有货币，而不愿进行投资，货币与实物资本之间传统的资产替代效应依然存在。在货币存款的实际利率$(d-\pi^e)$较低时，导管效应比较明显，因而投资将随实际利率的上升而增加；但是当货币存款的实际利率上升到超过实物资本的平均回报率r的水平之后，资产替代效应将超过导管效应而居于主导地位，此时投资将随着利率的上升而减少。

麦金农用图12-1表示货币存款的实际利率与投资的这种关系。

图12-1　发展中国家货币的导管效应与资产替代效应的关系

假设某发展中国家处于金融压抑状态，由于人为压低利率与通货膨胀并存，实际利率为负，在图12-1中用A点表示，那么，通过实施适当的金融自由化政策，存款的实际利率提高，在小于实物资本的平均回报率r的范围内，"导管效应"发挥作用，投资将增加；显然，如果存款实际利率超过了实物资本的平均回报率r，货币的资产替代效应发挥作用，投资反而下降。

上述爱德华·肖和麦金农的金融深化理论基本上可以视为互相补充而不是对立的。两种理论从不同侧面揭示了金融深化对经济增长的促进作用，政策结论是相同的，那就是发展中国家要采取促进金融深化的金融自由化政策，减少政府干预。这一观点在一定程度上促成了开始于20世纪70年代中期，并且在20世纪80年代发展成为一股强劲浪潮的发展中国家的金融自由化改革。不过，除发展中国家外，发达国家也一直在进行金融自由化改革，减少对金融业的管制。

三、20世纪70年代若干发展中国家的金融自由化改革

阿根廷、智利和乌拉圭这三个国家在20世纪70年代中期实施了金融自由化改革试点。它们的改革措施主要有四项：①取消对利率和资金流动的控制；②取消指导性信贷计划；③对国有银行实行私有化政策；④减少本国银行和外国银行登记注册的各种障碍。

其中，阿根廷一共进行过两次较大规模的金融自由化改革。第一次是在20世纪70年代末和80年代初，主要措施包括实施利率自由化、业务范围自由化、机构准入自由化和资本项目自由化。在改革的前几年，阿根廷实现了经济增长，其在国际经济中的地位也大幅度提升，但到了后期，改革弊端越来越明显。一方面，阿根廷举债发展的策略导致阿根廷外债数量逐渐增

加;另一方面,20世纪70年代末阿根廷经济的衰退引发了银行危机。20世纪80年代初,拉美各国爆发严重的债务危机,这让本已身陷债务危机中的阿根廷雪上加霜,金融自由化面临巨大的挑战。阿根廷的第二次金融自由化始于20世纪90年代,与第一次相比较,第二次自由化的范围更广,改革程度也更加深入,除延续了第一次金融自由化改革的措施外,第二次改革的重点是货币制度改革和国有银行私有化。第二次金融自由化使阿根廷的国民经济状况出现较大起色,通货膨胀率由四位数降到一位数。阿根廷的自由化得到了美国的支持和盛赞,在国际上甚至被誉为"阿根廷奇迹"。然而,20世纪90年代末,阿根廷的货币局制度的局限性开始显现,加之国际环境变得不利,阿根廷经济再次陷入困境,并在2001年爆发了举世瞩目的金融危机。2015年,随着毛里西奥·马克里(Mauricio Macri)的上台,新自由主义再次成为阿根廷政府的经济政策的理论基础。马克里上台后便开始实行市场化改革,为阿根廷2018年货币危机埋下了祸根。阿根廷从20世纪70年代的第一次金融自由化改革到如今引发的2018年货币危机,数次金融改革的经验都没有使阿根廷逃离爆发经济危机的怪圈。这印证了新自由主义指导下的金融自由化改革的复杂性,也预示着盲目地进行金融开放,一味听从国际货币基金组织的指挥,必然会使阿根廷经济变得越来越糟。

韩国在20世纪60年代和70年代,一直奉行较严格的金融管制政策。在很长一段时期内,利率经常被控制在一个较低的水平上。在信贷分配总额中,有1/3以上由政府指令支配。从20世纪80年代初期开始,韩国政府采取了金融改革政策,其措施主要有:①对非银行金融机构进一步取消管制;②放松对新成立金融机构的审批管理;③大部分政府所有的商业银行实现了私有化;④政府取消了优惠贷款利率;⑤不再提出带有干预性的任何指导性信贷计划;⑥允许金融机构拓宽服务范围;⑦自1988年下半年开始,在存款利率依然受到控制的同时对大部分贷款利率已全部放开。

四、金融自由化的实际效果

金融自由化对经济增长的促进作用虽然在理论上早有说明,但实证检验的结果并不十分一致。

(一) 储蓄效应

根据爱德华·肖的观点,在推进金融自由化进程中采取的解除利率管制等措施能够提高储蓄水平。有些研究认为存在储蓄效应,而另一些研究则认为不存在。例如,马克斯韦尔·J. 弗莱对16个亚洲发展中国家1961—1983年间国民储蓄函数的研究发现,实际存款利率与储蓄显著正相关;而艾尔伯特·乔文尼尼研究了7个亚洲发展中国家20世纪60年代和70年代的数据,没有发现实际利率的储蓄效应。对于中国而言,金融业曾经长期不发达,处于金融压抑状态,20世纪80年代金融改革以来,利率管制等金融管制措施一直存在,但储蓄率远高于发达国家和大部分发展中国家。这一现象显然不能简单地用金融压抑理论来解释。除利率外,一国的储蓄水平还受其他许多因素的影响,如对未来收入和支出预期的不确定性,以及流动性约束等。收支预期不确定性的增加,倾向于提高储蓄水平;当流动性约束很严重时(如在金融压抑的情况下,信贷不发达,个人的重大消费和企业的投资必须依靠自身的积累),一般会提高储蓄水平。

(二) 投资效应

投资效应包含两方面:一是规模效应,是指投资规模随金融自由化过程的推进而扩展;二是效率效应,是指金融自由化导致投资效率提高。对于规模效应的实证检验有不同的结果,有的实证检验说明提高存款利率有助于资本积累、扩大投资数量；还有的实证检验得出相反的结果，实际利率与投资规模之间存在明显的负相关关系。对于利率自由化的投资效率效应的检验则比较一致，一般认为金融自由化有助于提高投资效率。

(三) 金融深化效应

金融深化是指经济发展过程中金融结构的优化、金融效率的提高。对于金融自由化进程是否促进了金融深化这一问题的实证研究结果是高度一致的。若以货币化比率来衡量，绝大多数国家在开始金融自由化进程以后金融都深化了。其他指标，如私人投资所占比重、股票市场价值、上市公司数量、银行部门提供的信贷占GDP的比重等也显示金融自由化对金融深化具有促进作用。

(四) 经济增长效应

金融自由化政策能促进经济增长。对发展中国家20世纪60年代初到80年代末这段时期的大量的实证研究表明，实际利率与实际经济增长率之间存在显著的正相关关系。一般来说，实际利率为正值的国家，经济增长率较高；实际利率为负值的国家，经济增长率较低，甚至为负值。

总体看来，金融自由化政策的确从各种渠道产生了促进经济增长的良性作用。实证研究中存在的一些争议只是说明了正确评价金融自由化效果的复杂性，因为在各国实施金融自由化的同时，还伴有其他经济改革措施，如财政、税收、外贸、私有化等方面的改革，各国的具体国情千差万别，要准确地判断金融自由化对经济增长的作用是困难的，但显然不能全盘否认金融自由化的作用。

五、金融自由化与金融危机

金融自由化在促进经济增长方面的确取得了一些成就，但是在全球金融自由化进程中，不断涌现的金融危机使人们不得不重新审视金融自由化政策。

金融危机难以定义，但一旦相遇却极易识别。通常的说法是，全部或大部分金融指标(如利率、汇率、资产价格、企业偿债能力和金融机构倒闭数)的急剧、短暂、超周期的恶化，便意味着金融危机的发生。

(一) 金融危机的含义和分类

1. 金融危机的含义

金融危机的内涵很丰富，至今还没有一个准确定义。从形成角度而言，金融危机是金融风险大规模积聚爆发的结果。西方一些学者认为，金融危机是指由于信用基础破坏而导致的整个金融体系的动荡和混乱。我国的一些学者认为，金融危机指起始于一国或一个地区乃至整个国际金融市场或金融系统的动荡超出金融监管部门的控制能力，造成金融制度混乱，进而对整个经济造成严重破坏的过程。这个定义从宏观层面出发，对金融危机的爆发进行了定性描述，同时将金融危机的影响延伸到经济部门。

2. 金融危机的分类

按不同标准，金融危机可有不同分类。

(1) 按金融危机发生的区域，可分为地区性、全国性、国际性和全球性的金融危机。

(2) 按照金融危机发生的领域不同，可分为银行危机、货币危机、股市危机。

(3) 国际货币基金组织曾经在《世界经济展望1998》中指出，金融危机可以分为货币危机、银行危机、系统性金融危机和外债危机四大类。

(二) 金融危机的特点

1. 突发性

纵观历史上屡屡发生的金融危机，发生得都非常突然，虽然其中也有先知先觉的人士，但人们毕竟把它当作一种"不切实际"的预期，并没有引起应有的重视。例如，在东南亚金融危机爆发之前，国际上就有经济学家警告人们当心"亚洲奇迹"将要破灭，然而当时并没有多少人相信这一论断。从本质上而言，金融危机突然爆发往往缘于金融风险的突发性。当金融风险在量上积聚时，只要数量上没有突破一个临界点，就不会发生根本性变化，然而当金融风险、金融隐患不断积聚，就可能"牵一发而动全身"，即使小小的外在压力也会导致金融危机大规模爆发。东南亚金融危机的突然爆发就充分证实了这一点。

2. 可预测性

金融危机从本质上来说是金融风险积聚爆发的结果，虽然具有突发性，但是它并不是没有规律可循，而是可预测的。因为从风险管理角度分析，风险是可以衡量和预测的，所以可以通过量化风险来判断发生金融危机的可能性，从而在一定程度上预测金融危机。当然，金融危机不可能被准确无误地预测，什么时候发生、发生程度有多大，只能在一定置信度范围内预测。金融危机的可预测性是预测与防范金融危机的逻辑基础，因此对金融危机可预测性需要我们进行重点认识和研究。

3. 传染性

金融危机的传染性主要表现在两方面：一是货币危机、银行危机与股市危机之间的传染，可以简单称之为金融危机种属传染；二是金融危机在国与国、国与地区或者地区与地区之间传染，可以简单称之为金融危机地理传染。金融危机种属传染与地理传染之间具有交叉性，即一国国内的股市危机可能会导致世界另一个国家发生银行危机，也可能是相反。

金融危机的种属传染既可能是股市危机导致货币危机或银行危机，也可能是货币危机导致了银行危机或股市危机。在经济的实际运行过程中，由于直接融资与间接融资、外汇市场与股票市场等之间的联系越来越紧密，其间并没有不可逾越的鸿沟，因此危机发生往往并不仅仅限于局部，而是呈现出全局性趋势。例如，20世纪30年代，美国首先发生股市危机，然后迅速发生了银行危机、美元危机，到后来通过金融危机地理传染，德国、法国、英国等国也相继发生了危机，最终酿成了政治危机以致第二次世界大战爆发。

金融危机的地理传染可以通过贸易关系或资金融通关系传递给其他国家，导致其他国家也发生危机。例如，1997年泰国、马来西亚、印度尼西亚、菲律宾、韩国等发生金融危机，危机通过贸易关系、资金融通关系波及新加坡、日本等国家，我国也受到了一定程度的影响。

(三) 金融自由化与金融危机的联系

从20世纪80年代开始，发展中国家发生三次金融危机。1982年，以墨西哥政府宣布不能偿还外债为先导，爆发了拉美国家的债务危机；1994年，墨西哥政府宣布比索贬值，引发了以拉美国家为先导的新兴市场国家的货币危机和资本市场危机；1997年，从泰国开始，又形成一轮与1994年金融危机类似的，但主要波及区域为东南亚、东北亚国家的金融危机。

细观三次金融危机，可以发现共有六处相同点：①危机爆发的国家均处于经济快速增长时期；②这些国家的资本市场对外开放程度均很高，以利于大量吸引外资；③存在不同程度的经常项目下赤字。如墨西哥1994年经常项目下的赤字达到294亿美元，相当于1990年的4倍。泰国1995年经常项目下赤字达到135亿美元，相当于1990年的两倍；④有大量外资流入，流入方式以银行贷款及其他债权投资为主，直接投资数量不大，如1990—1994年墨西哥的外资流入共950亿美元，其中外国直接投资只占25%；⑤均实行盯住美元的固定汇率制度，完全放开经常项目、部分或全部放开资本项目的货币兑换；⑥银行资产质量存在较大问题，银行体系承受风险的能力较弱。事实上，这些共同的特征都对金融危机的爆发产生作用。这些因素中，大部分涉及金融自由化改革的内容，这使人们将金融危机与金融自由化联系在一起。

许多研究认为金融危机与金融自由化有关。艾思利·德默·格昆特(Asli Demirguc Kunt)和恩瑞卡·笛特拉齐亚克(Enrica Detragiache)在《金融自由化和金融脆弱性》一文中，以1980—1995年间包括发达国家和发展中国家的53个国家为样本，分析了金融自由化与金融脆弱性(简单来讲，金融脆弱性是指金融业容易失败的特性，也被称作"金融内在脆弱性")的关系。结果发现，金融脆弱性受多种因素的影响，包括宏观经济衰退、失误的宏观经济政策及国际收支危机等，但金融自由化因素对金融稳定具有独立的负面影响。

(四) 金融自由化引发金融危机的原因分析

概括起来，金融自由化主要从以下几方面强化了金融体系的潜在风险。

1. 利率自由化后，利率水平的急剧变动会增加金融体系的潜在风险

首先，当实际利率上升到接近甚至超过实际资产的投资收益率时，投资需求减少，投资规模缩减；在信息不对称条件下，银行贷款利率提高还会产生逆向选择问题，即厌恶风险的借款人回避高利率，不去贷款或减少贷款需求，而偏好风险的借款人则不顾高利率成本，他们更多地成为银行的借款人，导致银行错过了优质客户，选择了劣质客户，贷款项目的风险因而提高。

其次，放开存款利率后，存款机构之间的竞争抬高了存款利率，使银行的筹资成本上升。如果贷款利率没有上升相同的幅度，存贷款利差将缩小，会减弱银行的盈利能力，诱使银行自身从事高收益高风险的项目，这也增加了银行的潜在风险。

再次，在金融自由化的开始阶段，利率的急剧上升会吸引大量外资流入，使外债增加，当出现国际收支恶化、外汇市场信心丧失时，国际资本抽逃、货币贬值将使一些金融机构无法偿还外债而破产。如果在政府财政赤字过多的情况下放开利率，则无疑会加大政府的利息负担，使财政赤字进一步增大，受政府债券市场容量及税收收入的限制，为了弥补财政赤字，政府仍不能摆脱向银行借款的融资形式，结果是财政赤字货币化，可能导致通货膨胀。

最后，利率的波动加剧，对金融机构的资产负债管理提出了更高的要求，而处于金融压抑状态的金融机构可能在金融自由化的开始阶段不能适应这种变化，缺少有效防范利率风险的措施，使金融风险进一步增加。

2. 盯住汇率制度与开放资本市场之间孕育着风险

20世纪90年代以来的金融危机大多与国际资本在各国资本市场之间的移动有关。国际游资进出一国资本市场的难易程度取决于该国汇率管制的严格程度和资本市场对外开放的程度。在外汇市场方面，发展中国家在金融自由化改革中，无不在一定程度上放开对汇率的管制，如墨西哥与泰国均实现了经常项目下和资本项目下的货币自由兑换。但出于多方面的考虑，大多采取与美元挂钩的汇率制度。盯住美元的汇率政策要求政府将本国货币对美元的汇率保持在一个相对窄的范围内波动。当出现外部冲击时，政府必须运用外汇储备以维持汇率稳定。在资本市

场方面，发展中国家为了加快国内经济的发展，均设法吸引外资，包括提高资本市场对外开放程度，减少对国际资本流动的限制。泰国和墨西哥的金融自由化改革几乎完全排除了资本流动的障碍，使大量的国际资本可以自由进出该国的资本市场。但是由此带来的问题是，一旦由于某种原因使国际游资大规模撤离，将会给政府维持盯住汇率制度带来很大困难，严重冲击外汇储备量。在这种时候，政府要么放弃盯住汇率制度，任其自由浮动，要么采取强有力措施，增强限制外国资本自由进出本国资本市场的程度。无论哪一种方法，均会给本国经济的稳定增长及其吸引外资的能力带来一定时期的不良影响。如泰国，在1997年上半年泰铢连续贬值，泰国中央银行动用大量外汇仍无法稳住币值后，不得不于1997年7月2日宣布放弃与美元挂钩的汇率制度，实行自由浮动。消息传出后，泰铢立即贬值20%，之后又下挫至50%。泰铢大幅度贬值不仅导致本国金融恐慌，而且迅速殃及东南亚各国。

3. 放松金融机构准入和监管松弛，增加了金融自由化过程中金融业的风险

放松金融机构准入包括放宽本国金融机构的开业限制和允许外资金融机构准入两方面，这些措施加剧了金融业的竞争，降低了相应金融业的进入壁垒，从而使银行执照的特许权价值降低，银行管理风险的动力相应降低。如果在金融自由化过程中，缺乏足够的谨慎监管和监督措施，银行就可能通过各种途径从事高风险的业务，加大金融体系的潜在风险。艾思利·德默格·昆特和恩瑞卡·笛特拉齐亚克分析了80个国家1988—1995年的银行财务数据，说明金融自由化降低了银行特许权价值，从而加大了银行的脆弱性。

4. 一些银行类金融机构积累的大量不良资产降低了它们抵御风险的能力

这些金融机构积累的大量不良资产暴露在金融自由化过程所形成的巨大风险之下，导致一些金融机构破产，同时给宏观经济的稳定和发展带来了消极影响。发展中国家甚至包括一些发达国家，由于政府长期对银行信贷业务实行行政干预，形成了大量不良贷款。虽然在政府的保护措施下，对银行流动性的威胁只是潜在的，一旦实行银行私有化，问题暴露，潜在的金融风险很容易突然转化成现实的金融风波乃至金融危机。在20世纪70年代拉美国家进行金融自由化时，由于经济波动加剧，许多私营企业发生财务困难，致使一些银行濒临破产。为此，一些国家采取扩张信贷的措施以拯救银行，但这些措施实施的同时造成了宏观经济的不稳定，如通货膨胀的加剧。

亚洲国家以日本和韩国为典型，日本与韩国在第二次世界大战后均采取了政府直接干预银行贷款，以扶植企业、调整产业结构的经济政策。因此，两国的银行均有大量累积的呆坏账。从20世纪80年代开始，两国均实施金融自由化的改革，政府对银行的干预减弱，对银行的保护程度也相应减弱。尽管政府采取了一些措施，如拨付资金冲抵呆账，但历史遗留问题不可能彻底解决。这一时期两国经济正处于高增长、低物价的黄金时期，银行对贷款中的新增呆账并未予以足够的重视，以致相当数量的贷款投入房地产。20世纪90年代初，日本经济增长速度减慢，经济泡沫破灭，银行呆账问题日益明显。紧随其后，1997年，韩国银行的呆账问题也受到了世人的关注。当东南亚金融危机袭来并翻转北上之际，日本、韩国无不为脆弱的银行体系所累，纷纷出现了大银行倒闭的金融危机，对国内经济产生了巨大冲击。

六、发展中国家金融自由化改革的经验和教训

发展中国家金融自由化改革的进展状况是相当不平衡的。在已经进行的改革中，既有成功的经验，也有失败的教训。世界银行的一份报告总结的主要教训有以下几点。

(1) 以金融自由化为基本内容的改革一定要有稳定的宏观经济背景。在那些宏观经济不稳定的国家里，实行金融自由化政策，高的通货膨胀率容易导致高利率和实际汇率大幅度浮动，从而使得资金出现不规则的流动，进而引起许多企业和银行的破产。只有首先创造稳定的宏观经济环境，金融改革才能避免上述种种经济不安定状况的出现。

(2) 金融自由化改革必须与价格改革或自由定价机制相配合。假如一国的价格仍然是保护价格或管制价格，在这种价格信号扭曲的条件下实行金融自由化，资金流动就会被错误的价格信号所误导，结果出现新的资源配置结构失调。

(3) 金融自由化改革并不是要完全取消政府的直接干预，而是改变直接干预的方式。具体来说，就是要以法律和规章的干预取代人为的行政干预。从一些发展中国家金融改革的经验看，改革的一项主要内容就是放松对金融体系的管制。但在放松管制的过程中若不注意建立一套适合本国国情的谨慎的管理制度，就会在信贷的分配方面出现失控或营私舞弊等现象，情况严重时会致使许多银行丧失清偿能力并面临破产威胁。

(4) 政府当局在推行金融自由化改革和价格改革政策时，必须预先判断出相对价格变动对不同集团利益的影响，并出于公平原则和政治均衡要求的考虑，适当采用经济补偿手段。金融自由化措施实行后，利率和汇率变动会引起各行业和企业集团利益关系的变动。这种相对价格和利益的调整虽然从长期来看是完全必要的，不过政府当局也应该采取一些可行的过渡性措施，以减轻社会震荡。

经历过金融自由化和金融危机的起伏跌宕之后，人们应该认识到，关于只要实行金融自由化即可使发展中国家金融压抑所导致的成堆问题得以解决的论断，是过分简单化、理想化了。广大发展中国家在金融自由化的大趋势中，一方面不能因循守旧、自我封闭，以致在国际金融大舞台上处于被淘汰的地位；另一方面，金融自由化的路该如何走，要十分冷静地审时度势。在认识到自身经济运行的微观基础、市场条件、国家财力、法治环境等同发达国家存在巨大差距的情况下，不能盲目、简单地照抄、照搬发达国家的具体做法。

七、中国的金融安全和金融改革

(一) 中国金融未出现危机之谜

早在亚洲金融危机爆发之前，就有人对中国金融的稳定存在疑问。时任国际货币基金组织总裁的康德苏认为，最值得警觉的是中国，可能出现最大的银行倒闭风波。依据金融危机的扩散理论，中国似乎难逃亚洲金融危机之难。然而，中国却承受住了冲击，成为亚洲诸经济体中唯一一个安然度过危机的新兴市场国家。对此，国内外有着各种各样的解释。例如，中国在亚洲金融危机中幸免于难的防火墙是资本项目没有开放；中国特有的金融结构，虽然效率问题突出，但抗击外部冲击能力较强；国家综合债务水平尚在可承受范围之内等。事实上，最根本的并且长期起到作用的应是中国经济活力，它为国民经济的稳定增长和我国在国际经济舞台上的表现奠定了基础。

十年后，当2008年美国次贷危机再次扰乱全球经济、金融运行的时候，中国金融依然稳定有序，令世人惊羡，这和中国金融领域的几个重要特征不无关系。首先，在最近若干年金融开放实践中，中国非常值得肯定的是对金融市场开放持肯定态度并对资本项目实行了极其审慎的态度，特别是对资本项目中的许多细项仍然实施了严格的策略。这从根本上避免了国际游资冲击中国经济金融体系的可能，使得外国资本只能采取入股并购等长期稳定的方式进入中国。其次，中国的衍生产品市场发育不足，无论是从交易品种还是交易规模上看，都无法和国际金融市场上的情况相提并论。再次，中国"一委一行两会"及财政部对国有及国有控股大型金融机构的监管和监督较为严格也是一个不可忽略的积极因素。事实上，1997年亚洲金融危机之后，中国金融监管部门便对银行系统特别是对全局性金融安全具有至关重要意义的大型银行进行了财务重组、国家注资、股份制改造、上市融资等一系列改革动作，使得中国金融体系的系统性风险大幅降低。此外，在最近十多年的经济发展中，中国决策层在宏观经济决策上也没有出现明显的失误，因此消除了实体经济剧烈波动可能诱发信用经济危机的现实基础。最后，超大规模的外汇储备也使中国经济能够更为从容面对外来的冲击。

(二) 推进金融改革，维护金融安全

成功规避两次全球性金融危机的中国金融绝非完美无缺，中国离不开金融改革。金融改革的终极目标，是实体经济结构自动升级和资源配置提升，建立一套市场化的自动调节机制，同时在市场化机制作用日益强大之时保持适当的政府干预空间，防止各种内生性和外部输入性的不安全因素冲击经济金融的平稳运行。

就经济背景而言，中国是从集中计划经济模式向市场经济模式转轨的，这一特点决定了中国的金融改革必然具有持续、浩大和艰巨的特征。这里仅简要介绍一下改革的主要内容。

(1) 金融机构多元化。其中包括对产权制度的触动、二级银行体制的建立与完善、分设政策性金融机构及允许外资金融机构进入等。

(2) 金融业务沿着多样化、国际化的轨迹，极大地突破了传统体制下过分简单而又受到颇多限制的存、放、汇模式。目前，银行的个人贷款及其他零售业务发展迅猛。

(3) 金融工具的多样化，极大地丰富了投资手段，打破了银行单一的融资格局。

(4) 培育和发展金融市场。债券市场、股票市场、保险市场及真正意义上的同业拆借市场等资本市场和货币市场经历了从无到有、从小到大、从极为幼稚走向比较成熟的发展阶段。

(5) 推动利率市场化。起步于允许利率的一定浮动及差别利率，率先在同业拆借市场、国债市场建立起由资金供求关系决定利率的机制。加入世界贸易组织后，人民银行明确提出了在3年内基本实现利率市场化的改革目标，基本步骤是先外币，后本币；先贷款，后存款；先农村，后城市；先批发，后零售。2000年9月，中央银行开始下放外币贷款利率和大额外币存款利率的自主定价权，从而拉开了我国利率市场化新一轮改革的序幕。

(6) 汇率方面，已建立起以市场供求为基础、单一的、有管理的浮动汇率制及全国统一的外汇交易市场，汇率形成机制富有弹性。

(7) 构建符合市场机制要求的信贷资金管理体制，特别是取消对国有商业银行的信贷规模控制，全面推行资产负债比例管理及风险管理。

(8) 建立金融宏观调控机制，更多地运用间接货币政策工具调节金融变量；构建现代规范的金融监管体系，监管职能在逐步完善。

(9) 金融立法建设取得了长足进展，颁布了《中华人民共和国中国人民银行法》《中华人民共和国商业银行法》《中华人民共和国票据法》《中华人民共和国保险法》《中华人民共和国银行业监督管理法》，以及一系列相应的金融法规与规章制度。

(10) 建立了广泛的、多层次的国际金融联系，顺应金融全球化的总趋势。

加入世界贸易组织后，已经逐步放开外资金融机构的市场准入限制，直至完全放开，并全部给予国民待遇。

由此可见，中国的金融改革是全方位的系统工程。已有的改革成果并非都是一步到位的，其中有过程、有波折，甚至有反复，还有相当一部分改革尚未到位或远未到位，而已进行的改革仍要接受未来实践的检验。

前面提到的发展中国家金融自由化改革的教训，中国在金融改革过程中也都不同程度地遇到过，尽管引发的具体原因有所不同，如通货膨胀、银行不良债权、企业债务危机等。另外，基于我国特定的历史情况及体制上的原因，也还存在诸如违规集资、账外经营、变相提高利率、企业逃废银行债务等问题。尽管这些并不是由金融改革引发的，但它毕竟发生在不断继续深化金融改革的过程之中，因此必须引起重视。

总结中国金融改革的经验，应该肯定循序渐进、与整体经济改革配套推进的基本思路是符合当今中国国情的，应该继续坚持。联系到亚洲金融危机对我国的启示，在中国今后的金融改革中如何处理好事关全局的利率改革、汇率改革、资本市场开放，以及外资金融机构的市场准入等问题，均应在上述指导思想下进行通盘考虑而不是孤立地考虑与安排。

本章小结

1. 金融发展能够促进经济增长。衡量金融发展的指标有多种，大致可分为金融内部结构指标和金融发展与经济增长相互关系指标两类。对许多国家的实证分析表明，金融发展与经济增长之间确实存在正相关关系。

2. 金融压抑阻碍经济的增长。发展中国家和中央集中计划体制国家普遍存在金融压抑现象。麦金农和爱德华·肖分析了金融压抑对经济增长的阻碍作用及其原因。

3. 金融自由化对经济增长具有一定的促进作用，但是在某些条件下也有可能产生负面影响。根据麦金农和爱德华·肖的理论分析，金融自由化政策具有一系列正面效应，如储蓄效应、投资效应、就业效应、收入分配效应、稳定效应等。

4. 无论是发展中国家还是发达国家，金融自由化的主要内容都是放松金融管制，促进金融业的竞争。然而发展中国家的金融自由化过程又增加了其自身金融体系的脆弱性，甚至导致了金融危机的爆发。金融自由化的经验和教训是多方面的，它们对于我国的金融改革有着积极的借鉴意义。

习题

一、单项选择题

1. 按照雷蒙德·戈德史密斯的解释，金融发展是指（　　）。
   A. 金融机构数量增加　　　　　　B. 金融工具多样化
   C. 金融效率提高　　　　　　　　D. 金融结构的变化

2. 货币化率是社会的货币化程度，它是指（　　）。
   A. 金融资产总额与实物资产总额的比重
   B. 一定经济范围内通过货币进行商品与服务交换的价值占GNP的比重
   C. 一定时期内社会金融活动总量与经济活动总量的比值
   D. 各经济部门拥有的金融资产与负债的总额

3. 中央集中计划体制国家金融处于被压抑状态的主要原因是( )。
   A. 体制因素   B. 经济发展水平低
   C. 金融资产单调   D. 资金积累困难
4. 金融压抑论与金融深化论解释的是( )。
   A. 金融发展与经济发展的关系   B. 金融发展与金融政策的关系
   C. 经济政策与经济发展的关系   D. 金融政策与经济发展的关系
5. 利率弹性和金融资产的吸引力是衡量一个国家( )程度的标准之一。
   A. 金融抑制   B. 金融约束   C. 经济货币化   D. 金融深化
6. 金融压抑论认为在经济相对落后的发展中国家，企业投资主要依赖( )。
   A. 内源型融资 B. 外源型融资 C. 直接融资   D. 间接融资

二、多项选择题

1. 金融压抑的表现有( )。
   A. 金融管制   B. 利率限制   C. 信贷配额
   D. 金融资产单调 E. 金融体系不健全
2. 金融发展对经济发展的作用体现在( )。
   A. 有助于资本积累   B. 有助于提高资源的使用效率
   C. 有助于提高金融资产储蓄比例 D. 有助于劳动力充分流动
   E. 基本没有帮助
3. 金融自由化的代表性人物有( )。
   A. 凯恩斯   B. 莱恩斯   C. E. S. 肖
   D. R. I. 麦金农 E. 雷蒙德·戈德史密斯
4. 金融压抑战略对经济发展和经济成长的负效应主要表现在( )。
   A. 负收入效应   B. 负储蓄效应   C. 负投资效应
   D. 负就业效应   E. 无影响
5. 金融自由化的主要内容有( )。
   A. 放松利率管制   B. 发行直接融资工具
   C. 放松汇率限制   D. 缩减指导性信贷计划
   E. 加强利率管制

三、判断正误题

1. 金融相关率是衡量金融上层结构规模的最广泛尺度。( )
2. 金融压抑现象虽然与发展中国家落后的客观经济现实有关，但发展中国家政府所实行的金融压抑政策是更重要的原因。( )
3. 实行金融抑制的国家往往采用高于通货膨胀率的名义利率及低估本币的汇率。( )
4. 金融创新降低了金融机构的证券资产比重。( )
5. 金融创新强化了法定存款准备金政策的作用。( )

四、简答题

1. 简述金融自由化的内容。
2. 简述金融自由化引发金融危机的原因。

3. 简述金融自由化的效应分析。
4. 如何理解金融压抑对经济的阻碍？
5. 简述金融自由化对经济增长的促进作用。

五、论述题

1. 简述发展中国家金融自由化改革的经验和教训。
2. 简述金融发展与经济发展的关系。

案例分析

案例一　美国"次贷风波"的原因及启示

危机在爆发的时候往往显得十分突然，但是引发危机的原因，往往是在蕴含着风险的繁荣阶段就积累下来的，美国的次贷风波就是如此。

从20世纪80年代末、90年代初以来，美国房地产经历了长达十几年的繁荣。住房销售量不断创下新纪录，房价也以每年增幅超过10%的速度攀升。从经济增长的动力看，2000年美国纳斯达克股市泡沫破灭之后，美联储一直保持相对宽松的货币环境，刺激了房地产市场的繁荣，现在看来，也常常被批评为"用一个泡沫，替代了另一个泡沫"。正因如此，在主流的金融机构都对次贷风波不以为然的时候，在任期间一直保持宽松货币政策的格林斯潘，则一直强调次贷风波很可能演化扩大为更大范围的金融危机，可见他对于这种泡沫之间的替代是有清醒认识的。

美国次级按揭贷款证券危机是如何引发的？危机爆发的路径如何延续？

实际上，10年前，美国家庭拥有的房地产资产总值不超过8万亿美元，约占家庭资产总额的40%；到了2005年底，美国家庭房地产资产总值已上升至21.6万亿美元，在家庭财产中的比例提高到56%。这种房地产价格的持续上升，掩盖了次贷证券化中的一系列深层次的问题，如风险评估能力的缺乏、证券化资产的流动性不足等，在房地产价格持续上扬的时期，这些问题都不容易暴露。

但是，所谓"水落才能石出"，从2006年中期开始，美国房地产市场开始降温，房地产的价格出现下滑。2006年9月，新房中间价比上年同期下降9.7%，创下近36年来的最大跌幅。这就使得原来在房价上扬时期掩盖的问题日益清晰地暴露出来。雷曼兄弟公司发布的一份报告称，2006年获得次级抵押贷款的美国人中，约有30%无法及时还贷，全国约有220万人可能因为最终无力还贷而失去住房。受此影响，近几个月已有约20家贷款机构和抵押贷款经纪公司破产。

从具体的成因看，可以大致归结为以下几方面。

首先，衍生工具的快速发展，促使了风险承担者的分散化，全球化的金融市场加大了这种风险的传染性和冲击力。美国金融界经常有人拿当前的次贷风波与20世纪80年代的储蓄贷款机构的破产类比。在储蓄贷款机构的风波中，风险的爆发点是确定的，这就是那些经营不善的储蓄贷款机构；损失也是基本可以衡量的，基本就是这些特定机构在房地产领域的贷款；风险可能传染的范围也是大致可以确定的，就是参与相关的储蓄贷款业务的机构。因此，在这样一个传统意义上的金融风险处置中，其对金融市场的冲击是有限的，是可以测算的。

与此形成鲜明对照的是，次贷风波中的风险承担者几乎是全球化的——从美国到欧洲，以及包括中国在内的新兴市场；风险损失的衡量也不是确定的，这一方面是因为证券化的次贷分布在不同的金融机构中，目前大型的金融机构基本上已经评估并披露了自身在次贷领域的损失，但是许多中小金融机构可能还不知道评估自身在次贷业务领域的损失；另一方面因为证券化的次贷流动性不足，也使得这种评估变得困难。市场担心不确定性，而次贷恰恰在诸多环节有着很大的不确定性，这可以说是次贷引起如此大的市场冲击的根本原因之一。

其次，房地产价格持续上扬条件下快速扩张的房地产信贷，累积了风险的隐患。在住房信贷规模扩张的过程中，因为市场竞争的关系，或者以金融创新的名义，往往会降低住房消费者的市场准入标准，让一些无资格或没有偿还能力的消费者进入住房信贷市场。一些次级贷款金融公司纷纷降低"门槛"，甚至推出"零首付""零文件"等贷款方式，不查收入、不查资产，贷款人可以在没有资金、无须提供任何有关偿还能力证明的情况下购房。

再次，低利率环境下的快速信贷扩张，加上独特的利率结构设计，也使得客观评估次贷偿还能力的难度加大。次级抵押贷款利率往往在一定的年限之后随着市场浮动，一旦市场风向发生改变，这些贷款可能会变成高危品种。原先在房地产价格不断攀升的时候，贷款者可以通过卖房还贷。如今房价不断下跌，而利息反倒有增无减，越来越多的次级抵押贷款者已经不堪重负。

美国次贷风波中首当其冲遭遇打击的就是银行业，重视住房抵押贷款背后隐藏的风险是当前中国商业银行特别应该关注的问题。在房地产市场整体上升的时期，住房抵押贷款对商业银行而言是优质资产，贷款收益率相对较高、违约率较低，一旦出现违约还可以通过拍卖抵押房地产获得补偿。目前房地产抵押贷款在中国商业银行的资产中占有相当大比重，也是贷款收入的主要来源之一。根据《新巴塞尔协议》，商业银行为房地产抵押贷款计提的风险拨备是较低的。然而一旦房地产市场价格普遍下降和抵押贷款利率上升的局面同时出现，购房者还款违约率将会大幅上升，拍卖后的房地产价值可能低于抵押贷款的本息总额甚至本金，这将导致商业银行的坏账比率显著上升，对商业银行的营利性和资本充足率造成冲击。然而中国房地产市场近期内出现价格普遍下降的可能性不大，但是从长远看银行系统抵押贷款发放风险亦不可忽视，必须在现阶段实施严格的贷款条件和贷款审核制度。

事实上，本次美国次贷危机的源头就是美国房地产金融机构在市场繁荣时期放松了贷款条件，推出了"前松后紧"的贷款产品。中国商业银行应该充分重视美国次贷危机的教训，第一应该严格保证首付政策的执行，适度提高贷款首付的比率，杜绝出现"零首付"的现象；第二应该采取严格的贷前信用审核，避免出现虚假按揭的现象。

(资料来源：中证网)

问题：
1. 结合美国次贷危机的原因，分析金融自由化的优缺点。
2. 围绕次级贷款的启示，说明如何规避风险。

案例二　贯彻落实中央经济工作会议部署　金融服务实体经济高质量发展

国务院新闻办公室于2024年1月24日(星期三)下午3时举行新闻发布会，请中国人民银行行长潘功胜、中国人民银行副行长、国家外汇管理局局长朱鹤新，中国人民银行副行长宣昌能介绍贯彻落实中央经济工作会议部署、金融服务实体经济高质量发展情况，并答记者问。以下为文字实录中关于金融服务实体经济高质量发展部分摘录。

以习近平同志为核心的党中央高度重视金融工作。习近平总书记在2023年召开的中央金融工作会议上发表重要讲话，强调坚持走中国特色金融发展之路、推进金融高质量发展、加快建设金融强国。去年年底召开的中央经济工作会议，明确提出了2024年经济工作的总体要求、政策取向和重点任务。近日，习近平总书记又在省部级主要领导干部推动金融高质量发展专题研讨班开班式上发表重要讲话，对做好当前及今后一个时期金融工作进行再动员、再部署。

中国人民银行、国家外汇局将以专业务实的精神，贯彻落实好中央决策部署，坚持金融服务实体经济的根本宗旨，加大宏观调控力度，强化逆周期和跨周期调节，巩固和增强经济回升向好态势，持续推动经济高质量发展。

2024年我们将重点抓好以下工作。

一是坚持稳健的货币政策，落实好灵活适度、精准有效的要求，继续为实体经济稳定增长营造良好的货币金融环境。过去的一年，我们适时强化逆周期调节，两次下调存款准备金率，两次下调政策利率，引导有序降低存量房贷利率，引导金融机构保持信贷总量适度、节奏平稳，取得了较好的成效。2024年，总量方面，将综合运用多种货币政策工具，保持流动性合理充裕，使社会融资规模、货币供应量同经济增长和价格水平预期目标相匹配。在节奏上把握好新增信贷的均衡投放，增强信贷增长的稳定性。结构方面，将不断优化信贷结构，加大对民营企业、小微企业的金融支持，落实好我们不久前提出的支持民营经济融资的25条具体举措，提升金融服务实体经济质效。同时，要注重盘活被低效占用的金融资源，提高存量资金使用效率。价格方面，兼顾内外均衡，促进综合融资成本稳中有降，保持人民币汇率在合理均衡水平上的基本稳定。

二是加大对重大战略、重点领域和薄弱环节的金融支持力度，做好金融"五篇大文章"。2023年，我们进一步提升货币政策对促进经济结构调整、转型升级、新旧动能转换的效能，引导金融机构加大对重点领域、薄弱环节的信贷支持力度，普惠小微、科技型中小企业、制造业中长期、绿色贷款增速均明显高于各项贷款平均增速。下一步，我们将继续发挥货币政策工具总量和结构双重功能，加强工具创新，继续引导金融机构做好科技金融、绿色金融、普惠金融、养老金融、数字金融"五篇大文章"。经中央批准，人民银行将设立信贷市场司，重点做好五篇大文章相关工作。

三是稳妥有效防范化解重点领域金融风险。防控金融风险是金融工作的永恒主题。当前，我国金融风险总体可控，金融机构经营整体稳健，金融市场平稳运行。下一步，我们将加强金融风险监测、预警和评估能力建设，推动建立权责对等、激励约束相容的金融风险处置责任机制。按照市场化、法治化原则，配合地方政府和有关部门稳妥有效化解重点领域和重点机构的风险。健全完善金融安全网，继续推动金融稳定立法。

四是持续深化金融改革开放。一方面，深入推进金融改革。着力建设规范、透明、开放、有活力、有韧性的金融市场，进一步优化融资结构、市场体系、产品体系，为实体经济发展提供更高质量、更有效率的融资服务。进一步推进征信市场和支付市场发展。近期，人民银行正会同浙江省政府指导钱塘征信申请办理个人征信牌照。另一方面，坚定不移推动金融业高水平开放。深化金融领域制度型开放，拓展境内外金融市场互联互通。稳慎扎实推进人民币国际化。继续支持中国香港和上海提升国际金融中心地位。

五是积极参与国际金融治理，深化国际金融合作。践行多边主义，加强对话沟通，依托二十国集团、国际货币基金组织、国际清算银行等平台，推进全球宏观经济金融政策协调。落实中美两国元首旧金山会晤共识，牵头做好中美及中欧金融工作组工作。

2023年，人民银行有效实施了一系列利率政策，促进社会综合融资成本明显下降。刚才潘行长提到，一是两次降低政策利率。去年6月和8月公开市场逆回购和中期借贷便利中标利率分别共计下降0.2和0.25个百分点，带动贷款市场报价利率(LPR)继续下行。二是调整优化住房信贷政策。继续落实首套房贷利率政策动态调整机制，8月底又及时调降了二套房贷利率下限40个基点，引导银行降低存量首套房贷利率。三是进一步推动存款利率市场化。主要银行在居民储蓄存款增长较快、贷款利率明显下降的基础上，三次下调存款利率，中长期存款利率降幅更大。

总的来看，各项举措有力推动了企业融资和居民消费信贷成本明显下行。2023年，企业贷款加权平均利率为3.88%，同比下降0.29个百分点，持续创有统计以来新低；超过23万亿元的存量房贷利率完成下调，平均降幅0.73个百分点，每年减少房贷借款人利息支出约1 700亿元。利率水平的整体下行有效减轻了企业、居民的利息负担，有助于激发贷款需求，优化金融资源配置，更好畅通国内经济循环。

2024年，中国人民银行将下调支农支小再贷款、再贴现利率，国内银行也已经适度下调了存款利率，这些都有利于推动社会综合融资成本下行。下一阶段，中国人民银行还将继续通过改革的方式，增强利率政策的针对性和协同性，以我为主，内外平衡，进一步发挥利率政策在促消费、稳投资、扩内需中的积极作用。具体有如下几方面。

一是合理把握利率水平，继续结合对未来物价变动趋势的判断，前瞻性把握好实际利率水平，保持与实现潜在经济增速的要求相匹配。

二是综合考虑存款利率与理财收益率、股息率等的比价关系，更好发挥存款利率市场化调整机制作用，支持银行降低负债成本，同时维护合理有序的市场竞争环境，为降低贷款利率创造条件。

三是推动银行加大向居民销售政府债券的力度，既为居民提供更多兼具安全性、流动性和收益性的投资产品，也进一步疏通储蓄向投资转化的多元化渠道。

四是在银行支持实体经济可持续和风险可控的前提下，完善贷款市场报价利率(LPR)形成机制，督促报价行提高报价质量；同时加强贷款利率监测与自律管理，防范企业部门资金空转和套利。

五是落实首套房贷利率政策动态调整机制，配合城市政府因城施策调整房贷利率政策下限，优化房贷、消费贷、经营贷等个人贷款的利率关系，支持房地产市场平稳健康发展。

此外，人民银行还将继续配合有关部门，清理规范银行不合理的涉企服务收费，切实降低企业的社会综合融资成本。

我们坚信，在以习近平同志为核心的党中央坚强领导下，我们一定能够走好中国特色金融发展之路，为以中国式现代化全面推进强国建设、民族复兴伟业贡献金融力量！

(资料来源：中国人民银行官网)

问题：

简述2024年中国金融服务实体经济的工作重点和主要措施。

参考答案

第一章

一、单项选择题

1. A 2. A 3. C 4. C 5. B
6. B 7. C 8. A 9. C 10. A

二、多项选择题

1. AB 2. ABE 3. ABCD 4. ABCE 5. ABDE 6. BCD 7. ABE

三、判断正误题

1. 对 2. 错 3. 错 4. 对 5. 对
6. 错 7. 对 8. 错 9. 对

注：其他类型题答案略去，请参见教材。

第二章

一、单项选择题

1. C 2. A 3. B 4. D 5. C 6. B 7. C

二、多项选择题

1. BD 2. ABD 3. BD 4. ABD 5. AB
6. AD 7. BD 8. ABC

三、判断正误题

1. 错 2. 错 3. 错 4. 对 5. 错 6. 错 7. 错

注：其他类型题答案略去，请参见教材。

第三章

一、单项选择题

1. C 2. C 3. B 4. B 5. B 6. A 7. B

二、多项选择题

1. CD 2. ABC 3. BCD 4. AC

三、判断正误题

1. 对 2. 对 3. 错 4. 错 5. 错

6. 错　　　7. 错　　　8. 对　　　9. 对　　　10. 对

注：其他类型题答案略去，请参见教材。

第四章

一、单项选择题

1. A　　　2. B　　　3. C　　　4. C　　　5. C　　　6. D
7. D　　　8. A　　　9. A　　　10. D　　　11. B　　　12. C

二、多项选择题

1. ABCDE　2. ABCD　3. ABCDE　4. ABC　5. ABCDE　6. ABCDE
7. ABCD　8. AB　9. AB　10. ABCDE　11. BD　12. ABD
13. ABCDE

三、判断正误题

1. 错　　　2. 错　　　3. 错　　　4. 对　　　5. 对
6. 对　　　7. 对　　　8. 错　　　9. 对　　　10. 错

注：其他类型题答案略去，请参见教材。

第五章

一、单项选择题

1. C　　　2. A　　　3. D　　　4. D　　　5. B
6. B　　　7. C　　　8. C　　　9. C　　　10. B

二、多项选择题

1. ABCD　2. AB　3. CDE　4. CDE　5. ABCDE　6. ABC
7. ABC　8. CDE　9. BCD　10. CD　11. ABD

三、判断正误题

1. 错　　　2. 对　　　3. 对　　　4. 错　　　5. 错
6. 错　　　7. 对　　　8. 错

注：其他类型题答案略去，请参见教材。

第六章

一、单项选择题

1. B　　　2. A　　　3. A　　　4. A　　　5. D
6. A　　　7. A　　　8. A　　　9. B　　　10. A

二、多项选择题

1. ABCD　2. BE　3. AB　4. ACD　5. ACD
6. ABC　7. AD　8. ABCD　9. ACD　10. AD

三、判断正误题

1. 对　　2. 错　　3. 错　　4. 错　　5. 错　　6. 错　　7. 对

注：其他类型题答案略去，请参见教材。

第七章

一、单项选择题

1. D　　2. D　　3. C　　4. B　　5. A
6. B　　7. C　　8. D

二、多项选择题

1. ABCD　　2. BCE　　3. ABC　　4. ACD　　5. CD　　6. ABD

三、判断正误题

1. 对　　2. 错　　3. 对　　4. 对　　5. 错
6. 错　　7. 对　　8. 错　　9. 对

注：其他类型题答案略去，请参见教材。

第八章

一、单项选择题

1. A　　2. B　　3. C　　4. B　　5. A
6. B　　7. A　　8. D　　9. C　　10. C

二、多项选择题

1. ACD　　2. ADE　　3. ABCDE　　4. ACE　　5. CDE　　6. BC　　7. BCD

三、判断正误题

1. 错　　2. 错　　3. 错　　4. 对　　5. 对　　6. 对

注：其他类型题答案略去，请参见教材。

第九章

一、单项选择题

1. A　　2. C　　3. A　　4. C　　5. A　　6. D
7. A　　8. D　　9. D　　10. D　　11. B

二、多项选择题

1. ABD　　2. BCDE　　3. ABCD　　4. DE　　5. BCE　　6. BCDE
7. AE　　8. ABCD　　9. BCE

三、判断正误题

1. 对　　2. 错　　3. 对　　4. 对　　5. 对　　6. 对
7. 错　　8. 对　　9. 错　　10. 错　　11. 错　　12. 对

13. 对   14. 对   15. 错   16. 错

注：其他类型题答案略去，请参见教材。

第十章

一、单项选择题

1. D   2. A   3. A   4. D   5. C   6. C
7. B   8. A   9. B   10. C   11. D

二、多项选择题

1. AB   2. AB   3. ABCDE   4. ABC   5. ABCD
6. BCE   7. DE   8. ABC   9. ABC   10. ABCDE

三、判断正误题

1. 对   2. 错   3. 错   4. 对   5. 对
6. 错   7. 错   8. 错   9. 对

注：其他类型题答案略去，请参见教材。

第十一章

一、单项选择题

1. D   2. A   3. A   4. B   5. B
6. B   7. B   8. B   9. D   10. A

二、多项选择题

1. ABC   2. ABCD   3. ABC   4. ABCD   5. AD   6. AB   7. AB

三、判断正误题

1. 对   2. 对   3. 错   4. 错   5. 错
6. 错   7. 错   8. 错

注：其他类型题答案略去，请参见教材。

第十二章

一、单项选择题

1. D   2. B   3. A   4. D   5. D   6. A

二、多项选择题

1. ABCD   2. ABC   3. CD   4. ABCD   5. ABCD

三、判断正误题

1. 对   2. 对   3. 错   4. 错   5. 错

注：其他类型题答案略去，请参见教材。

参考文献

[1] 黄达. 货币银行学[M]. 北京：中国人民大学出版社，1999.
[2] 易纲，海闻. 货币银行学[M]. 上海：上海人民出版社，1999.
[3] 姚遂，李健. 货币银行学[M]. 北京：中国金融出版社，1999.
[4] 龙玮娟，郑道平. 货币银行学[M]. 北京：中国金融出版社，1997.
[5] 杨德勇. 货币银行学[M]. 呼和浩特：内蒙古人民出版社，1998.
[6] 张贵乐，艾洪德. 货币银行学教程[M]. 大连：东北财经大学出版社，1996.
[7] 王松奇. 金融学[M]. 北京：中国金融出版社，2000.
[8] 黄达. 宏观调控与货币供给[M]. 北京：中国人民大学出版社，1999.
[9] 李杨，王松奇. 中国金融理论前沿[M]. 北京：社会科学文献出版社，2000.
[10] 李振仲. 通货紧缩的理论与现实[M]. 北京：中国经济出版社，2000.
[11] 王广谦. 中央银行学[M]. 北京：高等教育出版社，1999.
[12] 张亦春. 金融市场学[M]. 北京：高等教育出版社，1999.
[13] 钱荣堃. 国际金融[M]. 成都：四川人民出版社，1994.
[14] 戴国强. 货币银行学[M]. 北京：高等教育出版社，2005.
[15] 戴国强. 货币银行学[M]. 上海：上海财经大学出版社，2001.
[16] 陈湛匀，王小群. 中国金融市场[M]. 上海：上海社会科学院出版社，1998.
[17] 万解秋. 货币银行学通论[M]. 上海：复旦大学出版社，2001.
[18] 姚长辉. 货币银行学[M]. 北京：北京大学出版社，2002.
[19] 周战地，许树信. 金融学教程[M]. 北京：中国金融出版社，1998.
[20] 朱元，沈锦昶. 金融市场概论[M]. 成都：西南财经大学出版社，1997.
[21] 黄达. 金融学[M]. 北京：中国人民大学出版社，2004.
[22] 霍文文. 金融市场学教程[M]. 上海：复旦大学出版社，2005.
[23] 徐英富. 货币银行学[M]. 北京：机械工业出版社，2007.
[24] 姚长辉. 货币银行学[M]. 北京：机械工业出版社，2006.
[25] 张尚学. 货币银行学[M]. 北京：高等教育出版社，2007.
[26] 武康平. 货币银行学[M]. 北京：清华大学出版社，2006.
[27] [美]Scott Besley. 金融学原理[M]. 北京：机械工业出版社，2005.
[28] 张维. 金融市场学[M]. 北京：科学出版社，2007.
[29] 李扬征. 国际金融学[M]. 北京：科学出版社，2005.

[30] 宿玉海. 国际金融学[M]. 北京：科学出版社，2006.

[31] 康书生. 货币银行学[M]. 北京：高等教育出版社，2007.

[32] 朱青. 财政金融学教程[M]. 北京：中国人民大学出版社，2007.

[33] 陈雨露. 国际金融[M]. 北京：中国人民大学出版社，2006.

[34] 史建平. 商业银行管理[M]. 北京：北京大学出版社，2007.

[35] 唐国正，刘力. 金融学案例[M]. 北京：北京大学出版社，2007.

[36] 曹凤岐. 金融市场与金融机构[M]. 北京：北京大学出版社，2006.

[37] 罗建朝. 货币银行学[M]. 北京：清华大学出版社，2007.

[38] 史建平. 金融市场学[M]. 北京：清华大学出版社，2007.

[39] 郑鸣. 商业银行管理学[M]. 北京：清华大学出版社，2007.

[40] 龚明华. 现代商业银行业务与经营[M]. 北京：中国人民大学出版社，2006.

[41] 刘肖原. 中央银行学教程[M]. 北京：中国人民大学出版社，2007.

[42] 杨德勇. 金融中介学教程[M]. 北京：中国人民大学出版社，2007.

[43] 郑道平. 货币银行学原理[M]. 北京：中国金融出版社，2009.

[44] 迟国泰. 国际金融[M]. 5版. 大连：大连理工大学出版社，2011.

[45] 谢群，王立荣，李玉曼. 国际金融[M]. 北京：经济科学出版社，2010.

[46] 潘淑娟. 货币银行学[M]. 北京：中国财政经济出版社，2008.

[47] 盖锐，孙晓娟. 金融学[M]. 2版. 北京：清华大学出版社，2012.

[48] 刘建波. 金融学概论[M]. 2版. 北京：清华大学出版社，2011.

[49] 胡庆康. 现代货币银行学教程[M]. 5版. 上海：复旦大学出版社，2014.

[50] 政府工作报告. 2015—2023.

[51] 货币政策执行报告. 2015—2023.

[52] 金融统计数据报告. 2015—2023.

[53] 金融稳定报告. 2015—2023.

[54] 中国区域金融市场发展报告. 2015—2023.

[55] 中国支付体系发展报告. 2015—2023.

[56] 国家外汇管理局年报. 2015—2023.